2011
宜阳年鉴

YI YANG NIAN JIAN

宜阳县人民政府主办

宜阳县地方史志编纂委员会编

中州古籍出版社

2010数字

宜阳

年末总户数18.73万户
年末总人口71万人
农业人口61.3万人
非农业人口9.7万人
城镇人口13.3万人
农村人口57.7万人
人口自然增长率5.0‰
县域国土面积1616.88平方公里
人口密度439人/平方公里
乡镇16个
村(居)委会353个
生产总值127.9亿元
第一产业255000万元
第二产业601511万元
第三产业505502万元
农林牧渔业总产值442827万元
农业302061万元
林业11020万元
牧业107231万元
渔业1515万元
农林牧渔服务业19000万元
年末耕地面积73953公顷
粮食播种面积82211公顷
夏粮38323公顷
秋粮43888公顷
粮食总产量352314吨
夏粮157760吨
秋粮194554吨
烟叶播种面积8171公顷
烟叶总产量20131吨
造林面积3986公顷
肉类总产量38763吨
牛奶总产量6455吨
禽蛋总产量16757吨
牛存栏13.88万头
猪存栏25.71万头

羊存栏 22.47 万只
家禽存栏 289.1 万只
养殖水面面积 578 公顷
水产品产量 1604 吨
农业机械总动力 54.84 万千瓦
大中型拖拉机 533 台
小型拖拉机 33961 台
农用运输车 8547 台
农村用电量 25562 万千瓦时
工业总产出 1857903 万元
限额以上工业 1429576 万元
限额以下工业及个体 428327 万元
工业增加值 505502 万元
限额以上工业 389440 万元
限额以下工业及个体工业 116062 万元
全社会固定资产投资额 1704334 万元
第一产业 152385 万元
第二产业 762969 万元
第三产业 501660 万元
交通运输货运量 1558 万吨
货运周转量 95456 万吨公里
客运量 4470 万人
客运周转量 116220 万人公里

电信业务量 14633 万元
邮政业务量 2372 万元
固定电话户数 7 万户
移动电话户数 23.6 万户
全社会消费品零售总额 405180 万元
地方财政一般预算收入 42699 万元
地方财政一般预算支出 141666 万元
农民人均纯收入 4598 元
农民人均生活消费支出 3338 元
农民人均住房面积 33.56 平方米
城镇居民可支配收入 13410 元
城镇人均居民消费支出 11770 元
城镇人均住房面积 35.73 平方米
年末从业人员 392376 人
城镇从业人员 25072 人
城镇在岗职工人数 24767 人
从业人员人均报酬 24727 元
在岗职工平均工资 26419 元
各类学校数 443 所
在校学生数 135288 人
年末卫生机构病床位 1682 张
年末卫生技术人员 2135 人

领导关怀

2011 年 2 月 15 日，交通部部长李盛霖（左三）到宜阳调研

2011 年 10 月 5 日，省委常委、市委书记毛万春（左二）到宜阳检查指导工作

2010年12月29日，省委常委、市委书记毛万春（中）参加黄河同力水泥公司二期工程大窑投产暨利用水泥窑消纳城市生活垃圾示范项目开工典礼

2010年7月27日，省委常委、市委书记毛万春（右二）到前进化工股份有限公司视察

2011 年 10 月 20 日，市委副书记、代市长李柳身（左二）到宜阳调研

2011 年 6 月 15 日，省双拥办主任、省民政厅副厅长董颖生（左二）到宜阳指导双拥工作

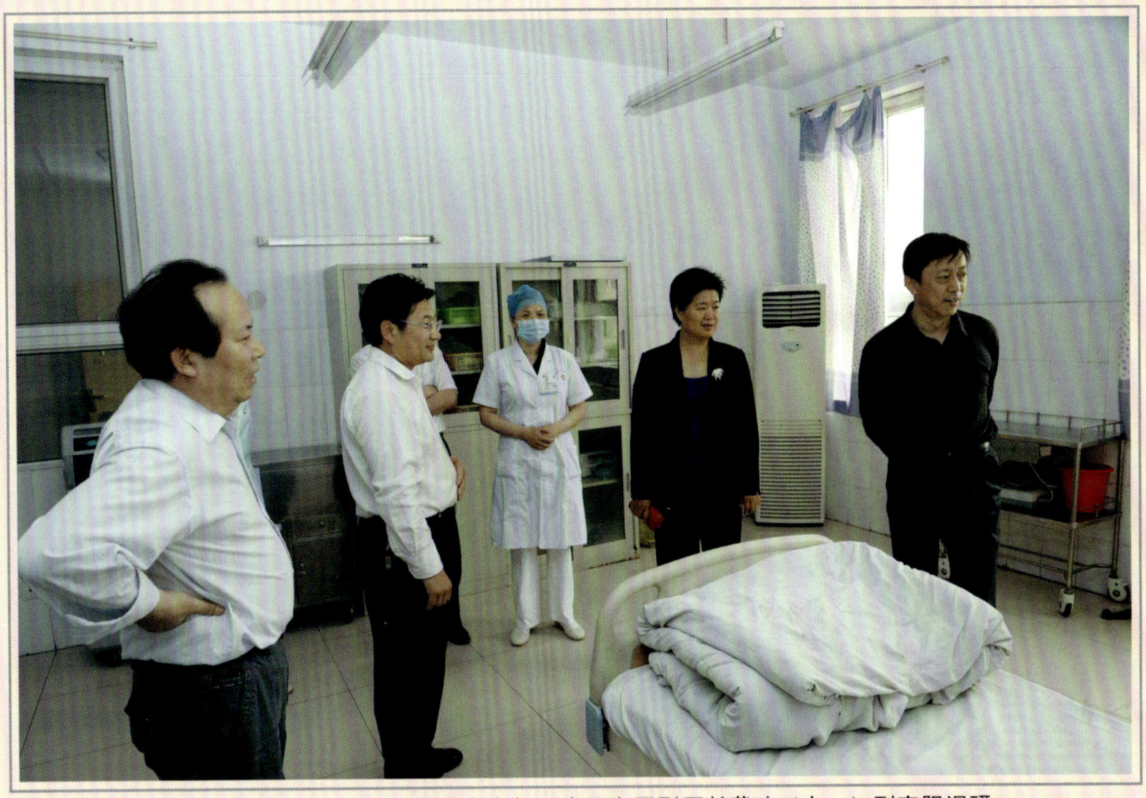

2011 年 5 月 7 日，省爱卫办主任、省卫生厅副厅长黄玮（右一）到宜阳调研

2011 年 5 月 19 日，省卫生厅副厅长夏祖昌（前排右二）到宜阳调研

2010年11月5日，省体育局党组书记彭德胜（中）到花果山乡指导农民体育健身工程项目建设

2011年4月2日，省档案局常务副局长刘延龙（右三）到宜阳检查档案管理工作

2010年12月5日，团中央农村青年工作部部长孙俊波（中）到宜阳调研共青团工作

2010年11月19日，财政部预算司地方处处长章泉（左二）到宜阳检查工作

城市建设

2011 年 2 月 28 日，宜阳县集中供热工程签约仪式

改造后的中街村

2011 年 5 月 24 日，洛阳华耀置业有限公司香山绿洲城中村改造项目奠基仪式

2011 年 3 月 26 日，锦江大厦开工奠基仪式

2011 年 3 月 10 日，光影小区奠基仪式

2010 年 11 月 5 日，宜阳县龙兴小区廉租房、公租房项目开工奠基仪式

2010 年 11 月 5 日，圆宏国际广场暨红旗小区二期工程开工奠基仪式

惠宜小区

幸宜小区

工业

2011年4月13日，第29届中国洛阳牡丹文化节宜阳县对外经济技术合作项目签约仪式

2011年6月6日，宜阳产业集聚区年产3300吨高耐磨矿用弹性体装备及成品制造项目开工奠基仪式

洛阳英达机械制造有限公司

2011年6月24日，宜阳县重大项目集中开工奠基仪式

2011年5月10日，文晟机械设备有限公司环保设备制造基地奠基仪式

洛阳欧瑞冶金科技有限公司

2011年1月6日，县产业集聚区轴承产业园（一期）开工奠基仪式

2010年12月26日，年产200兆瓦单晶硅拉棒及太阳能电池片组件项目开工奠基仪式

交通

2011 年 4 月 28 日，宜阳同力洛河大桥建设项目开工仪式

2011 年 9 月 25 日，洛河锦龙景观大桥开工奠基仪式

安虎线

韩茶路

施工中的安虎线宜阳段施工现场

元大路

宜赵路

畜牧业

宜阳伊众清真食品产业园项目奠基仪式

养鸡场

散养羊

现代化挤奶大厅

XU MU YE

董大牧业年产10万头
生猪项目开工奠基仪式

养猪场一角

民正牧业大型沼气工程

河南民正牧业

社会

2011年7月27日，县委书记王琰君、县长黄晓玲到县驻军部队慰问

2011年6月30日，卫生监督中心、120指挥中心综合服务楼项目奠基仪式

2011年4月14日，县就业和社会保障服务中心项目奠基仪式

2011年5月5日，宜阳县新型农村社会养老保险试点工作动员大会

2010年11月6日，省实施农民体育健身工侱现场会在宜阳召开

2011年7月24日，实施新型农村和城镇居民养老保险工作会议

2011年4月22日，灵山莲花水景公园建设项目开工奠基仪式

书画剪纸作品

富贵春（国画）　张淑芳

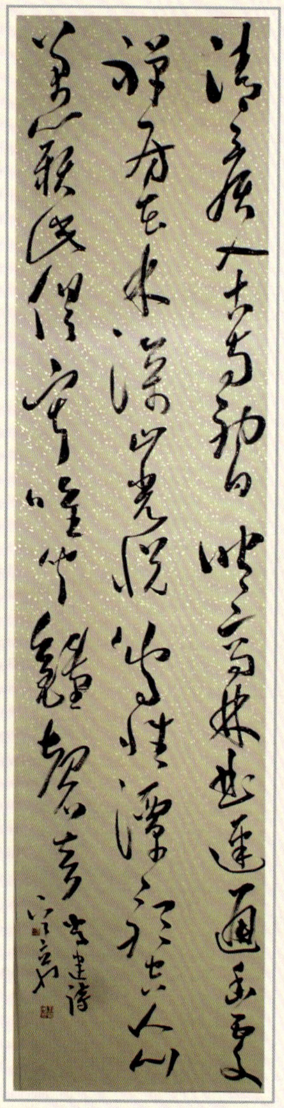

书法　陈立中

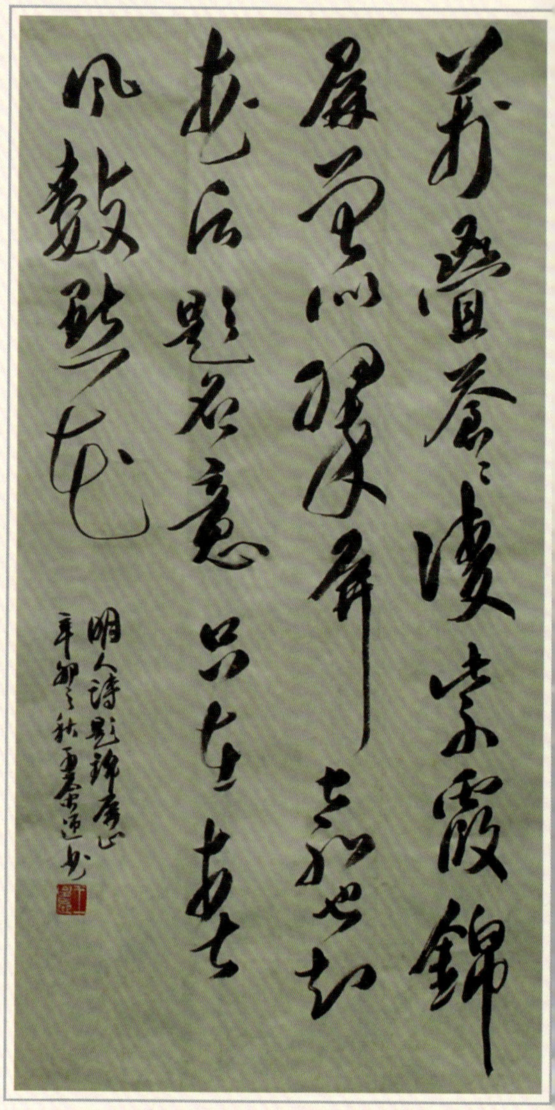

书法　王会迎

梅菊（国画）

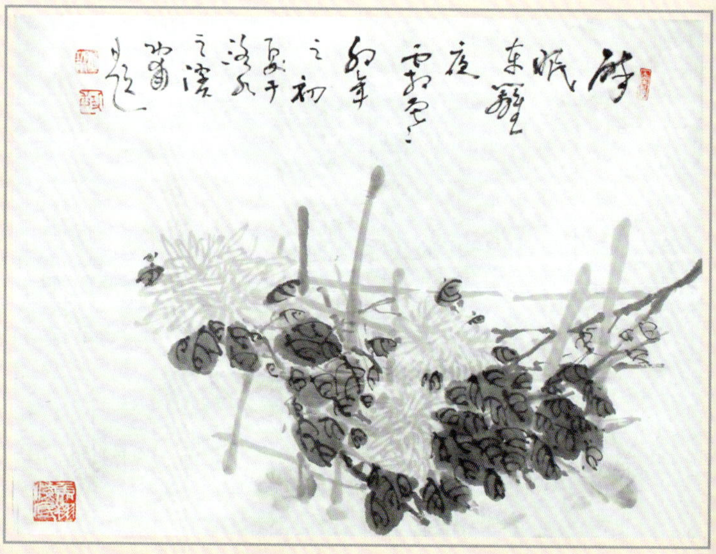

杨功甫

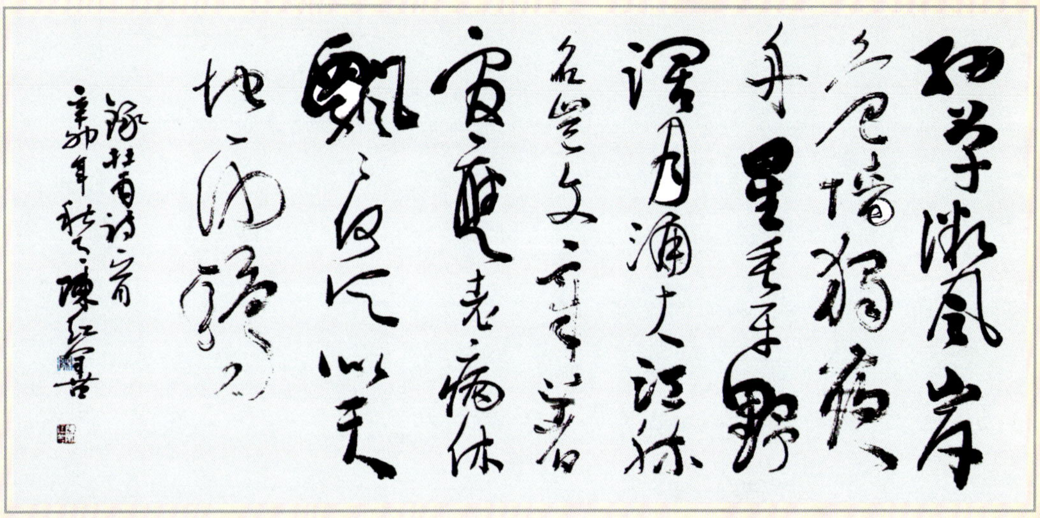

书法 陈红善

报春辉（国画） 亢雨琴

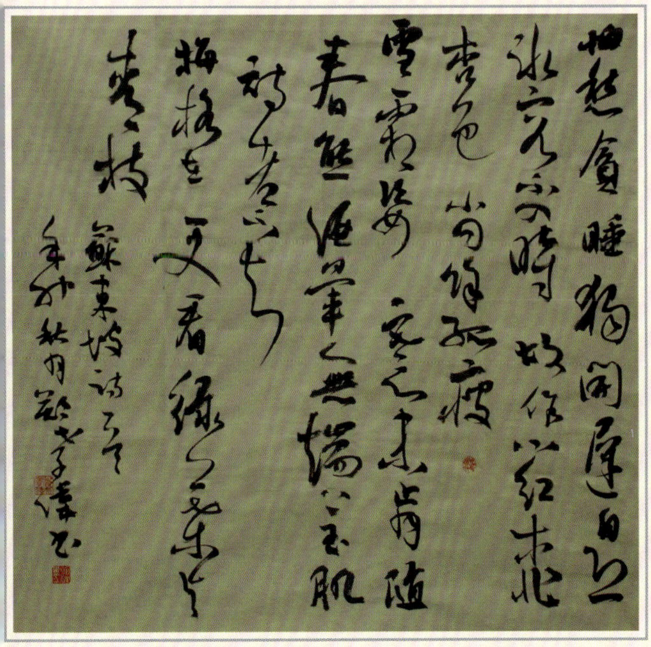

书法 郑孝伟

剪纸 胡继萍

与青岛史志办交流志书

地方史志

2011 年地方史志工作会议

给优秀史志供稿人员颁奖

送书到学校

宜阳县城区图
民政局
人大
政协
县委
县政府
城关镇

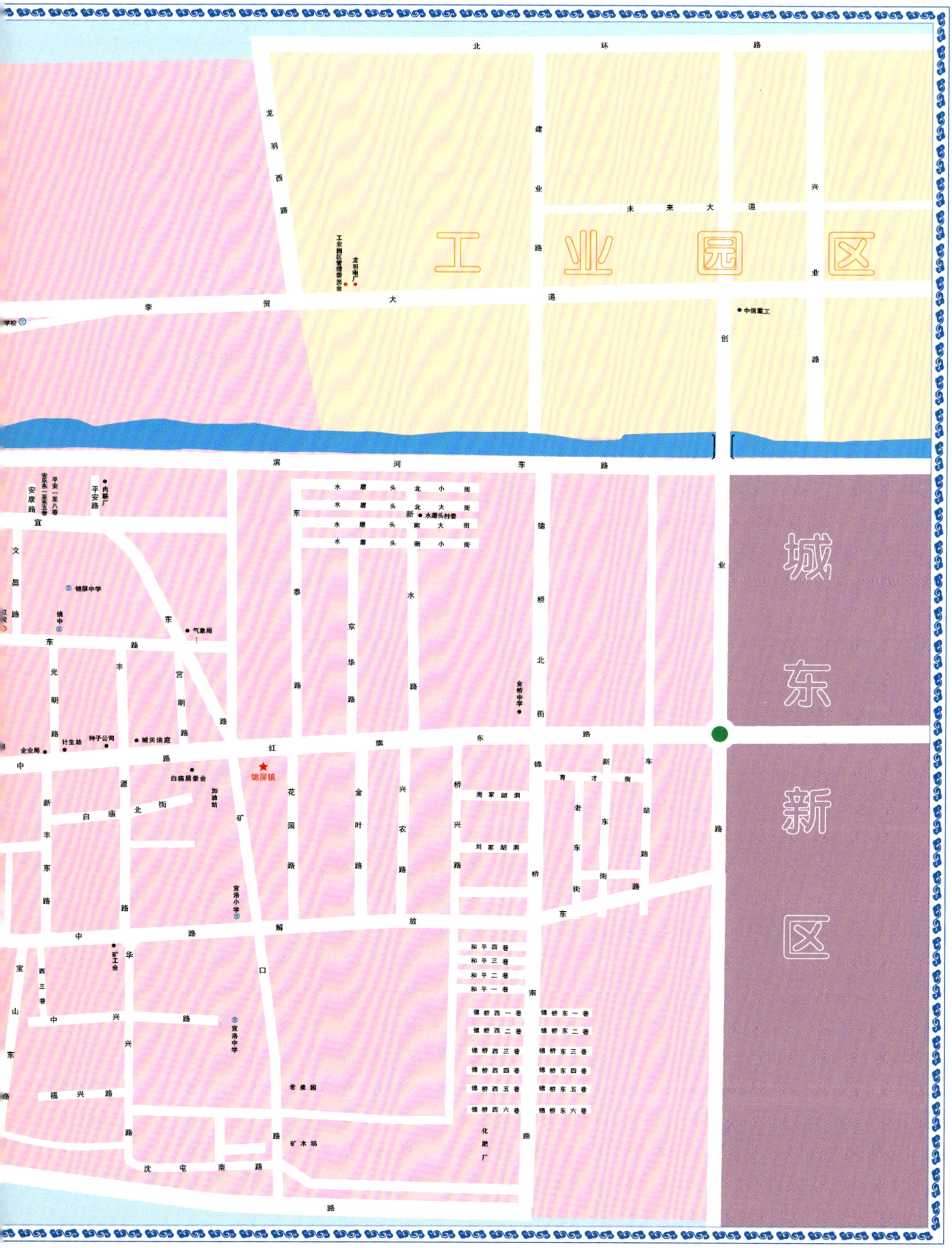

北环路
龙羽西路
建业路
未来大道
兴业路
工业园区
工业园区管理委员会
龙羽油厂
李贺大道
学校
中信重工
创业路
滨河东路
城东新区
水磨头北小街
水磨头北大街
水磨头南大街
水磨头南小街
新水磨头村委
东泰路
京华路
水路
锦桥北街
金桥中学
平安一至八巷
安东东一至东五巷
安康路
平安路
肉联厂
宜文昌路
锦屏中学
镇中
气象局
东路
东光明路
宫明路
丰
计生站
种子公司
城关法庭
企业局
红旗东路
中路
锦屏镇
白庙居委会
加油站
源
白庙北街
新丰东路
矿
花园路
金叶路
兴农路
锦桥兴路
周家胡同
刘家胡同
育才街
新东车站路
老东东街路
宜洛小学
中路
解放
东
矿工会
华
口
西三巷
宝山东路
中兴路
兴
宜洛中学
福兴路
老梁园
路
矿木场
沈屯南路
化肥厂
锦桥南路
和平四巷
和平三巷
和平二巷
和平一巷
锦桥西一巷
锦桥西二巷
锦桥西三巷
锦桥西四巷
锦桥西五巷
锦桥西六巷
锦桥东一巷
锦桥东二巷
锦桥东三巷
锦桥东四巷
锦桥东五巷
锦桥东六巷

《宜阳年鉴》编纂委员会成员

名誉主任　王琰君

主　　任　黄晓玲

副 主 任　张国松　宋来法　张景彦　张慧敏　康凌香　陈长江
　　　　　田群献　李晓波　赵松伟　程汴玲

委　　员　杨利伟　周海军　冯清利　王超群　范俊杰　杜文妍
　　　　　高君君　张焕停　王红卫　张会琴　张军芳　李松宇
　　　　　李　珂　陈世俊　武伟献　石彩云　张洪银　赖长伟
　　　　　吴绍良　徐留汉　芦同聚　阎　良　王留宽　丁五道
　　　　　张德新　常顺卿　马志敏　裴　钧　赵留志　杨保军
　　　　　毕云庆　吕瑞君

《宜阳年鉴》编辑人员

主　　编　程汴玲

副 主 编　赵苗远

编　　辑　张殿林　许润媛　孔振国

主要摄影　宋会杰　田义伟

编辑说明

一、《宜阳年鉴》是宜阳县人民政府主办的具有公报性、资料性、权威性的大型年刊。其宗旨是以马克思主义、毛泽东思想、邓小平理论、“三个代表”重要思想和科学发展观为指导,全面、客观、准确地逐年记载全县政治、经济、文化、社会等诸方面的基本情况,为人们了解、研究和建设宜阳提供信息资料,也为续修地方志积累史料。

二、《宜阳年鉴》采取分类编辑法。设类目、分目、条目三个层次。类目、分目标题使用不同的字体、字号,类目标明于页眉;条目为主要信息载体和基本撰稿形式。

三、《宜阳年鉴》2011 年刊主要反映 2010 年度宜阳各项事业的发展状况。设特载、大事记、县情概览、人物、党务、人大、政务、政协、地方武装、政法、社会团体、城乡建设·环境保护、交通·通信、农业、烟草、工业、重点企业简介、商业贸易、财政·税务·金融·保险、经济监督与管理、教育·科技、文化·卫生·体育、社会生活、乡镇概况、附录等 25 个类目。

四、本年鉴“人物”类目中,领导人物仅限于 2010 年宜阳县在职党政军副县级以上人物,政绩偏重于介绍 2010 年一年。省部级以上荣誉获得者以简介形式出现。

五、《宜阳年鉴》采用稿件均由各部门各单位熟悉情况的专人撰写,并经领导审核。凡全局性的数据均以统计局的资料为准。

六、书中机构名称首次出现用全称,以后用简称。省指河南省、市指洛阳市、县指宜阳县。

七、照片收录截至时间为 2011 年 11 月。

八、《宜阳年鉴》的编纂工作在中共宜阳县委、宜阳县人民政府的直接领导下,得到了各级、各部门、各单位领导及撰稿人员的大力支持和密切配合,在此谨向他们表示诚挚的谢意。因时间紧,人员少,水平有限,错误与纰漏在所难免,恳请广大读者批评指正。

目　录

特　载

大事记

县情概览

人　物

中国共产党

宜阳县人民代表大会

县人民政府

政协宜阳县委员会

地方武装

政　法

社会团体

城乡建设　环境保护

交通　通信

农　业

烟　　草

工　　业

重点企业简介

商业贸易

财政　税务　金融　保险

国民经济监控与管理

教育　科技

文化　卫生　体育

社会生活

乡镇概况

附　　录

特　　载

王琰君在中国共产党宜阳县第十一次代表大会上的报告

（2011 年 6 月 12 日）

各位代表、同志们：

现在，我代表中国共产党宜阳县第十届委员会，向大会作报告，请予审议。

中共宜阳县第十一次代表大会，是我县“十二五”规划开局之年召开的一次重要会议，也是承前启后、继往开来的一次关键会议。大会的主要任务是：认真总结县十次党代会以来的工作，研究确定今后五年的发展思路、奋斗目标和主要任务；选举产生中共宜阳县第十一届委员会、中共宜阳县纪律检查委员会；选举产生出席中共洛阳市第十次党代会代表；动员全县广大党员干部和人民群众，进一步解放思想，与时俱进，自加压力，勇争一流，为全面建设宜居宜业新宜阳而努力奋斗。

一、十次党代会以来的工作回顾

县十次党代会以来的五年是不平凡的五年，面对复杂多变的发展环境和艰巨繁重的发展任务，县委团结带领全县各级党组织和广大党员干部群众，在党的十七大精神指引下，全面贯彻落实科学发展观，紧紧围绕县十次党代会确定的经济发展战略和各项目标任务，凝心聚力，加压紧逼，负重奋进，使这几年成为宜阳历史上发展最快、变化最大的时期之一，经济、社会建设和党的建设都取得了显著成就，为今后五年实现更好更快发展奠定了坚实基础。

（一）以加快发展为主线，综合经济实力跃上新台阶。2010 年，全县生产总值达 127.9 亿元，全社会固定资产投资完成 170.4 亿元，财政一般预算收入完成 4.27 亿元，城镇居民人均可支配收入达到 13410 元，农民人均纯收入达到 4598 元，分别是 2005 年的 2.8 倍、7.8 倍、2.8 倍、2.1 倍和 1.9 倍。先后荣获国家卫生县城、全国粮食生产先进县、河南省经济发展快县、中原最具投资价值县等 138 个国家、省、市级荣誉。

县委书记王琰君在作报告

（二）以项目建设为载体，工业经济实现新跨越。把项目建设作为推进经济发展的重要抓手，带动了工业经济的快速发展。2010 年，全县工业增加值完成 50.6 亿元，是 2005 年的 3.9 倍。项目建设强势推进。新上了以黄河同力、中信重工等为代表的骨干工业项目 242 个，总投资 133 亿元，初步形成了能源、化工、冶金、建材、装备制造、硅镁新材料六大支柱产业。民营经济快速发展。2010 年实现营业收入 146 亿元、增加值 40 亿元、税金 5.2 亿元，分别是 2005 年的 3.5 倍、3.6 倍和 4.1 倍。一批规模大、实力强、有特色的民营企业成为全县经济增长的重要推动力量。产业集聚区建设步伐加快。自

2006年起,坚持举全县之力建设产业集聚区,投资32.5亿元实施基础设施建设,集聚区路网、通讯、供电、供排水、供热、供气等基础设施日益完善,入驻企业108家,初步形成了装备制造、硅镁新材料、新型建材三大主导产业,被评为河南省发展又好又快产业集聚区。

(三)以优化产业结构为抓手,农业经济取得新进展。用发展工业的理念发展现代农业,促进了农业增效、农民增收。粮食产量持续平稳,常年稳定在7亿斤以上。农业产业结构更趋合理,初步形成了现代烟草、畜牧养殖、蔬菜花卉、油料作物、黑色作物、农副产品深加工六大主导产业。惠农政策得到有效落实,被确定为河南省财政直管县,省财政用于惠农转移支付资金五年累计达到12.1亿元。劳务经济日益壮大,五年累计向境内外输出劳务人员94万人次,劳务输出已成为农民增收的主渠道之一。狠抓农业水利设施建设,农业生产条件大幅改善,连续两年获得河南省"红旗渠精神杯"。以打造生态大县为目标,林业生产再创佳绩,累计投资1.3亿元,造林绿化52.1万亩,先后荣获"河南省园林县城"、"河南省林业生态县"称号,香鹿山森林公园成为河南省最大的县级城郊森林公园。

(四)以新型城镇化为引领,城乡建设实现新突破。坚持高起点规划、高标准建设、高水平管理、高效益经营,县城和小城镇建设水平大幅提升。城关乡、三乡乡、张坞乡、莲庄乡先后撤乡建镇,城镇化率由24%提高到30%;城市人口由7万人增加到18万人;城市建成区面积由6平方公里增加到18平方公里。宜东新区开发步伐加快。红旗环岛及周边工程如期完工,全省县级一流中心医院、一流县级党校等工程顺利实施,10平方公里的宜东新区初具规模。老城区改造力度加大。"十纵十横"的县城路网框架初步形成,城中村改造、老城区改造取得重大突破,新建和改造了城市供、排水管线,完成了主要街道的绿化、亮化和美化,城市服务功能、承载能力大幅提高。县城精细化管理水平不断提升,环境卫生状况得到集中整治,人居环境明显改善。八官线洛河大桥、花果山洛河大桥相继竣工通车,全县"两纵两横加一环"的公路网络基本形成。新农村建设成效显著。农村基础设施建设力度加大,打造出了环寻村镇、锦屏镇、丰李镇的"U"字型新农村示范线路和北线牌窑县界文化广场、南线西庄县界文化广场、锦屏镇红旗环岛等精品工程。

(五)以福民惠民为根本,和谐社会建设迈出新步伐。努力解决人民群众最直接、最现实的利益问题,使人民群众充分享受经济发展成果。累计投入资金13.7亿元,办理了与群众利益密切相关的各项福民实事,人民群众普遍关心的"上学难"、"看病难"、"行路难"、"住房难"、"就业难"等问题得到有效缓解。扶贫开发力度加大,农村贫困人口大幅减少。社会保障体系不断健全,城乡低保、五保覆盖面逐步扩大。计划生育基层基础工作进一步加强,低生育水平持续稳定。民主法制进程加快,县人大、政协和各人民团体的职能作用得到充分发挥。依法治县有序推进,普法教育效果明显。社会矛盾纠纷排查调处机制和社会预警、应急机制初步形成,大量人民内部矛盾得到及时化解。社会治安综合治理措施得到落实,县城城区和各中心镇实现技防网络全覆盖,公众安全感不断提高。市场经济秩序进一步规范,煤矿整合工作顺利推进,安全生产形势总体平稳。生态建设和环境保护力度加大,环境污染得到较好控制。"滨河之声"广场文化活动、"千场电影乡村行"等活动深入人心。国防教育和双拥工作成效显著,实现了河南省双拥模范县三连冠。

(六)以提高党的执政能力为核心,党的建设得到新加强。坚持以改革创新精神加强党的建设,党组织的凝聚力、战斗力、领导科学发展的能力明显提升。扎实开展保持共产党员先进性教育活动、学习实践科学发展观活动和创先争优活动,广大党员干部的发展信心得到增强,工作热情得到激发,人心得到空前凝聚。高度重视领导班子和干部队伍建设,充分发挥县委常委会总揽全局、协调各方的领导核心作用,保持了团结奋进、共谋发展的工作局面;逐步规范干部的培养锻炼、选拔使用、考察评价和监督管理机制,探索运用了"一线锻炼+考试竞职"、"两推三票"(基层推荐、组织推荐;群众投票选人、常委会投票确定、全委〈扩大〉会议投票表决)等方式,使选人公信度和群众满意度不断提高,正确的用人导向进一步树立。坚持用创新的思维加强基层组织建设,以"农村基层组织集中建设月"活动为载体,重点配齐配强村级班子;以"五有三定"(有人干事、有钱办事、有章理事、有项目富民、有形象改变,定目标、定承诺、定奖惩)为标准,集中整顿转化各类后进村52个,全省后进村整治工作现场会在我县召开。全面推行"四议两公开"工作法,完善村民自治,充分发挥村务监督委员会作用,扩大基层民主,第六届村委换届选举和乡镇党委换届工作圆满完成,基层组织建设得到有效加强,先后荣获河南省基层组织建设先进县、河南省组织工作先进单位等称号。大力推行媒体公示制、工作承诺制、暗访制、“双谈双评”等制度，促进了干部作风的不断转变。强化行风、政风建设和效能监察，人民群众反映的突出问题得到有效解决，经济发展环境日益优化。积极开展勤政廉政先进典型学习和反面警示教育活动，增强了党员干部拒腐防变能力。深入推进廉政文化建设，建成了三个党风廉政建设警示教育基地和两个农村廉政教育基地，党员干部廉洁从政意识明显提高。切实增强各级领导干部的“一岗双责”意识，逐级签订《党风廉政建设目标管理责任书》，将基层党风廉政建设纳入全县责任目标考核体系，与经济工作和其他业务工作同部署、同检查、同考核，形成了内容具体、涵盖周密、科学合理、纵横交错的目标责任体系和县、乡、村三级惩防工作体系，反腐倡廉工作取得阶段性成果。

尤其是：总投资6亿元的雨润集团年屠宰200万头生猪加工项目开工建设，实现了我县与国内500强企业合作零的突破，配套标准化养殖小区每年可带动1.8万户增收8亿元，加快了农业产业结构调整步伐和农业产业化进程。总投资2.4亿元的洛宜快速通道宜阳段竣工通车，使宜阳到洛阳新区中心区的车程时间缩短到15分钟，该道路不仅是宜阳连接市区的景观大道，更是推动宜阳经济发展的产业大道，为项目入驻打造了良好平台，进一步加快了工业化进程。总投资3.5亿元的阳光水岸工程基本完工，洛河县城段形成了6公里长、3345亩的洛河水域，22个游园广场、50多万平方米的10里绿色长廊，提升了县城品位，改善了人居环境，带动了沿河地产经济的发展，城区堤防防洪标准也由20年一遇提高到50年一遇，实现了生态、经济和社会三重效益。总投资3.7亿元的灵山风景区开发取得阶段性成果，凤凰山生态综合治理、华严宝殿建设等16项工程正在实施，千亩莲花公园荷塘开挖、3.5公里水面治理等工程开工建设，景区基础设施建设日趋完善，以灵山生态文化旅游为龙头的旅游经济迅速升温。总投资17.3亿元的黄河同力年产400万吨干法水泥项目投产和消纳城市生活垃圾示范线开工，使黄河同力成为我省单厂生产水泥最多的干法水泥生产企业；消纳城市生活垃圾项目是全省首个公益示范项目，对实现宜阳乃至洛阳循环经济发展、改善城市环境将起到重要作用。总投资1.6亿元可容纳3000名学生的双语实验学校一期建成投用，加快了宜阳社会力量办学步伐，县职业教育中心、阳光幼儿活动城、红旗双语实验学校等工程相继实施，教育投入模式由过去单一的政府出资变为社会多元化投入，教育体制改革步伐明显加快。

回顾五年来的奋斗历程，我们走过了一条不平凡的创业之路、发展之路，共同体验了创业的艰辛，也共同分享着收获的喜悦。过去的五年，是我们解放思想、与时俱进、自加压力、勇争一流，发展意识全面增强的五年；是团结奋进、励精图治、苦干实干、克难攻坚，干事创业热情不断高涨的五年；是抢抓机遇、乘势而上、夯实基础、增强后劲，发展效果又好又快的五年；更是我县历史上发展形势最好、综合实力提升最快、城乡面貌变化最大、人民群众受益最多的五年。我们用实干、实效、实绩赢得了群众的认可和支持，赢得了社会的理解和尊重。在发展面临诸多困难、诸多挑战的情况下，取得如此成绩实属不易。在此，我代表十届县委向大家并通过大家向全县广大党员干部和人民群众，向驻宜部队官兵，向所有关心、支持、参与宜阳经济社会发展的同志们、朋友们表示衷心的感谢！

五年的实践极为丰富，经验弥足珍贵。回顾五年来的工作，我们深深体会到：必须坚持“解放思想”的思想路线，用发展的勇气克难攻坚。五年来，我们摆脱思想束缚，坚持发展为大、发展为要、发展为先，坚持又好又快、好中求快、能快则快的发展理念，全力加快项目建设、扩大招商引资、发展高效农业、推进旅游开发、加强党的建设，实现了经济社会的快速协调发展。必须坚持“与时俱进”的工作理念，用创新的精神另辟蹊径。面对不断发展变化的客观实际，要实现经济社会的更好更快发展，就必须始终坚持勇于创新、与时俱进的工作理念，适时作出符合宜阳实际的决策部署，才能走出一条具有鲜明特色、符合时代要求的发展道路。必须坚持“自加压力”的工作作风，用紧逼的举措推动工作。在发展的过程中，我们遇到困难不退缩，直面矛盾，“闯”字当头，迎难而上，最终使一些重点工作快速推进，难点工作有效突破。提前3个多月竣工的阳光水岸一、二期工程，历时6个月建成并投入使用的双语实验学校，一年之中50栋高楼的拔地而起，无不是自加压力、日夜兼程换来的发展成果。必须坚持“勇争一流”的工作目标，用拼抢的姿态勇立潮头。勇争一流是一种信心和勇气，更是一种对宜阳发展高度负责的精神体现。几年来，我们牢固树立高水平是财富、低水平是包袱的工作标准，不论是制定发展目标，还是研究发展举措，始终坚持更高标准，追求更高水平,最终实现了发展的高效率、高效益。“解放思想,与时俱进,自加压力,勇争一流”既是过去五年发展历程的成功经验,更是实现“十二五”发展目标的精神力量,必须在今后的工作中予以传承和发扬。

在肯定成绩、总结经验的同时,我们也清醒地认识到,我县经济社会发展中还存在着一些不容忽视的矛盾和问题:人口多、基础差、底子薄、人均低的基本县情还没有根本改变;经济增长方式比较粗放,保持良好生态环境压力比较沉重;产业特色不明显、集聚能力不明显、骨干项目不明显;土地、资金等制约发展的瓶颈因素更加突出;社会矛盾进入多发期,和谐发展的难度逐步加大;基层组织战斗力有待进一步提高,党风廉政建设和反腐败斗争仍需不断加强,一些党员干部的思想政治素质和工作作风还不能适应科学发展的新要求。实现福民强县、构建和谐宜阳目标,形势严峻,任重道远。

二、今后五年的工作目标和主要措施

今后五年,既是我们夯实基础、积蓄后劲,以大转型、大投入、大调整实现大跨越的战略调整期,也是我们把握新形势、抢抓新机遇,发挥区位优势、后发优势,实现县域经济加快发展、科学发展、和谐发展的重大机遇期。综观当前形势,我们面临着中原经济区建设、“一中心五组团四支撑”等机遇和优势,特别是经过近几年的不懈努力,我们发展的环境越来越好、基础越来越牢、后劲越来越足、后发优势越来越突出,全县人民思发展、谋发展、求发展的愿望越来越强烈,只要我们冷静思考、精心谋划、真学真干、狠抓落实,就一定能够在新起点上实现更大规模、更高水平的发展。

今后五年,我县经济社会发展的指导思想是:以邓小平理论和“三个代表”重要思想为指导,以科学发展为主题,以转变发展方式为主线,全面推进经济建设、政治建设、文化建设、社会建设、生态建设和党的建设新的伟大工程,努力打造经济发展、社会进步、百姓安康的宜居宜业新宜阳。

发展目标是:“福民强县”,实现“两个高于,两个确保”。“两个高于”,即城乡居民幸福感、安全感和群众对党委、政府工作的满意度高于全市平均水平,经济发展的质量和效益、生产总值和财政收入增速高于全市平均水平;“两个确保”,即确保安全生产绝对不出大的问题,确保社会稳定绝对不出大的问题。

发展战略是:实施产业立县、工业兴县、科教强县、生态大县和旅游名县“五大战略”。

发展定位是:将宜阳建成河南省新型工业化发展示范县、河南省文化旅游名县、河南省“三化”协调发展示范县和宜居宜业的洛阳市卫星城。

发展重心是:实施工业经济、民营经济、农业经济、城镇经济、旅游经济“五轮驱动”。

发展路径是:推进新型工业化、特色城镇化、农业现代化、城产一体化和洛宜一体化“五化进程”。

发展布局是:工业上着力培育能源、化工、冶金、建材、装备制造、硅镁新材料六大支柱产业,农业上着力培育现代烟草、畜牧养殖、蔬菜花卉、油料作物、黑色作物、农副产品深加工六大主导产业。

发展保障是:“6+1”考评体系和“一抓三创”。“6+1”考评体系,即科学发展、公共安全感、环境创优、效能提升、重点企业、安全生产和群众诉求等指标考核;“一抓三创”,即抓项目建设和全民创业、全面创新、环境创优。

今后五年的发展蓝图是:

——综合实力明显增强。生产总值和全社会固定资产投资年均增长12%以上,地方财政一般预算收入年均增长15%以上,到2015年分别突破200亿元、300亿元和8亿元,城镇居民人均可支配收入、农民人均纯收入分别突破2万元和8000元。

——产业结构明显优化。全县规模以上工业增加值年均增长20%以上,占生产总值的比重达到50%以上,支柱产业增加值占工业增加值的比重达到60%以上。粮食年产量保持在7.5亿斤以上。实现传统农业向现代农业转变,农业产业化经营对农民人均纯收入的贡献率达到55%以上。

——城乡面貌明显改善。实现10镇3乡3个办事处的发展格局,城镇化率达到50%以上。城中村、城郊村改造全部完成,城区供气、供热实现全覆盖。

——民生改善明显加快。建立广覆盖、保基本、多层次、可持续的社会保障体系,人民群众的安全感和幸福指数不断提升,社会和谐文明程度进一步提高,社会主义民主法制建设迈出新步伐,社会大局保持稳定。

——党的建设明显加强。干部人事制度改革逐步深化,各级领导班子和基层组织建设进一步加强,广大党员干部思想政治素质进一步提高,作风明显好转,反腐倡廉工作取得明显成效。

实现上述目标任务,全县上下必须紧紧扭住发展第一要务不放松,进一步转变领导方式,创新发展模式，优化经济结构，加快发展步伐，靠发展争先晋位、增强实力；靠发展改善民生、富裕群众；靠发展破解难题、促进和谐；靠发展赢得尊重、赢得地位。努力走出一条不以牺牲农业和粮食、生态和环境为代价的新路子，实现经济社会全面协调可持续发展。

（一）坚持推进新型工业化，突出抓好工业经济，着力打造实力宜阳。牢固树立“工业兴，宜阳兴”的理念，以项目建设为支撑，着力发展壮大六大工业支柱产业。一是抓项目增后劲。要大力发展优势产业，抓住沿海地区产业转移和市区工业退城进郊的有利机遇，鼓励支持中信重工、华宇光电、黄河同力、洛矿集团等优势企业新上项目，扩大规模，滚动发展，做大做强做优。要改造提升传统产业，依托现有能源、化工、冶金等传统产业，借助企业搬迁改造、重组改制，在抓整合、上水平、深加工、增效益上下工夫，积极实施 2×60 万千瓦热电联产、2×120 万吨原煤开采、骏马化工扩能、前进公司导爆雷管生产线技术改造等项目，使我县的传统产业更具优势。要培育发展新兴产业，发挥现有产业及洛阳国家新材料产业基地的优势，依靠科技创新和技术引进，发展新材料、新能源、节能环保、高端装备制造、电子电器等新兴产业，培育新的经济增长点。二是抓平台促集聚。产业集聚区是县域经济发展的重要平台和引擎。按照“四集一转”（企业集中布局、产业集群发展、资源集约利用、功能集合构建，人口向城镇转移）的要求，加大基础设施建设力度，筑巢引凤，新建一批投资规模大、产业关联度高、资源转化能力强、符合国家产业政策的大项目、高科技项目，壮大产业集群。同时要大力支持三乡、白杨、柳泉等乡镇专业园区建设，着力建设一批发展环境好、带动能力强的新型工业园区。三是抓招商破瓶颈。依托我县资源、区位、产业等优势，以实力引客商、以产权引资金、以存量引增量，紧盯全国 500 强企业，积极开展领导带队招商、驻地招商、以商招商、环境招商，着力提高招商引资实际成效，为县域经济发展增添活力，集聚后劲。四是抓环境造氛围。牢固树立“治理环境就是保护生产力、改善环境就是发展生产力”的理念，用好公开、暗访、问责“三把利剑”，进一步加大力度，标本兼治，努力营造廉洁高效的政务环境、平等竞争的市场环境、公正严明的法治环境、优惠透明的政策环境和亲商安商的人文环境。

（二）坚持推进全民创业，突出抓好民营经济，着力打造活力宜阳。按照“先予后取、放开搞活、政策倾斜、一乡一业、规模发展”的思路，修好“场馆”、当好“裁判”、发好“奖牌”，全力支持民营企业发展壮大。一是加强企业运行监测。坚持对重点民营企业实行分类指导，一月一排名，一月一督导，一月一分析，认真解决民营企业发展中遇到的问题，做大民营经济这块“蛋糕”。二是加大项目引进力度。依托轴承、拖拉机、服装、箱包、电子电器、生化制品、活性钙、纸制品“八大产业基地”，以基础设施建设为载体，以乡镇“书记工程”和“委局长工程”为抓手，积极招商引资上项目，引导和推动民营企业向产业集聚区发展、向乡镇专业园区发展，着力培育一批“专、精、特、新”的“行业明星”。三是大力实施名优品牌战略。依托前进公司、黄河同力、中信重工等骨干企业，培育一批行业龙头企业和省市名优产品、著名商标。加强服务引导，争取 5 年内有 3 家至 5 家企业上市。四是抓好改革创新。加快国有企业改革步伐，坚持宜股则股、宜民则民、宜租则租、宜并则并，使企业真正成为市场竞争的主体。鼓励企业自主创新，大力引进、消化、吸收国内外先进技术，推进企业由生产初级产品向生产终端产品转变，拉长产业链条，促进产业优化升级。

（三）坚持推进农业现代化，突出抓好农业结构调整，着力打造富裕宜阳。围绕六大农业主导产业，全力优化农业产业布局，加快推进现代农业进程。一是大力优化产业结构。坚持结构调整、土地流转、观光农业三篇文章打捆一起做的思路，重在提高农业的比较效益和综合效益。以“乡镇长工程”为依托，重点发展高村万亩黑杂粮、莲庄万亩莲菜、三乡万亩大蒜、韩城万亩韭菜、柳泉万亩时令菜、穆册千亩蟠桃园、董王庄千亩冬枣和盐镇千亩中华寿桃八大产业，带动农业产业规模化、基地化发展。二是做大做强烟叶产业。持续推进现代烟草农业，以基本烟田和烟叶生产基础设施建设为载体，以“百村工程”为依托，认真落实植烟优惠政策，优化产业布局，扩大种植规模，全面提升烟叶生产水平。三是着力发展畜牧养殖业。以建设全省重要的畜产品生产加工基地为目标，以福润、民正、大壮等龙头企业为依托，坚持走规模化、集约化养殖之路，着力建设肉牛养殖、生猪养殖加工、肉鸡（鸭）养殖三大基地，重点抓好 7 个乡镇的 10 万头标准化生猪养殖基地建设，使畜牧业产值占农业产值的比重达到 40% 以上，切实把养殖业打造成见效最快、最实的富民产业。四是突出抓好林业生态建设。以建设省林业生态强县为目标，全力实施天然林保护、退耕还林、生态公益林保护和锦屏山裸岩治理等工程，积极创建一批生态乡镇、生态村,着力营造良好的生态环境,使“十二五”末森林覆盖率达到35%以上。五是加快新农村建设步伐。围绕新农村建设“55112”(50个市级示范村、50个农村社区服务中心、100个重点整治村、1000公里的通组通户道路硬化,20个新型农村社区)工程,突出抓好公路沿线和风景名胜区、城镇周边区的环境整治,着力建设一批规划科学、设施完善、功能齐全的样板村,全面推进社会主义新农村建设。

(四)坚持推进特色城镇化,突出抓好城乡建设,着力打造魅力宜阳。按照城产一体化、洛宜一体化发展的要求,以县城建设为核心,中心镇建设为重点,强化规划监控,实施精细化管理,努力形成层级功能明晰、城乡优势互补、三次产业协调发展的特色城镇体系。“十二五”末,城区面积要达到40平方公里,城镇人口达到35万人,城镇化率达到50%以上。一是突出抓好县城建设。按照“一带四区”(沿洛河经济带和东城产业集聚区、西城文化旅游区、南城商业物流区、北城商住休闲区)联动发展的总体布局,努力将县城打造成产业支撑型、商业消费型、旅游休闲型、生态环保型的洛阳市卫星城。加快宜东新区开发步伐,按照文化为魂、水系为韵、生态良好的理念,最大限度地做足、做活山水文章,完善相关配套设施,合理布局公园、绿地,吸引更多的行政机关、金融机构和高科技项目入驻,把宜东新区打造成县级新区开发的新亮点。加大老城区改造力度,按照“政府主导、政策引导、整村规划、分步实施”的原则,全力加快城中村、城郊村改造步伐,“十二五”末,所有城中村、城郊村改造要全部结束。积极实施路网、管网、供水、供气、供热等基础设施工程建设,锦龙大桥、同力大桥建成通车,打造县城“十纵十横加两环”的快捷道路网络;加快实施“双气”入城入区入户工程,实现城区供热、供气全覆盖。二是突出抓好中心乡镇建设。以乡镇“十个一”工程建设为抓手,通过发展乡镇特色产业、建设特色民居、挖掘特色民俗等措施,进一步完善基础设施,集聚人气、集聚产业、集聚商机,建设特色小城镇。三是突出抓好交通、电力等基础设施建设。按照“优化布局、提升功能、体现特色、适度超前”的原则,建立健全以工哺农、以城带乡的长效机制,加强道路交通、农田水利、安全饮水、电力通讯等基础设施建设,着力改善城乡基础设施和生产生活条件,缩小城乡差别,加快城乡一体化进程。

(五)坚持推进三产服务业,突出抓好旅游经济,着力打造宜游宜阳。大力改造传统服务业,发展现代服务业,逐步形成包括旅游、现代商贸和现代物流、房地产、信息产业等在内的复合型产业。“十二五”末,服务业增加值占地区生产总值的比重要达到36%以上。一要大力发展旅游产业。按照“政府引导、市场运作、社会参与、建管并重”的理念,围绕“三山一寺一水一名人”,加大策划、包装、宣传和营销力度,着力打造河南省文化旅游名县。要重在挖潜,充分利用宜阳深厚的文化底蕴,在佛教文化、道教文化和汉唐文化上做文章,丰富旅游文化,提升旅游特色。要重在服务,促进餐饮、宾馆、商贸等配套旅游服务业的发展,以良好的环境促进旅游业快速发展。要重在建设,以深度开发做精老景区,以多元投入开发新景区。加快推进灵山、花果山、香鹿山等优势景区开发建设力度,全力打造2家至3家国家4A级景区,尽快把我县的文化资源优势转化为经济优势,把宜阳建成集自然观光、休闲度假、避暑养生及文化旅游于一体的综合型旅游胜地,使旅游经济成为新的经济增长点。二要大力发展房地产、现代服务等新兴产业。依托洛河阳光水岸开发、老城区改造和宜东新区开发,大力发展楼宇经济,确保完成50个商业住宅小区和150栋高层开发建设。积极培育职业培训、中介咨询、文化娱乐、会展经济等新兴行业,努力为我县发展带来更多的人流、物流、资金流和信息流。三要大力发展商贸物流业。坚持城乡市场优势互补、错位竞争的原则,高起点规划、高水平开发,着力加快世纪广场商贸城、锦屏商业中心、医药商城、农贸城等重点商业项目开发。积极引进大张量贩、沃尔玛等知名商贸企业到我县投资,培育和打造新型购物中心和特色购物区。大力发展现代物流业,加快冷链运输、建材、邮政仓储配送等物流园区建设。扎实推进“万村千乡市场工程”,继续完善农家店网络建设,繁荣活跃农村市场。

(六)坚持以人为本,突出抓好民生改善,着力打造和谐宜阳。始终坚持物质文明、政治文明和精神文明一起抓,切实维护好、实现好、发展好人民群众的根本利益,努力用和谐凝聚人心,促进发展。一要大力发展社会各项事业。加快卫生事业发展,以医药卫生体制改革为主线,重点抓好县医院整体搬迁和中医院、妇幼保健院改扩建等工程建设,建立健全公共卫生和城乡医疗服务体系,不断提高医疗救助水平。优先发展教育事业,按照“一保三放开”的原则,鼓励支持民办教育快速发展;推进教育网点布局调整,努力实现全县各阶段教育均衡发展。积极发展文化事业，以“农村文化建设工程”和“农家书屋”工程建设为载体，抓好16个乡镇文化站建设，实现社区文化活动中心全覆盖。切实加强人口和计划生育工作，稳定低生育水平。大力实施节能减排、环境保护工程，全面启动新一轮碧水蓝天工程，全力打造山青水秀、环境优美、生态宜居新宜阳。二要强化社会保障。千方百计扩大就业，全面落实促进就业的各项政策措施，大力发展劳动密集型产业，深层次开发就业岗位，让更多群众有事可干、有业可创、有钱可挣。健全社会保障体系，积极完善养老、医疗、失业保险等制度建设，构建以城乡居民最低生活保障制度和新农保制度为基础、其他专项救助制度为辅助的社会救助体系；发展城乡社会救济和福利事业，加大对弱势群体的帮扶力度。加强保障性住房建设，建设各类保障性住房12万平方米。加大扶贫开发力度，投资4.1亿元实施整村推进、老区建设、搬迁扶贫和集中供水等工程建设，集中力量改善贫困村的基础设施、村容村貌。三要全力维护社会稳定。建立健全社会矛盾纠纷调处机制，认真落实“预约接访、带案下访、主动劝访、及时回访、打击闹访”工作机制，及时化解各种社会矛盾。落实安全生产责任制，健全安全生产监管体制，强化安全隐患排查，坚决遏制重特大安全事故，确保人民群众生命财产安全。深入开展平安宜阳创建活动，加强社会治安防控体系建设，严厉打击各种违法犯罪活动，努力营造平安和谐的社会环境。四要扎实推进精神文明建设。深入开展社会公德、职业道德和家庭美德教育，加强未成年人思想道德建设，广泛开展文明镇村、文明社区、文明行业等群众性精神文明创建活动，努力在全社会形成良好的道德风尚。继续办好“灵山文化节”、“荷花节”、“音乐烟花爆竹节”、“滨河之声”广场文化活动、“千场电影乡村行”等节日文化活动，不断丰富广大群众的精神文化生活。五要积极推进民主法制建设。坚持和完善人民代表大会制度，积极支持人大及其常委会依法行使职权。推进人民政协政治协商、民主监督、参政议政的规范化、制度化、程序化建设，巩固和发展新时期最广泛的爱国统一战线。加强和改善对工会、共青团、妇联、老干部、科协、工商联等群团组织的领导，支持他们依照各自章程开展工作，充分发挥其桥梁和纽带作用。支持国防和军队建设，深入开展国防教育、拥军优属和军民共建活动，继续保持省“双拥模范县”荣誉。

三、全面加强党的建设

要实现“十二五”经济社会跨越发展和“福民强县”的奋斗目标，关键在于加强和改进党的建设，充分发挥各级党组织的领导核心作用、领导干部的表率带头作用和广大党员的先锋模范作用。我们必须坚持以提高党的执政能力为核心，全面加强党的建设。

（一）加强思想政治建设。坚持以“三个代表”重要思想为指导，以科学发展观为统领，进一步强化理论武装，不断增强党员队伍的政治素质和理论水平。大力弘扬宜阳精神，以宜阳精神凝聚合力，激发全县人民干事创业的热情，把精神动力转化为加快发展、科学发展、福民强县的生动实践；以宜阳精神提振士气，激励全县上下鼓足干劲，振奋精神，开拓创新，争先晋位，永远走在时代前列，不断实现改革和发展的新突破；以宜阳精神加快发展，争取各项工作走在全市前列。要弘扬理论联系实际的学风，教育和引导广大党员干部树立正确的政绩观，把实现“福民强县”作为一切工作的出发点和落脚点，兢兢业业干工作，实实在在创业绩，不断推进宜阳各项事业的健康快速发展。

（二）加强领导班子建设。各级党组织和领导干部要适应新形势、新任务的要求，围绕科学执政、民主执政、依法执政，着力提高贯彻科学发展观的能力、驾驭全局的能力、处理利益关系的能力和务实创新的能力，努力成为团结带领全县干群实现“福民强县”目标的坚强领导集体；坚持民主集中制，按照“集体领导、民主集中、个别酝酿、会议决定”原则，对“三重一大”（重大事项决策、重要干部任免、重要项目安排、大额度资金的使用）事项的决策，通过召开县委常委会和民主生活会，认真听取各套班子成员意见，更好地集中集体的智慧和力量，推进决策的科学化、民主化；充分发挥党委总揽全局、协调各方的领导核心作用，努力营造平等民主、心情舒畅的领导局面，形成思想统一、团结向上的领导环境。

（三）加强干部队伍建设。认真贯彻落实《党政领导干部选拔任用工作条例》和“五重五不简单”的要求，进一步深化干部人事制度改革。建立健全领导干部政绩考核评价机制，坚持推行领导干部任职承诺和平时考核相结合的机制，把考核结果作为干部选拔任用的重要依据。坚持从基层一线选拔干部制度，注重从急难险重岗位中选拔优秀干部。推行差额选拔干部制度，坚持综合考量、优中选优。从严抓好干部监督管理工作，不断完善干部监督机制。继续坚持“工作承诺”、“双谈双评”等制度，实现以制度管人，以制度管事，以作风转变提升效能、提升形象，营造以好的作风选人、选作风好的人的用人环境。

（四）加强基层组织建设。坚持“围绕中心、服务大局，分类指导、整体推进，开拓创新、求实求效”的方针，进一步提升基层党建工作整体水平。健全和落实基层党建工作责任制，加强基层党建工作绩效考评，落实党务公开，扩大党内民主，构建县委总负责、各职能部门协调配合、各基层党组织齐抓共管的党建工作新格局。探索适应新农村建设和农村经济发展的党组织设置方式，形成与经济社会发展更加适应的基层组织框架。加强农村党员干部队伍建设，加大农民党员发展力度，完善村干部绩效工资制度，激发农村干部干事创业热情。创新工作载体，积极开展符合基层特点的党建活动，进一步实施先锋示范工程、深化创先争优活动，在乡镇党委中开展“三转两促”（转变思想观念、转变工作作风、转变领导方式，促进经济发展、促进社会和谐）活动，以领导观念、领导方式的大转变实现新农村建设的大跨越，农村经济的大发展。继续在农村党支部中开展“五有三定”活动，加强对后进村的集中整顿，全面提升农村党建工作整体水平。

（五）加强党风廉政建设。坚持党要管党，从严治党，认真落实党风廉政建设责任制，形成防止和惩治腐败的合力；不断完善反腐倡廉领导体制和工作机制，扎实推进教育、制度、监督并重的惩防体系建设，不断提高党风廉政建设和反腐败工作的整体效能，提高领导干部拒腐防变能力；坚持严格依法依纪办案的原则，进一步加大违法违纪案件查处力度，对任何腐败分子和腐败行为都要彻底查处；加强对权力部门的监督和制约，全力打造“阳光宜阳”；着力加强干部队伍作风建设，进一步提高工作执行力和行政效能；坚决纠正损害群众利益的不正之风，切实维护群众合法权益。广大党员干部要牢记党的宗旨，树立正确事业观、政绩观、价值观，常修为政之德，常思贪欲之害，常怀律己之心，常念百姓之苦，常想责任之重，对事业要有进取之心，对权力要有敬畏之心，对名利地位要有平常之心，真正做到为民、务实、清廉，使我们党的事业永远立于不败之地。

各位代表、同志们！雄关漫道真如铁，而今迈步从头越。展望未来，我们已站在新的历史起点上，一幅壮丽的历史画卷已展现在我们面前，任何艰难险阻也挡不了70万宜阳人民披荆斩棘、阔步前行的雄健步伐。我们有充分理由相信：有市委、市政府的正确领导，有五年来全县经济社会发展打下的坚实基础，有五年来全县广大党员干部和人民群众锐意进取、团结拼搏积累的精神财富和创业热情，宜阳的明天一定会更加美好，全面建设宜居宜业新宜阳的目标一定能够实现！

县城一角

政府工作报告

——2011年2月20日在宜阳县第十二届人民代表大会第六次会议上

县长　黄晓玲

各位代表：

现在，我代表县人民政府，向大会作政府工作报告，请予审议，并请各位政协委员和列席人士提出宝贵意见。

一、2010年及"十一五"工作回顾

2010年是"十一五"的收官之年，也是宜阳经济社会发展极不平凡的一年。一年来，在市委、市政府和县委的正确领导下，在县人大、县政协的大力支持下，全县上下团结一致，开拓进取，圆满完成了县十二届人大五次会议确定的工作任务和市定的各项责任目标。预计全年实现生产总值127.9亿元，同比增长11.5%。实现地方财政一般预算收入4.27亿元，增长17.9%。全社会固定资产投资170.4亿元，增长21.8%；城镇固定资产投资141.7亿元，增长22.5%。城镇居民人均可支配收入13410元，增长12.5%。农民人均纯收入4598元，增长10.3%。

——项目建设成效显著，工业实力明显增强。实施千万元以上工业项目84个，总投资61.6亿元。投资5.6亿元的骏马化工25万吨硝基复合肥、投资5亿元的河南华宇公司850吨光伏产品、投资2亿元的洛凌轴承、投资1亿元的刚阿轴承等29个项目加快建设，投资1亿元的宏元工贸精密铸件、投资1亿元的龙翔建材三期等55个项目建成投产。尤其是投资7.2亿元的黄河同力二期生产线竣工投产，年产量达500万吨，成为河南省最大的水泥生产企业。实现规模以上工业增加值38.9亿元、利润8.6亿元，分别增长22.8%、6.2%。民营经济增势强劲，实现营业收入210亿元、增加值63亿元、税金6.1亿元，分别增长27%、20.2%、11.3%。

——招商引资成绩突出，产业集聚明显加快。引进中化集团并购昇扬硅业、义煤集团2×120万吨原煤开采等总投资146.4亿元的105个项目，已开工95个。到位资金29.1亿元，占市定目标的145.3%。产业集聚区展现蓬勃生机，综合带动作用更加凸显。完成投资42亿元，增长29.2%。实施

县长黄晓玲在作报告

基础设施项目21个，新修、改建道路13条22公里，铺设供水、供气、供热管网31公里。新上工业项目19个，其中亿元以上项目11个。实现销售收入45.5亿元，增长23.5%。入库税金2.6亿元，增长14.8%。综合排序跻身全省前30强。

——现代农业快速发展，农业结构明显优化。粮食总产达到36.7万吨，取得了近年来的最好收成。种植优质花生4万亩，新建蔬菜基地4030亩。现代烟草农业加快发展，建成黄金叶和娇子品牌两个基地单元，收购烤烟534万公斤，实现烟叶税1617万元。畜牧业发展迅速，江苏雨润集团投资6亿元的福润公司年屠宰加工200万头生猪项目开工建设，东汉禽业两个肉鸭养殖小区正在建设，规模化养殖企业达到65家，发展专业养殖户1210户。林业生态建设加快，新建核桃基地1.7万亩，造林绿化6.5万亩，荣获河南省林业生态县称号，香鹿山生态园被确定为省级森林公园。新农村建设扎实推进，硬化通组通户道路285公里，新建农村社区服务中心14个。完成整村推进扶贫16个村，搬迁扶贫214户。解决安全饮水2.8万人，完成寺河、席沟和演礼沟中小型水库除险加固，恢复改善灌溉面积3.8万亩，蝉联河南省农业生产最高奖——红旗渠精神杯。

——县城建设强力推进,城市形象明显提升。围绕"一年大变样、三年出形象、五年上品位"的目标,县城建设改造高潮迭起,当年完成投资16.6亿元,拆迁40万平方米,开工87.5万平方米,建设新型住宅小区27个,实施高层建筑48栋,封顶26栋,改扩建道路18条44公里,铺设各类管网72公里,城市综合承载能力和公共服务水平明显提高。宜东新区开发全面启动,红旗环岛建设工程竣工,党校、县医院迁建、工商局"12315"服务中心和第二污水处理厂等项目加紧实施。红旗大道景观改造取得明显成效,怡泽大厦、副食品公司大楼等竣工投用,市政大厦、世纪广场等正在实施。白庙、西街等城中村改造快速推进,锦绣花园、锦屏花园、屏沅小区、红旗小区等具备入住条件。北城区开发步伐加快,幸宜小区、府琛花园等建成投用,公安局110指挥中心大楼、计划生育服务中心大楼投入使用,金东瑞福苑、龙兴小区等开工建设。阳光水岸一期竣工、二期在建,形成了3公里长、3345亩的水系景观。滨河公园建成开放,新增绿地24.2万平方米。

——基础设施建设加快,支撑能力明显提高。投资3.7亿元,完成八官线柳泉段、安虎线灵山段改建和创业大道、李贺大道拓宽等96.8公里公路建设,投资2.4亿元的16.4公里洛宜快速通道宜阳段完工,投资2200万元的花果山洛河大桥竣工通车。投资3.1亿元的寻村220千伏变电站、宜城线和西十线35千伏变电站等项目投入使用。投资7600万元建成59个3G、10个2G移动基站,通讯保障能力进一步增强。投资1158万元完成县城住宅小区网线扩容,网络传输质量进一步提高。

——财政金融运行良好,保障能力明显加强。地方财政一般预算收入在洛阳市9县6区中首次率先超额完成任务,受到了市政府通报表彰。税收收入2.9亿元,增长23.1%,占地方财政一般预算收入的比重达到67.4%。向上争取支持力度加大,争取各类资金9亿元。一般性支出从严控制,全年地方财政一般预算支出14.2亿元,增长11.1%,重点领域资金需求得到保障。金融机构存款余额52.6亿元,较年初增长20.3%;贷款余额14.8亿元,增长3.2%。融资担保贷款3.3亿元。"万村千乡市场工程"深入开展,乡级农家店实现全覆盖。社会消费品零售总额达到41.1亿元,增长17.8%。

——民生实事圆满完成,群众生活明显改善。省、市涉及我县的75项和县定的20项民生实事全部完成。高招上线2228人,保持全市前三强。双语实验学校一期投入使用,大班额问题得到缓解,投资3亿元的职教中心开工建设。"卫十一"项目稳步推进,全国基本公共卫生服务均等化试点工作现场会在我县召开。新增就业1.01万人,发放小额担保贷款6142万元,劳务输出18.3万人次。征缴五项保险1.2亿元,城镇居民医保参保4.6万人,社会化发放企事业单位离退休职工养老金1.1亿元。柳泉、寻村、董王庄等3所敬老院完成改扩建,倒房重建950间全部完工,发放城乡低保金、五保金4238万元。建设廉租房、经济适用房4.5万平方米。

——社会建设扎实推进,各项事业明显进步。投资2亿元的灵山开发快速推进。柳泉、寻村、穆册3个乡镇文化站投入使用。建成农民体育健身工程18处,为289个行政村配备了"一场两台"(一个篮球场,两个乒乓球台),全省农民体育健身工作现场会在我县召开。国土资源管理更加规范,项目用地得到有效保障,补充耕地工作走在全省前列。排污企业整治查处力度加大,节能减排指标控制在市定目标以内。第六次全国人口普查扎实开展。"十二五"规划编制完成。残疾人事业快速发展,荣获"河南省残疾人康复示范县"称号。人口控制计划圆满完成,获得全省计划生育优质服务先进县称号。民主法制和精神文明建设持续加强。自觉接受人大、政协监督,办理人大代表建议、政协委员提案156件,满意率98%。"五五"普法通过验收,群众法制意识不断增强。深入开展"两转两提"活动,政府自身建设得到加强。扎实开展各类精神文明创建活动,公民道德水平不断提高。落实安全生产和信访稳定工作责任制,加大隐患排查和整治力度,社会大局保持稳定。过去一年,审计、科技、广电、物价、农机、气象、盐业、人防、档案、地方志、民族宗教等各项工作迈上了新台阶。

各位代表!2010年各项工作目标的实现,为我县"十一五"的发展划上了圆满句号。经过五年的持续攻坚,尤其是近年来的顽强拼搏,县域经济高速增长,群众生活明显改善,各项事业全面进步,成为宜阳历史上发展最快、效果最好的时期之一。

五年的快速发展,以荣获河南省经济社会发展快县为标志,县域经济跃上新台阶。2010年全县生产总值达到127.9亿元,是2005年45.4亿元的2.8倍,年均增长14.9%;地方财政一般预算收入4.27亿元,是2005年1.5亿元的2.9倍,年均增长23.2%。

五年的艰苦奋战,以产业集聚区荣获全省发展又好又快产业集聚区为标志，工业兴县跃上新台阶。2010年实现工业增加值50.5亿元，是2005年13亿元的3.8倍，年均增长30.9%；对经济增长的贡献率达到52%，较"十五"末提高12.8个百分点。

五年的持续推进，以蝉联红旗渠精神杯为标志，农村经济跃上新台阶。粮食生产连年丰收，农业结构持续优化。森林覆盖率达到26.7%，农村自来水普及率提高到47.5%，分别较"十五"末提高7个和17个百分点。扶贫开发87个村，脱贫4.5万人。

五年的建设改造，以荣获国家卫生县城为标志，城乡建设跃上新台阶。完成投资40亿元，实施基础设施330项，新建改建城区道路29条。建成洛河大桥两座。撤乡建镇4个。全县公路密度达到每百平方公里130公里，是2005年35公里的3.7倍。

五年的倾力投入，以荣获河南省平安建设先进县为标志，人民群众生活水平跃上新台阶。城镇居民人均可支配收入、农民人均纯收入分别是2005年的2.1倍和1.9倍。投资13.7亿元，办理和群众利益密切相关的实事70件。新型农村合作医疗、城镇居民医保实现全覆盖。

各位代表！"十一五"取得的这些成绩，是市委、市政府和县委正确领导的结果，是县人大、县政协大力支持的结果，是全县人民凝心聚力、艰苦奋斗的结果。在此，我代表县人民政府，向全县人民，向人大代表和政协委员，向驻宜部队、武警官兵和公安干警，向所有关心支持宜阳发展的各界人士，致以崇高的敬意和衷心的感谢！

各位代表！在肯定成绩的同时，我们也看到发展中存在的一些问题：人口基数大，人均公共服务水平不高；二三产业发展水平偏低，经济结构有待调整；各方面利益诉求增多，构建和谐宜阳还面临诸多挑战；政府职能部门的服务意识和办事效率有待提高，经济发展环境还需要进一步优化等。对这些问题，我们一定高度重视、认真解决。

二、"十二五"的发展思路和目标任务

"十二五"时期，是我们全面建设小康社会、实现福民强县的关键期，也是深化改革开放、加快经济转型的攻坚期。我们面临着中原经济区正式上升到国家战略层面的新机遇，面临着洛阳市建设国际文化旅游名城、在中原经济区建设中争当"三化"协调发展示范市的新机遇。同时，我们也面临着发展方式转变、经济结构调整、发展任务更重等诸多新挑战。但是，机遇大于挑战，希望多于困难。我们必须抢抓机遇，加快发展，努力开创"十二五"发展的新局面。

根据县委十届十一次全会精神，"十二五"期间宜阳经济社会发展的总体目标是："福民强县"，实现"两个高于，两个确保"。"两个高于"，即城乡居民幸福感、安全感和对党委、政府工作的满意度高于全市平均水平，经济发展的质量和效益、生产总值和财政收入增速高于全市平均水平；"两个确保"，即确保安全生产绝对不出大的问题，确保社会稳定绝对不出大的问题。

发展战略是：实施产业立县、工业兴县、科教强县、生态大县和旅游名县"五大战略"。

发展定位是：将宜阳建成河南省新型工业化发展示范县、河南省文化旅游名县、河南省"三化"协调发展示范县和宜居宜业宜游的洛阳市卫星城。

发展重心是：实施工业经济、民营经济、农业经济、城镇经济、旅游经济"五轮驱动"。

发展路径是：推进新型工业化、特色城镇化、农业现代化、城产一体化和洛宜一体化"五化进程"。

发展布局是：工业上着力培育能源、化工、冶金、建材、装备制造、硅镁新材料等六大支柱产业，农业上着力培育现代烟草、畜牧养殖、蔬菜花卉、油料作物、黑色作物、农副产品深加工等六大主导产业。

发展保障是："6+1"考评体系和"一抓三创"（"6+1"考评体系，即科学发展、公共安全感、环境创优、效能提升、重点企业、安全生产和群众诉求等指标考核；"一抓三创"，即抓项目建设和全民创业、全面创新、环境创优）。

今后五年的发展蓝图是：

——经济总量扩张要进一步加快。生产总值和全社会固定资产投资年均增长12%以上，地方财政一般预算收入年均增长15%以上，到2015年分别突破200亿元、300亿元和8亿元，城镇居民人均可支配收入、农民人均纯收入分别突破2万元和8000元。

——工业化进程要进一步加快。全县规模以上工业增加值年均增长20%以上，占生产总值的比重达到50%以上，支柱产业增加值占工业增加值的比重达到60%以上。民营经济快速发展，占经济总量的比重达到65%以上。

——农业现代化进程要进一步加快。粮食产量保持在35万吨以上。实现传统农业向现代农业转变，农业产业化经营对农民人均纯收入的贡献率达到55%以上。新农村建设持续推进，建成一批基础设施完善、公共服务健全、生活环境优美的新型农村社区。

——城镇化进程要进一步加快。城镇化率达到50%。城中村、城郊村改造全部完成,城区供气、供热实现全覆盖,新型住宅小区和高层建筑分别达到50个和150栋。融入洛阳市"一中心五组团"发展,成为"五组团"发展的示范县。

——民生改善进程要进一步加快。建立广覆盖、保基本、多层次、可持续的社会保障体系,使广大人民群众的上学难、就业难、看病难、住房难等问题得到有效缓解,社会和谐文明程度进一步提高,人民群众的安全感和幸福指数进一步提升。

各位代表!《宜阳县国民经济和社会发展第十二个五年规划纲要(草案)》审议通过后,我们将严格按照规划蓝图,转变发展方式,提高发展质量,加快发展步伐。我们坚信,有市委、市政府和县委的正确领导,有全县人民的齐心协力、奋勇拼搏,"十二五"规划的宏伟蓝图一定能够如期实现!

三、2011年的目标任务和重点工作

2011年是"十二五"规划的开局之年,做好今年的工作对"十二五"的发展至关重要。今年政府工作的指导思想是:深入贯彻落实党的十七大、十七届五中全会精神,以福民强县为目标,以科学发展为主题,以转变发展方式为主线,以五大战略统揽全局,以五轮驱动为发展重心,以五化进程为发展路径,坚决打好项目建设、经济转型、机制转换、城市提升、民生改善、环境创优"六大攻坚战",努力实现"十二五"规划的良好开局。

全年发展的主要预期目标是:生产总值增长12%,地方财政一般预算收入增长13.8%,全社会固定资产投资增长15%,其中城镇固定资产投资增长18%,社会消费品零售总额增长16%,城镇居民人均可支配收入增长7.5%,农民人均纯收入增长6.5%,单位生产总值能耗降低3.4%,人口自然增长率控制在6.5‰以下,城镇登记失业率控制在4.5%以内。

安排投资超亿元的工业项目10项:

1. 投资30亿元的义煤集团2×120万吨原煤
2. 投资8.1亿元的中化集团8万吨金属硅
3. 投资7亿元的北京金汇通公司标准化厂房
4. 投资6亿元的福润公司食品工业项目
5. 投资5.8亿元的轴承专业园
6. 投资5.6亿元的骏马化工25万吨硝基复合肥
7. 投资5亿元的河南华宇公司850吨光伏产品
8. 投资2.8亿元的深圳海斯迪公司锂电池
9. 投资2亿元的向阳红公司拖拉机生产线
10. 投资1.8亿元的伊众公司清真肉类食品工业园

安排投资超亿元的公益和基础设施项目10项:

1. 投资37.5亿元的"1150"工程(建设10个精品社区,推进10个城中村改造,搞好50栋高层建筑)
2. 投资5亿元的宜东新区开发
3. 投资3.5亿元的世纪广场商贸城
4. 投资3.2亿元的城区供热工程
5. 投资3亿元的职教中心
6. 投资2.4亿元的"1022"工程(改扩建10条城区道路,新建2座洛河大桥、2个市民广场)
7. 投资1.5亿元的2.9公里阳光水岸二期工程
8. 投资1.5亿元的县医院迁建工程
9. 投资1.5亿元的锦龙大酒店
10. 投资1.1亿元的阳光幼儿活动城

办好与群众利益密切相关的福民实事10项:

1. 新农保工程。投资6000万元,启动新型农村社会养老保险试点工作,力争从2011年10月份起,对符合政策规定年满60周岁的农村老人,每人每月发放60元养老金,让改革开放的成果惠及全县8.3万名农村老人。

2. 社会保障工程。城镇企业退休职工基本养老金提高10%。完善城乡低保及五保供养制度,城镇低保人均每月不低于145元,农村低保人均每月不低于60元;集中供养标准人均每年不低于2400元,分散供养标准人均每年不低于1200元。

3. 惠农扶持工程。落实国家粮食种植补贴、农资综合补贴、农机具购置补贴、优质良种补贴、退耕还林补贴、"家电下乡"和"摩托车下乡"等各项惠农政策。

4. 医疗保障工程。推进基本公共卫生服务均等化试点工作,人均基本公共卫生服务经费不低于20元,提高新农合、城镇居民医保的财政补助标准。完善城乡困难群众补充医疗保险和重大疾病医疗救助制度,实施国家基本药物制度。

5. 就业再就业工程。培训农民工、下岗失业人员1.5万人。新增城镇就业6200人,下岗失业人员再就业2600人,其中就业困难人员再就业750人,开发公益性岗位400个,发放小额担保贷款3000万元以上。

6. 住房保障工程。投资8000万元,建设2万平方米经济适用房、4.2万平方米廉租住房、1万平方米公租房,实施2000户农村困难群众危房改造。

7. 农村电网改造工程。投资5000万元,开工建设莲庄、董王庄两个输变电工程和白杨110千伏变电站,新建10个新农村电气化项目。

8. 旧城改造工程。投资5.6亿元,实施红旗路、解放路、锦屏中路、李贺大道等沿线旧城改造项目,完成拆迁30万平方米,开工建设37万平方米。

9. 城区供气供热和排污工程。实现北城区供气全覆盖,并向老城区铺设管网,力争城区供气覆盖率达到70%;逐步解决城区居民采暖问题,完成供热100万平方米以上;实施排污管网建设改造47公里。

10. 新农村建设工程。投资4000万元,实施整村推进扶贫10个村、搬迁扶贫200户,完成10个市级示范村、20个重点整治村建设,硬化通组通户道路200公里,新建10个农村社区服务中心、3个新型农村社区。

今年的工作重心是打好"六大攻坚战",这是全年经济社会发展的主旋律,是加快推进福民强县的主战略。我们要打好"六大攻坚战",在全市"6+1"考评中争创佳绩,实现"十二五"发展的良好开局,需要重点做好以下八个方面的工作。

(一)突出项目建设,加快发展工业经济

打好项目建设和经济转型攻坚战,把项目建设作为调结构、促转型的重要抓手,以项目建设为重点,以产业集聚区为载体,优化工业结构,扩张工业总量,做大做强重点企业,努力建设河南省新型工业化发展示范县。

狠抓骨干项目建设。力争全年实施千万元以上工业项目81个,完成投资45亿元。加快在建项目进度,重点抓好投资5.8亿元的轴承专业园、投资5.6亿元的骏马化工25万吨硝基复合肥、投资5亿元的河南华宇公司850吨光伏产品、投资1.5亿元的前进公司生产线扩能、投资6120万元的黄河同力消纳城市生活垃圾示范线等29个项目,促使项目尽早投产达效,成为县域经济发展新的增长点。加强跟踪服务,促使投资8.1亿元的中化集团8万吨金属硅、投资2.8亿元的深圳海斯迪公司锂电池、投资2亿元的拖拉机专业园等52个项目尽快开工,全面掀起建设高潮。力争投资30亿元的义煤集团2×120万吨原煤项目上半年开工建设,促使投资50亿元的大唐热电2×60万千瓦煤电一体化项目尽快上马,努力实现大项目建设的新突破。

加快推进产业集聚。围绕建设省级创新型产业集聚区的目标,强化基础设施建设,加快入驻企业发展,提高产业集聚区的综合实力。实施滨河路、建业路、富兴路、南环路等9条道路改扩建,搞好供水、供热、供电等配套设施建设。投资10亿元,开工建设北京金汇通公司、祥和置业公司两个标准化厂房项目。依托轴承专业园、拖拉机专业园建设,吸引更多项目入园发展。创新集聚区管理模式,加大政策扶持力度,促使企业加快发展。加快仓储物流、金融信贷、商务休闲等业态发展,为企业发展壮大提供更多便利条件。

继续搞好企业服务。突出抓好纳税超千万元、销售收入超亿元企业发展,保障煤、电、油、运等生产要素供应衔接,加强运行分析和监测监控,及时发现并解决倾向性、苗头性问题,保障企业正常运营。鼓励前进公司、黄河同力、义络煤业、骏马化工等重点企业扩大生产规模,拉长产业链条,逐步做大做强。搭建银企合作平台,定期组织银企洽谈活动。扩大担保和融资规模,想方设法破解融资难题。

(二)突出机制转换,加快招商引资步伐

打好机制转换攻坚战,坚持把改革作为应对复杂局面的全局性、关键性举措,逐步解决深层次矛盾和问题。以改革促开放,以开放促发展,通过改革开放引进更多项目、资金、技术和人才,为经济发展注入强大动力和活力。

加快推进各项改革。按照"福民优先、公开透明、因地制宜"的原则,加快事业单位改革,确保年底前大头落地。围绕经济效益最大化的原则,使所有的企业、所有能够经营的事业单位、所有能够进行市场运作的产业,通过改革激发活力,创造更多的财富和效益。积极拓宽改革开放领域,扩大金融、物流、文化、旅游等服务业对外开放,加大教育、卫生、科技等社会事业领域开放力度,大力推进城乡建设、现代农业等领域对外开放,弥补发展短板,促进经济社会协调发展。

大力开展招商引资。围绕全年签约千万元以上项目100个、亿元以上项目15个、国内500强或行业50强项目两个以上、到位省外资金20亿元的目标,全力加快招商引资步伐。主动承接产业转移,把承接产业转移与调结构、育集群、构建现代产业体系结合起来,围绕高成长性产业、传统优势产业、先导产业发展,突出龙头带动、市场带动、配套带动、技术带动,努力实现承接产业转移的新突破。主动实施"走出去"战略,参加厦交会、广交会、中博会、豫洽会等招商活动,积极参加中国洛阳牡丹文化节,力争签约更多项目。继续抓好已签约重大招商项目跟踪推进,提高项目开工率和投产率。完善联审联批制度和外来投资投诉处理机制,营造良好发展环境。

大力发展民营经济。加快三乡、白杨、柳泉、张坞等乡镇专业园区建设,搞好产业配套、市场支撑和综合服务能力建设,着力培育优势主导产业,推动民营经济快速发展。完善和落实各项优惠政策,扎实推进全民创业。积极开展“财力返乡、智力返乡”活动,鼓励和引导外出务工、经商成功人士回宜投资兴业。创新书记工程管理方式,加强招商指导和项目督导,力争每个乡镇都能够新上一个投资3000万元以上的项目。

(三)突出农民增收,加快发展现代农业

牢固树立“重中之重”的战略意识,加大“三农”投入,促进传统农业向现代农业转变,在工业化、城镇化加快发展中协调推进农业现代化,努力实现农业增效和农民增收。

调整优化农业结构。落实强农惠农政策,扩大优质作物种植规模,确保粮食安全。持续推进现代烟草农业,抓好投资5000万元的柳泉、高村、董王庄基地单元建设,加大科技投入,提高烟叶质量,力争实现烟叶税2500万元以上。加快福润公司项目建设,在莲庄、赵保、董王庄、盐镇等乡镇发展生猪养殖业,年增加生猪出栏30万头。加快伊众公司和东汉禽业项目建设,搞好肉牛养殖和肉鸭养殖。扩大蔬菜花卉种植规模,发展无公害蔬菜5000亩,种植花卉2800亩。实施油料倍增计划,积极培育20万亩优质花生基地。依托华裕公司,扩大黑色作物种植规模。加快发展农副产品深加工,引进更多的龙头企业。积极发展农民专业合作组织,提高农业产业化经营水平。

加强农田水利建设。筹资2.2亿元,实施12个农田水利建设项目。重点搞好张坞、三乡等土地整理项目,实施宜洛南渠、武坟灌区和柳泉井灌区节水改造等项目建设,解决10个乡镇25个村的3.5万人饮水安全问题,完成高村乡东亚水库、赵保乡胜利水库除险加固。新增有效灌溉面积1.9万亩、旱涝保收田1.8万亩,改造中低产田1.5万亩,治理水土流失18平方公里。

加快新农村建设。整合各类涉农资金,集中培育一批新农村建设典型。抓好通组通户道路、社区服务中心、新型农村社区、村容村貌整治和扶贫开发等项目建设,改善农村生产生活条件。发展核桃基地1.5万亩,实施锦屏山绿化和灵山对岸防护林建设,造林绿化5.9万亩。按照“依法、自愿、有偿”的原则,引导农村土地有序流转。

(四)突出城市提升,加快发展城镇经济

打好城市提升攻坚战。按照“四区联动”、“三级推进”的思路(“四区”即老城区、北城区、宜东新区和产业集聚区,“三级”即县城、中心镇和新型农村社区),以宜东新区开发为龙头,以阳光水岸为轴线,在老城区功能完善、北城区形象提升和产业集聚区承载能力提高上下功夫,高标准、高起点推进县城建设,努力打造“产业支撑型、商业消费型、旅游休闲型、生态环保型”的洛阳市卫星城。

强力推进宜东新区开发。把宜东新区作为产城融合的样板区、“三化”协调发展的示范区、经济发展的核心区来强力推进,在产业布局、基础设施、生态建设等方面与洛阳市区对接,努力实现洛宜一体化。加快党校、工商局“12315”服务中心等项目建设进度,实施县检察院、人劳局、公路局、地税局、军供粮站等单位迁建,搞好供水、排污、道路等项目建设,使宜东新区尽快成规模、聚人气、出形象。

加快老城区改造和北城区开发。高标准编制各类专项规划和控制性规划,科学指导老城区改造和北城区开发。重点实施总投资37.5亿元的“1150”改造工程,搞好阳光城二期、万嘉花园等10个精品社区,推进西街、白庙、铁炉、段村等10个城中村改造,建设市政大厦、世纪广场等50栋高层建筑,完成拆迁16万平方米,开工210万平方米。重点抓好投资2.4亿元的“1022”基础设施工程,加快北环路、滨河北路等10条道路建设,新建矿口大桥、同力大桥2座洛河大桥,高标准建设锦屏文化广场、西庄文化广场2个市民广场。

抓好中心镇建设和新型农村社区建设。加强小城镇经营管理,加快镇区基础设施建设,提高城镇综合服务水平。重点抓好投资8亿元的“710”工程,在7个中心镇(三乡、柳泉、韩城、白杨、赵保、张坞、樊村)建设“10个一”工程(建设一个综合性市民广场、一条高标准主街道和人行辅道、一座水质达标的供水站、一个垃圾收运处理设施、一个公共文化活动中心、一个福利院或敬老院、一个品牌连锁超市、一个农产品交易市场、一个汽车客运站、一个特色主导产业),完善城镇功能,方便居民生活。争取赵保、樊村撤乡建镇。按照“因地制宜、突出特色、稳步推进”的原则,建设3个新型农村社区。

加快交通电力等基础设施建设。投资3400万元实施南环路3.3公里东延工程,投资2500万元完成同力大道改造，投资900万元完成12公里县乡道改造等项目建设。投资5000万元，实施农村电网改造工程，搞好莲庄、董王庄两个输变电工程和白杨变电站等项目建设，实施10个新农村电气化项目。投资4500万元，实施30个3G和12个2G移动基站建设。

加强城区精细化管理。集中开展专项整治，巩固县城创建成果，确保通过国家卫生县城复检。加大城区公共绿地、排污管网、垃圾中转站等公益设施建设力度，完善城市功能。健全精细化管理长效机制，规范交通、卫生和经营秩序，营造干净舒适、更加美好的人居环境。

（五）突出旅游带动，加快发展现代服务业

把文化旅游业发展作为现代服务业发展的突破口，围绕“三山一寺一水一名人”等文化资源优势，科学编制发展规划，加大开发建设力度，着力打造河南省文化旅游名县。

搞好旅游景区建设。灵山开发重点实施观音广场、凤凰山综合治理、景区大门及水系景观等工程，全力创建国家4A级景区。加快阳光水岸二期开发，6月底前竣工，形成纵向5公里、横向500米的洛河水系景观带。挖掘锦屏山历史文化资源，加快建设主题文化公园。以香鹿山生态园跻身省级森林公园为契机，积极引进合作伙伴，努力提高开发档次。花果山重点实施游客中心、旅游步道、七峪飞瀑等工程，积极创建省级地质公园，确保“中国西游文化之乡”申报成功。整合李贺文化资源，创新开发思路，力争取得新突破。搞好韩都故城遗址保护，努力培育文化旅游新亮点。

推进服务业升级发展。科学编制服务业发展规划，促进文化娱乐、商贸物流、社区服务、金融信贷等现代服务业发展。加快世纪广场、锦屏影院改造等项目建设步伐，吸引丹尼斯、大张量贩等连锁企业入驻宜阳发展，提升服务业整体发展水平。加快老年公寓建设，推进社区服务业发展。综合运用多种方式，吸引开发商投资商业街区开发和保障性住房建设，促进房地产业健康发展。

（六）突出民生改善，加快发展各项社会事业

打好民生改善攻坚战，把改善民生作为加快发展的根本目的，认真办理省、市、县承诺的福民实事，切实解决好人民群众最关心、最直接、最现实的利益问题，促进各项事业全面发展。

增强财力保障。多渠道培植税源，依法加强税收征管，强化重点领域税源监控，严厉打击涉税违法行为，努力做到应收尽收。优化财政支出结构，重点向社会保障、城乡建设、教育、卫生等领域倾斜，解决好事关人民群众切身利益的实际问题。加强财政资金使用监督，健全投资评审机制，充分发挥财政资金效益。

提高社会保障能力。完善城镇职工、居民医保和新农合制度，扩大养老保险覆盖面，加快建立覆盖城乡的社保体系。启动新农保工程，逐步解决农村居民养老问题。稳步推进企业工资集体协商，切实维护职工权益。落实就业扶持政策，扩大小额担保贷款扶持范围，做好高校毕业生、农村劳动力、城镇就业困难人员、退役军人等群体就业工作。

积极发展各项事业。大力发展职业教育，加快总投资3亿元的职教中心项目建设，年底前一期建成投用。积极推进阳光幼儿活动城建设，逐步缓解入托难问题。实施国家基本药物制度，加快县医院迁建。搞好滨河文化广场建设，高标准组织“滨河之声”广场文化活动。完成第六次人口普查，争创全国先进县。加强资源节约和环境保护，搞好资源节约型、环境友好型社会建设。全面提高人口素质，努力稳定低生育水平。深入开展双拥共建，支持驻宜部队和民兵预备役建设，保持全省双拥模范县荣誉。重视社会福利事业，加快残疾人服务体系建设。继续做好审计、科技、广电、物价、农机、气象、盐业、人防、档案、地方志、民族宗教等工作。

（七）突出安全稳定，加快构建平安宜阳

把安全稳定作为各项工作的底线，采取一切必要措施，落实各项监管责任，确保安全生产绝对不出大的问题，确保社会稳定绝对不出大的问题。

高度重视安全生产。扎实开展“安全宜阳”创建活动，创新安全生产监管机制，突出暗访常态化和群众举报制，促进安全形势持续稳定。继续开展煤矿、非煤矿山、危险化学品、烟花爆竹、冶金建材和有色金属、建筑施工、交通运输、民爆物品、教育行业、消防安全等十大重点领域专项整治。坚持分级挂牌督办、公示公告、领导分包、例会催办等方式，抓好安全责任落实，消除各类事故隐患。积极探索煤矿安全监管长效机制，加大责任追究力度，严厉打击非法违法生产行为。

高度重视信访稳定和平安建设。认真落实信访工作责任制，深入开展突出问题专项治理，积极化解信访积案。完善领导干部接访、矛盾纠纷排查等制度，加大双向帮扶力度，从源头上预防和减少信访事项发生。搞好110便民服务平台建设。深入开展

“打黑除恶扫痞”专项行动,严厉打击“两抢一盗”等群众反映强烈的违法犯罪行为,不断净化社会空气,为宜阳发展撑起一片蓝天。

(八)突出环境创优,加强政府自身建设

打好环境创优攻坚战,深入开展“环境创优年”活动,用领导方式的转变加快发展方式转变。坚持“三具两基一抓手”,深入开展“两转两提”活动,努力建设人民满意的政府。

强化为民意识。把实现好、维护好、发展好人民群众的根本利益作为政府工作的出发点和立足点,坚持“群众利益无小事”、“企业发展至上”的理念,从群众最不满意的事情抓起,从群众最困难的事情办起,从群众最需要的事情做起。恪守为民之责、多办利民之事,做到权为民所用、情为民所系、利为民所谋,做到敢于担当、不辱使命,敢于任事、守土有责。

强化法治意识。严格按照法定权限和程序行使权力、履行职责。主动接受县人大、县政协监督,认真办理人大代表建议和政协委员提案。重视司法监督、媒体监督和群众监督,不断提高决策科学化、民主化水平。规范行政执法行为,完善执法监督约束机制,做到严格执法、公正执法、文明执法。

强化效能意识。对企业、群众请办的事项,该办的事情快办、特殊的事情特办、不会办的事情学着办,提高政府执行力和公信力。深入开展争做“人民满意的公务员”活动,加强公务员队伍教育管理。创新工作方式,改进运行机制,确保各项工作环环相扣、高效运作。

强化廉政意识。全面落实廉政建设责任制,完善预防和惩治腐败体系,从源头上预防腐败。加强行政监察和审计监督,加大案件查办力度,对各种违法违纪行为严惩不贷。大力弘扬艰苦奋斗、勤俭节约的优良传统,坚决制止铺张浪费行为发生。

各位代表!蓝图催人奋进,发展任重道远。让我们在县委的正确领导下,深入贯彻落实科学发展观,紧紧依靠和团结全县人民,在推进福民强县、振兴宜阳经济的伟大征程中开拓进取、奋勇争先,为建设美丽、富裕、和谐的新宜阳而努力奋斗!

红旗环岛

2010年国民经济和社会发展计划执行情况与2011年计划(草案)的报告

——2011年2月20日在宜阳县第十二届人民代表大会第六次会议上

县发展和改革委员会主任 李 珂

各位代表:

我受县人民政府委托,向大会报告2010年国民经济和社会发展计划执行情况与2011年计划(草案),请予审议,并请各位政协委员和其他列席人员提出意见。

一、2010年国民经济和社会发展计划执行情况

2010年,全县上下团结一心、开拓进取,积极实施项目建设提速年、招商引资深化年、县城建设提升年等"十大主题年"活动,保持了县域经济平稳较快发展,提高了人民群众的生活水平和质量,圆满实现了全年计划确定的目标任务。

(一)经济增长明显提速,综合实力进一步提升

全年完成生产总值127.9亿元,同比增长11.5%;规模以上工业实现增加值38.9亿元,增长22.8%;地方财政一般预算收入4.27亿元,增长17.9%;全社会固定资产投资170.4亿元,增长21.8%,其中城镇固定资产投资141.7亿元,增长22.5%;社会消费品零售总额41.1亿元,增长17.8%;城镇居民人均可支配收入13410元,增长12.5%;农民人均纯收入4598元,增长10.3%。主要经济指标在全市保持领先位次,加快发展的能力明显提升,经济综合实力进一步增强。

(二)项目建设成绩显著,发展后劲进一步增强

实施千万元以上工业项目84个,总投资61.6亿元,完成投资35.5亿元。黄河同力二期、中信重铸铁业有色金属生产线、洛矿集团活性氧化钙、凝瑞镁业镁合金、宏元工贸精密铸件、220kv变电站、龙翔建材三期墙地砖、忠诚公司秸秆发电、龙都水洗煤等总投资30.7亿元的55个项目竣工投产,为经济发展注入了强大活力。福润公司生猪屠宰项目、河南华宇公司光伏产品、轴承专业园、黄河同力消纳城市生活垃圾、奇航化工硅酸钠、骏马公司硝基复合肥等总投资30.9亿元的29个项目正在建设。2×60万千瓦热电联产、2×120万吨原煤项目取得实质性进展,将为我县工业经济的发展提供强力支撑。加强重点企业分类指导,工业效益稳步提升,实现工业增加值52.5亿元,增长15.5%,对经济增长的贡献率达到52%,较2009年提高9.8个百分点。规模以上工业实现增加值38.9亿元,增长22.8%。民营经济增势强劲,完成营业收入210亿元、增加值63亿元、上缴税金6.1亿元,分别增长27%、20.2%和11.3%。

(三)"三农"工作全面加强,农业结构进一步优化

狠抓粮食安全,全力解决春旱等影响粮食产量问题,粮食生产喜获丰收,总产达到7.3亿斤。在确保粮食增产、粮食安全的前提下,种植优质花生4万亩,新建蔬菜基地4000余亩。新增省级农业产业化龙头企业3家,农民专业合作社达到39家。畜牧业发展取得新突破,开工建设总投资6亿元的宜阳福润公司年屠宰加工生猪200万头项目。现代烟草农业快速推进,建成黄金叶品牌张坞基地单元和娇子品牌石村基地单元,收购烤烟534万公斤,实现烟叶税1617万元。生态建设效果明显,造林绿化6.5万亩,新建核桃基地1.7万亩,建成县城至灵山3500亩绿化带,栽植各类树木34.6万株,荣获"河南省林业生态县"称号。农田水利工程投入力度不断加大。解决2.8万人饮水安全,完成寺河、席沟和演礼沟3个中小型水库除险加固,实施永丰渠、幸福渠和韩城大渠现代农业项目,恢复改善灌溉面积3.8万亩,蝉联河南省红旗渠精神杯。新农村建设扎实开展,完成通组通户道路硬化285公里,新建农村社区服务中心14个。投资5036万元,完成16个整村推进扶贫,实施锦屏镇乔岩村和高村乡周玉村214户、986人的搬迁扶贫。

(四)城乡建设快速推进,县城品位进一步提高

强力推进特色城镇化,狠抓城乡建设投入力度。按照"一年大变样、三年出形象、五年上品位"的县城建设思路,城镇经济快速发展,城中村和旧城改造

进展顺利,基础设施逐步完善,县城品位进一步提升。宜东新区开发快速推进,红旗环岛及周边工程竣工投用,洛宜快速通道基本完工,“东出口”框架基本形成。县医院搬迁、县委党校、工商局“12315”服务中心和污水处理厂等工程正在加紧实施。县城建设改造顺利进行,10个城中村城郊村改造和旧城改造快速推进,完成投资8.2亿元、拆迁40万平方米、开工87.5万平方米。“十路两扩”项目已有汉兴路、西环路、黄兴路等8条道路竣工通车,纬一路、北环路和矿口路路网工程正在实施。开工高层建筑48栋,建成或封顶26栋,优化了城市空间资源。阳光水岸一期竣工,形成了3公里长的洛河水域,群众期盼已久水系景观初步呈现。交通电力等项目建设有序进展,花果山洛河大桥竣工通车,形成了县域“两横两纵加一环”的公路网络格局。220千伏变电站建成投用,满足了集聚区企业电力需求。

(五)集聚区快速发展,平台建设进一步加快

狠抓产业集聚区基础设施建设,投资1.8亿元建成标准化厂房10万平方米,投资1.69亿元修建(改建)道路13条、通车里程22公里;投资1.6亿元建设北区220KV变电站一座,投资7500万元完成李贺大道、创业大道拓宽改造工程,投资3200万元开工建设北城区供水厂,铺设供水管网12.96公里;投资2300万铺设集聚区供热管道5公里,并实现向企业供热;投资6096万元建设集聚区天然气站一个,完成集聚区12.7公里的供气管网铺设,投资5853万元建设北城区日处理2万吨的污水处理厂一座,集聚区服务设施日益完善。产业集聚区新入驻企业19家,其中亿元以上11家,企业实现销售收入45.5亿元,入库税金2.6亿元。被命名为河南省发展又好又快产业集聚区、河南省循环经济示范单位。7个乡镇专业园区规划到位,基础设施正逐步完善,为经济发展提供了新的发展平台。

(六)重点工程顺利实施,带动效应进一步凸显

2010年,全县安排重点工程20项,其中工业项目12项、城市建设项目7项、农业项目1项,总投资38.8亿元,年度计划投资26亿元,已完成投资20.1亿元,占计划投资的77.3%。总投资7.2亿元的黄河同力二期日产4500吨新型干法水泥生产线项目、总投资4.6亿元的凝瑞镁业一期年产3万吨镁合金项目、总投资1亿元的宏元工贸年产9000吨精密件项目、总投资7200万元的忠诚电力3×0.6万千瓦秸秆发电项目一期、总投资1.9亿元的220千伏、西城110千伏、宜城线35千伏等6个变电站建设项目、总投资1.5亿元阳光水岸一期续建项目、一期投资6000万元的双语实验学校项目等8个项目建成投用;世纪广场商贸城、洛矿集团年产30万吨一期5万吨纳米碳酸钙项目、骏马化工年产25万吨硝基复合肥项目、刚阿公司无缝钢管生产线项目等11个项目正在加紧建设。

(七)社会事业全面发展,群众生活水平进一步提高

为民办20件实事圆满完成。教育事业成绩喜人,高招继续保持全市前三名,北城区双语实验学校一期建成招生,城区大班额问题初步缓解;职教中心开工建设,职业教育能力进一步加强。卫生事业健康发展,基本公共卫生服务均等化试点工作成效明显,完善城乡困难群众补充医疗保险和重大疾病医疗救助制度,实施国家药物制度,县医院搬迁项目加紧建设。就业再就业工作成绩突出,全县新增就业1.01万人,其中下岗失业人员再就业4900人,就业困难对象实现再就业1700人,超额完成市定目标,完成劳务输出18.3万人次,创综合劳务收入18.36亿元。社会保障工作不断增强,不断扩大社会保险覆盖范围,强化基金征缴和管理,五项保险征缴首次突破亿元大关。

2010年的宜阳写下了精彩篇章,全县人民在县委、县政府的带领下,顽强拼搏,攻坚克难,创造出了一个宜阳历史上发展最快、成就最大、效果最好的时期。但是经济社会发展中还存在着经济转型压力较大、三产结构不平衡、特色产业不突出等问题,需要我们在以后的工作中加以解决。

二、2011年国民经济和社会发展预期目标

主要预期目标:

1. 生产总值增长12%
2. 地方财政一般预算收入增长13.8%
3. 全社会固定资产投资增长15%
4. 城镇固定资产投资增长18%
5. 社会消费品零售总额增长16%
6. 城镇居民人均可支配收入增长7.5%
7. 农民人均纯收入增长6.5%
8. 城镇登记失业率控制在4.5%以内
9. 万元GDP总值能耗降低3.4%
10. 人口自然增长率控制在6.5‰以内

安排投资超亿元的工业项目10项:

1. 投资30亿元的义煤集团2×120万吨原煤
2. 投资8.1亿元的中化集团8万吨金属硅
3. 投资7亿元的北京金汇通公司标准化厂房

4. 投资6亿元的福润公司食品工业项目

5. 投资5.8亿元的轴承专业园

6. 投资5.6亿元的骏马化工25万吨硝基复合肥

7. 投资5亿元的河南华宇公司850吨光伏产品

8. 投资2.8亿元的深圳海斯迪公司锂电池

9. 投资2亿元的向阳红公司拖拉机生产线

10. 投资1.8亿元的伊众公司清真肉类食品工业园

安排投资超亿元的公益和基础设施项目10项：

1. 投资37.5亿元的"1150"工程（建设10个精品社区，推进10个城中村改造，搞好50栋高层建筑）

2. 投资5亿元的宜东新区开发

3. 投资3.5亿元的5.5万平方米世纪广场商贸城

4. 投资3.2亿元的城区供热工程

5. 投资3亿元的职教中心

6. 投资2.4亿元的"1022"工程（改扩建10条城区道路，新建2座洛河大桥、2个市民广场）

7. 投资1.5亿元的2.9公里阳光水岸二期工程

8. 投资1.5亿元的县医院迁建工程

9. 投资1.5亿元的锦龙大酒店

10. 投资1.1亿元的阳光幼儿活动城

三、2011年国民经济和社会发展的主要任务

（一）狠抓骨干项目建设，大力发展工业经济

加大项目谋划工作力度。围绕国家产业政策，积极谋划一批投资规模大、带动能力强、产业链条长、事关长远发展的高成长性产业项目，以此带动项目新获审批核准备案、新争取建设用地、新通过环评安评和新开工项目数量等大幅增长，重点抓好投资50亿元的2×60万千瓦热电联产等重大项目前期工作，提前做好可研、环评、立项等工作。

加快重大项目建设进度。重点抓好80个、总投资120亿元的千万元以上工业项目，力争完成投资45亿元，保持较高的投资强度，促进城镇固定资产投资快速增长。创造有利条件，加快前期进度，争取深圳海斯迪公司聚合物锂电池、洛阳市向阳红拖拉机公司拖拉机生产线、洛阳特重轴承公司风电轴承等总投资89.1亿元的52个拟上项目早日开工建设。尤其要集中精力抓好富士康电源配套、海丝克公司保健产品生产线等总投资12.1亿元的7个项目，力争一季度开工建设，掀起项目建设高潮。坚持专人跟踪负责制，加快河南华宇公司850吨光伏产品、奇航公司年产10万吨硅酸钠等29个总投资30.9亿元的在建项目进度，促使洛阳迎春电器等3个项目一季度竣工投产。

（二）狠抓城乡设施建设，大力发展城镇经济

按照洛阳市"一中心五组团四支撑"总体布局和打造半小时经济圈的总体要求，以县城和中心镇建设为突破口，尽快实现与洛阳市区的空间布局、发展平台、产业规划和生态建设对接，加快洛宜一体化进程。围绕"洛宜一体化"的发展目标，加快宜东新区开发、县城建设改造和中心镇建设，统筹城乡发展，加快城镇化进程。强力推进宜东新区开发。把宜东新区作为城镇经济的核心区、"三化"协调发展的示范区来强力推进。坚持基础设施建设优先，搞好教育、文化、医疗和电、气、暖等配套设施建设，提高新区综合承载能力。加快县委党校、县医院搬迁、工商局"12315"服务中心等单位项目进度，尽快开工县检察院、人劳局、公路局、地税局、军供粮站等单位迁建项目，使宜东新区开发初步实现聚人气、出形象的目标。强力实施县城建设改造。重点实施"1150"工程。投资15亿元、开工90万平方米，着力打造阳光城二期、万嘉花园等10大精品社区。投资4.5亿元、拆迁16万平方米、开工30万平方米，重点实施西街、中街、东街、白庙、后庄、铁炉、河下和段村、下河头、官庄等10个城中村改造项目。投资18亿元，开工建设130.5万平方米，重点实施锦桥人家、家鑫明珠等50栋高层建筑。加大基础设施建设力度。投资2.4亿元，实施"1022"工程，搞好北环路、滨河北路等10条道路建设，完成锦屏文化广场、西庄文化广场2个市民广场建设，开工建设矿口大桥、同力大桥2座景观大桥。抓好中心镇建设。依托乡镇工业基础、农业发展、文化底蕴、风土人情等，努力打造各具特色、小巧玲珑的小城镇。重点实施三乡、韩城、柳泉、白杨、赵保、张坞、樊村7个中心镇建设，抓好"十个一"工程。每个中心镇要建设一个综合性市民广场、一条高标准乡镇主街道和人行辅道、一座水质达标的供水站、一个垃圾收运处理设施、一个公共文化活动中心、一个福利院或敬老院、一个品牌连锁超市、一个农产品交易市场、一个汽车客运站、一个特色主导产业，完善城镇功能，方便居民生活。争取赵保、樊村撤乡建镇。

（三）狠抓现代农业，着力提高农业产业化水平

坚持用工业发展的理念发展现代农业，以农民致富为目的，积极培育农业产业化龙头企业，着力培育现代烟草、畜牧养殖、油料作物、蔬菜花卉、黑色作物、农副产品深加工六大主导产业，提高农业现代化水平。狠抓现代烟草农业，合理调整烟田布局，扩大

连片种植面积,压缩零星分散种植,加快建设柳泉、高村、董王庄现代烟草基地单元,全面提高烟叶生产整体水平,促进烟叶产业持续、稳定、健康发展。狠抓现代畜牧业发展,按照“公司+基地+农户”、“市场+农户”两种模式,以雨润生猪屠宰项目为依托,在莲庄、赵保、董王庄、盐镇、高村等乡镇发展生猪养殖业;以伊众公司为依托,带动西部乡镇发展肉牛养殖;以东汉禽业为依托,在莲庄、三乡发展养鸭示范区。

(四)狠抓“一区七园”建设,全力打造产业发展平台

按照产城融合、城产一体化发展的模式,创新机制,多管齐下,基础先行,筑巢引凤,加大“一区七园”基础设施投入力度。产业集聚区继续加大路网建设力度,实施北区滨河路(兴业南路—汉兴路段)、北区建业路扩宽、寻石路扩宽、寻石路延伸(至滨河路段)、南区富兴路、南区东外环路、轴承产业园内两条道路及南环路延伸工程建设,启动金汇通公司、祥和置业公司两个标准化厂房项目,加快北区污水处理厂建设;完善轴承专业园供水、供热、供电等配套项目建设。三乡、柳泉、莲庄等7个乡镇专业园区要加快“三规合一”发展规划(土地利用规划、专业园区发展规划、乡镇发展规划)编制进度,全力做好通路、通电、通水、通讯等基础设施建设,增强承载能力。

(五)狠抓中央项目资金争取,确保资金使用安全可靠

狠抓中央投资项目争取。紧紧围绕保障性住房、“三农”、基本公共服务体系、节能环保和生态建设、区域协调发展、重大基础设施、自主创新、结构调整和战略新兴产业发展等中央预算内投资支持方向,加强与上级发改部门的沟通和衔接汇报,积极帮助各相关部门谋划项目,推进前期,组织好项目筛选上报,全力做好中央资金争取工作,确保今年争取上级资金规模排全市前列。积极主动组织做好项目论证、前期准备和申报工作,认真搞好项目对接,确保更多项目得到上级投资扶持。

强化中央投资项目管理。继续强化中央投资项目管理,加快莲庄乡陈宅河陈宅村段河坝治理工程、国有工矿棚户区改造项目、农村饮水安全工程、北城区污水处理工程、北城区供水管网扩建工程、县人民医院医技病房综合大楼项目、乡镇综合文化站等32个中央投资项目的建设进度,强化工程监管,加大项目稽查力度,坚持项目建设进度周报、月督查制度,力争中央投资项目发挥更好的投资拉动作用。

(六)狠抓经济运行调控,提高企业经营效益

狠抓经济运行监测分析。加强重点企业煤、电、油、运等各个方面供应的衔接力度,搞好生产要素协调保障。尤其要加强对纳税前30名重点企业和六大支柱产业的分析、监控,及时发现并解决倾向性、苗头性问题,促使企业正常运营。

加大银企对接力度。搭建银企合作平台,确保每季度召开一次银企洽谈会,引导金融机构把握政策,加大信贷支持力度。强化融资担保机构管理,想方设法扩大担保和融资规模,定期组织举办银企洽谈活动,确保重点企业、重大项目和产业集聚区建设的资金需求。

(七)狠抓全县民生改善,大力发展社会事业

坚持把改善民生作为发展经济的最终目的,把民生改善与发展经济结合起来。加快发展教育事业。合理配置教育资源,加快学校标准化建设,推进义务教育均衡发展。加快职教中心和阳光幼儿园建设进度,逐步缓解入托难及“大班额”等突出问题,着力提高教育质量。推进卫生体制改革。稳妥实施国家基本药物制度,加快公立医院改革试点,提高新农合报销比例,增强基层医疗卫生服务能力,有效缓解群众“看病难”问题。积极扩大就业再就业。落实就业扶持政策,多渠道开发就业岗位,扩大小额担保贷款扶持范围。搞好县乡就业和社会保障服务中心建设,提升就业服务能力和水平。提高社会保障能力。全面实施新农保工程,引导农村居民积极参保,逐步解决农村居民养老问题。加快建立覆盖城乡居民的社会保障体系,扩大养老保险覆盖面。

各位代表,我们站在宜阳发展的新起点上,肩负着加快宜阳发展的新使命。让我们更加紧密地团结起来,以扎实的作风、创新的工作,真抓真干,奋发图强,全面完成各项目标任务,努力实现“十二五”发展良好开局!

2010年财政预算执行情况和2011年财政预算的报告

——2011年2月20日在宜阳县第十二届人民代表大会第六次会议上

县财政局局长 仝爱民

各位代表：

我受县人民政府委托，向大会报告宜阳县2010年财政预算执行情况和2011年财政预算草案，请予审议，并请各位政协委员和其他列席人士提出意见。

一、2010年财政预算执行情况

2010年是实施“十一五”规划的最后一年，在县委的正确领导和县人大、政协的监督指导下，财政工作深入贯彻落实科学发展观，紧紧围绕全县保增长、促发展的工作目标，积极应对财政运行中遇到的困难和挑战，在组织财政收入、优化支出、服务经济发展、深化财政改革、保障和改善民生等方面取得了显著成效，有力地促进了全县经济社会又好又快发展。

（一）一般预算收支

县十二届人大五次会议审议通过的全县2010年地方财政一般预算收入为40550万元，实际完成42699万元，为年初预算的105.3%，按可比口径比上年增长17.9%，增收6488万元。其中：税收收入完成28772万元，比上年增长25.2%，增收5790万元，税收占一般预算收入的比重为67.4%。

全县一般预算支出完成141666万元，比上年增加14000万元，增长11.1%。县十二届人大五次会议审议通过的全县2010年一般预算支出为75800万元，执行中上级追加专项补助42998万元，中央转贷地方债券6500万元，再加上新争取的转移支付补助、上年结余结转、调入资金等安排24220万元，减去上解省、市各项支出4609万元，调整后年度支出预算为144909万元，全年实际支出为年调整预算的98%。

按照现行财政体制，2010年一般预算执行结果为当年结余3243万元，均为上级追加专款因其资金到位较晚或项目尚未开工或在建形成的结转结余。

（二）基金预算收支

2010年，全县基金预算收入46485万元，增长93.1%。上级追加基金预算专项补助4617万元，基金预算支出49715万元，增长81%。基金收支增加较多，主要原因是洛河两岸开发、城中村改造、郑卢高速宜阳段土地补偿等使国有土地使用权出让金收支增加。基金预算执行结果为当年结转结余1669万元。

2010年，我们坚定不移地推进科学发展，适时调整财政调控的方向、重点和力度，加强精细化、科学化管理，克服各种不利因素，保持了平稳较快发展的良好态势。主要做了以下工作：

一是坚持科学管理，财政收支实现历史性突破。面对复杂多变的经济环境和严峻挑战，全县上下同心协力，迎难而上，坚持每月召开财税形势分析会，逐月分解收入任务，分析财源情况，排查收入空间，充分挖掘征收潜力，支持税务部门依法加强征管，全力以赴抓序时、促进度。同时依法加强行政事业性收费、罚没收入和政府性基金等非税收入征管，促进财政收入增长，财政收入实现历史性突破，在全市率先完成一般预算收入任务目标，增幅居洛阳市九县（市）第二位。税收收入占一般预算收入的比重超市定目标2.4个百分点。全年一般预算支出再创历史新高，达到141666万元，增长11.1%。在从严控制一般性支出、加强各类资金统筹运作的基础上，认真研究上级政策，积极争取上级财政支持，保证了全县各项事业的发展，保证了机关事业单位的运转，保证了各项民生事业的改善。全县教育支出37620万元，增长21.2%；农林水事务支出21664万元，增长35.5%；科学技术支出1140万元，增长28.5%，均高于财政经常性收入的增幅。社会保障与就业支出9107万元，增长6.3%；医疗卫生支出18243万元，增长27%。

二是落实积极财政政策，促进经济健康持续发展。争取中央新增投资3567万元、省市配套资金1818万元，认真落实保增长扩内需政策，为保持经济平稳快速增长提供了有力支撑。认真落实结构性减税政策，县财政直接为企业退税3076万元，促进企业扩大投资和自主创新，进一步释放了经济增长的内在动力。认真贯彻落实“家电下乡”、“汽车摩托车下乡”和“家电以旧换新”等惠民政策，直接促进居民消费,家电下乡产品累计补贴金额2273.42万元,兑付率100%;汽车摩托车下乡兑付资金1015.35万元,兑付率100%,两项工作得到了财政部、财政厅的通报表彰;充分发挥财政服务发展的职能作用,筹措2157万元,支持产业集聚区基础设施建设。

三是调整优化支持结构,增加保障和改善民生投入。拨付农村义务教育"两免一补"资金6451万元,中职农村困难和涉农专业学生补助资金128万元、中职助学金294万元、农村中小学校舍维修改造资金425万元,普通高中国家助学金203万元,支持教育优先发展;拨付各类社保基金4463万元,发放五保、低保资金5252万元,确保参保人员享受到养老、医疗等社会保障和全县3.9万名城乡低保、五保人员的基本生活需求;拨付补助资金7653万元,使141万人(次)享受到新型农村合作医疗补贴;完善医疗卫生服务体系建设,将低收入群体、五保户、低保户纳入城乡医疗救助体系;将新型农村合作医疗大病住院报销封顶线提高到6万元,同时提高了城镇职工、居民基本医疗保险最高支付限额标准和住院支付比例;全面实施事关困难群众和弱势群体的"民心工程",让人民群众共享公共财政阳光的温暖。

四是落实惠农政策,服务"三农"力度明显加大。坚持把服务"三农"作为各项工作的重中之重,认真落实各项强农惠农政策,有力地促进了粮食增产、农业增效和农民增收。全县"三农"支出21664万元,增长35.5%。巩固和提高粮食生产能力。累计兑付粮食直补和农资综合补贴资金5657万元,农作物良种补贴1235万元,退耕还林资金850万元,有力调动了农民生产积极性。投资898万元完成1万亩中低产田改造,投资1700万元实施永丰渠、幸福渠和韩城大渠现代农业项目,恢复改善灌溉面积3.8万亩。全县粮食总产量达到36.7万吨,为保障粮食安全作出了贡献。促进农村经济发展。综合运用农业结构调整、现代农业生产发展、农产品加工、农业综合开发、粮油倍增计划花生种植项目等资金,支持油料作物种植、畜牧业、特色产业和农民专业合作组织发展,提高了农业和农产品竞争力。积极开展政策性农业保险工作,提高农业生产抗风险能力。改善农民生活条件。完成通组通户道路硬化285公里,新建农村社区服务中心14个。投资5036万元,完成16个整村推进扶贫,解决了2.8万农村居民饮水安全问题,支持10个新农村示范村建设。

五是坚持内聚外争,切实增强财政保障能力。2010年在狠抓收入征管、优化收入结构的同时,抓住省财政直管县的大好机遇,积极主动到上级反映县情、汇报工作,实事求是地讲明困难、提出设想,赢得理解、争得支持。认真研究上级各项奖扶政策,积极争取上级支持。并邀请上级领导到我县考察指导工作,展示宜阳发展的新形象,展现上级资金和政策扶持对加快我县发展的促进作用,以扎实的工作成效赢得上级的信任和更大更多的支持。2010年,财政收入和争取资金都创历史新高,累计争取上级各类资金9亿元,很大程度上缓解了我县财力困难,增强了财政保障能力,对促进我县经济社会发展、改善基础设施等方面都起到了极大的推动作用。

六是推进改革创新,着力提高财政管理水平。积极推动会计集中核算向国库集中支付制度的转变。加大直接支付力度,规范资金管理流程,使国库集中支付改革向纵深推进。全年国库集中支付累计支出金额达到19.6亿元,拒付违规违纪及不合理支出387笔、金额362万元,查处虚假发票1257份、金额219万元。认真开展"小金库"专项治理工作,建立和完善防治"小金库"长效机制。扩大政府采购规模,拓宽财政投资评审范围,全县政府采购规模达16600万元,节约资金3700万元,资金节约率18.23%;全县投资评审项目91个,审核造价4.24亿元,审定金额2.76亿元,平均审减率35.01%,节约资金1.48亿元。

2010年,全县财政系统通过开展创先争优活动,财政改革不断深入,队伍素质不断优化,服务水平不断提高。荣获财政部联席会议家电下乡工作先进县,被财政厅授予河南省粮食直补和农资综合直补工作先进单位、河南省中国农民补贴网建设工作先进单位、河南省汽车摩托车下乡兑付工作先进单位、家电下乡工作先进单位及河南省2010年度会计管理工作特等奖等10项荣誉。荣获全市财政系统2010年度财政目标管理一等奖、市政府2010年度财政收支目标二等奖。这些成绩的取得,是县委正确领导的结果,是县人大、县政协监督指导的结果,是全县人民共同努力的结果,是社会各界大力支持和县直各部门协调配合的结果。在肯定成绩的同时,我们也清醒地认识到,财政发展中还存在不少矛盾和问题。受产业结构不合理、发展方式粗放等结构性矛盾制约,财政收入占生产总值的比重和税收收入占财政收入的比重仍然偏低。人均财力和人均公共服务水平低,改善民生任务艰巨。和谐社会建设对财政保障能力要求越来越高，新增和必保支出项目越来越多。预算管理有待进一步规范和加强。对此，我们一定高度重视，认真解决。面对成绩和挑战，我们将以开展“环境创优年”为契机，大力支持招商引资，抓收入提实力，抓作风提效能，扎实做好各项工作，奋力拼搏，促进财政工作再上台阶。

二、2011 年财政预算安排情况

今年是“十二五”开局之年，也是我县实施“福民强县”目标起步之年。做好各项财政工作，具有十分重要的意义。2011 年，根据全县经济社会发展目标，预算安排和财政工作的指导思想是：深入贯彻落实科学发展观，认真落实县委经济工作会议和省、市财政工作会议精神，围绕“福民强县”总体目标，落实好积极财政政策，深化财税制度改革，进一步优化财政支出结构，切实保障和改善民生，推动经济增长、结构调整和城乡统筹发展。坚持依法理财和统筹兼顾、增收节支的方针，加强财政科学管理，从严控制一般性支出，提高财政资金使用效益，促进经济平稳较快发展与社会和谐稳定。

根据上述指导思想和 2011 年全县国民经济发展计划要求，综合考虑影响全县财政收支主要因素，2011 年全县财政收支预算安排如下：

（一）全县财政一般预算收支

2011 年全县一般预算收入安排 48600 万元，比上年增长 13.8%，全年任务分解：国税部门收入计划 12000 万元（含退税），增长 18.8%；地税部门收入计划 20000 万元（不含烟叶税、耕地占用税、契税），增长 20.4%，财政部门收入计划 11500 万元，烟叶税收入计划 2500 万元，耕地占用税、契税计划 2600 万元。其中：税收收入计划安排 35500 万元，比 2010 年完成数增长 23.5%。主要税收项目：增值税 8550 万元，比 2010 年完成数增长 22.1%；营业税 8550 万元，比 2010 年完成数增长 22.3%；企业所得税 6300 万元，比 2010 年完成数增长 22.2%。非税收入计划安排 13100 万元，下降 5.9%。主要收入项目：专项收入 4000 万元，比 2010 年完成数增长 13.2%；行政事业性收费收入 6150 万元，比 2010 年完成数增长 5.6%；罚没收入 2700 万元，基本与去年持平；国有资源（资产）有偿使用收入 250 万元，比 2010 年完成数增长 5%。

2011 年全县一般预算收入 48600 万元，加上与上级财政体制结算收入、提前告知的一般转移支付补助和上年结余结转 44592 万元，减去各项上解预计数 5626 万元，一般预算财力为 87566 万元，再加上上级提前告知的专项转移支付补助 14034 万元，全县一般预算支出预算总额为 101600 万元。具体支出项目是：一般公共服务支出 11850 万元（其中计划生育事务 2400 万元），公共安全支出 5600 万元，教育支出 32100 万元，科学技术支出 1305 万元，文化体育与传媒支出 1100 万元，社会保障与就业支出 7000 万元，医疗卫生支出 9760 万元，环境保护支出 1750 万元，城乡社区事务支出 2150 万元，农林水事务支出 14550 万元，交通运输支出 1430 万元，资源勘探电力信息等事务支出 572 万元，商业服务业等事务支出 2350 万元，金融监管等事务支出 33 万元，国土资源气象等事务支出 3310 万元（其中地质灾害防治经费 80 万元），住房保障支出 2170 万元，粮油物资储备管理事务支出 250 万元，预备费 2000 万元，国债还本付息支出 380 万元，其他支出 1940 万元。

（二）政府性基金预算收支

2011 年全县基金预算收入安排 31527 万元，其中土地类收入 31140 万元。基金预算支出按“以收定支、专款专用、收支平衡、结余结转下年安排使用”的原则安排支出 33196 万元。

2011 年财政收支矛盾仍然十分突出，很多项目支出没有列入支出预算，有些基本支出只能维持上年水平，在执行中还要从严控制。各级各部门要从大局出发，努力增收节支，争取超额完成 2011 年各项财政目标任务，使我县财政工作再上新台阶。

围绕上述总体要求和预算安排，2011 年重点抓好以下几项工作：

（一）进一步围绕全县发展大局，着力促进经济增长。发挥财税政策的激励扶持作用，突出目标导向，突出扶持重点，把有限的财政资金用在刀刃上。继续加大招商引资力度，健全企业服务长效机制，支持产业集聚区发展和现代产业体系建设。突出争取项目，做好与上级促进经济增长政策的对接工作，积极向上争取财源建设项目扶持资金，推动我县经济持续发展。全面落实各项鼓励性消费的财税政策，继续开展家电下乡、家电以旧换新等活动，努力增加居民消费。

（二）进一步加强收入征管，着力壮大财政实力。面对 2011 年财政经济形势，在大力培植财源的同时，狠抓收入征管，加强税源监控，努力促进财政收入高位增长。锁定全年计划目标，把财政收入任务分解到各部门，明确责任，落实措施，精细征管。深入研究因经济波动和税收政策调整影响财政收入的各种因素,规范税收秩序,多管齐下,堵塞漏洞,加强对重点行业的税收征管,确保应收尽收。不断完善收入考核奖惩机制,形成争先进位的浓厚氛围。

(三)进一步加大强农惠农力度,推动农村改革发展。增强农业综合生产能力。加快粮食核心区建设,以农田水利建设为重点,夯实农业发展基础;优化农业产业结构,实施小型农田水利重点项目和1亿斤粮食增产计划、植物油倍增计划建设,促进现代农业发展;拓宽农民增收渠道,落实各项强农惠农政策,完善惠农补贴发放机制;深化农村综合改革和推动农村社会事业发展,完善村级组织运转经费保障机制。

(四)进一步优化支出结构,着力保障民生。坚持"优先福民",调整和优化支出结构,努力支持"十大福民"实事等民生事业发展。提高津补贴水平。今年7月1日起,将公职人员津补贴人均提高200元/月;积极支持就业创业。落实更加积极的就业政策,扩大鼓励创业的扶持范围,重点支持高校毕业生、农村转移劳动力、城镇就业困难人员、退役士兵创业。促进教育优先发展。切实把教育作为财政优先保障的领域,围绕落实国家教育规划纲要,多渠道筹措经费,大幅度提高教育支出占财政支出的比重。支持医疗卫生事业发展。提高新型农村合作医疗和城镇居民基本医疗保险财政补助、人均公共卫生服务经费标准,稳妥实施国家基本药物制度,加大城乡医疗救助支持力度。健全社会保障体系。全面实施新型农村养老保险,引导农村居民积极参保,逐步解决农村居民养老问题。加快建立覆盖城乡居民的社会保障体系,扩大养老保险覆盖面。提高城乡居民最低生活保障和农村五保供养标准。

(五)进一步改革创新,推进精细理财。深入推进部门预算、政府采购、投资评审等预算管理制度改革,实施财政科学化、精细化管理,提高预算支出执行的约束力。深化国库集中支付制度改革,完成会计集中核算向国库集中收付转轨。加大财政监督检查工作力度,不断提高资金使用效益。规范和加强政府非税收入征管、应收尽收,确保财政收入持续稳定增长。坚决压缩一般性支出,努力降低行政成本。

(六)进一步强化队伍建设,切实提高干部素质能力。以开展"环境创优年"为契机,重点围绕企业和群众认可度和满意度的不断提升,强化又好又快发展的服务理念,规范和简化工作流程,狠抓政风行风和党风廉政建设,进一步推进财政干部作风转变和效能提升,提高推动科学发展的能力和水平。

各位代表,2011年我县财政工作任务繁重,机遇与挑战并存,我们一定要把思想统一到县委、县政府的决策上来,自觉接受县人大和县政协的监督,深入贯彻落实科学发展观,坚定信心,抢抓机遇,扎实工作,确保完成2011年预算目标任务,为加快我县经济社会又好又快发展做出新的贡献!

谢谢大家!

滨河公园

光　荣　榜

（排名不分先后）

一、全县综合性荣誉

1. 省政府林业生态县。

2. 省政府计划生育优质服务县。

3. 中国计划生育协会全国计划生育协会先进县。

4. 省政府2009年度红旗渠精神杯竞赛活动先进县。

5. 财政部家电下乡部际联席会议2009年全省家电下乡工作先进县。

6. 省工商联、河南日报报业集团中原最具投资价值县区。

7. 省教育厅、省纠风办、省监察厅、省发改委、省财政厅、省审计厅、省新闻出版局省第五批规范教育收费示范县。

8. 省教育厅全省教育系统家庭教育工作先进县。

9. 省商务厅省农村发展散装水泥示范县。

10. 省财政厅省农民补贴网建设先进县。

11. 省财政厅省粮食直补和农资综合补贴工作先进县。

12. 省财政厅省汽车摩托车下乡补贴兑付工作先进县。

13. 省家电下乡工作领导小组全省家电下乡先进县。

14. 省农业综合开发领导小组省农业综合开发工作先进县。

15. 市委、市政府招商引资工作先进县。

16. 市委、市政府新农村建设先进县。

17. 市政府县城建设改造工作先进单位。

18. 市政府集体林权制度改革先进县。

19. 市政府完成地方财政收支目标任务先进县。

20. 市政府农村困难群众危房改造工作先进县。

21. 省政府残委会2009年度全省残疾人工作先进县。

22. 市委、市政府2009年度绩效考核优秀单位。

23. 市委、市政府2009年度新农村建设先进县。

24. 市委、市政府2009年度网络事项办理工作先进单位。

25. 市委、市政府2009年度发展民营经济先进县。

26. 市委、市政府2009年度督查工作先进县。

27. 市政府2009年度招商引资工作先进县。

二、先进单位

（一）省部级

1. 县统计局获国家统计局全国城乡划分清查先进集体。

2. 县市政局生活垃圾处理场获省政府全省污水垃圾处理设施运营管理工作先进集体。

3. 县人劳局劳动就业训练中心获全国妇联、全国妇女双学双比活动领导小组城乡妇女岗位建功先进集体。

4. 县老促会获中国老区建设促进会老区宣传工作先进单位。

5. 县委宣传部、县工商局、县国税局获省委、省政府文明单位。

6. 县仁用杏专业技术协会获中国科协、财政部全国科普惠农兴村先进单位。

7. 县联通公司获中国联通公司先进集体。

（二）市厅级

1. 县总工会困难职工帮扶中心获省总工会五星级困难职工帮扶中心。

2. 县总工会获省总工会、省工信厅、省科技厅、省财政厅、省人事厅河南省职工建功“十一五”技术创新竞赛先进单位。

3. 县总工会获省总工会2009年度工会财务工作先进集体。

4. 城关镇红旗路社区获省妇联组织建设示范社区。

5. 城关镇获省环保厅河南省省级生态乡镇。

6. 城关镇获省文明委河南省文明村镇。

7. 城关镇获省第二次全国经济普查领导小组省级先进集体。

8. 城关镇、锦屏镇、樊村乡获市委、市政府2009年度计划生育工作先进单位。

9. 城关镇团委获团省委2009年度省共青团工

作先进单位。

10. 城关镇东街村获省“双学双比、巾帼建功”活动协调小组河南省巾帼示范村。

11. 寻村镇武装部、三乡镇武装部获市委、市政府、洛阳军分区2009年度组织民兵参与平安建设先进单位。

12. 寻村镇下韩民兵连、义络煤业人武部获市委、市政府、洛阳军分区先进民兵连和先进基层人武部。

13. 寻村镇获市委、市政府督查工作重点联系单位。

14. 柳泉镇、莲庄乡、三乡镇获市委、市政府2009年度新农村建设先进乡镇。

15. 柳泉镇、莲庄乡获市委、市政府2009年度市级文明乡镇。

16. 莲庄乡养马村、柳泉镇花庄村、上观乡上观村、张坞镇新庄村、樊村乡宋村获市委、市政府2009年度市级文明村。

17. 锦屏镇后庄村、东店村,柳泉镇元村获省爱卫会2009年度省级卫生村。

18. 县科技局、三乡镇、城关镇、寻村镇获省科技厅科技宣传暨杂志通联先进单位。

19. 县科协、张坞镇、樊村乡、锦屏镇获省科协农村科普宣传工作先进集体。

20. 赵保乡获省第一次污染源普查领导小组、省环保厅、省统计局、省农业厅第一次污染源普查工作先进集体。

21. 赵保乡残联获省残联全省残疾人之家称号。

22. 锦屏镇、柳泉镇、上观乡获市政府林业生态建设先进乡镇。

23. 柳泉镇、张坞镇获市政府集体林权制度改革先进乡镇。

24. 锦屏镇南营村、大雨淋村,柳泉镇丁湾村,张坞镇程子村,上观乡柱顶石村,董王庄乡乔庄村获市政府林业生态建设先进村庄。

25. 锦屏镇焦家凹村、上观乡梨树沟村、董王庄乡庄科村、三乡镇南寨村获市政府集体林权制度改革先进村庄。

26. 县委办、县委组织部、县民政局、县信访局、县交通局、县公路局获市委、市政府2010年度市级文明单位。

27. 县民政局、柳泉镇获市政府全市农村困难群众危房改造工作先进单位。

28. 县委宣传部获省委宣传部欢乐中原群众文化活动先进单位。

29. 县委宣传部获省委宣传部2009年度“欢乐中原”群众文化活动先进单位。

30. 县委宣传部获省委宣传部科学理论进基层集中宣讲活动先进单位。

31. 县委宣传部获省委宣传部2009年度科学理论进基层集中宣讲活动先进单位。

32. 县委宣传部获市委、市政府宣传与媒体网络工作先进单位。

33. 县委宣传部获市委宣传思想文化工作先进单位。

34. 县委统战部获省委统战部基层统战信息工作先进单位。

35. 县电大获省电大春季招生先进单位。

36. 县电大获省电大秋季招生先进单位。

37. 县委办获省委办公厅2009年度全省党委系统信息工作先进单位。

38. 县委办获省委办公厅2009年度中办《秘书工作》通联工作先进单位。

39. 县委办获省委办公厅2008年~2009年度全省党委系统公文处理工作先进单位。

40. 县政府办获省政府办公厅2009年度政务信息工作先进单位。

41. 县政府办获市政府2009年度依法行政工作先进单位。

42. 县计生委获省计生委2009年度政风行风建设先进单位。

43. 县人防办获省人防办、省军区司令部全省县级人民防空建设先进单位。

44. 县人防办获市政府、洛阳军分区2009年度全市人民防空工作先进单位。

45. 团县委获团省委省希望工程20年组织奖。

46. 县残联获省政府残委会创建白内障无障碍县工作先进集体。

47. 县产业集聚区获省政府办公厅2009年度先进产业集聚区。

48. 县产业集聚区获市政府2009年度先进产业集聚区。

49. 县商务局装饰办获省装饰办2009年度装饰行业先进管理单位。

50. 县国土局获省人力资源和社会保障厅、省测绘局全省测绘系统先进集体。

51. 县国土局获省国土厅信访稳定工作先进单

位。

52. 县交通局获省人力资源和社会保障厅、省交通厅全省交通系统先进集体。

53. 县公路局获省档案局档案管理先进单位。

54. 县建设局、黄河同力水泥有限公司获省散装水泥办公室2009年度发展散装水泥先进单位。

55. 县建设局、房管局获市政府城乡建设工作先进单位。

56. 县建设局获省建设厅行政执法队伍规范化建设先进单位。

57. 县建设局、县规划局获省建设厅全省村镇规划建设先进单位。

58. 县志办获省地方史志编纂委员会先进集体。

59. 县志办编写的《宜阳年鉴》获中国地方志协会、中国地方志指导小组办公室第二届年鉴二等奖。

60. 县电业局市场营销部营业大厅QC小组《提高农混台区售电均价》成果获省电力公司第23届QC小组成果发布会三等奖。

61. 县电业局获省总工会、省安监局2009年度省安康杯竞赛先进集体。

62. 县电业局获省电力公司2009年度效能监察项目优秀成果二等奖。

63. 县委政法委、产业集聚区、广电局、粮食局、公路局获市委、市政府2009年度市级文明单位。

64. 县粮食局、县交通局获市委分行业争创五好党组织五好机关。

65. 县军粮供应站获省粮食局军粮供应管理先进单位。

66. 县法院获省高院司法统计工作先进基层法院。

67. 县法院获省高院机关刊通联工作先进单位。

68. 县法院《人民司法》宣传工作被高院政治部、人民法院日报社通报表彰。

69. 县法院获省高院司法宣传工作先进基层法院。

70. 县广电局、县移动公司获市政府2009年度园林单位。

71. 县市政局、绿化办、新农办获市政府2009年度园林绿化先进单位。

72. 县市政局获市政府环境卫生工作先进集体。

73. 县科技局获省地震局防震减灾先进单位。

74. 县烟草公司“烤烟综合标准化研究与示范”成果获省烟草公司科学技术进步一等奖。

75. 县政协获省政协办公厅《协商论坛》宣传工作先进单位。

76. 县政府办获市政府2009年度全市政府系统公文处理工作先进单位。

77. 县政府办获市政府无线电管理先进单位。

78. 县财政局获省财政厅2009年度决算编审工作先进单位。

79. 县财政局获省财政厅2009年度企业财务会计决算工作先进单位。

80. 县财政局获省财政厅经济建设系统财政专项资金管理工作先进单位。

81. 县财政局获省财政厅工程建设领域突出问题专项治理工作先进单位。

82. 县财政局获省财政厅财政经建系统各项报表编制工作先进单位。

83. 县人劳局劳动保障监察大队获省人力资源和社会保障厅2008年~2009年度劳动保障监察工作先进单位。

84. 县人劳局下岗失业人员小额贷款担保中心获省人力资源和社会保障厅2008年~2010年度优质服务窗口称号。

85. 县纠风办获省政府纠风办2009年度“四金”专项治理工作先进集体。

86. 县统计局农村经济抽样调查队获省地方经济社会调查样本轮换工作先进集体。

87. 县统计局获国家统计局河南调查总队办公室农村贫困监测调查三等奖。

88. 县统计局获省统计局全省地方城镇住户基本情况抽样调查县级先进单位。

89. 县城乡一体化局获市委、市政府2009年度鼓励农民进城定居工作先进单位。

90. 县教育局获省教育厅教育宣传先进单位。

91. 县水利局水政监察大队获省水利厅水政监察队伍文明执法示范窗口单位。

92. 县行政服务中心房管局、农机局、电业局窗口获省优化办河南省优质服务窗口。

93. 县运管所获省交通运输厅2009年度道路运输管理先进运管所。

94. 县供销社、农管所、中医院、市政局获省爱卫会2009年度省级卫生先进单位。

95. 县妇联获省妇联2009年~2010年度妇联宣传工作读书活动先进集体。

96. 县体育局获省体育局全民健身先进单位。

97. 韩城镇、莲庄乡、张坞镇获市委、市政府新农村建设先进乡镇。

98. 白杨镇、三乡镇获市委、市政府小城镇经营管理先进乡镇。

99. 县新农办获市委、市政府新农村建设先进办公室。

100. 县室内装饰行业管理办获省装饰办2009年度装修装饰行业先进管理单位。

101. 县水务集团获省建设厅城市供水水质管理先进单位。

102. 前进化工有限公司获市委、市政府洛阳市优秀民营企业。

103. 县联通公司获省科协、省科学院、省社科院、省农科院河南省科技推广先进单位。

104. 县信用联社获省信用联社2009年度不良贷款双降先进单位。

105. 县老龄办获省老龄办省敬老月活动先进单位。

106. 县农村能源工作站获省政府纠风办2009年度农业系统群众满意基层站所。

107. 县宜农农业机械技术服务专业合作社获农业部办公厅全国农机专业合作社示范点。

108. 县直工委获省直机关工委先进单位。

三、先进个人

(一)省部级

1. 县委书记王琰君、县长黄晓玲、正县级干部史洪发等同志获省政府2009年度"红旗渠精神杯"竞赛活动三等功。

2. 县行政服务中心王静同志获国务院第一次全国污染源普查领导小组办公室、环保部、国家统计局、农业部等部门联合授予第一次全国污染源普查先进个人。

3. 县卫生局李建民同志获卫生部、国家药监局、国家中医药管理局全国医药卫生系统先进个人。

4. 县市政局葛会强同志获省政府污水垃圾处理设施运营管理工作先进工作者。

5. 县志办程汴玲同志获中国地方志指导小组先进工作者。

(二)市厅级

1. 县委书记王琰君、县长黄晓玲同志获市政府绩效考核三等功。

2. 县长黄晓玲、残联闫发现同志获省政府残委会创建白内障无障碍县工作先进个人。

3. 县委办陈长江同志获省委办公厅2009年度信息工作先进个人。

4. 县委办陈长江同志获市委、市政府2009年度网络事项办理工作先进个人。

5. 县委统战部王三章同志获市委、市政府对外开放工作先进个人。

6. 县人大程竹菊、梁伟涛、张忆,城关镇高振立,三乡镇张午丙等同志获市人大先进工作者。

7. 县政府办赵松伟同志获省政府办公厅2009年度政务信息工作先进个人。

8. 县委办王兴敏同志获市委、市政府2009年度全市督查工作先进个人。

9. 县委办王会迎同志获省委政策研究室调查研究先进个人。

10. 县政协办张会琴同志获省政协办公厅《协商论坛》宣传工作先进个人。

11. 县政协办张会琴、常占民、徐伟等同志获市政协先进工作者。

12. 县委宣传部杜文妍、闫劭伟、胡振国等同志获市委优秀思想政治工作者。

13. 县委宣传部杜文妍同志获市委宣传思想工作先进个人。

14. 县委宣传部宋会杰同志的两幅摄影作品获省计生委、省摄影家协会优质奖和铜质奖。

15. 城关镇高振立同志获市委、市政府、洛阳军分区党管武装好书记称号。

16. 城关镇高振立、李健力同志获省委组织部、省人力资源和社会保障厅、省文明办创建工作三等功。

17. 城关镇高振立、张曼卿,建设局任富森、常明珂等同志获市政府县城建设改造工作先进个人。

18. 城关镇马飞飞同志获团省委优秀乡镇团委书记。

19. 寻村镇下韩村李宏强同志获市委、市政府、洛阳军分区2009年度组织民兵参与平安建设先进个人。

20. 张坞镇刘宏章、县城乡一体局王献召、樊村乡徐明等同志获市委、市政府2009年度鼓励农民进城工作先进个人。

21. 赵保乡梅黎明同志获省科技厅、省委宣传部、省科协全省科普工作先进工作者。

22. 白杨镇王玉杰,县交通局李松旺、张灵团、刘大利等同志获省档案局先进档案工作者。

23. 县委统战部王治涛同志获省委统战部基层

统战信息工作先进个人。

24. 县科技局黄万宏、赵保乡梅黎明、莲庄乡孙智献、董王庄乡马红干等同志获省科技厅科技宣传暨杂志通联工作先进个人。

25. 县科协冯学朝、白杨镇王晋阳、城关镇高振立、樊村乡王新宽、寻村镇杨惠江等同志获省科协农村科普宣传工作先进个人。

26. 县政府于红杰、县招商局马巧征同志获市政府2009年度招商引资工作先进个人。

27. 县建设局赖长伟、锦屏镇买作温同志获市委、市政府2009年度新农村建设先进个人。

28. 县建设局赖长伟、张社民同志获省建设厅城市供水水质管理先进个人。

29. 县房管局曹海军同志获省建设厅住房保障先进个人。

30. 县建设局赖长伟、李宁波同志获市政府城乡建设工作先进个人。

31. 县建设局赵建华同志获省散装水泥办公室2009年度发展散装水泥先进工作者。

32. 县建设局赵建华同志获省住房和城乡建设厅2009年度墙材革新工作先进个人。

33. 县建设局王群章、姜丽华、王伟先等同志获省散装水泥办公室发展散装水泥十五年工作人员特殊荣誉奖。

34. 县建设局魏站民、乔双超同志获省建设厅行政执法队伍规范化建设先进个人。

35. 县财政局陈志军同志获省财政厅、省人力资源和社会保障厅财政系统先进个人。

36. 县法院孙晚霞同志获省高院巡回审判活动先进个人。

37. 县法院冯朝阳同志获省高院调研工作先进个人。

38. 县电业局孙继伟同志获省电力公司2009年度农电工作先进个人。

39. 县电业局张百安同志获省电力公司2009年度优秀农电工。

40. 县电业局马小庆、王秋丽、荀明明、周欣欣、乔梦伟等同志获省电力公司第23届QC小组成果发布会三等奖。

41. 县卫生局苏涛、杨新伟同志获省卫生厅优秀乡镇卫生院院长称号。

42. 县统计局牛改贤、王兆波、刘少红、赵孟章等同志获省第二次全国经济普查省级先进个人。

43. 县统计局农调队陈丽丽、刘焘项、张世新等同志获省地方经济社会调查全省抽样调查样本轮换工作先进个人。

44. 县统计局陈丽丽同志获国家统计局河南调查总队办公室农村住户类样本轮换先进个人。

45. 县统计局吕德利、赵瑞娟同志获省统计局抽样调查先进个人。

46. 县公安局胡松欣同志获市政府2009年度安全生产先进工作者。

47. 县公安局杨伟峰、强洪波、范崇茂等同志获省公安厅全省优秀人民警察称号。

48. 县市政局李大听同志获市政府2009年度园林绿化先进个人。

49. 团县委张明明同志获省委组织部、省农办、团省委、省科技厅、省财政厅、省水利厅、省农业厅、省林业厅等部门联合授予河南省服务农村青年创业致富先进个人。

50. 县妇联樊惠芳同志获省政府妇委会全省儿童工作先进个人。

51. 县妇联樊惠芳、县检察院聂文红同志获省维护妇女儿童权益协调领导小组维护妇女儿童合法权益先进个人。

52. 县妇联樊惠芳同志获省“双学双比”活动协调小组巾帼建功活动先进个人。

53. 县水利局王定泽、丁耀武同志获市政府农田水利建设先进个人。

54. 县粮食局张国民同志获省粮食局2009年全省粮食清仓查库工作先进工作者。

55. 县粮食局张少卿同志获省粮食局2009年一符四无活动先进工作者。

56. 县地税局赵暄同志获省地税局征文活动二等奖。

57. 县招商局赵青海、马巧征同志获市委、市政府招商引资工作先进个人。

58. 县志办程汴玲、赵苗远同志获省地方史志编纂委员会先进工作者。

59. 县商务局王建中、王志民、马卫华等同志获省装饰办2009年度装饰行业先进管理工作者。

60. 三乡镇张午丙、柳泉镇陈小强、韩城镇周先强、农办乔少青等同志获市委、市政府新农村建设先进个人。

61. 县联通公司张欣民同志获省科学院、省社科院、省农科院、省科协2010年度省十大杰出优秀科技工作者。

62. 县烟草公司裴钧、王闷灵、张世涛、赵云波、陈平慧、李兆民、李文利、李团贞、王惠、昝京宜、郝楠、董继恒、马欣、任延峰、董昆乐等同志的“烤烟综合标准化研究与示范”成果获省烟草公司科学技术进步一等奖。

63. 县信用联社杨玉贞、索杏利、张富圈等同志获省信用联社2009年度先进个人。

64. 县质监局王慧敏同志获省质监局党组2009年度全省质监系统党风廉政建设工作优秀个人。

65. 县质监局水生敖同志获省质监局2009年度实施标准化战略工作先进个人。

66. 县电业局王萍同志获省民政厅、省教育厅、省广电局等部门联合授予河南省敬老之星称号。

67. 县民政局李辛杰、陈立国,张坞镇孙同治、寻村镇石战营等同志获市政府农村困难群众危房改造工作先进个人。

68. 县电大进修校赵存卿、范月霞、金胜利等同志的《新木桶理论与教师发展》论文获省教育厅、省社科联一等奖。

生活中的十个最佳时间

刷牙最佳时间　饭后3分钟是漱口、刷牙最佳时间。因为这时口腔的细菌开始分解食物残渣,其产生的酸性物质易腐蚀、溶解牙釉质,使牙齿受到损害。

饮茶最佳时间　饮茶最佳时间是用餐1小时后。不少人喜欢饭后马上饮茶,这是很不科学的。因为茶叶中的鞣酸可与食物中的铁结合成不溶性的铁盐,干扰人体对铁的吸收,时间一长可诱发贫血。

喝牛奶最佳时间　牛奶含有丰富的钙,中老年人睡前饮用,可补偿夜间血钙的低落状态而保护骨骼。同时,牛奶有催眠作用。

吃水果最佳时间　吃水果的最佳时间是饭前1小时。因为水果属生食,吃生食后再吃熟食,体内白细胞就不会增多,有利于保护人体免疫系统。

晒太阳最佳时间　上午8~10时和下午4~7时,是晒太阳养生的最佳时间。此时日光以有益的紫外线A光束为主,可使人体产生维生素D,从而增强人体免疫力和防止骨质疏松的能力,并减少动脉硬化的发病率。

散步最佳时间　饭后45~60分钟,以每小时4.8公里的速度散步20分钟,热量消耗最大,最有利于减肥。

洗澡最佳时间　每天晚上睡觉前洗一个温水浴(35~45℃),能使全身的肌肉、关节松弛,血液循环加快,帮你安然入睡。

睡眠最佳时间　午睡最好从13点开始,这时人体感觉已下降,很容易入睡。晚上则以22~23点上床为佳,因为人的深睡时间在24点至次日凌晨3点,而人在睡后一个半小时即进入深睡状态。

锻炼最佳时间　傍晚锻炼最为有益。原因是人的体力发挥或身体的适应能力,均以下午或接近黄昏时分为最佳。

大 事 记

1 月

1日 县在洛阳华阳国际酒店举行锦屏商业中心项目签约仪式。县锦屏商业中心拟投资5亿元，拆迁总面积12万平方米，建筑面积37万平方米，包含20栋高层建筑、4条主体商业步行街区，是集休闲购物、文化娱乐、缤纷夜市三位一体的大型城市商业中心。县长黄晓玲、洛阳强人公司董事长金赛华分别代表县政府与开发商在仪式上签约。

11日 福建省长泰县县委副书记戴平忠、政协副主席蔡美山率领劳务合作考察团，到宜阳商洽劳务输出工作。县领导与福建长泰县考察团就如何促进两地经济发展、实现优势互补、搞好劳务输出、劳动力就业安置等进行了座谈，并与长泰县人民政府签订劳务输出友好合作协议。

12日 省民委副主任李尊杰带领省民委有关领导到宜阳产业聚集区内的洛阳翰儒食品有限公司调研。

13日 洛宁县党政考察团来宜阳参观考察产业集聚区建设及城中村改造工作。考察团参观了中信重工、豫安金属结构有限公司、凝瑞镁业等产业集聚区重点工程项目和城关镇东关街城中村改造项目。

14日 县在莲庄乡石村河滩，对收缴的价值约10余万元的120余件非法烟花爆竹进行了集中销毁。

15日 省林业厅天保退耕中心主任邓建钦带领相关人员，来宜阳对县巩固退耕还林成果项目实施情况进行调研。

20日 城关乡政府隆重举行撤乡建镇揭牌仪式。经上级批准撤去城关乡，建立锦屏镇。

27日 三乡乡举行撤乡建镇庆典仪式。按上级批准撤去三乡乡，建立三乡镇。

是月 县荣获2009年度河南省对外开放工作先进县。

是月 县争创“全国白内障无障碍县”工作顺利通过各级验收，于2009年11月22日被中国残联授予第一批全国白内障无障碍县称号。

是月 翰儒食品公司被河南省民族事务委员会（宗教局）确定为清真食品定点生产企业和省民委会重点支持企业。

是月 总投资1.2亿元的信建德钢铸件项目正式投产。该项目由洛阳信建德铸钢有限公司投资兴建，年产铸钢件2万吨。项目达产后，每年可实现产值2亿元、利税5000万元。

2 月

1日 洛阳市新农村建设暨《金色田野》栏目宣传报道座谈会在宜阳召开。与会人员首先参观了县丰李镇小作村，锦屏镇杨店村、河下村新农村建设情况。宜阳县新农办主任黄改锁就2009年县新农村建设工作开展情况作了典型发言。

2日 洛阳市“政策、法律、文化、科技、卫生”下乡活动在柳泉镇文化广场启动。

4日 县举行“阳光家园计划”资助基金发放仪式。现场发放资金6.6万元，资助残疾人家庭132户。

20日 2010年春季劳务输出招聘洽谈会在县城红旗广场隆重举行。本次宜阳县春季劳务输出招聘洽谈会有来自福建省长泰县22家企业，共提供6000多个就业岗位，用工单位现场为务工人员提供了劳动政策咨询、就业指导、失业登记等服务。

本次招聘洽谈会共有2500余名农民工参加，求职人员与用工企业达成就业意向的约有500余人。

21日　县在公安局举行仪式，隆重表彰奖励参加“2·12”、“2·14”命案侦破的全体公安干警、武警战士。

22日　由县委宣传部、县文联、县文化局、县信用联社主办，县摄影家协会、县文化馆承办的宜阳县摄影家协会年展在县文化中心展厅开展。此次展览共展出了县30位摄影协会会员的130幅作品。

24日　中共宜阳县第十届纪律检查委员会第五次全体会议在宜阳宾馆豫翔楼1号会议室召开。此次全会的主要任务是深入贯彻党的十七大和十七届四中全会、中纪委五次全会、八届省纪委五次全会和九届市纪委五次全会精神，总结2009年全县反腐倡廉工作，安排部署2010年工作，对2009年党风廉政建设工作先进单位、纪检监察工作先进单位和先进个人进行表彰。

25日　宜阳金利小额贷款有限公司举行开业庆典仪式。宜阳县金利小额贷款有限公司，注册资金2000万人民币，是县首家获批组建的小额贷款公司。

25日~27日　政协宜阳县第七届委员会第四次会议在宜阳宾馆豫翔楼1号会议室召开。此次会议听取了各种报告，共收到委员提案139件，经过认真审查，决定立案办理118件。

26日　县2010年庆新春书画展在县文化中心展厅开展。本次展览由县委宣传部主办，县文化局、县文联承办，展出了县3位年届古稀的书画爱好者董茂功、杨公甫、常明善的书画作品130余幅。

26日~27日　县第十二届人民代表大会第五次会议在宜阳宾馆豫翔楼1号会议室召开。与会代表听取和审议了各种报告，依法补选范俊杰当选为宜阳县第十二届人大常委会委员。大会秘书处共收到10人以上联名提出的议案7件。11名代表联名提出的《关于尽快建设宜阳县双语学校的议案》确定为本次大会议案。

27日　县2010年三级干部会议在锦屏影剧院隆重召开。会议总结了2009年工作，对2009年度先进单位和个人进行了表彰，安排部署了2010年工作任务。

3　月

1日　县在洛河大桥上举行2010年“前进之夜”元宵焰火晚会。

3日　省运管局副局长卫文献一行到宜阳检查指导交通运输安全工作。

5日　国务院安委办安全生产检查组在国家安全生产监管总局监察专员郭新奇带领下，到宜阳检查安全生产工作。

9日　县双语实验学校举行奠基仪式。宜阳县双语实验学校由北京华松投资有限公司投资兴建，洛阳红日矿山建筑安全工程有限公司承建。项目概算投资1.6亿元，占地10公顷，建筑面积约10万平方米。学校设计规模60个教学班，可容纳3000名学生。

10日　省烟草公司经理赵建州、市烟草局局长张宏等带领相关人员到宜阳对现代烟草农业建设进行视察。

10日　省国土资源厅耕地保护调研组到宜阳，对县2009年度耕地保护责任目标履行情况进行检查指导。

11日　台湾台塑集团协理黄朝庆一行5人，到宜阳对投资多晶硅项目进行实地考察。

12日　市政府副秘书长王夕中、市交通局局长赵震率领由70余名市出租车司机组成的观摩团，到宜阳参观产业集聚区建设。

17日　第十一届宜阳灵山文化庙会开幕式在灵山隆重举行。会期10天，共接待游客190万人次，总合经济效益1.83亿元。

23日　省发改委投资处处长刘文生带领省发改委有关负责人，到宜阳对重点项目建设情况进行调研。

24日　省林业厅副厅长李军到宜阳检查指导林业工作。

24日　县政府机构改革动员大会在家鑫商务酒店召开。会议的主要任务是贯彻落实省、市政府机构改革会议精神，全面安排县政府机构改革工作。这次改革，县政府工作部门由原来的25个减少为24个，承担行政职能的事业单位共撤并16个。

25日　宜阳县举行洛宜快速通道——S319安

虎线洛龙区至宜阳县城段改造工程开工仪式。工程东起洛阳新区开元大道，向西沿洛河南岸，下穿西南环高速公路、郑西高速铁路，继续沿洛河南岸向西至宜阳县城东与省道八官线相交。线路全长16.402公里，工程总投资2.35亿元。

27日~28日 县第十二届“晨光杯”中学生田径运动会在县一高体育场举行。本次运动会共设54个比赛项目，分初中、高中两个组，赛程2天，共有35支代表队、309名运动员参赛。在比赛中，共有8项13人次打破县运动会纪录。县一高、城关镇一中分别获得高中组、初中组第一名。

28日 县举行世纪广场项目奠基仪式。宜阳县世纪广场建设项目占地2.08公顷，设计建筑面积约9万平方米，总投资2亿元。

31日 县2009年度新农村建设总结表彰暨2010年动员大会在宜阳宾馆豫翔楼1号会议室召开。会上对2009年度新农村建设工作中涌现出的先进单位和先进个人进行了颁奖。

是月 县荣获2009年度全省家电下乡工作先进县称号。

是月 县国土局荣获2009年度省国土资源系统信访稳定工作先进单位称号。

4 月

2日 市委常委、纪委书记刘应安到宜阳检查指导煤矿安全生产工作。

4日 中国蓝星（集团）股份有限公司与昇扬硅业科技发展有限公司举行合作签字仪式。

5日 中化集团总经理任建新一行到宜阳考察昇扬硅业科技发展有限公司、洛阳骏马化工有限公司、河南省前进化工股份有限公司，详细了解企业生产经营情况及遇到的困难和问题。

8日 原上海市徐汇区人武部部长张兆国到县屏阳中学考察。屏阳中学位于赵保乡，始建于1939年，是老一辈革命者为传播革命理想、开辟豫西根据地而创办的一所中学。2003年，张兆国积极联络上海市企事业单位，筹集资金350余万元，对学校进行了全方位的改扩建，使教学和办公条件得到了极大改善。

9日 省现代农业验收组对县2009年现代农业粮食产业类建设项目涉及张坞乡、三乡镇、韩城镇，项目总投资900.66万元。

10日 县委党校综合大楼奠基仪式举行。县委党校综合楼工程是县委党校整体搬迁的重要组成部分，该工程占地3.5公顷，建筑面积1.4万平方米，概算总投资2000万元。

11日 李贺大道寻村至后庄慢车道加宽工程主体完工。该工程总投资103.1万元，全长1.1公里。

12日 以省公安厅党委委员、纪委书记姚继周为组长的公安厅督导组，到宜阳督导公安机关警用车辆和涉案车辆违规问题专项治理工作开展情况。

12日 洛阳市绿宝养殖农民专业合作社项目奠基仪式在樊村乡马道村举行。该项目总投资1.2亿元，共有入社社员160户，注册资金500万元，占地约200公顷。主要从事家畜、家禽的养殖，树木种植，为社员购买、加工农业生产资料，提供农业生产技术及农业生产信息服务。

13日 河南省第28届洛阳牡丹花会宜阳县对外经济技术合作项目签约仪式在洛阳华阳国际大饭店举行。此次活动安排签约项目37个，签约金额总计117.9亿元。

14日 县政协召开七届十五次常委会议。会议听取审议并通过了县政协2010年工作要点（草案）、2010年度提案立案情况及重点提案督查督办方案（草案）、关于调研产业集聚区企业开工建设及生产和纳税情况的实施方案（草案）、关于优化经济发展环境促进企业健康发展调研工作实施方案（草案）、关于农民进城定居工作调研方案（草案），确定了关于对县国土局、环保局、畜牧局进行民主评议工作的实施方案（草案），审议通过了县政协七届政协委员调整名单。

14日 卫生部项目资金监管中心主任于德志、英国国际发展部驻中国项目经理乔建荣等一行3人，到宜阳调研“卫十一”项目建设情况。支付制度改革是国家医改的重要内容，卫生部以“卫十一”项目为依托，在全国40个项目县中选择了5个县作为支付制度改革试点，宜阳县是洛阳市唯一一家国家“卫十一”项目建设县，是此次改革试点县之一。

15日 省军区副司令员杨宏杰到县人武部检查指导民兵整组工作。

15日 中央纪律检查委员会委员、中国清洁发展机制基金战略发展委员会主席、中国资产评估协会会长贺邦靖一行，到洛阳黄河同力水泥有限责任公司调研该企业余热发电 CDM 项目。

15 日至 16 日　市政协副主席魏险峰带领市安全生产督查组到宜阳检查安全生产工作。

21 日　省统计工作调研组到宜阳调研产业集聚区建设工作。

26 日　由河南省发改委、省文化厅、省电视台等单位共同举办的第六届“魅力河南”评选活动圆满落下帷幕，宜阳籍著名歌手田华获得“魅力河南十大人物”称号。田华出生在宜阳县盐镇乡，高中就读于宜阳县艺术学校。他曾怀揣理想踏上北漂之路，历经风雨磨炼，游走于各地，获得众多资深音乐人指教，在诸多大型音乐评选活动中获奖，成为华语乐坛最年轻的优秀创作人之一。田华还在电影、策划等其他方面取得了突出成绩。

28 日　省农机局局长张开伦一行 3 人到宜阳检查指导农机合作社建设工作。

28 日　“诗意河洛——百名作家写洛阳”文学大奖赛宜阳启动仪式在县委会议室举行。“诗意河洛——百名作家写洛阳”活动由中国诗歌学会、中国散文学会、洛阳市委宣传部和洛阳市文联主办，是面向全国征集作品的文学大赛活动。

29 日　团县委在滨河游园举行了“迎五四”青少年合唱大赛，13 支参赛队放声高歌，展现了宜阳广大青少年良好的精神风貌。

5　月

12 日　县“第十届科技活动周暨第二届防震减灾知识宣传周”活动在红旗广场举行。

12 日　台湾 86 岁老人姜万钦先生书法著作捐赠仪式在县一高会议室举行。现年 86 岁的姜万钦老人将自己创作的《隶书之研读与展望》300 册及书法作品 8 幅捐赠给县一高。姜万钦，号洛阳老人，笔名八五老人，宜阳段村人，自幼喜爱隶书，曾在洛阳老年大学及东方书画研究院研读。

15 日　河南省教育系统“家庭教育中原行”首场报告会在宜阳举行。曾获“感动河南十佳母亲”的郑州职业教育学院副院长周惠玲向与会的 500 余名教育工作者和中小学校长作了精彩报告，这是宜阳 2010 年获得“全省家庭教育先进县”称号后举行的第一次报告会。

16 日　审计署对西气东输二线工程宜阳段用地补偿情况进行了全面审计。西气东输二线工程宜阳段项目全长 42.77 公里，东起白杨镇三区，西至三乡镇西村，途经白杨镇、赵保乡、莲庄乡、张坞乡、三乡镇等 5 个乡镇 37 个行政村，总占地面积 120.36 公顷，涉及补偿金额 7077973 元。

16 日　寻村镇一中学生聂傲男在第 19 届中国儿童青少年威盛中国芯计算机表演赛河南省分赛区决赛中荣获特等奖。全省荣获此奖的共有 15 人，这一成绩是宜阳历年来在该项比赛中所夺得的最高奖项。

18 日　省统计局调研组到宜阳县产业集聚区中信重工、欧瑞冶金、昇扬硅业、龙翔建材等企业，了解企业的生产经营以及发展建设情况。

18 日 ~ 19 日　以省委组织部副厅级巡视员周斌为组长的省政府督导组到宜阳，检查指导煤矿兼并重组期间的安全监管工作。

18 日　县残联组织开展第 20 次“全国助残日”活动，在县城红旗广场举行了轮椅捐赠、农村特困残疾人救助金发放、特约残疾人法律服务站授牌以及向县特教学校捐赠生活用品等一系列爱心助残活动。河南省助残济困总会、河南省残疾人福利基金会、台北曹仲植基金会向贫困肢体残疾人捐赠轮椅 220 部；县残联发放“阳光家园计划”项目托养救助资金 5.4 万元；发放互助金组织帮扶资金 6000 元；向县特教学校捐赠总价值 1.2 万元；县残联联合县司法局确定宜阳县明耀律师事务所为宜阳第一家残疾人法律服务特约律师事务所并授牌。

18 日　全省年鉴工作会议在濮阳召开，宜阳地方史志办公室在会上作了典型发言。《宜阳年鉴》在 2009 年中国版协年鉴研究会组织的评比中，荣获综合、条目和装帧 3 个二等奖。

19 日　省检察院检察长蔡宁到宜阳调研。

19 日　省国土资源厅副厅长李志民一行到宜阳土地综合整治项目工地，检查指导农村土地综合整治试点工作。

20 日　省人大常委会副秘书长魏一明率调研组到宜阳调研人大电子表决系统建设工作。

20 日　国家工业和信息化部安全生产司司长吴凤来带领国务院安委会督导组到宜阳，检查指导安全生产工作。

20 日　市 2010 年干线公路“迎花会、迎五一”养护竞赛成绩揭晓，宜阳县公路局荣获第一名；同时荣获全市上半年干线公路桥梁养护第二名。

28日 县政府与中国500强企业江苏雨润集团年产200万头生猪屠宰加工项目签约仪式在洛阳华阳广场国际大饭店举行。与雨润集团达成了畜牧加工投资意向，拟投资3亿元，实施200万头生猪屠宰加工项目。

28日 嵩县人民政府县长助理王淑霞一行40余人到宜阳高村乡参观烟叶生产。

29日 中国烟叶总公司基础设施建设办公室主任吴践志一行到宜阳检查指导整县推进现代烟草农业建设工作。

30日 下午17时，盐镇乡张村六旬老汉田云杰跳入深达20余米的水库中，救出3个不慎落水的学生娃。田云杰的动人事迹被洛阳网和宜阳政府网报道。

是月 宜阳电大被省电大评为2010年春季招生工作先进单位。

6 月

3日 省国土资源厅补充耕地储备项目验收组对宜阳2010年第二批补充耕地储备项目进行了检查验收。宜阳第二批补充的281.43公顷耕地全部符合土地利用总体规划和土地开发整理专项规划，顺利通过验收。

3日 全省现代烟草农业暨基础设施建设现场会在宜阳召开。

9日 省水利厅厅长王仕尧到宜阳视察水利工作。

11日 省发改委副主任陈永石到宜阳县产业集聚区、职教中心、香鹿山、灵山、县医院新址等地调研，认真了解宜阳项目建设、旅游开发和职业教育、医疗卫生等社会事业发展情况。

11日 全市夏粮收购座谈会在宜阳召开。

13日 县喜获市财政产业集聚区发展奖金200万元。

14日 省委常委、市委书记连维良带领市领导尚朝阳、田金钢、李雪峰及市直相关部门负责人到宜阳调研农业和农村工作。连维良一行先后察看了柳泉镇元村村小麦高产创建万亩示范方、东高村源泉无公害蔬菜基地。

17日 市委副书记、市长郭洪昌带领相关部门负责人到宜阳调研产业集聚区建设情况。

20日 2010年全省第一次重点项目观摩点评活动第二观摩组到宜阳观摩。省委常委、常务副省长李克，副省长徐济超带领省直有关部门负责人及18个省辖市市长参加观摩活动。观摩组一行先后到中信重工重型装备加工基地、至尚公司产业园标准化厂房、强豫农业机械等县集聚区重点企业和重点项目进行察看。

21日 由市总工会授予的“工人先锋号”揭牌仪式在县公路局寻村道班举行，全市九县二区80余个养护道班中仅有两个获此殊荣，寻村道班是其中之一。

25日 县实施“先锋示范工程”深化创先争优活动动员大会召开。县实施“先锋示范工程”深化创先争优活动领导小组全体成员，各乡镇党委书记、副书记，县直各单位主要负责人参加了会议。会议传达了《中共宜阳县委关于成立宜阳县实施“先锋示范工程”深化创先争优活动领导小组的通知》、《中共宜阳县委关于实施“先锋示范工程”深化创先争优活动的意见》。

29日 全市县城城中村改造现场会在宜阳召开。市领导连维良、周宗良、史秉锐出席会议，各县（市、区）政府主要领导及分管城建工作的负责人参加了会议。会议对城中村改选工作进行了研究和具体安排。

30日 市人大常委会副主任王树仁带领人大督查组到宜阳督查指导人防工作。

30日 县农村义务教育“普九”债务清债工作全面结束。共清理认定兑付债务金额1957.15万元，占认定金额的100%。

30日 全市核桃嫁接培训会在宜阳召开。

30日 县阳光水岸工程首级橡胶坝举行蓄水仪式。

是月 县宜农农业机械技术服务专业合作社被农业部确定为“全国农机专业合作社示范点”。

是月 省林业厅委托省规划院对宜阳2010年林业生态建设进行全面检查验收。共察看林业生态建设工程1046.7公顷，其中天保封山育林666.7公顷、退耕还林低质低效林改造180公顷、基建造林200公顷，顺利通过省级验收。

7　月

1 日　洛卢高速公路（宜阳段）工程建设征地拆迁补偿安置动员会召开。会议的主要任务是贯彻落实省、市高速公路建设工作会议精神，动员全县上下特别是各有关乡镇和县直职能部门进一步统一思想，提高认识，全力以赴搞好洛卢高速公路（宜阳段）工程勘界征地拆迁工作，为工程全面开工建设创造良好的外部条件和施工环境。会议传达了县委、县政府调整高速公路建设协调指挥部成员和征地拆迁安置补偿工作实施办法等文件，并就勘界征地拆迁安置补偿工作如何开展提出了具体的意见和建议。

1 日　县第九届“滨河之声”广场文化活动在滨河游园开幕。

2 日　全市看守所对社会开放工作启动现场会在宜阳召开。各县（市、区）公安局分管监管工作的相关负责人和县部分人大代表、政协委员参加了会议。会议要求全市各级公安监管部门和广大监管民警要牢固树立大局意识、责任意识和自觉接受监督意识，认真做好监管场所对社会开放工作，树立全市公安机关公正、廉洁、文明的良好执法形象。

7 日　北城区 2 万吨污水处理项目在寻村镇开工。该项目的建设有利于改善洛河流域水质、提升宜阳的投资环境和人居环境、实现经济的可持续发展，是县委、县政府 2010 年为民办实事的重点工程。

12 日　洛阳市第二文物工作队在宜阳县韩城镇仁厚村考古发掘时，发现了一座北宋时期的土洞式壁画墓。墓室墙壁上绘有精美的壁画二十四孝图，部分壁画保存完好，画面清晰，色泽分明。据悉，这种形式的壁画墓在洛阳地区的宋代土洞式墓葬中非常罕见。

14 日　省商务厅市场秩序处处长刘兵一行 3 人，到宜阳检查流通领域市场监管公共服务体系建设情况。

14 日　由宜阳县委组织部、共青团宜阳县委、邮政储蓄银行宜阳县支行实施的青年创业小额贷款项目正式启动。该项目贷款对象主要为全县有贷款需求的大学生村干部和社会青年，个体工商户、单位职工及自谋职业者等也可申请贷款，小额贷款额度为 1000 元至 10 万元，房产抵押贷款额度为 1 万元至 100 万元，个人住房按揭贷款额度为 1 万元至 300 万元。

15 日　由省财政厅财政监督检查处处长李志刚任组长的检查组，到宜阳对县乡财政基础管理工作和财政专项资金管理使用情况进行检查。

16 日　市 2010 年农村饮水安全工程开工仪式在宜阳举行。

16 日　县阳光水岸二级橡胶坝坝基成功合龙。总投资约 1660 万元的阳光水岸二级橡胶坝，由洛阳市水利勘测设计院设计，橡胶坝总长 382.3 米，宽 14.5 米，回水长度 1700 米，蓄水量可达 155 万立方米。

17 日　省国土资源厅耕保处副处长赵明珍带领省土地整理项目督查组，到宜阳督查省级投资土地整理项目进展情况。

23 日　省纪委驻省住房和城乡建设厅纪检组长张秀梅到宜阳检查指导垃圾中转站运行和廉租住房建设工作。

23 日　市政协副主席李良龙带领市政协委员一行 12 人，到三乡镇杨圪塔村、下庄村调研标准化村卫生所建设工作。

23 日　全市补充耕地现场会在宜阳召开。与会人员到莲庄乡、韩城镇、三乡镇参观了荒沟开发、荒滩造地等补充耕地项目。

25 日　S323 八官线宜阳境柳泉街段正式开始实施中修。该工程全长 1.42 公里，设计标准为老路面挖除，路面基层结构为双层 15 厘米水泥粉煤灰沙砾基层 + 乳化沥青封层 +5 厘米中粒式沥青混凝土，工程总投资 229 万元，计划工期 50 天。

27 日　省委常委、市委书记毛万春到宜阳调研。

28 日 ~29 日　由海南省扶贫办副厅级巡视员陈正优任组长的国务院扶贫办检查组，到宜阳检查农村低保和扶贫开发“两项制度”有效衔接试点工作开展情况。检查组先后到莲庄乡养马村社区服务中心、上涧村村民委员会，察看宜阳农村低保和扶贫开发工作。

29 日　市“社科专家县区行”大型调研活动动员大会暨启动仪式在宜阳宾馆举行。会议就“社科专家县区行”活动的目的意义、开展的形式和要达到的效果，对活动作了安排部署，对各县（市、区）明确了具体工作要求。

31日 市国土资源局组织农、林、水等部门有关专家对宜阳县张坞乡土地整理项目进行评审，该项目已顺利通过市国土资源局专家组的评审。张坞土地整理项目属于洛阳市14个2009年新增费土地整理项目之一，该项目涉及张坞乡的石门、苏羊、下村、七裕等4个行政村，项目区土地总面积209.85公顷。

是月 县总投资1340万元的农村饮水安全工程开工。该工程涉及锦屏镇和白杨镇，建成后将解决农村2.5万人饮水问题。

是月 宜阳韭菜获农业部“国家农产品地理标志”认证。

是月下旬 国家退耕还林检查组对宜阳县2002年度生态林和2005年度经济林退耕还林工程进行检查验收。此次验收涉及全县16个乡镇，总面积984.5公顷。核查面积占总面积的47.9%。通过检查宜阳县退耕还林面积保存率、林权发证率、建档率、管护率均为100%，成林率达到98.3%。

8 月

1日 洛阳迎春电器有限公司工业和家用电器项目在宜阳产业集聚区举行开工仪式。该项目总投资6000万元，投产后年可生产各类工业电器2.5万台（套）、民用电器2.5万台（套）、家用电器20万台，实现产值超亿元，可安排就业500人。

2日至3日 县委书记王琰君、县长黄晓玲带领宜阳县党政考察团赴许昌等地考察学习。考察团先后对禹州市、襄城县、鄢陵县、长葛市、许昌县、许昌市东城区等县（市、区）的城市建设管理、产业集聚区建设、农业产业结构调整、基础设施建设和社会事业发展等方面工作进行考察学习。

4日 由省扶贫办基础项目建设处副处长刘宏敏带领的调研组，到宜阳部分乡镇调研贫困村互助资金试点工作。

9日至10日 由河南省林业厅财务处处长李华堂任组长的河南省强农惠农项目资金检查组一行6人，到宜阳检查土地整理项目实施情况。

12日 县委十届十次全会、县政府六次全会暨上半年经济运行分析会召开。

16日 县为期6天的飞播造林工作圆满结束。实施飞播造林工作，全县共分2个播区，一是锦屏镇灵山播区，总面积566.4公顷；二是张坞乡上龙播区，总面积795.6公顷。飞播造林树种为黄连木和臭椿，共播撒种子10215公斤，项目总投资41.6万元。

17日 由省环保厅巡视员丁晓阳任组长的省、市督查组一行5人到宜阳督查“双千工程”和中央投资项目。

18日 S319安虎线宜阳境灵山段改建工程正式开工。该工程全长1.48公里，路基宽31米，设计标准为二级公路。

19日 洛阳家鑫水岸名家工程举行开工奠基仪式。家鑫水岸名家建设项目占地10公顷，总投资3.5亿元，总建筑面积32万平方米，共建设26栋住宅楼，其中高层15栋。

20日 省统计局党组成员、巡视员陆洁带领省统计执法联合检查组到宜阳检查验收宜阳统计执法大检查工作。

22日~23日 国务院扶贫办检查组组长蔡党明带领省、市扶贫办有关领导到宜阳检查指导“雨露计划”实施方式改革试点工作开展情况。

29日 河南省金鑫爱心教育基金会捐赠助学资金暨宜阳县“凝聚力工程”帮扶贫困大学生资金发放仪式在宜阳举行。省工商联党组书记、省金鑫爱心教育基金会会长宋克耀，省金鑫投资集团董事长年永安，省金鑫爱心教育基金会副会长兼秘书长万昌鑫，省金鑫爱心教育基金会副会长胡彩凤，县委书记王琰君，县长黄晓玲，县委常委、统战部长王三章，县人大副主任杜阳林，县政协副主席王留乾及各乡镇、企业、贫困大学生出席了捐赠仪式。

30日 在全市民营经济工作会议上，宜阳荣获2009年度洛阳市发展民营经济先进县称号。

是月 县产业集聚区被河南省发展和改革委员会、河南省环境保护厅、河南省科学技术厅、河南省财政厅、河南省商务厅、河南省统计局联合评定为河南省循环经济试点单位。

9 月

3日 县第六次全国人口普查动员大会在宜阳宾馆豫翔楼召开。

3日　县灵山风景区总体规划评审会议召开。灵山风景区总体规划面积169公顷，规划期限为10年，建设成一个以佛教文化为核心的国家4A级旅游风景区，使其具有观光、休闲等多种功能为一体的综合性佛教旅游胜地。

3日　县双语实验学校举行一期工程竣工暨新学期开学典礼。

5日　县花果山洛河大桥实现合龙，标志着大桥进入了最后的冲刺阶段。该桥长486米，共16跨，每跨由3片梁板组成，全桥吊装梁板48片。

6日　县团委“关爱农民工子女”服务活动启动。33名考上大学的贫困农民工子女得到资助金14.4万元，21名贫困农民子女拿到郑州“百年农民工子弟职业学校”录取通知书。

8日　县第26个教师节庆祝大会暨优秀教师表彰大会在宜阳一中举行。会上传达了《宜阳县人民政府关于表彰2010年度优秀教师和优秀教育工作者的决定》。

9日　省委组织部一处副处长耿显榜到宜阳调研创先争优活动开展情况。

11日　由省食品药品监督管理局、省卫生厅、省教育厅3家单位组成的检查组，到宜阳检查中小学校和幼儿园的食品卫生安全工作。

15日　县城中村改造重点工程——西街锦瑞花园举行开工奠基仪式。该工程共计拆迁户34户，总投资2200万元，建筑面积1.9万平方米，是集拆迁安置、商住开发、超市量贩、品牌餐饮等于一体的花园时尚水景生活社区。

28日　市人大常委会《代表法》修改座谈会在宜阳召开。会上，来自洛阳市6个县的人大常委会代表分别就《代表法》修改提出了意见和建议，并就有关草案展开了讨论。

29日　宜阳县隆重举行“七路一扩一广场”工程竣工典礼仪式。该工程累计投入资金8000万元，实施了西环路、汉兴路、黄兴路、宏元路、恒基路、刚阿路、香鹿山东路建设和李贺大道拓宽改造、牌窑村文化广场建设。

29日　宜阳县在红旗环岛隆重举行红旗大道、创业大道扩宽及红旗环岛建设工程竣工典礼。该工程全长3.25公里，总投资2739万元，2009年11月底开工，2010年9月20日竣工，历时10个月。

30日　县人民医院整体迁建工程奠基仪式举行。该工程占地12公顷，规划建筑面积7.3万平方米，总投资2.5亿元，设置床位1000张。工程建设分两期实施，一期工程总投资1.5亿元，建筑面积58700平方米，设病床600张，工期540天。

30日　县阳光水岸滨河公园开园暨二期工程奠基仪式举行。该工程西起宜阳双桥上游160米，东至八官线大桥下游1000米，包括河道治理5.5公里、南北两岸堤防修筑、三级橡皮坝、堤顶公园、两岸路网建设以及亮化景观工程，总投资约6亿元。

30日　县共投入资金1604万元，圆满完成农民体育健身工程及乡镇农民体育健身工程项目。

10　月

7日　副市长王敬林到宜阳检查指导安全生产工作。

8日　县委书记王琰君主持召开光伏产业项目专题会议。该项目主要产品是硅棒、单晶硅切片及太阳能发电元件。一期投资5亿元，拟建4条生产线、100台单晶炉、20台切片机，建设周期12个月。项目拟选址寻村镇政府东、恒基铝业公司南、洛阳烟叶物流中心西，一期占地8.67公顷。

10日　在洛阳参加黄河中游水土保持委员会第十次会议的国家发改委、水利部、财政部、农业部、黄委会等五部委和青海、宁夏、甘肃、陕西、内蒙、山西等七省区领导到宜阳视察香鹿山水土保持生态园建设情况。

12日　省现代烟草农业检查验收组到宜阳检查验收整县推进现代烟草农业建设情况。

13日　由省人大常委会常务副主任王文超任组长的省人大常委会执法检查组到宜阳视察“一法一条例”（《中华人民共和国就业促进法》、《河南省就业促进条例》）落实情况。

14日　县第六次全国人口普查宣传月活动启动仪式举行。

15日　县工行大厦建设工作会议在县委三楼议事室召开。县工行大厦建设项目总投资4200万元，计划建设83米26层、建筑面积20754平方米的商住一体综合大楼，是红旗大道的又一标志性建筑。

19日　县创建省级食品安全示范县活动动员会召开。会议传达了《宜阳县人民政府关于印发宜阳县创建省级食品安全示范县活动实施方案的通知》和《宜阳县食品药品安全委员会关于印发省级食品安全示范县验收标准及责任分工的通知》。

20日 市政协副主席任海航、雷雪芹一行到宜阳调研韩都故城遗址开发保护工作。

20日 市创建全国双拥模范城六连冠宜阳动员大会在县民政局四楼会议室召开。会议传达了洛阳市创建全国双拥模范城宜阳个别成员单位工作分解表、洛阳市创建全国双拥模范城六连冠实施方案以及《宜阳县双拥工作领导小组办公室关于印发2010年全国双拥工作要点的通知》、《宜阳县双拥工作领导小组办公室关于印发2010年宜阳县双拥工作目标任务的通知》、《宜阳县双拥工作领导小组办公室关于调整宜阳县双拥工作领导小组成员的通知》。

21日 由省文化厅副厅长董文建任组长的检查组到宜阳检查指导“两馆一站”（文化馆、图书馆和乡镇文化站）建设工作。

23日 县工商局12315投诉举报中心综合业务用房工程开工奠基。该工程占地0.83公顷，总投资900余万元，设计规模为7层，建筑面积4900平方米。

23日 县职业教育中心项目签约仪式在县家鑫酒店三楼举行。宜阳县职业教育中心项目位于北城区，由浙江华富投资管理公司投资兴建，规划占地20公顷，建筑面积18万平方米，总投资3亿元，设计规模154个教学班，可容纳学生7000余人。

27日 省烟草专卖局局长郑建民带领市相关部门负责人到宜阳调研现代烟草农业建设工作。

27日 市政协副主席王亦丁带领市人口和计划生育工作专项督查组到宜阳督查计划生育工作。

27日 县第十二届人大常委会第二十七次会议召开。会议表决通过了县人民政府关于张坞乡撤乡建镇和提请宜阳县卓立工业开发有限公司向洛阳银行融资的议案，并对本次会议的4个专项报告进行了满意度表决。

28日 县环境创优工作动员大会在县青少年活动中心召开。全县各乡镇党委书记、乡镇长，县直单位和窗口单位主要领导，城关镇、锦屏镇、寻村镇各行政村支部书记共200余人参加了会议。会议总结分析了宜阳县前一阶段环境创优工作情况，对下一步全县环境创优工作的具体任务进行了安排部署。传达了《县委办公室、县政府办公室关于印发〈宜阳县环境创优考评工作责任追究暂行办法〉的通知》。县委书记王琰君在会上作重要讲话，对全县环境创优工作提出了具体要求。

30日 宜阳群众在县肉联厂院内发现了一只不知名的动物，该动物被送到市林业局野生动物保护科进行鉴定后得知：叫黄麂，又命角麂、小麂，是一种小型的鹿科动物。小麂属于濒危物种，是省重点保护动物。

是月中旬 由河南省民间文化遗产抢救工程工作委员会组织评选的第二批河南省“老字号”公布，全省共有42家“老字号”入围，其中，宜阳县上报的“谷氏积善堂”榜上有名。“谷氏积善堂”位于樊村乡康村。200年来，“谷氏积善堂”研制的“谷氏填髓生血丹”，为方圆百里的老百姓解除了病魔带来的苦痛。

11 月

3日 县李贺研究会第二届代表会议在宜阳一中召开。经过周密筹划，李贺研究会选举产生了以陆成生先生为会长、县一中优秀教师为主体的新一届李贺研究会。

5日 省能源局电力处副处长薛智勇、大唐河南分公司规划发展部主任辛小利等一行到宜阳考察大唐2×600万瓦热电联产项目。

5日 县雪碳工程暨体育休闲广场项目竣工典礼举行。宜阳体育休闲广场项目占地0.68公顷，建筑面积4158平方米，总投资525.5万元，于2009年8月28日开工，建成有综合训练馆、带看台的灯光篮球场、灯光网球场及体育休闲广场4部分。

5日 圆宏国际广场暨红旗小区二期工程开工奠基仪式举行。圆宏国际广场是由县工商银行和河南太圣置业有限公司共同合作开发的新型环保节能低碳建筑工程项目，总投资8000万元，建筑总面积约2.4万平方米，设计建筑高度为86.3米，地下一层、地上26层。红旗小区二期项目位于红旗路北关街口，项目占地1.2万平方米，南北两侧拆迁面积1.1万平方米，建2栋19层商住楼，共150套住宅，总投资3800万元。

5日 豫嘉园暨衡达富地大厦工程开工典礼举行。豫嘉园项目位于城关镇沈屯村，由县房地产开发公司投资3000万元承建，占地面积6600平方米，规划建筑2.5万平方米，建设高层3栋。衡达富地大厦项目位于红旗东路北侧，规划建设19层商住楼1栋，建筑面积8000平方米，由地久集团洛阳衡达置业有限公司投资1300万元承建，计划2011年年底完工。

5日　龙兴小区廉租住房公租住房项目开工奠基仪式举行。龙兴小区廉租住房公租住房项目，总占地33400.5平方米，总建设规模为7.5万平方米，项目概算总投资8000万元。

8日　市国土局、发改委、农业局、规划局、环保局等部门组成联合审查组，对宜阳2010年第二批、第三批城乡建设用地增减挂钩项目进行联合审查。一致通过宜阳第二批、第三批城乡建设用地增减挂钩项目评审。两批挂钩项目共涉及寻村镇、盐镇乡、锦屏镇、莲庄乡、三乡镇等5个乡镇。

8日　县花果山洛河大桥建成通车。花果山洛河大桥北起省道S323八官线三乡西村，向南跨越洛河，南止省道S319安虎线张坞乡元过村。该项目全长2490米，总投资2200万元。其中洛河大桥长486米，按公路二级荷载标准设计，桥面净宽9米，两侧各0.5米防撞护栏；引线全长2004米，按二级公路标准设计，设计时速为60公里/小时，引线路基宽12米、路面宽9米，设计洪水频率为百年一遇。

10日　市爱卫办工作组到柳泉镇，进行市级卫生乡镇届满复核检查。检查组从爱国卫生组织管理、镇容镇貌、健康教育、行业卫生、疾病预防与控制等11个方面对柳泉镇及所辖村进行了实地检查，认定柳泉镇通过2010年市级卫生乡镇届满复核检查。

10日　中国雨润（宜阳）食品产业化项目开工奠基仪式在县产业集聚区举行。中国雨润集团下属企业200多家，遍布全国30多个省、直辖市和自治区，拥有员工7万人，是一家集食品、物流、百货、旅游和房地产等于一体的大型企业，在中国企业500强中排名135位，在中国肉食品加工业排名第1位。中国雨润（宜阳）食品产业化项目总投资6亿元，占地11.8公顷，年屠宰加工生产200万头生猪、10万头肉牛、3000万只肉鸡。项目达产后，可实现年产值20亿元，直接提供就业岗位1000多个。

10日　樊村乡扶贫搬迁暨新型农村社区开工奠基仪式举行。该扶贫搬迁暨新型农村社区建设项目总投资5000万元，计划新建6层商住楼8幢4.5万平方米，其中1层为商业用房，2至6层为居民住宅，建成后可安置住户350户。

15日　省信访稳定工作督导组到宜阳检查信访稳定工作。

16日　县李贺文化广场暨李贺像落成揭彩仪式举行。人民日报社原副总编辑、著名作家梁衡，中国文联原党组副书记、著名作家孟伟哉，中国散文学会常务副会长、《人民文学》原常务副主编、著名作家周明，鲁迅文学院原常务副院长、著名诗人、作家雷抒雁，中宣部文艺局原副局长、著名作家成志伟，时代风雅（北京）文化艺术交流中心主任贾梁，吉林省军区副司令员贾风山，中国诗歌学会会员、解放军总参谋部原局长王殿华，省委宣传部宣传处处长郭艳芳等出席仪式。

16日　县金东瑞福苑项目开工奠基仪式举行。金东瑞福苑项目位于寻村镇，计划投资1.2亿元，占地面积1.7万平方米，建筑面积5万平方米，建成后可安排住户316户。

19日　财政部预算司地方处处长章泉到宜阳检查革命老区专项转移支付资金使用情况。

20日　国家林业局宣传办主任程红、宣传管理处处长马大轶、省林业厅副厅长刘有富一行到宜阳检查森林城市创建工作。

23日　在河南省人民会堂举行的中原最具投资价值县（市、区）表彰大会暨中原经济区建设报告会上，宜阳县喜获“中原最具投资价值县（市、区）”称号。

24日　由住房和城乡建设部副部长齐骥任组长的中央信访工作督导组到宜阳，就贯彻落实中央决策部署情况进行调研。

25日　宜阳首次国有土地拍卖会在县国土局交易大厅举行。本次拍卖会特别邀请了洛阳市地产交易中心范国强拍卖师主持，县纪检委全程监督。经数家投资者激烈角逐，此次拍卖的位于宜阳县北城区城标西南角的0.94公顷国有土地最终以1269万元的拍卖总价顺利成交，每亩地价达90万元。

25日　县2010年农村公路建设项目乡道改建工程12条41.3公里、村村通建设项目13条12公里、危桥改造5座300延米全部完工。

26日　团省委书记侯红一行到宜阳调研共青团工作。

是月　县黄河同力水泥有限责任公司、国林牡丹焊材有限公司被市政府授予洛阳市首届诚信示范企业称号。

12 月

1 日 省交通运输厅总工程师李强一行到宜阳调研郑卢高速宜阳段建设协调工作开展情况。

4 日至 5 日 中央电视台记者一行 3 人深入莲庄乡沙坡头村，采访该村农民冯武飞修水利造福群众的事迹。现年 56 岁的冯武飞花费 8 年时间，用一己之力，建成了一项宏伟的“南水北调”工程。他的这项工程，不仅解决了自己 4 亩多地的灌溉难题，还让周围近千亩农田受益。《大河报》在 12 月 3 日 A3、A4 版报道了他的事迹，引起了中央电视台的关注。

5 日 团中央农村青年工作部副部长孙俊波、团省委青农部部长薛崇林、团市委副书记王夏晔、团市委青农部部长周志明一行 4 人到宜阳调研县域共青团工作。

6 日 省财政厅监督检查局二处处长李志刚率队到宜阳，检查农村义务教育“普九”债务清偿工作。

7 日 全国农村卫生发展项目基本公共卫生服务均等化新闻媒体采访暨汇报会议在宜阳召开。中央电视台、新华社、人民日报、河南日报等各大新闻媒体记者莅临宜阳就基本公共卫生服务均等化工作进行采访、报道。

11 日 县人口和计划生育服务中心项目竣工典礼举行。县计划生育服务中心是宜阳国债项目建设工程，该项目 2010 年 1 月动工，总投资 1000 万元，占地 18 亩，建筑面积 5500 余平方米，主体建筑 7 层。

14 日 县粮食局综合办公大楼落成典礼仪式举行。县粮食局综合办公大楼是 2009 年县委、县政府确定的北城区开发重点项目之一，建筑面积 1.2 万平方米，共 11 层。

15 日 省体育局局长韩时英到宜阳调研体育工作。

18 日 县公安局指挥中心大楼启用典礼仪式举行。新建的公安局指挥中心大楼总投资 1400 万元，占地 2.1 公顷，设计为地下 1 层，地上 8 层，是 1 座集公安指挥、信息通信、后勤保障为一体的现代化指挥大楼。

25 日 省煤矿安全专项检查组到宜阳检查兼并重组煤矿安全监管工作。

26 日 县张坞乡举行撤乡建镇庆典仪式。

26 日 县年产 200 兆瓦单晶硅拉棒和太阳能电池片组件项目开工奠基仪式举行。年生产光伏产品 850 吨。项目全部建成达产后，预计可提供 800 个就业岗位，年可实现销售收入约 13 亿元。

26 日 宜阳第一家五星级国际酒店项目开工奠基仪式举行。宜阳五星级大酒店坐落在洛河北岸，由洛阳家鑫房地产开发公司投资 1.5 亿元兴建，占地约 13.3 公顷，总建筑面积为 8 万余平方米，主楼建筑面积 3 万余平方米。酒店集住宿、餐饮、会展、会议、游泳、奥斯卡影城以及休闲度假等多功能为一体，同时可接待 700 余人的住宿、会议和餐饮。

27 日 县委第 118 次常委会议召开。会议传达了市委关于王涛、蒋武寿两名同志的任命，并一致同意两人为县政府党组成员。

28 日 县第十二届人大常委会第二十八次会议召开。通过了县人民政府关于莲庄乡撤乡建镇的议案、副县长冯义德辞去宜阳县人民政府副县长的决定，通过了对蒋五寿、丁遂社提请任命县人民政府副县长、县司法局局长的决定。

28 日 县政协七届十七次常委会召开。会议通报了 2010 年县政协民主评议县直单位整体工作、县 2010 年“二十件”实事完成情况、县 2010 年重点工程建设情况、拟增设“洛阳宜商”委员界别的情况，听取了常委乔文博、王克统，委员韩江涛、马念成的述职和总结。县国土局、环保局、畜牧局等 3 个被评议单位分别汇报了 2010 年民主评议整改落实情况。

29 日 洛阳黄河同力水泥公司二期工程投产暨消纳城市生活垃圾示范线开工仪式举行。省委常委、市委书记毛万春，河南建设投资集团董事长胡智勇参加了仪式。该公司二期日产 4500 吨熟料水泥生产线总投资 7.8 亿元，于 2010 年 9 月开工，投产后企业年产水泥 500 万吨，销售收入超过 11 亿元，成为全省单厂生产水泥最多的新型干法水泥生产企业。消纳城市生活垃圾示范线项目总投资 5120 万元，依托企业新型干法水泥回转窑系统，建设一条日消纳 500 吨城市生活垃圾的全封闭处理线，这也是全省首条消纳城市生活垃圾示范线。

30 日 河南省林业厅豫林护批〔2010〕62 号文件批复同意宜阳建立香鹿山省级森林公园，定名为河南省香鹿山省级森林公园，规划建设面积

1453 公顷。

是月初 在全国地方志系统第二届年鉴评奖活动中，《宜阳年鉴（2009）》被中国地方志指导小组办公室评为县区级地方综合年鉴二等奖。

是月初 由新闻出版总署主办，新闻出版总署农家书屋办公室、中国农业电影电视中心、中国农影音像出版社、CCTV－7《生活567》栏目等共同承办的“我的书屋·我的家”——全国农家书屋阅读讲演活动落下帷幕，宜阳河洛大鼓《农家书屋好处多》节目喜获最佳风采奖。

是月底 在省财政厅年终表彰的2010年度粮食直补和农资综合补贴工作中，县财政局荣获“全省粮食直补和农资综合直补工作先进单位”。

是月 在大河财富（中国）论坛2010年年会举行的2010中原经济大奖评选中，宜阳产业集聚区被评为2010中原十佳活力产业集聚区。

温总理的饮食养生经验

温总理到基层视察的时侯，对饭菜质量的要求很简单：“清清淡淡，汤汤水水，热热乎乎”。“这十二个字与《中国居民膳食指南》的原则是一样的，虽然简单、简朴，但很科学。”中国农业大学食品学院副教授范志红如是说。

“清清淡淡”—少油少盐。

“清清淡淡”背后蕴含的意思就是要少油少盐。但是所谓的清清淡淡也并不是什么调味品都不能放，清淡主要是强调少油少盐，醋和香辛料等调味品仍可以适量添加。刺激性的调料应根据身体状况和季节气候特点而决定。比如，在很干的北方地区，如果常吃过于辛辣的食物，容易引起身体不适。

“汤汤水水”—降低食物的能量密度。

“汤汤水水”，意思是说应该降低食物的能量密度。所谓能量密度高的食物，就是吃一点点就会带来大量能量的食物。水是不含有能量的，所以一般来说，水分大的食物能量密度比较低，如蔬菜含有90%以上的水，水果的水分含量也接近90%。米粥中水超过90%，米饭是70%左右，而馒头是55%左右。

“热热乎乎”—温度适中，使肠胃感觉舒适。

中国自古以来就是提倡，老人的食物要温热一些，这恰恰是温总理所说的“热热乎乎”。所谓“热热乎乎”并不是烫，而是温度适中，使肠胃感觉舒适。食用过烫的食物会损害消化道，而过凉的食物同样也会妨碍消化。

温总理的饮食十二字经验具有养生意义，对人体大有好处，不仅可以降低肥胖的风险。还可以降低高血压、心脏病的风险。作为大众的简便饮食原则，是非常值得提倡的。

县情概览

沿革区划

【区位】 宜阳位于河南省洛阳市西部，地跨东经111°45′～112°26′，北纬34°16′～34°42′，东连洛阳，西接洛宁，南与嵩县、伊川交界，北与新安、渑池为邻。辖7镇9乡1个办事处，353个行政村，总人口71万。平均海拔360米，县城海拔195米。地处豫西浅山丘陵区，西高东低，南山北岭，全县概貌为“三山六丘一分川”，洛河自西向东流经全县。

【建置及沿革】 宜阳历史源远流长，夏属豫州，商属雒西地，西周为召南地，春秋归晋，战国属韩，韩国曾以韩城为都，后于宜阳置县，秦因袭之。汉至晋隶属河南郡、弘农郡，北魏设宜阳郡，辖宜阳、金门、南渑池3县，另置甘棠县属新安郡，北周废宜阳县置熊州，继又更名昌洛县。隋改甘棠县为寿安县，增设兴泰县。唐改宜阳县为福昌县。元代福昌、寿安合并，再称宜阳县。明、清、中华民国沿袭元制。1947年以洛河为界分宜南、宜北两县，1949年合并为宜阳县，隶属洛阳专员公署，1986年4月归属洛阳市。1990年辖城关镇和城关、丰李、柳泉、盐镇、石陵、莲庄、张坞、高村、石村、韩城、寻村、白杨、樊村、董王庄、赵保、三乡、穆册、上观共1镇18个乡、380个行政村。1996年7月，柳泉、丰李撤乡建镇。1998年12月，白杨、韩城撤乡建镇。2000年9月，寻村撤乡建镇。1991年，董王庄乡赵坡村分为赵坡、白土坪2个行政村；1999年，丰李镇鸣鹤村分为东、西鸣鹤2个行政村；2000年，韩城镇福昌村分为福昌、阁北2个行政村。至2000年，宜阳县辖城关、丰李、柳泉、寻村、白杨、韩城6个镇，盐镇、城关、石陵、石村、高村、张坞、莲庄、樊村、董王庄、赵保、三乡、穆册、上观13个乡、383个行政村（赵保乡、东赵村分为5个管理区未被民政部门批准）。在2005年底机构改革中，行政区划有所变更，撤销石村、石陵两个乡，整体分别并入高村、盐镇乡；原属丰李镇西霍屯、梁屯、王屯、邢屯、油房头、侯城、小营、小李庄、溢坡、毕沟10个行政村划归洛阳市洛龙区古城乡。2005年10月成立工矿区办事处。2010年8月，洛阳市行政区划调整，将原丰李镇的西庄、黄龙庙、崔村、流水沟、石门、漫流、马窑、山地、南营9个行政村划归锦屏镇管辖。2010年底，宜阳下辖城关镇、锦屏镇、寻村镇、柳泉镇、韩城镇、三乡镇、白杨镇7个镇和盐镇、高村、张坞、穆册、莲庄、上观、董王庄、赵保、樊村9个乡及工矿区办事处1个，有353个行政村。

资　　源

【土地资源】 截至2010年底，宜阳县土地总面积165042.09公顷，农用地面积133198.95公顷，其中，耕地73953公顷，园地1419.62公顷，林地27867.18公顷，草地29976.74公顷；建设用地24114.25公顷，其中，城镇居民点及独立工矿用地13817.56公顷，交通运输用地3063.98公顷，水利设施用地7232.71公顷；其他土地7728.89公顷。基本农田保护块3337块，基本农田保护面积持续稳定在57978公顷以上。

宜阳县耕地后备资源丰富，近期可供开发土地资源为3611.74公顷。

【矿产资源】 宜阳地处熊耳山北中部，跨两个三级地质构造单元，区内矿产资源比较丰富。以陈宅——漫流断层为界，东部是形成以外生（沉积）矿产为主的地区，西部是形成内生矿产的有利地区。

宜阳矿产资源丰富，境内已探明储量的矿产资源有42种，矿产地85处。其中大型矿床7处，中型矿床2处，小型矿床9处，矿（化）点92处。分为能源、金属、非金属和水资源等四大类。矿产比较集中地分布在宜阳县南部山区，其中：优势矿产为煤、石灰岩、硅石（石英砂和脉石英）、铝土矿、铁矿、蛭石、长石、白云岩、重晶石等。自2010年起，辖区进行了矿产资源整合，目前，全县共有煤矿企业15家、非煤矿山企业63家。主要矿产资源分布及储量情况如下：

煤炭资源储量达4亿吨，为宜洛煤田，主要分布在城关镇、锦屏镇、樊村乡和白杨镇。2010年底，保有储量达7960.5万吨。石灰岩主要分布在锦屏镇八里堂、庙沟、黄沟、周村、苗村、石门、白杨镇石板沟，樊村乡鹿角岭、老庄，城关镇的三道岔，探明储量达8亿吨，估算远景储量在28.4亿吨以上。

硅石（石英砂岩和脉石英）主要分布在张坞镇的花庄村，穆册乡花山村，上观乡下观村，樊村乡杓柳、虎庙、香椿沟，锦屏镇的张李沟、八里堂、周村，白杨镇的半坡山、漫流村，赵保乡的张山村等区域，估算远景资源量4亿吨。

铝土矿主要分布在锦屏镇李沟、焦家凹、黄沟，城关镇三道岔、樊村乡马道、赵堡长岭一带，远景资源量1.15亿吨。

铁矿主要分布在张坞镇七峪沟、前坡头、青山崖、斜坡，上观乡料凹、架寺、红涧、扬沟、沙岭，穆册乡上洞，锦屏镇周村，樊村乡金家疙瘩村，为次沉积变质铁矿，中品位。远景储量0.3亿吨~0.6亿吨。

白云岩主要分布在城关乡庙沟、乔岩、兰家冈、何年，城关镇三道岔和樊村乡杓柳村等区域，探明储量1.6亿吨。

白垩土主要分布于董王庄乡洞子沟村，初步估算资源量3000万吨。

重晶石主要分布在赵保乡、张坞镇、董王庄乡、白杨镇4个区域，矿体分布于山丘区，平洞、竖井均可开采，保有储量为80万吨，品位、规模均具工业开采要求。

钾长石分布在莲庄乡、张坞镇及上观乡一带，含钾13%，探明储量为5.5亿吨。

花岗岩主要分布在张坞镇和穆册乡及上观乡一带，地质工作程度较低，资源储量达2千万立方米，有豆沙绿、万年青等10余种品种。

蛭石主要分布于上观、张坞镇等地，远景资源储量达1.4亿吨，地质工作程度低，有零星开采。

金矿主要分布在穆册、上观两乡，含金脉矿体达17条之多，最长的在75米以上，厚度2.3米~3.2米。已发现黄金矿点5处，初步探测金属量841公斤，矿石量114552吨，品位为7.34克/吨。

辉绿岩位于上观乡马家庄东部，地质储量7886万吨。

铅锌矿分布在宜阳县上观乡庙西附近，矿体走向近南东，倾向南西，长约150米，厚度1米~2米，矿石量约4.5万吨，具有一定的开发价值潜力。

膨润土主要分布于董王庄乡天王院村一带，资源储量达40万吨。

其他还有铁锰矿、陶瓷黏土、水泥黏土、方解石矿、铸石原料、石墨矿、熔炼石英、铜矿、铅矿、蛇纹岩，伊利石、天然油石、沸石、萤石、膨润土等。

【水资源】 宜阳县总属黄河水系伊、洛河流域。境内洛河流域面积150.72平方公里，伊河流域面积160.1平方公里。其中洛河境内干流长68公里，汛期断面水质为Ⅰ类水质，非汛期断面水质为Ⅱ类水质，水质状况较好。全年全县水资源总量1.9799亿立方米，其中地表水1.6481亿立方米，地下水资源1.5703亿立方米，地表水与地下水之间重复量为1.2384亿立方米。已利用水资源为0.9370亿立方米，其中农业用水0.4962亿立方米，工业用水量0.2495亿立方米，城镇公用、居民及生态用水0.1910亿立方米。全年人均水资源总量274.9立方米，人均用水量141立方米，万元GDP用水量69吨。

【动植物资源】 动物。宜阳县现有动物140科，600余种，其中：

兽类：7科15种。主要有野猪、獾狐、狼、刺猬、松鼠、豪猪、山混子、黄鼠狼、灵猫、獐、紫貂、羚羊、梅花鹿等也有零星分布。

鸟类：7科23种。主要有野鸡、猫头鹰、斑鸠、啄木鸟、黄瓜绿、过山哨、燕子、山雕、山金雀、大雁、鸽子、角角、麻不乐、麻雀、黄雀等。相思鸟、小白鹭、八哥、百灵、杜鹃、画眉、鹧鸪、黄鹂、金雕等也有零星分布。

爬行类：6科10种。主要有壁虎、鳖、乌龟、蜥蜴、蛇类等。

两栖类：2科3种。主要有青蛙、大鲵、林蛙。

鱼类：7科20种。主要有草鱼、青鱼、鲢鱼、鲫鱼、泥鳅、黄鳝、黄骨鱼等。

昆虫类：100科500余种。主要有蜻蜓、夜娘、草蚊、果蝇、咋蝉、木蝉、草蛉、蚜虫、蛾类、蝶类、天牛类、粪蜣类、甲虫类、蝗虫类、蚤类、螳螂类、竹节虫类等。

植物。宜阳县已探明的植物种类有153科627属1440余种。其中木本植物31科90余种，草本植物122科1350余种，乔木22科60余种，灌木9科30种。乔木垂直分布800米以上的主要有麻栎、栓皮栎、青岗栎、化香、黄栌、油松等。800米以下的有刺槐、侧柏、苦楝、臭椿、国槐、榆、泡桐、毛白杨、沙兰杨、旱柳等。经济树种有漆树、核桃、油桐、乌桕等。干鲜果类有苹果、枣、杏、柿、板栗、山楂、李、梨、葡萄等。多年生灌木和藤本植物有淡竹、荆条、紫穗槐、白腊、酸枣、盐肤木、鬼见愁、葛条、胡枝子等。草本植物有白草、黄笔草、茅草、山菊、铁杆蒿等。低等植物和食用菌有地衣、猴头、木耳、鹿茸、黄花菜、山葱、野韭、蘑菇、蕨类等。另外，可作药用植物有杜仲、五味子、连翘、山楂、枸杞、山药、百合、柴胡、防风、苍术等。稀有珍贵树种有银杏、白皮松、落叶松等。

【人口资源】 据公安部门统计，年末全县共有户籍人口71万人。其中：男性36.6万人，女性34.40万人；非农业户口9.70万人。出生人口9731人，出生率6.69‰；死亡人口6174人，死亡率4.25‰；自然变动净增人口3557人，自然增长率5.0087‰。

气候特征

2010年，平均气温为15.1℃，与常年值14.5℃相比偏高0.6℃；年降水量为653.2毫米，与常年值655.4毫米相比正常；年日照时数是1617.2小时，与常年值1971.7小时相比偏少17%。2010年总的气候特点是：冬季温度正常，雪水略多；春日早临，气温起伏较大，雨水正常；夏天温度正常，降水偏少；秋期温度偏高，雨水严重偏少；年平均气温偏高，年降水基本正常，年日照时数偏少。

环境质量

全年监测企业71家、监测废水26次、废气82次、噪声24次、环评监测7次。对全县288家排污单位（其中重点排污企业7家）加强现场监管。对全县132台（套）污染防治设施现场监督检查11036人次，落实主要污染物减排工作。全年二氧化硫排放量17275.04吨，化学需氧量排放量2106.14吨，完成2010年度主要污染物二氧化硫排放量控制在1.9万吨以内，化学需氧量控制在2347吨以内的市定目标。完成二次辐射源监督检查任务，全年未发生辐射事故。洛河高崖寨出境断面水质达标率100%；城市集中饮用水源地水质达标率100%，全年城区空气质量优良天数323天。

国民经济与社会发展

初步核算，全年生产总值完成1278666万元，比上年增长11.5%，其中：第一产业增加值255000万元，增长4.8%；第二产业增加值601511万元，增长15.4%；第三产业增加值422154万元，增长11.1%。人均生产总值21672元，增长10.2%。三次产业结构为19.9∶47∶33.1，二、三产业比重比上年提高0.6个百分点。

全年居民消费价格上涨4.41%，其中食品类价格上涨12.62%；商品零售价格上涨4.77%；农业生产资料价格上涨0.57%。

2010年城镇居民消费价格指数

类 别	指 数（以上年平均为100）
居民消费价格指数	104.41
#食品	112.62
粮食	118.36
肉禽及其制品	107.62
蛋类	120.43
鲜菜	101.41
烟酒及用品	113.96
衣着	99.76
家庭设备用品及服务	98.37
医疗保健及个人服务	103.08
交通和通信	100.20
娱乐教育文化用品及服务	99.72
居住	99.91

年末全县从业人员392376人，其中城镇从业人员25072人。全年城镇新增就业人员10100人；下岗失业人员实现再就业4900人，其中“4050”人员再就业428人；年末城镇登记失业率为4%。

【农业】 全年粮食种植面积82000公顷，比上年下降2.8%，其中：小麦种植面积38333.33公顷，下降3.1%；棉花种植面积658公顷，下降24.1%；油料种植面积18200公顷，增长3.6%；蔬菜种植面积11400公顷，与上年持平。

全年粮食产量352314吨，比上年下降4.0%；棉花产量678吨，减产7.3%；油料产量78264吨，减产2.7%。肉类总产量38763吨，增长7.7%；禽蛋产量16757吨，增长2.4%；牛奶产量6544吨，增长3.4%。

2010年主要农产品产量

产品名称	产量（吨）	比上年±%
粮食	352314	-4.0
夏粮	157760	-3.8
秋粮	194554	-4.2
棉花	678	-7.3
油料	78264	-2.7
#花生	65433	-2.1
烟叶	20131	-2.9
蔬菜	508338	1.4
水果	76282	-27.6

年末农业机械总动力54.8万千瓦，比上年增长23.1%；农用拖拉机3.5万台，增长52.6%；农用运输车0.9万辆，与上年持平；农村用电量25562万千瓦小时，增长5.9%。

【工业和建筑业】 全年全部工业增加值505502万元，比上年增长16.7%，增速比上年增长2.3个百分点。其中，规模以上工业增加值389440万元，比上年增长22.8%，上升3.4个百分点，其中：轻工业增长0.5%，重工业增长18.1%。全年累计产品销售率95.4%，增长0.2%。

规模以上工业22个大类中，有19个行业生产实现增长，3个行业生产下降。分行业情况为：黑色金属矿采选业增长26.3%，有色金属矿采选业增长23.0%，非金属矿采选业增长83.4%，农副食品加工业增长106%，食品制造业增长520.5%，纺织服装、鞋、帽制造业增长98.7%，木材加工及木、竹、藤、棕、草制品业增长9.0%，家具制造业增长662.4%，造纸及制品业增长93.1%，石油加工、炼焦及核燃料加工业增长6.9%，化学原料及化学制品制造业增长36.8%，塑料制品业增长681.9%，非金属矿物制品业增长27.4%，黑色金属冶炼及压延加工业增长6.4%，有色金属冶炼及压延加工业增长1.9%，有色金属冶炼及压延加工业增长1.9%，金属制品业增长1319.4%，通用设备制造业增长89.8%，交通运输设备制造业增长1716.2%，电气机械及器材制造业增长66.7%，煤炭开采和洗选业下降31.1%，医药制造业下降16.0%，电力、热力的生产和供应业下降18.5%。

在工业产品产量中，各种产品的产量较上年同期有升有降。

2010 年主要工业产品产量

产品名称	产　量	比上年 ±%
原煤	88.9 万吨	9.6
精甲醇	0.86 万吨	37.7
合成氨（无水氨）	7.5 万吨	18.0
农用氮、磷、钾化学肥料总计	4.2 万吨	-10.2
炸药	4.0 万吨	28.6
水泥熟料	146.3 万吨	-24.4
水泥	214.7 万吨	-4.6
发电量	3.3 亿千瓦小时	-24.3

全年规模以上工业企业主营业务收入 1295029 万元，比上年增长 34.9%，增速比上年提高 13.1 个百分点；利润总额 86690 万元，增长 7.4%，回落个 2.8 百分点。

全年全社会建筑业增加值 96009 万元，比上年增长 10.3%。全县建筑企业利润总额 4004 万元，增长 90.5%；税金总额 2747 万元，增长 110.8%。

【固定资产投资】 全年全社会固定资产投资 1704334 万元，比上年增长 21.8%。其中：城镇投资 1417014 万元，增长 22.5%；农村投资 287320 万元，增长 19.1%。

在城镇投资中，国有及国有控股投资 150385 万元，民间投资 1203544 万元，港澳台商控股投资 10585 万元；第一产业投资 152385 万元，增长 39.9%；第二产业投资 762969 万元（全部为工业投资），增长 6.9%；第三产业投资 501660 万元，增长 56.0%。

2010 年各行业城镇固定资产投资完成情况

行　业	投资额（万元）	比上年 ±%
合　计	1417014	22.5
农林牧渔业	152385	39.9
工业	762969	6.9
交通运输、仓储和邮政业	27150	62.3
批发和零售	26920	-20.4
住宿和餐饮	16680	77.1
房地产业	173919	14.9

续表

行　业	投资额（万元）	比上年 ±%
合　计	1417014	22.5
水利、环境和公共设施管理业	148666	98.3
教育	38911	501.6
卫生、社会保障和社会福利	11331	102.9
文化、体育和娱乐业	20990	220.2
公共管理和社会组织	11620	45.6

全年房地产开发投资 113699 万元，比上年增长 36.4%，其中，住宅投资 102300 万元，增长 39.5%。房屋施工面积 1853729 平方米，增长 18.8%，其中，住宅 1611667 平方米，增长 16.8%。房屋竣工面积 1181016 平方米，下降 734.9%，其中，住宅 1061722 平方米，增长 663.2%。商品房销售面积 559402 平方米，增长 138.5%，其中，住宅 530140 平方米，增长 128.9%。

【国内贸易】 全年批发和零售业增加值 62609 万元，比上年增长 2.9%；住宿和餐饮业增加值 24500 万元，增长 2.4%。

全年社会消费品零售总额 405180 万元，比上年增长 17.8%，扣除物价因素实际增长 12.8%。分城乡看：城市消费品零售额 271406 万元，增长 32.9%；县以下消费品零售额 133774 万元，下降 5.0%。分行业看：批发和零售业零售额 330338 万元，增长 22.2%；住宿和餐饮业零售额 74842 万元，增长 15.8%。

限额以上批发和零售企业 40 个销售大类中，食品、饮料、烟酒类销售额增长 195.9%，服装、鞋帽、针纺织品类增长 97.8%，文化办公用品类增长 33.8%，家具类增长 81.8%，家用电器和音像器材类增长 76.3%，煤炭及制品类下降 4.1%，金属材料类下降 57.2%。

【对外经济】 全年进出口总额 751.3 万美元，比上年增长 170.5%，其中：出口总额 750.6 万美元，增长 100.5%；进口总额 0.7 万美元，下降 97.3%。高新技术产品出口 750.6 万美元，增长 197.8%。

全年新批准外商投资企业 1 个。全县实际利用外商直接投资5875万美元，增长4.9%。实际利用市外境内资金2240万美元，增长11.8%。

【交通、邮电和旅游】　全年交通运输、仓储和邮政业增加值129545万元，比上年增长11.6%。

全年交通运输部门完成货物周转量313158万吨公里，增长179.8%，完成旅客周转量195508万人公里，增长68.2%。

2010年各种运输方式运输量

指　标	单　位	绝对量	比上年±%
货物运输量	万吨	1558	-55.7
货物周转量	万吨公里	313158	179.8
旅客运输量	万人	2642	-59.1
旅客周转量	万人公里	195508	68.2

全年邮电业务总量18237万元，比上年增长17.8%，其中：邮政业务3604万元，增长51.9%；电信业务14633万元，下降11.6%。年末局用电话交换机总容量13.5万门，本地固定电话用户8.03万户，移动电话用户30.04万户。固定电话普及率为13.6部/百人，移动电话普及率为50.9部/百人。年末计算机互联网用户2.43万户，增长62.0%。

全年共接待游客190万人次，旅游总收入1.87亿元，其中门票收入893.5万元。

【财政、金融】　全年地方财政一般预算收入42699万元，增长17.9%。财政一般预算支出141666万元，增长11.0%，其中科教文卫支出58482万元，增长16.5%；社会保障支出9107万元，下降38.7%。

年末金融机构人民币各项存款余额520674万元，比上年末增长19.2%，其中，城乡居民储蓄存款余额369949万元，增长18.4%。人民币各项贷款余额190389万元，增长33.6%，其中：短期贷款余额102796万元，下降6.7%；中长期贷款余额52379万元，增长284.4%。金融机构个人消费贷款余额85071万元，增长13.0%。

【教育和科学技术】　全年全县普通高中招生3517人，在校生10403人，毕业生4538人。初中学校招生11205人，在校生32616人，毕业生11721人。普通小学招生12644人，在校生75532人，毕业生12325人。全年"新机制"安排资金7716.7万元，比上年增长10.8%，资助困难学生6818人次。

全年研究与试验发展（R&D）经费支出1086万元，比上年增长29.0%。年末拥有科学研究与技术开发机构2个，从事科技活动人员24320人；全年申请专利25件，授权专利20件，分别增长25.0%和42.0%；签订技术合同28份，增长21.8%。

年末共有产品质量监督检验机构1个，全年强制检定计量器具9972台（件）。全县共有天气雷达观测站点1个，卫星云图接收站点1个，区域气象观测站3个。

【文化、卫生和体育】　年末全县共有艺术表演团体2个，文化馆1个，公共图书馆2个。广播电台1座，广播人口覆盖率93.0%。电视台1座，教育台1座，有线电视用户4.8万户，电视综合人口覆盖率90%。年末共有综合档案馆1个，已开放各类档案1206卷。

年末共有卫生机构414个，其中：医院、卫生院23个，妇幼保健院、所、站3个，疾病预防控制中心（防疫站）1个，卫生监督中心1个。卫生机构病床床位1576张，其中医院、卫生院1576张。卫生技术人员2900人，其中：执业医师和执业助理医师895人，注册护士740人，疾病预防控制中心（防疫站）卫生技术人员34人，卫生监督中心卫生技术人员9人。农村乡（镇）卫生院19个，床位534张，卫生技术人员731人。参加新型农村合作医疗人数61.9万人，增长1.8%，参合率99.9%，比上年提高0.7个百分点。

全年共参加乡以上运动会及各种比赛28次；参加县以上运动会7次，获得县以上金牌10枚、银牌9枚，铜牌6枚。在校学生体育达标率100%。

【人民生活和社会保障】　全年农村居民人均纯收入4598元，扣除价格因素，比上年实际增长5.6%；农村居民人均生活消费支出3338元，实际增长7.7%。城镇居民人均可支配收入13410元，实际增长7.7%；城镇居民人均消费支出11770元，实际增长9.2%。农村居民家庭恩格尔系数为33.5%，城镇居民家庭恩格尔系数为27.8%。

年末全县参加城镇基本养老保险人数28039人，比上年增长3.9%，其中参保在职职工21500人，参保离退休人员6539人。参加基本医疗保险人数31689人，增长1.7%，其中参保在职职工26621人，参保退休人员5068人。年末参加失业保险21269人，增长0.5%。

全年全县共发放城镇居民最低生活保障金1891万元，增长1.4%；发放农村低保金2347万元，增长41.6%；累计发放城乡医疗救助资金560万元，增长170.5%。

全年全县各类收养性社会福利院床位1316张。建立起各种城镇社区服务设施12个，其中社区服务中心5个。全年接受社会捐赠111.6万元。全年销售福利彩票776.8万元。。

【安全生产】 全年全县共发生各类生产伤亡事故46起，其中，道路交通事故35起。各类伤亡事故死亡10人，事故直接财产损失257.7万元。全县亿元GDP生产安全事故死亡率为0.07人。

科学养生　延年益寿

健康长寿是人类最理想的追求。怎样实现呢？主要靠科学养生。人，随着年龄的增长，体内各器官的功能慢慢下降，要想适应生活环境，就得注意养生。科学研究的资料表明，老年人养生，要遵守十项守则。

一个目的。以健康长寿为目的。

两个要点。对不高兴的事糊涂点，失意时潇洒点。

三个乐。知足常乐，助人为乐，自己找乐。

四个忘记。忘记年龄，忘记疾病，忘记怨恨，忘记身份(职务)。

五个有。有贴心老伴是福，有舒心老宅是仙，有点积蓄是富，有群知心老友是寿，有些书籍常读是乐。

六个天天吃。每日喝一杯牛奶，吃两个水果，三碗主食(米饭、面食、杂粮等)，四杯流质(白开水、茶水、果汁、汤等)，五种食物(鱼肉蛋禽、水产品等)，六种蔬菜(绿叶菜、菠菜等)。

七个注意。注意心情，注意学习，注意饮食，注意卫生，注意运动，注意休息，注意治疗。

八个戒除。戒贪、戒色、戒饱(少食多餐八成饱)、戒累、戒悲、戒怒、戒愁、戒烟酒(如有爱好，以少量红葡萄酒为宜)。

九个心伴存。忠心，一心献祖国；开心，一笑解千愁；童心，童趣忘年；爱心，互爱胜良药；宽心，胸中容万物；静心。与名无所争；善心，助人行善事；信心，精神有支柱；恒心，久练强体魄。

十个一点。饭菜清淡一点。质量好一点，数量少一点，蔬菜多一点，食物杂一点，盐味淡一点，主食烂一点，水果多一点，饮食热一点，吃得慢一点。

人　物

县委领导简介

王琰君

王琰君，1963年9月出生，河南省偃师市人，研究生学历。1982年8月参加工作，1985年9月加入中国共产党。1998年3月以来，先后任偃师市政府副市长，中共孟津县委常委、组织部部长，中共孟津县委常委、县政府副县长，中共嵩县县委副书记、县政府县长，现任中共宜阳县委书记。

一年来，在市委、市政府的正确领导下，认真贯彻落实科学发展观，以兴一方经济、富一方百姓、保一方平安、促一方和谐为己任，团结和协调县四大班子，带领和依靠各级各部门及全县人民，克难攻坚、苦干实干，比较圆满地完成了各项工作任务，推动了宜阳经济社会持续快速发展。2010年，全县GDP完成127.9亿元，全社会固定资产投资170.4亿元，财政收入完成4.27亿元，城镇居民可支配收入13140元，农民人均纯收入4598元。发展后劲明显增强。全县共实施千万元以上工业项目84个，亿元以上项目23个，完成投资35.5亿元，工业投资保持强劲势头。平台建设明显加快。县城和产业集聚区共投资2.7亿元新修和改扩建18条道路43.8公里，初步形成了“十纵十横”路网体系，产业集聚区新入驻企业19家，其中亿元以上6家，被命名为河南省发展又好又快产业集聚区。县城建设明显提速。总投资3.2亿元的洛宜快速通道、红旗环岛及周边工程如期竣工；总投资6.8亿元的县医院、第二污水处理厂、县委党校等工程正在实施；阳光水岸工程一期竣工投用，李贺广场等13个游园广场向群众开放，新增绿化面积24.2万平方米；城中村及旧城改造完成拆迁40.2万平方米，开工建设87.5万平方米，竣工49.3万平方米，完成投资8.2亿元，均超额完成了市定目标任务。民计民生明显改善。事关民生的省、市实事和县20件实事圆满完成，双语学校一期投入使用，县职教中心开工建设，基本公共卫生服务试点、雨露计划试点、搬迁扶贫等工程进展顺利，人民群众享受到越来越多的发展成果。农业产业结构明显优化。投资6亿元的福润公司200万头生猪屠宰、东汉禽业肉鸭等项目加快建设，蔬菜种植面积达到8000公顷，新建农村社区服务中心14个，投资3089万元的整村推进工作全面完成。党的建设明显加强。按照在急难险重岗位培养和选拔干部、公开公正的方式选拔干部、科学的方式考核干部、完善的机制监督干部的要求，竞职选拔科级领导干部14人，全委会票决乡镇党政正职7人。选派9名退二线的科级领导干部到村任职，整顿转化12个后进村班子；新建活动场所29个，占全市新建村室44个的45.5%，建成率居全市第一。切实加强各级领导干部的“一岗双责”意识，以“节日病”治理、公车专项清理等为重点，受理群众信访举报724件（次），立案查处130起，党政纪处分130人，有效地维护了党风廉政建设责任追究制的严肃性和权威性。全年县级领导接待群众来访1098批次4018人，现场解决1060起，结案率100%，信访形势总体好转。坚持组织保障、经费保障、督查指导、社会宣传、考评奖惩“五个到位”，实现了县城城区和各中心镇机房全覆盖，全县社会政治稳定和治安大局持续平稳。坚持安全生产周例会制度，集中开展安全生产整治行动，安全生产形势明显好转。先后获得河南省“红旗渠精神杯”、河南省林业生态县、中原最具投资价值县等荣誉称号，对外形象进一步提升，各项工作跃上了新台阶。本人被评为省“红旗渠精神杯”先进个人和省“平安建设”先进个人。

黄晓玲

黄晓玲，女，1960年1月出生，河南信阳人，1977年3月参加工作，1994年6月加入中国共产党，大学文化。2007年12月以来，先后任中共宜阳县委副书记、宜阳县人民政府副县长、常务副县长、代县长、县长。

2010年，黄晓玲团结带领县政府班子，认真贯彻落实科学发展观，积极实施项目建设提速年、招商引资深化年、县城建设提升年、现代农业推进年、民生改善提高年等“十大主题年”活动，着力推进工业化、城镇化、农业现代化“三化”协调发展，保持了经济平稳较快发展，提高了人民群众的生活水平和质量，圆满完成了年度和“十一五”规划的各项目标任务，获得“中原最具价值投资县”称号。2010年实现生产总值127.9亿元，比上年增长11.5%。全社会固定资产投资174.4亿元，增长21.8%。社会消费品零售总额41.1亿元，增长17.8%。地方财政一般预算收入4.27亿元，增长17.9%。城镇居民人均可支配收入13410元，增长12.5%；农民人均纯收入4598元，增长10.3%。工业实力明显增强。实施千万元以上工业项目84个，总投资61.6亿元。实现工业增加值50.6亿元，增长16.7%。其中投资7.2亿元的黄河同力二期生产线竣工投产，年产量达500万吨，成为河南省最大的水泥生产企业。产业集聚明显加快。宜阳县产业集聚区被评为河南省循环经济示范单位，综合排序跻身全省前30强。农业结构明显优化。建成黄金叶和娇子品牌两个现代烟草农业基地单元。引进江苏雨润集团投资6亿元实施福润公司年屠宰加工200万头生猪项目。获得河南省林业生态县称号，香鹿山生态园被确定为“省级森林公园”。农建工作蝉联河南省农业生产最高奖——红旗渠精神杯。城市形象明显提升。宜东新区开发全面启动，红旗大道景观改造取得明显成效，白庙、西街等城中村改造快速推进，再次获得洛阳市旧城和城中村改造先进县。阳光水岸一期竣工、二期在建，形成了3公里长、3345亩的水系景观。花果山洛河大桥竣工通车，形成了县域“两横两纵加一环”的公路网络格局。张坞、莲庄实现撤乡建镇，全县现有9镇7乡1个办事处，建制镇的数量首次超过乡的数量。各项事业明显进步。省、市涉及宜阳县的75项和县定的20项民生实事全部完成。双语实验学校一期投入使用，大班额问题得到缓解。医疗保障能力持续增强，标准化村卫生所覆盖全县。“万村千乡市场工程”深入开展，乡级农家店实现全覆盖。残疾人事业快速发展，获得河南省残疾人康复示范县称号。人口控制计划圆满完成，获得河南省计划生育优质服务先进县称号。

张国松

张国松，1962年9月出生，河南省尉氏县人，本科学历。1984年7月参加工作，1987年7月加入中国共产党，2009年8月任中共宜阳县委副书记至今。

根据县委分工，2010年主要负责县委常务工作；协助县委书记处理县委日常工作；领导协调农业和农村经济、计划生育、党的建设、政法工作；联系县人大、县政协；分管县委党校。一年来，在县委的正确领导下，认真履行岗位职责，求真务实，开拓进取，圆满完成了各项工作任务。党的建设不断加强。创先争优活动扎实开展，把“党建工作项目化”做为活动理念，把“项目建设”的理念引入到创先争优活动中来，把“先锋示范工程”做为活动载体。全国党建研究会、省委组织部、市委组织部多次到宜阳县调研，《河南日报（农村版）》、《洛阳日报》等主流媒体多次报道宜阳县创先争优活动，对宜阳的做法充分肯定。基层组织建设得到巩固，为全县所有行政村两委干部每月拨付固定工资报酬。新建村室29个，占全市新建村室44个的45.5%，建成率居全市第一；市奖励补助资金20万元，位居全市第一。全县村级组织积极开展远程教育集中学习，学用率居全市第一。县委党校搬迁工程主体已封顶，2011年8月将建成投用。粮食产量持续平稳。总产量7.3亿斤，位居全市前列。蔬菜种植规模不断扩大。建成蔬菜基地268.7公顷，占市定目标的115%，各种蔬菜种植面积8000

公顷。烟叶种植水平不断提高。在遭受严重自然灾害的情况下，全县仍收购烤烟534万公斤，完成烟叶税收1617万元。畜牧养殖业快速发展。投资6亿元的福润公司200万头生猪屠宰加工项目投产后，可带动1.8万户农户增收8亿元，配套标准化养殖小区正在规划建设，畜牧养殖产业链条进一步拉长，畜牧业产值占农业产值比重达35%。林业生产再创佳绩。完成营造林4333.3公顷，占目标任务的103%。林业总产值2.8亿元，较上年增长21%，超过目标任务7个百分点，获得河南省林业生态县称号。农田水利建设成效显著。连续两年在灌区实施现代农业项目，恢复改善灌溉面积2533.3公顷。投资808万元的2010年度现代农业项目开工建设，完成后可恢复改善灌溉2800公顷。新增农资补贴小型农田水利项目6处，新增、改善灌溉380公顷，惠及1.2万人。再次获得河南省红旗渠精神杯。劳务产业快速发展，完成劳务输出18.3万人次，占县定年度责任目标17万人的108%。扶贫开发效果明显。投资5036万元的整村推进工作全面完成，受益群众3456户1.4万人。被国务院扶贫办、财政部确定为国家"雨露计划"实施方式改革试点县。214个搬迁扶贫安置户主体竣工。新农村建设快速推进。市分配的10个市级示范村已经全部建成，完成通组通户道路硬化285公里，新建并完善农村社区服务中心14个。完成"一场两台"建设289个，中心乡镇农民休闲广场18处。规划新型农村社区10个，开工建设8个，累计完成投资5.8亿元，完成建筑63栋、3102套、35万平方米。平安建设扎实推进，把平安建设纳入全县经济社会发展总体规划，以提高公众安全感和执法满意度为核心，紧紧围绕平安建设"六大运行机制"建设，坚持组织保障、经费保障、督查指导、社会宣传、考评奖惩"五个到位"，不断夯实综治基础，实现了县城城区和各中心镇技防全覆盖，全县社会政治稳定，治安大局持续平稳。低生育水平得到保持。以优质服务为抓手，以优惠政策落实为载体，创新工作机制，各项任务指标均全面完成，获得全国计划生育协会先进县，低生育水平得到进一步巩固。灵山风景区开发加快推进，按照"政府主导、市场运作、社会参与"的旅游发展模式，引进山西燕山石化集团投资2亿元对灵山景区进行高标准开发，景区大门、安虎线灵山景区段道路改造、游客服务中心、大雄宝殿、大型商务会馆等16项工程正在加快推进。

任潘定

任潘定，1963年9月出生，河南嵩县人，在职研究生学历，工程师。1982年8月参加工作，1984年9月加入中国共产党。2009年8月至今任宜阳县委常委、纪委书记。

2010年扎实推进惩治和预防腐败体系建设，加大监督检查力度，全面落实科学发展观，狠抓工程建设领域突出问题专项治理，全年共排查项目142个，涉及总资金14.335亿元，发现问题6个，全部整改到位；严格监督工程建设招投标活动，全年参加工程建设招投标监督活动32次，涉及金额2.66亿元，参加政府采购21次，涉及金额1.03亿元，纠正查处违规招投标3起，废标4次。开展学习贯彻《廉政准则》活动。建立基层联系点17个，党员领导干部参加学教活动673人。严格依法依纪办案，保持惩治腐败高压态势，全县各级纪检监察组织共受理群众信访举报224件（次），立案查处130起，党政纪处分130人，其中乡科级干部14人，查处贪污贿赂案件21起，通过办案挽回经济损失120万余元。加强行风政风建设，解决群众反映的突出问题。加强效能监察，大力优化经济发展环境，全面实行涉企检查、收费、罚款备案制，全年共受理涉企检查备案135件，涉企收费罚款备案136件，为企业减免各类规费42万元，发现问题19个，对6个单位9名党员干部进行了责任追究，其中，给予党政纪处分5人。搞好村监会建设，推进农村基层党风廉政建设，全县353个行政村全部成立了村务监督委员会，选举产生村监会人员1217人。完成派驻机构统一管理，加强纪检监察干部队伍建设，全县共设立派驻机构44个，其中派驻纪检组（纪委）16个，派驻纪检组（纪委）、监察室28个，县纪委、监察局设县直纪工委（监察分局）3个，干部管理室1个，增加编制12名。

田群献

田群献，中共宜阳县委常委、宜阳县人武部政治委员，1967年1月出生，河南泌阳人。研究生学历。1982年1月入伍，1985年5月加入中国共产党。2010年4月任宜阳县人武部政治委员。任职以来，带领人武部党委"一班人"，团结干事，

积极进取，以加强党委班子建设为突破口，把提高党委领导部队全面建设、指挥信息化战争的能力、把关定向能力、谋求打赢能力、军地协调能力、从严治军能力，作为党委工作的重点目标。在党委班子建设上，始终以党性原则为抓手，不断加强党性锻炼，充分发挥表率作用，增强了人武部党委班子的凝聚力、战斗力，大力倡导和培育了“四种风气”，营造了团结和谐的良好氛围。先后组织1000余名民兵和驻军官兵，出色完成了秸秆焚烧、抗旱救灾、打捞落水老百姓和香鹿山植树造林工程等任务。还主动向县委、县政府要求承包一个乡镇的信访工作，累计解决了20余起信访事件。重视抓建设，打基础，严格执行上级的各项财务制度，坚持党委集体理财，把有限的经费用在刀刃上，改善了人武部的生活与工作环境，为办公室更换了新的坐椅和门窗，办公环境焕然一新。2010年“六一”儿童节给张坞乡宠沟村小学送去书包、篮球、羽毛球、笔记本等学习娱乐用品，改善了他们的学习娱乐条件。

张慧敏

张慧敏，1962年3月出生，河南宜阳人，大学学历，1983年参加工作，1985年加入中国共产党，现任县委常委、县政府常务副县长。按照县政府分工，协助县长处理县政府日常工作，负责绩效考核、财政税务、人事编制、社会保障、国土管理、安全生产、审计监察、行政服务等工作。一年来，紧紧围绕县委、县政府工作重点，创新工作方式，狠抓工作落实，较好地完成了各项工作任务。突出抓好财税征管，保障能力明显增强，全年完成地方财政一般预算收入4.27亿元，同比增长17.9%，受到市政府通报表彰；加强人事和机构编制管理，严格落实“凡进必考”制度，事业单位岗位设置逐步规范；重视民生改善，落实惠农政策，被市委、市政府授予为民办实事先进单位；加强法制建设，优化政务环境，被评为全市唯一的依法行政示范县；积极参与县城建设，负责的城中村改造项目在全市各县（市）评比中获得第一名，红旗大道第三指挥部综合改造扎实推进，矿口路网建设如期完工；牢固树立“安全发展”的理念，狠抓隐患排查和治理，依法实施安全监管，努力营造安全稳定的发展环境；全力服务全县发展大局，积极协调处理各方面关系，组织或牵头解决了一些热点、难点和棘手问题；加强国土资源管理，补充耕地等工作走在全市前列，被确定为全省国土资源节约集约模范县创建试点。

康凌香

康凌香，女，1968年12月出生，河南伊川人，大学学历，中共党员，1985年7月参加工作，1992年1月入党。2008年2月任中共宜阳县委常委、宣传部部长，2009年8月任宜阳县人民政府党组副书记，分管县新闻中心、文联、文化局、广电局、文明办、书店、旅游局、宗教局。2010年按照市委宣传部和县委的要求，带领宣传文化系统和旅游宗教系统的广大党员干部，深入贯彻“三个代表”重要思想，全面落实科学发展观，以“夯实基础，做强品牌，创新载体，服务大局”为整体工作思路，与时俱进，开拓创新，围绕中心，强化措施，狠抓落实，使各项工作得以顺利开展。通过组织申报“中国西游文化之乡”，成功拿到这张国家级名片，为推动宜阳旅游业快速发展、提升宜阳在国内外的知名度做出应有贡献。通过组织举办纪念李贺诞辰1220周年活动，深入挖掘了宜阳的文化资源，进一步提升了宜阳的文化软实力。通过组织举办“李贺杯”全国散文诗歌大奖赛，繁荣了宜阳文学创作，树立了宜阳良好的对外形象。通过组织部机关创建省级文明单位，顺利通过省级文明单位验收，并于12月被省政府命名为河南省文明单位。通过组织开展第九届“滨河之声”广场文化活动、第七届乡镇文化周活动、第八届千场电影乡村行、解放思想大讨论、开展6场学习党的十七届五中全会精神集中宣讲、“建设学习型党组织读书征文”、“社科专家县区行”、组织理论骨干分三批参加市委宣传部举办的理论学习培训班，以及在全县组织开展了“四个重在”主题党课等活动。积极组织参与洛阳市和谐洛阳建设“十佳百星”人物推荐，县电业局谷富良等五名同志当选洛阳市“十佳百星人物”，为宜阳县的改革、发展、稳定提供了强有力的思想保证、精神动力和舆论支持。《河南日报》、《洛阳日报》、河南电视台、洛阳电视台等新闻媒体多次对宜阳县宣传工作的具体做法和先进经验给予宣传报道。2010年在《人民日报》、中央电视台、《农民日报》、《河南日报》、《洛阳日报》等市级以上新闻媒体发稿件450篇，《洛阳日报·宜阳新闻》出版20期，《河南日报》刊发1个整版。继续办好《洛阳网·宜阳频道》、《新华网·中国宜阳网站》，上传稿件350余篇，在国内产生了积极而深远的影响。网络宣传管理办公室，完善《宜阳县网络宣传管理工作实施意见》，建立健全了一系列规章制度，培训了网管队伍，规范网络宣传管理工作，加强了网络宣传和舆情监控，快速、及时办理了一大批群众关心的热点、难点问题。2010年县委宣传部提前完成了党报党刊的征订任务。被河南省委评为思想政治工作先进单位；被省委宣传部表彰为“欢乐中原”群众文化活动先进单位，被省委宣传部评为“科学理论进基层”集中宣传活动先进集体；被洛阳市委、市政府评为“宣传与网络工作”先进集体；被市委宣传部评为“河洛欢歌”广场狂欢月活动优秀组织奖，选送节目分别被市委宣传部评为“河洛欢歌”广场文化狂欢月活动节目展演一等奖1个、二等奖2个、三等奖3个；在洛阳市学习党的十七届五中全会精神集中宣传活动中，被市委宣传部评为组织工作先进集体；被市委宣传部评为全市“四个重在”主题党课优秀组织单位。康凌香同志本人在全市“四个重在”主题党课活动中，荣获党课教案一等奖，在全市“河洛欢歌”群众文化活动中被市委宣传部评为先进个人。

罗宏伟

罗宏伟，1969年3月出生，河南睢县人，本科学历。1991年10月参加工作，1995年2月加入中国共产党，2009年8月任中共宜阳县委常委、组织部长。2010年，该同志以邓小平理论和“三个代表”重要思想为指导，认真贯彻落实科学发展观，在县委的正确领导下，紧紧围绕加强党的执政能力建设这个中心，坚持做到思想上积极进取，工作上奋发努力，作风上求真务实，生活上从严要求，认真履行好岗位职责，较好地完成了各项工作任务。干部工作稳步推进，探索实践了1∶3差额考察制，制定了《党政正职县委（扩大）会议票决制实施办法》，推行实施党委任用干部差额无记名投票表决。通过面谈、笔试、面试，竞职选拔了14名县直事业单位领导干部。选派20名正、副科级后备干部到煤炭安全、信访稳定等急难险重岗位，挂任安全及信访稳定治理专员、县域重点企业经理助理、首席服务官；选派12名正副科级后备干部到福州、厦门、上海、温州、深圳等发达地区进行锻炼，培养熟悉经济工作的后备领导干部。全面推行了“领导干部任职承诺制”，县委先后同新任的36名正副科级领导干部签订了任职承诺书。实施领导干部离职换岗经济审计，委托县审计局对25名委局和部门负责人进行了离任审计。认真做好宜阳县《2010～2020年中长期人才发展规划纲要》编制工作，命名宜阳县第五批优秀专家23名。组织工作务实创新，扎实开展创先争优活动，以“党建工作项目化”为理念，谋划了“先锋示范工程”，以先锋示范工程为抓手，把先锋示范工程实施情况作为考量创先争优活动成效的标准。全县各级党组织确定先锋示范工程258个，推选先锋示范党员2386名。开展“向群众承诺、为党旗增辉”活动，全县891个基层党组织和21834名党员进行了公开承诺。开展年度“三评三定”工作，对基层党组织、党组织负责人及广大党员履行承诺情况进行了民主测评，并将测评结果反馈给基层党委，作为年终奖惩的依据，有效地推动了创先争优活动的扎实开展。宜阳县创先争优活动得到了上级组织部门的充分肯定，省委组织部耿显榜处长专程到宜阳县调研创先争优活动，给予高度评价，并在省简报上刊发宜阳经验做法；《河南日报（农村版）》、《洛阳日报》等主流媒体多次报道宜阳县创先争优活动情况；市委常委高凌芝到宜阳县调研创先争优活动，给予充分肯定，并安排新区工委到宜阳学习；宜阳县作为洛阳九县市唯一代表，接受中央党建研究会创先争优活动调研。开展了“农村基层组织集中建设月”活动，搞好后进村集中整治。切实加强全县村级组织活动场所建设，新建村级组织活动场所29个，超额完成村级组织活动场所建设任务，市委组织部奖励宜阳县建设资金29万元，居全市第一。出台《关于加强农村离职干部管理的指导意见》，对曾连续担任村党支部书记或村委主任10年以上男满60周岁、女满55周岁的离职干部，每月核发一定补贴，解决基层干部的后顾之忧。党员队伍不断壮大，全年共培养积极分子1659名，发展党员1053名，其中农民党员865名。在全市首家建立了远程教育站点维护基金，争取资金26万元，保证了站点正常运转，远程教育综合考评全市第一。积极引导大学生村干部自主创业，帮助大学生村干部创办、领办创业实体24个；12月份举办了“欢歌唱响盛世，青春奉献农村”宜阳县大学生村干部庆元旦文艺联欢会，丰富了大学生村干部文化生活。机关建设扎实有效，以“双创双争”，即：部机关创建省级卫生先进单位、市级文明单位，机关干部争创“先锋示范岗”、争当“先锋示范党员”活动为载体，扎实推进机关建设。县委组织部机关先后获得省级卫生先进单位和市级文明单位称号。

冯义德

冯义德，1963年6月出生，河南鄢陵县人，中共党员，本科学历。2008年12月任中共宜阳县委常委、县政府副县长。分管民政、残联等方面工作。社会救助体系日益完善。一是认真做好农村低保对象提标工作，并对原有低保对象进行全面复核认定，共发放城乡低保金3749万元。二是投入资金493万元，完成475户、950间倒房重建任务。三是投资258万元，改扩建敬老院3所，涉及柳泉、寻村、董王庄3个乡镇。并为各乡镇敬老院配备了电视机、冰柜、洗衣机，改善敬老院生活设施，加强内部管理。为全县农村五保对象2925人，发放五保金489万元。四是不断加强双拥优抚工作和城乡社区建设，形成了全民拥军优属、驻军拥政爱民的良好氛围，为洛阳市创建全国双拥模范城六连冠做出了应有的贡献。五是完成张坞乡撤乡建镇工作及全县16个乡镇、353个行政村村镇主要街道路标路牌设立工作。全县353个行政村全部实行了村务公开，村务公开率达100%。六是争取上级项目资金20万元，为100户农村贫困残疾人改善了居住条件，残疾人家庭受益人口达425人。七是对全县386名村（社区）康复协调员进行了集中培训，筹集资金20万元，进一步充实了县残疾人用品用具供应站，建成示范性乡（镇）残疾人康复室2个、村残疾人康复站5个。八是依托宜阳县新义养殖专业合作社建设残疾人扶贫基地，辐射带动残疾人1260人。2010年11月，被市残联命名为洛阳市残疾人扶贫基地。

陈长江

陈长江，1960年1月出生，河南宜阳人，大学学历，中共党员，1976年11月参加工作，2009年8月，由县政府副县长调任县委常委、办公室主任。负责县委办全面工作，分管县委机要局、县档案局，分包三乡镇。2010年，参与城乡建设加快城镇化进程工作，包括城中村改造、红旗大道综合改造和宜东新区开发等，负责县委党校迁建。认真履行岗位职责，圆满完成各项工作任务。

认真学习，加强作风建设。以省委卢展工书记“四个重在”和市委毛万春书记“真学真干，福民强市”发展思路指导工作，全心全意为人民服务，带领办公室人员先后5次到分包的穆册乡花山村、官庄村访贫问苦，送去生活用品解决困难群众生活，积极协调款项，为两个村子建起村部两个，兴修水泥路3公里。坚持理论联系实际，注重调研，以身作则。每月到分包乡镇不少于1次，每周到工程建设现场不少于3次，现场解决存在的问题；积极参加调研活动，开展工业发展、城中村改造等调研8次，在市委调研刊物上发表调研文章3篇。

敬业务实，提升服务水平。结合创先争优活动，提出了县委办公室“两创三提一加强”、构建“四型机关”的总体目标，即：争创市级文明单位和市级园林单位；着力提高办事效率、提高办文质量、提高办会水平；加强精细化管理；全力构建学习型、服务型、高效型、和谐型机关。出台了《县委办公室2010年目标管理意见》，细化量化工作任务，实现定员、定岗、定责。实现了日常工作条理化，规范化，制度化。出台了《县委办公室关于开展作风纪律整顿活动的通知》，进一步优化了干部作风，提升了机关效能。成功创建市级文明单位和市级园林单位工作。

开拓创新，做好中心工作。扎实做好城建工作，担任县城建设及城中村改造副指挥长，负责城中村改造，全年完成城中村改造项目9个，占市定目标的180%；参与红旗大道综合改造，负责文化路至人民路段改造工程，涉及的16个项目全部改造到位；担任县宜东新区建设指挥部副政委，宜东新区开发扎实推进，所负责县委党校迁建工程顺利进行。积极引导和帮助分管和分包的县档案局、三乡镇开展工作。团结县四大班子领导成员积极参与招商引资、安全生产、信访稳定、防汛抗洪、烟叶生产、重点工程建设等全县中心工作。

潘　峰

潘峰，1968年1月出生，河南省伊川县人，1985年12月参加工作，1989年12月加入中国共产党，大学学历。2009年8月任中共宜阳县委常委、政法委书记。主抓政法、综治和信访稳定工作。2010年，全县政法系统、信访部门认真贯彻中央、省市县委的部署要求，以科学发展观为统领，按照“创平安、保稳定、促发展”的总体要求，以提高公众安全感和执法满意度为核心，深入推进社会矛盾化解、社会管理创新、公正廉洁执法三项重点工作，突出抓好大技防、大巡防、大调解、大信访、大严打、大走访平安建设“六大运行机制”建设，认真落实工作措施，全力开展矛盾纠纷排查调处工作，妥善处理信访突出问题，实现了全县社会政治稳定和治安大局持续平稳，营造了平安和谐的发展环境。圆满完成了市县下达的各项目标任务。宜阳县政法工作获得了全市2010年度技防建设工作先进县、深化农村平安建设工作先进县、信访稳定工作先进县、涉法涉诉信访工作先进县等荣誉。

王三章

王三章，1960年1月出生，宜阳县董王庄乡人，本科学历，1984年7月入党，同年10月参加工作，2007年3月任政协宜阳县委员会副主席、党组成员，兼任县交通局局长。2009年9月担任中共宜阳县委常委、统战部长。按照分工，主持县委统战部全面工作，分管交通建设和运输市场管理、招商引资、商务综合管理、民营经济等工作。

2010年，注重发挥统战优势，不断加强对外沟通联络，积极促进民族宗教和谐共处，统一战线各项工作成绩显著。全年统战系统引进河南宏元工贸精密铸件及硅溶胶铸件等千万元以上项目4个；引导少数民族群众新上清真食品生产经营店7家、饮食服务店9家；“凝聚力工程”帮扶活动扎实开展，全年培训群众200余人，资助贫困大学生291名，帮扶农村特困户67户，帮助特困下岗职工再就业53名。民营经济、招商引资、交通建设和运输市场管理及商务等工作取得新成效。2010年共计投资4亿元实施公路工程建设42项96.8公里；到位市外境内资金29.1亿元，引进项目103个，总投资142.9亿元；至2010年12月20日，全县共销售家电下乡产品80736台（部），销售金额1.74亿元，销售数量占农户比例57.2%；至2010年11月，全县外贸出口创汇711.3万美元，占年度目标141.5%，同比增长182.4%，增速位列全市第四；农村市场体系逐步完善，新建村级农家店60家，争取国家补贴资金163.5万元，新增营业面积2万多平方米，安排农村就业人员780余人；“放心早餐工程”健康运行，按照“便捷、卫生、营养、健康”的原则，确定在商业街北口、汽车站南口等县城人口集中地段建设25个放心早餐点；组建商务稽查大队，规范畜禽屠宰、成品油、酒类流通、室内装饰装修、再生资源回收等方面的行政执法和稽查管理，成立“12312”举报投诉服务中心，办理群众商业投诉案件210起。

人大领导简介

宋来法

宋来法，1954年7月出生，宜阳县石陵人，中共党员，大专学历，2007年3月当选宜阳县第十二届人大常委会主任。2010年，他在县委的领导和市人大常委会的指导下，团结带领县人大常委会班子，高举中国特色社会主义伟大旗帜，深入贯彻落实科学发展观，较好地履行了各项职权，推动了基层民主法制建设，促进了经济社会持续平稳发展。积极开展工作监督，召开常委会会议7次，听取和审议“一府两院”专项工作报告16项，监督支持“一府两院”依法行政公正司法；积极组织人大代表对新农村建设、城中村改造、重点工程建设、代表建议办理工作、城区中小学建设、油料倍增、人民防空等13项工作进行视察、调研，促进了各项工作的开展。深入开展执法检查，有重点、有计划地对《中华人民共和国大气污染防治法》和《洛阳市大气污染防治条例》、《中华人民共和国就业促进法》、《河南省就业促进法》、《中华人民共和国食品安全法》等法律、法规的贯彻实施情况进行执法检查，保证各项法律法规在本行政区域的全面贯彻实施。适时对涉及本级财政决算、本级预算调整、部分乡镇撤乡建镇等重大事项依法做出决定，支持全县工作大局。充分发挥代表作用，积极组织人大代表开展活动。先后邀请省、市、县人大代表参加视察、执法检查活动100余人次，列席常委会会议21人次，参加庭审活动25人次，进一步拓宽了代表知情知政渠道。

杨建坤

杨建坤，1954年12月出生，宜阳县樊村乡人，中共党员，大专学历，2007年3月当选宜阳县第十二届人大常委会副主任，分管办公室和人事任免工作。2010年，坚持党管干部和依法任免的有机统一，认真组织选举和人事任免。

他高度重视机关建设，以创先争优活动为载体，不断加强思想建设和制度建设，改进工作方式、方法，使机关建设得到进一步加强。完善工作机制，提高工作效率。根据工作实际需要，不断丰富和改进工作方式方法，修改并完善了《宜阳县人民代表大会常务委员会关于对县人民政府、县人民法院、县人民检察院专项工作报告进行满意度表决的决定》，使专项工作报告审议更加公开、公平、高效、透明。加强队伍建设，增强履职能力。不断加强学习教育，不断提高机关工作人员学法、守法、用法水平，不断增强依法监督能力。广泛开展宣传，树立对外形象。充分利用召开人民代表大会、代表视察、执法检查等时机，大力宣传人民代表大会制度，取得了较好的宣传效果。组织机关工作人员积极向省、市刊物投稿宣传宜阳县各项工作开展情况，取得较好效果，县人大常委会办公室连续三年被市人大常委会评为人大宣传工作先进单位。

程竹菊

程竹菊，女，1955年2月出生，伊川县人，中共党员，大专学历，2007年3月当选宜阳县第十二届人大常委会副主任，分管代表联络工作。2010年，她高度重视代表工作，不断提高服务水平，拓宽代表知情知政渠道，充分发挥了人大代表在人大工作中的主体作用。加强培训，提高代表履职水平。通过集中培训、邀请人大代表列席县人大常委会和组织市县代表座谈等方式，适时加强对人大代表的培训指导，提高人大代表的整体素质，增强代表依法监督能力。深化管理，强化代表队伍建设。在加强人大代表宣传培训的同时，不断深化对人大代表的管理工作，教育代表时时处处做到自警、自省、自励，充分发挥代表作用。丰富载体，活跃闭会期间代表活动。县人大常委会不断丰富代表活动形式，积极组织人大代表参加视察、开展执法检查、列席人大常委会、旁听法庭审判、参与行风评议、环境创优测评等活动，为代表发挥作用提供了平台。积极督办，保证代表合理建议意见落实。县十二届人大五次会议期间，代表共提出的建议、批评和意见35件，维护了人民群众的根本利益，赢得广大群众的拥护、支持和信赖。

刘建国

刘建国，1954年3月出生，宜阳县寻村镇人，中共党员，大专学历。2007年3月当选宜阳县第十二届人大常委会副主任，分管法制和信访工作。2010年，他积极探索开展法律监督的方式方法，不断完善监督形式，深入开展普法宣传、执法检查等活动，有效地促进了“一府两院”依法行政、公正司法。重视督促普法教育。督促相关部门以“五五”普法宣传为契机，以公务员法律知识考试为切入点，重点抓好机关工作人员法律知识教育，提高了“一府两院”工作人员学法用法、知法守法水平。深入开展执法检查。有重点、有计划地对《中华人民共和国大气污染防治法》

和《洛阳市大气污染防治条例》、《中华人民共和国就业促进法》、《河南省就业促进法》、《中华人民共和国食品安全法》等法律法规贯彻执行情况，进行了执法检查和调研，及时发现问题，限期纠正，促进了各项法律法规的正确贯彻实施，强化了执法人员的法律意识，维护了法律尊严。畅通人大信访渠道。重视人大信访工作，教育工作人员热心接待来访群众，深入讲解相关政策，耐心做好法律解释，尽心为民排忧解难。全年共受理来信来访79件，261人次，协调解决问题3件、转办督办16件，全部答复完毕，较好地维护了人民群众的合法权益，促进了社会和谐稳定。

冯新乾

冯新乾，1955年7月出生，宜阳县张坞乡人，中共党员，大专学历，2007年3月当选宜阳县第十二届人大常委会副主任，分管城建环保工作。2010年，他充分发挥人大监督职能，组织人大代表对城中村改造、洛宜快速通道、花果山大桥、县城建设“十路两扩”等工作进行视察，听取县政府对“十路两扩”建设情况的专题汇报。加强对“十建两扩”、快速通道建设、阳光水岸开发等重点工程的视察督导，推进了工程进度，促进了相关事项的落实，较好地实现了县十二届人大五次会议确定的经济社会发展目标。

裴万寿

裴万寿，1954年10月出生，宜阳县赵保乡人，中共党员，大专学历，2007年3月当选宜阳县第十二届人大常委会副主任，负责农村工作。2010年，他高度关注农村工作，组织市、县人大代表对新农村建设、烟叶生产、油料倍增、阳光水岸开发等工作进行了视察和调研。通过视察协调解决发展中存在的问题，促进农村干线公路沿线路容路貌、村容村貌进一步好转，农村公路、社区服务中心等基础设施进一步完善，农业特色产业活力进一步增强，村民自治民主化水平进一步提高。

阎进卿

阎进卿，1956年10月出生，宜阳县白杨镇人，中共党员，大专学历，2007年3月当选宜阳县第十二届人大常委会副主任，分管财政经济工作。2010年，他不断深化对计划和本级财政预算执行情况的监督，认真听取审议财政报告。对县人民政府关于2010年上半年国民经济和社会发展计划执行情况的报告、2009年本级财政决算和2010年上半年财政预算执行情况的报告以及2009年本级财政审计情况的报告进行深入审议，建议政府继续加大对教育、卫生、基础设施建设等方面的投入，切实把教育、就医、吃水、行路等民生问题解决好，县政府及相关部门高度重视，积极采纳，收到了良好效果。

杜阳林

杜阳林，1955年9月出生，宜阳县韩城镇人，本科学历，2007年3月当选宜阳县第十二届人大常委会副主任，分管教育科学文化卫生工作。2010年，他继续关注城区大班额问题，积极促进城区初中小学幼儿园建设健康发展。带领教科文卫工委工作人员，深入开展调查研究，多次组织省、市、县部分人大代表，对城区大班额和幼儿园问题进行了调研和视察。引起了县委、政府高度重视，通过取消寄宿班、压缩非教学用房、鼓励民间办学等措施，有效缓解了城区大班额问题。

政府领导简介

黄晓玲（见县委领导简介）

张慧敏（见县委领导简介）

史洪发

史洪发，1957年8月出生，山东菏泽人，大专学历。1981年7月参加工作，2009年1月至8

月任县委常委、纪委书记。2009年8月中旬至今任县政府党组副书记、正县级干部。按照县政府工作安排，2010年负责县农业农村工作，分管县农业局（含劳务输出办、农监办）、林业局、水利局、烟草局、烟办、扶贫办、新农办和信用联社等单位工作。

一年来，紧紧围绕县委、县政府工作重点，认真谋划，积极协调，强力推进，严格要求，出思路、想办法、解难题，有效推动了分管工作顺利开展。全县粮食产量再创新高，成功蝉联省“红旗渠精神杯”、获得全国粮食生产先进县荣誉；香鹿山森林公园成功获批为省级森林公园、获得省林业生态县称号；加大投资改善植烟条件，提高烟叶生产水平，建设2个现代烟草农业基地单元，赢得了全省现代烟草农业暨基础设施建设现场会在宜阳县召开；成为全省唯一的“‘雨露计划’实施方式改革试点工作”试点县；按照抓重点（农民增收）、解难点（技能提升）、造亮点（品牌劳务）思路，狠抓劳务输出工作，取得了良好的经济效益和社会效益。农村环境得到改善，达到了整体见成效、出形象、上水平的效果，农业生产条件得到明显提升，农民人居环境显著改善，农村经济社会得到全面持续健康发展。

冯义德（见县委领导简介）

高建海

高建海，1963年4月出生，河南新安人，中共党员，本科学历，经济师、高级政工师。1980年11月参加工作，2008年2月任宜阳县人民政府党组成员，2008年6月至今任宜阳县人民政府副县长。2010年主要分管社会发展改革、工业经济、项目建设、产业集聚区发展、环境保护、质量监督、物价、金融等方面工作。一年来，各项分管工作取得突破性进展。“十二五”规划基本完成。全年共完成审核备项目200个，总投资70亿元。实施千万元以上工业项目81个，总投资54.8亿元，完成投资35.5亿元；全年规模以上工业增加值达到34亿元，增长22%，超市定目标8个百分点；规模以上工业利润达到6.5亿元，增长10%，超市定目标2个百分点。以“一个载体，三个体系”为抓手，全力推进产业集聚区平台建设。全年完成固定资产投资42亿元，其中基础设施投资14.2亿元，增长34.8%；项目投资27.8亿元，增长12.1%；实现销售收入45.5亿元，增长23.5%；入库税金2.1亿元，增长14.8%。城市环境质量明显改善。完成1个省级优美小城镇和4个省级生态文明村建设，全年洛河高崖寨断面水质达标率100%，城市集中饮用水源地水质达标率100%。电力发展步伐不断加快。首座220千伏变电站建成投运，全年完成购电量4.9亿千瓦时，售电量4.52亿千瓦时，实现销售收入21333.4万元，入库税金1300.9万元。

牛 刚

牛刚，1969年1月出生，河南偃师人，中共党员，大学学历。1986年9月参加工作，2008年3月至今任宜阳县人民政府副县长。2010年，分管城建、规划、市政、工商、煤炭、创建、市场发展中心、建设银行、住房公积金等部门工作。

一年来，紧紧围绕“一年大变样、三年出形象、五年上品位”的目标，以宜东新区开发为龙头，以阳光水岸为轴线，在老城区功能完善、北城区形象提升和产业集聚区承载能力提高上下功夫，高标准、高起点推进县城建设，城市形象明显提升，一个“产业支撑型、商业消费型、旅游休闲型、生态环保型”的洛阳市卫星城初步显现。编制《宜东新区西南片6平方公里控制性详细规划》，组织完成了《县城总体规划》（2006～2020年）。率先在洛阳各县（市）区完成《城市人防工程总体规划》和移动指挥平台建设。建成了纵向5公里、横向500米的阳光水岸工程和滨河公园，实施了“十路两扩”工程，城区供水、排水、供热、供气工程，县城品位和档次显著提升，宜东新区开发初具规模。加速推进旧城及城中村改造，在全市名列前茅。建设了锦绣花园、万嘉花园等新型住宅小区50余个，建成高层100余栋，拓宽了城市向上发展空间，优化了城市空间资源。煤炭安全工作，在各县（区）率先与兼并主体签约，并按时间节点完成兼并重组工作。进一步规范兼并重组后移交煤矿的检修、复工和复产程序，确保各煤矿顺利通过复工复产验收，有效防范和遏制各类事故的发生。

李晓波

李晓波，1970年4月生，河南卢氏人，中共党员，博士研究生学历。1992年参加工作，现任宜阳县人民政府副县长。2010年分管科技、安全生产、档案管理、地方志等方面工作。

一年来，李晓波同志紧紧围绕县委、县政府中心工作，恪尽职守，锐意进取，分管工作稳步推进，成效明显。一是抓实科技创新，科技工作实现新突破。前进化工民爆产品研发中心被省科技厅批准为省级研发中心，实现了宜阳县省级研发中心“零”的突破。积极推动华裕公司黑色作物种植、韩城万亩韭菜基地、源林科技、食用菌生产、反季节蔬菜基地等10余个农业科技示范园（区）建设，科技示范带动能力不断增强，受益群众3万余人。争取科技项目3个43万元，建成全省唯一的县级科技信息平台。加强科技宣传，广泛宣传科普知识，利用灵山文化庙会、科技宣传周等载体，聘请专业人员为群众授课，培训6500余人次。二是加强安全监管，安全生产形势平稳。组织开展安全生产宣传教育、安全生产执法、安全生产治理“三项行动”，实施10个重点行业（领域）安全生产专项治理，排查隐患107处，整改65处。对前进公司、骏马公司、龙羽宜电等8家单位12处重大危险源依规进行了安全评价，明确监控责任，保证安全生产资金投入，实现了重大危险源技防全覆盖，确保运行安全。组织安全生产大检查876次，发现隐患1240处，整改1198处，整改率96%。加强安全知识宣传培训，利用“安全生产月”活动，发放宣传册、宣传单40000余份，悬挂宣传横幅98条，展出展板136块，参与咨询群众8000余人次；举办各类安全培训班19期，培训人员5000余名。三是严格档案管理，管理水平明显提高。积极向上争取档案馆建设项目。积极实施民生档案建档工作，完成建档18家。组织新农村建设、县城老区改造建设、水库加固工程改建和土地整理项目建设等重点工作项目档案收集，完成国土资源局3个土地整理工程项目和水利局3个水库除险加固工程项目收集鉴定和归档整理工作。四是抓地方史志编纂，编纂水平明显提高。《宜阳年鉴》（2008卷）在2010年1月第四届全国年鉴编纂出版质量评比中，被中国出版工作者协会评为综合、条目编写和装帧设计3个二等奖；《宜阳年鉴》（2009卷）在全国地方志指导小组办公室组织的五年联评中，荣获二等奖；5月18日，在濮阳召开的全省年鉴工作会议上宜阳县做了典型发言。

张飞跃

张飞跃，1963年11月出生，河南洛阳人，本科学历。1985年7月参加工作，2009年8月任宜阳县人民政府副县长，分管农机局、畜牧局、开发办等单位工作。

2010年，宜阳县畜牧业获得长足发展，农业机械化再上新台阶，农业开发工作卓有成效。先后引进了总投资6亿元福润公司食品工业化项目、总投资1.8亿元伊众清真食品产业园项目、总投资1.2亿元的董大牧业项目、总投资2600万元的东汉禽业肉鸭养殖项目等，直接引进资金达9.26亿元。以龙头企业为依托，构建了宜阳肉猪、肉牛、肉鸡、肉鸭四大畜牧养殖体系。集中免疫期间应免畜禽免疫密度达到100%，常年免疫密度保持在98%以上，保证了畜产品的安全生产。2010年，争取到农机购置补贴资金584万元，同比增长30%，受益农户达1281户。实施面积300公顷，为改进农业传统生产方式开了好头。新发展秸秆打捆机40余台，开创了秸秆变废为宝、综合利用的新篇章。富民、宜农两个农机合作社分别获得国家级、省级奖项。2010年，完成中低产田改造面积666.7公顷，总投资898万元，面积和投资同比均增加100%。其中，争取到上级项目资金670万元，同比增加46%。引进总投资589万元年产1000吨仁用杏加工项目和总投资133万元年产2300吨黑色杂粮加工项目，分别争取到上级资金150万元、133万元。争取到贷款贴息80万元用于民正牧业的发展。

张玉杰

张玉杰，1975年2月出生，河南栾川人，中共党员，研究生学历。1993年7月参加工作，

2009年12月任宜阳县人民政府副县长，分管国土资源管理、依法治县、信访稳定、消防安全等方面工作。

2010年，按照县委、县政府的统一部署，全力抓好分管的各项工作。加强国土管理，严格落实耕地保护，大力实施土地开发整理，全县耕地保有量65861.12公顷和基本农田保护面积57978.96公顷，被授予洛阳市土地开发整理提速工作先进单位。积极争取用地指标，保障了县城建设、产业集聚区发展等重点工程的用地需求。狠抓矿产资源管理，彻底解决“小”、“散”、“乱”问题。加大安全监管力度，加强社会防控、“防火墙”建设，全县没有发生一起重特大火灾事故。开展交通安全管理、推进“畅通宜阳”活动。推进平安建设。结合社会矛盾化解、社会管理创新、公正廉洁执法三项重点工作，提升“平安宜阳”建设水平，被评为全市平安建设先进县。抓好信访稳定，围绕“保持市先进，争创省先进”的工作目标，畅通群众诉求渠道，解决信访突出问题，全县信访形势大局平稳，代表洛阳市接受中央信访工作督导组的检查，受到了上级领导的充分肯定。普法依法治理工作卓有成效，“五五”普法工作顺利通过市级验收。

政协领导简介

张景彦

张景彦，1957年9月出生，河南嵩县人，1976年2月参加工作，1985年7月加入中国共产党，本科学历。2006年5月任政协宜阳县委员会党组书记，6月任县政协主席。2010年，在县委正确领导下，在县人大、县政府及各有关部门的大力支持下，坚持以中国特色社会主义理论为指导，全面落实科学发展观，深入贯彻市委、县委全会精神，牢牢把握团结和民主两大主题，紧紧围绕县委、县政府中心工作和政协全会提出的工作目标，务求实效履行政协职能，凝心聚力助推科学发展，一心一意促进民生改善，和衷共济维护社会和谐稳定，在议政建言、三项调研、民主评议、提案办理、创先争优等方面都有创新和发展，为宜阳县政治稳定和经济发展做出积极贡献。

仝爱民

仝爱民，1961年10月出生，河南宜阳人，1977年6月参加工作，1986年12月加入中国共产党，本科学历。2005年8月任政协宜阳县委员会副主席、党组成员，兼任宜阳县财政局局长、党组书记。2010年，认真学习贯彻党和国家方针政策，深入落实科学发展观，按照县政协七届四次会议确定的全年工作目标，协助主席并指导所分管的专委会积极工作，圆满完成全年任务。积极创新提案办理模式，确定立案的123件提案办理满意率为98%；完成了约14万字的《宜阳文史资料》第十五辑的出版发行工作；全县财政收入又迈上一个新台阶。

王留乾

王留乾，1964年11月出生，河南宜阳人，1985年参加工作，本科学历。2007年3月任政协宜阳县委员会副主席。2010年，在县委、县政协党组领导下，认真学习贯彻落实科学发展观，积极履行政协职能，深入基层调查研究，扎实开展民主评议，认真抓好分管工作。注重加强与基层委员的联络和沟通，引导委员增强履职意识，充分发挥他们在本职岗位上的表率作用、政协工作中的主体作用。今年4月，再次组织委员为“阳光助学”捐款25000元，8月为“凝聚力工程”等筹款50万元。在做好政协工作的同时，还圆满完成了县里分配的其他工作，为宜阳县各项事业发展做出了积极贡献。

武装部领导简介

田群献（见县委领导简介）

刘仁友

刘仁友，1964年7月出生，湖北浠水人，宜阳县人武部部长，大学学历。1982年10月入伍，1985年4月加入中国共产党。2009年1月任宜阳县人武部部长。2010年，按照抓住根本、聚焦中心、夯实基础、保持稳定的工作思路，扎实有效地开展民兵预备役工作，大力加强首长机关训练、专武干部集训和民兵应急分队训练。统一制定完善了快速动员、抢险救灾、执行应急任务等战备方案，建立了重大节日开展战备教育、成建制民兵分队轮流担负战备值班制度，坚持用制度保障战备工作落实。在抓好军事训练的同时，立足于维护社会稳定，促进地方经济建设，围绕县委、县政府提出的构建和谐宜阳的目标，先后组织万余名民兵和驻军官兵，出色完成了焰火晚会安保、参加抗旱浇麦、平安宜阳建设等大项活动，促进了和谐社会建设。在重视抓建设、打基础的同时，严格执行上级的各项财务制度，下大力对部分老化线路、水路进行了维修和更新，营造了拴心留人的工作生活环境。

省级以上模范人物

裴　钧

裴钧，1963年10月出生，新安县人，大学文化，中共党员。1979年6月参加工作，2005年4月担任洛阳市烟草公司宜阳县分公司经理至今。

担任经理以来，裴钧同志凭着对烟农的深厚感情和发展县域经济、服务社会的强烈使命感，深入实际，扎实工作，以人为本，心系烟农，开拓进取，锐意改革，使宜阳“两烟”经营连续五年保

持稳定较快增长，税利保持全市烟草行业领先，为宜阳县烟草事业的发展壮大，为山区农民脱贫致富和县域经济的发展做出了突出贡献。2009年，宜阳县通过验收，成为“全国烤烟综合标准化示范县”。带领全体干部职工认真践行“两个至上”行业共同价值观，着力提高服务质量。在烟叶生产中，对烟农的上门服务率达到100%，彻底解决了技术棚架问题。在烟叶收购中实施“预验预约”收购办法，解决了困扰多年的卖烟难问题，“人情烟”和缺斤短两问题基本绝迹，受到全县烟农的欢迎。加大力度，狠抓烟田基础设施建设，使全县炕房实现全面更新换代，数万亩烟田实现旱涝保收，基层办公生活条件得到改善。企业通过多渠道回报社会，树立烟草企业良好的社会形象。

2007年4月，宜阳县烟草分公司被命名为省级文明单位。2007年至2009年，连续三年被省公司授予烟叶生产收购先进单位，洛阳市新农村建设帮扶先进单位，连续四年获得书记、县长特别奖。

裴钧同志2006年3月被洛阳市委评为三个文明建设十佳人物，2006年4月被授予洛阳市“五一”劳动奖章，2006年5月当选为中共洛阳市第九次代表大会代表、2007年6月当选为宜阳县人大常委会委员，2008年4月被授予河南省“五一”劳动奖章，当选为洛阳市第十三届人大代表。2009年4月被授予全国“五一”劳动奖章。

崔永红

崔永红，1971年出生，河南西平县人，高中文化，1994年参加工作，现为义络公司采煤一队工人，群众安全监督员。

在工作中，他坚持做到“五勤”。手勤，发现隐患及时动手解决；腿勤，每班生产中，从不偷懒，对工作面实施动态管理，发现隐患及时处理，发现违章行为及时制止；眼勤、嘴勤，善于观察，发现问题绝不留面子，班组所有职工都称他为铁面无私“黑包工”；脑勤，善于动脑，能用所学安全理论知识解决发现问题。在他的带领下，提高了职工的整体素质和按章作业的能力，确保了安全生产。

遇到隐患处理时，他坚持做到“五不走”，即：有违章不制止不走，有险情不排除不走，有疑点不查清不走，整改措施不落实不走，现场交接班不清楚不走。为排除隐患，他在现场一盯就是十几个小时，直到隐患排除为止。多年来他所在的班组没有发生任何安全事故。

在干群监员以来，他共排查整改各类隐患590多期，制止三违300多次，将各个隐患消灭在萌芽状态，保证了所在班组实现安全生产2190天，为全队实现安全生产“零事故”做出了积极的贡献。2006年、2007年、2008年、2009年、2010年连续五年被评为义络公司优秀群监员。

2010年12月被中华全国总工会授予全国“五一”劳动奖章称号；是月20日被中华全国总工会、国家安全生产监督管理总局、国家煤矿安全监察局授予全国十佳特聘煤矿安全群众监督员荣誉称号。

李建民

李建民，1957年2月出生，中共党员，大专学历。2000年10月至2009年12月，任宜阳县卫生局党委书记、局长。自主持卫生局工作以来，认真践行“三个代表”重要思想和全心全意为人民服务宗旨，全面落实卫生改革发展政策，为宜阳县卫生事业的发展做出了积极贡献。

2008年以来，筹资近千万元，新建标准化村卫生所369个，探索出一套“以乡村卫生服务管理一体化为基础，政府主导，多方筹资，村医积极参与，产权为集体所有，可持续发展”的村卫生室建设模式在全省推广。

筹资6000余万元，完成13个卫生院改扩建和5个卫生院整体迁建，新增千元以上诊疗设备950余台件。坚持建管并重，深入实施“七有两化一温暖”工程，使卫生院面貌焕然一新，宜阳县卫生院建设经验得到国家卫生部河南省卫生厅、洛阳市卫生局的充分肯定。

积极开展卫生县城创建活动，2006年，宜阳县成功创建省级卫生县城，2007年成功创建国家级卫生县城。李建民因在创建工作中成绩突出，受到县委、县政府的表彰。

几年来，先后争取世行贷款卫八、卫十、卫十一项目以及国债卫生院、卫生所建设项目，中心乡镇卫生院建设项目、降消项目，新农合试点工作在宜阳县率先实施。加快了宜阳卫生事业发展步伐。宜阳县项目工作多次代表河南省接受国家卫生部和世界银行的督导检查。

在全系统深入实施人事分配体制改革，全面实施绩效工资和聘任制度，激发了广大干部职工的工作主动性，卫生系统整体面貌发生巨大变化。县卫生局连续4年获得县综合目标考核奖励，2008年被市局评为先进卫生局，被河南省委授予先进基层党组织。

由于他勤奋敬业，成绩突出，多次获得上级有关部门的表彰。2007年，获得洛阳市标准化村卫生所建设工作先进个人；2008年，获得洛阳市“五一”劳动奖章；2010年，获得全国医药卫生系统先进个人。

程汴玲

程汴玲，女，1961年1月出生，宜阳县韩城镇人。中共党员，大专学历，编辑职称，1978年参加工作，现任宜阳县地方史志办公室主任。她参加史志工作以来任劳任怨，对工作兢兢业业，认真负责，较好地完成了上级安排的各项任务，成果累累。

2010年，她主编《宜阳年鉴》，首先编制了《宜阳年鉴编纂方案》，并于3月10日召开会议，对年鉴的编写工作进行了部署。在编辑时，开拓创新，集中编排了纪念李贺诞辰1220周年系列活动和滨河游园景观，突出了地方特色和年度特色，受到了各界的好评。

程汴玲不甘平庸，自加压力，在完成史志编纂任务的同时，创办《宜阳大事月报》，至2010年底已编印44期。她积极响应上级号召，率先组织编纂《乡镇概览》，2010年底已经完成了初稿。这些地情资料的编纂，有力地服务了宜阳经济，为下届修志保存了珍贵的资料，起到了资政、资商、存史、教育的作用。

在程汴玲的带领下，宜阳县地方史志办公室连续4年被省史志办公室评为修志先进集体、年鉴先进集体，两次获得洛阳市委、市政府修志先进集体。她主编的《宜阳年鉴》（2008年卷）在第四届全国年鉴编纂出版质量评比中，被中国出版工作者协会评为综合、条目编写和装帧设计3个二等奖。《宜阳年鉴》（2009年卷）在全国地方志指导小组办公室组织的五年联评中荣获二等奖。《宜阳年鉴》编纂工作跨入河南省年鉴工作先进行列。办公室的经验介绍文章《同心协力，开创年鉴工作新局面》被《河南史志》、河南地情网、洛阳地情网发表。因工作成绩显著，2010年被中国地方志指导小组评为全国修志系统先进个人。

王　静

王静，女，中共党员，生于1964年8月，宜阳县韩城西关人，本科学历，在职研究生。1997年1月任环保局副局长，2004年任正科级副局长、党组成员、党支部副书记。从事环保工作26年来，工作认真负责、锐意创新、爱岗敬业，多次获得宜阳县“三八”红旗手、“五一”劳动奖、优秀共产党员、全市环保系统先进个人，河南省环保先进个人奖和河南省环保十五周年先进个人奖。

在2007年至2009年全国污染源普查工作中，担任宜阳县全国第一次污染源普查办公室主任，全面负责此项工作，建立机构，制订方案，组织协调各相关部门、各乡镇开展排查摸底，进行监测，排查出工业污染源63个，生活污染源28个，集中式污染源2个，建立各类重点污染源档案和污染源信息数据库。2009年6月完成建档、归类和信息库录入等工作。并上报市、省、国务院，顺利通过验收。于2010年3月被国务院第一次全国污染源普查领导小组办公室、中华人民共和国环境保护部、中华人民共和国国家统计局、中华人民共和国农业部授予国务院第一次全国污染源普查工作先进个人奖牌和荣誉证书。

葛会强

葛会强，1979年8月2日出生，中共党员，本科学历，2007年至2010底任宜阳县垃圾场管理所所长，现任宜阳县滨河公园管理所所长。在垃圾场筹建中，他与技术员多次到洛阳、武汉等地考察，并在宜阳实地堪察、论证，积极协调征地，多次赴郑州申报项目，争取资金，在垃圾场建设中经常吃住在工地，不怕脏，不怕累，既当指挥员，又当管理员，严把质量关，使垃圾场如期完工。在垃

圾管理中，制定多项规章制度，使生活垃圾场走上制度化管理，规范化运作管理运营模式。2008年9月被省政府评为污水垃圾处理项目建设工作先进集体，被省建设厅评为一级生活垃圾处理场，被市政局评为综合管理先进单位。宜阳县人民政府被省政府表彰为全省垃圾处理项目建设工作先进集体。

2009年，他多方争取资金1100万元，续建污水站，增添机械车辆设备，组建化验室，对场区道路进行硬化，完成管理中心办公楼改造，并在场区安装监控设备，提高智能化水平。由于他爱岗敬业，身先士卒，先后被市委宣传部、县政府、建设局、市政局评为先进工作者、优秀党员、优秀站所长、十佳百星人物。2010年获省政府先进个人称号。

2010年洛阳市“十佳百星”人物

谷富良

谷富良，1964年3月出生，中共党员，本科学历，2007年2月任宜阳县电业局党委书记至今。身为党委书记勤政廉洁，以身作则，带领全局干部职工深入学习实践科学发展观，大胆创新工作机制，为企业的改革、发展、稳定和企业文化建设做出了巨大的贡献。

发挥岗位优势，塑造企业品牌。宜阳县局属国有中二型企业，现有正式职工389名，肩负着全县工农业生产、生活的供用电任务。2010年，在县委、县政府及上级公司的支持关怀下，电量效益取得了双丰收。作为一个企业，效益固然重要，但作为一个国有企业，在取得效益的同时，必须肩负起自己的社会责任，树立好自己的品牌形象。一个企业的党委负责人，深知企业的社会责任和品牌建设的重要性，能始终保持清醒头脑，带领广大干部职工与党中央保持一致，不折不扣地贯彻执行上级的决策部署，对企业的文明、文化建设积极建言献策，把履行社会责任、提升品牌形象纳入企业的长远发展规划，使企业形象明显提升。2009年宜阳

县电业局在全县公共服务业行风评议中再次获得第一名的好成绩，实现“五连冠”；文明建设再获新丰收，连续三届保持河南省文明单位荣誉称号；企业规范化建设取得新成就，2009年成功进入河南省电力公司县级一流供电企业行列；企业文化建设、廉政建设同样成绩斐然，在新中国成立60周年之际，该局组织的大型歌舞获省公司三等奖，编写的《琴韵华章和谐宜阳》专刊在业界受到好评，廉政文化建设被市纪委确定为宜阳廉洁文化进企业示范单位。

投身电网建设，服务县域经济。在搞好党建工作的同时，充分发挥自己的专业优势，积极投身于电网建设，服务县域经济发展。电网是电力企业的生命线，是县域经济的支撑。他主抓党务，兼管电网建设。一是组织有关技术人员，合理编制“十一五”、“十二五”电网发展规划，为后续电网建设提出科学的指导性意见。二是抢抓电网建设机遇，尽力争取资金。3年来共争取上级电网建设资金3490万元，新建三乡输变电工程，改造了白杨、樊村35KW变电站等一大批电网工程。三是发挥行业优势，促使上级项目落地。利用系统管理优势，积极与上级沟通，使投资1.6亿的220KV变电站及分别投资3200万元、3600万元的后庄、西城两座110KV变电站落户宜阳，为宜阳工业园区的建设和县域经济发展提供了坚强的动力保障。

马念成

马念成，1949年出生，宜阳县莲庄人，复康牙科负责人，县政协委员。几十年如一日，以精湛的医术和良好的医德为群众服务；为贫困人员减免医疗费用达10万余元；先后入编《中国当代名医荟萃》、《中华传统优秀医师》，获得仲景魂中华名医优秀医师、新世纪“五一”劳动奖、洛阳市“百佳”科技实业家、宜阳县优秀政协委员、“十佳”科技实业家等荣誉称号。坚持两手抓，认真学习毛泽东主席的《为人民服务》、《纪念白求恩》等著作，学习“三个代表”重要思想，坚持以人为本，以病人为中心，把优质服务贯穿医疗全过程。开展卫生质量年、诚信服务年、巩固发展年以及满意在复康等多种质量提升活动，确保一般修复不超过一周，高档修复不超过10天，减少患者往返路费和时间浪费。高档次体现高质量，确保质价一致，让患者满意。低消费优质服务，对高龄贫困人群实行减免，分期付款，让贫困人群能够及时治病。组织技术攻关，研究探索推广一次性根管治疗技术。2005年至2009年，一次性根管治疗有记录的数百次治疗病例成功率达到95%以上。有两篇论文在国家级口腔医学杂志发表。

坚持不懈地举办全国爱牙日等社会公益宣传活动。从1994年开始连续14年开展全国爱牙日宣传活动，投资几万元，累计制作牙病防治知识版面50余块，印发牙病防治宣传材料3万多份，走上街头，深入学校，免费为数万名中小学生、教师和群众普查、义诊，提醒人们重视口腔保健，加强牙病防治。

积极参政议政，认真履行职责，几年来先后提交了全民牙病防治宣传、锦屏山上山道路有待修复、滨河游园下游修筑拦水坝、推广先进科学技术促进菜农增收、加快农村经济信息系统建设、农村改厕改水和高层建筑影响采光等提案，充分发挥了县政协委员的职能作用。

积极奉献爱心，先后捐款数千元助学修路，2008年四川汶川地震后，自愿向县慈善机构捐款1000元，随后又向台侨联、卫生部门组织的募捐活动捐款600元。2009年5月，出资近2万元为学校修路、学生购买学习用品、向村里70岁以上130余名老人馈赠物品、组织到开封旅游；9月为日本广岛大学宜阳籍贫困学生捐助1000元；11月台侨联组、莲庄诗书画联谊会组织活动他又分别捐资2000元、500元。

廉　强

廉强，1966年9月出生，中共党员。在宜阳县人民检察院工作。2010年带领反贪二科三名干警，办理案件4案7人，其中大要案3案6人，为国家挽回经济损失300余万元。

严查涉农职务犯罪，做人民群众的贴心人。近年来，查处涉农职务犯罪3案7人，其中办理影响较大的有宜阳县周过村王次为涉嫌贪污郑西铁路土地补偿款、盐镇乡塔泥村支书闫万性等三名村干部挪用郑西铁路土地补偿款。通过案件及时办理，解决了关系农民切身利益的问题，及时化解矛盾，确保农村稳定。

认真履行职责，不畏权势、甘于奉献。先后带领干警办理上级交办的大案要案，办理了鹤壁古典艺术博物馆张秦森涉嫌挪用7000余万元、贪污40余万元的特大案件和王凤岐涉嫌行贿300余万元的大案。这些案件的办理，树立了检察机关良好形象，维护了法律权威，起到了较好的社会效果和政治效果。

维护公平正义，廉洁自律、秉公办案。廉强自始自终无不贯穿着情与法、权与法、钱与法的斗争，但他无论是在权力和人情面前，还是在金钱和物质利益方面，始终保持着人民检察官刚正不阿，不徇私情的职业道德；他在办案中视金钱如粪土，拒吃请几十次、拒贿赂数十万元，严格执法，秉公办案。

马立谦

马立谦，1949年出生，高中文化，中共党员，宜阳县莲庄镇石村村农民。现任宜阳县莲庄诗书画联谊会会长、洛阳市作协会员、河南省诗词学会理事、中华诗词学会会员。

自2006年担任会长以来，积极肯干，吃苦耐劳，利用农闲时间深入宜阳农村及周边县市农村发展会员。会员由初成立时20多人，发展到456人，形成了一支能广泛代表农村先进文化的群众文化团体。

几年来，组织会员为群众义写对联5500多副，在国家、省、市、县各级文学书画刊物上发表诗歌书法、绘画作品12000多首（幅），举办诗书画展50多次，有120多人获得各种奖项。

为了使联谊会能正常开展活动，他四处奔波，筹措资金，在经济十分困难的情况下，带头捐款1000多元。积极参加省、市、县组织的多种诗书画活动，2010年5月全国咏龙门诗会上，全国获奖43人，他和宜阳其他5人同时获奖。利用业余时间积极创作，近几年在各级书刊上发表诗词100多首，个人作品集《莲庄放歌》、《莲庄轶事》即将付梓。积极发掘整理非物质文化遗产，整理民间历史资料300多条。

由于他的不懈努力，莲庄诗书画联谊会被县委宣传部、县文化局、县文联分别授予先进单位，本人也获得先进工作者称号。经县委宣传部、县文联推荐被评为2010年度“洛阳十佳百星”人物。

季祖轩

季祖轩，1984年10月出生，中共党员，宜阳县城关镇西街人，2002年6月毕业于洛阳市第一高级中学（洛一高），2006年6月毕业于云南省西南林业大学地理信息系统专业，获本科学历，学士学位。

2008年12月季祖轩顺利通过洛阳市大学生村干部招聘考试，被组织上分配到宜阳县莲庄镇孙留村，任党支部书记助理。上任以来，他怀着极大的热情，充分利用自身优势，带动一批农民群众创业致富，取得了较好的经济和社会效益，受到村民们的热情欢迎。2010年3月，他通过一年的考察和研究，结合当地实际情况，联合其他6名大学生村干部，投资14万元创办“四季鲜果蔬菜种植园”，租赁、改造蔬菜大棚15个，引进糯玉米、珍珠果、圣女果、苤蓝、极品香瓜等多种特色农产品进行实验种植。他还在村民中积极推广中药材种植，带动一批农民群众种植牛蒡、白术、桔梗、板蓝根等中药材，使中药材种植面积达到千余亩。在创业的同时，他还大力传授特色农产品种植技术，组织开展农技讲座10余次，分批对百余名村民免费培训农业技术。在经营方面他注重加强与超市、量贩的合作，以实现“农超对接”为目标，着重发展绿色无公害农产品，采用“实验基地＋农户＋超市”的模式，提高了农产品竞争力，使菜农收益大幅增加。

11月在省委组织部和共青团河南省委联合举办的河南省十杰（百优）大学生村干部“创业之星”评选活动中，被评为河南省优秀大学生村干部“创业之星”。洛阳市委宣传部举办的“十佳百星”新闻人物评选活动中，被评为洛阳市“十佳百星”新闻人物。

刘大鸟

刘大鸟，女，1958年出生，中共党员，宜阳县莲庄镇四岭村人。1998年任村委副主任，2001年任村委主任。现为宜阳县莲庄镇四岭村党支部书记、村委主任。

在她的带领下，村两委班子精诚团结、真抓实干，累计完成投资农网改造5.2万元；村学校教学楼工程投资33.75万元，投资60余万元，修建排污水渠17000米；投资147.2万元，修建水泥道路12.7公里；投资29万元建设300多平方米的村委会办公楼及老年活动中心；投资43万元修建2000余平方米的文化健身广场；投资160万元，安排四岭工业聚集区的基础设施项目建设。引进企业8家，引进资金2.4亿元，安排四岭村270余名农民就业，提高了村民的经济收入。

2008年11月她曾受到全国妇联主席陈至立的亲切接见。2010年被评为洛阳市十大女杰，获得洛阳市“三八”红旗手，宜阳县“十佳”村委主任，党风廉政建设先进个人，县“三八”红旗手，宜阳县先锋示范模范党员等荣誉称号，当选为宜阳县人大代表、党代会代表和洛阳市人大代表。

四岭村两委曾获得河南省五好党支部、河南省法制建设先进单位、洛阳市巾帼科技示范村、洛阳市农村廉政文化建设示范村、农村基层党风廉政建设先进单位和平安建设先进村、市新农村建设示范村、市卫生示范村。2010年1月25日，村卫生工作在中央电视台新闻联播节目中播出。

晋升副高级职称以上专业技术人员

单　位	姓　名	性　别	出生时间	职称级别	职　称
宜阳县樊村乡第二初级中学	宋少平	男	1964. 3. 21	副高级	中学高级教师
宜阳县人民医院	王宏智	男	1968. 8. 30	副高级	副主任医师
宜阳县人民医院	马丽	女	1968. 9. 12	副高级	副主任护师
宜阳县中医院	梁丽芳	女	1973. 3. 27	副高级	副主任中医师
宜阳县第二人民医院	李淑霞	女	1969. 8. 7	副高级	副主任护师
宜阳县人民医院	亢殿召	男	1965. 6. 27	副高级	副主任医师
宜阳县中医院	赫翠玲	女	1974. 11. 6	副高级	副主任中医师
河南省宜阳县教师进修学校	庞英姿	女	1974. 5. 15	副高级	高级讲师
宜阳县赵保乡第一初级中学	索邦宏	男	1956. 11. 24	副高级	中学高级教师
宜阳县赵保乡第一初级中学	李文生	男	1951. 10. 2	副高级	中学高级教师
宜阳县张坞乡第一初级中学	赵焕朝	男	1964. 2. 3	副高级	中学高级教师
宜阳县张坞乡第一初级中学	陈雷电	男	1956. 11. 7	副高级	中学高级教师
宜阳县艺术学校	周少卿	男	1966. 9. 9	副高级	中学高级教师
宜阳县盐镇乡第一初级中学	席占京	男	1963. 6. 4	副高级	中学高级教师
宜阳县寻村镇第一初级中学	张红欣	男	1968. 3. 7	副高级	中学高级教师
宜阳县寻村镇第一初级中学	杨治伟	男	1973. 10. 5	副高级	中学高级教师
宜阳县寻村镇第一初级中学	徐留	女	1961. 7. 24	副高级	中学高级教师
宜阳县寻村镇第一初级中学	郭玉霞	女	1968. 9. 13	副高级	中学高级教师
宜阳县寻村镇第二初级中学	郝贵贤	男	1962. 2. 17	副高级	中学高级教师
宜阳县实验中学	李国良	男	1972. 7. 22	副高级	中学高级教师
宜阳县实验中学	邢文道	男	1969. 2. 7	副高级	中学高级教师
宜阳县实验中学	陈彬	男	1971. 6. 14	副高级	中学高级教师
宜阳县实验中学	闫志强	男	1967. 9. 15	副高级	中学高级教师
宜阳县实验中学	周红欣	男	1970. 10. 18	副高级	中学高级教师

续表

单　位	姓　名	性　别	出生时间	职称级别	职　称
宜阳县柳泉镇第一初级中学	赵兴川	男	1972. 10. 10	副高级	中学高级教师
宜阳县高村乡初级中学	黄万朝	男	1966. 4. 17	副高级	中学高级教师
宜阳县柳泉镇第三初级中学	许红霞	女	1962. 10. 20	副高级	中学高级教师
宜阳县韩城镇第一初级中学	宋素青	女	1967. 11. 29	副高级	中学高级教师
宜阳县韩城镇第二初级中学	钱家庆	男	1970. 12. 30	副高级	中学高级教师
宜阳县丰李镇第一初级中学	王利明	男	1969. 7. 1	副高级	中学高级教师
宜阳县董王庄乡初级中学	张学安	男	1965. 5. 20	副高级	中学高级教师
宜阳县第一职业高级中学	席伟谊	男	1965. 10. 16	副高级	中学高级教师
宜阳县第一职业高级中学	陈素君	女	1971. 1. 15	副高级	中学高级教师
宜阳县第一高级中学	牛新平	女	1978. 4. 21	副高级	中学高级教师
宜阳县第一高级中学	刘敬伟	男	1971. 5. 22	副高级	中学高级教师
宜阳县第一高级中学	高双才	男	1971. 10. 12	副高级	中学高级教师
宜阳县第一高级中学	李宜红	男	1968. 9. 26	副高级	中学高级教师
宜阳县第一高级中学	胡社伟	男	1972. 9. 19	副高级	中学高级教师
宜阳县第一高级中学	杜末子	男	1956. 3. 7	副高级	中学高级教师
宜阳县第一高级中学	王平锁	男	1964. 8. 7	副高级	中学高级教师
宜阳县第一高级中学	聂明杰	男	1971. 1. 21	副高级	中学高级教师
宜阳县第二高级中学	常治勋	男	1963. 7. 6	副高级	中学高级教师
宜阳县城关镇西街学校	李亚博	女	1959. 9. 29	副高级	中学高级教师
宜阳县城关镇第一初级中学	张跃卿	男	1962. 3. 4	副高级	中学高级教师
宜阳县城关镇第一初级中学	张功新	男	1968. 3. 19	副高级	中学高级教师
宜阳县锦屏镇第一初级中学	刘红娟	女	1972. 11. 8	副高级	中学高级教师
宜阳县锦屏镇第一初级中学	赵纳新	女	1968. 3. 1	副高级	中学高级教师
宜阳县锦屏镇第一初级中学	宋莲平	女	1962. 9. 2	副高级	中学高级教师
宜阳县白杨镇白杨一区小学	白北选	女	1958. 9. 3	副高级	中学高级教师
宜阳县韩城镇卫生院	张军哲	男	1972. 4. 20	副高级	副主任医师
宜阳县中医院	王宗太	男	1966. 10. 16	副高级	副主任医师
中共宜阳县委党校	杨耀明	男	1972. 9. 13	副高级	高级讲师
宜阳县文化馆	司伟平	男	1963. 9. 15	副高级	二级编剧

中国共产党

中国共产党宜阳县委员会

书记　王琰君

【概况】　2010年以来，中共宜阳县委在市委、市政府的正确领导下，坚持总揽全局、统筹考虑、协调各方的原则，认真贯彻落实中央、省、市各项方针政策，始终按照“四个重在”和“福民强市”的总体要求，积极实施项目建设提速年、县城建设提升年等“十大主题年”活动，经济社会保持了平稳较快发展的良好势头。全年各项经济指标均超额完成市定目标和“十一五”规划目标，其中地区生产总值127.9亿元，同比增长11.5%；全社会固定资产投资170.4亿元，增长21.8%；城镇固定资产投资141.7亿元，增长22.5%；社会消费品零售总额达到41.3亿元，增长18.6%；地方财政一般预算收入4.27亿元，增长17.9%；城镇居民人均可支配收入13410元，增长12.5%；农民人均纯收入4598元，增长10.3%。先后获得河南省“红旗渠精神杯”、河南省林业生态县、中原最具投资价值县等荣誉。

领导班子成员

职　务	姓　名
书　记	王琰君
副书记	黄晓玲　张国松
常　委	王琰君　黄晓玲　张国松　任潘定　张慧敏 康凌香　罗宏伟　冯义德（12月免）　陈长江 潘　峰　王三章　田群献（8月任） 王　涛（12月任）

【工业经济强力推进】　以项目建设为抓手，全力扩大投资规模，增强经济发展后劲。全年实施千万元以上工业项目84个，总投资62亿元。宏元工贸精密铸件、龙翔建材三期等55个项目建成投产，骏马化工25万吨硝基复合肥、河南华宇公司850吨光伏产品等29个项目加快建设。实现规模以上工业增加值38.9亿元、利润8.6亿元，分别增长22.8%、6.2%。民营经济实现营业收入210亿元、增加值63亿元，分别增长27%、20.2%。全年引进义煤集团2×120万吨原煤开采、中化集团并购昇扬硅业等总投资146.4亿元的105个项目，开工建设95个。到位资金29.1亿元，占市定目标的145.3%。产业集聚区的承载能力进一步增强。实施基础设施项目21个，新修、改建道路13条22公里，铺设管网31公里；新上工业项目19个，入驻企业达到108家；全年完成投资42亿元，增长29.2%；入库税金2.6亿元，增长14.8%；综合排序跻身全省前30强。5月宜阳县产业集聚区代表洛阳市接受省委常委、常务副省长李克带队观摩，被省工信厅确认为新型产业试产基地和重点培养对象，获得全省发展又好又快的产业集聚区称号；8月，被评为河南省循环经济试点单位。

【农村经济蓬勃发展】　全年粮食总产达到36.7万吨，再创历史新高。收购烤烟534万公斤，实现烟叶税1617万元。建成蔬菜基地802公顷，蔬菜种植面积达到8000公顷。畜牧养殖业快速发展，全县肉类总产量达到4.5万吨、禽蛋总产量达到1.7万吨、奶类总产量达到1.7万吨，分别增长26%、5.5%、7.4%，畜牧业产值占农业产值比重达35%；雨润集团投资6亿元的福润公司生猪屠宰、东汉禽业两个养殖小区等项目加快建设。全年造林绿化4333.3公顷，获得河南省林业生态县称号。新农村建设持续推进，硬化通组通户道路285公里，新建农村社区服务中心14个。扶贫开发效果明显，投资3089万元的整村推进工作全面完成，涉及8个乡（镇）16个扶贫开发工作重点村，受益群众3456户14096人。发放小额贴息贷款600万元，辐射36个贫困村，扶持贫困户400户，户均增收1750元，被国务院扶贫办、财政部确定为国家“雨露计划”实施方式改革试点县。投资808万元的2010年度现代农业项目开工建设，完成后可恢复改善灌溉面积2800公顷。新增农资补贴小型农田水利项目6处，新增、改善灌溉面积380公顷，惠及1.2万人，农田水利建设蝉联河南省农业生产最高奖——红旗渠精神杯。

【城乡建设力度加大】　以城乡建设为载体，加大建设改造力度，发展硬环境持续优化。宜东新区开发初见成效，投资2.4亿元的洛宜快速通道即将竣工，投资8000万元的红旗环岛及周边工程如期竣工，投资2.5亿元容纳床位700张的全省县级一流中心医院、投资5853万元的日处理2万吨第二污水处理厂、投资5000万元的县委党校建设工程正在实施。城中村和旧城改造快速推进，完成城中村改造项目9个，拆迁面积32.5万平方米，开工建设68.55万平方米，竣工面积36.2万平方米，完成投资5.33亿元；完成旧城改造项目11个，拆迁面积7.7万平方米，开工建设18.9万平方米，竣工面积13.1万平方米，完成投资2.9亿元，均超额完成市定目标任务。城乡基础设施日趋完善，年初确定的“十路两扩”项目，汉兴路、西环北路、创业路，寻牌路拓宽已完成，“十纵十横”的县城路网框架初步形成。投资1.5亿元的阳光水岸工程一期竣工投用，形成了3公里长、223公顷的洛河水域，新增绿化面积24.2万平方米，李贺广场等13个游园广场向群众开放。花果山洛河大桥竣工通车，全县“二横二纵加一环”的公路网络格局基本形成。张坞乡撤乡建镇通过省级验收。

【社会事业不断进步】　省、市、县确定的各项民生实事圆满完成。高招上线2228人，保持全市前三强。双语实验学校一期投入使用，县职教中心开工建设。“卫十一”项目快速推进，新农合运行良好，新农合参合率达到99.8%，发放补助资金6992万元，标准化村卫生所覆盖全县。征缴五项保险1.2亿元，参加城镇居民医保4.6万人。新增

阳光水岸滨河公园二期工程奠基仪式

就业1.01万人，发放小额担保贷款6142万元；完成劳务输出17.75万人次，创综合劳务收入10.5亿元。发放粮食直补、农资综合补贴5657万元，完成60个农家店建设改造任务，发放“两免一补”资金4865万元。柳泉、寻村、董王庄等3所敬老院完成改扩建，发放低保金和五保金4238万元。积极发展旅游业，投资2亿元的灵山景区开发快速推进，香鹿山、花果山、李贺故里等旅游文化项目正在抓紧时间谋划实施。全年共接待县内外游客190万人次，创综合经济效益1.83亿元。在建廉租房2万平方米、经济适用房2.5万平方米，475户倒房重建群众搬入新居。全县共销售家电下乡产品62692台（部），销售金额1.37亿元，销售数量占农户比例44.43%。第六次全国人口普查扎实开展。残疾人事业快速发展，获得河南省残疾人康复示范县称号。人口控制计划圆满完成，获得全省计划生育优质服务县称号。精神文明创建活动扎实开展，公民道德水平不断提高。“五五”普法通过验收，群众法制意识明显增强。

【社会大局保持稳定】　以信访稳定为第一责任，以安全生产为首要底线。坚持落实领导定期接访、带案下访等制度，着力解决热点、难点问题。累计接待群众上访1177批次4300人，其中县级领导接待群众来访1098批次4018人，现场解决1060起，结案率100%，信访形势总体好转。坚持把平安建设纳入全县经济社会发展总体规划，紧紧围绕平安建设“六大运行机制”建设，坚持组织保障、经费保障、督查指导、社会宣传、考评奖惩“五个到位”，不断夯实综治基础，实现了县城城区和各中心镇机房全覆盖，全县社会政治稳定和治安大局持续平稳。深入开展事故隐患排查治理活动，共检

查企事业单位876家，发现隐患1240处，已整改1198处，正在整改42处，整改率96%。举办各类安全培训班19期，培训人员1348名。集中开展安全生产整治行动，排查隐患107处，已整改65处，正在整改42处。落实安全生产责任制，进入全市安全生产先进县行列。

【党的建设全面加强】 深入开展学习实践科学发展观活动，紧紧围绕中心工作、重大项目和重点工程，不断加强各级党的组织建设，为经济发展提供了坚强的组织保障。加强领导班子建设。坚持中心组学习与个人自学相结合，强化对党的路线、方针、政策和经济、法制等知识的学习。坚持民主集中制，凡属重大决策、重大项目安排、重要人事任免、大额资金使用，在个别充分酝酿的基础上，提交四大班子会议集体研究决定。加强干部队伍建设。扎实开展“创先争优”活动，实施“先锋示范工程”，进一步转变干部队伍作风。严把干部选拔程序关，形成了“事前报告、事中报批、事后备案”制度；按核定职数配备领导干部，积极主动消化超职数干部，在2010年5月的干部调整中，消化县长助理1人、党政分设正职2人、超职数干部3人。加强党风廉政建设。积极推行“一岗双责”，对全县145名新任科级领导干部进行了廉政谈话。深入开展公务用车、公务接待、私设小金库及节日病等专项治理活动，加大案件查处力度，共查处各类违纪违法案件96起，党政纪处分96人，挽回经济损失70万元。加强村级班子建设。坚持推行“两推一选、竞争上岗”制度，选派9名退二线的科级领导干部到村任职，整顿转化12个后进村班子，有力加强了村级班子建设。新建活动场所29个，占全市新建村室44个的45.5%，建成率居全市第一；市奖励补助资金20万元，位居全市第一；进一步规范村级活动场所建设标准，检查验收行政村203个。加强党员发展工作。全年共培养积极分子1659名，发展党员1053名，其中农民党员865名。推行发展党员公示制，全年全县共受理群众举报7起，暂缓发展19人，取消预备党员资格3人，延长预备期1人。扎实开展创先争优活动。广泛征求党员、群众意见，通过民主程序产生先锋示范工程258个，其中民生类127个，占49.2%。先后印制“先锋示范工程”宣传画册6套，制作幻灯片电子演示文稿39部，拍摄电视记录专题片5部，有力推进了创先争优活动开展。

县委十一届三次会议、县政府九次全会暨上半年经济运行分析会

【贺邦靖、陈欢到宜阳调研】 4月15日上午，中央纪律监察委员会委员、中国清洁发展机制基金战略发展委员会主席、中国资产评估协会会长贺邦靖、中国清洁发展机制基金管理中心副主任陈欢到宜阳调研。省财政厅厅长钱国玉、副市长杨萍、县领导王琰君、黄晓玲、任潘定、张慧敏、仝爱民等陪同调研。在生产监控室，贺邦靖与工作人员亲切交谈，详细询问该公司的生产节能减排情况。

在汇报会上，黄河同力有限责任公司总经理杨旭汇报了黄河同力水泥股份有限公司节能减排与CDM项目进展情况：在节能减排方面，同力股份控股的各个企业除综合利用石灰石采矿废渣，脱硫石膏、采矿尾矿、硅微粉、钢渣、粉煤灰等废弃物外，2009年还完成了79台风机电机变频节能技术改造。从2006年7月开始筹划余热发电CDM项目。2009年3月4日前，全公司5×9MW余热发电CDM项目，全部在联合国气候变化框架公约执行理事会注册成功。洛阳黄河同力一期熟料线余热发电项目于2008年7月并网运行，2009年2月12日成功在联合国CDM执行理事会注册成功，实现发电6135.24万度，并网电量相当于节约标煤2.01万吨。

贺邦靖对黄河同力水泥股份有限公司的节能减排工作表示肯定，希望该公司能进一步增强节能减排工作开展，提高生产废弃物的再用力度，积极进行资源整合，节约并合理利用资源和能源，加强环境保护，为保证全球气候稳定做出自己的贡献。

【连维良到宜阳调研农业和农村工作】 6月14日，省委常委、市委书记连维良带领市领导尚朝阳、田金钢、李雪峰及市直相关部门负责人到宜阳调研农业和农村工作。县领导王琰君、黄晓玲等陪同调研。连维良一行先后察看了柳泉镇元村村小麦高产创建万亩示范方、东高村源泉无公害蔬菜基地。连维良对宜阳夏粮生产取得的成绩给予充分肯定。谈及蔬菜基地建设，连维良指出，搞好蔬菜供应、稳定蔬菜价格是关系人民群众生活的民心工程。各级各有关部门要采取积极措施，实施好这一民心工程。要大力发展蔬菜种植专业村和蔬菜基地，大力培育蔬菜生产专业户、龙头企业，鼓励农户科学种植，实现增产增收。在谈到“三夏”生产时，连维良强调，要抓住有利时机，充分发挥农业机械作用，加快小麦收割进度，做到颗粒归仓，确保实现夏粮生产目标。要加大秸秆打捆机推广力度，实现秸秆的多形式利用。要不失时机地做好秋粮播种和田间管理，确保在夏粮丰收的基础上实现全年粮食丰收。连维良要求各级党委、政府和农业部门要在抢收抢种中做好信息发布、物资供应等各项协调、服务工作，及时帮助农民解决困难和问题。

【郭洪昌到宜阳调研】　6月17日，市委副书记、市长郭洪昌带领相关部门负责人到宜阳调研产业集聚区建设情况。县委书记王琰君、县长黄晓玲、副县长高建海等陪同调研。郭洪昌在调研中指出，加快产业集聚区建设，关键在项目。要着眼于构筑高层次的产业结构，加快重大项目建设，尽快形成支撑产业聚集区发展的龙头产业，不断增强产业集聚区带动能力。要加快推进在建重大项目，加快谋划、启动一批重大项目，抓紧做好一批重大项目前期工作。要多方筹措资金，加快推进公共基础设施建设，加快标准化厂房建设，切实搞好配套服务，增强产业集聚区的承载能力。郭洪昌强调，加快产业集聚区发展，必须进一步加大招商引资力度。要抓住发达国家产业加快向国内、东部地区产业向中西部地区转移的机遇，充分发挥产业集聚区在政策、产业、资金、技术、基础设施等方面的综合优势，策划和组织好专题招商、产业链招商，积极承接产业转移。要把握产业转移承接点，利用我市比较优势，注重引进带动力强、关联度高的龙头企业和大企业。要加大政策支持力度，增强主动服务项目建设的意识，营造更加有利于承接产业转移的良好环境。

（王俊伟）

县委办公室

主任　陈长江

【概况】　2010年，县委办公室紧紧围绕县委、县政府中心工作，结合创先争优活动，提出了县委办公室“两创三提一加强”、构建“四型机关”的总体目标，即：争创市级文明单位和市级园林单位；着力提高办事效率、提高办文质量、提高办会水平；加强精细化管理；全力构建学习型、服务型、高效型、和谐型机关。以此为抓手，办公室各项工作蓬勃开展，成效显著，实现了“亮点工作出经验，单项工作争先进，整体工作上水平，省市评比有名次”的工作目标。县委办公室分别获得省委办公厅《中共中央办公厅通讯》征订工作先进单位、省委办公厅全省党委系统公文处理工作先进单位、省级卫生先进单位、省委办公厅《秘书工作》通联工作先进单位、全省党委系统信息工作先进单位、市《秘书工作》通联工作先进单位、市党委系统公文办理先进单位、全市党委系统督查工作先进集体、市级文明单位、市机要文件管理先进集体、市网络事项办理工作先进单位等称号。

办公室下设秘书科、综合科、督查科、信息科、文书科、绩效科、后勤科、人财科、车管科、调研科10个科室。电话：0379—68882206。

领导班子成员

职　务	姓　名	职　务	姓　名
县委常委办公室主任	陈长江	副主任	陈占宏
常务副主任	李东伟（12月离）	副主任	杨利伟
副主任	黄改锁	副主任	王兴敏（5月任）
副主任	孙国强（5月离）		

科室负责人名单

职　务	姓　名	职　务	姓　名
秘书科	张红梅	绩效科	贾登奕（6月离） 李向北（6月任）
综合科	王久站（6月离） 张永国（6月任）	后勤科	丁　听
督察科	王兴敏（5月离） 贾登奕（6月任）	人财科	胡洛利
信息科	谷占军（5月离） 王会迎（6月任）	车管科	杨跃进
文书科	李俊慧（5月离） 闫义强（6月任）	调研科	王会迎

【更新服务理念，服务水平全面提高】 综合协调工作更加严密，圆满地完成了县委常委会、县四大班子会议以及其他重大会议和重要活动的组织服务任务165次；全年按要求起草领导讲话147个，整理讲话录音8个。整理上报县中心工作、重点工程进度4次，保证了县委文件和领导讲话、工作汇报等重要文字材料无重大差错。全年共编印县委大事记12期，更换大厅宣传栏15期，全年印章及介绍信使用72次，均有备案。文件运转及会议组织有登记，一年来共办理来文来电606件，做到了及时、准确、无差错。督促检查工作进一步加强，领导批示件办结率达到100%；信息调研工作保持了省、市考核先进位次；后勤保障工作进一步优化，认真做好机关大院和办公楼整修，卫生保洁，车辆管理等工作规范有序。

【细化绩效考评，内部管理规范高效】 以精细化管理和目标考评工作统领办公室工作全局，研究出台了《县委办公室2010年目标管理意见》，把各科室工作目标分为共性目标和岗位目标两大体系，结合科室工作和创先争优要求，细化量化工作任务，实现定员、定岗、定责。出台了配套的奖惩措施及考勤、卫生、值班、学习、信息考核等制度，实现了日常工作条理化，规范化，制度化。严格考勤制度，实现所有科室无缺位工作；落实值班制度，保证节假日不误工作。改进督查制度，完善批示件登记、报告、回访等细则，确保领导批示件批必查、查必果、果必报，全年办理领导批示件100件、上报《督查专报》16期、《督促检查情况》11期、编印《重点工作督查专报》46期。实行文秘人员全员办信息制度，将信息任务量化，责任到人，每周公布得分情况，督促整体上水平，全年编辑《宜阳信息》55期、在《洛阳信息》刊登文章8篇、编辑《学习与调研》12期。改进办文制度，强化办文责任，提高办文质量，全年审核县委、县委办公室文件及会议纪要339个，较好地展示了宜阳的形象，反映了宜阳各项工作的进展情况，为领导决策提供了科学依据；强化后勤管理制度，修订了接待、用车等各项规定，不断提高服务质量和管理水平。

【提升软件质量，创建工作扎实推进】 在创建市级文明单位和省级卫生单位工作中，坚持硬件、软件两手抓，两手都要硬，不断丰富创建内涵，深化创建主题，做到了“规定动作不走样，自选动作有特色”。充分利用会议动员、板报、信息等多种形式，营造浓厚的宣传氛围，召开座谈会和集体学习20次，问卷调查2次，办公室干部职工对创建工作的知晓率、参与率和满意率达到100%。2010年，办公室新增电脑，打印机等办公设备5台，购置创建方面的图书600册，设置展板3块。县委机关新增绿地50平方米，栽植绿化树木26株。11月至12月，接受上级创建部门检查和验收3次，考试2次，圆满通过上级验收。

【强化干部素质，机关效能明显提升】 2010年，坚持办公室人员集中学习制度，每周三下午或晚上进行集中学习，内容以上级路线方针、政策动向、领导讲话及其他方面有学习借鉴意义的材料为主，年初排出学习时间和学习内容，由科室人员轮流主讲，办公室领导进行点评，参会人员集体讨论，一年来从未间断。通过学习，提高了办公室人员理论素质，带动了服务理念转变，促进了工作效率提高。9月，出台了《县委办公室关于开展作风纪律整顿活动的通知》，开展了为期一个月的学习、讨论、整顿活动，以卢展工书记在省委办公厅重要讲话为指导，查找问题，剖析根源，限期整改，建章立制，经过一个月努力，有效清除了影响发展的各种纪律、服务、作风等方面的问题，进一步严明了工作纪律，优化了干部作风，提升了机关效能。

【抓工作落实，各项目标任务全面完成】 圆满完成县下达的各项目标任务。积极协调企业发展生产，引进资金210万元，超额完成县定招商引资目标任务；积极协调资金，帮助对口扶贫村完善基础设施，并筹措财物帮助困难户发展生产，春节为分包村困难群众送去价值3500余元的大米、食用油等慰问品，六一儿童节为分包村学校送上价值1700余元的书包、文具、体育器材等物品；支持县城建设，为香鹿山捐款3500元；重视企业发展，为欧瑞冶金公司协调通水、通电、通路等问题，并定期到企业走访，随时解决其在发展生产中遇到的各种问题，为企业发展创造良好的条件。全面完成新农村建设帮扶任务。模范遵守计划生育各项政策，无违犯计划生育行为。认真执行党风廉政建设有关规定，无违纪违法现象。建立健全社会治安综合治理管理机制，落实各项防范措施，未发生社会治安综合治理案件，县定目标任务圆满完成。

（王俊伟）

纪检工作

书记　任潘定

【概况】　中共宜阳县纪委同宜阳县监察局合署办公，实行一套工作机构、两个机关名称的体制，内设12个室，核定行政编制37名。履行党的纪律检查和政府行政监察两种职能，对县委全面负责。县监察局为政府工作部门。2010年，县纪委监察局围绕中央、省、市、县各项工作部署，坚持反腐倡廉战略方针，构建教育、制度、监督并重的惩治和预防腐败体系，全县反腐倡廉工作取得新成效。电话：0379—68882411。

领导班子成员

职　务	姓　名	职　务	姓　名
书　记	任潘定	常　委	张润姣
副书记	王超群	常　委	卢晓山
副书记	陈立中	常　委	杨良强
副书记	周晓勇	常　委	苗军峰
常　委	宋向阳		

科室负责人名单

职　务	姓　名
办公室	卢晓山（6月离） 张全乐（6月任）
监察综合室	张全乐（6月离）
纪检监察室	杨良强（6月离） 孙国强（6月任）
执法监察室	赵玉柱
信访室	霍汉民
纠风室	张会琴
效能监察室	苗军峰（6月离） 王　博（6月任）
廉政办	王红杰
案件审理室	宋欢欢
宣传教育室	任明远
案件管理室	孙国强（6月离）
农廉室	石绍勇（6月离） 张书伟（6月任）

【反腐倡廉教育】　开展学习贯彻《廉政准则》活动，建立基层联系点17个，党员领导干部参加学教活动673人，其中县处级干部53人，乡科级干部620人，购买学习资料460本，印发宣传资料650份，组织《廉政准则》知识测试竞答活动80余次；集中组织党员干部1800人观看反腐倡廉教育影片《信天游》，开展廉政宣誓58次，宣誓人数1260人；更新了国土局、城关镇两个警示教育基地的廉政教育内容，又建成柳泉镇、寻村镇2个农村廉政警示教育基地，拓展了农村党员干部党风廉政教育的覆盖面，全年组织党员干部参观廉政警示教育基地53场次，参观人数1800人次；组织文艺节目参加市纪委、市监察局举办的第四届反腐倡廉文艺晚会演出，获得优秀文艺节目二等奖。

【党风廉政建设责任制】　提高各级领导干部对“一岗双责”的认识，逐级签订《党风廉政建设目标管理责任书》，明确县、乡领导干部特别是“一把手”承担的党风廉政建设目标任务及相关责任，并层层分解制定责任目标，将基层党风廉政建设纳入全县责任目标考核体系，把基层党风廉政建设同经济工作和其他业务工作一起部署、一起检查、一起考核，形成了内容具体、涵盖周密、科学合理、纵横交错的目标责任体系和县、乡、村三级惩防工作体系；进一步完善领导干部监督机制，全年对32名干部进行了党政纪责任追究。

党风廉政建设、村官述职述廉现场会

【违纪违法案件】 全县各级纪检监察组织受理群众信访举报724件（次），立案查处130起，党政纪处分130人，其中乡科级干部14人，查处贪污贿赂案件21起，挽回经济损失120万余元；严格案件审理程序，实行特邀审理员制度，建立了特邀审理员人才库，自办案件全部实行特邀审理员参与审理，提高了案件审理质量，荣获市纪委、监察局工作创新奖。

【基层党风廉政建设】 以“三级示范四级联创”活动为载体，巩固和提高农村集体“三资”的监督管理，规范村务公开的内容和形式，全面推行村务监督委员会制度，建立健全“四议两公开一监督”工作机制。全县353个行政村全部成立了村务监督委员会，共选举产生村监会人员1217人，其中村监会主任353人，副主任85人，委员779人。举办培训班46期，对选举产生的1217名村监会人员进行了培训。村监会共参与监督村级重大事项647次，审核农村集体资金156.9万元，审核不合规定票据245张，拒付不合理开支8.5万元，化解群众矛盾439件，村监会参与民主管理、民主监督初显成效。

【纪检监察机关自身建设】 严格按照省市纪委文件要求，加强与组织、人事、编制和财政等有关部门的沟通联系，认真推行纪检监察派驻机构统一管理工作，出台了《宜阳县关于对纪检监察派驻机构实行统一管理的实施意见》，推进了纪检监察派驻机构统一管理改革工作。全县共设立派驻机构44个，其中派驻纪检组（纪委）16个，监察室28个，县纪委、监察局设县直纪工委（监察分局）3个，干部管理室1个，增加编制12名。加强纪检监察机关领导班子和干部队伍建设。在全县干部调整中，5名纪委常委提拔为正科级干部，4名室主任提拔为正科级检查员，4名室主任进行了交流，2名一般干部提拔担任室主任，此外还配备了正、副科级检查员5名，县纪委机关干部调整20人次，机关干部学历结构、专业结构、年龄结构进一步优化，工作积极性进一步提高。

（张全乐）

组织工作

部长 罗宏伟

【概况】 中共宜阳县委组织部是县委主管全县党的组织工作和干部工作的综合职能部门，内设科室有办公室、组织科、干部科、电教科、县绩效考核工作领导小组办公室、大学生村干部管理办公室，二级机构有县委干部监督室，下属事业单位有县委党员电化教育中心，代管县委组织员办公室、县人才工作领导小组办公室。2010年以来，县委组织部深入贯彻落实科学发展观，紧紧围绕县委、县政府中心工作，以创先争优活动为载体，强化基层组织建设，加强干部队伍建设，不断提升组织工作推动发展、服务大局、凝聚人心、促进和谐，为建设文明和谐新宜阳提供了坚强的组织保证。电话：0379—68882215。

领导班子成员

职务	姓名	职务	姓名
部长	罗宏伟	副部长	范俊杰
副部长	任见欣		

科室负责人

职　务	姓　名	职　务	姓　名
办公室	李彦峰（6月离） 孙银会（6月任）	绩效办	何灵喜（6月任）
组织科	岳江涛（6月离） 李彦峰（6月任）	干部监督室	张瑞霞（6月离） 裴宏超（6月任）
干部科	于晓辉（6月任）	党员电化教育中心	任敏（6月任）
电教科	李龙权	人才办	何灵喜（6月离）

【深入开展创先争优活动】 以“党建工作项目化”为理念，谋划了“先锋示范工程”，以先锋示范工程为抓手，把先锋示范工程实施情况作为考量创先争优活动成效的标准。全县各级党组织按照先锋示范工程“12条标准”，共确定先锋示范工程258个。建立创先争优党员管理台账，明确先锋示范党员评比9项标准，按照乡镇基层支部5名、县直支部2名的要求，层层推选先锋示范党员2386名。完善工作制度，推行先锋示范党员帮扶联系困难群众制度，健全村两委干部日常管理制度，建立后备干部联系农村党组织制度，出台《宜阳县“先锋示范乡镇、村、单位、岗、党员”表彰及考核办法》，分层次、分类别实施先锋示范工程，推进创先争优活动开展。开展了“向群众承诺、为党旗增辉”活动，将承诺对象分为党组织和党员承诺两大类，将农村党员承诺对象进一步细分为有职党员、无职党员、先锋示范党员和困难患病党员四个类别，结合实际情况，分类推进，全县891个基层党组织和21834名党员进行了公开承诺。统一印制了党组织和党员公开承诺书，统一制作固定的公开承诺展板，对公开承诺事项、完成时限进行跟踪管理，实行星级评价，接受群众监督、评议。开展了年度“三评三定”（通过开展民主评议党员、村两委干部、农村党支部，确定党员格次〔优秀、合格、不合格〕、村两委干部职次〔优秀、称职、不称职〕、农村党支部类别〔一类、二类、三类〕）工作，对基层党组织、党组织负责人及广大党员履行承诺情况进行民主测评，并将测评结果反馈给基层党委，作为年终奖惩的依据，有效地推动了创先争优活动的扎实开展。宜阳县创先争优活动得到了上级组织部门的充分肯定，省委组织部耿显榜处长专程到宜阳县调研创先争优活动，给予高度评价，并在省简报上刊发宜阳县经验做法；《河南日报》农村版、《洛阳日报》等主流媒体多次报道宜阳县创先争优活动情况；市委常委高凌芝到宜阳县调研创先争优活动，给予充分肯定，并安排新区工委到宜阳学习；宜阳县作为洛阳9县（市）唯一代表，接受中央党建研究会创先争优活动调研。

【全县村级组织活动场所建设】 切实加强全县村级组织活动场所建设，积极协调资金116万元，其中争取2009年市配套项目资金84万元，2010年市县资金32万元，支持村室建设，解决了2009年52个项目村配套资金不到位的问题。2010年新建村级组织活动场所29个，超额完成村级组织活动场所建设任务，市委组织部奖励宜阳县建设资金29万元，居全市第一。印制了《宜阳县农村基层组织活动场所规范化建设指导手册》，按照“统一场所外围布局、统一院落布局、统一室内布局”的“三统一”要求和“有牌子、有党旗、有桌椅、有柜子、有版面、有电教设施、有学习资料、有宣传橱窗、有公开栏、有卫生设施”的“十有”标准，对近两年来新建的村级组织活动场所设施进行规范提升。

【村党支部书记队伍建设工作】 加强村党支部书记队伍建设，选派优秀年轻机关干部赴村担任支部书记，培养选拔综合素质高、协调能力强的13名大学生党员村干部进支部，为村党支部班子补充了新鲜血液。出台《关于加强农村离职干部管理的指导意见》，对曾连续担任村党支部书记或村委主任10年以上男满60周岁、女满55周岁的离职干部，每月核发一定补贴，解决基层干部的后顾之忧。在县委、县政府的大力支持下，筹措资金1728万元，为全县各行政村两委干部每月拨付固定工作报酬59.12万元，提高农村干部待遇，稳定农村干部队伍。

【党员队伍建设】 党员队伍不断壮大，全年共培养积极分子1659名，发展党员1053名，其中农民党员865名。推行发展党员预警制，对连续三年未发展党员的9个村所在乡镇党委下发了预警通知，督促9个村积极完成发展对象预审工作，共发展党员19名。推行发展党员公示制，扩大监督范围，全年全县共受理群众举报7起，暂缓发展19人，取消预备党员资格3人，延长预备期1人，把好了发展党员入口关和预备党员转正质量关。

【大学生村干部管理工作】　积极引导大学生村干部自主创业，帮助大学生村干部创办、领办创业实体24个。2010年宜阳县共有40名大学生村干部考录为公务员或其他单位干部。举办大学生村干部培训班4期，培训760人次。举办了“欢歌唱响盛世，青春奉献农村”宜阳县大学生村干部庆元旦文艺联欢会，丰富了大学生村干部文化生活。

大学生村干部2010年冬季第一期培训班

【农村党员干部现代远程教育工作】　在全市首家建立了远程教育站点维护基金，争取资金26万元，有力保证了站点正常运转，远程教育工作综合考评全市第一，节目点击率和收看时长连续两个季度全市第一。狠抓站点维护，组建远程教育站点抢修突击队，扎实开展“集中整修月”活动，全面解决站点故障，实现全县312个远程教育站点同时在线正常运转；投入资金1.6万多元，建立起远程教育站点备用器材库，站点的日常维护效率大大提高，站点完好率连续7个月达到100%。下发《关于在全县大力开展远程教育集中学习活动的通知》，每月通报各乡镇站点利用率和必修课收视情况，适时给各乡镇党委书记发提示函，定期下乡督导，督促站点将学用工作落到实处。建立设备相对完善的远程教育课件制作机房，教学资源开发能力显著增强，先后制作《新农村建设大讲堂》、《创先争优谱新章》、《文明花开正芬芳》等专题片，代表洛阳市制作《创先争优进行时》专题片。按照省市安排，高质量完成宜阳县77个“易播宝”站点升级任务。举办农村党员干部现代远程教育终端站点管理员商务信息服务知识培训班，对全县315名大学生村干部站点管理员进行业务拓展培训。

【后进村集中整治】　开展了“农村基层组织集中建设月”活动，搞好后进村集中整治。对全县353个行政村进行了全面排查，在确定20个后进村的基础上，又排查出了4个不稳定村，采取“因村制宜、分类施治、集中整顿”的办法，促进后进村转化升级，取得了明显的阶段性成效。在年度“三评”工作中，有18个后进村党支部从三类支部晋升为二类支部，3个后进村党支部跃居一类支部；24个后进村支部中，“双强”（致富能力强、带富能力强）村党支部书记比例提高到了85.5%。

【编制要求，周密制定调整方案】　在调整中，严格执行程序，做到每个环节都有记录、有档案、有依据、有公示；在调整后，及时畅通沟通渠道，对反映的问题，详细解释政策，认真处理反馈，加强谈心交流，做好有关人员思想政治工作。2010年，共集中调整干部277人，其中提拔63人，平级交流及职务变动214人，消化超职数干部12人。在今年的干部调整中，探索实践了1∶3差额考察制；制定了《党政正职县委（扩大）会议票决制实施办法》，推行党委任用干部差额无记名投票表决。10月份，通过面谈、笔试、面试，竞职选拔了14名县直事业单位领导干部。坚持在急难险重岗位培养和选拔干部，年内选派了20名正、副科级后备干部到煤炭安全、信访稳定等急难险重岗位，挂任安全及信访稳定治理专员、县域重点企业经理助理、首席服务官；坚持在乡镇基层培养和选拔干部，2010年5月全县干部调整中，提拔交流乡镇基层干部67名，乡镇基层干部调整比例不断加大；坚持在经济工作一线培养和选拔干部，2010年8月，选派了12名正副科级后备干部到福州、厦门、上海、温州、深圳等发达地区进行锻炼，培养熟悉经济工作的后备领导干部。

【干部管理工作】　建立工作目标和干部绩效相结合的考核评价机制，围绕科学考评、公众安全感、环境创优、效能提升、重点企业发展、安全生产6项主要考评指标，对各责任单位进行对比分析；对科级干部取得的重大业绩、重要业绩以通报形式进行表彰，激发了干部的创先争优意识。深入开展“干部大讲堂”活动，由基层单位自主选择培训时间、地点、内容和教师，以流动课堂、自由讲座的形式进驻基层单位开展定期培训。全年共进驻23个基层单位举办“干部大讲堂”专题活动23场，培训各层次党员干部2320人次。

县直事业单位副科级领导干部竞职选拔面视考场

【干部监督工作】 全面推行“领导干部任职承诺制”，2010年以来，县委先后同新任的36名正副科级领导干部签订了任职承诺书。实施领导干部离职换岗经济审计，县委组织部委托县审计局对25名委局和部门负责人进行了离任审计。

【人才工作】 结合全县实际，认真做好宜阳县《2010年~2020年中长期人才发展规划纲要》编制工作；扎实做好宜阳县第五批优秀专家选拔推荐工作，命名宜阳县第五批优秀专家23名。通过座谈、查看相关科研资料等方式对17名优秀专家年度科研情况、科技示范作用发挥情况进行了考核，对考核合格的优秀专家发放技术津贴12240元。

【组织信访工作】 在组织部机关推行信访接待首问责任制，谁受理，谁负责；推行和谐接待，对上访人实行分类接访，有针对性的化解各类矛盾；做好信访反馈和全程监督工作，及时向来访人反馈问题处理结果；对于生活困难的来访群众，积极协调有关部门按照政策给予适当的照顾，有效地避免了越级上访、反复上访现象的发生。一年来受理来信来访49件，其中来信12件，来访37件。办理要结果信访案件3起，其中办结市转信访件2起、自办信访件1起。

【组织部机关建设】 县委组织部以“双创双争”，即：部机关创建省级卫生先进单位、市级文明单位，机关干部争创“先锋示范岗”、争当“先锋示范党员”活动为载体，扎实推进机关建设，组织部机关先后荣获省级卫生先进单位和市级文明单位称号。深入开展“讲党性、重品行、作表率，树组工干部新形象”活动和创先争优活动，认真抓好机关干部理论学习，抓好工作谋划，机关干部斗志昂扬，奋勇争先。一年来，组织部机关干部结合主题实践活动，下基层调研49次，形成调研报告21篇，为基层解决实际问题23个；座谈基层干部279人，征求、梳理意见建议36条；建立基层联系点6个，结对帮扶23人；排查出组织信访积案14起。

县处级干部名单及职务变动情况

姓名	职务	职务变动情况
王琰君	书记	
黄晓玲	副书记、县长	
张国松	副书记	
任潘定	常委、纪委书记	
张慧敏	常委、副县长	
康凌香	常委、宣传部长	
罗宏伟	常委、组织部长	
陈长江	常委、办公室主任	
潘　峰	常委、政法委书记	
王三章	常委、统战部长	
陈扶军	常委、武装部政委	3月调离
田群献	常委、武装部政委	3月任政委 8月任常委
冯义德	常委、副县长 （下派）	12月调离
王　涛	常委、副县长 （下派）	
宋来法	人大常委会主任	
杨建坤	人大常委会副主任	
程竹菊	人大常委会副主任	
刘建国	人大常委会副主任	
冯新乾	人大常委会副主任	
裴万寿	人大常委会副主任	
阎进卿	人大常委会副主任	
杜阳林	人大常委会副主任	
史洪发	正县级干部	
高建海	副县长	

续表1

姓名	职务	职务变动情况
牛　刚	副县长	
李晓波	副县长（科技）	
张飞跃	副县长	
刘宝兴	副县长	
张玉杰	副县长	
蒋武寿	副县长	12月由副县级干部任现职
张景彦	政协主席	
仝爱民	政协副主席	
王留乾	政协副主席	
宋遂法	政协副县级干部	
刘仁友	武装部长	
陈宝国	工会主席	
赵耀武	法院院长	
刘赤炜	检察院检察长	
薛永彬	公安局长	
李松宇	公安局政委（副县）	
石彩云	审计局党组书记局长（副县）	
马耀章	群众工作部部长信访局局长（副县）	
刘保刚	交通局党委书记局长（副县）	
陈世俊	人劳局党委书记局长（副县）	5月由人劳局党委书记副局长任现职
徐留汉	民政局党委书记副局长（副县）	
王定泽	水利局党委书记局长（副县）	5月由县长助理任现职
吴绍良	农业局局长（副县）	
何丙林	县长助理、县委农办主任（副县）	5月任县委农办主任
芦同聚	林业局党组书记局长（副县）	
赖长伟	建设局党组书记局长（副县）	5月由寻村镇党委书记任现职
卢国炜	规划局党组书记局长（副县）	

续表2

姓名	职务	职务变动情况
张午丙	三乡镇党委书记（副县）	2月任副县级
高振立	城关镇党委书记（副县）	2月任副县级
王留卿	县政府党组成员（副县）	2月任副县级，5月由白杨镇党委书记任现职
丁遂社	司法局党委书记局长（副县）	2月任副县级，5月由穆册乡党委书记任现职

（李　杨）

宣传工作

部长　康凌香

【概况】　中共宜阳县委宣传部（以下简称县委宣传部）是县委主管意识形态的工作部门，位于县委大院东楼。机关内设办公室、理论科、宣传科、文化艺术科。2010年，宜阳县宣传思想工作以“夯实基础，做强品牌，创新载体，服务大局”为整体工作思路，与时俱进，开拓创新，围绕中心，强化措施，狠抓落实，使各项工作得以顺利开展，取得了显著成效，为宜阳的改革，发展、稳定提供了坚强的思想保证和良好的舆论环境。电话：0379—68882306。

领导班子成员

职　务	姓　名	职　务	姓　名
部　长	康凌香	副部长	阎劭伟
副部长	杜文妍	副部长	卢战国
副部长	宋会杰		

科室负责人

职　务	姓　名	职　务	姓　名
办公室	胡振国	理论科	邢鹏展
宣传科	张新迁	文化艺术科	霍书方

【新闻宣传】 县电台、电视台围绕县委、县政府中心工作，组织宣传报道。县电视台《宜阳新闻》发稿2210余条、专题节目66期；播出《宜阳新闻》240期、2000条。县广播电台、县电视台积极开展对外新闻宣传工作，做到了在省电视台有稿件，中央台有新突破。全年在洛阳电视台《洛阳新闻·宜阳版》发稿220余条；在市级以上电视台发稿180多条。广播电台在市级以上电台发稿268条。

宜阳县新闻中心全年在中央、省、市主流媒体分别刊发稿件20余篇、80余篇、350余篇。全年在《洛阳日报》发稿数量及重头稿件数量在全市九县（市）六区位居第一名，推出了谷富良等5名先进典型人物。组稿出版《洛阳日报·宜阳新闻》20期，其中刊发3个整版。2010年策划了以《宜居宜业宜游新宜阳》为题组织专版，于11月在《河南日报》刊发。报道了宜阳深入实践科学发展观，实现和谐发展的成功经验和做法。并在河南日报报业集团、省工商联组织的中原最具投资价值地区评选中，宜阳被评为中原最具投资价值地区称号。

【网络宣传和舆情监控】 抓好洛阳网·宜阳频道和新华网·中国宜阳网站的建设与维护，上传新华网·中国宜阳、洛阳网·宜阳频道稿件350余篇，及时把县委、县政府中心工作及乡镇、委局的亮点工作刊发在网络上，让世界了解宜阳。年初下发《关于加强网络宣传管理工作的通知》，建立健全了一系列规章制度，规范网络宣传管理工作，指导各乡镇，重点委局建立网络宣传办公室，成立网管员队伍，举办培训班，构建全县监控网络，形成了网络宣传合力。县网管办每天收集网络上有关宜阳的各类信息，一年来共计监控信息360多条次。通过网络舆情监控，网管办在第一时间发现了一些负面信息及网友投诉，并及时上报有关领导协调解决，一批群众关心的问题得到了及时解决。

【理论武装工程】 健全党委中心组学习的各项制度，严格学习纪律。县委中心组每月学习一次，学习内容以中央、省、市的新政策法规和新指示精神为主。学习活动中县委主要领导高度重视、亲自部署、带头做重点发言、收到良好效果。邀请了洛阳市知名专家教授白选杰、蒋萍到宜阳举办专题讲座，为中心组学习成员授课。对各乡镇党委、县直各党委的中心组加强检查督促力度，要求各乡镇党委、县直各级党委形成学习日制度，以国家的大政方针结合本单位实际工作为内容，每周集中学习一次，使各级党委的中心组理论学习走上了规范化、经常化的道路。

6月至8月，在全县各级党组织中集中开展建设学习型党组织活动。开展了“建设学习型党组织读书征文”活动，活动中评选出5篇优秀论文并向省、市宣传部推荐，其中一篇被省委宣传部选为全省“建设学习型党组织读书征文”研讨活动交流材料，其他四篇被评为市级优秀论文。7月，市委宣传部开展了洛阳市“社科专家县区行”活动。7月29日宜阳县承办了洛阳市“社科专家县区行”活动的启动仪式。宜阳县是洛阳市产业集聚区建设方面的典型，5名专家，教授就宜阳产业集聚区的建设和发展经验进行了调研，并为宜阳产业集聚区今后的发展提供了决策依据。

按照市委宣传部的要求，宜阳县委宣传部于11月8日开展了“学习党的十七届五中全会”集中宣讲活动，邀请洛阳理工学院白选杰教授宣讲党的十七届五中全会精神，县四大班子领导，各乡镇党委书记和乡镇，县直单位主要领导全部参加。12月22日至23日，按省、市统一部署，在全县开展了“科学理论进基层”集中宣讲活动，邀请河南科技大学教授梁爱强、苗贵山在县直单位进行了6场集中宣讲。县委宣传部在省、市安排的各项活动中，组织严密、措施得力，屡获先进称号。2010年5月，被省委宣传部评为全省“科学理论进基层”集中宣讲活动组织工作先进单位。

5月下旬，组织各乡镇、县直各单位理论骨干20余人，参加了市委宣传部举办的理论学习培训班；7月27日至30日，组织人员参加了全市党员教育培训班；10月16日至20日，又组织人员参加了市委宣传部举办的学习党的十七届五中全会精神理论学习培训班，系统学习了全会精神。

5月至6月，在全县组织开展了“四个重大”主题党课活动，各单位主要领导利用基层党校，组织广大党员干部参加，亲自讲课，认真开展主题党课活动。此项活动评选出了6篇优秀课教案推荐报送至省、市宣传部。县委宣传部被评为全市先进组织集体，所报送的党课教案分获市级一、二、三等奖，宣传部一名同志被评为组织工作先进个人。

【精神文明创建】 宣传部组织部机关开展争先创

优活动，成立了实施“先锋示范工程”深化创先争优活动领导小组，下设办公室负责日常工作。组织开展争创先进基层组织、争当优秀共产党员活动，向县委争先创优活动小组办公室申报先进示范岗位5个，先进示范党员5名。开展了党员公开承诺活动，接受社会监督。提高了党支部的凝聚力和战斗力。

2010年，宣传部提出了省级文明单位创建目标。成立了创建省级文明单位工作领导小组，制订实施方案，明确指导思想、总体目标、创建内容和要求。深入开展了创建文明科室、文明职工、文明家庭及先进党组织建设活动，加强宣传干部亲民、爱民意识、廉政意识，责任意识。积极参与了社会捐献、扶贫帮困等社会公益活动，完善了部机关各项规章制度，加强了内部管理，机关形象和机关作风得到了显著改变。10月宣传部顺利通过了省级文明单位验收，12月被省政府命名为河南省文明单位。

弘扬培育民族精神，组织开展中华魂青少年读书活动，全县各中小学校采取演讲赛、知识竞赛、故事会等多种形式，开展爱国主义教育读书活动，进行演讲比赛并组织人员赴市参加比赛，并多人获奖，推动了青少年思想道德建设的深入开展。

在全县开展了和谐宜阳建设“十佳人物”评选活动，并择优推荐洛阳市和谐洛阳建设“十佳百星”人物，宜阳县电业局谷富良等五名同志当选洛阳市“十佳百星人物”；田战年，席国强获2009年度“感动洛阳”人物。

在全县窗口单位开展魅力宜阳、礼仪宜阳主题宣传教育活动，开展告别不文明行为宣誓，义务劳动、文明知识竞赛等活动，提高职工综合素质，提升社会文明程度。组织各乡镇宣传副书记、县直各单位主抓副职参加市委宣传部组织的社会主义核心价值体系及文明礼仪知识培训。

围绕农民工和大学生就业，开展就业知识宣传，改变就业观念，鼓励自主创业，邀请洛阳市在外农民工返乡创业事迹报告团到宜阳县做报告，宜阳县推荐的报告团成员韩城镇农民冯书超，外出务工，回乡创办养殖场的事迹入选市委宣传部编写的《河洛大地创业歌》一书。2010年，宜阳县提出开展工业效益倍增年、项目建设提速年、招商引资深化年等十大主题年活动，宣传部策划了《回眸“十一五”展望“十二五”》系列发展成就，描绘发展蓝图，从而凝聚人心，振奋士气。第六次全国人口普查，宣传部制定了详细的宣传方案，通过宣传车，宣传横幅等形式大力开展宣传活动，为普查工作的开展营造了良好的社会氛围。

按照文明单位六条标准，进行资格审查，深入各个申报单位进行了实地查看，按照“好中选好，优中选优”的原则，确定培养对象。2010年，完成省级文明单位创建任务3家，市级文明单位创建任务6家，县级文明单位创建任务1家；省级文明乡镇创建任务1家。配合洛阳文明城市创建，积极开展诚信洛阳、魅力洛阳、礼仪洛阳教育活动，宜阳县5个单位和5位个人获先进荣誉称号。

【“滨河之声”广场文化活动】　第九届“滨河之声”广场文化活动的主题是“坚持科学发展，构建和谐宜阳”。7月为戏曲歌舞演唱月，8月为群众艺术表演及曲艺说唱月，9月为电影展映月。第九届“滨河之声”活动共进行歌舞戏曲60余场、表演节目370余个，展映电影23场46部，大鼓书说唱23场，2010年的滨河之声大型广场文化活动和“七一”、“八一”、国庆等节日文艺演出相结合，实现了节日庆典文化与群众广场活动、爱国主义教育与热爱宜阳教育的有机融合，收到了良好效果。

庆祝建党九十周年大型广场文化活动

【“乡镇文化周”活动】　2010年，县委宣传部在各乡镇开展了第七届“乡镇文化周”活动，组织各行政村、乡（镇）直单位、学校、文艺团体，通过认真创作和精心编排，集中一周左右的时间在乡（镇）政府中心广场进行歌舞、戏曲、小品、快板等文艺演出，共组织15个乡镇开展了活动，演出节目110场，表演各类节目1200多个，丰富了群众文化生活。组织科技、文化、卫生“三下乡”活动，通过发放宣传材料、摆放宣传展板、设立义诊台等形式，直接服务新农村建设，收到了良好效果。

【“千场电影乡村行”活动】 第八届“千场电影乡村行”活动，以“弘扬先进文化、传播文明风尚”为主题，充分利用数字电影放映设备，集中了一大批健康向上的故事片、科教片、文艺片和理论宣传片，宣传党的路线、方针、政策提高农民科技文化素质、丰富群众文化生活，按照一村一月一场电影的要求，共在全县各行政村巡回放映影片3800余场，为全县新农村建设提供了思想保证和精神动力。

【节日文化精彩纷呈】 在元旦、春节、元宵节等节假日期间，开展了一系列丰富多彩的文化活动，举办了书法家义写春联、彩灯一条街、灯谜晚会、唢呐调演、民间杂耍调演活动，举办了“董茂功、杨功甫、常明善”三人书画联展。正月十六晚，在县城洛河大桥举办了“前进之夜”大型焰火晚会，让群众度过了一个欢乐、祥和、喜庆的新春佳节。4月，组织宜阳县优秀文艺节目参加第28届洛阳牡丹花会“河洛欢歌”广场文化狂欢月活动，宜阳县被市评为集体组织奖，2人获得个人组织奖，4个节目获一、二、三等奖。“三八”妇女节举办锦屏六才女书画展、“十一”国庆节举办宜阳籍在外书画家作品展，“九九”重阳节举办县老干部学校学员作品展等，繁荣宜阳县的文化事业。组织承办了第十一届灵山文化庙会开幕式及广场文艺表演、巡演和闭幕式，开展各种文艺专场演出，近10万名县内外游客受益。

【挖掘西游文化资源，打造国家级品牌】 2010年，宣传部启动了“中国西游文化之乡”申报工作。按照国家、省、市民协的申报条件，克服交通不便、经费紧张等困难，组织普查员深入花果山景区及周边乡村，详细挖掘西游文化遗存，认真收集，整理有关材料，并对当地有关西游文化碑刻、绘画、建筑进行拍照保存，并将撰写的申报材料上报省民协。11月下旬省文联、省民协组织的“中国西游文化之乡”专家考察团来到宜阳县进行了实地考察论证，对宜阳县的深厚西游文化氛围给予了高度评价，并提出了具体的工作意见。宣传部根据专家提出的意见和建议对申报材料进行修改和完善，全力以赴迎接中国文联、中国民协组织的考察论证和验收。

【纪念李贺诞辰1220周年活动】 挖掘宜阳文化资源，提升宜阳文化软实力，2010年举办了纪念李贺诞辰1220周年活动。

11月16日，举办了李贺文化广场暨李贺像落成揭彩仪式。《人民日报》原副总编辑、著名作家梁衡、中国文联原党组副书记、著名作家孟伟哉、中国散文学会常务副会长、《人民文学》原常务副主编、著名作家周明、吉林省军区副司令员贾凤山、省委宣传部宣传处处长郭艳芳，市领导李柳生、李国刚、任海航，县委书记王琰君、县长黄晓玲、县委副书记张国松、县人大常委会主任宋来法、县政协主席张景彦等四大班子领导出席。县委书记王琰君，县人民政府副县长牛刚，中国散文学会常务副会长、《人民文学》原常务副主编、著名作家周明，副市长李国刚先后讲话。仪式上，来自全国各地的嘉宾和宜阳县各乡镇、县直单位的代表1000余人参加了恭敬肃立、拜谒李贺像、敬献花篮等活动。

中国作家万里行采风活动

【“李贺杯”全国散文诗歌大奖赛】 为繁荣文学创作，树立宜阳良好的对外形象，宜阳县与中国散文学会、中国新文学艺术创作研究院、大河诗刊杂志社联合举办全国“李贺杯”散文诗歌大赛。4月底面向全国征稿，收到社会各界人士、著名作家、诗人参赛作品2000余篇。11月16日晚，在洛阳华阳广场国际大饭店隆重举行“李贺杯”全国散文诗歌大奖赛颁奖典礼，《人民日报》原副总编辑、著名作家梁衡，中国文联原党组副书记、著名作家孟伟哉，《人民文学》原常务副主编、著名作家周明，鲁迅文学院原常务副院长，著名诗人雷抒雁等文化名人出席典礼并为获奖作者颁奖。县委书记王琰君向知名专家梁衡等颁发宜阳县文化产业发展顾问聘书。县文联积极组织宜阳县作者参赛，其中，贾栓鹰的《宜阳赋》获得大赛一等奖，郅敬伟的《诗鬼赋》、李小平的《长吉归来》、赵宏欣的《你是一颗蒲公英的种子》获得大赛二等奖、王成良的长诗《宜阳、流淌着一部优美的旋律》获大赛优秀作品奖，该项活动在全国艺术界引起了强烈反响。

【党报党刊发行】 采取有力措施，拓宽发行渠道，圆满完成了2011年度党报党刊发行任务，得到了市委宣传部和河南日报社、洛阳日报社等新闻单位的肯定和表扬。

（王成良）

统战工作

部长　王三章

【概况】 中共宜阳县委统一战线工作部（以下简称县委统战部）是主管全县统一战线工作的职能部门，驻县委机关。核定编制11名（其中行政编制7名、事业编制4名），实有16人。2010年，全县统一战线坚持以科学发展观统领统战工作全局，以开展创先争优活动和实施“先锋示范工程”为契机，锁定中心，服务大局，突出重点，整体推进，为促进全县经济社会又好又快发展做出了积极贡献。2010年，县委统战部分别获得全市统战工作先进单位、全省基层统战信息工作先进单位，全市“百企入洛”工作、新农村建设“百村建设”工程工作、统战调研工作、宣传工作、网站信息工作、民族宗教工作及侨务工作等先进单位荣誉称号。电话：0379—68882307。

领导班子成员

职　务	姓　名	职　务	姓　名
部　长	王三章（8月任）	副部长	赵鸿鸣
副部长	马少仪（5月离）	副部长	周现伟
副部长	高君君	副部长	张俊怡（5月任）

【支持非公有制经济】 服务非公有制经济发展，坚持统战干部与非公有制企业的联系点制度。每名统战干部重点联系2家至3家非公有制企业，定期深入企业开展调研，为企业提供政策咨询，了解企业在生产经营过程中遇到的困难和问题，及时反映并协调有关部门帮助解决实际问题。积极推进全民创业。充分发挥县工商联及乡镇商会作用，在广大群众中大力宣传有关鼓励非公有制经济发展的政策措施，宣传全民创业的大好形势，引导他们转变观念，消除顾虑，不断发展壮大非公有制经济队伍。扎实做好非公有制经济人士的引导工作。通过举办讲座和组织学习考察活动等形式，把思想工作寓于联系服务之中，进一步提高全县非公有制经济人士综合素质，引导他们“爱国、敬业、守法、奉献”。全年举办有关企业管理和法律法规方面的知识讲座2次，参加人员183人次。向广大工商户及非公有制企业发放公开信5000份，宣传环境创优和效能提升活动，号召他们诚信经营、美化环境，支持并参与做好环境创优工作。11月，宜阳县获得河南省工商业联合会和河南日报报业集团联合组织评选的“中原最具投资价值县市区”荣誉证书及奖牌。

【招商引资】 2010年，全县统战系统共引进千万元以上项目4个，分别是河南宏元工贸有限公司投资6000万元的年产9000吨精密铸件及2400吨硅溶胶铸件项目、洛阳天信重工机械有限公司投资3600万元的矿山机械生产项目、洛阳益正达实业有限公司投资13600万元的混凝土浇筑件钢模板项目、洛阳申元轴承制造有限公司投资2500万元的轴承制造项目。

【“民族宗教平安”工程】 实施“民族宗教平安工程”，制订实施方案，完善工作措施，促进活动扎实有效开展，保持全县民族宗教领域的和谐稳定。认真落实民族政策，协调工商、税务等部门，为少数民族群众兴办民族特色服务业开辟“绿色通道”。引导少数民族群众新上清真食品生产经营店7家，新上饮食服务店9家，新建肉牛养殖企业3家；争取市县地税局帮扶资金12万元，解决白杨镇回族聚居村安全饮水问题；争取资金3万元，搞好韩城镇回民小学校园硬化绿化美化。继续坚持抓好《宗教事务条例》的贯彻落实，扎实推进“和谐寺观教堂”创建活动。在创建活动中因成绩突出，宜阳县基督教会获得河南省2010年度为经济社会发展作贡献先进集体奖。

【港澳台和海外统战工作】 充分发挥县台侨联谊会等组织的作用，做好内引外联和促进发展工作。利用春节、中秋节等传统节日看望台侨联中的骨干班子成员，慰问贫困台侨属、黄埔军校同学及归侨侨眷20余人，把党的温暖送到他们身边。积极发挥“根文化”的独特优势，吸引更多台侨胞到宜阳县观光游览、寻根问祖、投资兴业。由美籍华人聂振黄先生捐资2万美元筹建的“王岑念慈小学”于2010年9月竣工并投入使用，聂振黄子女一行专程回国参加了落成典礼；筹备成立的美籍华人孙万俊教育基金会，已由市外侨办转至宜阳县1万元资金，用于锦屏镇河下村图书室建设。

【关注社会民生】 组织引导统一战线各界人士关注民生，救助社会弱势群体。“凝聚力工程”深入开展，资助贫困大学生291名，帮扶农村特困户67户，帮助特困下岗职工再就业53名。组织多家民营企业与锦屏镇铁炉村、苗村结成新农村建设帮扶对子，支持新农村建设。截至2010年底，协调企业和争取专项资金为铁炉村筹资50余万元，先后完成道路硬化4.8公里，建成沼气池45座，垃圾池9个，配专职保洁员3名；通过协调企业和争取专项资金共计为苗村筹资60万元，完成该村村部办公楼（含卫生所）主体工程，修建排水渠600米，拆除违章建筑200平方米，建花池70多个。前进化工被省委统战部评为全省“千企帮千村”突出贡献民营企业。

【党外干部管理与培养】 开展对全县无党派人士的全面排查统计工作，建立党外代表人士档案信息库。加强对党外干部及党外后备干部的培养工作。县委组织部、统战部联合培养储备党外后备干部187人，全县共有副科以上党外领导干部11人，公务员队伍中有非党人士116人。

【调研信息宣传工作】 积极开展理论调研、信息采写，大力宣传宜阳统战工作取得的成绩。完成有较高质量的调研报告2篇，上报各类信息100余篇，被市以上统战信息采用30余篇，在市级以上媒体发稿10余篇。

（闫亚飞）

精神文明建设与创建工作

主任 宋建超

【概况】 宜阳县精神文明建设指导委员会办公室和宜阳县创建文明卫生县城指挥部办公室合署办公，实行一个工作机构，两个机关名称的体制，现有工作人员8名，办公地点在宜阳县政府办公大楼一楼。2010年，县文明办（创建办）以邓小平理论和“三个代表”重要思想为指导，深入贯彻落实科学发展观，围绕县委中心工作和年度责任目标，狠抓任务落实。群众性精神文明创建活动深入开展，县城治理活动力度不断加大，各项社会公益活动富有成效，环境创优工作成绩突出。电话：0379—68882216。

领导班子成员

职　务	姓　名	职　务	姓　名
主　任	宋建超	副主任	李红跃
副主任	常跃芳		

【环境创优工作】 采取有力措施，推动环境创优工作。制定了环境创优实施方案，下发了《关于加强环境创优宣传工作的通知》。开展环境创优督导督查，编发环境创优工作简报，及时反映环境创优工作动态。结合市环境创优考评命名题库，拟定宜阳县环境创优考评题目，每季度开展一次环境创优工作测评，对全县各单位、各乡（镇）进行一次环境创优工作排名。2010年，环境创优工作排名位居洛阳市环境创优工作九县（市）第一。

【净化社会文化环境】 开展文化市场整治，净化社会文化环境。组织文化局、工商局、新闻出版局开展文化市场集中整治行动4次和综合执法闪电1号行动1次。严查接纳未成年人上网、不按规定登记和超时经营行为；整顿清缴淫秽书刊、非法出版物。2010年，查处违规网吧90余家，取缔黑网吧7家，依法扣押电脑102台，切断网络信号34家，收缴非法出版物600余册，盗版光碟400余盘。为广大青少年健康成长，营造良好的社会文化环境。

洛阳市2011"环境创优年"动员大会宜阳分会场

【县城专项治理活动】 营造干净整洁优美县城环境，提高县城精细化管理水平，树立宜阳良好对外形象。以环境创优为载体，开展了"道路交通秩序、优质服务、环境卫生、市场治理、小广告治理"等专项整治活动。召开动员大会，下发了整治工作实施方案，明确了整治工作标准、任务、完成时限。各单位积极行动，按照实施方案要求，各司其职，各负其责，密切配合，狠抓落实。交警大队设立交通协管体验岗，发放小黄旗、小红帽，违章站岗轮换制等措施加强交通秩序管理，人车混流拥堵和机动车辆乱停乱放现象得到了有效治理，交通状况明显好转；行政服务中心设立了意见箱，发放民意问卷调查表，接受服务对象和社会各界对窗口工作人员的监督。开展创建"党员先锋岗"、"窗口服务明星"活动，全面提升窗口服务水平；市政局加大环卫保洁力度，提高环卫保洁质量，一日两扫，垃圾日产日清，全天保洁；全县组织党员干部万余人，自带工具，按照责任区域，开展小广告清除，共清除小广告2万余条，县城面貌焕然一新。

【文明单位创建】 按照文明单位创建六项标准，培养、推荐、评选年度省、市、县三级文明单位。2010年完成省级文明单位创建任务3家、市级文明单位创建任务6家、县级文明单位创建11家。完成省级文明乡镇创建任务1家。

【西部阳光助学工程】 开展阳光助学工程，为成绩优秀贫困考生入学提供经济资助。资助成绩优秀考生4名，资助金额1万元，使家庭经济贫困的优秀考生圆了大学梦。

【关爱空巢老人】 引导全社会关爱"空巢老人"，救助社会弱势群体。在全县发起了关爱"空巢老人"募捐活动，募捐人民币8万元。

【省级园林县城顺利通过复检】 协助市政局召开省级园林县城复检工作协调会，对省级园林县城复检工作进行部署，组织园林技术人员，对6个省级园林单位保持情况进行督导检查，并对整改进度跟踪监督，保证了整改任务全面完成。9月省级园林县城顺利通过省级复检。

（楚利军）

县直党委

书记　王银拴

【概况】 县直党委驻县委机关，隶属县委组织部，设书记1人，副书记1人，纪委书记1人，武装部长1人。辖党总支18个、单列支部29个，党员2573名。主要职责是负责制定县直机关党的建设规划；指导县直机关总支、支部抓好党员的思想，组织作风建设和党员干部的政治理论培训；指导县直机关人民武装等工作。2010年被评为河南省先进县直工委，党委书记王银拴同志被洛阳市直工委评为2010年度优秀县直工委书记，被宜阳县人武部评为2010年度支持国防建设先进个人。电话：0379—68882047。

领导班子成员

职　务	姓　名	职　务	姓　名
书　记	王银拴	纪委书记	李冲浪
副书记	孙绍云(6月离)	武装部长	刘向东

【党员学习教育情况】 2010年，县直党委结合县委开展的"创先争优活动"，组织党员干部认真学习新《党章》、《公务员法》等，认真贯彻实施县委关于开展"先锋示范窗口"、"先锋示范岗"活动精神，共设置"先锋示范工程"49个、"先锋示范窗口"98个、"先锋示范岗"147个，公开承诺，认真践诺，鼓励党员奉献岗位，发挥党员旗帜作用。

【组织发展工作】　县直党委严格按照发展党员“十六字”方针,成熟一个,发展一个。2010年共培训入党积极分子60余名,发展预备党员52名,转正式党员36名,接转组织关系81人次,并对县直机关2573余名党员相关资料全部进行微机管理。

【总支、支部换届】　针对县直机关党务负责人变化较大的情况,党委及时解决出现的问题,督促没有换届的总支、支部按时换届。全年共调整、改选总支、支部15个,保证了党务工作的正常运转。

【入党积极分子培训】　5月15日至19日,在县委党校举办一期入党积极分子培训班,对各总支、支部推选上来的60余名入党积极分子进行了培训。

【党费收缴】　党费收缴工作总体较好,完成了党费收缴和党内年报工作。全年共收缴上结党费16.2万元。

【年终总评】　年终“三评”工作,党委及早动手,扎实安排,召开专题会议,下发文件,组织各总支、支部进行联评,截至12月30日县直机关的18个总支、29个单列支部、2573名党员参加了评议,共评出优秀党务工作者8名,优秀党员142名,合格党员2431名,先进基层组织8个。

【举办各类活动】　4月15日在豫翔楼会议室召开县直机关党建工作会议,表彰了2009年度评出的先进基层党组织8个,优秀党务工作者14名,优秀党员217名,并安排部署了全年县直机关党建工作。7月1日在滨河游园广场组织了被批为预备党员的60余名新党员进行了入党宣誓。9月下旬,在县环保局会议室对系统内总支、支部57名党务干部进行了业务培训。

【县直武装工作】　县直机关武装部隶属县直党委,设部长1人,民兵组织8个。2010年在县人武部和县直党委的领导下,圆满完成了民兵整组、点验、兵役登记、征兵等工作。全年共选送20余名优秀青年应征入伍,有力地支援了国防建设和军队建设。

【做好县委、县政府临时性工作】　2010年完成了县委下达的信访、捐资捐助等工作任务,计划生育工作正常开展,党刊征订按时完成。　　(刘向东)

信访工作

部长　马耀章

【概况】　中共宜阳县委群众工作部、宜阳县人民政府信访局,位于县城红旗中路。内设办公室、接访科、办信科、办案科、复查复核办公室,现有工作人员16人。

2010年,信访工作围绕维护群众合法权益、密切党和政府同人民群众的血肉联系,排查化解矛盾纠纷,解决突出疑难信访问题、强化源头治理,完善工作机制,落实维稳措施,使各类矛盾纠纷和不稳定因素得到及时化解和解决,为全县经济社会发展创造了良好的社会环境,圆满完成了市下达的各项工作目标任务,被评为2010年度全市信访稳定工作先进单位。电话:0379—68882202。

领导班子成员

职　务	姓　名
县委群众工作部部长、信访局局长	马耀章
县委群众工作部副部长、信访局副局长	王修印
县委群众工作部副部长、信访局副局长	郭安甲
县委群众工作部副部长、信访局副局长	常现斌
信访局副局长	赵学钦
信访局纪检组长	水荣婵

【基层基础工作】　对县乡两级人民来访调解中心进行有效整合,达到县有群众工作部、乡有群众工作中心、村有群众工作站、村民组有群众工作民调员的三级组织四级网络,从源头上保持了信访渠道畅通。全县配备444名专职民调员,负责排查化解本村各种矛盾纠纷,在全县部分乡镇及村试行信访代理制度,群众有信访诉求可以通过信访代理人反映,降低了群众信访成本,方便了群众,维护了信访秩序。

【接访办信工作】　坚持领导接待日制度,保证每天有一名县领导在信访接待大厅接访。2010年,县级领导接待群众来访1098批次4018人,现场解决

1060 起，立案交办 115 起，到期结案率 100%。其中，县委书记接访 86 批次 238 人，现场解决 81 起，立案交办 5 起，到期结案率 100%；县长接访 87 批次 471 人，现场解决 79 起，立案交办 8 起，到期结案率 100%。开通县委书记、县长信箱及县长热线电话（68812345），受理群众诉求，及时予以答复。推进网上信访，建立信访工作网站，办理网上群众诉求，2010 年以来受理群众网上信访事项 60 件，办结 58 件，正在办理 2 件。

【交办督查工作】 对全县的矛盾纠纷进行全方位、宽领域、深层次的排查，全年排查矛盾纠纷 635 起，化解 571 起，稳控 64 起。建立排查矛盾纠纷台账，实行动态管理；对城中村改造项目、寻村镇牌窑村安置小区建设项目、白杨镇排水管道重修项目、莲庄乡征用石村土地项目等 7 个项目进行风险评估，达到群众满意，项目顺利实施；化解现有信访积案、预防产生新的信访积案，运用各种措施，开展排查化解信访积案。2010 年中央、省交办宜阳县的信访事项 32 起，全部办结，排查信访积案 30 起，化解 27 起，正在研究解决 3 起。按照“属地管理、分级负责，谁主管、谁负责”的原则，对排查出来的信访积案实行“五个一”工作模式，即：“一个案子、一名领导、一套班子、一个方案、一抓到底”，落实“四定两包”责任制，即：定包案领导、定责任单位、定责任人员、定结案时限和包落实、包结案，使积案化解责任落实到人。

【信访工作制度】 执行信访日碰头、周研判、月例会制度。每天下午 5 点召开信访工作日碰头会议，对当天发生的信访事项研究解决；每周一上午召开信访稳定周研判会，督办上周信访事项办理情况，分析信访形势，部署本周工作；每月召开党政联席会，研究解决重大疑难信访案件。全年召开日碰头会 283 次，周研判会 32 次，党政联席会 12 次，确保群众反映的问题及时得到解决。　（张向博）

党史工作

【概况】 中共宜阳县委党史资料征集编纂委员会办公室（简称党史办）驻中共宜阳县委大院东 4 楼，正科（局）级事业单位。确定编制 7 名。现有工作人员 7 名，其中主任 1 名，副主任 1 名，科员 5 名。电话：0379—68890196。

领导班子成员

职　务	姓　名	职　务	姓　名
主　任	孙玉凤	副主任	范崇霄

主任　孙玉凤

【革命遗址普查】 4 月，按照上级要求，我们先后到县民政局、县宗教局、县革命烈士陵园、赵保革命烈士陵园、县文管所及有关乡镇进行了档案查阅和实地勘察、丈量、拍照、走访、调查，历时 3 个月，详细准确地掌握了第一手资料。认真进行表格登记、电子文档制作，精心做好图文资料的搭配，以规范化的形式上报市委党史研究室。全县共有革命遗址 10 处，有 4 处保存较好。

【《中共宜阳革命史》第二卷（1949. 10 ~ 1978. 12）资料搜集、整理】 聘请 5 位对历史有研究，文化底蕴深厚的老同志，组成了专业的编写班子。多次到省、市、县档案馆查阅有关资料，深入基层、深入群众走访了解，到外地寻找知情人士调查求证，做到公正客观真实。历时 10 个月，整理出准确翔实的《中共宜阳革命史》资料，全书 35 万字。

【《宜阳县组织史资料》第三卷（1996. 03 ~ 2006. 12）资料收集】 10 月，洛阳市委组织部要求各县编写上报《中共宜阳县组织史资料》第三卷（1996. 03 ~ 2006. 12）。党史办分别到县直、乡镇各单位督促指导、协调各单位编写人员到组织部、档案局查找资料，宜阳县组织史资料全部收集到位，约 20 万字。

【宜阳县党史大事当月记、当月报工作】 全年上报宜阳县党史大事记 400 条，约 6 万字。

【编辑刊印《2010 年宜阳县党史大事记》季刊】 为了更好地服务县中心工作，党史办按季度编辑刊印了《2010 年宜阳县党史大事记》，共 4 期，约 8 万字。

【获得荣誉】 2010 年 3 月，宜阳县委党史办公室被评为洛阳市党史大事记编写工作先进单位。

（李小平）

机要保密工作

局长 陈占宏

【概况】 县委机要保密局驻守县委机关,现有工作人员6人。负责全县的保密宣传、保密检查及查处失泄密事件;负责中央、省、市三级机要文件的收发、办理、回收、归档工作。2010年,机要保密局认真贯彻保密工作“保守机密,慎之又慎”的指导方针,突出重点,防范结合,开展多种形式的保密宣传、保密检查活动。健全制度,明确责任,查找隐患,促进整改,确保国家秘密安全,保密观念深入人心。电话:0379—68882013。

领导班子成员

职 务	姓 名	职 务	姓 名
局 长	陈占宏(6月任)	总工程师	郭红梅(8月任)
副局长	贾登奕		

【保密检查工作】 3月,按照市国家保密局的统一部署,由县委机要保密局牵头,县委办、县公安局、工商局抽调人员、车辆,对全县32家废品收购站、打字复印店进行了保密检查,对从业人员进行了保密法规宣传。

【文件清退工作】 4月,向全县党政机关下发文件,清理回收中央、省、市三级机关机要文件2330份,统一上交市委办机要室,文件清退率100%。该局许飞飞同志获得市级机要文件管理先进工作者。

【试卷保密工作】 5月末,配合县高中招考试,对县教育局试卷保密室进行了保密安全审核,颁发了《许可证》,保证了宜阳县国家考试顺利进行。

【保密培训工作】 9月中旬,组织县公安局、检察院、县委610办等7家涉密单位工作人员集中培训,下发了河南省党政机关涉密单位《工作人员保密须知》,学习有关保密法规、网络知识等,增强其保密意识和业务能力,防患未然。

【定密工作】 12月,按照标准,精确定密,全年确定国家秘密320件。 (王宏斌)

老干部工作

局长 樊灵河

【概况】 老干部局驻县委机关,现有工作人员15名。内设老干部学校、老干部活动中心。2010年,认真贯彻落实党的十七大关于老干部的各项方针、政策,落实老干部“两项”(政治、生活)待遇,积极组织离退休干部为宜阳精神文明建设、经济建设、政治建设出谋献策。2010年,宜阳县委被洛阳市委、洛阳市人民政府授予全市老干部工作先进集体;市委老干部局授予县老干部局老干部宣传教育工作先进单位。电话:0379—68882507。

领导班子成员

职 务	姓 名	职 务	姓 名
局 长	樊灵河	副局长	李少辉

【落实老干部的“两项”待遇】 落实老干部政治待遇。坚持每年两次向老干部通报工作制度;在职领导联系老干部制度;走访、慰问制度;作形势报告、阅读文件;重要会议(如:党代会、人代会、庆典会等)邀请老干部代表参加;组织老干部视察本地重点工程建设。组织老干部开展学习、娱乐、文体活动。为离退休干部每人订阅1份《老人春秋》杂志,离休干部1份《洛阳日报》,为县四大班子离退休干部订阅《半月谈》和《洛阳电视报》,全县共订《老人春秋》2650份、《洛阳日报》265份。

1月10日下午,县委、县政府在豫翔楼一号会议室向300多位离退休老干部、老同志通报工作;1月15日,县四大班子领导分六组分别对原县四大班子离退休干部及特困企业离休干部和遗属进行慰问,带去了慰问品、慰问金;8月22日县委、县政府在豫翔楼三号会议室,向县级离退休老干部通报上半年经济社会发展情况及下半年主要工作安排,征求大家对全县工作的意见和建议;8月22日在县委常委、组织部长罗宏伟陪同下,老领导们到城中村改造项目锦屏花园、世纪广场,洛宜快速通道、阳光水岸视察重点工程;10月19日,组织原四大班子领导18人赴上海、南京为期6天的考察学习,了解当地经济发展状况,拓展老领导们的思路,为宜阳经济发展更好地建言献策。

落实好老干部生活待遇。巩固和完善"三个机制",确保离休干部"两费"落实。按照"政治待遇不变生活待遇从优"的原则,积极为老同志办实事、办好事,帮助老同志解决实际问题和困难。如今,离休干部的离休费都能按时足额发放,医疗费由分散多块管理改为由县医保中心统一管理,统一标准,由所属单位统一申报,按季度到医保中心统一核准,按规定实报实销,解除了全县各单位及离休干部的后顾之忧。为离休干部安排保健知识讲座,定期不定期组织县属各大医院到老干部家中义务巡诊,确保老干部老有所医,使老同志从经济发展、社会进步中得到更多的实惠。春节期间,开展集体走访活动,为每位离休干部送去问候和关爱,广泛听取老干部心声,了解老干部家庭情况、身体状况,征求老干部对服务管理工作的意见和要求。适时组织专家义诊和健康讲座,做好一年一次的老干部体检,6月5日组织县级离休干部到洛阳150医院进行健康检查。"七一"前后,对建国前入党、长期患病卧床、生活比较困难的老党员进行了重点慰问,并送去慰问金。通过走访,及时了解老干部所想所急,力所能及地帮助他们解决一些实际困难,把党和政府的关怀及时送到老干部的心坎上。

老干部学校书画展

【调研、宣传工作】 做好新形势下老干部调研、宣传工作。除做好平时正常调研工作外,重点完成《基层老干部活动中心、学习阵地的建设》和《在构建和谐社会中发挥老干部的积极作用》两个重点课题,在市委老干部局《情况通报》、宜阳县委《宜阳信息》等媒体上采用稿件5篇。

【组织引导老干部发挥作用】 定期组织老同志学习党的方针、政策,请县领导和党校教师上大课,分别举办外语、电脑、烹任、书法、绘画、戏曲等专业班。充分调动他们发挥余热的积极性,为宜阳经济建设和精神文明建设再作贡献。

2月9日,由离退休老同志组成的老年秧歌队、腰鼓队、鼓乐队、太极队、盘鼓队、交谊舞队等10个代表队上街巡游表演和广场表演;4月24日,河南省第28届牡丹花会"河洛欢歌"广场文化狂欢月宜阳专场在洛阳周王城广场举行;7月7日晚,由宜阳县委、县政府主办,县委宣传部、县文化局承办的宜阳县第八届"滨河之声"大型广场文化活动演出中,宜阳县老干部局艺术团参加演出;10月25日在县文化局门前广场,举行庆祝河南省第21个老人节宜阳县老干部学校书法绘画展、文艺表演庆典仪式。老干部学校的老年秧歌队、腰鼓队、鼓乐队、太极队、盘鼓队、交谊舞队等10个代表队200余人进行了街上庆祝游行和广场演出。在文化局二楼展厅展出老同志书画作品130幅。

县关工委的领导深入机关、学校做党的优良传统报告和立志成才报告。关工委科技致富指导团在乡、村推广先进科学技术,开展科技培训。关工委利用创建"三无两有"先进村活动促进新农村建设。

县老促会引进资金,帮助老区解决吃水工程,扶持发展养殖业、种植业等,促进老区经济快速发展。

老干部智囊团为宜阳的发展规划、重大工程建设、工农业生产、文明建设等方面出谋献策,对职能部门工作进行评议、督察。

(马战刚)

党员干部培训

【概况】 中共宜阳县委党校位于解放中路16号,租用畜牧局四楼办公,占房22间,其中多媒体教室2个,计算机教室1个,可同时容纳200余人培训学习。设有党政办公室、教研室、培训中心、函授办、应知应会编辑办公室5个科室。

2010年度,县委党校获得市委党校函授教育考务管理工作先进单位,杨耀明同志获得洛阳市全市党校系统主体班教学大赛二等奖。电话:0379—68882203。

领导班子成员

职　务	姓　名	职　务	姓　名
常务副校长	陆玉香	副校长	韩友卿
副校长	邵金标		

常务副校长　陆玉香

【主体班培训】 全年举办入党积极分子培训班1期,参加培训97人;新任科级干部任职培训班4期,每期半个月,培训领导干部216人。

【宜阳干部大讲堂】 宜阳干部大讲堂工作与全县各部门干部的日常学习紧密结合,是流动的党校课堂。全年举办干部大讲堂23场,参训1260人,取得了良好的社会效果。

【教研工作】 组织教师完成调研报告和论文15篇;积极参加市县组织的各种征文、论文比赛;形成5个专题;函授工作实行精细化管理,得到市委党校充分肯定。

【中心工作进课堂】 把县委、县政府的中心工作引入课堂,由学员充当角色,模拟现场情景,使学员对县中心工作能够亲身体会,产生直观认识。2010年,举办招商引资推介会、新农村建设总结表彰及动员会、突发事件处置、中心组学习、人代会、重大庆典活动等8场。

【讲师团建设】 从社会各阶层、各个方面为党校挖掘教学资源,把那些政治立场坚定、口才好、讲课经验丰富、有热心的人推荐出来,通过试讲、评审、讲座发展为讲师团成员。2010年,新吸收讲师团成员5名,新选专题10个;联系收集外聘专家精品专题10个。

【函授办学】 2010年,招收省委党校函授学员58人。与河南农业大学联合办学,招生正在积极实施之中。

【迁建工作】 县委、县政府把党校的新校区建设作为2010年重点工程及宜阳县党员先锋示范工程。该工程位于锦屏镇后庄村红旗东路北侧,占地3.47公顷。4月10日举行奠基仪式,5月10日打桩验槽开始动工。综合楼主楼高12层,裙楼高三层,主楼有办公室、教室、标间。西裙楼一、二层为可容纳400人的宴会大厅、雅间等,东裙楼为可容纳600人的演播大厅。总建筑面积15404平方米,总造价3036.37万元。

(王海毅)

老区建设促进会

会长　吴新道

【概况】 宜阳县老区建设促进会,驻县政协办公大楼一楼,现有工作人员5名。2010年,老促会坚持以人为本和科学发展观,贯彻落实中央和省、市关于开发扶持老区建设的重要指示,坚持“情为民所系,权为民所用,利为民所谋”的指导思想,深入老区开展调查研究,为老区人民排忧解难,为加快老区发展做出了积极贡献。0379—68881144

领导班子成员

职　务	姓　名	职　务	姓　名
会　长	吴新道	副秘书长	杨　晓
副会长	赵松林	副秘书长	白保国
副会长	麦文子	办公室主任	李铁芳
秘书长	王东昭		

【修建花果山洛河大桥】 县财政局、交通局争取省财政专项支付老区资金1355万元,和地方资金共2200万元修建花果山洛河大桥,桥长2.49公里,于9月底建成通车。该桥改善了西半县老区人民的生产生活条件。对西南部山区经济开发,振兴花果山旅游事业起到极大的促进作用。

【新农村建设】 县扶贫办争取资金675万元,给15个老区村、组新修水泥路42.7公里,改善了乡村的交通条件。

县老促会争取省以工代赈扶贫资金20万元,给赵保乡东赵村修了一条宽7米,长2公里穿街大道。给樊村乡徐村解决财政扶贫资金16万元,修建了一条宽5米,长2公里的水泥路,改善了两村的生产生活条件。

农业局争取资金500余万元,给老区乡建沼气池2812座,投放资金290余万元,给赵保、董王庄等7个老区乡建花生示范基地266.7公顷。争取资金76.5万元给樊村、董王庄、赵保老区乡建核桃基地145.7公顷,嫁接核桃9.8万株棵。

【兴修水利】 争取省、市财政拨款1636万元,加固了赵保革命老区寺河水库大堤,确保该水库安全度汛。投资100万元在三乡镇东柏坡、流渠等三个老区村建起两座提灌站,整修渠系配套工程,可增灌溉面积200公顷,使400余人受益。投资550万元为白杨二、三、四、五区,赵保油路口等老区村打了6眼机井,解决了1.1万老区人民吃水难问题。市、县老促会引进资金20万元,给三乡镇古村3个村民组打200米深井1眼,解决了500多口人的吃水问题,使历史上有名的旱疙瘩吃上甘甜的自来水。

【扶贫助教】 县老促会争取4万元资金,在赵保乡西赵村建立阳光操场工程,建成标准球场一个,购篮球栏一副、乒乓球案两副,为该校开展文体健身活动创造了良好条件。实施"老区建设助学工程",宜阳县资助4名困难大学生,每生资助1万元。争取宋庆龄基金价值6万元的教学用品,给老区董王庄姚村小学捐赠图书5000册,联想液晶电脑2台。

【宣传老区发展】 积极宣传老区,报道先进典型,宣传老区政策,为老区建设服务。县老促会给科级以上单位主要领导订《中国老区建设》杂志。《中国老区建设》采用宜阳县老促会稿件3篇,其中有《花果山洛河大桥建成通车》、《宜阳老促会"大事记"编印成册》、《黄县长亲自过问订刊》;《河南老区建设》采用宜阳县老促会稿件6篇。其中有洛阳市老促会写的《宜阳县老促会为老区人民办实事的调查》、《宜阳县积极扶持老区发展畜牧业》、《用"千斤重担众人挑"的理念做好老区建设工作》、《农民种蒜需要科学引导》等,洛阳市老促会文件通讯刊登宜阳县老促会报道材料5篇。

(李铁芳)

关心下一代工作委员会

主任　张殿堂

【概况】 宜阳县关心下一代工作委员会(简称关工委),属县委管理序列,驻宜阳县信访局二楼办公。现有工作人员2名,驻会离退休干部2名,非驻会退休干部8名。

2010年,宜阳县关工委按照中共中央、国务院《关于进一步加强和改进未成年人思想道德建设的若干意见》精神,积极协调、配合教育、司法、共青团、妇联等部门,采取多种形式加强对青少年革命传统、爱国主义、集体主义、思想道德、科学文化、民主法制和社会主义荣辱观教育,用社会主义核心价值体系教育帮助他们树立正确的人生观、价值观、世界观。一年来,关工委对青少年思想教育工作取得了显著成效。县关工委分别被省、市关工委评为关心下一代工作先进集体,10个基层关工委被洛阳市关工委授予先进集体,22名同志被洛阳市关工委评为关心下一代先进工作者。电话:0379—68877792。

领导班子成员

职　务	姓　名	职　务	姓　名
主　任	罗宏伟	副主任	张光北
执行主任	张殿堂	副主任	卫万宗
副主任	韩德峰	副主任	赵坤范
副主任	单　穰	办公室主任	阿军晓

【开展革命传统教育和法制教育】 关工委利用清明节,"五一"劳动节,"七一"建党节,"十一"国庆节以及学校开学等节假日,对青少年进行形式多样的教育活动,取得了良好效果。清明节依托段村、赵保烈士陵园两个传统教育基地,开展"烈士墓前祭英魂,努力学习为祖国"活动,组织老领导讲述革命先烈为建立新中国献出了宝贵生命的感人事迹,教育同学们珍惜现在的美好生活,努力学习科学知识,为中华民族屹立于世界之林而奋斗;利用"十一"国庆节,开展"祖国我为您骄傲"活动,教育青少年热爱党、热爱祖国;利用学校开学的时机,各级关工委

都组织司法人员到学校进行法律知识宣传和举办法制教育讲座,以案释法教育青少年知法、懂法、遵法,依法规范日常生活,共同打造和谐平安社会。2010年,关工委共开展革命传统教育讲座2场,受教育人数1万余人次;法制教育讲座35次,发放宣传单7万余张,受教育人数38000人次。

【加强网吧监督管理】 2010年,关工委协同文化、公安、工商及通信部门展开了网吧治理专项活动,向社会发放了3万份《网吧治理倡议书》,在全县范围内动员了4000余名“五老”人员投身于专项治理活动中。“五老”人员充分发挥自身优势,积极参与网吧监督。协同文化、工商、公安等部门查处违规经营网吧3家,取缔“黑网吧”11家,没收电脑及主机149台。有效地改善了青少年学习及健康成长环境,为建立网吧治理长效机制奠定了良好基础。

【精心组织“中华魂”主题教育活动】 2010年初,县关工委与县教育局联合发了《关于在全县开展“中华魂”(中国精神颂)主题教育活动的通知》,并把这项活动列入青少年思想道德教育的整体规划。

2010年,关工委订购“中华魂”读本8320册,免费发放到全县的16个乡镇中心校,为宜阳县全面开展读书活动奠定了良好基础。

全县参加“中华魂”读书活动的青少年达5万余人,使读书活动走进了中、小学校,走进了乡村,走进了家庭,取得了显著成绩。县教育局、城关镇中心校等4个单位被市关工委评为先进集体,有12名同志被市关工委授予先进个人称号,50名辅导教师被评为优秀辅导教师,周丁冉、王金等89名同学分别在洛阳市的读书活动中获得了一、二、三等奖。

(阿军晓)

苏东坡不老靠“姜方”

苏东坡在杭州为官时,曾到净慈寺拜访过一位寿高体健的和尚——制药僧“聪药王”,并得到了一个延年益寿的乳饼方。

此方只一味生姜。做法是:把姜捣烂,绞取浆汁,盛入瓷盆中,静置澄清。除去上层黄清液,取下层白而浓者,阴干,刮取其粉,名为“姜乳”。一斤老姜约可得一两多姜乳。用此姜乳与3倍面粉拌和,做成饼蒸熟即成。每日空腹吃一二饼,连吃一年,就身轻体健了。

苏东坡拜谢了聪药王,回到府上,总觉得姜乳饼制作较繁。于是,他又在公务之余遍访民间,终于收集到了以生姜为主药的“注颜不老方”。他很欣赏此方,曾作诗赞美道:“一斤生姜半斤枣,二两白盐半斤草;丁香沉香各半两,四两茴香一处捣。煎也好,泡也好,修合此药胜如宝。每日清晨饮一杯,一生容颜都不老。”

宜阳县人民代表大会

宜阳县人民代表大会

主任　宋来法

【概况】　宜阳县人民代表大会常务委员会位于县城文明东路14号，内设6委2室，即：办公室、教育科学文化卫生工作委员会、财政经济工作委员会、法制工作委员会、城市建设环境保护工作委员会、农村工作委员会、人事任免代表联络工作委员会、信访办公室。

2010年，县人大常委会在县委的领导下，高举中国特色社会主义伟大旗帜，深入贯彻落实科学发展观，紧紧围绕县委提出的“产业立县、工业兴县、科教强县、生态大县和旅游名县”五大战略，认真履行职责，为加快县经济社会平稳较快发展，推进民主法制建设做出了积极贡献。电话：0379—68878188。

领导班子成员

职　务	姓　名	职　务	姓　名
主　任	宋来法	副主任	冯新乾
副主任	杨建坤	副主任	裴万寿
副主任	程竹菊	副主任	阎进卿
副主任	刘建国	副主任	杜阳林

科室负责人

职　务	姓　名
办公室主任	王红卫
办公室副主任	梁伟涛
教科文卫工作委员会主任	张建超
教科文卫工作委员会副主任	李宏献
财经经济工作委员会主任	王德功
财经经济工作委员会副主任	姜慧玲
法制工作委员会主任	张松文
法制工作委员会副主任	乔晓伟
城市建设环境保护工作委员会主任	卢丛信
城市建设环境保护工作委员会副主任	宋冬峰
农村工作委员会主任	赵玉文
农村工作委员会副主任	杨书民
人事任免代表联络工作委员会主任	李威武
人事任免代表联络工作委员会副主任	李国峰
信访办公室主任	王改听
信访办公室副主任	李俊慧

人民代表大会

【县第十二届人民代表大会第五次会议】　宜阳县第十二届人民代表大会第五次会议，于2010年2月26日至27日，在宜阳宾馆召开。大会应到会代表251人，实到位代表241人，列席人员46人。会议审议通过了宜阳县人民政府工作报告、2009年国民经济和社会发展计划执行情况和2010年计划（草案）的报告、2009年财政预算执行情况和

2010年财政预算（草案）的报告、人大常委会工作报告、人民法院工作报告、人民检察院工作报告，并依法补选了县人大常委会委员1名。

县第十二届人民代表大会第六次会议

人大常委会会议

【县十二届人大常委会第二十二次会议】 1月29日，宜阳县十二届人大常委会召开第二十二次会议。

会议听取审议了《宜阳县人民政府关于将城市基础设施项目资金本金和回购资金列入年度财政预算的议案》，并依法补选了市十三届人大代表1名。

【县十二届人大常委会第二十三次会议】 2月21日，县十二届人大常委会第二十三次会议在县人大机关三楼会议室召开。

会议听取并审议通过了县人大常委会关于县十二届人大五次会议筹备工作情况的汇报及县十二届人大五次会议主席团和秘书长等几项建议名单（草案）的说明、《县人大常委会关于召开宜阳县第十二届人民代表大会第五次会议的决定（草案）》的说明、《宜阳县人大常委会关于确认许可对县十二届人大代表王次为采取强制措施的决定（草案）》的说明、县人大常委会关于对代表资格审查委员会组成人员进行调整的说明、代表资格审查情况的报告、《县人大常委会2010年工作要点（草案）》、审议《县人大常委会工作报告（草案）》。会议还审议通过了《县人大常委会工作报告（草案）》。

【县十二届人大常委会第二十四次会议】 4月22日，宜阳县十二届人大常委会召开第二十四次会议。

会议听取了县人大常委会关于县十二届人大五次会议议案工作情况的报告，县人民政府关于林业生产、新型农村合作医疗工作情况的报告，县人民法院人事任免提请议案。县人大常委会组成人员对各项议题进行了认真审议，并提出了意见和建议。会议以举手表决的方式通过了县人大常委会关于县十二届人大五次会议议案工作情况的报告，并对县人民政府关于林业生产工作情况报告、县人民政府关于新型农村合作医疗工作情况的报告进行了满意度表决，表决结果均为满意。会议依法选举县人民法院陪审员29名。

【县十二届人大常委会第二十五次会议】 6月30日，宜阳县十二届人大常委会召开二十五次会议。

会议听取了县人民政府关于县十二届人大五次会议议案、建议、批评、意见办理情况的报告，县人民政府关于城区中小学校建设工作情况的报告，《县人大常委会关于确认许可对县人大代表于水宽、王战卿采取强制措施的决定（草案）》的说明，县人大常委会、县人民政府、县人民法院、县人民检察院人事任免提请议案。

县人大常委会组成人员对各项议题进行了认真审议，并提出了意见和建议。会议以举手表决的方式通过了《县人大常委会关于确认许可对县人大代表于水宽、王战卿采取强制措施的决定（草案）》，并对县人民政府关于县十二届人大五次会议议案、建议、批评、意见办理情况、城区中小学校建设工作情况的报告进行了满意度表决，表决结果均为满意。会议还依法进行了人事任免。

【县十二届人大常委会第二十六次会议】 8月31日，县十二届人大常委会第二十六次会议在县烟草局六楼会议室举行。

会议听取审议了县人民政府关于2010年上半年国民经济与社会发展计划执行情况、2009年本级财政决算及2010年上半年财政预算执行情况、2009年度本级财政决算审计情况、城中村改造及县城建设情况的报告。会议通过了《县人大常委会关于批准2009年度本级财政决算的决议》，并对会议听取的4项专项报告进行了满意度表决，表决结果均为满意。

【县十二届人大常委会第二十七次会议】 10月27日，县十二届人大常委会第二十七次会议在县人大机关三楼会议室举行。

会议听取审议了县人民政府关于交通建设、水利建设、环境保护、城镇医疗保险等四项工作报告，以及《县人民政府关于张坞乡撤乡建镇的议案》和《县人民政府关于提请宜阳县卓立工业开发有限公司向洛阳银行融资的议案》等两项议案。

会议表决通过了宜阳县人大常委会关于同意张坞乡撤乡建镇的决议、宜阳县人大常委会关于批准《宜阳县人民政府关于提请宜阳县卓立工业开发有限公司向洛阳银行融资的议案》的决议。会议以无记名投票的方式对听取专项工作报告进行了满意度表决，表决结果均为满意。

【县十二届人大常委会第二十八次会议】 12月28日，县十二届人大常委会第二十八次会议在县人大机关四楼会议室举行，会议首次使用电子表决系统。

会议听取审议了关于修改《宜阳县人民代表大会常务委员会关于对县“一府两院”专项工作报告进行满意度表决的决定》的决定（草案），县人民政府关于莲庄乡撤乡建镇的议案，县人民政府关于2010年全县重点工程建设情况的报告，县人民政府关于新农村建设情况的报告，县人民法院关于行政审判工作情况的报告，县人民检察院关于反贪污贿赂工作情况的报告，县人民政府人事任免提请议案。

县人大常委会组成人员对各项议题进行了认真审议，并提出了意见和建议。会议通过了关于修改《宜阳县人民代表大会常务委员会关于对县“一府两院”专项工作报告进行满意度表决的决定》的决定和县人民政府关于莲庄乡撤乡建镇的议案。并对四项专项工作报告进行了满意度表决，其中县人民法院关于行政审判工作情况的报告表决结果为基本满意，其他三项专项工作报告均为满意。会议还依法进行了人事任免。

【监督工作】 县人大常委会充分发挥监督职能，从全县经济发展大局和关系人民群众切身利益的热点、难点问题出发，督促“一府两院”，坚持依法行政、公正司法，更好地造福全县人民。

加强工作监督，注重监督实效。县人大常委会不断加大工作监督力度，督促“一府两院”积极践行承诺，圆满完成年初确定的各项工作。一是认真听取审议专项工作报告。一年来，县人大常委会听取县人民政府工作报告14项，县人民法院工作报告1项，县人民检察院工作报告1项。委员们结合平时收集到群众反映的意见，对政府组成部门及法院、检察院的工作开展情况进行满意度表决，强化了人大对“一府两院”的监督力度。二是严抓审议意见落实。对委员们提出的意见、建议科学归纳整理，交人大常委会相关工作委员会进行跟踪监督，限期纠正存在问题，认真抓好工作落实。三是注重实际效果。通过听取专题汇报、组织代表视察督导等方式，对县城“十建两扩”道路、宜阳至洛阳快速通道、阳光水岸开发、城区中小学校建设等关系宜阳经济社会发展的重点工程、重要工作进行跟踪监督，推动政府及相关部门，改进工作方式，加快工作进度，圆满完成县十二届人大五次会议确定的各项经济目标和社会事业发展任务。

加强法律监督，注重法制建设。县人大常委会积极探索开展法律监督的方式方法，不断完善监督形式，督促“一府两院”依法行政、公正司法。一是重视普法教育。县人大常委会监督司法行政部门以“五五”普法为契机，以公务员法律知识考试为切入点，重点抓好机关工作人员法律知识教育，进一步提高了“一府两院”工作人员学法、用法、知法、守法水平。二是深入开展执法检查。县人大常委会有重点、有计划地对《中华人民共和国食品安全法》、《中华人民共和国产品质量法》、《中华人民共和国就业促进法》、《河南省就业促进条例》、《中华人民共和国大气污染防治法》和《洛阳市大气污染防治条例》等法律法规贯彻执行情况，进行执法检查和调研，及时发现问题，限期纠正，加强了执法人员的法律意识，促进了各项法律法规的正确贯彻实施，维护了法律尊严。

【重大事项决定】 2010年，县人大常委会坚持党的领导和依法履行职权的有机统一，适时对事关全县经济社会发展的大事做出决议决定，用法律形式保障了事关全局工作的顺利开展。

加强财政监督。县人大常委会认真听取和审议了《县人民政府关于2009年财政决算及2010年上半年财政预算执行情况的报告》、《县人民政府关于本级财政审计情况的报告》，根据宜阳县财政预算执行情况，适时作出《县人大常委会关于批准2009年度本级财政决算的决议》，依法行使了财政监督职权。监督政府相关部门，加强财税征管，组织好财政收入，合理安排支出，保障国家机关正常运转和社会事业稳步发展。

批准撤乡建镇。为了促进宜阳县城乡一体化进程，提高城镇化率，县人大常委会听取审议了《宜阳县人民政府关于张坞乡撤乡建镇的议案》、《宜阳县人民政府关于莲庄乡撤乡建镇的议案》，并依法予以批准。

【人事任免】 2010年，县人大常委会根据《中华人民共和国地方各级人民代表大会和地方各级人民政府组织法》、《宜阳县人民代表大会常务委员会任免地方国家机关工作人员办法》的有关规定，依法任免、决定任免国家机关工作人员35人次（其中任命18人次，免职17人次），任命人民法院人民陪审员29名。

【代表工作】 县人大常委会不断拓宽代表知情知政渠道，丰富闭会期间代表活动。邀请人大代表列席县人大常委会、组织人大代表参加调研座谈，加强对人大代表的培训指导，提高了人大代表的整体素质，增强了代表依法履行代表职责、服务全县工作大局的能力。

利用广播、电视等媒体宣传报道人大代表参加人代会、工作视察、执法检查等活动，加深了人民群众对人民代表大会制度的理解，密切了人大代表与人民群众的联系，增强了代表荣誉感、责任感，激发了各级人大代表依法履职的热情。

丰富代表活动形式，组织人大代表参加视察、开展执法检查、旁听法庭审判、参与行风评议等活动，为代表发挥作用提供了平台。先后组织省、市、县人大代表对新农村建设、城中村改造、代表建议办理、工业园区建设、阳光水岸开发、城区中小学建设、油料倍增、洛宜快速通道建设、花果山洛河大桥建设、灵山风景区建设等10余项工作进行视察。

县十二届人大五次会议期间，代表共提出农林水、财贸交通、城乡建设、科教文卫、行政执法等方面的建议、批评和意见35件。人大常委会及时将收集到的建议、批评和意见合理归类，转交政府及相关部门限期办理。多次听取相关单位的汇报，并对办理情况进行视察和督导。所有建议、批评和意见已全部办理完毕。

县人大代表到基层视察

【信访工作】 县人大常委会重视涉法信访工作，热心接待来访群众，深入讲解相关政策，耐心做好法律解释，尽心为民排忧解难。全年共接待群众来信来访79件、261人次，群众的合理诉求已督促有关部门全部给予解决，较好地维护了人民群众的合法权益，促进了社会和谐稳定。

【自身建设】 县人大常委会坚持以中国特色社会主义理论为指导，深入贯彻落实科学发展观，不断强化思想建设、作风建设和制度建设，改进工作方式方法，自身建设得到进一步加强。

根据省人大常委会的要求，建成技术先进的标准化电子表决会议室。常委会任免干部、审议表决事项，实现电子表决系统表决。电子表决，能充分体现表决者的真实意图，表决结果更加客观真实，公开透明，民主程度进一步提高。

改进工作方式和工作方法，依法修改了《宜阳县人民代表大会常务委员会关于对县人民政府、县人民法院、县人民检察院专项工作报告进行满意度表决的决定》，使专项工作报告审议表决制度更加科学完善，审议表决效率进一步提高，监督推进专项工作的作用进一步加强。

探索新形势下人大宣传工作的特点和规律，利用召开人民代表大会、代表视察、执法检查等时机，宣传人民代表大会制度，取得了较好的宣传效果。积极向省、市人大刊物投稿，宣传各级代表的先进事迹和人大工作开展情况，宣传民主法制建设及经济社会发展的良好态势，受到上级肯定，县人大常委会办公室也连续三年被市人大常委会评为人大宣传工作先进单位。

【指导乡镇人大工作】 县人大常委会不断加强与乡镇人大的联系，安排乡镇人大主席团主席、副主席列席县人大常委会会议、参加视察、执法检查等活动，及时指导乡镇人大主席团依法召开年会、组织选举，提高乡镇人大主席团组织乡镇人大代表开展活动的能力，有力地促进了基层人大工作的开展。

【服务县委中心工作】 县人大常委会在依法履行职责的同时，按照县委的安排和部署，充分发挥自身特点，紧紧围绕全县工作重心，放眼全局，服从大局，主动作为，积极开展工作，有力地推动了全县阶段性中心工作的开展。连续四年超额完成市外招商引资任务，支持了县域经济发展。做好分包乡镇工作，帮助乡镇谋划发展思路，促进社会稳定，推动工作顺利开展；认真做好分包重点工程和困难企业工作，主动深入企业进行调研，协调解决困难，帮助破解发展难题。按照县委的统一安排，县人大常委会领导班子成员领导或参与了县烟叶生产、城市建设、工业经济、煤矿安全等领域专项工作，推动了全县工作的开展。

【出席洛阳市第十三届人民代表大会第一次会议代表】 市直下派（6人，按姓名笔画排列）：于迎（女）、伏秀霞（女）、羊毅（女、回族）、张法政、高凌芝（女）、谭建忠（满族）；本行政区域（26人，按姓名笔画排列）：王琰君、王怀路、王留宽、尹卫星、仝爱民、田松彬、田战年、卢潘霞（女）、刘大鸟（女）、刘约拿（侨）、杨旭、祁亚阁、宋来法、张士庭、张午丙、张国民、张国松、陆玉香（女）、季锁成、赵学魁、赵定国、黄晓玲（女）、梁高渠、彭立、裴建政、裴钧。

（梁伟涛）

“九天”与“九泉”的由来

“九天”与“九泉”这两个词在古诗词中是屡见不鲜的，如“飞流直下三千尺，疑是银河落九天”、“冥冥九泉室，漫漫长夜台。”

“九”是个位数中最大的数字，因此我国古代常用“九”表示多、大、极的意思。中医书《素问》中说：“天地之至数，始于一，终于九焉。”九天便是指高不可测的天空，极言其高；九泉便是指深不见底的地下，极言其深。

当然，关于“九天”还有其他的说法。例如古时认为“九”为阳数，天属阳，九天就是指天。《淮南子》则将天空分为东、南、西、北、东北、西北、东南、西南、中央九方，这也称为“九天”。还有人将“九天”说成“九重”：即日、月、金、木、水、火、土五星为七重，二十八宿是第八重天，第九重天叫“宗动天。”

这个“九泉”词也是有来历的。古代劳动者从打井的经验中获知；当掘到地下深处时，就会有泉眼。地下水从黄土中渗出来，常带有黄色，所以古人就把很深的地下叫作“黄泉”。古时有种迷信，认为人死后要到“阴曹地府”去，“阴曹地府”在很深的地下，于是把“九”字和“泉”字相相配，成为“九泉”。

县人民政府

宜阳县人民政府

县长　黄晓玲

【概况】　2010年是“十一五”的收官之年，也是宜阳经济社会发展极不平凡的一年。一年来，在市委、市政府和县委的正确领导下，在县人大、县政协的大力支持下，全县上下团结一致，开拓进取，圆满完成了县十二届人大五次会议确定的工作任务和市定的各项责任目标。全年实现生产总值127.9亿元，同比增长11.5%。实现地方财政一般预算收入4.27亿元，增长17.9%。全社会固定资产投资170.4亿元，增长21.8%；城镇固定资产投资141.7亿元，增长22.5%。城镇居民人均可支配收入13410元，增长12.5%。农民人均纯收入4598元，增长10.3%。

领导班子成员

职　务	姓　名
县　长	黄晓玲
副县长	张慧敏（县委常委、常务副县长） 史洪发（政府党组副书记、正县级干部） 冯义德（12月调离）　张志强（9月离） 高建海　牛　刚　李晓波　张飞跃 刘宝兴　张玉杰　蒋武寿（12月任）

【项目建设成效显著，工业实力明显增强】　实施千万元以上工业项目84个，总投资61.6亿元。投资5.6亿元的骏马化工25万吨硝基复合肥、投资5亿元的河南华宇公司850吨光伏产品、投资2亿元的洛凌轴承、投资1亿元的刚阿轴承等29个项目加快建设，投资1亿元的宏元工贸精密铸件、投资1亿元的龙翔建材三期等55个项目建成投产。投资7.2亿元的黄河同力二期生产线竣工投产，年产量达500万吨，成为河南省最大的水泥生产企业。实现规模以上工业增加值38.9亿元、利润8.6亿元，分别增长22.8%、6.2%。民营经济增势强劲，实现营业收入210亿元、增加值63亿元、税金6.1亿元，分别增长27%、20.2%、11.3%。

城区集中供热工程签约仪式

【招商引资成绩突出，产业集聚明显加快】　引进中化集团并购昇扬硅业、义煤集团2×120万吨原煤开采等总投资146.4亿元的105个项目，已开工95个。到位资金29.1亿元，占市定目标的145.3%。产业集聚区展现蓬勃生机，综合带动作用更加凸显。完成投资42亿元，增长29.2%。实施基础设施项目21个，新修、改建道路13条22公里，铺设供水、供气、供热管网31公里。新上工业项目19个，其中亿元以上项目11个。实现销售收入45.5亿元，增长23.5%。入库税金2.6亿元，增长14.8%。综合排序跻身全省前30强。

【现代农业快速发展，农业结构明显优化】 粮食总产达到36.7万吨，取得了近年来的最好收成。种植优质花生2666.7公顷，新建蔬菜基地268.7公顷。现代烟草农业加快发展，建成黄金叶和娇子品牌两个基地单元，收购烤烟534万公斤，实现烟叶税1617万元。畜牧业发展迅速，江苏雨润集团投资6亿元的福润公司年屠宰加工200万头生猪项目开工建设，东汉禽业两个肉鸭养殖小区正在建设，规模化养殖企业达到65家，发展专业养殖户1210户。林业生态建设加快，新建核桃基地1133.3公顷，造林绿化4333.3公顷，荣获河南省林业生态县称号，香鹿山生态园被确定为省级森林公园。新农村建设扎实推进，硬化通组通户道路285公里，新建农村社区服务中心14个。完成整村推进扶贫村16个，搬迁扶贫214户。解决安全饮水2.8万人，完成寺河、席沟和演礼沟中小型水库除险加固，恢复改善灌溉面积2533.3公顷，蝉联河南省农业生产最高奖——“红旗渠精神杯”。

【县城建设强力推进，城市形象明显提升】 围绕“一年大变样、三年出形象、五年上品位”的目标，县城建设改造2010年完成投资16.6亿元，拆迁40万平方米，开工87.5万平方米，建设新型住宅小区27个，实施高层建筑48栋，封顶26栋，改扩建道路18条44公里，铺设各类管网72公里，城市综合承载能力和公共服务水平明显提高。宜东新区开发全面启动，红旗环岛建设工程竣工，党校、县医院迁建、工商局“12315”服务中心和第二污水处理厂等项目加紧实施。红旗大道景观改造取得明显成效，怡泽大厦、副食品公司大楼等竣工投用，市政大厦、世纪广场等正在实施。白庙、西街等城中村改造快速推进，锦绣花园、锦屏花园、屏沅小区、红旗小区等具备入住条件。北城区开发步伐加快，幸宜小区、府琛花园等建成投用，公安局110指挥中心大楼、计划生育服务中心大楼投入使用，金东瑞福苑、龙兴小区等开工建设。阳光水岸一期竣工、二期在建，形成了3公里长223公顷的水系景观。滨河公园建成开放，新增绿地24.2万平方米。

【基础设施建设加快，支撑能力明显提高】 投资3.7亿元，完成八官线柳泉段、安虎线灵山段改建

创业大道、红旗大道工程竣工典礼”

和创业大道、李贺大道拓宽等96.8公里公路建设，投资2.4亿元的16.4公里洛宜快速通道宜阳段完工，投资2200万元的花果山洛河大桥竣工通车。投资3.1亿元的寻村220千伏变电站、宜城线和西十线35千伏变电站等项目投入使用。投资7600万元建成59个3G、10个2G移动基站，通信保障能力进一步增强。投资1158万元完成县城住宅小区网线扩容，网络传输质量进一步提高。

【财政金融运行良好，保障能力明显加强】 地方财政一般预算收入在洛阳市9县6区中首次率先超额完成任务，受到了市政府通报表彰。税收收入2.9亿元，增长23.1%，占地方财政一般预算收入的比重达到67.4%。向上争取支持力度加大，争取各类资金9亿元。一般性支出从严控制，全年地方财政一般预算支出14.2亿元，增长11.1%，重点领域资金需求得到保障。金融机构存款余额52.6亿元，较年初增长20.3%；贷款余额14.8亿元，增长3.2%。融资担保贷款3.3亿元。“万村千乡市场工程”深入开展，乡级农家店实现全覆盖。社会消费品零售总额达到41.1亿元，增长17.8%。

【民生实事圆满完成，群众生活明显改善】 省、市涉及宜阳县的75项和县定的20项民生实事全部完成。高招上线2228人，保持全市前三强。双语实验学校一期投入使用，大班额问题得到缓解，投资3亿元的职教中心开工建设。“卫十一”项目稳步推进，全国基本公共卫生服务均等化试点工作现场会在宜阳县召开。新增就业1.01万人，发放小额担保贷款6142万元，劳务输出18.3万人次。征缴五项保险金1.2亿元，城镇居民医保参保4.6万

人，社会化发放企事业单位离退休职工养老金1.1亿元。柳泉、寻村、董王庄等3所敬老院完成改扩建，倒房重建950间全部完工，发放城乡低保金、五保金4238万元。建设廉租房、经济适用房4.5万平方米。

【社会建设扎实推进，各项事业明显进步】　投资2亿元的灵山开发快速推进。柳泉、寻村、穆册3个乡镇文化站投入使用。建成农民体育健身工程18处，为289个行政村配备了“一场两台”（一个篮球场，两个乒乓球台），全省农民体育健身工作现场会在宜阳县召开。国土资源管理更加规范，项目用地得到有效保障，补充耕地工作走在全省前列。排污企业整治查处力度加大，节能减排指标控制在市定目标以内。第六次全国人口普查扎实开展。“十二五”规划编制完成。残疾人事业快速发展，获得河南省残疾人康复示范县称号。人口控制计划圆满完成，获得全省计划生育优质服务先进县称号。民主法制和精神文明建设持续加强。自觉接受人大、政协监督，办理人大代表建议、政协委员提案156件，满意率98%。“五五”普法通过验收，群众法制意识不断增强。深入开展“两转两提”活动，政府自身建设得到加强。扎实开展各类精神文明创建活动，公民道德水平不断提高。落实安全生产和信访稳定工作责任制，加大隐患排查和整治力度，社会大局保持稳定。2010年，审计、科技、广电、物价、农机、气象、盐业、人防、档案、地方志、民族宗教等各项工作迈上了新台阶。

【李尊杰到县产业聚集区调研】　1月12日上午，省民委副主任李尊杰带领省民委有关领导到宜阳县产业聚集区内的洛阳翰儒食品有限公司调研。市民族宗教局局长王晓辉，县委常委、宣传部部长康凌香陪同调研。李尊杰一行先后到该公司熟制、晾制、烘焙、包装等车间进行实地察看，详细了解企业生产经营情况，与企业员工亲切交谈。在随后召开的座谈会上，李尊杰分别听取了该企业清真食品生产经营情况和宜阳县民族工作开展情况。李尊杰在听取汇报后，对企业认真落实清真食品生产经营规定给予了肯定，他希望该企业要继续搞好员工培训，使企业员工掌握清真食品生产规程，严格遵守清真食品生产经营的有关规定。要深层次挖掘伊斯兰文化内涵，既要保证食品的健康卫生，又要尊重少数民族群众的习惯和感情。要把好清真食品生产“关口”，既要把好原料关，又要做到每一个生产环节都符合清真食品的生产要求。要积极参加经贸和食品洽谈会，努力树立良好品牌形象，参与更多竞争。同时，李尊杰还希望民族宗教部门要给企业创造良好环境，为企业提供优质服务，帮助企业搞好管理，指导企业做大做强。

【李军到宜阳县检查指导林业工作】　3月24日，省林业厅副厅长李军到宜阳检查指导林业工作。市林业局局长张玉琪、县委书记王琰君、县长黄晓玲等陪同。李军一行先后察看了韩城官庄核桃育苗基地、柳泉丁湾千亩核桃种植基地、灵山风景区城郊绿化重点工程和县森林消防大队演练现场，对宜阳调整农业结构，实行“公司+农户”经营模式，发展核桃基地建设和创新造林机制，实行工程造林，强力推进城郊绿化的做法表示肯定，并同时提出要落实各项防范措施，切实做好春季森林防火工作。

【蔡宁来宜阳调研】　5月19日下午，省检察院检察长蔡宁到宜阳调研。市检察院检察长种松志，县领导王琰君、宋来法、张景彦、潘峰等陪同调研。县委书记王琰君就宜阳经济社会发展情况作了汇报。蔡宁对宜阳检察工作给予了充分肯定，同时他要求，县检察院要严格行使检察机关的法律诉讼监督职能，确保监督的质量和效果，搞好主题教育活动，进一步提高干警的综合素质，积极创新工作方法，提高工作效率，做人民满意的检察官。

【李志民到宜阳检查指导农村土地综合整治工作】　5月19日，省国土资源厅副厅长李志民一行到宜阳土地综合整治项目工地，检查指导农村土地综合整治试点工作。县领导黄晓玲、张慧敏陪同。李志民一行到三乡镇东柏坡村察看了土地综合整治情况，听取了该项目农用地整理、空心村拆迁复垦、农户搬迁方案、农田水利建设等总体规划及具体工作实施情况的汇报。李志民就县土地综合整治试点工作提出了具体要求，希望要继续加强探索创新，让群众积极主动地参与到农村土地综合整治中，不断完善土地流转体制，确保项目顺利实施，高质量、高标准地完成土地综合整治任务。

【王仕尧到宜阳视察水利工作】　6月9日，省水利厅厅长王仕尧到宜阳视察水利工作。市委常委、市政府党组副书记田金刚，县领导王琰君、黄晓玲、史洪发、牛刚等陪同视察。在阳光水岸堤防治理工程现场，县委书记王琰君就全县水利工作作了简要汇报。王仕尧对宜阳水利工作给予高度评价，对水利基础设施建设方面取得的成就表示满意。希望宜阳要进一步用好上级资金，继续加快水利基础设施建设步伐，使之在改善农业生产条件、解决居民用水、美化城市生态环境等方面发挥更大作用；要进一步提高认识，突出重点，千方百计强化防汛的薄弱环节，进一步加强小流域治理，制订周密细致的工作方案，做到预案到乡、预警到村、责任到人，保障防汛工作各项目标、任务、要求的落实，确保安全度汛。

【陈永石到宜阳调研】 6月11日，省发改委副主任陈永石到宜阳调研。县长黄晓玲、副县长刘宝兴陪同调研。陈永石一行先后到县产业集聚区、职教中心、香鹿山、灵山、县医院新址等地实地察看，认真了解宜阳项目建设、旅游开发和职业教育、医疗卫生等社会事业发展情况。陈永石希望要尽快搞好县职教中心建设整体规划，逐步分步实施，要按照上级要求，尽快开工建设；县医院建设项目要在前期各项工作已经就绪的良好基础上，用足用好各项资金，把项目规划好、组织好、建设好，保质保量完成工程建设任务。

【赵建州到宜阳视察现代烟草农业建设】 3月10日上午，省烟草公司经理赵建州、市烟草局局长张宏等带领相关人员到宜阳对现代烟草农业建设进行视察。县领导黄晓玲、史洪发等陪同。赵建州一行在川渝中烟娇子品牌石村基地单元、三乡镇东柏坡村核心示范园，察看了该示范园的育苗基地及烤房建设情况，听取了县烟草公司负责人对该示范区烤烟发展模式的情况介绍。赵建州对县现代烟草农业的发展思路给予了充分肯定。随后在县烟草局会议室召开了座谈会，会议听取了县政府党组副书记、正县级干部史洪发就宜阳整县推进现代烟草农业建设情况的汇报。赵建州希望宜阳要加快工作进度，真正成为全省烟叶生产的典范。县长黄晓玲对省、市烟草部门长期以来对宜阳烟草工作的关心和支持表示衷心感谢，表示宜阳将抓住机遇，扎实工作，全面推进现代烟草农业建设，努力走出一条富有宜阳特色的现代烟草农业发展之路。

【张开伦一行到宜阳检查指导农机合作社建设工作】 4月28日，省农机局局长张开伦一行3人到宜阳检查指导农机合作社建设工作。县领导张慧敏、裴万寿、张飞跃等陪同。张开伦一行先后到寻村镇段村宜农农机合作社、柳泉镇柳泉村益民农机合作社、三乡镇富民农机合作社察看了农机合作社的机构设置、工作开展情况，并详细了解合作社社员人数、机械化服务水平等情况。张开伦对县农机合作社建设情况给予了高度评价，希望宜阳县要进一步加大对农机合作社建设的扶持力度，正确引导合作组织承揽农机作业项目，鼓励农机合作社进行土地托管和土地流转，使农机合作社真正成为实现农业机械化的桥梁、农机新技术推广的基地、农民增收的加速器。

【重点项目观摩组到宜阳观摩】 6月20日，2010年全省第一次重点项目观摩点评活动第二观摩组到宜阳观摩。省委常委、常务副省长李克，副省长徐济超带领省直有关部门负责人及18个省辖市市长参加观摩活动。市领导郭洪昌、宋殿宇、吴喜照，县领导王琰君、黄晓玲、张景彦等陪同观摩。观摩组一行先后到中信重工重型装备加工基地、至尚公司产业园标准化厂房、强豫农业机械等县集聚区重点企业和重点项目进行察看。在中信重工重型装备加工基地，县委书记王琰君就县产业集聚区总体情况作了简要介绍。李克充分肯定了宜阳产业集聚区与重点项目建设所取得的成效，要求地方政府和各有关部门要强化服务意识，为企业发展和项目建设创造良好环境；希望企业加快重点项目建设，力争早日完工、达产，成为新的经济增长点。同时要求观摩企业要加大技术创新力度，生产出具有核心技术和市场竞争力的产品，把企业不断做大做强，为全省经济快速发展贡献力量。

【郑建民到宜阳调研现代烟草农业建设工作】 10月27日下午，省烟草专卖局局长郑建民带领有市相关部门负责人到宜阳调研现代烟草农业建设工作。县委书记王琰君，县长黄晓玲，县人大常委会主任宋来法，县政府党组副书记、正县级干部史洪发等陪同。郑建民通过实地察看、听取汇报后指出，宜阳近年来烟草业发展迅速，烟叶生产水平、质量提升快，基础设施建设进一步完善，现代烟草农业发展的理念不断深化，烤烟发展前景美好。对于宜阳烤烟产业发展，他表示，要统一规划，系统设计，综合配套，全面改善生产条件，增强抵御自然灾害能力；制定科学有效的烤烟生产管理措施，强化风险考核机制，加大政策宣传力度，经营好现代烟草农业，带动烟农增收，为地方经济发展作贡献。

【韩时英到宜阳调研体育工作】　12月15日，省体育局局长韩时英到宜阳调研体育工作。县委副书记张国松、副县长刘宝兴陪同。韩时英详细察看了县体育综合健身馆的场地建设和设施配置等情况，并听取了宜阳体育工作的汇报，对其取得的成绩给予充分肯定。

（苗玉良）

政府办公室工作

主任　赵松伟

【概况】　2010年，县政府办公室在县委、县政府的正确领导下，紧紧围绕全县中心工作，开拓进取、埋头苦干，办公室的各项工作都取得了新成绩，参谋政务、协调事务、搞好服务职能得到充分发挥，服务水平有了新的提高。电话：0379—68882225。

领导班子成员

职　务	姓　名
主　任	赵松伟
副主任	周海军
副主任	冯清利
副主任	马文申
副主任、创建办主任	宋建超
副主任	常国锋（6月任）
副主任、招待所所长	史耀杰
副主任	张洛宜（6月任）
副主任	沈朝阳（6月任）
法制办主任	梁燕燕
目标办主任	马留章
督查室主任	岳江涛

【公文办理】　公文是政府依法行政、推进工作的重要载体，公文质量高低体现着政府的服务效率。要求办公室文秘队伍把公文办理质量放在突出位置，健全公文办理制度，制定公文运转流程，明确办文环节职责，坚决杜绝差错，努力做到精益求精。认真履行公文审核职责，严把政策关、内容关、程序关，保证了政府文件指导作用明确、报批合乎程序、文件格式规范，维护了政府公文权威。全年制发各种文件637个，收文1313个，做到件件有登记、事事有着落，公文处理质量明显提高，继续保持在全市的先进位次。

【政务信息】　政务信息是领导了解情况最有效的途径，是对外展示全县工作的最重要窗口。一年来，坚持全员办信息制度，做好常规信息上报，突出高品位信息挖掘，确保每月都有高品位信息采用、每季度都有主要领导批示，创新政务信息编发形式，每周以短信形式向领导发送电子政务信息2次。全年采写编发纸质《政务信息》50期、电子《政务信息》160条、《县长参阅》12期。全年被省市采用信息1300余分，继续居洛阳9县（市）第一名，实现洛阳市政务信息工作“六连冠”。居全省158个县（市、区）前五位，保持全省先进行列。

2010年县政府系统文化工作会议

【文稿起草】　文稿起草是办公室政务服务的重要内容，是政府办公室文字水平和工作能力的综合体现。高度重视文稿起草工作并把此项工作作为发挥办公室参谋作用的重要途径，经常组织从事文稿起草同志学习领会党的路线、方针、政策，坚持高标准、高质量、出精品的原则，完成了《政府工作报告》、经济工作会议讲话、三级干部会议讲话、经济运行分析会讲话等综合性文字材料120余个，起草“五五”普法工作汇报、全省县域经济发展座谈会发言材料、专题会议讲话780个，较好地辅助了县政府主要领导政务活动的开展。

【督促查办】 发挥督促查办的重要作用，创新思路，加大力度，提高成效，推动了全县重点工作落实。把提高人大代表建议和政协委员提案办理质量放在首位，继续推行建议、提案办理质量承诺制，主动邀请人大代表和政协委员视察，落实建议、提案办理情况，增强了承办单位的责任感和紧迫感，提高了代表、委员的满意率。全年办理人大代表建议、政协委员提案156件，见面率和答复率100%，满意率98%。高度重视领导批示件办理，对政府领导批示件实行政府督查室全程跟踪问效，按时反馈办理结果，认真征求领导意见，使所有领导批办件做到了件件有回音、事事有落实。

【调查研究】 调查研究是衡量办公室服务质量高低的重要方面。要求办公室文秘人员要高度重视调查研究，努力在服务领导决策上有所作为，参在关键处，谋在点子上。一年来，办公室文秘队伍利用星期天和节假日等业余时间，围绕骨干项目建设、产业集聚区建设等全县重点工作和中心工作开展调查研究，撰写了一批有分量、有深度的调研报告，为领导决策提供了翔实的依据和可资借鉴的建议，全年共编发调研16篇。

【政务公开】 严格落实《政府信息公开条例》。按规定时限公开应公开的政府信息，受理群众申请公开事项，公布工作动态、法规文件等各类信息650条。及时发布新闻信息。通过政府网站，发布热点新闻600余条，规范性文件30篇，政务信息52期，使全社会及时、便捷地了解政府各项工作的开展情况和有关政策措施的落实情况。

【目标管理】 完善了全县目标管理体系及各单项目标考评办法，组织制定了各乡镇和县直各单位年度责任目标，组织开展了年度目标的季度及全年督查考评，总结通报了县定目标，总结上报了市定目标，组织整理了全县年度业绩，按市要求做到了及时上报，较好地完成了2010年度目标管理的组织协调工作，为宜阳县经济社会发展做出了努力，尽到了自己的职责。

【依法行政】 全面推进依法行政，宜阳县被确定为洛阳市唯一的依法行政示范县。全年受理行政复议案件15起，依法作出决定6起，协调处理9起。依法审核县政府和县政府办规范性文件70余件。组织5次80余人次执法换证培训学习，对全县550余名行政执法人员重新进行了清理和认定。

【搞好日常值班】 重视值班工作，提出明确要求，坚持县长公开热线（68812345）24小时值班，保持工作连续性。做好节假日值班，每逢节日，办公室主任、副主任坚持亲自带班，并安排科室值班，实行无缺位工作制。 （苗玉良）

招商引资

局长 赵青海

【概况】 宜阳县投资促进中心负责全县的招商引资工作，宜阳县招商引资工作委员会办公室设在投资促进中心，宜阳县投资促进中心驻县委机关，现有在岗人员13人。

2010年，实施“产业立县、工业兴县、科教强县、生态大县和旅游名县”战略，进一步解放思想，创新招商方式，突出抓好驻地招商、挂职招商、产业招商、环境招商、政策招商和项目招商，积极引进项目和资金，招商引资工作取得一定成效。2010年，实际到位市外境内资金29.1亿元，占市定目标任务20.02亿元的145%，实际到位境外资金2240万美元，占市定目标任务2033万美元的110%，合同利用境外资金5872万美元，占市定目标任务5613万美元的105%，超额完成全年目标任务，被洛阳市委、市政府评为招商引资先进单位，被宜阳县委、县政府授予市定目标完成突出奖。电话：0379—68877379。

领导班子成员

职务	姓名	职务	姓名
局长	于红杰（5月离） 赵青海（5月任）	副科级干部	周俊杰
副局长	张云君	主任助理	马巧征

【**签约项目**】　2010年，共签约项目105个，总投资143.4亿元。其中，投资额在1亿元以上项目19个，5000万元~1亿元的项目18个，1000万元~5000万元项目58个，1000万元以下项目10个。签约项目中开工94个，开工率89.5%。

【**在建项目**】　2010年，全县共有在建项目105个，总投资70.8亿元。其中投资1亿元以上的项目21个，5000万元~1亿元的项目19个，1000万元~5000万元的项目55个，1000万元以下的项目10个。

【**招商活动**】　在第28届洛阳牡丹花会宜阳县对外经济技术合作项目签约仪式上签约37个项目，签约金额达到117.9亿元。

宜阳县在浙江河南—浙江经济技术合作项目洽谈会上代表团拜会客商32人，参观知名企业17家，推介宜阳优势项目20余个，发放宣传资料130余份，先后赴上海、杭州、宁波、温州等地开展招商活动，洽谈项目4个，总投资6.6亿元。

宜阳县在深圳河南—深圳（闽港澳）经济技术洽谈会暨签约仪式上组织小型洽谈会2场，拜会客商27人，发放宣传册和项目册各50余份，洽谈项目3个，总投资2.86亿元。

宜阳县在郑州参加第六届豫洽会上共邀请客商20人，发放各类宣传资料100余份，推介项目40余个，其中重点推介纺织服装玩具类项目13个，洽谈项目8个，总投资16.25亿元。

宜阳县在厦门参加第十四届中国国际投资贸易洽谈会上共组织2场宜阳县情介绍暨项目推介会，邀请客商40余人，赴广州、深圳、佛山等地参观考察重点企业7家，洽谈项目3个，总投资6.6亿元。宜阳县在南昌第五届中部投资贸易博览会上共发放宣传册50余套，推介项目10余个，与近20家企业进行了洽谈，成功洽谈项目1个。

【**亿元以上重大项目进度**】　江苏春澄房地产开发公司投资5.15亿元的城中村改造建设项目，前期赔偿完毕，部分地区已开始建设。

北京华松建设投资公司投资3.5亿元的宜阳县城市基础设施建设项目，县城矿口路、北环路正在积极施工。

江苏雨润食品产业集团有限公司一期投资3亿元的200万头生猪屠宰加工项目，厂房正在建设。

生猪屠宰加工项目奠基典礼

山西燕山石化实业有限公司投资2亿元的灵山风景区综合开发项目，正在建设莲花宝殿、观音广场等设施。

河南长盛资源综合利用有限公司投资2亿元的60万吨高铁铝土矿资源综合利用项目，围墙已建成，正在建设厂房。

北京华松投资有限公司投资1.6亿元的双语实验学校建设项目，教学楼已投入使用，办公楼及附属设施主体已建成。

山东美辰矿山设备有限公司投资1.45亿元的大型矿山配套设备项目，土地已平整。

北京奥百思特科技股份公司投资1.2亿元的年产120万吨水泥灰石料项目，三通一平已结束，正在建设厂房。

北京佰瑞盈机械设备有限公司投资1.2亿元的太阳能发电用回转轴承研发生产基地项目，围墙已建成，厂房工程已开工。

南阳客商马博洋投资1.2亿元的樊村农业产业一体化项目，正在建设厂房。

河南强豫农业技术设备有限公司投资1.1亿元的强豫农机项目，厂房、办公楼已建成，正在进行产品研发。

浙江卖油翁油品有限公司投资1亿元的年产10万吨花生油项目，准备试产。

大连海鑫化工有限公司投资1亿元的10万吨复合二硅酸钠项目，设备已订购，正在建设厂房。

（何晓利）

人事劳动

局长　陈世俊

【概况】　宜阳县人力资源和社会保障局，局属11个股室（局党政办、财务管理股、社保管理股、事业单位人事管理股、信访法规仲裁股、专业技术人员管理股、公务员管理股、工资福利股、就业促进办公室、职业能力建设股、劳动监察股）和技工学校、人才交流中心、劳动就业培训管理局、劳动监察大队、就业训练中心、考试中心社保中心、新农保办等8个二级机构，现有干部职工285人。

2010年，紧紧围绕年初制定的责任目标，众志成城，求真务实，辛勤工作，完成全年各项工作任务。电话：0379—68882127。

领导班子成员

职　务	姓　名	职　务	姓　名
局　长	陈世俊	副局长、技工学校校长	李华民
副局长	张　明	党委委员、技工学校支部书记	马银蕊
纪委书记副局长	聂春萍	党委委员	刘胜利
副局长	何义校	党委委员	仝洪庆
副局长	闫敬伟		

【就业再就业工作】　围绕产业兴县、工业立县和城乡一体化建设、实施工业带动、开发公益性岗位等多种途径开发就业岗位，2010年，全县新增就业10100人。其中下岗失业人员再就业4900人，就业困难对象实现再就业1700人。城镇登记失业率控制在4%，低于市下达目标0.5个百分点。新开发公益性岗位397个，安置“4050”人员397人。对辖区内零就业家庭做到出现一户、帮扶一户、消除一户，保证至少一人及时实现就业，做到了动态消除零就业家庭。

【小额贷款发放】　以创业促进就业，实施“全民创业工程”，发放小额担保贷款，促进全民创业。建立公开报名、集体研究、实地考察、现场签字的小额担保贷款新机制，公开、阳光发放每笔贷款。2010年受理小额担保贷款申请1660份，符合条件1570份，发放贷款1570笔6142万元。其中：返乡农民工1173笔，4622万元；下岗失业人员328笔，1289万元；大中专毕业生57笔，181万元；退伍军人12笔，50万元。通过贷款扶持1570人创业，直接带动4710人就业。

【创新技能培训】　创新培训方式，实施定单培训和技能鉴定。全年开展各类培训19271人（次），完成全年目标任务1万人的193%。其中，下岗失业人员再就业培训2340人次；创业培训1470人次；农村劳动力技能培训6078人次；专业技术人员培训6068人次；工人技术等级培训405人次；农民工职业技能鉴定3570人次。

【劳务输出工作】　2010年协调各乡镇完成劳务输出18.27万人次，占目标任务17万人的107.5%，创综合劳务收入18.36亿元。其中：省内8.3万人次（含就地转移4.6万人次），省外9.9万人次，劳务收入已成为农民增收的主渠道。成功组织春节后的大型专场招聘活动。完成对疆劳务输出75户。

县就业和社会保障服务中心项目奠基仪式

【完善人才服务体系】　简化手续，提高服务水平，人事代理、人事代理档案管理、毕业生档案接收、就业指导和就业手续办理工作进一步规范。对人才档案进行充实和完善，毕业生档案实现网上查询。2010年在网站求职的大中专毕业生409人，在网站进行招聘的单位145个，发布招聘职位340余个。

【行政审批工作】 工资审批更加规范。工资审批做到范围、条件、政策、标准“四对照”，实现工资审批规范透明；严格执行离退休政策，离退休业务办理更加人性化；制定离退休业务明白卡、建立离退休提前告知制度，提高了离退休业务办理效率；职称评定更加透明。建立专业技术人员、岗位设置与结构比例、职称信息数据库，实现办证自动化、信息化管理。中、高级专业技术人员实现了河南省网上统一认证；工人技术等级培训。2010年组织全县405名机关事业单位技术工人参加工人技术等级培训考试，其中：技师95人，高级工225人，中级工144人，初级工36人，工人技术水平得到进一步提高。

【推进依法行政工作】 坚持专项监察与常态监察相结合的办法，检查用人单位873户，涉及劳动者人数51724人，发放法律、法规宣传单2000余份，下达限期改正指令书273份。审查41家劳动合同签订条款。纠正违法合同600余份；积极受理拖欠农民工工资案件19起，结案19起，为296名农民工追回工资65.14万元。做到立案100%，结案100%；稳妥处理各种人事劳动争议。受理人事劳动争议案件87起，结案85起（其中涉及农民工案件23起，结案23起，涉案金额100万元）。调解结案76起，裁决11起，调解结案占裁决结案数的87%；时效内结案率100%，为当事人挽回经济损失123万余元。实行庭前调解告知书制度，庭前调解结案59起，把矛盾化解在调解阶段。

【提高社保金征缴发放水平】 2010年，养老、失业、医疗、工伤、女工生育保险费的征缴、扩面工作均已超额完成全年责任目标。五项保险费全年累计征缴12135.5万元，基金征缴首次突破亿元大关。完成全年征缴目标的117%，较去年同期净增2375万元，同比增长24%。

企业养老保险参保总人数28308人，完成全年目标的101%；参保人数21770人，完成全年目标的101%；征缴企业养老保险费7305万元，完成全年目标的110%。确保企业离退休人员养老金按时足额发放，社会化发放率100%。机关事业养老保险参保人数5575人，完成全年目标的102%；征缴机关事业养老保险费1952万元，完成全年目标的139%。

失业保险参保人数21269人，完成全年目标的101%，征缴失业保险费347万元，完成全年目标的102%，其中，征缴全供事业单位失业保险费195万元，完成全年目标的115%；失业人员失业金按时足额社会化发放率100%。

城镇职工医疗保险参保人数31689人，完成全年目标的100%，其中农民工参保3028人，完成全年目标的100%；城镇居民基本医疗保险参保人数47900人，完成全年目标的104%。征缴医疗保险费2257万元，完成全年目标的127%。

工伤保险参保人数达到21850人，完成全年目标的100%，其中农民工参保4102人，完成全年目标的100%；征缴工伤保险费213万元，完成全年目标的107%。

宜阳县财政全供单位职工全部纳入职工生育保险，应缴职工生育保险费足额纳入财政预算。截至12月底，生育保险参保人数14067人，完成全年目标的100%；征缴生育保险费61.5万元，完成全年目标的123%。

【日常管理工作】 修订人保局十项工作制度。对请销假、签到等考勤纪律进行明确规定，对工作作风和工作纪律进一步严格管理；打造“七型”机关，争做“十多十少”职工活动，机关面貌焕然一新；开展“211”学习活动。即每两周由一名业务负责人主讲一个课题。全年组织学习了20余次；加强精神文明及党风廉政建设工作，2010年没有一人因违反党风廉政建设有关规定而受到党政纪处罚；加强财务管理。实行就餐派遣单制度和中午禁酒令。对大额费用及预算外支出进行了重点控制，降低不合理开支。

（王毅洛）

机构编制管理

【概况】 宜阳县机构编制委员会办公室是县委、县政府负责全县行政管理体制改革、机构改革和机构编制管理的工作部门，与县事业单位登记管理局合署办公，正科级行政机关，下设机构编制信息中心，编制10名，实有7人。

2010年，县编办在县委、县政府的领导和市

主任 赵志田

编办的指导下，紧紧围绕全县中心工作，以实施县政府机构改革和强化机构编制管理为主线，加大机构编制规范化管理力度，积极探索和创新机构编制管理思路，切实履行机构编制部门工作职责，不断提高机构编制工作水平，圆满地完成全年各项工作任务。电话：0379—68886920。

领导班子成员

职 务	姓 名
主 任	赵志田
副主任	杨 昆

【机构编制管理】 2010年，成立县文化市场综合执法大队、县国家密码管理局、绩效考核工作领导小组办公室、中共宜阳县委党员电化教育中心、中共宜阳县委农村工作办公室、驻郑办事处、灵山风景区管理处、中共宜阳县产业集聚区工作委员会、县建筑交易中心、县廉租住房管理中心、土地开发整理中心和县地产交易中心、县妇女儿童工作委员会办公室、县财政投资评审中心等13个机构；更名机构3个，上报市编委待批机构11个；对21名省市选调生进行了安置分配等。

【实名制数据库管理】 实施机构编制动态管理，用好编制存量。在管住总量的前提下，挖掘可用资源，形成有增有减的动态管理，科学配置机构编制资源。在“三定”工作中根据一些单位现行工作职责与其历史情况相比较，适当调整编制；根据实际情况和工作需要对部分机关行政编制进行调整；按照上级要求，做好超编消化工作。完善编制和实有人员的动态管理，及时办理编制变动手续，以维护编制的严肃性和时效性。

截至2010年底，全县行政编制1077名，实有1033人；政法编制497名，实有465人；各类事业编制11204名，实有11593人。各类人员共超编313人，超编率2.4%，比上年下降1.3%。

【县政府机构改革工作】 宜阳县政府机构改革方案于2010年3月22日前获市委、市政府批准，3月24日县政府组织召开全县政府机构改革动员会，全面启动宜阳政府机构改革工作。县编委对全县各单位分管人事编制工作的负责同志就机构改革工作的具体内容和程序进行培训。对各单位上报“三定”方案进行审核和修改，并将修改意见与各单位反馈交流，形成“三定”方案拟定稿。截至12月底，24个政府部门“三定”方案拟定稿已基本确定。

改革后县政府工作部门为24个，议事协调机构1个（县人防办），县编办单独设置，列县委机构序列；成立县委农村工作办公室，机构调整后县委工作部门为9个。机构改革共合并行政单位5个，其中撤并3个，改为挂牌单位2个；撤并行使行政职能的副科级以上事业单位6个，更名及改变隶属关系的事业单位4个，划归部门管理的事业单位4个，保留的政府直属事业单位5个。

县企事业单位改革工作会议

【事业单位登记管理】 积极开展事业单位网上登记管理工作，抽调人员于11月参加省市组织的培训。根据省市要求，组织对事业单位法人进行培训，截至年底，宜阳县108个事业单位已完成光盘和教材征订工作。对农业局、林业局、水利局、畜牧局、农机局及其所属事业单位法人所挂牌子和刻制印章情况进行了清理，按照省市要求，属保留的则予以保留，属改正或摘除（销毁）的，予以改正或摘除（销毁）。

圆满完成了2010年登记年检任务。截至年底，全县事业法人单位共772个，已办理登记562个，其中今年新登记单位6个，变更登记单位38个，已年检单位538个，法人单位年检率95%。

（布会利）

行政监察

【概况】 宜阳县监察局同县纪委合署办公，主管全县行政监察工作。2010年在市监察局和县政府的正确领导下，认真贯彻政府廉政工作会议精神，坚持突出重点、突出特色、突出创新、突出实效的工作思路，围绕中心，服务大局，为全县经济社会又好又快发展做出了积极贡献。电话：0379—68882411。

领导班子成员

职务	姓名	职务	姓名
局长	王超群	副局长	张润姣
副局长	宋向阳		

局长 王超群

【执法监察】 狠抓工程建设领域突出问题专项治理，大力开展对工程建设招投标、政府采购、安全生产、节能减排等领域的监督检查。全年排查项目142个，参加工程建设招投标监督活动32次，参加政府采购21次，纠正查处违规招投标3起，废标4次，对煤矿驻矿安监员和五人监管小组情况进行监督检查，党政纪处分7人，其中诫勉谈话1人，行政撤职1人、行政记大过1人、行政警告4人；强力推进节能减排和环境保护执法监察，深入开展石灰窑整治专项关闭取缔活动，全年爆破、关闭、取缔石灰窑12个，加大违法排污企业整治力度，关闭违法排污企业17家，督促环保部门立案查处环境违法行为25起。

【行风政风建设】 制定了《宜阳县2010年减轻农民负担工作要点》，发放农民负担监督卡14.5万份，入户率100%，组织农民负担大检查2次，受理群众信访涉农案件8起，消除农民负担隐患2起；开展规范教育收费专项治理，查处涉教代收费等违规案件7起，查处在编不在岗违规人员16人，2010年宜阳县被教育厅等7部门授予河南省第五批规范教育收费示范县；纠正医药购销和医疗服务中的不正之风，加强对新型农村合作医疗、药品集中采购、虚假违法医药广告、群众用药等监督检查，全年查处违规案件4起，党政纪处理4人；认真治理公路“三乱”，全年组织上路巡查180人次，纠正公路“三乱”不规范执法9起，对5名责任人进行了通报批评；开展政风行风面对面评议活动，解决群众反映强烈的热点难点问题267个，对县直单位中34个政府职能部门的47个具有重点管理和服务职能的科室进行评议，在电视台、政府网站进行了公布。

【效能监察】 全面实行涉企检查、收费、罚款备案制，全年受理涉企检查备案135件，涉企收费罚款备案136件，为企业减免各类规费42万元，涉企执法行为进一步规范；认真办理“市长便民电话”，受理市长便民电话831起，办结666起，按时办结率95%以上，群众满意率90%以上；县农机局、电业局、房管局3个单位通过了省“优质服务窗口”检查验收；全面推进行政效能电子监察系统建设，对已建成的电子监察系统应用情况进行了调整，实现了与市行政服务中心视频对接；开展“百名股长大家评”活动，在全县范围内组织200家企业代表和400名个体工商户代表对全县41个行政执法执纪职能单位的158个股室进行评议，评议出10个优秀股室和3个不满意股室，在新闻媒体进行了公布；出台了《宜阳县县直部门效能提升满意度评议办法》，组成了10个监督组进行暗访监督，组织暗访活动120余次，对煤矿安全生产、机关作风纪律、矿产开发秩序、市容市貌综合治理、惠民工程落实等领域的情况进行了监督检查，发现问题19个，对6个单位9名党员干部进行了责任追究，其中，给予党政纪处分5人，对10个单位下发了督查通知，对7个单位下发了工作提示函，对15个单位下发了整改通知。

【案件查办工作】 立案查处违纪案件162起，全年对178名干部进行了党政纪责任追究，其中乡科级干部14人。

（张全乐）

民　　政

局长　徐留汉

【概况】　宜阳县民政局有干部、职工90人，其中在岗78人，退休12人，位于北城区。内设办公室、财务室、文明办、低保股、救灾救济办、优抚股、基层政权股、社会事务股、军人安置办、殡改所、募捐办11个股室和殡仪馆、婚姻中心、福利院、军休所、烈士陵园5个事业单位。

2010年，民政局开展“关注民生促和谐”百日劳动竞赛活动成绩卓著。获得县目标管理、为民办实事先进单位。张坞乡、莲庄乡顺利实现撤乡建镇。张坞乡建为张坞镇、莲庄乡建为莲庄镇。电话：0379—68882230。

领导班子成员

职　务	姓　名	职　务	姓　名
局　长	徐留汉	副局长	刘江海
副局长	沈珍珠	副局长	陈海军
副局长	李辛杰	纪检组长	张社敏

【生产救灾】　民政局采取多种措施，筹集救灾款物，安置受灾群众。发放救灾救济款80余万元。救灾棉被及衣物5000余件。救助灾民2600余人。全年完成倒房重建475户，950间，投入资金622万元。

【城镇最低生活保障】　2010年，筹集发放低保资金1891万元。通过对低保户及其他特困户进行普查和调查，取消了不合格低保对象168户，追回低保金63万元。全县城镇低保对象10870人。

【农村最低生活保障】　2010年，按程序扩保1024人，全县农村低保对象25808人。发放农村低保金1858万元。

【五保供养及敬老院建设】　县民政局五保供养工作实施规范化管理，对原有五保对象进行重新普查、建档，由分管各片的领导审查、局长审批，做到层层把关，严格审核，最后确定。2010年，全县有五保对象2925人，其中集中供养1316人，分散供养1609人，集中供养率45%。集中供养每人每年2400元、分散供养每人每年1200元，发放农村五保供养资金489万元。投资440万元对3所敬老院进行了改扩建。

【拥军优属】　宜阳县有重点优抚对象3077人，其中在乡老复员军人1183人、残疾军人424人、“三属”（烈士家属、因公牺牲军人家属、病故军人家属）221人、带病退伍军人208人、参战564人、参试477人。2010年，对全县重点优抚对象进行重新审核、认定，做到准确无误，及时足额发放抚恤定补金580万元。

2010年“双节”、“八一”等重大节日期间，县委、县政府及县直单位到驻宜部队进行慰问，送去慰问金10余万元，慰问品3000余件。

县领导到驻军慰问

【涉军稳定】　2010年，有复员退伍军人2931人。其中，对越作战564人，抗美援朝1100人，参加核试验477人，60年代精简老武警14人，原21核基地2人，城镇退役士兵280人。涉军人员多、军种杂、工作难度大，2010年对不稳定因素排查摸底，排查出不稳定因素9批、803人，建立不稳定因素台账。成功劝返6批20人次进京上访。县四大班子领导及领导小组成员单位定期到分包重点对象家中走访慰问，帮助他们解决实际困难，为全县280名生活困难复退军人待安置期间发放生活补助费15.79万元。纳入城镇低保18人，农村低保134人。2010年，为全县422名农村义务兵发放优待金123万元。

【社会福利】 2010年，县民政部门协调落实福利企业优惠政策，加强福利企业年检；全县2家福利企业实现生产销售收入2亿元，创利税490万元，安置残疾人就业38人。

【行政区划与地名管理】 2010年，经过基层单位自建，主管部门审批，省民政厅检查验收审定，张坞乡、莲庄乡顺利实现撤乡建镇；其中，张坞乡建为张坞镇，莲庄乡建为莲庄镇。完成了洛（阳）三（门峡）线宜阳段及宜（阳）伊（川）线、宜（阳）嵩（县）线的边界检查及界桩维护工作。完成了县城11条新建道路和1座桥梁的命名、设标工作，并对地名信息数据库进行更新和上报。

【民间社团管理】 全年对26个社团组织和5个民办非企业单位进行了年检，审批了4个经济专业协会。

【殡葬管理】 完善基础设施。筹集资金50余万元对殡仪馆院内地坪和道路进行了硬化。引资2000万元对长岭公墓进行整修，投资600万元修建主干道、停车场、办公用房、绿化第一期工程完工。

【婚姻与收养登记】 2010年，全县各级民政部门深入宣传贯彻新《婚姻法》和《婚姻登记条例》，对婚姻对象集中管理，全县办理婚姻登记7945对，其中结婚登记6098对，离婚登记474对，补办、补发结婚证1373对，合格率达100%。

【老龄工作管理】 做好老龄工作，维护老年人的合法权益。免费为6300名老年人办理了老年优待证，为全县15名百岁老人每月发放200元生活补贴，全年发放生活补贴3.5万元。

（马正文）

行政服务

【概况】 宜阳县行政服务中心（简称中心），成立于2002年12月，2006年11月从滨河西路搬迁至北城区锦屏北路工会楼办公，属县政府派出机构，正科级财政全供事业单位，编制7名，内设办公室、业务科和督查科。电话：0379—68871308。

领导班子成员

职　务	姓　名	职　务	姓　名
主　任	王　静	副主任	王宏伟
副主任	马宏九	纪检组长	王相九

主任　王　静

【构建服务平台】 截至2010年底，进驻中心的单位由年初的21家增加到37家，进驻的行政服务事项由年初的209项增加到336项，形成“一站式办理、一条龙服务、一次性收费”的服务模式。

【提升服务效率】 2010年受理行政（审批）服务事项46522件，较上年增加23602件，增长率103%，完成办结事项46522件，办结率100%，重点审批项目审批完成率100%。

【实现政务公开】 2010年，中心会同纪检监察、财政、物价等部门，加大对行政事业性收费的监督和管理，全年收费10255万元。首次超过亿元，较上年增加2060万元，增长率25%，创下了中心自建立以来的最高收费记录。

【便民促和谐】 2010年，县委确定行政服务中心为创先争优活动示范单位，中心设立首问服务台，咨询投诉台，推出提前预约制和领导负责制，开展“三声、四严、十不准”等一系列文明礼仪活动，使中心办事效率明显提升，员工素质明显提高，群众满意度明显增强。

【获得荣誉】 2010年3月，王静获国务院第一次全国污染源普查领导小组、中华人民共和国环境保护部、中华人民共和国国家统计局、中华人民共和国农业部共同颁发的先进个人荣誉奖；林业局窗口、国土局窗口、建设局窗口、人力资源和社会劳动社会保障局窗口，获洛阳市优质服务窗口荣誉；王静、王宏伟、王相九、宋玉琴、水宜娜、梅娜、刘妙琴，获洛阳市行政服务系统先进个人。

（杨　乐）

机关事务管理

局长 苗正欣

【概况】 宜阳县机关事务管理局位于红旗中路5号县政府办公大楼一楼西，全额预算管理正科级事业单位。设事业编制12名，局长、党组书记1名，副局长4名，纪检组长1名，股级干部6名。内设办公室、财务科、车辆管理科、房产基建科、后勤管理科和人事科等6个科室。电话：0379—68871227。

领导班子成员

职　务	姓　名	职　务	姓　名
局　长	苗正欣	副局长	陆少校
副局长	倪大伟	副局长	冯京乾
副局长	翟文生	纪检组长	楚贵永

【车辆管理】 机关事务管理局本着统一、规范、节俭、改革的精神，不断加强和规范公务用车的管理，做好公务车辆后勤服务工作。为县委、县政府39辆公务用车签订了定点维修合同，其中20辆车实行定点定额包干制，另19辆车在工时费和材料费打折的基础上实行专人派修制，降低了维修成本；做好县委、县政府39辆车的审验工作；为10辆新车办理了入户手续；为39辆公务用车签订了保险合同；协助县交警队、保险公司、维修站处理各种交通事故，全年处理各种事故100余起，实现赔付率100%；做好新《道路交通法规》宣传工作，配合县委办、政府办行政科开展车辆行驶安全教育；加强豫C99966、豫C99968、豫C86168、豫C88016、豫C00726和豫C09999等6部公务用车的管理，实行定车定人，专人驾驶，专人管理，保证县公务活动需求，全年参与各级公务活动出车200余次。

【房产基建】 行政办公大楼工程是项备受关注的重要工程。2007年，全国清查建设“楼堂馆所”，宜阳县行政办公大楼工程停工，后因施工方提出的停工补偿等原因，行政办公大楼工程处于停工状态。停工以来，机关事务管理局组织召开协调会，安抚施工方情绪，避免引起诉讼。及时向领导汇报，提出合理化建议，争取领导支持。组织人员对原有损坏设备进行检修，排查安全隐患。通过多方斡旋，现行政中心大楼工程土建工程已基本完工，其他配套工程正在有序进行。

【后勤管理】 机关事务管理局派专职加油员进驻加油站，对含两办、财政局、机关事务管理局等单位在内的48辆公务用车，一车一个加油登记簿，每次加油进行里程登记、核算百公里耗油量，确保燃油加入油箱，严防跑、冒、滴、漏。进驻加油站以来，工作人员克服各种困难条件，不怕苦，不怕累，按时上下班，并做到随叫随到。机关事务管理局对县委、县政府大院监控系统进行实时维修，对大院角角落落进行实时监控，严防偷盗等破坏现象。完善《门岗管理制度》，整顿门岗队伍，统一实行制式服装管理，建立了门岗人员24小时巡逻制度，保证良好的服务形象和服务水平，保障大院内正常工作秩序。对县委、县政府冬季取暖锅炉进行更换重建，暖气系统采用新型节能锅炉，管道采用独立控制热交换器，既节约能源又美观大方。对废旧电动门和原不锈钢围墙进行更换，更换后的围墙采用黑色铁艺和蘑菇石装饰，并加装球形装饰灯，与更换后的黑色钛合金电动门遥相呼应，改善了机关环境。机关院内绿化工作实行专人管理，对院内花草树木定期浇水、施肥、修剪和病虫害防治，多次邀请市绿化专家现场指导。机关事务管理局聘用“4050”人员两名，专职负责县委政府大院卫生保洁工作，院内垃圾、落叶、杂物及时清理，实行全天候保洁。

【节能降耗】 机关事务管理局利用广播、电视、新闻媒体、两办信息科信息专刊等在全县范围内，开展节能降耗宣传活动。利用全市节能降耗宣传周活动到来之际，机关事务管理局动员成员单位在红旗广场开展节能减排宣传工作，发放宣传手册2000余份，宣传版面40余幅，宣传条幅20余条。全县公共机构推广使用财政补贴高效照明灯具1.6万余套，其中节能电棒7668套，自镇流荧光灯8365套。电路系统进行线路改造，实行分类分项计量，全部更换节能灯具，实现节能30%以上；水路系统采用感应式控制系统，人走水停，杜绝浪费。对全县400余家公共机构统一网上建户，能耗数据实行网上报送，网上管理，方便快捷。

（李辉辉）

接待工作

主 任 张希安

【概况】 宜阳县接待办位于红旗中路5号县政府办公大楼一楼，成立于2006年3月，属财政全供事业单位。主任1名、副主任4名、科员2名。基本职能是：负责上级领导来宜视察、调研、指导工作和兄弟县、市主要领导来宜参观、学习、交流等公务活动的接待；负责县主要领导交办的接待事项及县内、外大型活动和重要会议的后勤服务；规范和指导全县接待工作。电话：0379—68877901。

领导班子成员

职 务	姓 名	职 务	姓 名
主 任	张希安	副主任 纪检组长	赵毅波
副主任	韩占营	副主任	杨百新（5月任）
副主任	陆少校（5月离）	副主任	司瑞召（11月任）

【接待工作】 2010年，接待来宾136批5210人，与2009年相比上升238%。其中：接待国务院安委办、国务院扶贫办、卫生部、林业部、国家烟草局、国家土地督察组、省人大执法检查组、省农业开发办、省统计局、省烟草公司、市委督查组、市政协调研组等来宾共64批；服务全国第六届因明学术研讨会、全省统计系统人事工作现场会、省经济普查会议、市春季农业生产现场会、市林业现场会、市农田水利基础建设现场会等各类现场会18次，接待外地考察团6批，其他公务接待48批，圆满完成各项接待任务，有力地支持了县中心工作的开展。

【礼品开发】 相继开发了《李贺看盘》、《灵山看盘》、《锦绣宜阳》邮册、《千姿牡丹》邮册、《灵山寺徐世昌书法手迹碑刻》、韩城烧鸡礼盒、宜阳特色杂粮礼盒等系列馈赠礼品。充分展示了宜阳悠久的历史、深厚的文化和繁荣的经济。

【指导县宾馆工作】 协调宾馆改造豫翔楼餐饮部，就餐雅间15间，11月底投入使用，改善了接待环境，提高了接待质量。开发了一系列高、中档接待专用酒，协调宾馆到洛阳和周边各兄弟县市学习特色宾馆、酒店餐饮优势，并结合本地特色，挖掘了一批具有宜阳特色、浓厚乡村气息的特色菜。开发了美味绿色小菜礼品箱馈赠来宾，备受来宾喜爱；协调宾馆公开选拔，招收素质高、能力强、形象好的大、中专毕业生服务员。加大对县宾馆接待服务质量的监管力度，确保每一次公务接待规范有序，防止出现食品卫生不达标等问题。

【开展节支活动，提高管理水平】 一手抓服务，提高服务质量；一手抓管理，降低成本，减少费用支出。达到集中接待、优质接待，节约开支、杜绝浪费，完成公务接待任务。

【党风廉政建设】 抓好党风廉政建设，做到廉洁从政。落实党务、政务公开和公示、检查制度。发扬接待工作“五种精神”（与时俱进的创新精神、精益求精的敬业精神、吃苦耐劳的奉献精神、严于律己的自律精神、团结互助的友爱精神），使接待工作规范化。

（张 博）

工矿区管理

书记 樊少杰

【概况】 宜阳县工矿区办事处位于义络公司辖区内，隶属县政府派出机构，正科级行政单位，现有工作人员11名。下设：党政办公室、社会事务办公室、综合治理办公室。

2010年，工矿区党工委、办事处深入学习党的十七大会议精神，牢固树立“发展是第一要务，稳定是第一责任”重要思想。以经济建设为中心，以跨越式发展为主题，推进三个文明建设，努力提高居民生活水平，实现工矿区经济快速、协调、健康发展和社会事业全面进步。电话：0379—62715415。

领导班子成员

职务	姓名	职务	姓名
书记	樊少杰	纪委书记	王海峰
主任	冯民乾	副主任	樊洛宜
副书记	冯鲜鸟	党政办主任	潘占杰

【党的基层组织建设】 2010年，党工委、办事处组织基层党员、干部学习党的“十七”大精神，提高他们的执政能力，举办党员学习培训班，提高党员模范带头作用，举办入党积极分子培训班一期，使一名预备党员，转为正式党员。

【辖区稳控工作】 落实县2010年工作会议精神，切实抓好稳控工作，元月份两委班子针对稳控工作召开了专题会议，成立领导小组，制定稳控工作方案，从领导到职工分包到户，各负其责，深入基层调查摸底，对买断工龄的1500余名人员及“320”家属工人，耐心做思想工作，发现问题及时处理，把矛盾消除在萌芽状态，受理上访17批、41次、95人，办理信访案件18件，结案率100%，保持了辖区社会稳定。

【社区文明建设】 工矿区两委班子加强对社区“三个”文明建设的领导，全方位抓好“我为社区办实事”的民心工程，引导辖区居民争当文明市民、文明家庭、争创文明楼院、文明小区不同层面的创建活动，真正实现“身心更健康，让生活更快乐”的康乐社区，研究社区文明建设新方法，让陌生的人熟悉起来，让劳累的人轻松起来，让疏远的人亲近起来，让困难的人得到关爱，让奉献的人受到尊敬。

【搞好民政扶贫，加强社会保障体系】 加强社会保障，协调完善社区的低保管理工作。多次与民政部门协调，对社区的贫困户、特困户进行救助，发放贫困救济金5万余元。办理最低生活保障金103户、186人。办理城镇医疗保险784人，参保率90%。

（潘占杰）

产业集聚区管理

主任　王少杰

【概况】 宜阳县产业集聚区原名宜阳县工业园区成立于2006年3月，2009年10月经省政府批准更名为宜阳县产业集聚区，同期成立宜阳县产业集聚区管理委员会，属财政全供事业单位。编制15名。内设综合部、规划部、招商部、企业服务部。负责产业集聚区的规划、基础设施建设、招商引资、对入园企业的服务和管理。2010年5月，成立集聚区党工委—宜阳县产业集聚区管理委员会，负责集聚区非公有制企业党建和协助县主要领导抓好大项目引进工作。2010年被授予市级文明单位、全省发展又好又快产业集聚区、河南省循环经济试点单位、2010中原十佳活力产业集聚区。办公地点位于北城区李贺大道官庄路段北侧。

2010年底，入驻企业121家，规模以上企业66家。固定资产投资完成48.6亿元，其中基础设施完成投资24.8亿元，在河南省180家产业集聚区中排名第二十七位，实现销售收入99亿元；入库税金2.26亿元。电话：0379—68718182。

领导班子成员

职务	姓名	职务	姓名
主任	王少杰	副主任	耿占武
工委书记	李东伟	副主任	李伟明
副主任	赵万红	纪检组长	张正宽

【集聚区总体规划编制】 宜阳产业集聚区按照“科学发展，规划引导”的总体思路，已编制完成集聚区发展规划、区域环评规划、空间发展规划及控制性详规、土地利用规划和产业发展规划，各项规划都已通过省专家组评审，其中，发展规划、土地利用规划、区域环评已通过省相关厅局批复。

【基础设施建设】 2010年，产业集聚区投资24.8亿元，完成道路建设、绿化亮化及路标设置、供电工程、改线工程、排污工程、燃气工程、供水工程，产业集聚区基础设施配套日趋完善。

道路工程。投资1.69亿元在北区建成龙羽西路、创业路、建业北路、建业南路、兴业北路、兴业南路、未来大道、北环路东段、寻石路、恒基路、汉兴路、南环路西段等15条道路；投资7500万元完成东西贯穿北区的省道郑卢路（李贺大道）拓宽工程和安虎线拓宽工程；投资1.3亿元完成连接洛南新区和宜东新区的快速通道建设；投资2000万元在南区建设宜东新区地标性建筑——红旗环岛工程；投资4600万元建成了八官线宜阳境洛河大桥，该大桥是集聚区内部唯一一座贯通南北两区的交通干路。

道路绿化、亮化。产业集聚区内道路绿化、亮化全部完成。

供电工程。投资700万元建成了2座35千伏开关站，投资2570万元建成南区110千伏变电站，投资1.6亿元建成北区220千伏变电站，均已竣工供电。

供水工程。投资3200万元建设自来水厂一个，铺设12.96公里集聚区供水管网，并实现向企业供水；北区排污管网建设已与道路工程配套完成，投资5853万元日处理3万吨的污水处理厂正在建设；南区日处理2万吨的污水处理厂正常运营。

供热工程。投资2.3亿元、一期投入1500万元的集聚区供热工程，由龙羽宜电提供热源，铺设供热管道5公里，并实现向企业供热。

供气工程。供气工程由中油华宜天然气有限公司投资6100万元建设，年供气量1500万立方米，现已向中信重工洛阳重铸铁业有限公司、洛阳信建德铸钢有限公司等区内企业和北城区部分居民小区供气，并完成北区沿路管网和通往北区12.7公里的供气管网铺设。

通信工程。投资2000万元，实现了区内通信、网络全覆盖，保证了周边企业的正常通信和网络使用。

【招商引资工作】 2010年，产业集聚区引进项目25个。其中亿元以上项目12个，千万元以上项目13个。实施项目41个，计划投资51.26亿元。

其中新开工项目23个，投资32.4亿元，主要项目有宜阳福润投资6亿元的年加工生产200万头生猪屠宰加工生产线；河南华宇光电投资5.5亿元的年产200兆瓦单晶硅拉棒和太阳能电池片组件项目；洛阳骏马化工有限公司投资3.5亿元年产27万吨稀硝酸、10万吨浓硝酸、25万吨硝基复合肥项目和投资1.28亿元的合成氨生产节能技术改造项目；洛阳美辰钢构工程有限公司投资1.45亿元的年产30万平方米钢结构和600套采掘设备、1000套提升设备项目；洛阳刚阿工贸有限公司投资1.2亿元的年加工1.2万吨轴承钢管项目；奇航化工有限公司投资1亿元的年产10万吨复合硅酸钠项目；洛阳嘉维轴承有限公司投资1亿元的年产1000余套各类大型转盘轴承、风电轴承项目；投资1亿元的至尚公司10万平方米标准化厂房三期项目；投资1.1亿元的河南强豫农机烟草机项目；投资1亿元的宏元工贸年加工精密铸件9000吨项目；投资8000万元的龙翔建材陶瓷墙地板砖三期项目；投资7200万元的洛阳迎春电器年产25万台（套）工业和家用电器项目；投资6000万元的洛阳信建德铸钢有限公司年产2万吨钎具项目等。

竣工投产项目15个，投资17.7亿元。主要包括：投资7.2亿元的黄河同力二期日产4500吨干法水泥项目；投资2.3亿元的洛阳凝瑞镁业年产3万吨镁合金一期；投资1.7亿元的河南昇扬硅业科技发展有限公司余热发电；投资1.55亿元的新天源年产8万吨生物柴油项目；投资1.2亿元的信建德年产2万吨铸钢件；投资8000万元的龙翔材料陶瓷墙地砖二期年产1800万平方米陶瓷墙地砖；投资6500万元的豫安压力容器一期；投资6100万元的中油华宜年供气1500万立方米天然气项目；投资4000万元的润业工贸年产4000吨铸钢件；投资4000万元的戴文工贸年产20万平方米新型门窗项目；投资2700万元的千力活性石灰年产20万吨氧化钙；投资2000万元的康汇机加工年产1500吨机加工件；投资1200万元的志诚活性石灰年产15万吨ND型活性石灰；投资1000万元的洛阳龙羽公司年产3000吨隧道窑式硬质杂木制炭项目；投资2000万元的洛阳伟辉精密轴承公司年产3万件轴承项目等。

续建项目3个，投资1.16亿元。主要项目包括：投资5600万元的欧瑞冶金清洁冶金研发中心；投资3000万元的天信重工年产3000吨机加工项目；投资2500万元的博宜铸造年产6000吨机加工项目等。

【投资软环境改善】 协助区内41家企业办理了工商注册、环评、安评、消防、土地证等相关手续；继前三批20家企业办理完成土地证后，迎春

单晶硅拉棒及太阳能电池片组件项目开工典礼

电器、伟辉轴承和博宜铸造已经摘牌，预计年底土地证可完成办理。

提升企业家政治荣誉。先后与县政协及工商联沟通，推荐牡丹焊材、菲尼克斯、普瑞斯、信建德等公司负责人担任相关职务，洛阳牡丹焊材集团总经理郭世军现已担任宜阳工商联副主席。

2010年，产业集聚区管委会和入园企业签订用工合同，免费为周边农民技能培训15次，年内安置当地劳动力2.2万人。

积极推进精神文明建设，举办国庆友谊杯第二届产业集聚区篮球比赛；庆元旦华宜杯产业集聚区歌手大奖赛。

【集聚区融资平台建设】　产业集聚区建设注重引入市场化运作机制，吸引社会资金，多元化投入，促进集聚区建设大提速。集聚区卓立融资公司，目前注册资金5346万元，现有资产规模2.43亿元，2010年完成融资3700万元，截至目前累计融资1.97亿元，全部用于集聚区基础设施建设。集聚区担保平台洛阳金大投保公司，注册资金3000万元，资产规模1亿元，已为集聚区内中小企业提供贷款担保7000万元。

【特色产业培育】　培育产业集群优势，加大招商力度，大力发展装备制造（轴承）、硅镁新材料产业。依托中信重工、信建德、英达机械等一大批已落户的机械制造企业和正在建设的轴承专业园、西庄专业园，积极引进与其配套的企业，重点发展上下游产品，拉长产业链条，努力形成产业集群，着力打造现代机械制造业基地；依托已入驻的昇扬硅业、华宇光电、至尚有机硅等硅产业企业及洛阳硅产业基地的技术、市场和产业基础，利用自身的资源优势，发展金属硅、多晶硅等硅电子材料，为洛阳及国内的光伏产业和半导体产业提供多样化、高质量的硅电子材料，形成硅电子材料和初级加工产品的生产基地和集聚地。　（苗维强）

新农村建设

主任　黄改锁

【概况】　宜阳县新农村建设办公室位于北城区青少年活动中心院内，工作人员12人，内设综合科、项目科、督查科3个科室。

2010年，新农村建设工作以县域主干线的路容路貌整治和示范村、重点整治村建设为重点，通过实施“12345”工程（围绕一个中心，突出两个重点，打造三条精品线路，搞好四项建设，实现五个突破），发展壮大农业主导产业，夯实农村发展基础，改善农村生产条件和生活环境，使全县新农村建设整体见成效、出形象、上水平，取得了明显成效。赢得全市新农村建设现场观摩暨宣传报道工作座谈会在宜阳县召开。

年内，出动劳力15万余人次，投入车辆35298台次，拆除违章建筑1471处69079平方米，清运垃圾23.4万余立方米，治理标语、广告17798条，修复残垣断壁14562处，修建村内雨污水排放设施9.6万米，完成10个市级示范村、20个重点整治村建设，新建并完善14个社区服务中心，硬化通组通户道路285公里。农村公益性设施进一步加强，农业生产条件得到提升，农民人居环境明显改善。连续5年被市委、市政府授予新农村建设先进县荣誉称号，县新农村建设办公室被评为市新农村建设先进单位。电话：0379　68878210。

领导班子成员

职　务	姓　名	职　务	姓　名
主　任	黄改锁	副主任	王海锋（6月离）
副主任	乔少青	副主任	卫保锋（6月任）
副主任	谷公伟（6月离）		

【农村卫生环境整治】　按照“一拆二清三规范”

的要求，对安虎线、南车线、八官线三条主干线进行全面整治，达到“绿、亮、静、美、畅”；在全县369个行政村开展村容村貌集中整治，农村面貌明显改观。

【农村基础设施建设】　按照先市级示范村、重点村，后一般村的顺序，由县财政补贴水泥，吸引农民筹资酬劳，实施通组通户道路硬化285公里；新建农村社区服务中心14个；新建高标准农民休闲广场18处，建成寻村镇牌窑村、柳泉镇五树村、莲庄乡莲庄村、张坞镇尚午村、韩城镇陡沟村、锦屏镇铁炉村等一批休闲广场建设亮点村。

县新农村保洁车辆发放仪式

【亮点工程】　10个市级示范村全部通过市检查验收。20个市级重点整治村按照“三清七集中”的标准进行了彻底整治，实施通组通户道路硬化、村庄绿化、安全饮水等工程建设。规划新型农村社区建设10个，开工建设8个，投资5.81亿元，建筑63栋楼房、3102套、35.3万平方米。按照“八个统一、五个禁止”标准对15个乡镇开展小城镇提升改造，使镇容镇貌得到明显改善。

【长效保洁机制】　县财政安排专项资金，对170个重点村发放卫生保洁补贴，各乡镇也按1∶1配套保洁补贴资金，实现了“三有一落实”（即有保洁组织，有专职保洁队伍，有必要的卫生保洁工具，落实保洁人员的待遇）的目标，形成村村有环卫队、家家守制度、人人爱环境的良好氛围。县电视台开播聚焦新农村栏目，对新农村建设进程中领导重视、进度快、效果明显的乡镇给予报道，对新农村建设工作滞后、村容村貌路容路貌脏乱差的给予及时曝光，并限期整改到位。

【产业发展】　推进“五大”类型产业带动，逐步达到“一乡一业”和“一村一品”。以三乡镇的工业园区建设为依托，形成一批工业带动型新农村建设亮点村；以寻村镇近郊蔬菜基地建设为依托，形成一批蔬菜种植带动型新农村建设亮点村；以高村乡的烟叶生产示范园建设为依托，带动周边村的村容村貌整治，使基础设施进一步完善，形成烟叶产业发展带动型新亮点；以莲庄乡民正牧业为依托，大力发展畜牧养殖业，带动农民增收，发展沼气能源利用，打造礼曲、马回、四岭、上涧、养马新农村示范村建设亮点片；以核桃产业基地建设为依托，大力发展经济林种植促进农民增收。培育支柱产业，形成一批各具特色新农村建设专业村，带动农村剩余劳动力转移就业，增加农民收入，为新农村建设构筑牢固的经济基础。　（王素红）

市场发展服务

主任　杨强伟

【概况】　宜阳县市场发展服务中心为宜阳县人民政府直属事业单位。有干部职工37人，办公地址位于文化北路1号建设银行4楼。

县市场发展服务中心是县政府负责开发市场、建设市场、从事市场服务和经营的事业单位。其主要职责是：参与市场体系建设规划，对新建市场可行性报告进行论证；搞好市场物业的经营管理和设施维修、改造及资产管理；开发市场资源，搞好市场交易，促进市场繁荣；开展多种经营，为市场经营者提供经营条件和信息、储运、生活等方面的有偿服务；搞好环境卫生和消防安全，规范市场管理。电话0379—68896735。

领导班子成员

职　务	姓　名	职　务	姓　名
主　任	杨强伟	副主任	史冠伟（10月任）
副主任	杨惠民	纪检组长	李琳锐（5月任）
副主任	靳学军（5月任）		

【市场规范管理】 对联建的韩城集贸市场、锦屏建材市场，矿区每月9号物交会、年货市场进行规范管理。

【机构改革】 2010年3月，将县市场发展服务中心由县政府直属事业单位调整为县商务局领导的事业单位。

【党建工作】 县市场发展中心党支部有17名正式党员。2010年5月30日，经上级党组织批准成立宜阳县市场发展服务中心党组，党组成员5名。

【开展创先争优活动】 成立创先争优活动领导小组，开展“向群众承诺、为党旗增辉”、“先锋示范工程”、“先锋示范党员”，创先争优活动，评选优秀共产党员1名，党支部被评为调研活动先进单位，受到县直党委的表彰。 （白石虎）

住房公积金管理

【概况】 洛阳市住房公积金管理中心宜阳管理部隶属洛阳市住房公积金管理中心的正科级事业单位，位于宜阳县文化北路建行二楼，人员编制3名。负责宜阳住房公积金政策宣传、编制、执行公积金的归集、使用计划；记载职工公积金的缴存、提取、使用情况；负责公积金的核算、保管和归还。电话：0379—68878387。

领导班子成员

职　务	姓　名
主　任	于长伟

主任　于长伟

【业务情况】 2010年，公积金管理中心宜阳管理部归集公积金4170.3万元；同比增加13%，各项管理工作在全市处于领先位置。

2010年，办理住房公积金支取763.8万元，为500余户职工改善住房条件提供了经济支持。

2010年，宜阳县发放住房公积金贷款430户，发放金额4825万元，对县域经济、房地产业的发展起到了重要作用。

（关俊鸟）

“标准时间”的由来

人们把英国的格林威治天文台说成是“时间开始的地方”。现在那里的时间，决定着全球任何地方的时间。

格林威治标准时间的制定，与一件争执案有关：1858年11月24日，英国多塞特郡的时间上午10时6分，该郡1位法官判决1名提请土地诉讼的人败诉，因为在上午10点开庭时，他没有准时到庭。

2分钟后，那人到庭，他向法官指出，按照他家乡肯柏兰郡喀来耳镇火车站的时钟，他是准时到达的。该案因此必须重审。

火车站与法庭的时间出现差异，促使英国政府进行统一时间的工作。但直到1880年，英国国会才决定以格林威治时间为全国标准时间。大约从1884年起，格林威治标准时间也为其他国家所承认。

政协宜阳县委员会

政协委员会

主席　张景彦

【概况】　政协宜阳县委员会驻宜阳县城关镇文明东路12号。机关内设办公室、经济科技委员会、民族宗教法制委员会、提案工作委员会、文教卫生委员会、学习文史委员会等6个委室，工作人员22人。

2010年，政协宜阳县委员会在县委正确领导下和县人大、县政府及社会各界的大力支持下，牢牢把握团结和民主两大主题，围绕县委、县政府中心工作和政协年初全会提出的工作目标，务求实效履行政协职能，凝心聚力助推科学发展，一心一意促进民生改善，和衷共济维护社会和谐稳定，为宜阳县经济建设、政治建设、文化建设、社会建设及生态文明建设做出了积极贡献。电话：0379—68882207。

领导班子成员

职　务	姓　名	职　务	姓　名
主　席	张景彦	副主席	仝爱民
党组副书记	王三章	副主席	王留乾

科室负责人

职　务	姓　名
办公室主任	张会琴
办公室副主任	林青峰
民法委主任	李红召
民法委副主任	张淑芳
提案委主任	黄晓昌
提案委副主任	郑孝伟
经科委主任	常占民
经科委副主任	刘花朋
学习文史委主任	郅敬伟
学习文史委副主任	方苑亭
文教卫委主任	徐　伟

政协全会

【县政协七届四次会议】　中国人民政治协商会议宜阳县第七届委员会第四次会议于2010年2月25日至27日在宜阳宾馆召开。到会委员227人。全会听取并审议了政协主席张景彦主席所作的政协宜阳县第七届委员会常务委员会工作报告，审议并通过了仝爱民副主席所作的七届三次会议以来提案工作报告，听取和讨论了县委书记王琰君同志代表中共宜阳县委所作的重要讲话。与会委员还列席了宜阳县第十二届人民代表大会第五次会议，听取并讨论了有关报告。会议还听取了政协宜阳县第七届委员会第四次会议提案审查情况报告，讨论通过了政协宜阳县第七届委员会第四次会议政治决议。

政协宜阳县第七届委员会第五次会议

政协常务会议

【县政协七届十四次常委会】 县政协七届十四次常委会于2月26日在菲英特酒店六楼会议室召开，县政协主席张景彦，县委常委、县政协党组副书记、县委统战部部长王三章，县政协副主席仝爱民、王留乾，县政协常委及各界别召集人参加会议。会议讨论了县政协七届四次会议政治决议及其他事项，听取了对政府工作报告、政协工作报告、提案工作报告分组讨论情况。

【县政协七届十五次常委会】 县政协七届十五次常委会于4月14日在县政协三楼会议室召开，县政协主席张景彦，县委常委、县政协党组副书记、县委统战部部长王三章，县政协副主席仝爱民、王留乾及县政协常委参加会议。会上，政协机关有关委室负责人分别通报了《政协宜阳县委员会2010年工作要点（草案）》、《政协宜阳县委员会2010年提案立案情况及重点提案领办督办方案（草案）》、《政协宜阳县委员会关于对县直部分单位进行民主评议实施方案（草案）》等，常委们对此进行认真讨论并原则通过，会议还通过了人事调整有关事宜。

【县政协七届十六次常委会】 县政协七届十六次常委会会议于10月14日在县政协三楼会议室召开。县政协主席张景彦，副主席仝爱民、王留乾出席会议，县政府副县长李晓波应邀参加会议。会上，县政府督查室主任岳江涛通报了《关于县政协七届四次会议提案办理情况报告》，县发改委副主任祝红森通报了《关于2010年全县重点工程建设情况的报告》。会议还听取了县政协关于加快农民进城定居工作、产业集聚区（北区）企业开工建设及生产纳税情况、优化经济发展环境促进企业健康发展等三个调研报告（草案）。常委会上增补政协委员6名。

【县政协七届十七次常委会】 县政协七届十七次常委会于12月28日在县政协三楼会议室召开。县政协主席张景彦，副主席仝爱民、王留乾出席会议，副县长李晓波应邀参加会议。会上，仝爱民副主席通报了2010年县政协民主评议县直单位整体工作情况，国土局、环保局、畜牧局等三个被评议单位分别汇报了民主评议整改落实情况，县政府督查室通报了宜阳县2010年“二十件实事”完成情况，县发改委通报了宜阳县2010年重点工程建设情况。部分常委和委员对2010年工作进行了述职。会议还决定增设“洛阳宜商”委员届别。

委员活动

【围绕十大主题年，议政建言】 议政建言、协商献策是政协发扬民主、履行职责的重要形式，也是党和政府广集民智、科学决策的重要环节。2010年，县政协紧紧围绕宜阳县实施五大战略和“十大主题年”活动，积极参政议政、建言献策。一年来，县政协共组织召开全体会议1次，常委会议4次，主席会议12次，专题会议4次，为县委、县政府科学决策提供了重要参考。

【围绕经济发展，开展三项调研】 关注县城镇化建设、项目引资、环境创优工作，助推县域经济快速发展，县政协组成三个调研组对农民进城定居、经济发展环境和产业集聚区发展状况开展了调研活动。4月至10月，三个调研组分别深入到16个乡镇、10多个居民区、50多个企业和部门进行走访、座谈和民意测评，广泛听取各方面意见和建议，并有针对性地提出对策和措施。三项调研形成高质量的调研报告，得到县委、县政府领导的肯定和好评。

【民主监督取得新成效】 认真学习贯彻《中共中央关于加强人民政协工作的意见》和市委、县委下发的《关于加强人民政协民主监督工作的意见》，把加强民主监督工作作为县政协履职的重点之一。2010年，县政协组织开展了对国土局、环保局、畜牧局三个单位的民主评议活动，达到了预期目的。组织政协委员对司法机关及其他执法部门进行民主监督，促使职能部门工作作风有明显好转。

【提案办理推出新举措】 对县政协七届四次会议以来审定立案的123件提案，除转交办理外，对20件重点提案，采取主席领办和委室督办的办法，促使承办单位尽快落实，取得良好效果。创新提案办理模式，扩大提案办理效果，8月13日，县政协选择6件事关全局和民生问题的6件提案，举办了“提案办理面对面”活动，县电视台现场录像并精心制作了电视专题片《提案办理实录》公开播放，受到群众广泛好评，发挥了政协在关注民生和服务发展方面的重要作用。

政协宜阳县第七届委员会“提案办理面对面”活动

【凝心聚力作出新贡献】 委员活动丰富充实。2010年县政协围绕宜阳县中心工作，共组织各种视察调研活动20余次，使委员们感受到宜阳县抢抓机遇，加快发展，大干快上的强劲势头，增强了委员们履职的信心和决心。委员联络继续加强。本届政协连续几年对政协委员进行走访，向他们宣传县委、县政府重大决策和政协各项工作，增进了同委员的感情，激发了委员干事创业热情，履行职能的主动性和自觉性进一步增强。创先争优成效显著。政协委员所在企业安排下岗人员和农民工就业数千人，委员为公益事业捐款千余万元，提高了政协委员的影响力。

【服务水平有了新提升】 一是充分发挥机关团结联络作用，为委员履职搭建平台。二是充分发挥专委会基础作用，努力提高专委会工作水平。三是坚持每周例会和学习制度，提高工作人员政治业务素质。四是改善办公条件，办公环境进一步改善。五是文史资料工作成绩显著，完成了27篇文稿约14万字的《宜阳文史资料》第十五辑的出版印刷工作。六是信息宣传工作成绩突出，在报刊发文20篇，机关3名同志被省政协办公厅授予“宣传工作先进个人”。

（方苑亭）

“稿费”的由来

出版机构在发表文章的时候付给作者的报酬，叫稿费。稿费在古代叫润笔。“以财乞文，俗谓润笔”就是这个意思。据《隋书》载：隋高祖时一个叫李德林的起草诏书，有人在旁边戏道：“笔干了。”又一个人也乘机说道：“不得一钱，何以润笔？”后来，人们就把写文章所得的酬劳费，谓之“润笔”。

古代文人所得的润笔费，数目十分可观。如钱泳《履园丛话》载：“白乐天为元稹之作墓铭，酬以舆马、绫帛、银鞍玉带之类，不可枚举。”韩愈为文，必索润笔。刘禹锡《祭韩吏部文》“公鼎侯碑，志隧表阡，一字之价，辇金如山”。这说明当时的稿酬是极高的。司马相如为陈皇后作《长门赋》以悟汉武帝，酬以黄金100斤。唐朝李邕的稿费总收入最多，《旧唐书》讲，“受纳馈遗，以至巨万。时议以为自古鬻文获财，未有如邕者。”

古人得的稿费也有很微薄的。欧阳修请蔡君谟为其《集古录序目》作字刻石，赠给他的只是鼠须栗尾笔、铜绿笔格、大小龙茶等物。

地方武装

人民武装部

部长　刘仁友

政委　田群献

【概况】　中国人民解放军河南省宜阳县人民武装部，既是县委的军事部门，又是县政府的兵役机关，受洛阳军分区和县委、县政府的双重领导，下设军事科、政工科、后勤科。2010年，县人武部被军分区表彰为军事训练先进单位、被洛阳市表彰为参与平安建设先进单位。电话：0379—69870740。

领导班子成员

职　务	姓　名	职　务	姓　名
部　长	刘仁友	政工科长	任伟耀
政　委	田群献	后勤科长	邱祖明
副部长 兼军事科长	刘德成		

【思想政治建设】　围绕“建学习型班子、带学习型队伍”这个主题，采取中心组带机关和个人自学等方法，深入学习科学发展观和中国特色社会主义理论，抓好当代革命军人核心价值观教育，筑牢干部职工和专武干部的思想基础。学习贯彻新《政工条例》。加强理想信念、道德情操、法纪观念、安全常识“四课教育”，为机关和基层征订了各类军事报刊，结合民兵刊授教育和机关学习日学习，使政治理论进入思想、进入工作。建立了创先争优活动基层联系点，实施“先锋示范工程”，深化创先争优活动，抓好主题实践。把维权工作纳入基层政治工作考核范围，做好维护军人军属合法权益工作，累计接待30余名军人军属来信来访，解决了涉军维权问题和各类纠纷。宣传报道工作，在市级以上地方和军队媒体刊发、转发各类稿件10余篇。2010年，人武部被济南军区表彰为民兵刊授教育先进单位。

【党委班子建设】　结合创先争优活动，确立了“抓重点，在规范化上打基础；树形象，在班子建设上求和谐；谋作为，在赢地位上建绩效”的工作目标。针对民兵预备役建设的现状，在军分区党委和县委、县政府的领导下，发挥堡垒作用，做到重大问题集体研究，热点敏感问题按规矩办，困难棘手问题合力办。党委一班人团结共事，心往一处想、劲往一处使，班子的凝聚力和执行力进一步增强，自建能力和创新能力进一步提高，科学发展思想在全面建设中的指导地位得到进一步巩固。

【军事斗争准备】　着眼“平时服务、急时应急、战时应战”目标，抓住战备训练的落实。结合民兵整组，抓住民兵应急拉动演练。按照“相对集中、就近集结、专业对口、均衡负担”的办法，重点抓了应急动员任务分队、作战队伍、应急队伍、勤务保障队伍和战略导弹兵预编等重点分队建设，组织民兵分队进行检验性应急拉动，提高应急出动能力，确保一声令下，迅速集结；结合工作任务，修订战备方案完善战备设施。2010年初，制定完善了兵员动员、抢险救灾、处置突发事件等战备方案。建立健全了重大节日开展战备教育、民兵分队轮流担负战备值班制度，用制度保障战备工作落实。先后投入10余万元，抓好人武部“两室一库”配套建设，充实物资器材，完善战备资料和指挥设施器材，提高建设水平和指挥效能；结合驻地特点，抓好民兵救援分队训练。抓好民兵应急分队，水灾、火灾、矿难救援分队和应急兵员动员预补兵员的应急应战训练。抓好防汛分队训练，召开民兵防汛抢险演练现场会。与驻洛部队进行挂钩训练，和县公安消防大队、武警中队协同训练，增强了训练的有效性。专题组稿在济南军区《黄河民兵》报道了防汛分队组训情况。

【规范化建设】 落实《河南省县（市、区）人武部工作规范》和《河南省民兵预备役部队应急分队建设规范》，制定了民兵预备役应急队伍建设标准及落实措施。抓好机关每天小交班、每周一大交班、每周五集中学习，每月进行一次安全形势分析，每季度组织召开一次专武干部例会，以及重大节日战备值班值勤等制度的落实。投入15余万元，对办公楼墙面、房门、卫生间等设施进行更新改造，投入专项经费先后对应急分队连部、器材室、值班室设施进行更新完善。规范“部、室、家”建设标准：投入财力、物力、抓好寻村镇、樊村乡民兵等示范点建设，军分区黄晓健政委视察寻村镇下韩村民兵连时给予了高度评价。

【军政军民关系】 发挥桥梁纽带作用，促进军政军民团结。开展“双向理解、双向支持”活动，推动了新形势下双拥工作协调发展。先后协调动用民兵和驻军2600人次参与地方建设、执行各项应急任务。军政主官分别承包了锦屏镇、张坞镇的群众信访工作、新农村建设等任务。58名专武干部人人有结对帮扶对象，人人有包片包干任务。“六一”节，购置价值一万余元的文体器材对口慰问了张坞镇小学。为宜阳县中学和前进公司特招大学生军训2800余人次。“八一”前夕，组织县领导赴汝州庇山训练场观摩铁军训练科目演示、体验轻武器实弹射击等活动，增强了大家的国防观念。汛期洛河泄洪，城区部分街道交通受淤泥阻塞，协调动用驻军和组织民兵300余人为锦屏镇街道清淤，军民齐心协力，确保了交通畅通和城区环卫清洁。驻军71702部队赴山东远程机动演习，派出40名民兵组织营区和道路防卫，保障部队快速机动。迎接军委首长视察，协调相关部门为二炮训练团开辟高规格的双拥路，调解各类涉军民事问题7起。驻洛71282部队冬季大拉练，沿途各乡镇武装部积极配合，热情接待，帮助解决住宿、水电等生活问题，县人武部与民政局还携带慰问品赶赴赵保乡、莲庄乡看望部队，官兵备受鼓舞。动用驻军和民兵300人次，车辆装备20余台，配合秸秆禁烧工作。在全市禁烧工作会议上，受到了上级的肯定和表扬。

县领导慰问驻军

【征兵工作】 造“河南兵”品牌，加强组织领导，创新征集办法，把征集高学历青年、平安建设突出青年及弱势群体优秀青年作为年度征兵工作的重点，开展“五个一”活动，即发一封《兵役法》知识信函、向适龄青年打一个电话、做一次思想调研、上一堂专题教育课、奖一批先进典型，为预征对象提供“绿色通道”。抓好廉洁征兵工作，对全县征接兵人员开展法纪警示教育，向社会公开举报电话、举报信箱，自觉接受群众监督，并与县委纪检委、组织部联合实施全程监督，依法查办违规违纪问题，圆满完成了年度征兵任务。为进藏兵发放政府补贴金25万元。

（赵学武）

武警宜阳县消防大队

【概况】 中国人民武装警察部队宜阳县消防大队（宜阳县公安消防大队），驻北城区。下设防火办公室和2个消防中队，现有官兵30人，合同制队

教导员 张友勤

员10人，文职人员11人。

2010年，大队灭火保障机制、灭火救援能力、防火监督执法、部队正规化建设等各项工作取得了跨越式发展，获得全省公安消防部队“三基”工程建设先进单位、省总队先进大队、总队安全稳定先进集体、支队先进集体、县政府安全生产目标管理先进单位、团市委青年文明号、等多项殊荣。电话：0379—68898567。

领导班子成员

职　务	姓　名	职　务	姓　名
教导员	张友勤	大队长	姚建奎

【队伍建设】 大队领导班子按照胡锦涛总书记“忠诚可靠、服务人民、竭诚奉献”三句话的要求，弘扬新时期公安消防精神，牢固树立“建过硬班子，带一流队伍”思想，大力开展“抓班子树正气、抓执法树形象、抓落实树新风”活动，认真落实“四个严禁”，狠抓党风廉政建设，围绕“两个规范化建设”，苦练消防监督、灭火救援技能，部队向心力、凝聚力、战斗力进一步提升，服务人民和经济建设的形象显著提高。

【火灾形势】 2010年，共发生火灾135起，直接经济损失65万元，保护财产价值1125万元，全年没有发生一起重特大和亡人火灾事故，实现了“零伤亡”和“零重大”的火灾防控目标，全县火灾形势持续稳定。

【专项治理】 大队紧跟上级的统一部署，对构筑社会消防安全“防火墙”工程建设进行了周密的安排，提高社会单位“三会三化”、“四个能力”建设。联合公安、安监、工商、文化、教育等部门，组成联合检查组，开展一系列消防安全专项治理行动，加大对城乡“九小场所”、“三合一”场所和公众聚集场所的消防安全专项整治力度，认真落实“错时”工作制，坚持开展“每日一查”和“每日夜查”，缜密排查火灾事故隐患，严厉打击各种消防违法违规行为。全年检查社会单位1658余家，查处火灾隐患2500余处，责令“三停”68家，完成市政府挂牌督办隐患单位2家，拘留56人，确保了全县城乡的消防安全。

【消防宣传】 加大消防宣传力度，大队新购置多功能消防宣传车一辆，深入社区、厂矿、公众聚集场所，开展丰富多彩的消防宣传活动。在第20届119宣传月期间，开设了消防宣传一条街，制作宣传橱窗12个，散发宣传消防政策法规和消防知识传单2500余份。在宜阳县中小学组织开展的消防疏散演练6次，3500余名师生参加。推进农村消防图板、标语和橱窗工程，在县城各主要路段和重点单位设置43个消防宣传公益广告和宣传标语牌，使消防宣传达到家喻户晓、深入人心。大队开展社会防控和抢险救援的事迹被中央电视台、中国新闻社、《中国日报》、中国消防在线、新浪、河南电视台、《河南法制报》、《洛阳日报》等20余家中央和省、市主流新闻媒体广泛报道，全年在中央省市媒体发表稿件116条，获得省总队宣传工作先进集体荣誉称号。

【部队管理】 依托县消防大队，全县首支专业抢险救援大队于7月1日成立。大队组织官兵深入辖区重点消防单位、高层、地下建筑和大规模商场、宾馆酒店、商场超市以及人员密集场所开展“六熟悉”32次，结合各个场所特点，制定出周密的灭火演练预案，开展大跨度大空间灭火演练8次，大队的应急救援装备和应急救援能力得到极大增强。2010年，大队完成暴雨灾害救援、落水人员救助、危险物品泄露等紧急救援任务86起，解救群众120余人。其中，“7·17”解救暴雨被困花果山游客、“7·24”营救3名被洪水围困遇险群众、解救高塔被困人员、“8·8”处置危化槽罐运输车侧翻泄漏事故、“10·9”抢救汽车撞车事故遇险人员等多起抢险救援事件，被中央电视台、中国消防在线、《中国日报》、新浪网、河南电视台、《大河报》、《河南法制报》、《洛阳日报》、洛阳电视台等中央、省、市新闻媒体的广泛报道，展示了消防部队英勇顽强不怕牺牲、真诚奉献为民服务的良好形象。

【基础建设】 大队着眼于部队现代化、正规化建设，利用新消防执勤大楼投入使用的机遇，投资120余万元完成了综合消防训练场、多媒体学习室、官兵俱乐部、图书室、体育活动室等基础设施建设。投资150余万元新购置了两辆先进消防车和一大批抢险救援装备。大队与县人事劳动局联合面向社会公开招聘10名合同制消防队员，并争取财政专款新购买泡沫消防车一辆，组建宜阳县第二处消防队站，使全县灭火救援水平和能力得到提升和加强，促进部队消防工作稳健有力开展。

【拥政爱民】　大队官兵牢记全心全意为人民服务宗旨，“把驻地当故乡，视人民如父母”，积极投身地方经济建设和为民服务，深入开展“学雷锋，爱民月”活动，在创建国家卫生、园林城市活动中，积极参与植树、浇水、铲雪等工作；协助企业、林业部门开展专职消防队员培训，全力增援扑救山火林火；积极主动为工业园区入驻企业完善消防手续、消除火灾隐患、解答疑难问题；积极为城乡群众救济解困，为城区居民、企事业单位、学校、医院送水，受到地方政府和人民群众的一致好评。

（张左宏）

“地方志”的由来

地方志是我国文化古籍中一分珍贵的文化财富。起源于晚唐，盛行于南宋，到清代达到了极盛时期。《元和郡县图志》是我国第一部全国性的地方志。这部书编于唐宪宗元和年间，距今已有1160多年的历史。该书图文并茂，地理性较强，并在许多方面有较为详细的统计数字，在古籍中很有特色。唐代还规定，各州郡编造一次以舆图为主的地方志。到南宋时期，地方志被定型为郡县志，保存下来的也比较多。如范成大的《吴郡志》、周综的《临安志》、沈作宾的《会稽志》等。清代时除继续了以前地方志编撰的内容外，还规定各郡县每隔60年必须重修一次地方志。

地方志对我国各地的山川形势、建筑沿革、农田水利、灾异情况、风土人情、名人轶事、军备疆域、名胜古迹等均有记载。地方志在“补史之缺、修史之漏、续史之无”等方面为我国历史的编纂及科学研究提供了大量资料，是我国重要的文化遗产之一。我国现存的地方志有8500多种，11万多册，主要集中在北京、上海、南京等市图书馆和故宫博物院、北京大学、南京地理研究院等处。

政　法

综　述

书记　潘　峰

【概况】　宜阳县政法委位于县委大院，在编干部（职工）17 人，其中书记 1 名，副书记 4 名，全委下设办公室、涉法涉诉办 2 个机关科室，稳定办、综治办、610 办与政法委合署办公。

2010 年，按照“创平安、保稳定、促发展、建和谐”的总体要求，立足“抓基层、打基础、上水平”，以提高公众安全感和执法满意度为核心，深入推进社会矛盾化解、社会管理创新、公正廉洁执法三项重点工作，积极开展平安建设强化年活动，全面加强平安宜阳建设，着力提高公众安全感和对政法机关的执法满意度，全力开展矛盾纠纷排查调处工作，妥善处理信访突出问题，实现了全县社会政治稳定和治安大局持续平稳，营造了平安和谐的发展环境。电话：0379—68882414。

领导班子成员

职　务	姓　名	职　务	姓　名
书　记	潘　峰	副书记 综治办主任	杨玉田
副书记	张焕停	副书记 稳定办主任	刘龙波 （6 月离）
副书记	张三成	副书记 稳定办主任	姚守亮 （6 月任）

【“严打”力度不断加大】　2010 年，全县公安机关开展了打盗抢、除黑恶、防命案、追逃犯“四大战役”，组织了夏季“严打”攻势。法院、检察院加大了批捕、起诉和审判力度，法、检、公环节密切配合，从重从快打击了“两抢一盗”犯罪、黑恶势力犯罪。全县共破获 485 起刑事案件，抓获 392 名犯罪嫌疑人，其中破获 210 起“两抢一盗”案件，抓获“两抢一盗”犯罪嫌疑人 125 人，打掉 3 个团伙、捣毁 2 个窝点。在“打黑除恶”方面，侦办 1 起涉黑案件、3 起涉恶案件。检察机关批捕 219 案 297 人，公诉 178 案 273 人。审判机关受理 1712 起案件、审结 1305 起。司法机关接待来访、来电、来信 389 人次，全县各级调委会共调解各类案件 2725 起，其中调成 2698 起，调解率 100%，调成率 98.5%，预防民转刑案件 22 起，调解医疗纠纷 20 起，达成赔偿 8 万余元。深入排查整治社会治安重点地区，全县共挂牌整治了 9 个重点地区。大力开展校园周边环境治理活动，在全县各中小学校配备了保安，安装了技防设施，及时排查整治校园周边治安隐患，全县没有发生一起涉校安全事件。

【信访稳定形势明显好转】　畅通信访渠道，认真受理群众来信来访。2010 年，全县共排查不稳定因素 535 起，化解 468 起，稳控 67 起。县级领导共接待群众来访 1098 批次 4018 人，现场解决 983 起，有效减少了越级上访的发生。中央省市交办案件按期结案率 100%，群众稳定率、满意率明显提升。采取领导包案、督查督办、困难救助等措施化解积案 75 起，筹措信访救助基金 220 万元，2010 年对符合条件的 47 名信访人进行了救助，共使用资金 74.2 万元。

【技防全覆盖建设成效显著】　县财政投入 420 万

元进行了公安二、三级监控平台扩容改造，城区新增了200余个球型摄像头，初步建成了“视频县城”。全县各行政村、自然村安装了“平安大喇叭”、重点开展了“视频监控村”建设，16个乡（镇）共投入600余万元，在公路沿线176个行政村安装了1582个摄像头，建成了176个“视频监控村”，占全县行政村总数的一半，提高了全县技防全覆盖工作面。

【治安巡防力量实现了专业化】 2010年，县巡防大队公开招聘了24名巡防队员，新配置了7台巡防车，人数达到60人，巡防车辆达到10台，在县城开展了24小时网格化巡逻，夜间实施了“警灯闪烁”工程。各乡（镇）也按要求成立了由10人组成的专职巡防队，拨付了巡防工作经费，统一了服务器械，由县里统一为每个乡（镇）配备了1台巡防车辆，每天在各村警务室之间进行巡逻，晚上在乡（镇）党政所在地和重要路口、重点地段布防。各行政村也组建了3人至5人专兼职巡防队，建成了县、乡、村三级巡防网络。

【注重涉法涉诉信访工作】 2010年，全县共接待涉法涉诉案件89起，结案65起，息诉停访28起。公安局深入开展“保世博、迎亚运”信访积案化解活动，共受理信访事项38起，办结35起，停访息诉28起。受理上级交办信访案件29起，查结26起。通过办理信访事项排查矛盾纠纷21起，化解37起，打击处理违法犯罪人员17名；检察院采取“控防结合、强化疏导、依法治理”的办法，加强涉检信访案事件调处工作，先后接待来访群众300人次，安排检察长接待日51个，初查案件线索14件；法院坚持院长接待日制度，公示接待日期、接待领导职务等，方便群众来访。在立案阶段启动“信访风险评估预警机制”，开展了“万名法官回访万名当事人”、集中信访接待周、信访案件集中清理攻坚等活动，省市县交办的38件信访案件全部分包到分管院长，28件信访案件全部提前办结。司法系统未发生涉法涉诉上访。一年来多次召开稳定形势分析，调度协调疑难案件，中央、省、市督办案件43起，及时转办给县公安局、法院等部门，已办结40起，超额完成市委政法委下达的任务数，没有重访现象，另外3起正在积极办理中。

【政法队伍素质稳步提升】 扎实开展“深入推进公正廉洁执法”和“纠正执法问题，促进公正执法”活动，认真解决了执法中存在的问题；切实搞好政治业务培训，全面提高政法队伍素质。全县230人次政法干警参加了各种培训；在全县政法各部门开展了执法档案建设和执法公开工作。对全县政法干警326人全部建立了执法档案，依据执法档案提拔任用22人，依据执法档案评优评先43人，依据执法档案责任追究5人；在全县政法机关开展公开承诺为民办实事活动。全县政法各部门共公开承诺为民办实事35项，各项承诺得到了很好的履行；深入开展案件评查工作。全县共自查案件1728起，抽查、评查出合格卷宗81起，对3名违纪干警实施了责任追究；积极开展“千名干警下基层，服务群众促和谐”活动。2010年6月，政法各部门集中开展了7次“下基层”活动，为群众办了大量实事好事，有3000余人次参与了“下基层”活动，走访群众1.2万人，发放宣传单10万余份，为群众办实事好事760件，密切了警民关系。（黄毅强）

公　安

局长　薛永彬

【概况】 宜阳县公安局位于宜阳县城解放中路101号，现有人员410人，其中授衔民警270人。局领导班子现有14人，其中局长1人，政委1人，副局长6人，纪委书记1人，副政委1人，局长助理1人，党委委员2人。群众工作专员1人。下设17个派出所，10个所队（看守所、拘留所，刑侦大队、巡警大队、交警大队、治安大队、国保大队、经侦大队、督察大队、国土资源警察大队）和6个科室（指挥中心、政工监督室、纪委、行政科、法制科、控申科）。2010年，县公安局紧密围绕全县中心工作和社会治安特点，提高群众安全感和满意度，严厉打击和严密防范，实施“中原卫士杯”和“平安杯”两个竞赛，带动“三项重点工作”深入开展，公安整体工作取得一定成绩，为全县经济发展和社会进步创造了良好的治安环境。电话：0379—68882532。

领导班子成员

职　务	姓　名	职　务	姓　名
局　长	薛永彬	副局长	郭锁敬
政　委	李松宇	副政委	陈江波（6月任）
副局长	胡松欣	局长助理	张智仁（6月任）
纪检书记	孙国强（6月任） 陈江波（6月离）	警令部主任	肖建乐（6月任）
副局长	马长远	党委委员	郝石头（6月离）
副局长	赵万明	政治处主任	陈志会（6月任）
副局长	王志刚	群众工作专员	梁武强（6月任）
副局长	周宇民		

【命案侦破】　2010年，现行命案发13起破13起，破案率连续5年保持100%，另抓获命案逃犯6名。10月以来，县局民警在不到两个月的时间内，接连破获命案积案4起，抓获命案逃犯5名，创造了近年来宜阳县公安机关单位时间段内命案侦破工作的最高纪录。县局民警在春节期间放弃休假，在三天时间内接连破获“2·12”、“2·14”两起命案和运用“整体作战法”破获张坞“4·30”杀人案，使县局民警的攻坚克难能力得到提高。

【打击“两抢一盗”】　结合全县治安形势和季节特点，对影响群众安全感的“两抢一盗”案件展开猛烈攻势，全县破获“两抢一盗”等侵财型案件211起，逮捕“两抢一盗”犯罪嫌疑人147人，起诉169人，缴获汽车、摩托车61辆，电动车69辆。

【打黑除恶】　以“中原卫士杯”竞赛为依托，组织精锐警力重拳横扫黑、恶、霸、痞违法犯罪。已打掉宋兵兵等为首的恶势力犯罪团伙5个，以吕某为首的黑社会性质犯罪团伙正在侦办之中，从中破获寻衅滋事、敲诈勒索、强买强卖等案件70余起，逮捕团伙成员29人，刑拘35人，打掉恶势力犯罪团伙数量为近年来最多。

【打击经济犯罪与毒品犯罪】　全年经侦部门侦办经济犯罪案件18起，挽回经济损失197万元；禁毒部门查办涉毒案件8起，打击涉毒违法人员10人，缴获毒品海洛因3.3克。

【综合打击效能】　全年县局破获各类刑事案件432起，其中现行案件302起，依法打击处理503人，逮捕302人，刑事拘留327人，移送起诉345人，逮捕数、刑拘数、移送起诉数分别较去年同期上升7.9%、3.2%、1.2%。

【社会面管控】　县局以老城区为中心，将城东新区、北城区、工业园区一并纳入巡逻范围，规划设置巡逻点80个，设置出租车出城登记点3个、治安卡点4个，坚持每晚8时至凌晨1时，对出入城区出租车和机动车进行登记和盘查。组织开展了夏季和冬季两次全警参与的巡逻防控专项行动，直接破获现行案件65起，追缴被盗汽车、摩托车13辆。年内，县城区域及农村地区分别发案287起、559起。

【技防全覆盖】　提高技防设施的覆盖率和使用率，全县技防建设投入资金4000余万元，全县353个行政村、1258个自然村全部实现了技防全覆盖，覆盖率100%；加强公安二、三级平台建设，建立公安二级平台14个，三级公安监控平台11个，安装前端摄像头120个，完成了上级下达的公安二、三级平台建设任务，随着全县技防全覆盖建设的完成和投入使用，街面犯罪案件由2009年的95起下降到2010年的74起，下降幅度22%。利用技防手段破获各类案事件380起，占全部发案数（2251起）的16%。

【农村技防建设】　在农村大力推广视频监控、“平安大喇叭”、平安互助网等技防产品，全县150891户安装143350户，覆盖率由2009年的77%提高到2010年的95%。公路沿线176个行政村安装视频监控探头1782个，建成了176个“视频监控村”，占全县353个行政村的一半，涌现出寻村镇官庄村、柳泉镇元村、韩城镇南驿村、三乡镇南村等技防建设亮点村。

【治安防范建设】　年内，县委、县政府为县巡防大队增加人员20名，增加车辆7台，使巡防大队人员总数达到80名，全县的整体防范水平有了较大提升。全县刑事案件发案数由2009年同期的892起下降到2010年的846起，下降5.2%，其中“两抢一盗”案件发案606起，下降6.6%；受理各类治安案件1123起，较2009年同期1546起下降10.3%。

【社会矛盾化解】 依托农村警务室、乡镇派出所、县局公安信访投诉中心三大平台，开展矛盾纠纷大排查、大调解和全警接访、全警回访，把各类信访苗头和隐患化解在基层和萌芽状态。排查化解调处矛盾纠纷76起，排查整治治安安全隐患53个。

【社会管理创新】 推进社会管理创新，将“实有人口”管理作为推进社会管理创新，破解社会管理难题的切入点和突破口。自4月23起，在全县组织开展实有人口信息采集大会战，做到小区不漏楼，楼栋不漏户，住户不漏人，采集常住人口信息70万人，录入寄住、暂住人口4万余人。通过入户走访破获刑事案件23起，抓获上网逃犯27名，其中外省逃犯7名。

【公正廉洁执法】 开展“整治执法突出问题，促进公正廉洁执法”专项整治行动，树立“执法质量是公安工作的生命线”的理念，从立案、审批、办理到结案等各个环节，对民警的执法办案进行监督，实行案件办案民警、基层法制员、办案单位负责人、法制室、局领导五级审核制，并要求逐案填写责任表，对出现问题的案件依据责任表倒查责任，收到良好效果。年内，县局有11起案件被提起行政复议或行政诉讼，无一起撤销、变更或败诉。

【大情报系统建设】 以“海量信息”的采集为基础，建立运转高效灵敏、措施扎实严密、打击直接有力的“大情报”系统，并在实战中初显威力。全年共接受“大情报”系统指令626起，通过“大情报”系统直接破获刑事案件51起，抓获逃犯26名。

【校园周边治理】 县局组织巡特警、交警、治安和基层派出所民警，对全县445所中小学及幼儿园，开展校园及周边治安秩序整治，为学校、幼儿园配备保安员120名，化解涉校矛盾纠纷36起，查处涉校案件5起，打击处理19人。全县没有发生危及学校安全和师生人身安全的案事件。

【乱点治理】 确定锦屏镇高桥村、黄龙庙村等6个地区为治安乱点，采取领导包案、限期结案等多种有效措施强力推进乱点治理工作深入开展，6个治安乱点均实现由“乱”到“治”，通过乱点治理破获刑事案件6起，治安案件13起，打击处理违法犯罪人员9人。

【治安管理】 结合全县治安形势，开展治爆缉枪、特种行业和娱乐场所集中整治行动，全力打好“禁赌”、“打击卖淫嫖娼”行动“净化仗”和治安管理“整治仗”。收缴炸药113公斤，雷管450发，手榴弹8枚，炮弹11发。确保全年涉枪涉爆案事件和重大治安灾害事故“零炸响”、“零发生”。

【消防管理】 消防部门加强对人员密集场所、易燃易爆场所重点监督，认真开展火灾隐患排查整治工作，发现火灾隐患480处，责令督促整改，处罚单位65家，处罚个人80人，确保全县无重大火灾事故发生。

【交通管理】 交警部门开展县城交通秩序专项整治等集中行动，使全县交通秩序明显好转。全年发生交通事故51起，死亡2人，受伤68人，经济损失3.18万元，“四项指数”较上年相比分别下降15.52%，75%、2.86%和17.76%。全县未发生一次死亡3人以上的重特大交通事故。

【监所管理】 监管部门牢固树立“管理服务实战”的思想，充分发挥监管部门打击犯罪“信息库”和“第二战场”的作用，深挖犯罪线索242条，破获各类案件76起，抓获网上逃犯7名，并协助抓获寻村镇2008年“4·22”故意杀人案漏网犯罪嫌疑人孙银安。

【处突维稳】 密切关注对越参战退役人员、计划外民师、农行清退人员等不稳定群体和人员的动向，收集情报信息132条，其中内幕性、动向性情报信息92条。全县没有发生在全市、全省造成严重影响的重大政治案事件。

【信访稳定】 深入开展“保世博、迎亚运”信访积案化解活动，全局受理信访事项38起，办结35起，停访息诉28起。受理上级交办信访案件29起，查结26起。通过办理信访事项排查矛盾纠纷21起，化解37起，打击处理违法犯罪人员17名。

【服务中心工作】 围绕县城建设、城中村改造等中心工作，有针对性的制定、完善了相关预案，明确了处置原则和任务分工，成功化解了宜阳县人民医院医患纠纷引发的停尸闹访、红旗煤矿权属纷争引发的聚众械斗等多起易形成群体性事件的不安定因素和纠纷，劝阻上访人员18批270余人次，维护了全局稳定。

【安保警卫】 出动警力4000余人次，完成了胡锦涛、郭伯雄、徐才厚等中央首长和“7·4”东升煤矿井下一氧化碳中毒事故、灵山文化庙会保卫、县重点工程项目开工等52项重大安全警卫任务和大型活动保卫任务，确保了绝对安全。

【指挥中心大楼搬迁】 12月18日，投资1300余万元的宜阳县公安指挥中心大楼落成并搬迁入住。新建的公安局指挥中心大楼占地2.1公顷，设计为地下1层，地上8层，是一座集公安指挥、信息通信、后勤保障为一体的现代化的指挥大楼，处于全市先进水平，从根本上改变全县公安机关办公条件落后的局面。

县公安局指挥中心大楼落成典礼

【公安基础建设】 投资220万元建成县拘留所新所，并搬迁入住。县局多方筹措资金，更新车辆28台，电脑47台，使县局的公安基础实力显著增强。

【警风整肃】 狠抓车辆管理、执法等基础工作，开展了“警车及涉案车辆”专项治理、执法过程中涉案人员非正常死亡集中整治等专项行动，在全局开展了为期40天的“整顿纪律作风、规范执法行为”集中教育活动，将整肃警风与促进公安中心工作、提高队伍素质和整体形象、提升群众安全感、满意度相结合，提升了队伍形象，增强了队伍实力。

【队伍执行力提升】 加强执行力，提升队伍素质，着力培养队伍有令必行、令行禁止、敢打必胜的良好作风。2010年10月24日和12月8日，按照市局“异地用警”的指令，县局两次会同市局治安支队出动警力200余人，打掉3个地下赌博窝点，抓获涉赌人员146名，缴获赌博机289台、赌资70余万元和部分毒品。

【从优待警】 7月，县委、县政府为公安机关解决17名正副科级职级待遇。

【争先创优】 全市安全感、满意度考评排名，宜阳县位居各县市区第4位，全市公众安全感排名前10位中，我局上观派出所、穆册派出所、莲庄派出所名列其中。全局有23个集体，7 9名个人受到上级机关表彰奖励，其中受省、市级表彰的集体有11个，个人42名。

（杨伟峰）

检　察

检察长　刘赤炜

【概况】 宜阳县人民检察院位于宜阳县北城区。现有干警95人，男干警76人，女干警19人；领导班子成员12人，检察长1人，副检察长6人，党组副书记兼纪检组长、反贪局长、政治处主任、反贪局政委、法警队队长各1人。内设22个科室，院直属的办公机构15个。

2010年，宜阳县人民检察院紧紧围绕构建和谐宜阳的大局，全面履行法律监督职责，积极探索运用检察职能推进社会矛盾化解、社会管理创新和公正廉洁执法三项重点工作，各项工作都取得了新的进展，被最高人民检察院表彰为检察宣传先进单位，被河南省检察院表彰为全省先进基层检察院，被市检察院授予先进基层检察院等，为构建平安和谐宜阳作出积极贡献。0379—68823437。

领导班子成员

职　务	姓　名	职　务	姓　名
检察长	刘赤炜	纪检组长	金　锋
副检察长	吕瑞君	副检察长	张素敏
副检察长	于建勋	反贪局长	聂文红
副检察长	史现伟	政治处主任	马廷博
副检察长	刘智卿	反贪局政委	邱治章
副检察长	李中州	法警队队长	张书磊

【打击刑事犯罪】　维护稳定工作，认真履行审查批捕、审查起诉等职能，全年共批准逮捕各类刑事犯罪嫌疑人332人，提起公诉384人。积极配合公安机关开展“打黑除恶扫痞”、“两抢一盗”、“扫黄打非”等严打专项斗争，依法严厉打击严重暴力犯罪、黑恶势力犯罪、“两抢一盗”等影响群众安全感的刑事犯罪。年内，批捕故意杀人案件12人，起诉14人；批捕“两抢一盗”案件129人，起诉148人。对社会治安中存在的突出问题，坚持从严打击。针对各地侵害在校学生利益犯罪增多态势，加强与公安、法院协作配合，从重从快批捕起诉了3件12人在校园及学校周边抢劫、敲诈勒索学生财物犯罪案件。派员到辖区学校开展法制教育活动，加强安全防范工作。

【查办贪污贿赂、渎职侵权等职务犯罪案件】
2010年，共立案侦查国家工作人员涉嫌贪污贿赂、渎职侵权等职务犯罪案件16件24人，其中，贪污贿赂案件13件18人，渎职侵权案件3件6人，包括副厅级1人、正处级1人，涉案金额在1000万元以上案件3人，100万元以上案件1人，已作出有罪判决21人。为国家挽回经济损失600余万元。突出查办新农村建设、征地拆迁、工程建设、安全生产等重点领域案件19人，主要包括：盐镇乡周过村支书王某、主任高某、会计王某等4人贪污郑西铁路占地补偿款4万余元，盐镇乡石陵村一村民组长魏某挪用郑西铁路占地补偿款7万元，上观乡计生办主任史某、会计马某贪污计生规费10万余元，县国土资源局土地征用储备中心主任杨某收受房产开发商贿款10万余元，嵩县农机局农机站站长周某受贿2万元，洛宁县建设局副局长侯某、规划股长宋某、房管所副所长牛某在房地产开发中滥用职权造成国家及业主利益严重受损案，宜阳县煤炭局驻矿员马某、伊某及白杨镇政府驻矿员王某玩忽职守致使白杨东升煤矿2名下井泵工一氧化碳中毒死亡和7名违规施救人员死亡等案件。坚持查处辖内案件与争取查办上级院交办案件相结合，查处了与省安监局原党组书记、副局长李某涉嫌违法违纪事件相关的，鹤壁煤业集团古典艺术博物馆馆长张某挪用1.4亿元等大要案3件4人。根据市检察院指定管辖，查处了瀍河区塔西村委主任马好强挪用公款3300余万元案件。严格执行执法办案各项规定，立案查处案件全部达到起诉判刑标准，未发生办案安全事故，没有引发不稳定事件。注重办案效果，对涉及民生，特别是群众反映强烈的村官职务犯罪案件，无论案值大小，坚决一查到底。如办理的盐镇乡2件5人村干部职务犯罪案件，两起案件涉案金额不大，但群众十分关注，且多次上访。受理案件后，该院派员在一周内查清了犯罪事实，追究了5名基层村组干部的刑事责任，维护了群众利益和社会稳定。5月，省检察院检察长蔡宁到宜阳调研工作时，对查办农村职务犯罪、维护社会稳定工作给予了充分肯定。

【强化诉讼监督】　重点监督社会危害大、群众反映强烈、严重影响社会稳定的案件，着力纠正有案不立、有罪不究、以罚代刑、重罪轻判等问题。全年，共追捕漏犯10人，立案监督10人，追诉漏犯15人。改变定性1件，依法提出抗诉2件3人。如孙某故意伤害案，被告人孙某（系未成年人）用刀刺中董某胸部，致董死亡。公安机关以过失致人死亡罪将此案移送该院审查起诉后，办案人员从案发周边环境、案发时间、被害人伤痕等方面综合分析，断定董死亡并非孙某过失所致，遂以故意伤害罪对孙提起公诉，法院支持该院意见判处孙某有期徒刑8年。针对刑事案件立功、自首认定不规范问题，与公安机关召开联席会议，制定了《宜阳县人民检察院、宜阳县公安局关于刑事案件中投案自首、立功若干问题的会谈纪要》，对认定投案自首、立功等情节必备的案件材料及标准加以明确。

民事审判和行政诉讼活动的监督。继续把抗诉作为民行检察工作的首要任务，通过与法院、律师事务所等部门建立联系机制，开展干警下基层活动，加强民行宣传，拓宽案源渠道。全年，受理各类民行申诉线索27起，立案审查9起，提请抗诉被采纳1件，法院再审后改判1件，发出再审建议被采纳4件，息诉12件。加强公益诉讼工作，积极探索保护国有资产新途径。年内，采取督促支持起诉、检察建议等多元化监督手段，督促邮政部门对破坏邮政报刊亭、通信部门对盗割通信电缆等犯罪行为提起附带民事诉讼4起；监督支持财政局起诉借支农周转金不还案件1起，防止国有资产流失260万元；监督支持人防部门依法征收防空易地建设费，追回流失国有资产100余万元。5月，全市检察机关防止国有资产流失专项活动动员会在宜阳召开，该院在会上介绍了经验。省院简报以《宜阳县院三策并举依法保护国有资产》为题对此做法予以肯定。

加强刑罚执行和监管活动的监督。不定期对监区开展安全检查26次，监督拘留所服刑人员减刑12人次。对工作中发现的不当监管、会见等行为，发出纠正建议15件次，监督纠正不当羁押和刑期计算错误案件各1件。积极探索适应社区矫正特点的检察工作方式，加大监外执行罪犯监督力度。年内，为全县179名监外执行罪犯建立了信息台账，监督确认1名保外就医罪犯死亡事件，督促执行机关对1名暂予监外执行期满罪犯收监执行，对2名监外执行罪犯实施帮扶。严厉打击发生在监管场所内外的各类犯罪，立案查处职务犯罪案件1案1人，办理被监管人重新犯罪案件1件3人，法院均作出有罪判决。

【控告申诉工作】 控申工作采取“控防结合、强化疏导、依法治理”的办法，加强涉检信访案事件调处工作。畅通信访渠道，建成便民接待大厅，推行来访人员预约接访制度，开展“举报宣传周”和“领导接访周”活动，方便群众控告、申诉和举报。接待来访群众300人次，安排检察长接待日52个，初查案件线索14件。畅通疏访、治访渠道，落实首办责任制、领导包案、双向承诺、案件风险评估、涉检信访积案公开审查等制度，最大限度地把涉检信访苗头化解在基层，确保涉检信访问题不出县。年内没有发生涉检赴省进京上访事件，没有信访积案。

【预防职务犯罪工作】 坚持“惩防结合、预防为主”反腐败方针，结合办案，开展职务犯罪预防工作。加强职务犯罪调查研究，对办理的16件24人职务犯罪案件深刻剖析，建议发案单位堵漏建制16项。开展预防职务犯罪进机关、进企业、进乡村、进社区、进课堂等“五进”活动，在红旗广场开展法制宣传活动6次，到地税局、黄河同力公司等10个单位举办法制讲座10次。组织税务、电业、城建等全县42个单位3000余名干部职工到警示教育基地参观学习。抓好专项预防，参与监督重点工程建设招投标活动70余次，确保政府投资安全。加强涉农资金使用预防调查工作，向被查单位发出检察建议31件，帮其建章立制30余项，确保涉农资金规范运作。建立行贿犯罪档案查询系统，对投标单位行贿犯罪档案查询370次，为全县工程建设活动把好关。

【信息、调研和宣传工作】 采编简报、情况反映等各类信息材料83篇，其中被省检察院采用4篇，被市委市政法委市检察院采用2篇。撰写新闻稿件被国家级主流媒体采用62篇，省级主流媒体采用85篇，市级主流媒体采用57篇。编发《调查研究》被国家级报刊杂志采用2篇，被省级以上其他刊物采用23篇，省院采用1篇，市院采用20篇。

【检察队伍建设】 坚持从教育、制度、监督三方面入手，加强检察队伍建设。深化政治思想和检察业务教育，开展“恪守检察职业道德，促进公正廉洁执法”、“纠正执法问题，促进公正执法”、“反特权思想，反霸道作风”等学习教育活动，举办“恪守检察职业道德，促进公正廉洁执法”演讲比赛及征文活动，提高干警公正廉洁执法意识。开展“周五检察业务知识大讲堂”活动，院内业务骨干轮流上台讲授检察业务知识，提升了干警业务素质。组织11名班子成员参加高检院、省院举办的领导素能培训班，组织5名干警参加四高网络培训班，组织4名干警参加初任检察官培训，提高了检察队伍专业化水平。

强化责任意识，按照全员责任目标管理和考评机制规定，制定并下达了各部门的工作任务，为各项工作的开展确立了目标。加强机关党风廉政建设，按照“谁主管、谁负责”的原则，层层签订责任书，分级做出廉政承诺。加强干部队伍建设，在县委支持下，对部分领导岗位进行了调整。加强执法监督工作，为反贪、反渎、批捕、技术、监所、控申、民行等主要业务部门48名干警建立了执法档案，采取一案一登记、一案一测评、一案一奖惩的方式，增强干警执法责任意识。

加强内部监督，实行检察长值日制度，发挥院纪检监察和执法督查大队的作用，对干警执法执纪行为和涉车、涉酒等规章制度执行情况的监督。实行群众实名举报投诉检察干警违法违纪案件限期答复制度，自觉接受外部监督。确保干警未发生任何违法违纪事件。

【基础设施建设】 现有办案用房紧张、技术侦查用房达不到国家标准，对宜阳检察工作形成制约，积极申报办案用房和专业技术用房建设项目。2010年，国家发改委批准立项，并下拨专项资金330万元，2011年将再下拨400万元，用于项目建设。项目完成后，将极大地推动和提升宜阳检察工作，更好地服务宜阳的建设和发展。

县人民检察侦查技术楼开工奠基仪式

【社会形象】 检察工作紧紧围绕县委中心工作开展。检察工作中的重大问题、重要决策和影响大的案件，及时向上级院和县委请示汇报。积极参与县委部署的各项工作，先后派出警力80人次参与信访稳定事件处理、社会治安综合治理等活动，全面完成支持新农村建设、扶贫帮困、支持企业发展等工作任务，树立检察机关良好的社会形象。

（吕灿国）

审　判

【概况】 宜阳县人民法院位于宜阳县北城区李贺大道北侧，内设办公室、政治处、刑事审判庭、少年刑事审判庭、民事审判第一庭、民事审判第二庭、行政审判庭、立案庭、审判监督庭、监察室、执行局（执行局下设执行庭、执行裁决庭、综合科）、司法警察大队、行政执行中队，下辖城关、北城、韩城、莲庄4个基层人民法庭，现有干警113人。电话：0379—68822451。

院长　赵耀武

领导班子成员

职　务	姓　名	职　务	姓　名
院　长	赵耀武	副院长	武辽聘
副院长	毕云庆	纪检组长	李红跃
副院长	丁建芳	政治处主任	刘龙波
副院长	冯志高	执行局局长	梁书芳
副院长	冯朝阳		

【队伍建设】 2010年，加强政治思想教育，开展“人民法官为人民”、《廉政准则》、“纠正执法问题促进执法公正”、向全国模范法官陈燕萍同志学习的活动，同时还对法警进行反面典型的警示教育。使法官的职责使命进一步深化，工作责任感进一步加强。推进“学习型法院”建设，提高法官司法能力。邀请洛阳理工学院扈耕田、白选杰教授为全体干警作专题报告、河南科技大学张景峰教授作《侵权责任法》专题讲座；坚持周五下午集中学习制度，党组书记、院长赵耀武两次为干警授课；鼓励干警参加学历教育和各种培训，全年组织集中学习22次，56名干警参加了上级法院或政法系统组织的专项业务培训，占干警人数的50%，组织了两次业务考试和三次书记员岗位练兵活动，干警的业务水平有了较大程度提高。逐级签订党风廉政建设目标责任书，落实一岗双责，组织开展当事人评议法官、“家庭助廉，共把廉政关”活动，实行廉政月报表制度和院党组成员、部门正职述职述廉，推行勤政廉政随案监督卡制度、廉政保证金制度，从制度上筑起反腐倡廉的防火墙，全年无违法违纪现象发生。

【审判工作】 2010年，县法院狠抓执法办案第一要务，坚持“审判就是促和谐、执结才是硬道理”工作理念，自觉把审判工作放在党和国家中心工作及县域经济社会发展全局中来谋划、来推进，坚持打击与保护并重、调解与判决结合、审判与执行兼顾、制裁与疏导并举，全年受理各类案件1770件，审执结1649件，结案率93%、执结率为89%。为社会治安和县域经济发展提供了有力的司法保障。

全市法院文化建设工作会议在宜阳召开

【刑事审判】　全年受理各类刑事案件216件，结案209件，判处各类犯罪分子301人，其中判处5年以上有期徒刑47人，占总犯罪人数的15.6%。突出打击“两抢一盗”犯罪，审结“两抢一盗”案件57件98人，其中判处五年以上有期徒刑的14人，判处十年以上有期徒刑的1人。依法打击聚众斗殴、寻衅滋事等严重危害社会秩序的刑事犯罪。依法打击职务犯罪，审结贪污贿赂案12件17人。有力地震慑了犯罪，增强了群众的安全感，为全县经济发展、社会稳定营造了良好的社会环境。做好刑事附带民事案件的调解工作，全年审结15件刑事附带民事案件，调解结案15件，调解率100%，收到了较好的社会效果。

【民事审判】　在民商事审判工作中，以开展“调解年”活动为契机，坚持“调解优先、调判结合、能调尽调”的原则，注重以调解手段化解人民内部矛盾，将诉讼调解与人民调解、行政调解、司法调解有机结合，实现解决纠纷方式的多元化，尽最大力量化解夫妻矛盾、家庭矛盾、邻里矛盾、群体纠纷，全年受理各类民商事案件819件，结案756件，结案率91.3%，调解撤诉结案592件，调解撤诉率77%，同比上升6个百分点，促进了家庭和睦和社会安定。对影响全县经济发展大局的涉企案件，坚持快审快结，有效防范和化解金融风险，维护交易安全。

【行政审判】　受理各类行政案件15件，结案14件，执行行政非诉案件392件。发挥行政审判“减压阀”和“调节器”作用，强化行政诉讼协调，行政诉讼协调率35%。积极探索行政诉讼庭外协调和解机制，对具体行政行为存在明显瑕疵的案件，建议行政机关主动变更具体行政行为，既有力地支持了行政机关依法行政，又维护了行政管理相对人的合法权益。

【执行工作】　受理各类执行案件313件，结案279件，结案率90%，实际执结率73%。强化涉及民生类重点案件的执行，采取查封、扣押强制措施95次，拘留49人，转逮捕1人，妥善处理了一批大标的额案件和农民工讨薪案件。加强对执行工作的监督，对执行案件除了从时效、质量方面监督外，实行“换员执行”的监督方式：法警队作为执行预备队，对执行不力的案件、群众反映较多的执行案件接手执行，对原执行部门、人员扣一定绩效分。法警大队在三个月内执结，加倍扣原执行部门、执行人员绩效分。

【法警工作】　加强警务管理，坚持严格执法、文明执勤，完成押解、值庭、值勤和机关安全保卫等工作。全年押解被告人293人次，值庭215个，协助人民法庭、诉讼保全、夜间执行和处置突发事件出警11次，办结移转执行案件2件，保障了法院各项工作的顺利进行。

【审判监督】　不断强化内部监督，既注重维护生效裁判的既判力，又坚持依法纠正生效裁判的错误。落实公开审判制度，推行审务公开、裁判文书网上公开、庭审网络视频直播、判后答疑、定期发布审判信息，自觉接受人民群众、社会各界和新闻舆论的监督，增加了审判工作透明度，促进了司法公正。

【审判管理】　立案庭对各部门及每个法官、执行员的收结案、存案、调撤数、上诉数、发还改判情况、是否超审限逐月进行通报，对临近审限的案件向承办人发出督办令，限期审结，为院领导掌握最新审判运行态势和决策提供了科学的依据。审监庭对当月报结的各类案卷逐案评查，合格的记做结案任务，不合格的逐案纠正，防止卷宗带病入档，监察室逐月对法律文书进行评查，对规范法律文书和瑕疵法律文书公开展示，发现和纠正裁判文书制作中存在的问题。对发还、全改案件进行了逐案评查，对两起存在问题的案件责任人按规定进行追究。绩效办每季度对各部门及干警个人进行一次绩效考核并进行讲评通报，查漏补缺，扬长避短。全年评查案件1649件，发出审限通报9期，卷宗评查通报、法律文书评查通报12期，杜绝超审限案件和有问题案件的发生。

【宣传调研】 努力做好信息宣传等司法政务工作，积极为领导决策和审判工作服务。全年共编发《法院工作简报》3期、《法院工作信息》29期57条，《宜阳审判》4期，在市级以上新闻媒体和有关部门发表各类宣传稿件347篇、调研文章33篇，较好地宣传了法院，提高了法院的知名度。综合文字、司法统计、文件收发、档案管理、文书打印等工作也都较好完成了任务。做到了各类信息材料及时准确报送发至各相关单位及领导。

法院文化展室

【司法为民】 出台《2010年为民办实事十项承诺》，逐项分解，落实到人，认真落实便民利民举措。开展法官驻村法律帮扶活动，一年来，开展驻村活动680人次，帮助群众解决法律问题310件。坚持双休日、节假日值班制度和院长接待日制度。全面推行“马锡五审判方式”，派出巡回法庭流动办案，就地立案、就地审理、即时调解、即时宣判。巡回审判民事案件201件，巡回审判率27%。加强对特困企业、破产企业下岗职工、孤寡老人、残疾人、农民工等追索保险金、抚恤金、劳动报酬案件的审判、执行和司法救助，依法减免缓诉讼费案件80件，减免缓诉讼费19万余元。

【信访工作】 坚持和谐理念，做好信访维稳工作。教育全体干警增强对信访和维稳工作的责任感和使命感，加强涉诉信访案件排查和化解工作，启动“信访风险评估预警机制”，根据案情对风险等级作出评估，对一些敏感案件，积极向有关部门提示维稳风险，并实行全程监控，择机处理，力求最佳办案效果。坚持院长接待日制度，把接访作为发现问题的重要渠道，面对面地听取上访人的诉求，发现和解决问题。扎实开展了“万名法官回访万名当事人”、集中信访接待周、信访案件集中清理攻坚活动，省市县交办的38件信访案件全部分包到党组成员，提前办结28件，办结率75%。

【基础建设】 加强两庭建设，城关法庭新址开工建设，档案室扩建、干警文化活动中心建设、机关大院花坛改造、楼道粉刷项目圆满完工。筹措资金，更新车辆9辆、微机12台，打印机8台，开通宜阳法院网，办公条件有了新的改善。

【获得荣誉】 2010年，县法院的各项工作呈现出良好的发展势头，较好地完成了中院党组和县委下达的目标任务。获得市级以上荣誉9项，其中：国家级荣誉1项，省级荣誉4项，市级荣誉4项，部门和个人荣誉21项。被授予省级文化建设示范单位，全省政法系统“纠正执法问题、促进执法公正”专项教育活动先进单位，全市法院系统调研暨社会法庭工作现场会在宜阳县法院召开。

（杨小红）

司法行政

局长　丁遂社

【概况】 县司法局位于北城区洛宜公路南侧。2010年，县司法局全面贯彻落实科学发展观，以创建平安宜阳为总体工作思路，以人民调解为工作重点，抓法律援助工作亮点，克服法制宣传教育工作难点，稳步推进司法行政工作持续发展，充分发挥职能作用，为维护全县社会稳定，促进经济和社会各项事业又好又快发展做出积极贡献。电话：0379—68825785。

领导班子成员

<table>
<tr><th>职 务</th><th>姓 名</th><th>职 务</th><th>姓 名</th></tr>
<tr><td>局 长</td><td>丁遂社（12月任）
丁五道（12月离）</td><td>副局长</td><td>王铁鹏（6月任）</td></tr>
<tr><td>副局长</td><td>周宇峰</td><td>副局长</td><td>宋金钟</td></tr>
<tr><td>副局长</td><td>委臣帅（6月离）</td><td>副局长
纪检组长</td><td>赵晓军</td></tr>
</table>

【政风行风建设】 在全县16个乡镇刷写50条固定标语，向社会发放1万张印制有司法所职责、司法所长姓名、联系电话内容的便民联系卡，扩大司法所的社会影响；设置《政务公开栏》向群众公开办事程序及服务承诺，增强工作透明度；在律师、公证员、法律服务队伍中，积极开展职业道德和执业纪律教育。律师所和法律服务所都在醒目位置制作法律服务《投诉须知》展板，并向群众发放投诉须知宣传页，接受群众监督。在全系统所有服务窗口全面实行服务案件质量监督卡制度，所办理的案件必须有当事人的签名，努力提高服务质量。

县司法局党总支向群众承诺为党旗增辉活动公开承诺会议

【人民调解】 深入推进司法调解、行政调解、人民调解三大调解的有机衔接，调委会调处疑难复杂的民事纠纷时，邀请法官提前介入，与调解员配合联手调解，如果调解不成，则及时引入诉讼程序，建立程序对接机制。法庭通过与司法所建立联动制度、调解协议案件审理情况通报制度、矛盾纠纷排查预警制度，委托接待制度等，构建较为完整的“诉调对接”工作网络，加强沟通协调，实现信息互通，建立业务交流对接机制。建立信访事项转送人民调解矛盾纠纷交办制度，对全县重大疑难和牵扯面大的复杂矛盾纠纷，由县乡调解工作领导小组牵头召开有关乡镇和部门责任人参加的联席会议，明确牵头领导，指定责任部门，相互配合，共同抓好调处。年内，全县各级调委会调解各类案件3696起，调解率100%，调成率95%，预防民转刑案件25起。

【“五五”普法规划落实和进展情况】 结合全县实际，制定出以农民工、青少年、企业管理人员、干部职工为普法重点对象，完成40所学校、50个村、20个企业、10个单位的全年法制宣传教育工作，扎实推进法律“六进”活动。按照“一村一法律顾问”原则，“以律师事务所为骨干，以法律服务所为基础”，建立农村法律顾问网络，充分发挥司法所作用，完善乡村法制宣传网络体系，设立村级法制宣传、法律咨询工作站，为村民提供更加便捷的法律服务。利用灵山文化庙会，依法治县办公室组织公、检、法、司等单位举行为期10天的大型送法下乡活动，向社会各界发放法律知识宣传册5000册、宣传页2万份，制作展板30块，接受法律咨询400人次。大力开展法律进学校活动，认真落实中小学法制教育计划、教材、课时、师资四落实，保证每月为中小学生上好一次法制课。县司法局以举办人民调解员培训班为契机，为全县每个村培训1~2名法律明白人，利用律师所、司法所、调委会组织调解纠纷的时机，将法制宣传融入法律服务之中，把法律送到千家万户。建立律师联系企业制度，以《企业法》、《合同法》、《环保法》等法律法规为重点，分期分批对企业经营管理人员进行了法制培训，强化企业学法用法、依法管理的观念，为企业健康发展创造良好的法制环境。在“12·4”法制宣传日，宣传部、县政府法制办、依法治县办、法院、检察院、公安局等23个行政执法单位以及律师所、公证处、法律援助中心、司法鉴定所开展了大型法制宣传活动。出动宣传车200台次，制作展板300多块，张贴标语2000条，悬挂垂幅60条，发放法制宣传页及便民法律服务手册20万份，提高了全民法制教育水平。

【干部职工法律知识考试】 认真抓好全县干部职工法律知识考试工作。县委组织部、县委宣传部、人事劳动局、依法治县办公室先后制定下发了《关于进一步加强干部职工学法用法，提高依法执政能力的实施意见》和《关于组织全县干部职工普法教育考核考试工作的通知》，逐个单位核实参考人数，确保在岗在编人员全部参加考核考试，全县有1万余人参加考试。

【法律援助工作】 县法律援助中心有3名编制，专项经费5万元列入县财政预算。县法律援助中心不断降低法律援助门槛，扩大法律援助覆盖面，打造法律援助绿色通道。全县办理各类法律援助案件197件。

【律师及基层法律服务管理工作】 全县律师及基层法律服务工作者办理各类诉讼案件854起，担任企事业单位法律顾问65家，解答法律咨询2678人次，为当事人避免和挽回经济损失850万余元。狠抓律师所及基层法律服务所规范化管理，顺利完成河南金晖律师所由合作所改制为合伙所。县司法局组织律师共参与25次法律案件协调，受到县委县政府的充分肯定。

【公证工作】 主动走出去，同原有业务单位主管领导进行沟通，通过感情投资和优质服务，确立传统公证项目，巩固原有公证证源。创造性地开展工作，办理个人住房按揭贷款合同公证，并深入民政、信用联社、交通等部门联系开办新的证源。提前介入，力求在房地产、招投标、新农村建设等领域开拓新的证源。以优质高效的服务赢得当事人的信任。全年办理各类公证案件400件。减免公证收费3万余元。

【司法鉴定工作】 加强对司法鉴定所的指导、管理、监督力度，规范司法鉴定程序，狠抓司法鉴定质量，司法鉴定所鉴定各类案件86件，鉴定结论采用率100%。

（张洪涛）

亚马逊食木鱼

美国一个野生动物探险队在亚马逊丛林的池沼里发现一种奇特的食木鱼。这种鱼重约500克，无鳞，皮肤由自动分泌的黏液保养，其生理特征可归入狼鲥科。这种鱼平时在沼泽里生存，肚子饿了不是捕捉小鱼小虾吃，而是上岸爬树啃树吃。它上岸后粗看像只老鼠，用两只胸鳍和尾巴当成爬行工具，爬到树上后它选定一处，然后用牙齿咬掉树皮，专吃木质部分，吃到津津有味处，竟有木屑纷纷掉下来。食木鱼啃树得力于它那奇特而锋利的牙齿，那牙齿长在厚实的腭骨上，根基雪白咬住树木一扭头，就能啃去一块木片，不用咀嚼就已粉碎，并当成美味吞下去。如有惊扰，它不是往下跳，而是往树枝浓荫里爬。它虽然靠腮能吸收一部分氧气，但主要靠皮肤呼吸，在树上待一天也没有问题，只有吃饱了它才肯下树爬到沼泽里休息。它除了吃树，不吃别的动物。它是动物食物链的下端，因为大鸟、树獭、蟒蛇喜欢吃它。食木鱼喜食树木是天然的，因为只有它的胃里有一种溶解木质素的酶。

社会团体

工会

主席 陈宝国

【概况】 宜阳县总工会是宜阳县基层工会的领导机关，受中共宜阳县委和洛阳市总工会的领导。内设办公室、组织部、生产保护部、帮扶中心、法律工作部、女工委、宣教部、财务部、经审办，下属事业单位工会俱乐部。全县有687个基层工会，会员87804人，其中农民工会员48179人。

2010年，全县各级工会以邓小平理论和“三个代表”重要思想为指导，深入贯彻落实科学发展观，紧紧围绕全县工作大局，认真落实“组织起来，切实维权”工作方针，不断完善职工维权制度建设，促进劳动关系和谐，依法主动维护职工合法权益，积极为困难职工解难事，做实事，不断扩大工会工作覆盖面，增强工会组织凝聚力，各项工作都取得了新的进展，为宜阳县经济社会的改革、发展和稳定发挥了积极的作用。电话：0379—68882113。

领导班子成员

职　务	姓　名	职　务	姓　名
主　席	陈宝国	副主席	苏作伟（5月任）
副主席	陈东民	纪检组长	周志英
副主席	王慧承	经审委主任	蔡红伟
副主席	金花粉	女工委主任	刘巧玲

【工会组织建设】 认真贯彻落实全总“两个普遍”，深入推进“广普查、深组建、全覆盖”的工作要求，进一步巩固基层工会组织建设，狠抓乡镇私营企业建会和农民工入会。通过签订建会目标责任书、上门宣传工会法律法规、配合税务代收等方法，重点抓好非公有制企业的建会工作，全年完成建会158家，发展会员7935人；加强工会组织规范化建设，100余家规模以上和区域性行业性工会组织，全部制作了工会牌子，统一刻制了工会公章，有工会会员花名册，颁发了会员证，其中，县公路管理局被推荐评选省级“六好”基层工会；莲庄乡工会被推荐为省级“六好”乡镇工会；制订计划，统一标准，深入基层指导创建工作，推进职工之家建设，两个企业获得市级模范之家，两个企业获得市级模范小家，使基层工会的吸引力和凝聚力进一步增强。

【“五杯”竞赛活动】 开展“同舟共济保增长、建功立业促发展”竞赛活动，激发广大职工的劳动热情；在企业开展我为节约作贡献竞赛活动，引导职工增强节约意识和环保意识；开展“工人先锋号”创建活动，有3家单位被授予宜阳县工人先锋号。2010年有133家企业，1.7万名职工参与劳动竞赛，收到合理化建议145条，开展技术创新38项，推广先进操作法7项，取得了明显的经济效益，为企业增产节能、不断发展作出了应有的贡献。

【维护职工合法权益】 开展和谐企业创建活动，全县开展创建劳动关系和谐企业205家，国有集体及控股企业19家，创建率100%；非公企业186家，创建率72%。其中省级模范和谐企业3家，分别是宜阳县电业局、河南省前进化工科技集团、洛阳黄河同力水泥有限责任公司；市级和谐企业3

家，分别为义煤集团义络煤业、洛阳龙羽宜电有限公司、中国移动通信集团河南洛阳分公司宜阳营业部；开展工资集体协商工作，将工资集体协商工作作为对企业工作考核、检查的重要内容和评先创优的先决条件，新签订工资集体协商41份，覆盖企业252家，职工17188人，确保职工合法权益；成立宜阳县职工法律援助中心，为困难职工维权设立了绿色通道。

【困难职工帮扶】　完善办公设施、强化人员配备、健全制度、争取支持，加强帮扶中心建设，提高服务能力，满足困难职工困难救助、法律援助、职业介绍、技能培训、创业帮扶等需求；加大帮扶解困工作力度。“双节”送温暖活动期间，筹集资金14万元，对全县985名困难职工及农民工进行了生活救助、医疗救助，为他们送去了钱、米、油，使困难职工家庭过上一个祥和的春节；开展关爱农民工活动。筹集5万元开展了困难职工及农民工健康体检活动，免费为500名农民工进行体检。投入3万元，补贴外出农民工车票600人，举行外出农民工欢送活动，由工会领导带队，将35名外出农民工代表送到郑州，参加省总会组织的“2010年元宵节农民工返程专列”欢送仪式；加强困难职工帮扶工作网络化，为4300户困难职工建立电子档案，完成与全总数据联网。

【女职工工作】　2010年组织基层工会举办技能培训班3期，培训女职工220余人；开展了女职工妇科病普查诊治工作，普查诊治51个单位500余名女职工；开展对困难女职工帮扶工作，“六一”节组织基层工会对困难女职工子女和单亲女职工子女进行了慰问。

市工会主席原文涛到宜阳调研

【荣誉】　2010年，宜阳县总工会被河南省总工会授予竞赛组织工作先进集体、工会财务工作先进集体；被洛阳市总工会授予帮扶送温暖活动先进单位、厂务公开民主管理工作先进单位、市职工运动会优秀组织单位、市“五杯”竞赛优秀组织单位、女职工专项集体合同先进单位、总工会组织建设工作先进单位和工会组织建设工作创新成果奖。

（胡　峰）

共　青　团

副书记　张明明

【概况】　共青团宜阳县委员会（以下简称团县委）办公地址位于县委大楼3楼。内设办公室、青工部、青农部、希望办、学校部，核定编制4人，实有2人。全县有直属基层团委50个，共青团员2.55万名。电话：0379—68882344。

领导班子成员

职　务	姓　名	职　务	姓　名
副书记	张明明	副书记	仝朝阳

【青少年思想道德教育】　把握青少年成长特点，创新活动载体，坚持用先进的文化、丰富的活动和喜闻乐见的形式引导、教育青少年，结合青少年自身特点，抓住“五四”运动91周年、建队61周年等有利时机，以理想信念教育为核心，开展了“我帮妈妈做家务”、“好书伴随我成长”、“青少年合唱大赛”、“入队、入团、成人宣誓仪式”等主题教育、形势教育和体验教育活动。在大、中、小学生中开展“青春、成才、奉献、和谐”主题教育活动和“四个一”社会实践活动，使广大青少年在发挥实践育人优势的同时，弘扬民族精神，激发爱国热情，增强使命感和责任感。

【青年志愿者服务活动】　3月4日，在城关镇敬老院内举行了宜阳县千名青年志愿者“学雷锋服务月”活动启动仪式，来自全县1000余名团员，青年代表参加了启动仪式，仪式结束后，千余名青年志愿者代表按照所分管的路段深入城关镇敬老院、寻村镇敬老院、锦屏镇敬老院、红旗路、文明路、文化路开展清扫街道、刷洗墙壁、摆放乱停车辆、义诊、服务老人等系列活动。暑假期间，联合市中心医院、洛阳师范在白杨镇西马村小学举办健康夏令营活动。“八一”前夕，联合团市委、洛阳师院青年志愿者到宜阳驻军某部团史馆门前广场举办庆“八一”慰问演出，同时还送去了5000斤西瓜。12月5日，联合县文明办在城区开展了“千名志愿者助交通、千名志愿者进社区”活动。

【农村青年创业成才】 举办青年创业就业现场推介会，帮助广大农村青年不出家门就能实现创业、就业，春节过后，团县委将外地一些企业请进宜阳，在县委红旗广场集中举办春季青年创业就业现场推介会。推介会共制作企业用工展板100余块，发放用工宣传单1万余份，集中推介青年创业项目30个，提供用工岗位5000余个，咨询6000余人，400余人签订了用工合同；成功举办“大学生村官创业”评选活动，年初，举办了“激情创业，启航梦想—宜阳县大学生村官创业评选活动”，评出张坞乡大学生村官马海涛的养猪项目、三乡大学生村官马海明的蜗牛养殖项目、樊村乡大学生村官樊高产的粮油超市项目。并对这三个项目进行实地考察，确定了扶持方案，于4月23日，通过市青年创业中心发放创业基金5万元，扶持了3个具有发展潜力的创业项目；做好小额贷款工作，进一步鼓励帮助更多的农村创业青年实现自主创业，团县委开展为创业青年发放小额贴息贷款工作，累计为全县55名创业青年发放小额贷款142万元，辐射带动青年就业300余人。7月，联合县委组织部、县邮政储蓄银行举办了宜阳县青年就业创业小额贷款项目启动仪式。各乡镇团委书记、各行政村团支部书记及部分青年创业代表共260人参加仪式；组织青年参加市“阳光培训”。10月，联合县农业局，组织农村青年50人到洛阳农经学校参加阳光创业技能培训，培训以种植、养殖为主，为期22天，吃、住、交通各种费用全免，通过技能培训帮助他们真正掌握一门技能，带动农民增收、农业增效。

【团组织自身建设】 召开基层团组织工作会议，贯彻落实团省委、团市委全会精神，安排部署2010年工作。上半年，使全县353个行政村都配备了村团支部书记，并指导开展农村工作，建立了QQ交流群、飞信，7月14日至15日举办了村团干部培训班，针对如何做好农村共青团工作、快乐工作法、怎样当好一名团干、金融知识等进行了培训，使大家进一步认清了形势、明确了思路、提高了素质，在获取知识的同时，加强了交流，增加了友谊，放松了心情。加大非公有制企业建团力度。6月，与县委组织部联合下发了《关于实施党建带团建进一步加强非公有制经济组织团建工作的实施意见》，建立非公有制企业团组织37家，建立驻外团工委3家，新成立团委3个、团总支6个、团支部30个。新发展团员3680名，“推优”入党100人，为党组织输送新鲜血液。

团省委书记侯红到宜阳调研

【未成年人权益保护】 深入开展优秀“青少年维权岗”创建活动，深化预防青少年违法犯罪工作，每季度召开一次的领导小组联席会议，建立预防青少年违法犯罪防控体系，加强青少年法制教育基地建设，共建立7个校内（外）法制教育基地，各学校以聘请公、检、法等部门的优秀人员当校外辅导员兼副校长，定期到各中小学进行普法教育活动。5月23日，中央召开全国综合治理工作电视电话会议后，团县委于当日下午迅速召开会议研究组织全县团员青年参与维护校园安全工作。并转发（中青发〔2010〕8号）文件《关于组织动员团员青年积极参与维护校园安全工作的通知》，要求全县各级团组织迅速行动起来，参与排查化解矛盾纠纷、参与学校及周边治安隐患整治，开展自护教育。组织安排青年巡警队与各学校保持联络，在上学及放学时间加强巡逻，防止黑社会入侵校园，并掌握内部犯罪资料，打击及预防校园犯罪。5月底，与公、检、法、司等部门联合到学校举办了法制报告会，青少年犯罪有所缓解，社会治安综合治理工作走向规范化。

【实施希望工程】 2010年，引进县外资金85.11万元。3月，在团市委希望办的支持下，争取韩进海运中国有限公司捐赠的价值8万元的电脑、学习用品和体育器材，为张坞镇凹里村韩进海运交通希望小学更新了一批教学设施，副市长刘志会、团市委书记程建龙及县主要领导参加了捐赠仪式；4月，引资10万余元，对柳泉镇沃美希望小学进行改扩建；8月，争取2.5万元，为赵保乡苏有朋希望小学配备课桌、板凳60套，捐图书2300余册，对学校全面粉刷；9月，在县青少年活动中心举办了“关爱农民工子女服务活动启动仪式”，现场救助了贫困大学生33名，发放助学金14.4万元，争取免费上郑州“百年职校”名额21名，现场发放了录取通知书；春节前夕，策划开展了“温暖冬天·希望工程爱心大动员”活动，帮助贫困山区的青少年温暖过冬。

【特色工作】 4月29日晚上，在县滨河游园举办了迎“五四”——青少年合唱大赛，大赛共13个代表队，1500余名师生先后合唱了《中国少年先锋队队歌》、《校园多美好》、《光荣啊，中国共青团》、《团结就是力量》等歌曲，最后评选出少年组一等奖、二等奖，青年组特等奖、一等奖和二等奖。县四大班领导参加了开幕式观看了比赛，并为获奖集体颁奖。“八一”前夕，联合市青联、洛阳师院在宜阳驻军某部团史馆门前广场举办庆“八一”慰问演出，市县领导与官兵们共同观看演出，一个个精彩的节目为绿色军营增添了浓郁的节日气息。12月14日，洛阳市共青团组织服务产业集聚区活动启动仪式和青年突击队授旗仪式在宜阳县举行，市委常委、经济工作部部长、副市长宋殿宇、团省委城市青年工作部部长丁向东、团市委书记程建龙、宜阳县委副书记、县长黄晓玲等领导参加了此次活动，活动结束后，15个县市区的团委书记参观学习了宜阳县非公有制企业团建工作。12月29日晚，由共青团宜阳县委、宜阳县产业集聚区共同主办，宜阳县中油华宜天然气有限公司独家冠名的迎新年“华宜”杯第二届青年歌手大奖赛总决赛在县广播电影电视局演播大厅隆重举行。

【上级领导关怀】 11月26日，团省委书记侯红、团省委青农部部长薛崇林、团省委青工部部长丁向东一行3人到宜阳调研县域共青团组织建设工作，县委副书记、县长黄晓玲，县委副书记张国松陪同调研。侯红一行先后到城关镇团委调研了全省格局创新先进试点乡（镇）项目开展情况和城关镇团的各项工作开展情况，听取了镇领导的汇报；到赵保乡坡底村新义养殖专业合作社查看了团县委扶持的青年就业创业基地；到莲庄乡大学生村干部创业园调研。侯红对宜阳团委的工作给予了高度评价，要求各级团组织要切实做到“胸中有全局、眼中有问题、手中有方案、有为求地位”。

12月5日，团中央农村工作部副部长孙俊波到宜阳县调研大学生村官创业项目，在莲庄乡大学生村官创业园——鲜果蔬种植基地，现场对创业园的发展前景、实际困难以及产品销路等问题进行了深入调研，对全县大学生村干部以创业带动就业、带动和促进当地村民增收致富的做法给予高度评价，决定从资金上给予扶持，帮助扩大规模。并对大学生村干部提出了3点要求：要勇于扎根基层、奉献基层、彰显本领，在村官岗位上做出不平凡的成绩；要稳扎稳打，不急于求成，发挥自身优势，注重协调发展，把创业园打造成宜阳无公害蔬菜品牌；要加以宣传，以点带面，把好的做法和经验辐射全县，实现村干部基层创业的全面发展。

（全朝阳）

妇　联

主席　樊惠芳

【概况】 宜阳县妇联位于县委大院，属县委序列，工作人员6名。其中主席1名，副主席2名。

2010年，宜阳县妇联全面落实科学发展观，带领全县广大妇女改革创新、团结奋进，为实现宜阳经济的快速发展、构建社会主义和谐宜阳作出了重要贡献。获得了河南省宣传工作先进集体、洛阳市家庭教育先进县、洛阳市家庭教育工作先进集体、洛阳市实施春蕾计划先进集体、洛阳市妇女读书活动先进集体等荣誉。电话：0379—68882130。

领导班子成员

职务	姓名	职务	姓名
主席	樊惠芳	副主席	张俊怡（5月离）
副主席	王小群	副主席	王韶慧（5月任）

【表彰先进】 3月3日，召开宜阳县庆“三八”暨工作表彰大会，表彰10个“三八”红旗集体，10名“三八”红旗手，16名巾帼标兵，6名科技致富带头人，16户五好文明家庭。

【“三八”绿色工程】 3月8日，在香鹿山生态园开展建设“三八”绿色基地、构建和谐生态宜阳植树活动。县领导与来自各乡镇、县直各单位的1500余名妇女参加植树活动，以实际行动为绿色宜阳、生态宜阳建设增光添彩。

【维护妇女儿童合法权益】 制定《全县妇联系统2010年度开展法制宣传教育工作的实施意见》，成立普法领导小组，开展法律维权周宣传活动，展出法律法规、卫生保健等宣传版面60余块，发放宣传资料3000份，设立咨询台26个，为广大群众答疑解难。加强维权工作和维权网络建设，全县16个乡镇分别成立了维权工作领导小组，建立了妇女儿童维权站，各法庭配有妇女干部陪审员，参与妇女儿童案件审理全过程。2010年，县妇联接待来信来访案43起，结案43期，结案率100%。开展平安家庭创建活动，在全县创建示范村3个，为386个示范户挂牌表彰，创建率98%。

洛阳市妇女维权周启动仪式在宜阳红旗广场举行

【关爱老人】 重阳节来临之际，组织县医院、东街、中街、西街学校及实验幼儿园的妇女到城关镇夕阳红老年公寓进行慰问，为敬老院老人表演了精彩的文艺节目，送去了棉衣、棉被，为敬老院老人量血压、听心肺等义诊活动，还为老人们讲解养生保健知识，让他们切实感受到党和政府的关怀和祖国大家庭的温暖。

【“双合格”家庭教育】 教育局聘请该县资深教育专家在全县开展“双合格”家庭教育活动。举办家庭教育巡回报告会10场，培训家长1070名，以城关镇、柳泉镇为重点，办好家长学校和儿童教育基地，作好家庭教育示范工作，促进儿童工作的开展。

【“六一”慰问】 组织协调全县各单位慰问学校68所，慰问品3万件，慰问金8万余元，使全县儿童感受到党和政府的温暖。

【妇女参政议政】 发挥职能作用，协调各乡镇健全了村级妇女组织，全县353个行政村，村村建立妇代会，配备妇代会主任353名。妇女干部进村委比例大幅提高。

【科技培训】 在市妇联的大力支持和配合下，与县劳动就业培训中心合作，培训妇女8205人次，安置就业7963人，培训就业后的农村妇女人均月收入1520元。

（王韶慧）

文 联

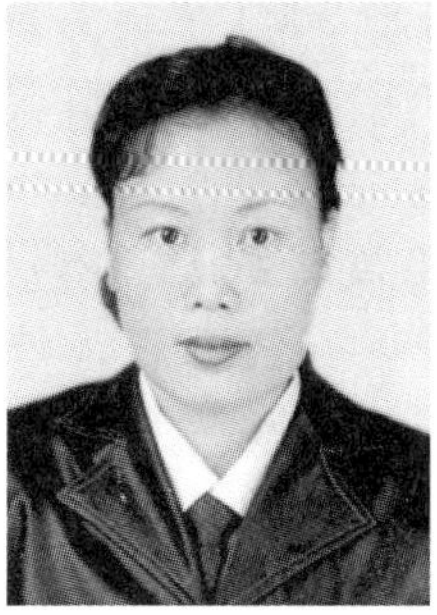

主席 徐慧丽

【概况】 宜阳县文学艺术界联合会（以下简称县文联）办公地址位于县委机关院内，编制3名，实有3人，下辖10个协会，会员600多人，2010年县文联围绕中心、服务大局、面向基层服务群众，认真履行联络、协调、服务的职能，充分发挥组织、引导、服务作用，团结带领广大文艺工作者，积极深入生活，认真开展工作，努力繁荣宜阳的文艺事业，为宜阳建设和谐社会作出了应有的贡献。获得洛阳市文联系统先进单位。电话：0379—68878575。

领导班子成员

职　务	姓　名	职　务	姓　名
主　席	徐慧丽	副主席	冯荣国（12 月离）

【挖掘西游文化，打造魅力品牌】 2010 年，宜阳县将弘扬宜阳民俗文化，作为地域经济和文化旅游产业发展的重要资源，加大保护和开发力度，着力塑造文化品牌。向国家文联（国家民协）申报宜阳县为“中国西游文化之乡”。按照国家、省、市民协的申报要求，县文联克服困难，组织普查员深入花果山景区及周边乡村，挖掘西游文化遗存，收集、整理有关材料，并对当地有关西游文化碑刻、绘画、建筑进行拍照保存。申报文本于 11 月初正式上报。“中国西游文化之乡”省级专家考察论证会于 11 月下旬召开。省文联、省民协组织的专家考察团对宜阳县申报工作给予了高度评价。县文联根据与会专家提出的意见和建议，对申报文本进行修改和完善，迎接国家文联、中国民协组织的考察论证。

【民间文化遗产抢救工程】 2010 年，县文联完成了 32 万字的《中国民俗志》（宜阳县卷）编纂工作，已报市文联初审，申报的“谷氏和善堂”入围第二批河南省“老字号”名录。

【组织全国诗赛】 县文联组织县内作者积极参加“诗意河洛—百名作家写洛阳”文艺大奖赛，与中国散文学会、中国新文学艺术创作研究院、大河诗刊杂志社联合举办“李贺杯”散文、诗歌大赛，4 月底面向全国征稿。收到全国各地 2000 余篇参赛作品，评选出一、二、三等奖，优秀奖、获奖作品 100 余件。11 月 16 日晚，在洛阳华阳广场国际大饭店隆重举行“李贺杯”全国散文诗歌大奖赛颁奖典礼，人民日报社原副总编辑、著名作家梁衡，中国文联原党组副书记、著名作家孟伟哉，《人民文学》原常务副主编、著名诗人雷杼雁等文化名人出席典礼并为获奖作者颁奖。县文联积极组织宜阳县作者参赛，其中，贾栓鹰《宜阳赋》获得大赛一等奖，郅敬伟的《诗鬼赋》，李小平的《长吉归来》、赵宏欣的《你是一颗蒲公英的种子》获得大赛二等奖。整个赛事在全国文学界反应良好。

【开展各种活动，促进交流提高】 2010 年，县文联采取请进来、走出去、走下去的方法，参加和举办各种讲座、采风等活动，不断提高会员的整体水平和综合素质。邀请了唐国强、许献庭、刘柏山等外地和宜阳籍外地的著名艺术家来宜、回宜进行交流。组织了 10 多次采风活动。其中，县书协组织会员赴宝丰、天津等地创作交流并坚持每月笔会例会制度，开展作品点评、创作指导。摄影家协会组织了花果山红叶采风，作协组织到上观乡、穆册乡偏远山区采风，莲岳诗书画赴北京、山西等地采风，广大文艺工作者通过这些活动，开阔了视野，丰富了生活，促进了创作。

【书协工作】 积极参加各种展览。2010 年，县书协组织作者积极参加各级展览收获颇丰：陈红善作品入展全国兰亭书法艺术大奖赛“尧山杯”新人新作展、入围全国第二届扇面书法艺术展，并入选作品集。李红旗、史治会、张金明的作品在河南省书法家协会第十九届群众书展中获优秀奖。张岱在公务员书法大展中获奖。45 幅作品参展河洛文化节“千年帝都”作品展。

县书协举办特邀名家书画展

组织书法展赛。2 月 26 日与县文联、文化局合办董茂功、杨功甫、常明善 3 人书画展，展出作品 110 幅。4 月 29 日举办情系玉树宜阳县书法家作品展，展出作品 90 幅，义卖善款 3000 元，奉献给灾区。12 月举办“工信杯”书法大奖赛，展出作品 135 幅，并评出等级奖 6 名。

发展会员、巩固书协组织。聘请老领导李孝斌、麦文子为书协顾问，积极向上级书协推荐会员并发展新会员。年底全县共有会员 198 名，其中国家级会员2名，省级会员21名、市级会员45名。

【创造良好环境，繁荣文艺创作】 2010年，县文联设立专项文艺精品创作基金，对优秀作品进行扶植和奖励。文学艺术创作空前繁荣，部分作品品位高、观点新、视觉独特，展出或出版后在全国、全省、全市反响强烈。全县作家在国家、省、市级报刊和重要网络发表小说、诗歌、散文、诗词、报告文学、民间故事等文学作品百余篇（首）。宋玉杰创作的传记《牙医马念成》、司伟平的随笔集《洛阳城事白话》、莲岳诗书画联谊会编辑的《莲岳新声》第四卷出版。赵宏欣的散文《关于山的断想》和《童年记忆三题》分别获得中国散文学会主办的2010年全国散文作家论坛征文大赛二等奖、中国散文学会、中国报告文学学会主办的中国时代风采征评活动散文类银奖。侯志涛的诗歌《落日》获得2010年“首先杯”全国诗歌散文大奖赛优秀奖。赵宏欣的小小说《家乡情感》被选入石油工业出版社出版的《中考语文阅读和写作》，3月又被选入重庆市2010年九年级上册培训训练语文试卷（人教新课标版本）。刘雷的诗两首《读毛主席诗词感吟》、《送孙万生君西行》在《北方作家》2010年第1期发表。李小平的现代诗《汝阳杜鹃杜康》获得“首届‘杜鹃杯’全国诗歌大赛”新诗三等奖。马立谦的《纪念毛主席诞辰116周年》、周庚申的《乙丑重阳登汉山》、安仁魁的《读〈励耕诗词选〉感赋》、《农村掠影》、张英伟的《洛阳理工学院赋》等在2010年《中州诗词》第一期发表。王玉功在国家新闻出版总署农家书屋办公室举办的“我的书屋，我的家”2010年全国农家书屋阅读讲演活动中，荣获最佳风采奖。田义伟的《早读》入选第23届全国摄影艺术展，宋会杰的《走进大山》入选第六届河南省农村摄影大展。赵越冠的《大山里的三夏》获得河南日报（农村版）、大河网、河南电视台都市频道、中石化河南石油分公司联合举办的“我眼中的‘三夏’摄影大赛”二等奖。在全省“关注民生，共创和谐”摄影大赛中，宋会杰、田义伟、赵越冠摘取银质、铜质、优秀奖。李红旗、史治会、张金明获得省第十九届群众书法作品展优秀奖。

【发挥文艺优势，体现人文情怀】 玉树地震后，县文艺工作者积极为地震灾区捐款捐物。4月29日宜阳县书法家协会举办“‘情系玉树’宜阳县书法家作品义卖展”，把义卖作品善款3000元上缴县红十字会。

（霍书芳）

残　联

主席　阎发现

【概况】 宜阳县残疾人联合会是负有政府职能的群团组织。办公地址位于县城文明中路51号，共有干部职工9人，设有办公室、残疾人康复工作办公室、残疾人劳动就业服务所、社会募捐办公室、专门协会办公室、盲人按摩指导中心、维权中心7个股室和二级机构。

2010年，培训各类残疾人873人，帮助扶持残疾人就业创业256人；免费供应残疾人代步轮椅等辅助器具379部（件）；为152名重症精神病患者提供了免费服药救助；对200名精神、智力及其他重度残疾人居家托养给予救助；为100户农村贫困残疾人改善了居住条件；资助残疾人大学生、高中生及县特教学校特困学生92名入学就读；各项康复服务救助项目惠及残疾人3400多人。2010年新纳入城乡最低生活保障残疾人728人；99%以上的农村残疾人参加了新型农村合作医疗；符合条件的城镇持证残疾人全部纳入城镇居民医疗保险范畴。开辟了残疾人维权绿色通道。成立“宜阳县残疾人法律救助工作协调领导小组”、设立“爱心维权示范岗”，确定“宜阳县明耀律师事务所”为宜阳县“残疾人法律服务特约律师事务所”并授牌，为残疾人提供便捷、周到的法律援助服务。2010年接待残疾人来访303人次，信访调处率100%，其中启动法律援助程序3起，接待残疾人法律咨询23人。全年无残疾人重大案件发生，未出现进京、赴省、赴市集体上访事件。

2010年，宜阳县被中残联评为《两刊》宣传工作先进县；被省政府残疾人工作委员会评为全省残疾人工作先进县、全省残疾人就业培训工程先进集体；被省民政厅、卫生厅、省残联授予河南省残疾人康复示范县称号；获得洛阳市残疾人工作先进县、残疾人按比例就业工作先进县等荣誉称号。电话：0379—68877585。

领导班子成员

职　务	姓　名	职　务	姓　名
主　席	阎发现	副主席	孙银虎
纪检组长	马武锁		

【创建“河南省残疾人康复示范县”】 县政府成立了创建“河南省残疾人康复示范县”领导小组。投入资金30万元，建设乡（镇）示范康复室2个，村（社区）示范康复站5个，培训乡（镇）康复指导员和村（社区）康复协调员386名，建立健全了全县残疾人康复服务档案。12月3日，省创建活动领导小组对宜阳创建“河南省残疾人康复示范县”活动进行检查验收。被河南省民政厅、卫生厅、省残联命名为河南省残疾人康复示范县。

【残疾人就业培训工程】 2010年，按照“科学周密谋划、深入细致普查、有的放矢培训、因势利导就业”的工作方针，成立了残疾人就业培训状况普查工作办公室，全县建立了60个普查小组、353个村（居）委会陪调组，组建了858人的普查队伍。录入残疾人就业培训状况普查信息14195人，培训各类残疾人873人，实现残疾人就业创业256人，完成了残疾人就业培训工程目标任务，被省政府残疾人工作委员会评为全省残疾人就业培训工程先进集体。

【建成洛阳市残疾人扶贫培训示范基地】 扶贫培训基地占地面积20亩，投资200万元。建成标准化鸡舍6座3600平方米，普通鸡舍5座2000平方米，总存栏量3.75万只，年出栏量18.75万只，年销售额410万元。每年可直接培训残疾人及其亲属150人，辐射带动残疾人1260人。全年扶贫基地培训残疾人50人，扶持带动36名残疾人实现了就业。11月，扶贫培训基地被洛阳市残联命名为洛阳市残疾人扶贫基地。

【实施“阳光家园计划”残疾人托养服务项目】 “阳光家园计划”项目为智力、精神残疾人及其他重度残疾人托养服务提供支持和帮助。县残联制定了《宜阳县2010年“阳光家园计划”实施方案》，对项目实施的指导思想、遵循原则、资助范围和标准、申请资助的条件、工作程序及要求等做了明确规定，确保项目实施的公平、公正和公开。2010年，县残联争取“阳光家园计划”项目资金10万元，对符合条件的200名精神、智力及其他重度残疾人居家安养给予救助。

【实施农村贫困残疾人危房改造项目】 县残联制定了《宜阳县2010年国家彩票公益金农村贫困残疾人危房改造项目实施方案》。2010年宜阳县农村贫困残疾人危房改造工作和全省农村危房改造试点工作紧密结合，实施“三统一”、“三纳入”，即：成立统一的领导组织、制定统一的实施方案、开展统一的工程进度和质量监督检查工作；纳入全县农村危房改造目标任务、纳入全县残疾人工作年度责任目标考评范围、纳入全县扶残助残活动和为残疾人办实事总体安排。项目投入资金70万元，使100户贫困残疾人家庭居住环境得到改善，受益残疾人137人，425家残疾家庭直接受益。

【完成全县残疾人专职委员集中培训】 全县17个乡（镇、街道）残联、353个行政村残协选聘了残疾人专职委员，解决了办公场所，配备了必要的办公设施。乡（镇、街道）残联和村残协实现统计数据、工作制度和服务措施制版上墙，建立健全了工作台账和基层残疾人需求登记制度。分批对370名残疾人专职委员进行了集中培训，专职委员人手一册《基层残疾人专职委员实用手册》，培训合格的，颁发《基层残疾人专职委员培训合格证书》。

【组织“全国助残日”活动】 5月16日是第二十次法定“全国助残日”，助残日活动时间安排为一个月。5月18日上午，县残联在县城红旗广场举行了轮椅捐赠、农村特困残疾人救助金发放、特约残疾人法律服务站授牌和向县特教学校捐赠生活用品等一系列爱心助残活动。县残联联合河南省助残济困总会、河南省残疾人福利基金会、台北曹仲植基金会向贫困肢体残疾人捐赠轮椅220部；县残联为200名智力、精神及其他重度残疾人发放“阳光家园计划”项目托养救助资金10万元；为20户残疾人发放互助金组织帮扶资金6000元；向县特教学校捐赠校服50套、太阳能热水器1台、学生生活物品柜50套，总价值1.2万元；县残联联合县司法局确定“宜阳县明耀律师事务所”为我县第一家“残疾人法律服务特约律师事务所”并授牌。集中捐赠活动结束后，县特教学校的聋哑孩子们表演了精彩的文艺节目。

【举办残疾人自强模范励志报告会】 为了弘扬残疾人自强不息的拼搏精神，启迪在校学生正确认识残疾人和残疾人事业，营造扶残助残的良好社会氛围，县残联于10月、11月分别在宜阳一高和宜阳县城关镇一中举办了两场“中华第一脚——赵杰走进校园励志报告会”。8600名在校学生和部分家长聆听了残疾人自强模范赵杰身残志坚、不畏艰难的先进事迹后，深受感动和鼓舞，纷纷表示要以自强模范为榜样，刻苦学习，立志成才，励志报告会取得了良好的社会效果。（孙银虎）

工 商 联

书记 赵鸿鸣

【概况】 宜阳县工商业联合会（简称工商联，又称总商会）位于文明东路政协1楼，是中国共产党领导的由宜阳工商界组成的人民团体和民间商会。是党和政府联系非公有制经济人士的桥梁和纽带，是政府管理非公有制经济的助手。引导会员参政议政积极参加国家经济建设，对广大会员进行团结、帮助、引导、教育，做好非公有制经济人士的思想政治工作，维护会员的合法权益，为会员提供信息、科技、法律、审计、融资、咨询等服务。内设综合办公室，核定编制3名，实有3人。全县有行业商会2个、乡镇商会16个、县工商联维权中心1个、宜阳县劳务服务中心1个，各乡镇和街道建立维权联络站25个，拥有各类会员2600名。电话：0379—68890113。

领导班子成员

职　务	姓　名	职　务	姓　名
书　记	乔少青（5月离） 赵鸿鸣（5月任）	副主席	张文敏
主　席	裴书群	副主席	马学来

续表

职　务	姓　名	职　务	姓　名
驻会副主席兼秘书长	樊书卿	副主席	乔　峰
副主席	李克仁	副主席	彭　立
副主席	李绍勋	副主席	李庭云
副主席	李剑峰	副主席	刘爱红
副主席	和文立	副主席	苗秀云
副主席	武保卫	副主席	陈书现
副主席	李新景	副主席	董建民
副主席	陈向阳	副主席	谷学勤
副主席	樊继彬	副主席	阎二虎
副主席	李跃华	副主席	冯跃先
副主席	李战争	副主席	冯合其
副主席	王现峰	副主席	曹丁旺
副主席	刘昨飞	副主席	郭世军
副主席	周站立	副主席	郭宏伟
副主席	樊纪锋	副主席	聂万春

【“新农村建设”帮扶工作】 利用企业优势，采取帮扶措施，做好所包村的新农村建设工作。通过协调企业和争取专项资金为锦屏镇铁炉村筹资50余万元，完成道路硬化4.8公里，建成沼气池45座，垃圾池9个，配专职保洁员3名；为苗村筹资60万元完成该村村部一楼主体工程，修建排水渠600米，修建花池70多个，为村民创建良好的生活环境。

县工商联第八届会员代表大会

【“凝聚力”工程】 2010年，工商联接受社会捐款50.5万元，帮扶大学生220名，救助贫困户100

户，安排下岗职工再就业50名。积极组织“情系玉树”抗震捐款活动，捐款35万元。

【会员服务工作】　积极搭建为民营企业服务平台，拓展服务领域提高服务水平，创新服务方式，丰富服务内容。深入做好非公有制经济人士的思想政治工作。

（樊艳丽）

科　协

主席　冯学朝

【概况】　宜阳县科学技术协会为行政单位，经费形式为财政全供，共有11人。主席1名，副主席3名，非领导职务正科级干部4名，副科级干部1名，职工2名，办公地址位于县委大院。

2010年，科协深入开展科技专家服务“三农”活动，积极推动科普惠农兴村计划，大力搞好科普示范基地、示范乡、示范村、示范户建设，建立健全了一大批农村专业技术协会，巩固和发挥科技专家服务三农活动的成果。县科协、寻村镇、樊村乡、锦屏镇被省科协评为省新农村建设科普工作先进集体。电话：0379—68882038。

领导班子成员

职　务	姓　名	职　务	姓　名
主　席	冯学朝	副主席	冯科战
副主席	王瑞桃	副主席	杨　玲

【创先争优活动】　科协领导班子高度重视创先争优活动，组织集体学习5次，召开党员民主生活会3次，座谈会2次，发放征求意见表40份，收集建议2条。

【农村科普工作】　利用乡村科普惠农宣传栏、科普下乡、科技活动周、文化庙会、农村集市、科技培训等多种形式开展丰富多彩的科普惠农活动，促进农村科技互动，组织科技咨询活动6场次，组织科技下乡服务活动10场次，印发科普宣传资料18500份。举办各类涉农技术培训班12期，受教育干部群众2万多人次。

【科技专家服务“三农”】　2010年，组织市县专家26人，对接服务项目37个，科技培训3060人次，辐射带动农户4900余户。更新村级宣传栏挂图4期。征订《农家参谋》400余份。

【科普惠农兴村计划】　全县实施了以建设“一站（科普惠农服务站）、一会（科普惠农协会）、一栏（科普惠农信息栏）、一室（科普惠农宣传室）、一员（科普惠农信息员）”为主要内容的“五个一”科普惠农工程。扩大了覆盖范围，完善了“五个一”科普惠农工程的硬件建设，形成了信息技术、人才和物资良性互动，掀起了科普惠农高潮。

【三创一带】　“三创一带”工作是科协联系群众和农村主导产业的桥梁和纽带，是科普工作迅速发展的助推器。截至目前，宜阳县创建各种农村专业技术协会89个，会员8052人；创建科普示范基地92个，培育科技示范户1910户，科普带头人207人，辐射带动农户9500户。2010年新组建农村专业技术协会3个，建成科普示范基地3个，完成省级“科普示范县”申报工作。对全县的科普示范基地、协会、科普带头人进行了检查评估，重新建档立卡，完善“三创一带”数据库。2010年，“宜阳县仁用杏专业技术协会”获得国家级先进农村专业技术协会称号，获得20万元奖励。

【科普活动周】　9月17日至23日，在全县范围内开展了丰富多彩的“科普活动周”活动。

9月17日，县科协组织农、林、水、机、环保、卫生、科技、团委、妇联、教育等单位在县城红旗广场举办大型科普宣传咨询活动，展出科普图板68块，设立咨询台30处，印发各种科普资料20000份，咨询受益群众2800人次。

各乡（镇）因地制宜，结合自身特点举办了不同形式的科普宣传活动，增强广大群众的科普意识，丰富科学知识。

更新乡（镇）和村科普宣传栏宣传内容，广泛宣传农业科技知识、健康知识、森林及环境资源保护知识、防灾、抗灾知识、科学育儿知识、道路交通安全知识。

组织科技人员深入乡村开展种植、养殖业为主题的农村技术培训和医疗卫生义诊以及科学进乡村大讲堂活动，让农民得到科普的实惠。

【校外青少年科技教育】 2010年，是实施中国儿童基金会非正规教育项目县的最后一年，县科协组织开展了"学科技、手拉手"、"校外青少年外出务工经验交流培训会"、"校外青少年生活能力拓展营活动"、"校外青少年运动会"、"英特尔求知计划"电脑培训、"绿色农村，杜绝垃圾环保活动"、"青春期女童健康知识培训"、"蔬菜产供销职业体验活动"等多种适合青少年特点的活动。全年开展非正规教育项目活动18次，培训校外青少年360人、孕产妇及大龄女青年150余人，并为103名儿童进行了健康体检。6月、7月组织校外青少年23人参加省、国家在郑州、北京组织的运动会暨青少年拓展营活动。

【新农村建设帮扶工作】 推进新农村建设和扶贫开发工作。与县劳动部门合作积极协调农村剩余劳动力外出务工；组织相关技术人员到县科协分包的扶贫村张坞镇石门村和上观乡上观村举办烟草培训3次，科普知识培训班6期，培训群众3300余人；为分包的扶贫村免费发放各类科普宣传资料5000余份，建科普宣传栏2个。

【招商引资工作】 引进县外资金50万元。

（黄向飞）

鸟类的"结婚"年龄

鸟类在什么年龄"结婚"，完全由它本身的重量、大小来决定。像黄莺、鸫、夜莺、麻雀、燕子这类身躯灵活、啼叫悦耳的小鸟，在出世后的次年，就匆匆建立自己的小家庭。接着，生儿育女，忙得焦头烂额。那些躯体肥大的鸟类，结婚就比较晚，它们在出生以后的好多年，孑然一身，乐不可支。例如，有一种双翼长达4米的信天翁，8岁时，依然过着那种逍遥自在的"单身汉"生活。它喜欢面临大海，只身展翅巡游。一直到九、十岁时，才开始考虑自己的"婚姻大事"。鹳要到四五岁后娶媳妇。灰背的海燕，结婚年龄一般在6岁。而不少猛禽总要到5岁~8岁时，才求爱成亲，繁殖后代。在整个鸟群世界中，结婚最晚的大概要算兀鹰了，它到11岁时，往往还是光棍一个。

那么，鸟夫妻之间的年龄是否也有差别呢？有的。以山雀为例。有三分之一的雄雀喜欢娶比较年轻的雌雀。结婚后，夫妻之间相依为命，同甘共苦。不过，也有不少雌雀的年龄比雄雀大。这样的婚姻往往好景不长，小两口常常因为不能情投意合，闹得不可开交。最后只得"离婚"了事。

"离婚"，其实在鸟夫妻中是司空见惯的。譬如，习惯于集群生活的海鸥，每年春天都要从异乡返回旧地，另筑新巢。去年刚刚结婚的小夫妻，现在已经分道扬镳了。

从各种研究观察的结果来看。有85%的"老夫老妻"彼此忠贞不渝，相亲相爱。与其他年龄的鸟群相比较，它们的家庭关系就显得稳定固实，和睦融洽。这样的家庭，往往是筑巢早，产蛋多，孵化出来的雏鸟成活率也高。

城乡建设　环境保护

城乡建设

局长　赖长伟

【概况】　宜阳县住建局位于北城区锦屏北路，内设办公室、政工办、财务科、施工科、村镇办、热力办、工程办，下属房管局、水务集团、污水处理厂等20个单位。

2010年度，建设系统按照“强力开发北城区、改造完善老城区、启动实施宜东新区开发和努力搞好中心乡镇建设”的城乡建设思路，围绕县城建设“一年大变样、三年出形象、五年上品位”的总体目标，贯彻落实省“推进城乡建设、加快城镇化进程”战略，勇于创新、奋力拼搏，取得了骄人成绩，城乡面貌发生了巨大变化。电话：0379—68828666。

领导班子成员

职　务	姓　名	职　务	姓　名
局　长	赖长伟	副局长	赵建华
副局长	魏站民	副局长	曹海军
副局长	王献召	副局长 纪委书记	赵向阳
副局长	张社民	党委委员	张跃河
党委委员	刘素景	党委委员	王晓瑜

【城中村、旧城改造及新区开发】　2010年，积极实施城中村、旧城改造及新区开发工作。完成改造项目9个，占市定目标任务的180%；完成拆迁面积32.5万平方米，占市定目标任务的217%；开工建设68.55万平方米，占市定目标任务的274%；竣工面积36.2万平方米，占市定目标任务的200%；投资5.33亿元，占市定目标任务的178%。完成旧城改造项目11个，占市定目标任务的137.5%；完成拆迁面积7.7万平方米，占市定目标任务的192%；开工建设18.9万平方米，占市定目标任务的189%；竣工面积13.1万平方米，占市定目标任务的218%；各类管网建设7.2万米，占市定目标任务的225%（不含产业集聚区）；建设道路9000米，占市定目标任务的180%（不含产业集聚区）；完成投资2.8846亿元，占市定目标任务的144%。完成新区开发建设面积15.14万平方米，占市定目标任务的151%；完成投资8.4838亿元，占市定目标任务的170%。全年新、老城区共开工建设高层楼房48栋，竣工26栋。

城中村改造项目开工典礼

【基础设施建设】　实施基础设施建设，完善城市功能，提升城市承载能力，以服务民生，服务经济建设。一是完成总长8.8公里、总投资4629万元的“十路”即汉兴路、西环北路、滨河路、解放中路、矿口北路、兴宜路、文明路东延、纬一路、北环路、经三路等开工建设任务。完成创业路、寻牌路“两扩”工程；完成后庄至二陶1200米“三线入地”铺设任务。二是供水、污水处理工程，投资749万元改造供水管网21公里，投资600万元改造铺设排水管网30公里；投资5960万元，实施建设宜阳县北城区污水处理项目，计划2011年8月底投用。三是供气、供热工程，完成李贺大道、香鹿山大道、未来大道、建业南路、锦屏南路、创业路等11公里的中压燃气管道铺设，完成了家鑫水岸、家鑫花园、香山骊都、府琛花园等住宅小区5.8公里的低压燃气管道铺设，现已辐射用户500余户，通气用户125家；成立宜阳县城建热力有限公司，实施城区集中供热工程，一期供热100万平方米。

【小城镇建设管理】　年初对各乡镇下达了小城镇建设管理工作要点。以新农村建设为契机，加大基础设施建设投资力度，抓好小城镇的供水、排水、休闲文化广场、专业市场、绿化、环卫等建设与管理工作，提高乡镇所在地在政治、文化、经济、社会事业等方面的中心地位，为新农村建设和乡镇的经济发展起到了导向作用；抓好小城镇经营管理工作，完善各项管理制度，强化职责，使小城镇建设经营管理与新农村建设同步协调发展，使各项管理逐步走向制度化、规范化；加强对小城镇经营管理工作督查、督导，落实季报制度，每季度将检查督导结果通报全县，形成了各乡镇争创明星乡镇和省、市先进乡镇的良好氛围。

【农村危房改造】　2010年省下达宜阳县农村危房改造目标任务1000户，总投资600万元。成立了以主管副县长为组长的领导小组，并要求各乡镇也成立相应的领导组织，加强对危房改造工作的组织领导；制定了《宜阳县农村危房改造实施方案》，对危房户确定标准、制定改造计划，并对建房补助标准、资金管理、保障措施等都作了详细安排，确保全县改造目标任务顺利完成。

【乡镇垃圾清运管理】　2010年完善了各乡镇垃圾清运管理机制。11月省政府配发垃圾清运车辆11台，现已配发有关乡镇。

【廉租住房建设】　2010年，市下达宜阳县廉租住房保障任务2113户。已完成廉租住房保障户2148户，占市定目标任务的102%；其中廉租住房保障补贴发放1518户，发放资金240.6494万元，廉租住房实物配租630户。2009年开工建设的4.3万平方米（860套）廉租住房项目（锦屏小区），12月10日完成验收并交付使用；2010年产业聚集区配建廉租住房2万平方米（400套）项目（龙兴小区），9月开工建设。竣工的廉租住房，已通过申报、审核、公示，现已配租入住，入住率60%，并已纳入物业管理。实行一户一档，签订了《廉租住房租赁合同》和《廉租住房购房合同》，租金按年度收取，租金和售房款全部上缴财政专户，专款专用。

2011年建设局工作会议

【经济适用房建设】　2010年续建经济适用房1.5万平方米（幸宜小区），11月20日已竣工交付使用；新开工建设经济适用房2.5万平方米（锦屏小区）。

【建筑市场管理】　2010年，查处城乡建设违法案件，遏制违法建设案件发生。查处城乡违法违规建设案件39起，结案35起，整改1起，结案率92%；完成施工图设计面积10万平方米，施工图设计审查项目13个，抗震设防审查备案率95%；严把建设工程招投标关，规范招投标程序，严查违纪行为，全年与纪检、检察等共监督招标46项，建筑面积82万平方米，造价约7.93亿元；发布《宜阳县建设工程材料预算指导价》6期，编制预（结）算10项；承揽工程监理项目26项，建筑面积92.35万平方米，总投资2.58亿元，监理工程合格率100%，工程监理统管率100%，工程监理率90%以上；推广使用新墙材建设面积150万平方米，县城建设改造与建筑节能相结合，利用太阳能、浅层地能等可再生能源和外墙保温，使建筑节能设计执行率达100%，建筑实施率达81%，新墙材使用率达90%。推广散装水泥105万吨，推散率75%以上。全县51家小型“免烧砖”企业，5家已完成升级改造，其余已全部关闭拆除；加大安全生产管理力度，2010年共办理《施工许可证》29份，组织对全县在建工程进行了12次安全生产大检查和3次专项治理，查出事故隐患25处，全部整改到位，整改率100%，坚决杜绝了无证施工行为。组织农民工培训180人，64名项目经理进行了再教育，6名安全员实施了培训，建筑企业资质年检率100%；加强建筑工程质量监督，共监督工程89项，面积144.32万平方米，主体结构合格率100%。竣工验收工程19项，质量合格率100%；建设系统企业管理进一步规范，现有的建筑企业、房屋开发公司，通过转换经营机制，走市场运作方式，为宜阳县的城乡建设及外地城市建设、服务人民生活作出了突出贡献。

【房地产市场管理】 加强房地产市场管理，激活房地产市场。全年办理房屋权属登记1238宗，颁证面积19.76万平方米；房产交易346宗，交易面积4.08万平方米；办理预售证17项，预售总面积37.72万平方米；房屋安全鉴定13件，面积3000平方米；租赁房屋管理61户，管理面积36万平方米，办理抵押登记1977宗，抵押金额3.2亿元，抵押面积38.78万平方米；房地产评估612宗，评估面积35万平方米。办理房屋拆迁项目6项，拆迁面积44万平方米，保证了房地产市场和拆迁安置工作大局稳定。

【物业管理】 加强物业管理，积极推进物业管理社会化、专业化、市场化进程。2010年按照《物权法》和《物业管理条例》对全县已售商品房小区积极引导，现已有7个成规模的小区入住专业化物业公司，入住率100%，并通过“示范物业小区”的创建和动态考评，评选出市级优秀小区2个。全年归集维修资金720.59万元，累积总额1068万元。

（郭虎煦）

市政管理

局长　苗交池

【概况】 宜阳县市政管理局位于老城区红旗中路17号，现有干部职工169人。内设办公室、综合股、财务股、法制办、行政服务股5个股室，下设城市市容环境卫生管理站、市政管理所、城市绿化管理所、市政监察大队、滨河公园管理所、路灯管理所、垃圾场管理所等7个二级机构，承担着县城市容环境卫生、市政设施维护、市政执法监察、城区绿化、路灯管理、滨河公园管理、生活垃圾处理等多项管理职能。电话：0379—68828500。

领导班子成员

职　务	姓　名	职　务	姓　名
局　长	苗交池	副局长	邵　伟
副局长	高江民	党委委员	乔志强
纪委书记	何宏伟	党委委员	姜卫祺
副局长	李大听		

【道路绿化工程】 投资85.7万元，完成产业集聚区创业路至后庄桥段绿化栽植工程；投资81.5万元，完成产业集聚区创业路至兴业路段绿化栽植工程；投资63.5万元，完成红旗大道（邮政局至后庄段）绿化苗木移植、补栽工程；投资10.5万元，完成锦屏南路绿化改造工程；投资16万元，完成红旗环岛向南绿化栽植工程；投资66.7万元，完成红旗环岛向东绿化栽植工程。

【路灯改造】 投资272.4万元，完成八官桥及红旗环岛周围路灯更新及改造工程，更换安装中华灯124基、玉兰灯36基、射灯4基；投资75万元，完成红旗路桥兴至迎宾大道段路灯更新改造工程，更换安装双臂灯76基；投资39万元，完成红旗路邮政局至矿口段路灯线路更新改造工程；投资26万元，完成文化路41基路灯及线路更新改造工程；投资3.5万元，完成李贺大道后庄段路灯电源改造工程。投资13.1万元，完成城区变压器避雷系统的校验安装和路灯除锈刷漆任务；投资34.5万元，完成锦屏南路30基和人民南路18基路灯更换及线路改造工程；投资36.3万元，完成人民北路15基和红旗中路22基路灯更换及线路改造工程；投资124万元，完成城东大道78基路灯及线路改造工程。

【道路养护】 投资13万元，完成城区主干道311座污水检查井、446座雨水检查井、4450米排水渠清淤及损坏设施更换工程；投资1万元，完成工业园区兴业路、创业路路口彩砖铺设工程；投资2.48万元，对城区果皮箱进行了全面刷新；投资14万元，完成城区下游临时泄洪渠开挖疏通工程；投资25万元，对城区主干道3100平方米的坑槽、沉陷、麻面进行修补。

【滨河公园建设】 投资1389.8万元，完成种植土填筑土方16.6万立方米，种植乔木、花灌木113种，草花及地被植物11种，绿化面积27.4万平方米；敷设电缆8898米，供水管4384米；铺设园路4.9公里，防汛路4.2公里。投资1011.37万元，建设了13个公园广场、景观小品及公厕、停车场等配套设施；投资250万，完成了公园路灯、广场景观灯、投射灯等亮化工程；投资307万元，完成总面积3.3万平方米的亲水平台绿化工程。

滨河公园一角

【宜东新区广场建设】 投资80万元、建成4600平方米的宜东新区休闲广场。

【中转站公厕建设】 投资90万元，完成建筑面积600平方米南环路和纬二路公厕连体垃圾中转站主体及配套设施建设。

【卫生保洁】 科学安排人员，强化保洁工作，落实目标责任，一日两扫、全天保洁，适时洒水降尘；加强垃圾清运，日产日清，统一运输，集中处理；加大环卫投入，增添环卫车辆，保证工作正常开展；提高管理水平，健全长效机制，使环卫工作更加规范，巩固国家卫生县城创建成果。

【秩序管理】 加强执法队伍建设，落实早晚巡查制度，保持全天管理不断档。开展县城卫生秩序、烧烤摊点、建筑市场等专项治理活动。查处占道经营、车辆抛撒、乱倒垃圾、非机动车乱停乱放、私自开挖道路、损坏绿化树木等各类违反市政法规行为，保持城区的良好秩序。

【设施管理】 提高城区绿化管护水平，及时对绿化苗木进行浇水、除草、修剪整形、病虫害防治，保证绿化树木正常生长；加强日常巡查和维修管护，确保各类市政设施完好；适时调整亮灯时间，路灯实现了环行照明和分时分侧控制；强化滨河公园日常管理，发挥公园社会功能，保证园内经营和群众休闲娱乐和谐有序。

【垃圾处理】 规范日常管理，加强安全生产，做到垃圾进场每日登记、及时消杀覆盖、卫生填埋，处理垃圾2.9万吨，县城生活垃圾无害化处理率95%。加强垃圾处理费征收力度，征收垃圾处理费121.3万元，征收率达到97%。

【督导督查】 制定和完善工作制度，形成一套完备的应急预案体系和长效管理机制。坚持路段管理人员日常巡查和责任单位不定时检查、监督举报电话和局领导带班督导相结合，做到管理不松懈、督导不间断，确保快速反应，发现问题迅速处理。

【城区防汛】 落实城区防汛责任制，制定了《2010年城区防汛预案》，与各单位签订了《城区防汛目标责任书》，对防汛工作做到早安排、早部署，定期对各单位分配的险工险段任务、防汛物资贮备、防汛队伍、防汛值班等情况进行督导检查，确保城区安全度汛。

【招商引资】 投资1400万元、建设高度17层

(其中地下一层)、建筑面积1.2万平方米的市政大厦。预算投资2463.16万元的8个乡镇垃圾中转站建设项目已上报省发改委待批。

【养老保险】 完成2010年度社会保险金缴纳任务。缴纳养老保险金55.56万元，失业保险金3.3万元，医疗金13.68万元，工伤保险金3.72万元。

【社会公益】 为青海玉树灾区捐款8800元，为残疾人捐款1590元，为空巢老人捐款1630元，为香鹿山绿化捐款1.48万元，为寻村镇甘棠小学捐赠价值1000元的文体学习用品。

【新农村帮扶】 支持新农村建设，为白杨镇捐赠价值12万元的路灯40基，完成新农村建设帮扶资金2万元。

【党风廉政】 行政许可项目全部进入行政服务中心办理，行政事业收费全部缴至行政服务中心财政专户。无行政复议和行政诉讼案件，未出现重大违法或造成重大损失、负面影响的行政行为。落实“三重一大”集体决策制度，开展党风廉政建设、党的基层组织建设、宣传工作、群团工作等均取得良好效果。

【党的建设】 新成立支部3个，培训入党积极分子11名，转正预备党员7名，新发展党员3名，缴纳党费4000元。

(梅志强)

城乡规划

局长 卢国炜

【概况】 宜阳县城乡规划局(宜阳县人民防空办公室)位于北城区锦屏大道西侧，是主管全县城乡规划和人民防空工作的行政管理机构。全局(办)内设办公室、建设用地规划股、建设工程规划股、村镇规划股、人防综合股、工程股、指挥通信股。直属事业单位2个，分别是宜阳县规划监察大队和宜阳县测绘队。全局干部职工31人，其中行政编制7人，事业编制24人。2010年，统筹城乡发展完善工作机制，提高规划水平，实现规划编制、规划管理和规划监察全覆盖。加强依法规划、依法管理和依法行政工作，获得全省村镇规划管理先进单位、洛阳市规划管理工作先进单位、洛阳市人防工作先进单位和宜阳县目标管理先进单位等多项荣誉称号。电话：0379—68828508。

领导班子成员

职　务	姓　名	职　务	姓　名
局　长	卢国炜	副局长 人防办主任	李志刚 (6月任)
副局长	高建国	副局长	刘智峰 (6月任)
副局长 纪检组长	孙绍云 (6月任)	党组成员 总工程师	贺洛毅 (6月任)
人防办副主任	杨华锋		

【规划编制】 委托上海同济规划设计研究院编制完成了《宜东新区6平方公里控制性详细规划》、《北城区10平方公里控制性详细规划》并与北京清华规划设计院初步达成编制意向；编制完成了县域村镇体系规划、14个乡镇总体规划；县城东出口城市设计、洛宜快速通道东大门形象设计、红旗环岛城市设计及周边红星小区、康庄花园的规划设计。编制的人防工程规划已由县政府批准实施。

【规划管理】 全年办理各类建设项目97件，其中《建设项目选址意见书》7件、《建设用地许可证》17件，《建设工程规划许可证》、《工程规划批准书》14件，《建设项目规划设计条件通知书》24件；支持各单位申报中央投资项目，办理选址初审意见35件。建筑面积30.68万平方米。

【规划监察】 2010年，该局加强对在建工程的监督管理，尽量把违法违章建设发现在动工之前，制止在动工之时，查处各类违法违规建设项目156起。其中：下达停工通知书156起，经济处罚156起，申请法院强制执行51起，限期拆除129起，自行拆除26起，强制拆除4起，行政拘留1人。违法建设势头得到有效控制，城市建设更加规范。

【村镇规划】 该局从2007年开始新农村建设村庄规划编制工作，2009年编制123个，年内全县369个行政村全部完成规划编制及评审，位居全市前列。编制完成了县域村镇体系规划纲要和14个乡（镇）总体规划。

【人防工作】 在洛阳市各县（市）区率先完成了《城市人防工程建设总体规划》报批；在“防灾减灾日”和“全民国防教育日”举行防空防灾宣传活动，受教育群众5000余人次；在城关镇一中举行中学生应急疏散演练，2000余名学生在2分40秒内全部疏散到安全地域，达到了预期目的；完成了移动指挥平台建设，完成“结建”工程2230平方米。

【重点工程建设】 阳光水岸一期工程7月底完工。绿化面积22.3万平方米，栽植乔木、灌木27149棵；铺修园路4965米，铺修防汛路4000余米；建设了13个公园广场和多个公园小品，修筑河堤护坡4公里，面积约3.6万平方米；修筑橡胶坝2座，蓄水面积223公顷。二期工程西起二级橡胶坝，东至八官线下游850米，总长2.6公里，工程静态投资3.5亿元，10月开工。

阳光水岸工程橡胶坝

【招商引资工作】 2010年引进项目两个，分别是：洛阳美辰钢构工程有限公司项目，投资1.3亿元；洛阳伟辉科技有限公司项目，投资2500万元。两个项目已到位资金1300余万元，完成了县定目标。

【宣传工作】 搞好规划法制宣传，营造外部良好形象。全年在《河南科技报》、《青年导报》、《洛阳日报》、《蓝三角》、《洛阳网》、《宜阳政府网》、县委信息、政府信息等报纸杂志上发表各类稿件100余篇，在干部群众中树立了规划局（办）的良好形象，为宜阳县的经济社会发展做出了积极贡献。

（张少宗）

国土资源管理

局长 张洪银

【概况】 宜阳县国土资源局位于北城区锦屏大道东侧，内设办公室、财务科、人事教育科、地籍管理科、耕保用地科、规划科、地质勘察科、土地利用科、矿产开发科等26个科室和事业单位，下辖17个国土资源所，3个矿管站。系统在职干部职工327人。

2010年，国土资源局党组以建一流班子、带一流队伍、创一流业绩、树一流形象为目标，紧紧围绕“保护资源、保障发展”的总体思路，抓住保护国土资源、服务经济发展、整治市场秩序、加强党风廉政建设等工作重点，切实履行职责，各项工作取得了显著成效。成功开展了集约节约模范县创建活动，组织召开了全市补充耕地现场会，先后被授予省信访稳定工作先进单位、全省测绘系统先进集体、洛阳市依法行政示范单位、洛阳市双保工作先进单位、洛阳市土地开发整理提速工作先进单位、全市国土系统信息工作先进单位、县直绩效考核综合类二等奖等36项荣誉称号，其中：省级2项、市级10项、县级24项。电话：0379—68820625。

领导班子成员

职　务	姓　名	职　务	姓　名
局　长	张洪银	副局长	程宣伟
副局长	鲍　丰	副局长	朱会宗
副局长	陈保军	副局长	李智勇
副局长	刘智敏	副局长	周石墩
副局长	张新有	纪检组长	杨明钦
副局长	马希祥		

【耕地与基本农田保护】　严格落实耕地保护目标责任制，完善了县、乡、村三级耕地责任目标考核体系，把耕地保护列入对乡（镇）政府目标考核范围，明确县、乡（镇）政府“一把手”为国土资源管理第一责任人，将全县耕地保护责任分解到乡（镇）政府，层层签订耕地保护目标书，并严格责任追究。建立了县 、乡、村三级监管网络，层层设防，形成了动态监管体系。健全完善了基本农田保护月报制度，日常巡查制度和定期督导制度，严格审查建设项目占用耕地，全县所有建设项目全部实现了“占一补一”，全县耕地面积稳定在6.59万公顷，基本农田面积保持在5.8万公顷。圆满完成了市政府下达的耕地保护目标任务。2010年3月10日，宜阳县代表洛阳市迎接了省政府耕地保护考核检查督导组的耕地保护责任目标履行情况检查，宜阳县耕地保护工作成效显著，得到了省考核检查督导组的充分肯定和高度评价。

【建设项目用地保障】　2010年宜阳县分配用地指标35公顷，用地需求量26.67公顷。结合“项目建设用地服务月”活动，按照“能简则简、能并则并、能放则放、能快则快”的原则，对重点建设项目用地报批，开辟“绿色通道”，实施提前介入，主动对接，开展针对性上门服务，确保重点建设项目“报得快、批得快”，宜阳县国土资源局以新一轮规划修编为契机，围绕保障重点项目和招商引资项目用地需求，加大报批工作力度。先后组织上报7个批次建设用地报件，获省市政府批复征收土地、农用转建设用地220.43公顷，争取调剂用地指标185.33公顷，获省市批复征收、农转用建设用地220.43公顷，另外组织清查补办用地手续87.42公顷和卫片执法监察用地手续、完善“百日行动”用地报件等。2010年共获批各类建设用地629.73公顷，保障了县级以上重点重大项目及时用地。积极做好重点项目用地选址、用地初审。以“保护资源，保障发展”、“保红线、保增长”为重点，积极采取十项措施，对列入市县重点建设的项目以及各类扩内需项目做好用地选址、用地初审服务工作。先后对重点建设项目洛阳到卢氏高速公路（宜阳段）建设项目、宜阳县城垃圾处理厂工程项目、宜阳县各新型建材用地项目、县直各单位搬迁项目等在内的用地预审项目22个，对宜阳14个移动公司TD基站、13个拟建变电站开展了规划选址工作，已全部办结；稳步推进郑西铁路等省级以上重点工程建设。全力服务洛栾高速、郑西铁路、西气东输二线工程、郑州至卢氏高速公路洛阳至洛宁段项目等市级以上重点工程建设，全年市级以上重点建设项目累计征地423.67公顷，在规定时间内完成了调查、计算任务，全面实施征地区片综合地价政策，各项征地补偿近1.6亿元已足额赔付到位，既保障了被征地农民的合法权益，又为项目顺利实施创造优良施工环境。加大土地收购储备力度，做好阳光水岸等重点工程服务。对全县各类土地进行梳理并依法处置，通过集体土地征用、破产企业土地收购、收回、置换等方式，加快储备土地市场运作，全年累计征收、储备土地171.58公顷，其中重点工程阳光水岸26.6公顷，丰李镇储备土地50.62公顷，宜东新区环岛34.54公顷，阳光水岸配套收购储备土地84.02公顷，确保了宜阳县阳光水岸等重点建设项目用地需求。

【郑卢高速公路（宜阳段）地面附属物清查】　郑州至卢氏高速公路洛阳至洛宁段项目建设里程68.35公里，为洛阳市一号工程，其中宜阳段53公里，占项目全长的80%，占地面积296.21公顷，涉及宜阳县三乡、韩城、柳泉、寻村、盐镇、高村等6个乡（镇）49个行政村。宜阳县国土资源局抽调专人，克服时间紧、任务重的困难，快速成立调查小组，冒酷暑勘测定界，加班加点，清点附属物，共清点农宅158户，其他用地2处，个体企业（养殖业）14处，树木10万余棵及农田、道路附属物等，清点面积3万余平方米，全额拨付附属物补偿款2644.0183万元，土地补偿款和青苗补偿款拨付5693.1078万元。全力做好征地补偿安置工作，保障被征地农民的合法权益，为项目顺利实施创造优良施工环境。

【城乡建设用地增减挂钩项目申报】　抓住建设用地增减挂钩政策机遇，利用已入库的“三项整治”置换指标124.06公顷，上报省国土资源厅挂钩项目6个批次，包括灵山风景区挂钩项目、河南前进吉庆烟花爆竹出口有限瓮烟花爆竹仓库挂钩项目、洛阳矿业集团纳米高科有限公司活性氧化钙挂钩项目、洛阳美辰钢构工程有限公司挂钩项目、宜阳县2010年第二批城乡建设用地增减挂钩试点项目、宜阳县2010年第三批城乡建设用地增减挂钩试点项目等6个城乡建设用地增减挂钩实施规划，共22个项目，涉及土地面积123.07公顷，已获批用地面积23.73公顷，其余挂钩项目正在审批中。

【矿业秩序治理整顿】 2010年，对辖区资源实行“统一规划、合理开发、有效保护”，国土资源局完善与国土资源警察大队联合办案机制，加强执法监察力度，加大对煤矿、非煤矿的排查、清查力度，严厉打击超层越界、无证开采和私采乱挖等非法开采行为。先后查处各类矿产违法行为62起，下达《责令停止违法行为通知书》30份，扣押通知书19份，没收空压机、风镐钻、钻杆等工具70余件，遣散民工50余人，拆除电瓶及电脑板6个，工棚5个，依法扣押运输车辆25辆，矿石3000余吨，国土资源警察大队办理涉嫌非法采矿案件4起，刑拘9人，逮捕6人，取保候审8人，起诉14人，判刑5人。经过彻底整顿，宜阳县辖区铝土矿、铁矿、重晶石、石英石矿、纳石矿、石灰石矿等非法盗挖行为基本遏止，矿山开发秩序稳定。

【矿业权管理】 从源头上严把矿业权设置准入条件，对矿业权进行合理规划和布局，将优势资源向优势企业集中，严把矿产资源勘查、开采登记及矿业权转让申办程序，禁止个体开采重要矿产资源，2010年上报洛阳市关于宜阳县采矿权挂牌出让计划一期17个，发布采矿权出让公告七期10宗，成交6宗，办理采矿登记手续22个。其中：新立采矿权9个，延续4个，变更1个，临时延续8个。依法征收矿产资源补偿费300余万元，收缴采矿权价款55余万元。对全县矿山企业进行了年检，年检率100%，并全部进行矿业权实地核查；矿山年度报告审查率100%，储量报告拥有率100%，辖区内应发证矿山企业采矿持证率100%，有序开展矿产资源利用开发整合，全县16个矿区整合任务深入推进，减少矿权25%以上。

【国有土地使用权处置】 拟定国有土地处置方案24宗，面积111.1公顷，其中涉及水利局、计生委等单位9宗国有土地，处置55.42公顷；拟定国有土地出让方案4宗，出让面积32.91公顷；拟定污水处理厂等补办用地手续方案4宗，面积8.47公顷；拟定宜阳龙兴小区配建廉租住房项目等划拨土地使用权供地方案2宗，面积3.93公顷；变更锦山水电等国有土地使用权用途5宗，面积10.37公顷。公开出让28宗国有土地，土地收益创历史新高。其中，挂牌出让27宗国有土地，拍卖出让1宗国有土地，累计收取土地出让金2.46亿元，创宜阳土地出让收益历史新高。11月25日，宜阳县敲响2010年国有土地竞拍第一槌，将位于宜阳县北城区城标西南角的0.94公顷国有土地以1269万元的拍卖总价款顺利成交，每亩地价达90万元，土地成交额创下宜阳县近年来出让记录新高。为产业集聚区、公益事业供地。健全完善土地供应调控机制，严格执行各类建设项目控制指标，优先保证经济适用房、廉租住房、产业集聚区和重点项目的土地供应，先后供地90公顷，其中，宜阳龙兴小区廉租住房3.83公顷、产业集聚区57.7公顷、阳光水岸28.67公顷 等，确保了各项目顺利实施。

地块拍卖现场

【“双百双千”大走访】 分10个工作组，组织领导干部走访县四大班子有关领导、深入基层、深入企业、深入群众，征求县四大班子领导对耕地保护、建设用地报批等方面的意见，了解企业和群众用地问题；走访重点企业和重点项目建设单位，对2011年用地需求做到早知道，早安排，在依法报批和节约集约的前提下提供及时可靠保障和优质高效服务，深入各乡镇，全面了解农村土地征用、承包、流转，群众建房审批等方面情况，发现和解决农村基层涉土方面存在的突出问题，切实维护农民群众合法权益，切实解决矛盾纠纷和历史遗留问题，共走询走访1000余户，征求意见70余条。

【地籍与测绘服务】 认真履行“岗位责任制、限时办结制”等制度，2010全年共办理土地登记932宗，面积205.39公顷。其中，国有土地登记102宗，面积151.53公顷；集体土地登记790宗，面积15.4公顷；乡镇企业40宗，面积38.49公顷；补证14宗；查询登记18宗；抵押登记7宗，极大地方便了群众、企业；对涉及老城区改造、市县重点工程项目等重点工作进行评估，对涉及老城区改造、市县重点工程项目等重点工作进行评估，评估各类用地80宗，其中，县重点项目用地51宗，其他29宗，评估总面积147.63公顷，评估总地价2.49亿元；积极完成旧城改造项目、阳光水岸土地开发项目等测绘测量工作，测绘测量87宗地，测绘测量宗地面积618.93公顷，勘测定界技术报告185份。

【土地开发整治与补充耕地】 以土地开发为龙头，加大补充耕地力度，坚持“在保护中开发，在开发中保护”的原则，实行土地用途管制和“先补后占”制度，达到辖区耕地占补平衡、大力提倡集约、节约用地，提高土地利用率，积极寻找耕地后备资源。完成了2010年宜阳县第一批、第二批、第三批补充耕地储备项目的申报及省、市验收任务，为建设项目占用耕地实现占补平衡打下了坚实基础。全年共实施土地开发项目696.89公顷，新增耕地面积583.43公顷。宜阳的土地开发整理及补充耕地工作成绩显著，得到了洛阳市人民政府、市国土资源局的充分肯定，此项工作位于全市先进行列，7月23日洛阳市补充耕地现场会在宜阳县召开，宜阳县国土资源局在补充耕地方面的“八到位”具体作法，高质量施工、高规格项目管理的先进经验，在现场会上被全市各县（区）得到推广和借鉴，得到市、县领导的充分肯定和高度评价。洛阳市人民政府《领导参阅》（2010年第107期）专期刊发推广宜阳的土地开发整理与补充耕地经验。2010年下半年又积极申报新增三乡镇和张坞镇土地综合整理项目，两个项目规划已获省厅批复。项目建设规模703.12公顷，预算总投资2476万元。两个项目的规划设计、可研、预算等已上报市政府批准、省厅备案。项目实施后，预计新增耕地面积34公顷。将有效改善农村生产、生活条件和生态环境。

【基本农田示范区建设】 基本农田保护示范区建设规划实施时间为2008年至2012年，规划总面积6960公顷，规划土地整理项目7个，涉及全县9个乡镇60个行政村，规划面积6945.81公顷，预算总投资22973.97万元。2010年实施基本农田示范区2个，分别为省投柳泉镇土地整理项目和省投莲庄土地整理项目，总投资3863万元。其中，省投柳泉镇土地整理项目全部竣工，顺利通过市级验收，该项目位于宜阳县柳泉镇境内，涉及柳泉镇的丁湾村、苗湾、鱼泉等10个行政村，面积1054.8公顷，总投资2120万元，新增耕地44.96公顷。省级基本农田示范区莲庄乡土地整理项目已完成总体工程95%，涉及莲庄乡石村、沙坡头等8个行政村，总面积891.15公顷，总投资1743.67万元。7月17日，由省国土资源厅耕保处副处长赵明珍带领的省土地整理项目督查组，到宜阳县督查省级投资宜阳县柳泉镇土地整理项目和省级投资宜阳县莲庄乡土地整理项目进展情况。对宜阳县省级投资土地整理项目工程质量和工程进度实施情况给予了充分肯定，并作出了表扬。10月15日，洛阳市土地整理项目内业资料观摩会在宜阳国土局召开，推广宜阳局近年来在土地整理中所取得的成就和工作经验。

【创建国土资源集约节约模范县活动】 6月15日，宜阳县创建国土资源集约节约模范县活动拉开帷幕。分启动、推进、申请、总结四个阶段，成立了创建活动领导组，制定了节约集约用地具体管理办法和节约集约模范县创建活动方案，不断完善推进节约集约推进机制。充分发挥土地利用总体规划的“龙头”作用，以节约和集约利用土地为核心，统筹兼顾，大力推进节约集约用地。加快标准化厂房建设，从标准厂房建设中向空间“要”地，2010年建设标准化厂房10.01万平方米，产业集聚区已累计建成标准化厂房48万平方米，在建和规划建设的标准化厂房面积达20万平方米。从城镇存量土地里“盘”地，盘活挖潜、闲置土地清查工作，共清查闲置、低效土地50.69公顷，处置批而未用土地51.86公顷。实施县城洛河两岸开发规划，向滩涂要地，尤其是阳光水岸滩涂治理，形成了横向500米，纵向3000米，223公顷的水系景观，城区居民环境大幅改善等等。通过开展扎实有序的创建活动，既合理利用了土地资源，又支持了经济发展。

【地质灾害防治与地质环境治理】 以创建地灾群测群防“十有县”为契机，切实做好地质灾害防治工作，保障人民群众生命财产安全。建立了县、乡、村三级地质灾害联络员体系，深入开展“十有模范县”活动，完善了地质灾害群测群防、监测预报预警制度，印发了《宜阳县地质灾害防灾预案》，建立和完善了突发性地质灾害应急机制，并认真开展地质灾害隐患排查工作。深入到全县17个乡镇开展地质灾害排查工作，共排查出地质灾害隐患点84处、地质灾害重点防治区域9处，共发放地质灾害防灾避险明白卡636份，防灾工作明白卡247份，加大地质灾害点的防治工作，无发生一起群众因地质灾害受难事故。编制了宜阳县锦屏山矿区地质环境治理工程（三期）和宜阳县花果山省级地质公园地质遗迹保护项目可行性研究报告上报省厅待批，两个项目申报资金4000余万元，花果山地质公园博物馆的设计和花果山地质公园建设方案正在编制。

【国土资源执法监察】 按照属地管理原则，认真贯彻“预防为主，事前防范和事后查处相结合”的方针，采取宣传与处罚、制止与教育相结合等方式，做到及时发现、及时制止，将违法行为消灭在萌芽状态。设立了23个违法案件举报电话，24个举报信箱，规定执法监察队和各国土资源所对辖区内，每周对重点区域巡查一次，其他区域两周巡查一次，将各类轻微违法案件消灭在萌芽状态。期间出动巡逻车280余次，立案查处各类土地违法案件12宗，涉及违法违规用地总面积31.01公顷，收缴罚没款10余万元，拆除临时建筑12处7200多平方米，制止轻微违法案件42起，均消灭在萌芽状态。办结省转信访案件1起，办结市转案件2起，结案率100%。2010年度，辖区违法占用耕地面积没有超过上级下达的新增建设用地占用耕地总面积的8%的指标。

【第十次土地卫片执法检查】 此项工作自2009年12月起全面开展，宜阳县涉及18个图斑，19宗土地，根据核查情况，全县共监测新增建设用地图斑15个、16宗土地，总面积47.79公顷，占用耕地44.85公顷。其中：已批合法图斑4个、4宗土地，面积40.91公顷；违法图斑11个、12宗土地，面积3.47公顷，占用耕地3.47公顷；实地伪变化图斑3个、3宗土地，面积3.97公顷，违法用地占用耕地面积比例为7.76%。以整改为契机，集中开展农村土地执法大检查和土地违法违规行为查处整改工作，发现一宗查办一宗，查办一宗处理一宗。经过彻底整改，现有合法图斑11个、15宗土地，面积47.79公顷；违法图斑3个、4宗土地，面积2.03公顷，所占用的都是建设用地；实地伪变化图斑3个、3宗土地，面积3.97公顷。自此，宜阳县的违法用地面积占新增建设用地总面积的比例降至4.25%。

【党风廉政建设】 以开展“项目建设用地服务月活动”“政协民主评议”“两整治一改革”“双百双千”大走访等活动为契机，加强机关作风及党风廉政建设，加大干部队伍整体素质培训力度，打造廉洁高效国土队伍。制定了《2010年度党风廉政建设实施意见》，对班子成员及各科室签订了党风廉政建设责任目标书、承诺书等，形成了各级领导干部齐抓共管、各负其责的党风廉政建设责任体系。充分利用宜阳县党风廉政建设教育基础在国土局这一优势，组织局中层领导干部到基地进行5次警示教育。积极探索从源头上预防和治理腐败的有效措施，形成了有制度可依、按制度办事、用制度管人的良好机制。以廉政准则为抓手，切实落实领导干部“一岗双责”制度，深入推进“两整治一改革”专项行动，抓好执法监察、土地开发整理、用地报批、土地出让、矿业开发等方面突出问题的专项治理。干部队伍廉洁从政素质，切实推进管理职能进一步转变，服务经济社会健康发展的能力得到提高，树立了国土系统良好形象。2010年，国土局领导班子及其成员党风廉政建设测评均在90分以上，全年无任何违法违纪案件发生；在本地政风行风评议中，国土资源部门位次进入前15位；在全县的党风廉政建设考评中，宜阳县国土局此项工作得到了县里的充分认可。

【依法行政与窗口办件】 梳理行政征收依据13项44种，行政处罚项目土地类17种、矿产类25种，将16类行政许可审批项目全部纳入县行政服务大厅窗口办理，有效杜绝了双头办理的现象。截至目前受理行政审批件17件，发放采矿许可证10个；即办件549件、承诺件10件，总办件559件，办结率100%。认真执行国土资源案件听证、复议法律规定，规范程序、依法行政，审查规范性文件200多件、网络信息审查11起，行政处罚16宗，违法违规处置期间行政处罚案件100余宗、纠错10余起，并全部备案，备案率达100%，移交纪委、公安3起1人次。办理政协提案2起，办结率100%，满意率100%。全年依法行政工作有序开展，未出现重大违法和负面影响的行政行为，2010年12月28日宜阳县国土资源局被洛阳市政府授予洛阳市依法行政示范单位。

【廉政文化】 以廉政文化建设为突破点，以廉政教育为基础，以完善制度为保证，以强化监督为手段，通过建立廉政文化长廊、设立廉政文化宣传板面、开辟廉政学习园地、悬挂廉政警句、制作摆放警示牌、廉政宣传台历，廉政文化桌面、屏保等形式，寓廉政建设于文化建设中，营造了“崇廉、思廉、读廉、保廉、促廉”的浓厚氛围，在全系统形成了“以廉为荣、以贪为耻”浓厚的廉政文化氛围。

廉政文化图片展

【国土资源信访处置】 建立健全“县、乡、村、组”四级信访网络体系，按照区域分布，实行包乡包案责任制，严格落实信访工作责任制、奖惩制和错案追究制，将信访工作纳入责任目标考核体系；变“上访”为“下访”，变“信访”为“诉讼复议”，降低重信重访几率，减少无理缠访发生。充分发挥土地协管员的前沿阵地作用。2010年共接待来访群众100批次、147人次，立案27起；接县信访局、法制办批转案件19起，市局批转案件5起，均按期结案，上级批转案件按期结案率100%。同时还开展了涉土信访老户专项治理活动，共办理12起案件，全部结案，有效维护了百姓的合法权益及社会稳定。此项工作得到省厅的认可，被评为“全省国土资源系统信访稳定先进单位”，同时也得到县委、县政府的好评。

【国土协管员建设】 采取有效措施，出台切实可行的国土协管员管理制度，以基层国土所管理为主，采取以会代训等方式，对全县353个行政村的353名国土协管员加强国土资源管理相关法律法规培训。制定严格的考核管理体系，明确了协管员的工作职责，根据实际情况，变更聘用部分土地协管员，落实基层协管员的工资待遇等，进一步激发协管员的工作热情，使协管员充分发挥“千里眼”和“顺风耳”作用，为地质灾害防治、执法监察、信访调处等国土资源管理工作作出了应有的贡献。此项工作已被洛阳市国土资源局推荐为典范。

【干部队伍建设】 通过“业务大练兵”、“学法看行动”等方式激发广大干部职工的学习热情，出台学习奖励办法，鼓励职工再教育学习，开展为期3个月的学法考试活动，定期举行学法考试，开展5次；举办“珍惜国土”征文活动1期，举办各类业务培训班10余次；组织45名执法人员参加执法培训，在全系统开展了以“环境创优、争先创优”活动，在基层党组织和全体党员中开展了实施先锋示范工程争先创优活动，同国土资源系统开展的“保增长、保红线”行动相结合，组织机关全体党员干部，深入落实国土资源系统行政为民十项措施和工作人员五条禁令，培养一支执法严格、服务优质、廉政勤政的国土资源管理队伍。

【对外宣传】 编辑《国土资源简报》83期，采编信息760余条，编报《工作周报》52期，上报调研报告7篇，先后向国土资源报、洛阳日报等报纸杂志投稿100余篇；加大普法宣传力度，全面开展国土资源法律法规下乡宣传活动，充分利用地球日、土地日等加强国土资源法律、法规、政策宣传，抓好乡（镇）村级干部国土资源法律法规教育培训，开展送法下乡、送法进基层、送法进机关等活动，先后展出展板200余块，条幅50余条，散发传单2.5万余张，设立50个咨询台，解答群众疑难问题900余人次，大力营造“依法用地光荣，违法用地可耻”的氛围，为国土资源管理奠定良好的舆论基础。11月30日，宜阳县国土资源局被县委、县政府授予“五五”普法依法治理先进集体。

【扶贫帮扶送温暖活动】 在全县开展的扶贫帮困送温暖活动中，向玉树灾区、“空巢老人”、“残疾人”捐助爱心款11650元；投入3000元为盐镇3个村小学购买学习用品、文体器材，对口帮扶张坞乡王岳、通阳、程子、尚午、元村、田庄6个村5万元，用于新农村建设，各基层国土资源所干部职工，充分发挥职能作用，积极配合乡镇政府进行规划街道、拆除违章建筑、解决新农村建设中涉土纠纷等问题，为新农村建设清除障碍。

【基层站所建设】 3月启动开展创建“群众满意基层站所”活动，出台了动态巡查制度、档案管理制度、财务管理制度、绩效考评制度，使工作人员严格按照制度办事，树立优质服务、务实创新、廉政勤政的基层国土资源队伍形象；妥善解决3个国土所用房问题。对基层站所全部构建并开通宣传教育网、信息沟通网、预警防范网、协调查处网“四大网络”体系，使基层站所及时掌握国家关于国土资源方面的最新动向，基层国土所“四室一窗口”建设标准，全部实现“统一化、专业化、规范化、人性化”四化管理的目标。2010年12月，宜阳县国土资源局基层国土所全部达到省厅规定的标准，4个所为优秀国土资源所、5个所为先进国土资源所、7个所为达标国土资源所，基层国土所建设工作已得到省市的充分肯定，在全省国土资源系统基层国土所建设中被评为先进县，12月中旬，河南省国土资源厅、财政厅拨予宜阳县38.39万元作为基层国土所建设专项资金。

（李　明）

环境保护

局长　陈建民

【概况】 宜阳县环境保护局位于城关镇文明东路6号，是县政府下属的环境保护行政主管部门。核定编制31名，行政编制6人，事业编制25人，实有145人，其中大专以上学历95人，中级以上职称8人。

2010年，以改善环境质量为目标，以主要污染物减排为主线，严格建设项目环境审批，深化重点行业污染治理，全面落实环保“12345”工程，积极推进农村生态环境建设，县域环境质量得到明显改善，被省污染源普查办公室授予河南省第一次全国污染源普查先进集体；被市环保局评为环境保护工作先进单位、环境综合整治先进单位、总量减排工作先进单位、环境信访工作先进单位、行政执法先进单位、信息工作先进单位、生态示范创建暨农村环保工作先进单位、医疗废物管理工作先进单位；环境监察大队获得洛阳市环境监察技能比武优胜奖。电话：0379—68882934。

领导班子成员

职　务	姓　名	职　务	姓　名
局　长	陈建民	副局长	米焕卿(5月任)
副局长	李学营	纪检组长	石绍勇(5月任)
副局长	王大桥(5月任)	办公室主任	许百鸟(8月任)
副局长	苏冠军(5月任)		

【环境质量】 洛河高崖寨出境断面水质达标率100%；城市集中饮用水源地水质达标率100%，全年城区空气质量优良天数323天。

【污染防治】 开展对城区大气污染整治、郑西高铁沿线环境、重金属污染、洛河流域化工石化行业进行整治。4次督促相关乡(镇)对出现反弹的石灰窑进行拆除；对全县2家水泥企业、7家化工企业和2家重金属企业开展整治；督促洛阳骏马化工有限公司投资600余万元完成生产污水，督促县二院完成医疗废水深度治理，均已通过省、市验收。2010年5月14日至5月30日，联合公检法、工商、电业等部门统一行动，在全县开展以环境隐患排查和整治为重点的“飓风行动”：对符合国家产业政策、未办理环评手续的企业一律停产补办环评手续；对于有环评手续但未配套建设污染防治设施的企业，实施停产治理；对于有环评、污染防治设施健全却不能正常运转企业，实施限期治理；对“十五小”、“新五小”和“两高一资”等不符合国家产业政策的企业，强行取缔，城东工业区和张坞、三乡、莲庄、柳泉等工业园区违规企业得到有效治理，避免了污染事故发生，宜阳县的做法得到市政府的肯定，并在全市推广。

【环境监测】 建成温庄水质自动监测站，督促龙羽宜电、黄河同力、县污水处理厂、骏马化工4家企业完成自动监控基站建设任务，实现了对重点污染源排污情况的适时监控。全年监测企业71家，监测废水26次、废气82次、噪声74次，环评监测7次。

【环境监督管理】 对全县288家排污单位(其中重点排污企业7家)加强现场监管。对全县132台

(套)污染防治设施现场监督检查11036人次,立案查处违法案件28起。

【建设项目环境管理】 按照《中华人民共和国环境影响评价法》和国家有关产业政策,督促企业开展环评工作、落实“三同时”制度,严把建设项目环保审批关和环境准入门槛,严格控制新污染。2010年审批45个建设项目,其中省批项目1个,市批项目15个,受市局委托审批项目29个,新上建设项目“三同时”制度执行率100%,环评执行率100%。

【生态保护】 2010年,完成农村环境综合整治项目5个(柳泉镇元村和赵保乡龙王庙、赵庄、南窑、坡底)、畜禽养殖示范工程1个(宜阳县乘龙育养公司)、申报环境优美小城镇1个(锦屏镇)、省级生态文明村4个(柳泉镇苗湾村、城关镇西街村、三乡镇下庄村、董王庄乡邓庄村),除环境优美小城镇等待省厅统一验收外,其余均已通过省、市验收。落实《宜阳县畜禽养殖禁养区划分及环境保护管理规定》,对全县畜禽养殖进行规范,避免养殖业对农村环境造成污染。2010年夏季,引进秸秆打捆技术,秸秆综合利用率92%。

【污染物减排和总量控制工作】 落实主要污染物减排工作。全年二氧化硫排放量17275.04吨,化学需氧量排放量2106.14吨,完成2010年度主要污染物二氧化硫排放量控制在1.9万吨以内、化学需氧量控制在2347吨以内的市定目标。

【辐射管理】 完成2次辐射源监督检查任务,辖区内的辐射单位持证率100%。对骏马化工、忠诚电力公司和洛阳第二水泥厂共28枚放射性废源送省环保厅废源库安全封存,在用的17枚放射源,全部按规定安全使用,全年未发生辐射事故。

【排污征费】 根据国家和省对排污收费工作的相关规定,按照年初申报审核、每月(季)终了后10日内核定、核定书送达7日后计算排污费并进行公示和送达排污费缴纳通知单的程序,开展排污征费工作。全年申报排污单位288家,排污申报审核登记率100%,做到依法足额征收。

【宣传教育】 申报市级“绿色学校”1所(董王庄中心小学);新闻报道:在《河南法制报》发表稿件2篇;《洛阳日报》发稿2篇,《洛阳环境信息》发稿17篇,在《宜阳信息》发稿16篇,《政务信息》发稿9篇,在电视台播稿18篇;编写《宜阳禁烧简报》14期。举行环保教案、征文和美术作品展评活动;举办板报长廊宣传活动;举办“低碳减排 绿色生活”大型签名活动;开展现场咨询接访活动,发放宣传单及画册8000余份,接受咨询400余人次。全年举行大接访活动4次,出动人员80余人次,展出板面20余块,发放宣传资料3000余份;接受咨询70余人次,收集意见和建议4条,受理信访案件13起(其中8起不属环保部门受理范围),结案率100%。

【法制建设】 认真贯彻《行政许可法》,加强环保行政执法队伍建设,组织培训3次。立案查处各类环境违法案件58起,申请法院强制执行案件4起,行政处罚案件维护率100%。处理各类信访案件74起,其中群众来信来访48起,市、县转办26起。受理“12369”投诉90起,结案率100%,群众满意率100%。

(卫洪涛)

交通 通信

交通运输

局长 刘保刚

【概况】 宜阳县交通运输局位于宜阳人民路23号，主要职能是负责宜阳县交通行政执法、公路建设、道路运输、路政管理。内设办公室、劳动人事股、财务管理股、运输管理股、安全办公室、公路管理股6个股室25人。下属5个二级机构，分别是宜阳县公路管理局，365人、宜阳县农村公路管理所，179人、宜阳县公路运输管理所，138人、宜阳县交通路政管理所，56人、洛一运宜阳分公司，281人，交通运输局共有职工1044人。

2010年，县交通运输局被市委评为“五好”先进基层党组织；被市委宣传部评为全市先进基层党校；被省爱卫会评为省级卫生先进单位；被河南省人事厅、河南省交通运输厅评为河南省交通运输系统先进集体；获市级文明单位；获市交通系统先进集体；获县委、县政府县直单位绩效考核综合三等奖，书记、县长特别奖和重点工程建设先进单位；获县政府地方史志工作先进单位；获县政府依法行政工作、安全生产目标管理先进单位；获县纪委、县监察局纪检监察工作先进单位；获县委、县政府信息工作第三名；获县档案管理先进集体；获县妇联“三八”红旗集体。

全年共获得各项荣誉115项，其中集体荣誉61项，个人荣誉54项，省级荣誉6项，市级荣誉（含市局级）86项，县级荣誉23项。全市路政内务制度正规化现场观摩会、全市运政执法现场会和干线公路养护现场会分别在宜阳县召开。12月县农管所代表全市参加了省农村公路建设检查验收，受到了上级的充分肯定。电话：0379—68882860。

领导班子成员

职　务	姓　名	职　务	姓　名
局　长	刘保刚	纪检书记	李松旺
副局长	李向霞	运管所所长	陈新刚
副局长	姚彦景	农管所所长	方志成
副局长	朱为民	路政所所长	张喜国
副局长	王占伟		

【交通基础设施建设】 2010年，投资2.6亿元完成了洛宜快速通道、花果山洛河大桥、安虎线灵山段改造、农村公路建设等42项96.8公里交通基础设施建设任务。完成了洛栾高速、洛卢高速宜阳段阶段性建设协调任务。

投资2亿元，完成干线公路建设项目9项。其中：投资1.3亿元，完成全长16.4公里的洛宜快速通道改造任务。投资2796.6万元，完成全长2.85公里的创业路慢车道新建工程。投资80余万元，完成全长1.1公里的李贺大道慢车道加宽工程。投资90余万元，完成全长4.77公里的县城东出口改建工程。投资362万元，完成全长750米的红旗东路铁炉至河下段加宽工程。投资231万元，完成全长800米的红旗东路铁炉至高桥段加宽工程。投资229万元，完成全长1.42公里的S323八官线柳泉街中修工程。投资870余万元，完成全长1.48公里的安虎线宜阳境灵山段改建工程。投资2500万元，完成全长2.5公里的红旗东路至黄河同力段改建工程。

投资6000余万元，完成农村公路建设项目32项。其中，投资2200万元，建成全长2.49公里花果山洛河大桥。

完成投资2687万元乡道改建项目12项41.3公里。

完成投资855万元危桥改造6座306延米。

完成投资262万元村村通水泥路工程13项12公里。

洛宜快速通道

【路政管理】　全年出动巡查车辆1100台次、上路巡查2550人次、巡查里程5万公里、清理路障堆积物2300处3000平方米、拆除迁移非公路标志标示牌98块；依法查处损坏公路产权案件38起，查处率、结案率、索赔率均100%。查处各类超限运输车辆400余台次。全年无发生公路“三乱”现象。投资5万元，完成了莲庄、石陵、白杨3个乡镇路政管理工作站建设任务。投入7万元，完成了32公里达标路段的检查验收工作。农村路政管理工作走在了全市的前列。完成了征稽人员向税务部门的转岗工作和交通路政管理所的挂牌工作。

【公路养护】　干线公路好路率93%，农村公路好路率85%。干线公路处理坑槽3800立方米、整修边坡120万立方米、疏通边沟38公里、保养涵洞498道、巡路保洁12万公里。

农村公路维修护栏2000米，培护路肩114万平方米，加宽路肩30.5公里，清理泥石流1400平方米，投资10余万元在宜赵路增设防护墩68个、防护墙65米。对沿线设施进行补设、刷新，共补公里桩131块，公里桩、百米桩刷漆3108块，警示桩刷漆7800根，防撞墩刷漆896个，隔离墩刷漆254个，防撞护栏涂料8032米。创建农村公路铁三线等“文明示范路”30余公里；创建柳泉镇、三乡镇2个“形象道路示范区”56公里。

【公路绿化】　全年投资340万元，植树21.3万棵，干线公路及县道绿化率100%。其中，干线公路投资220余万元对管养的南车线、安虎线缺失树木进行了补栽，补栽1.3万余棵；农村公路投入资金120万元，对全县2000多公里农村公路进行了绿化美化，植树20万棵。

【招商引资】　全年引进项目6项，引进资金6226万元，其中省外资金1774万元，市外资金4452万元，分别占年计划的118.3%和342.5%。

【道路运输】　2010年完成客运量2642万人、客运周转量19.6亿人次；货运量1903万吨、货运周转量38.3亿吨公里，完成全年的运输任务。发展公交线路2条、公交车8辆，日发客车580班次，日均运送旅客6000人，行政村通车率100%。全县货物运输服务部6家。查处运输市场各类非法经营户32家，查处“黑出租”150台次。运管所自筹资金5万元，对损坏的80个招呼站及时进行了修复。

新增伊兰特出租车30辆，更新出租车39辆，提升了城市品位，促进了出租行业健康有序发展。

【安全生产，社会综合治理、计划生育】　切实履行“三关一监督”和“四项机制”，保证了客运、货运、水运的运输安全，全年无一起责任事故发生，无违反计划生育政策，无集体上访，无赴省、赴京上访案件。全系统共安装摄像头383个，局机关安装2个，公路局安装5个，农管所安装6个，运管所安装16个，汽车站安装347个（含客车），为交通运输系统的安全工作提供了可靠的技术保障。

【缴纳社会养老保险和失业保险】　足额缴纳“三金”310万元，为干部职工解除了后顾之忧。

【党建、精神文明建设、廉政建设】　扎实开展“创先争优活动”，完成了“先锋示范工程”建设任务。认真抓好政治学习和思想教育工作，党员受教育面98%以上。培训入党积极分子12名，转正党员13名，发展预备党员11名。2010年上报各类新闻稿件和信息200余篇，发表120篇，其中，省级刊物20篇、市级刊物40篇、县级刊物60篇，在全县政务信息评比中名列第三。公路局保持了省级卫生先进单位、省级档案管理先进单位、市级文明单位、市总工会“五一”劳动奖状、市交通系统先进单位称号。

邀请纪检、检察、公证机关人员对交通工程建设招投标、建设过程全程监督，做到公开、公平、公正，从源头上遏制了职务犯罪。

【捐款支援国家建设】 全系统捐款18万元，其中向玉树灾区捐款4万余元，向县残联捐款8000元，支持香鹿山绿化捐款8万元，向帮扶村捐资5万元，向农村学校献爱心捐资2000元。

【积极办理人大、政协委员提案】 办理人大代表建议、政协委员提案22件，见面率、满意率均100%，落实率86%。

【帮助企业排忧解难】 运政、路政主动深入前进化工有限公司、洛阳骏马化工有限公司、同力水泥有限公司等30家企业开展调研，听取企业的心声，为企业排忧解难，并同企业签署服务承诺书，为企业的发展提供了良好的交通运输服务环境。

（李红卫）

铁路运输

站长 谷德刚

【概况】 宜阳火车站位于宜阳县东城区。受郑州铁路局洛阳站关林站区领导。车站现有职工31人，设有站长室、书记室、副站长室、车站办公室，对运转、货运、后勤、多经四个班组进行日常管理。班组长对车站站长负责。行车工作由值班的车站值班员直接领导，货运由货运值班员直接领导，值班站长负责监督。电话：0379—62729472。

领导班子成员

职 务	姓 名	职 务	姓 名
站 长	谷德刚	副站长	张平一

【站线设备】 洛宜线全长32公里，东起关林站接轨，西止宜阳车站，属于单线半自动闭塞。宜阳县境内有22公里线路。

宜阳车站成立于1958年。车站共有站线7条，1、2、3、4、5道是到发线，6、7道分别是货物线。6到西端连接军用站台。有货物仓库2座。车站西头原有机车上水线1条，现已作为装卸车使用。车站西区连接宜洛矿专用线、化肥厂专用铁道；车站东区连接的是503专用线、煤专线（由于503厂停产，其专用线一直未能使用。煤专线也因为货源短缺，停用多年）。车站原用设备是单线半自动闭塞设备，人工进行扳道。2000年10月改造为6502型电气集中操纵设备。

【业务状况】 车站主要办理货物的发送。到达量每月100车至200车之间，主要是硝酸铵、水渣、石膏、化肥等。外运的大宗货物主要是煤，是车站主要的运输指标。其次是化肥、粮食、河卵石以及危险品运输等。

全年为驻宜部队军事演习及其他需要，办理整列到发10列左右，军运物资零星装运70车左右。

2010年，宜阳车站完成装车11606个，发送75.1万吨，运输收入457.22万元，卸车1746个。其中，煤炭运输9783车；化肥运输1089车，粮食443车，石头等其他零星货物运输291车。

（卫献民）

邮 政

局长 方红赞

【概况】 宜阳县邮政局是1998年10月邮电分营后成立的社会公用性企业，担负着全县邮政通信生产、建设和服务的任务。现有干部职工185人，设有综合办公室、业务检查室、经营服务部3个职能部门，设报刊发行局、集邮公司、电子商务局、函件局、金融业务局、保险公司、分销物流局7个专业局（公司）及17个邮政支局（所）。电话：0379—68889888。

领导班子成员

职 务	姓 名	职 务	姓 名
局 长	方红赞	副局长	麦可乐

【经营成果及荣誉】 2010年邮政业务收入在全市邮政系统排名第四。被河南省邮政公司评为全省县(市)邮政优秀企业;被洛阳市集邮协会评为集邮先进集体称号。

【服务新农村建设】 积极参与对口单位援建活动,利用行业优势,结合实际,经与县相关单位协商,对援建单位送去价值1万元的农资产品,对邮政业务进行了宣传,服务当地新农村建设。

【基础设施建设】 2010年根据省公司、市局基础设施改造建设要求,先后申请市局对柳泉所、三乡所、寻村所、赵保所基础设施进行改造。11月,柳泉所改造结束投入使用,并结合实际申报省级模范职工小家。

【开展"服务三农"建设打响邮政品牌】 根据省公司统一部署,宜阳局积极开展"服务三农"网点建设,严格按照省公司建设要求,认真选址建设"村邮站",并全面叠加邮政业务,做好业务指导,让农民朋友在家门口就能使用邮政业务,提高邮政业务在当地的知名度。2010年,全县共建设"村邮站"100个,邮政百亩示范田2处,连锁超市69个。

【工会工作】 2010年宜阳局165余名员工参加了"三保证三关爱"活动,共缴纳活动款1.1万元。共有28名员工享受到了相关补助,并兑付各项补助金2万余元。自6月5日参加"世博游"正式开始以来,已有86名员工和2名山区投递员,完成营销积分参加了邮政职工"世博游"活动。为灾区捐款,奉献爱心,局工会号召全体会员参与"寄一份包裹、送一份关爱"行动,共捐款0.98万元。

【集邮文化】 2010年,宜阳局精心组织,与县工会联合下发了扩大集邮协会成员文件,到各单位举办了一系列集邮知识讲座,吸纳更多集邮文化爱好者。城关镇第一初级中学被中华邮联评定为"全国青少年集邮示范基地"。

【网络服务】 2010年,宜阳局在网络服务能力建设上对董王庄所、石陵所、高村所由手工网点改造为电子化支局;给韩城支局配备了自动取款机设备,减轻了储蓄营业前台压力。

(张洪峰)

联合通信

经理 张欣民

【概况】 中国联合网络通信有限公司宜阳县分公司(简称:宜阳县联通公司)。位于宜阳县人民路16号,现有员工194人,下辖5部(综合部、市场部、集团客户部、客户服务部、建设维护部),两办(渠道管理办、驻地网办),3个班组(营业班、监控班、维护班),20个支局(营业厅)及186个社会渠道分布在各个乡镇。

2010年,宜阳县联通公司遵照县委、县政府"工业强县、产业富民"和项目引资双带动战略部署,用科学发展观指导经营发展工作,突出行业优势,完善网络支撑,不断满足宜阳县人民通信需求,取得了较好的业绩。联系电话:0379—62514568。

领导班子成员

职 务	姓 名	职 务	姓 名
经 理	张欣民	副经理	马国伟
副经理	王铁庚	经理助理	乔治波

【通信建设】 实施"双畅、双覆盖"工程,完成线路整治改造600杆长公里;宽带ADSL交换机扩容10000线;新建2G基站(通信塔)18个,开通3G基站48个,通信模块局4个,开通住宅小区EPON设备36套(提供宽带、固话、传真等一体化服务新型设备);建设新农村现代化党员远程教育站点301个。

【重点工程建设】　实施“平安互助网”和“数字宜阳信息化”建设重点工程，配合政法委在各乡（镇）逐一召开了“平安互助、信息惠农”工程启动大会。256个行政村组建了平安网，覆盖率70%以上。为打造“平安宜阳”做出了积极的贡献。

【客户服务】　完善通信服务硬件设施。更新标准营业柜台，为客户零距离开通叫号业务，提供自助交费终端。配置便民箱、便民伞，设休息区，为客户提供延伸服务。新设3G演示专区，使客户更清晰的了解3G业务的功能和使用。安装意见箱，资费标牌，公布热线电话，使客户透明消费。开展“红逗号”服务（为您做得更多，为您做得更好，服务没有终点）活动，城区推出“660”考核办法（宽带固话6小时装通，障碍6小时修复，县城宽带无盲区）。

【业务经营】　收入指标：完成年度预算的96%，完成纳税148.6万元（其中固网88万元）。发展指标：宽带净增4378部，到达数19452户；移网净增5410户，到达数52113户（其中3G用户2273户）；固定电话用户达到42286户。

【荣誉】　2010年获服务地方贡献突出单位，书记县长特别奖和通令嘉奖，行风政风评比宜阳分公司连续四年排通信行业第一名；被河南省科技厅、农业厅、省新闻学会联评为河南省科技扶贫先进单位、河南省科技推广先进单位。张欣民总经理被宜阳县委记“三等功”一次，获河南省科技帮扶先进个人、河南省科技推广先进个人。

（亢双喜）

移动通信

【概况】　中国移动通信集团河南有限公司洛阳市宜阳分公司（简称“宜阳移动”）是中国移动通信集团所属的县级分公司，全面负责中国移动在宜阳的业务经营和网络建设。宜阳移动位于宜阳县北城区锦屏北路，现有员工150人，下辖3部（综合管理部、营销部、网络部）3室（集团客户室、渠道管理室、财务室）。

2010年，宜阳移动以科学发展观统领全局，坚定信心、用心工作，以党建达标和班组建设为抓手，以市场需求为导向，以客户服务为中心，以品牌营销为重点，不断扩大市场规模，积极发展农村市场，提升优质服务，打造精品网络。全体员工同心同德，用心工作，加强企业管理，服务县域经济，各项工作取得了明显成效。电话：15978651544。

经理　李宏伟

领导班子成员

职　务	姓　名	职　务	姓　名
经　理	李宏伟	副经理	付　涛（12月离）

【营销服务】　现有14个乡镇营业部，1个城区营销中心，21个营业厅，社会渠道500余个，营销网络覆盖全县。深入开展“满意100”服务提升活动和群众满意的基层站所评选活动，从宣传管理、营销管理、服务过程、管理模式、能力素质以及团队氛围六个方面加强有形化管理，规范业务办理和投诉处理流程，有效提升营业厅服务质量。截至2010年底客户规模达到23.6万户，全年纳税324万元。

【网络建设】　全年建设GSM基站9个，直放站14个，开通TD－SCDMA基站59个，基站总数达到160余个；新建光缆杆路130公里，累计1730公里。积极做好基站健康检查及天馈测试工作，及时为客户解决各种通信问题。高质量、高效率、高水平地完成了各项重大活动的通信保障任务。

【内部管理】　按照“科学、客观和便于操作”的原则，系统优化了绩效考核体系；加强队伍建设，实行营业部经理优胜劣汰制和营业员交流轮岗制，实现了人力资源的合理、优化配置。开展创先争优活动，推进基层党组织和党员活动正常化、制度化、规范化，营造浓厚的企业文化氛围和创新氛围，为员工风采展示搭建舞台，带动工、青、妇等组织和广大员工形成合力，促进了公司实现又好又快发展。

【助力县域经济】　加强移动信息化建设，积极配合县政府做好惠民实事的开展，为集团客户打造“警务通”、“校讯通”、“电子政务平台”等信息化解决方案；提供“移动服务平台”、“公积金直通车”、“银信通”等特色家庭业务；为广大农民朋友推出“手机下乡”、“农信通”、“烟信通”等信息富农业务。支持宜阳县新农村建设，为分包的村镇捐赠款物1万余元。组织开展送文化下乡、电影下乡、关注留守儿童等社会实践活动。2010年分公司被授予洛阳市园林单位，宜阳县2010年度平安建设先进单位、优秀团支部、共青团信息工作先进单位，荣获洛阳移动公司年度信息化先进单位、“四强”基层党组织等荣誉称号。（陈　平）

20世纪三大教训的共因

1907年，美国建设魁北克大桥。设计者库帕认为是“最佳、最省的”。还飘飘欲仙、忘乎所以的把大桥的长度由原来的500米加长到600米，以争取成为世界第一桥。桥的建设速度很快，施工组织也很完善。正当人们开始思考如何为大桥剪彩时，忽然听到一声震耳欲聋的巨响——大桥塌了，19000吨钢材和86名建桥工人落入水中，只有11人生还。事后调查原因，是由于库帕沉溺于自我陶醉，忽略了对桥梁重量的精确计算，从而酿成了一场悲剧。

泰坦尼克是当时最大、最豪华的巨轮。它有11层楼高和3个足球场大。船底有双层底，分成16个水密舱，被认为是“永不会沉没之船”。1972年4月14日午夜，该船以22海里的时速行驶在纽芬兰大浅滩南1海里处。由于船长忽视了正在靠近浮冰区的危险，船速继续加快，从而使船与46000吨重的巨大浮冰相撞，导致5个水密舱破裂，船体沉没，1513人丧生。

横亘于意大利维昂特河上的混凝土拱坝，位于两座陡峭的山坡之间，高858英尺，顶长625英尺。大坝建成后，专家全面检测认为，它的质量无可挑剔，可保水库“永世无恙”。可是在1963年10月9日，一股水流自维昂特大坝上方直泻而下，在很短的时间内就淹没了山谷内的5个村庄，4000人丧生。大坝垮了吗？没有，它坚固得很。那是什么原因？原来连续4周的降雨，造成了水库边上的山坡发生泥石流，将等量的水从库中排出。大坝的设计与管理者在“永世无恙”的自豪中，完全没有想到还有这一危险。

魁北克大桥的坍塌、泰坦尼克号的沉没、维昂特大坝的溢水，是20世纪人类三大惨痛教训。找找它们的共性原因，就会发现祸害都是由于设计或管理者的过分自信酿成的。这三项工程都有它们的非凡之处，而这非凡之处引发了设计与管理者的自满情绪，自满情绪则导致了对危险的忽略，对危险的忽视则直接导致悲剧的发生。这三大惨痛教训，无疑给过分自信者敲响了警钟。

自信是需要的，但不可过分的自信。物极必反，过分自信，必然让拥有者飘飘然、昏昏然，继而撞得头破血流；这好比盲人骑瞎马，夜半临深渊，随时都可能万劫不复。世界上药铺多，可惜没有卖后悔药的。过分自信的人应该经常“冲一冲凉水澡”，让自己打个冷战，使“过分自信”降一降温，从而拥有一个冷静的头脑和清醒的行动。

农　业

农　业

局长　吴绍良

【概况】　宜阳县农业局位于城北区李贺大道北侧。内设办公室、党委办公室、人事股、财务股、信息中心、培训办、农业股、水产股；下设农经站、农技站、植保站、园艺站、农广校、种子站、质检站、农科所；下辖种子公司、农场。全系统现有职工 148 人。电话：0379—68821336。

领导班子成员

职　务	姓　名	职　务	姓　名
局　长	吴绍良	副书记	郑麦现
副局长	卫秀朋	副局长	谷公伟（5 月任）
副局长	姚　俊	纪检书记	宋文涛

【种植业】　全年粮食播种面积 78667 公顷，总产量 38.82 万吨，其中夏粮产量 17.7 万吨，秋粮产量 21.12 万吨。2010 年实施 4 万亩油料倍增计划项目基地建设，全县花生面积 13693.3 公顷，平均亩产 357.5 公斤，总产 7340 万公斤，分别比去年增加 333.3 公顷，26.4 公斤和 707.8 万公斤。优质杂粮种植面积 4333.3 公顷，其中黑杂粮（主要有黑玉米、黑小麦、黑花生、黑红薯等）种植面积 1133.3 公顷。

【乡镇长工程】　2010 年，新规划乡镇长工程 16 个，其中新建 66.7 公顷以上的烟叶示范园 7 个，33.3 公顷以上的烟叶示范园 4 个，20 公顷以上的烟叶示范片 2 个；锦屏镇在大雨淋村发展核桃基地 133.3 公顷；城关镇在东关街北侧新建农贸城，该项目投资 1800 万元，建成商铺 1.2 万平方米，拥纳商户 400 家；寻村镇在甘棠村新建蔬菜基地 13.3 公顷，其中建设日光温室及塑料大棚 20 个。各乡镇对工程实施都给予了高度重视，健全组织，狠抓落实，在工程实施的各个阶段认真督查督导，促进了工程顺利实施，年底 16 个工程全部完成，增加农民收入 5000 万元，实现了产业富民战略。

【良种补贴】　全县落实小麦良种补贴 30353.3 公顷，供种 341.5 万公斤。其中豫麦 49－198，14600 公顷，供种 162.4 万公斤；洛旱 6 号，4333.3 公顷，供种 48.7 万公斤；郑农 17，1400 公顷，供种 15.9 万公斤偃高一号，933.3 公顷，供种 10.6 万公斤；焦麦 3266.7 公顷，供种 36.7 万公斤；温麦 1333.3 公顷，供种 15 万公斤；众麦 1 号，1333.3 公顷，供种 15 万公斤；众麦 998，1066.7 公顷，供种 12.3 万公斤；淮麦 22，466.7 公顷，供种 5 万公斤，洛麦 1620 公顷，供种 19.9 万公斤。补贴标准为：小麦、玉米每亩补贴 10 元，棉花、水稻每亩补贴 15 元。玉米、棉花、水稻良种补贴以“一卡通”的形式发放到户，涉及 16 个乡镇和 1 个国营农场，353 个行政村，12.19 万户，补贴资金 544.3 万元，其中：玉米补贴 32126.7 公顷，补贴 481.9 万元；棉花补贴 2660 公顷，补贴 59.9 万元；水稻补贴 112.8 公顷，补贴 2.5 万元。小麦良种补贴采取统一供种形式，每亩供种 7.5 公斤，每亩补贴 10 元。

【蔬菜生产】　2010 年，全县蔬菜种植面积 800 公顷，蔬菜基地建设 268.7 公顷，占市分配任务

233.3公顷的115%；新建日光温室19.3公顷，塑料大棚6.9公顷，占市分任务的131%；新打机井17眼，占市分任务的113%；硬化道路5500米，占市分任务的102%；硬化水渠1.9万米，占市分任务的126%；培训菜农1524人，占市分任务的102%；均超额完成市分任务，并顺利通过市检查验收。

【沼气建设】　2010年，新建户用沼气2000座，完成市分任务。全县83个全托服务网点与农户签订沼气服务协议27390份，沼气服务全覆盖。开展沼气大培训、大回访活动，培训2450人，沼气使用率提高15%，达到95%。

【劳动力转移培训】　2010年，市分配宜阳县农村劳动力转移培训任务2.5万人，其中引导性培训1.5万人，技能性培训1万人；市分配农民科技培训6050人；省分配宜阳县阳光工程培训2300人。全年完成农村劳动力转移培训31721人，占任务的127%，其中：引导性培训19255人，占任务的128%，技能性培训12466人，占任务的125%；农民科技培训6050人，占任务的100%；阳光工程培训2317人，占任务的100.7%。

【农业执法与市场管理】　加强农资市场的监督管理，种子站、植保站、农技站出动执法车辆220余次，参与执法人员400人次，对种子、农药、化肥、农膜等涉农物资重点查处，全年检查种子经营户290余家，肥料品种80余种；查处违法经营户13家；查封假冒伪劣玉米种子510公斤，棉花种子44袋；抽取农药标签样品15个，合格11个，合格率73.3%。

【农民负担监督与农村经济的管理】　发放农民负担监督卡14.5万份，入户率100%；每村张贴1幅农民负担监督卡喷绘展板。11月份，由县委督查室、县政府督查室、县农办和县农监办组成减负工作考核组，对全县16个乡镇的减负工作进行了检查考核，没有发生因加重农民负担而引起的恶性、群体性案（事）件，保持了农村社会稳定和经济快速发展。

【植物保护】　2010年，全县病虫害发生面积386.61万亩次，其中夏粮101万亩次，秋作物245.21万亩次，棉花7.7万亩次，果树14.75万亩次，蔬菜17.95万亩次；防治339.04万亩次，其中夏粮92万亩次，秋作物201.36万亩次，棉花7.1万亩次，果树17.94万亩次，蔬菜20.64万亩次。防治面积占87.7%。挽回粮食损失10254.2万公斤，其中夏粮1283万公斤，秋作物2848.7万公斤，棉花87万公斤，水果332.5万公斤，蔬菜5703万公斤。完成省、市下达的系统检测对象16个，一般检测对象8个，传递报表160余份，开展大面积调查8次，发布《病虫情报》10期。

农业专家查看麦田病虫害情况

【测土配方施肥】　2010年，推广测土配方施肥技术面积5.3万公顷，覆盖全县330个行政村，涉及12万农户，发放测土配方施肥建议卡5万份，制定配方施肥配方5个，推广配方肥1.2万吨，配方肥施用面积2万公顷。

【花生高产示范基地建设项目】　在上观乡、赵保乡、董王庄乡、高村乡建设2666.7公顷花生高产示范基地，实施植物油倍增计划项目。该项目投资590.66万元，其中财政补贴资金476万元。向项目区提供花生良种38万公斤、化肥294吨、农膜3500公斤、农机具100台、种衣剂4万袋、除草剂6万套、杀虫剂3600瓶，并举办技术培训35期、9800人次，发放技术资料9800余份；测土化验100个样点、600项次。项目区花生平均亩产389.2公斤，增幅6%，增收480万元。

【农村土地流转】　2010年，全县土地流转面积3266.7公顷，涉及农户11979户，较2009年增加866.7公顷。其中转包372.3公顷，转让52公顷，出租2378.6公顷，互换174.3公顷，土地入股10

公顷，其它流转形式 287.1 公顷。

【农产品质量监督检测】　加强农业投入品管理，杜绝高毒、高残留农药的使用。全年抽检样品 1780 个，其中合格样品 1720 个，抽检合格率 97%，对农药残留超标的蔬菜和水果实行退市制度，保障了全县农产品质量安全。

【万名科技人员包万村活动】　按省“万名科技人员包万村服务粮食生产科技行动”的要求，该局抽调 72 名科技人员，分包全县 353 个行政村，深入田间地头，为农民答疑解难，印发宣传资料 16.7 万份，利用广播电台专题宣传报道 9 期，举办科技培训班 85 期，培训农民 8.7 万人次，培养乡村科技专干 150 人，农村科技带头人 360 人，培育科技专业户 130 户，推广花生、玉米、小麦、蔬菜等新品种 12 个，建立万亩示范方 2 个，百亩示范方 72 个。

（单相照）

畜牧业

局长　韩银生

【概况】　宜阳县畜牧局位于解放中路 16 号，内设办公室、畜牧综合股、动物防检股、财务股。下设县动物疫病预防控制中心和县动物卫生监督所。现有工作人员 50 人。电话：0379—68882006。

领导班子成员

职　务	姓　名	职　务	姓　名
局　长	韩银生	副局长	刁国亮
副局长	韩红军	纪检组长	董继章
副局长	张永军		

【畜牧业生产】　2010 年全县猪、牛、羊、禽、兔存栏量分别为 25.71 万头、138.8 万头、22.47 万只、289.12 万只、189.16 万只，出栏量分别为 28.34 万头、7.34 万头、16.74 万只、289.12 万只、125.32 万只，饲养量分别为 54.05 万头、21.22 万头、39.21 万只、461.64 万只、314.48 万只，肉、蛋、奶总产量分别为 3.88 万吨、1.68 万吨、1.6 万吨，牧业总产值 57887 万元，占农业总产值 22.7%。

【规模养殖】　采取多种措施，转变发展方式，大力发展规模养殖。2010 年新上规模养殖场 17 个，养殖专业村 17 个，注册 50 万元以上的规模养殖场 70 家，养殖专业户 1210 户，省级农业产业化龙头企业 2 家，市级农业产业化重点龙头企业 5 家，规模养殖比重 40% 以上。

【畜禽改良】　全年改造畜禽改良站（点）12 个，引进新品种 8 个，办养殖技术培训班 6 起，培训 2560 人次。改良牛 13.5 万头、生猪 25.7 万头、鸡 385 万只、羊 8.6 万只，优良品种覆盖率牛、猪、羊、禽分别为 91.5%、94%、83.3%、98.2%。

【动物卫生监督】　坚持严格执法与人性化监管服务相结合，进一步加强畜禽产地检疫、屠宰检验和畜牧业生产资料及畜禽产品安全监管。全县设 9 个中心检疫站、17 个产地报检点，加强对畜禽规模饲养场和屠宰加工厂（点）的监管，实施到场、入户检疫制度、畜禽产地检疫率 98% 以上，实施驻厂同步检疫制度，屠宰检疫率 100%。对出入县境的畜禽及其产品，严格查证验物、检疫消毒，全年查验消毒过往畜禽运输车辆 1182 车次，畜禽 28.83 万头（只）。严厉打击加工经营病死畜禽的违法行为，处理病死畜禽及产品 2.36 吨，确保上市畜产品质量安全。

【重大动物疫病防控】　建立健全了各级政府负总责、畜牧部门具体负责、有关部门联防联控和监督机构执法责任的“六位一体”防控责任体系，完善了“预警、防控、指挥”三大系统。全年培训疫情应急预备队成员 146 人次，落实储备金 10 万元，消毒剂 3 吨，消毒器械 50 台（套）防护服 300 套，各乡（镇）落实储备金 2 万元。坚持春秋两次集中免疫与日常免疫相结合，全面推行国家免疫日，防疫明白栏等防控新机制，全年防猪 57.5 万头次、牛 21.6 万头次、羊 39 万只次、禽 460.5

万只次，常年免疫密度猪、牛、羊、禽分别为100%、97.5%、90%、96.6%。坚持实验室监测与流行病学监测相结合，健全疫情监测和疫情报告网络，全年完成血清学和病原学监测样本5000份，召开专家预警预报会议6次，为科学制定防控对策，化解疫情风险提供了重要依据。

全市重大动物疫病防控暨畜产品质量安全管理工作会议在宜阳召开

【项目争取】　抓住中央加大惠农支持力度的机遇，全年争取项目资金270万元。其中生猪标准化养殖项目建设资金120万元，改造规模化养猪场6个；秸秆养牛示范县资金150万元，扶持洛阳立丰牛业（宜阳）筹建1000头肉牛育肥场1个。

【饲草饲料】　发展草食动物，推广农作物秸秆青贮技术和优质牧草种植技术。全年办饲料、饲草技术培训班2期，培训农民技术员166人次，印发技术资料1000份，改扩建青贮池12万立方米，青贮农作物秸秆26.5万吨，种植优质牧草800公顷。

（董荣堂）

林　业

【概况】　宜阳县林业局位于北城区锦屏大道与纬一路交叉口东侧。内设办公室、总工室、计财股、营林股、退耕天保办、林政股、林业执法大队、林地办、林站检疫站、防火办、林改办、绩效办（纪检监察室）12个股室。下辖森林公安局（正科级）、国有宜阳林场（正科级）、香鹿山生态园管理处（副科级）3个单位和林业技术指导站、森林病虫害防治检疫站、国有韩城苗圃3个二级机构。全系统共有干部职工258人。

局长　芦同聚

2010年，全县林业用地面积52433公顷，其中：有林地43413.33公顷，疏林地146.67公顷，灌木林地1386.67公顷，未成林造林地5493.33公顷，宜林地1886.67公顷，苗圃地106.67公顷。全县森林覆盖率26.71%。全县活立木蓄积量139.5万立方米，其中：有林地蓄积100.6万立方米，疏林地蓄积0.3万立方米，散生木蓄积0.1万立方米，四旁树蓄积38.5万立方米。全县野生动物植物资源丰富，有动物140科、600余种，植物153科、627属、1440余种，其中乔木22科、60种，灌木9科、30种，草木藤本植物122科1350种。

宜阳森林资源分布：南部山区以栎类天然林为主，中部川区以沙兰杨等用材林为主，北部丘陵区以经济林为主。宜阳沙兰杨以材质细密、出材率高远销省内外。耿沟杏、猪皮柿久负盛名。“昌谷大枣”、“马窑花椒”、“姜山薄皮核桃”销路广阔。电话：0379—68882447。

领导班子成员

职　务	姓　名	职　务	姓　名
局　长	芦同聚	副局长	姜永会
副局长	高成敏（5月离）	副局长	叶海洋（5月任）
副局长	张书敏	纪检组长	张淑霞
副局长	胡茂森	总工程师	陈金朝
森林公安局局长	赵立勋（5月任）	花管委副主任	李见军
副局长	何海杰		

【林业生态县】　2010年，开展“河南省林业生态县”创建工作，通过新造林、更新造林、补植补造，各项绿化指标达到或超过生态县创建标准。10月中旬通过省政府验收，12月被省政府授予河南省林业生态县称号。

【香鹿山省级森林公园】　2010年，完善基础设施，优化树种结构，加强管理管护等措施，提升了香鹿山生态园品位、档次。10月10日国家七部委领导到香鹿山调研黄河流域水土保持工作。11 月 20 日国家林业局领导到香鹿山调研森林城市创建工作。12 月 30 日被省林业厅命名为“河南省香鹿山省级森林公园”，成为洛阳市第 15 个省级森林公园。

全市林业生态花卉苗木基地建设流动现场会在宜阳召开

【林业生产】 2010 年，完成造林 4350 公顷，其中核桃造林 1133.33 公顷，基建造林 200 公顷，工业原料林 53.33 公顷，退耕低质低效林改造 180 公顷，封山育林 1400 公顷，飞播造林 1333.33 公顷。其中市级重点工程完成核桃基地建设 1133.33 公顷，县级重点工程完成灵山风景区周边绿化 233.33 公顷，种植火炬，侧柏、雪松、蜀桧、核桃 34.6 万株。

【集体林权制度改革】 2010 年，完成全县 37860 公顷集体林地林权制度主体改革任务，涉及乡镇 16 个，行政村 218 个，农户 4165 户，整理档案 368 卷，发放林权证 5183 本，涉及宗地 12970 宗，确权到户率、确权发证率、林权登记合格率均达到 99% 以上。集体林权制度改革工作省级排名第 9 位，市级排名第 1 位，被洛阳市政府授予洛阳市集体林权制度改革先进县称号。

【森林公安】 2010 年，成立宜阳县森林公安局（正科级单位），原森林公安分局（副科级单位）撤销，完成原森林公安分局人员政法编制过渡工作，正式政法编制干警 26 人。开展了“全市森林公安机关追逃专项行动”、“打击破坏野生鸟类资源违法犯罪专项活动”、“林区集中铲毒专项行动”、“绿盾三号行动”、“全省严厉打击涉林违法犯罪专项行动”，对毁坏幼树、盗伐、滥伐、无证运输木材、乱捕滥屠、非法经营野生动物及其制品的违法犯罪行为进行了严厉打击。办理涉林违法犯罪案件 20 起，其中：刑事案件 11 起，刑事拘留 14 人、网上追逃 2 人、取保候审 8 起 9 人、提请逮捕 6 起 7 人、批准逮捕 2 起 2 人、不批准逮捕 4 起 5 人、移送起诉 5 起 5 人、直接起诉 8 起 9 人；治安案件 9 起，行政拘留 12 人。

【林政管理】 完成采伐蓄积量 3555.9 立方米，商品出材量 2313.8 立方米，未突破市计划 13324.46 立方米和 8660.9 立方米采伐限额；林木凭证采伐率、办证合格率均为 100%；育林基金做到了足额及时上缴。

全年办理 6 起征占用林地审批手续，加大了对乱开乱采，违法占用林地的查处打击力度，依法保护了林地资源安全。

全年查处各类林业行政案件 56 起，处理各类违法分子 62 人次，案件查处率 100%。

【退耕还林】 2010 年，对 2002 年以来实施的退耕还林工程进行了全面检查验收，涉及 16 个乡镇，11041 户农户，退耕还林 15120 公顷，其中：退耕还林 3386.67 公顷，荒山造林 9133.33 公顷，封山育林 2600 公顷，巩固退耕还林后续产业 3836.2 公顷（其中：工业原料林 165.47 公顷，经济作物 228.67 公顷，中药材 20 公顷，特色经济林 81.87 公顷，低质低效林改造 342.87 公顷，补植补造 2997.3 公顷）。累计发放补助资金 8185945 元。

【森林防火】 2010 年冬季，宜阳县遭遇罕见干旱，超过 120 天无有效降水，森林防火形势严峻。投入 20 余万元，组建 22 人的森林消防专业队。调整森林防火预案，首次发布《宜阳县人民政府关于森林防火期内在林区禁火的命令》，调整县护林防火指挥部成员单位，定时组织火灾隐患排查，加强重点区域监管，加大监测监控力度，充实扑火物资储备。全年发生着火次数 6 次，由于准备足、发现早、出警快、扑救得力，未造成大的森林火灾及人员伤亡事故。

【林业科技】 把锦屏镇南营村建成 100 公顷核桃科技示范基地，栽植核桃良种 5 万株。引进香玲、辽核、中林 1 号、5 号 4 个优质核桃品种，推广栽植 60 万株。推广地膜覆盖、大棚催芽育苗新技术

2项。全年科技推广投入资金45万元。

【**森林资源保护**】　管护森林4.96万公顷，封山育林1333.3公顷，补植补造102.47公顷，拉机械围栏4330米，设大型护林宣传牌11个，小型警示牌34个。实施天保工程，全县新增有林地12066.6公顷，活立木蓄积量增加78万立方米，保持了森林资源持续、稳定、健康发展。

对全县纳入国家级和省级公益林范围的9486.67公顷（其中国家级8886.67公顷，省级600公顷）有林地实行承包管护，及时指导修枝抚育，保证林木健壮生长。发放管护资金206.11万元，其中国家级193285元，省级12825元。

开展野生动物保护宣传月、宣传周活动，提高群众保护野生动物意识，全年共发生救助野生保护动物事件6起，救助猫头鹰（国家二级保护）一只，黄鼠狼（省一般保护）一只，黄麂（省重点保护）一只，灰鹭（省重点保护）两只，苍鹰（国家二级）一只。做好野生动物疫源疫病监测监控工作，落实各项报告制度，保证了全县野生动物资源安全。

开展林业有害生物预测预报及防治工作，制定各类林业有害生物防治预案，主要病虫害预测预报方案。全年林业有害生物发生面积590.33公顷，防治571.33公顷，林业有害生物发生测报准确率94.9%，无公害防治率85%，有害生物成灾率控制在1.1‰以下，种苗产地检疫率97%。

【**十二五规划**】　林业局编制了《宜阳林业“十二五”规划》。规划“十二五”期间，实施“天然林保护工程、退耕还林工程、生态公益林保护工程、河南林业生态县建设工程、核桃基地建设工程、矿区生态修复工程”六大工程，实现全县新增林业用地2000公顷，达到53600公顷、新增有林地9733.33公顷，达到53133.33公顷、林木覆盖率达到33.6%以上、森林覆盖率达到32.3%以上。

（李　松）

水　利

【**概况**】　水利局位于县红旗中路，内设办公室、财务股、人事股、防汛办、工程股、农水股、水保股、水政股、设计室、督查室、小水电管理办公室11个直属股室。下设水政监察大队、水保预防监督管理站、河道局、节水办、物资站、打井队、河下电站、宜洛南渠管理所、宜洛北渠管理所、寻村渠管理所、张坞渠管理所、韩城渠管理所、龙脖水库宜阳灌区管理所、寺河水库管理所、橡胶坝管理所15个二级机构。现有各种水利工程2700余处（项），其中：自流灌溉渠道46条，机电井1312眼，机电灌溉站201处，水库19座（中型水库1座，小一类水库9座，小二类水库9座），塘堰坝32座，人畜吃水工程1117项。灌溉面积1.3万公顷，106.48公里河道堤防。电话：0379—68882448。

局长　王定泽

领导班子成员

职　务	姓　名	职　务	姓　名
局　长	张友斌（5月离） 王定泽（5月任）	副局长	范治安（6月任）
副局长	丁跃武	副书记	赵光召
副局长	樊保民	纪委书记	冯保乾（5月离） 李　勋（5月任）
副局长	武亚伟		

【**防汛工作**】　建立健全防汛机构，完善各项责任追究制，制定防汛预案，建立防汛队伍，落实防汛物资，安排抢险人员9650人；抢险车辆40辆；抢险冲锋舟2台；橡皮船2个；抛绳器2个；编织袋20.7万条；铁锨1.86万张；水泥550吨；铁丝21吨；木桩3.45万根；大锤650把；斧头650把；救生衣1630套；雨衣1650套；应急灯495个；防汛石料3.8万立方米；组织抗洪救险应急分队24人。县防汛抗旱指挥部于7月中旬对张坞乡、莲庄乡、樊村乡、白杨镇、赵保乡防汛队伍进行集中演练，提高了应对汛期突发事件的能力。

【**抗旱工作**】　10月以来，基本无有效降雨，遭受了自1951年以来最为严重的一次干旱灾害。针对严重旱情，宜阳县紧急启动抗旱预案，迅速掀起抗旱浇麦高潮。组织张坞、寻村、宜洛南渠、宜洛北渠、寺河库渠等灌区全员上阵，使水浇地应浇尽浇；成立34支抗旱服务队，提供无偿浇地服务；

投入抗旱物资200余万元；抗旱浇地补贴382万元；农机补贴135万元；投入808万元对韩城、三乡、张坞3条万亩浇渠进行修复改造，开挖村砌干渠21.6公里，建设渠系建筑物51座，提浇站4座，恢复改善灌溉面积2500公顷；解决安全饮水1.81万人，投入小型农田水利重点县项目1710万元，新打机井10眼，维修5眼。

【农建工作】　2010年的农田水利基本建设工作，紧紧围绕农村饮水安全、水库除险加固、抗旱应急工程、水保综合治理和农业综合开发等五大工程，全县累计投入农田水利基本投资金2.81亿元，投入工日4.94万个，完成工程量1203.8万立方米，新增有效灌溉面积1300公顷、旱涝保收田面积1260公顷、坡改梯面积1700公顷，发展节水灌溉面积1900公顷，改造中低产田1400公顷，治理水土流失18平方公里，解决农村安全饮水3.4万人，农田水利基本建设取得了显著成效，宜阳县第二次获得省“红旗渠精神杯奖”。11月5日市农田水利建设现场会在宜阳召开。

【水电建设】　截至年底，全县建成19座水电站，在建一座，总装机容量24370千瓦，年发电量8000万度，实现年产值2600万元，实现利税445万元，解决450人就业。全县各水电站在引水渠两岸关键部位共安装防护网1.4万米，设立警示标志138块。已通过省“十一五”水电新农村建设验收，被国家批准为“十二五”水电新农村电气化县，2010年度水电管理工作被省水电管理中心、市水利局评为先进管理单位。

【河道管理】　洛河为宜阳县境内主要河流，自西向东贯穿，全长53公里。县域内有洛河支流34条。汛前经过详细排查摸底，全县河道共有险工25处，其中重点险工8处，针对险工险段位置、区域不同分别制定了详细的防汛度汛预案，确保了2010年度河道安全度汛。砂石资源管理实行新的改革，由国土、林业、水利等县直单位和沿河乡镇组成砂石资源管理指挥部，将全县砂石资源纳入统一管理，全年完成税费收入710万元，取得了良好的经济效益和社会效益。

【阳光水岸】　阳光水岸工程位于宜阳县洛河城区段，二期工程总投资8922.35万元，总工程量210.7万立方米，其中土石方206.4万立方米，混凝土4.3万立方米。治理河道长度为2560米，分三项任务：一是大堤扩宽加固改造；二是三级水面工程；三是河床疏通平整；大堤治理工程南北两岸堤顶宽均为50米，形成滨河大道。水面工程分两级橡胶坝建设，建成后将形成水面223余公顷。该工程于2010年10月1日开工建设。工程建成后，将使洛河宜阳县城区段堤防的防洪标准由20年一遇提高到50年一遇，并使洛河城区段成为集滨河游园、房地产开发、水系景观为一体的水岸景观带，投资环境和居住环境将得到全面提升。

【水库除险加固】　2010年水库除险加固工程3座，分别是赵堡乡寺河水库、盐镇乡席沟水库、高村乡演礼沟水库，总投资2432万元，需投工22.24万个，完成工程量19.15万立方米。工程于2009年9月中、下旬陆续开工建设，分别于2010年8月中旬、10月中旬、12月20日先后完成。工程建成后可使三座水库防洪能力由目前的不足10年一遇提高到30年至50年一遇，确保水库下游人民群众生命财产安全及工农业用水。

寺河水库除险加固

【饮水安全】　2010年农村饮水安全工程分两批，总投资1340万元。其中第一批工程投资550万元（中央440万元，省77万元，群众自筹33万元），建设白杨集中供水和董王庄大王沟、赵堡油路口单村工程，解决了1.1万人饮水安全问题；第二批工程投资790万元（中央632万元，省116万元，群众自筹42万元），建设锦屏镇河下村集中供水和白杨南留、三乡上沟、桑子沟单村工程，解决1.4万人和3000名学生饮水安全问题。工程于2010年7月16日开工，架设高压线路3.3公里，配套变压器2台，新打机井7眼，新建水厂5个，开挖铺设输水管17万米，12月底竣工通水。

【水土保持】　治理水土流失面积18平方公里。其中：坡耕地改造670公顷，水保造林500公顷，经果林260公顷。完成总投资1191万元，投入总工日29.5万个，工程量226万立方米。10月10日，参加黄河中游水土保持委员会第十次会议的与会人员到宜阳视察水土保持建设情况。

【水政监察】　举办水利法规培训3次，水政执法人员普法知识考试2次。完成行政执法的培训、换证和行政执罚证的审批、办证以及进驻县行政服务中心行政许可和行政收费项目的梳理工作，加强水行政执法，严格查处各类水事纠纷，使全县水资源得到合理开发，有序利用。2010年水政监察大队和节水办各项工作更加法制化、规范化、现代化，被市水务局评为全市水行政文明执法绩效考核先进单位。

【宣传活动】　利用世界水日、中国水周开展水利法规宣传，汛期在电视台播出防汛宣传字幕，沿河路口张贴防汛安全公告，对手机用户用短信进行防汛安全提示，6月22日组织沿河各乡镇、县直有关单位，进行防汛抗旱宣传，全年市县电视台防汛抗旱报道30余次。（孙红杰）

农　机

局长　李万民

【概况】　宜阳县农业机械总站位于县城红旗中路29号，是主管全县农业机械的政府职能部门，正科级事业单位，内设办公室、监理站、推广站、财务股、农机校、服务部和农机公司等7个二级机构，有干部职工144名，在职81名。

2010年，全县农业机械总动力新增2.05万千瓦，农机总动力55万千瓦，拥有大中型拖拉机584台，手扶拖拉机34261台，各种配套农机具64019台（套）。各类农业机械原值1.97亿元，净值1.39亿元。全年机播面积3.67万公顷，小麦播种机械化、机收面积发展到3.8万公顷，玉米机收面积4.2万公顷，玉米秸秆综合利用面积9800公顷。农作物耕、种、收综合机械化水平达到63%，提高了13个百分点。免耕播种333.33万公顷。电话：0379—68882723。

领导班子成员

职　务	姓　名	职　务	姓　名
局　长	李万民	副局长	苗治朝（8月任）
副局长	祁仁银	纪检组长	郑君义
副局长	牛新乐（6月离）		

【技术人员培训】　2010年，开办“三夏”机收培训班2期，培训（复训）联合收割机手600名。9月份，开办“三秋”农机技术培训班5期，培训技术人员303人。年初，邀请省、市农机专家3名，把全局农机管理人员20名，农机监理人员47名，农机技术人员50名，举办了3个为期一周的技能培训班。全年开办农机技术培训班17期，培训农机技术人员50人，农机维修人员200人，农机操作人员1531人。

【农业机械检修保养】　选派农机技术人员7名，深入田间地头、农家场院，帮助农户调试、检修、保养联合收割机210台、大中型拖拉机150台、小型拖拉机5000台、配套农机具880部。

【技术服务】　抽调5名农机技术人员，成立了2个农机技术服务队，帮助农户维修农机具，运送零部件，实现“小故障不出地块，大故障不出乡镇”。

【农机调度】　根据全县作物成熟期不同和各乡镇农机拥有量不等的情况，合理有序地进行机农具调度协调，使各种农机具，特别是大型联合收割机等最大限度发挥作用。

【农机监督检查】　减少了各种农机具带病作业，杜绝了无防火、灭火设施的农机具进场作业，保证了各种农机具正常作业，安全生产。

【实施农机购置补贴项目】　2010年争取到国家、省农机购置补贴资金584万元。成立宜阳县农机购置补贴项目实施工作领导小组，制订实施方案。补贴玉米收获机29台，轮式大中型拖拉机61台，手扶拖拉机1159台，秸秆压捆机30台，免耕播种机7台，耕地机械24台，各种卷帘机、玉米剥皮机、秸秆粉碎还田机、搂草机、谷物收获机、饲料机、饲料搅拌机等共39台，总计补贴大小机具1349台，占用补贴资金583.99万元，拉动社会自筹资金1947万余元，收益农户1281户。

【农机检审】 农机监理人员深入全县16个乡镇，深入农家场院、田间地头，采取各乡镇集中检审，县局补检补审，流动检审等灵活多样的方式，对全县境内的拖拉机、联合收割机及其他农机具进行了全面检测，重新喷涂了放大号牌，检验拖拉机5500台、审验驾驶员382名。

【“农机安全生产月”活动】 6月开展“农机安全生产月”活动，制作农机安全生产彩图10幅，安全生产板报5期，在各乡镇巡回展出，散发农机安全生产知识传单8000份。

【农机安全监理】 县监理站分出6个外勤队，分片包干，深入乡村道路，田间场头和农机生产一线，查处无牌证、未参加年度检审、违章载人、客货混装、酒后驾驶、超速超载等严重危及安全生产的违章行为。办理拖拉机新车入户2347台，新办驾驶证1531人，查处“黑车非驾”现象2800起，开展农机安全生产大型宣传活动3次，全年农机安全生产形势稳定。

【农机合作社建设】 2010年，建设农机合作社17个，社员142人、注册资金1940万元，主机数256台、配套机具325台，合作社年农机作业量8666.7公顷，经营收入1171万元。引导合作社，开展多种经营。搞好夏秋机械化耕、耙、播、收农机作业；扶持合作社开展人才培训、农机维修、农资供应等多渠道经营；组织土地流转1000公顷。

【农机市场建设】 2010年底，宜阳县有农机销售点46处，农机产品营销人员156名；农机作业专业户3595个，从业人员3730名；维修点136处，维修工人268名。主要从事农机产品销售、维修，作业等，能够满足农民群众的生产，生活需要。

（张晓丽）

扶　贫

主任　聂留琴

【概况】 宜阳县扶贫办现在县人大三楼办公，共有干部职工14名，下设办公室和项目科2个科室。2010年县扶贫办以全面建设小康社会为目标，紧紧抓住国家新一轮发展机遇加快县域经济发展，认真贯彻实施扶贫开发“一体两翼”战略，坚持以贫困村为主战场，以整村推进连片开发为重点，以产业化扶贫为突破口，以贫困农民脱贫致富为目标，按照“渠道不乱，用途不变，各负其责，各计其功”的原则，以财政扶贫资金为平台，整合部门资金，加大投入力度，努力解决贫困村的行路难、吃水难、上学难、就医难等问题。紧紧围绕增加农民收入、加快农民脱贫致富步伐这个工作中心，加大扶贫开发力度，有效地改善了贫困地区的生产条件和生活环境，在整村推进、搬迁扶贫、劳动力转移培训等方面取得了明显成效，为社会主义新农村建设作出了应有贡献。电话：0379—68882226。

领导班子成员

职　务	姓　名	职　务	姓　名
主　任	聂留琴	副主任	王万宗
副主任	张继民	纪检组长	史站军
副主任	赵会敏	党组成员	贾建民

【整村推进工作】 2010年宜阳县整村推进工作涉及8个乡（镇）16个扶贫开发工作重点村，受益人口涉及3456户14096人，分别是董王庄乡王路庄村、白土坪村，樊村乡老庄村、安古村，赵保乡单村，穆册乡花山村、寺院村、刘秀沟村、玉皇庙村、大尖村，盐镇乡席沟村、北召村，韩城镇袁庄村，白杨镇香潭沟村、西南留村，莲庄乡曹窑村。全年共投入资金3089万元，其中：中央、省财政扶贫资金675万元，县财政补贴资金160万元，村民自筹和驻村帮扶资金436万元，整合县直涉农部门资金1818万元。完成了水泥道路硬化42.7公

里，建农村饮水项目5处、农村户用沼气池1940座，安装路灯1740盏，架设220伏低压线路20690米，建成农民购物超市16处，新建2255平方米规范卫生室，新增文化室面积1240平方米，新增绿化面积5220平方米，新增有效浇灌面积16.7公顷，发展养殖户250户。

【搬迁扶贫工作】 2010年，投入1224.8万元，完成214户986人的搬迁扶贫任务。主要从锦屏镇乔岩村迁出80户356人，安置到锦屏镇高桥村；从高村乡周玉村迁出134户630人安置到高村乡周玉村。其中：财政扶贫资金321万元，县级财政配套资金47.6万元。县农业局、林业局、水利局、电业局、广电局分别负责沼气、搬迁点绿化、水、电、广播电视等配套设施建设。

【两项制度顺利开展】 2010年宜阳县被确定为"农村最低生活保障制度和扶贫开发政策"（简称：两项制度）有效衔接试点县，涉及16个乡（镇）、353个行政村。建档立卡贫困户66216户131314人，其中：农民人均纯收入1500元以下建档立卡贫困农户33108户65657人，占全县农业人口的10.3%；其中农民人均纯收入1196元以下的贫困农户18220户37824人，1196元至1500元的贫困农户14888户27833人。

【扶贫培训工作】 全年累计完成"雨露计划"培训任务2130人，占上级年度任务2130人的100%，其中引导性培训1300人，技能性培训530人。

【村级互助资金组织工作】 2008年至2009年，上级共批复宜阳县村级互助资金组织20个，每个村15万元，共计300万元。20个村已全部完成注册登记并开始运行，为项目农户发展种植、养殖、加工等行业提供有力的经济支柱。

【产业化、科技扶贫工作】 2010年，全县小额贷款贴息资金30万元，共发放小额贴息贷款600万元，其中，支持种植业发放贷款250万元，养殖业发放贷款110万元，加工业发放贷款120万元，商业、运输业发放贷款65万元，其他项目发放贷款55万元，辐射36个贫困村，扶持贫困户400户，户均贷款2万元，户均增收1750元。申报科技扶贫项目一个，即河南华裕黑色作物种植基地建设科技扶贫项目，批复项目资金70万元，该项目已按照"方案"要求逐项实施。

（王万宗）

气　　象

局长　杨仕贤

【概况】 气象局是宜阳县气象工作的管理机构，位于县城兴宜东路57号。内设：行政办、气象站、防雷办、人影办、气象科技服务中心。干部、职工16人。电话：0379—68882126。

领导班子成员

职　务	姓　名	职　务	姓　名
局　长	杨仕贤	纪检员	梁胜利
副局长	刘丽玲		

【地面测报】 全县已建成全自动气象观测站1个，多要素全自动气象观测站4个，土壤水分自动检测站1个，乡镇自动雨量站16个。全年地面测报错情率0.0%。气象信息资料传输及时率100%。

【天气预报】 每天通过专线宽带调用卫星云图、日本降水预报图、地面和高空天气图等预报资料及省、市气象台的预报产品，结合宜阳县观测资料及地形特点，综合分析制作天气预报。汛期24小时值班，监视天气演变，遇有暴雨、高温、大风、冰雹等灾害性天气，及时向县领导和有关单位汇报。发布预警信号，建立健全突发气象灾害预警信号制作、发布业务流程，将预警信号及时上传到省气象台决策服务、市气象台和业务科，通过手机短信、电话、传真等手段服务全县。出现灾害性天气过程后，及时上报天气实况、灾害调查、评估、预报服务情况和灾情，按时上报灾情旬、月报表。

【农业气象】 每月6次定时测定10、20、30、40、50、60、70、80、90、100厘米深度的土壤湿度，及时向洛阳市气象局拍发墒情报，旬月报和周报。每旬（月）制作农气（旬）月报上报洛阳市气象局。利用卫星遥感技术分析苗情，建立小麦产量预报系统。全年撰写季度、年度气候评价6篇，农气服务材料60余篇。

【防汛工作】 汛前两次召开会议，重新调整汛期领导小组，明确分工，建立健全各项规章制度，安排领导汛期气象工作，完善汛期气象服务、应急预案；印发“三夏”、“汛期”服务材料600多份，服务全县2010年防汛工作；立足于防大汛、抗大旱，强化服务手段，为各级领导和有关单位提供“优质气象服务”、生产生活服务。印发中长期预报、重要天气报等各种服务材料600多份；确保汛期值班、守班正常，全体职工24小时值班，受到市局和县防汛抗旱指挥部通报表扬。

【气象科技服务】 贯彻执行《中华人民共和国气象法》、《通用航空飞行管理条例》、《防雷减灾管理办法》、《河南省气象条例》、《防雷装置设计审核和竣工验收规定》等法律法规，规范执法程序。全年检测156家避雷设施。对符合要求的126家单位发放检测合格证，对不符合要求的30个单位提出整改意见，消除事故隐患。

【人工影响天气】 2010年进入9月以后，宜阳降水量严重偏少。2010年9月至2010年12月降水量为73.7毫米，较常年同期降水171.1毫米偏少了57%，全县出现了不同程度的干旱。成功实施人工增雨作业9批次，公共发射增雨火箭弹108枚，炮弹365发。

【干旱】 从2009年12月16日起到2010年2月初，宜阳县无有效降雨，干旱严重。全县3.53万公顷土地轻旱，6.67万公顷土地重干旱，有11个乡镇8万人，5万头大牲畜饮水困难。3月中下旬到4月上旬降水持续偏少，出现严重春旱。据统计全县27333公顷，旱地冬小麦不同程度受灾。部分夏玉米无法按时播种，影响夏玉米正常生长。

【暴雨洪涝灾害】 2010年7月23日8时到25日8时，宜阳县普降大到暴雨，全县受损房屋63间，路段冲毁约15公里，桥梁受损3座，庄稼地426.7公顷受灾，约损失2500万元，60只羊死亡。

【大风】 2010年，宜阳县出现大风天数为15天，12月大风出现较多，4月26日，出现大风天气过程，刮倒树1000余棵，房屋倒塌10间，经济损失100万元。

【高温】 8月4日出现高温39.1℃，高温天气给人们生活带来不利的影响。

月　份	日　期	温度（℃）
6月	22日	39
7月	7日	38.8
8月	4日	39.1

【获奖情况】 2010年被中共宜阳县委、宜阳县政府评为服务烟草工作先进单位，被宜阳县防汛抗旱指挥部评为服务防汛抗旱先进单位，被洛阳市气象局评为年度目标考核优秀达标单位和测报“比武”团体三等奖。

2010年各月主要气象要素一览表

项　目	对比＼月份	1	2	3	4	5	6	7	8	9	10	11	12	全年
平均气温（℃）	当年	1.4	3.7	8.8	14	21.2	26.3	27.5	25.6	21.2	15.5	10.3	5.1	15.1
	历年	1	3.3	8.5	15.7	20.9	25.3	26.8	25.6	20.8	15.1	8.4	3	14.5
	距平	0.4	0.4	0.3	-1.7	0.3	1	0.7	0	0.4	0.4	1.9	2.1	0.6
降水量（毫米）	当年		15.6	17.5	67.1	68.9	31.2	209.6	169.6	46.3	23.2	3.5	0.7	653.2
	历年	9	15.7	31.9	44.1	58.9	67.7	142.3	114.7	83.9	51.7	25.9	9.6	655.4
	距平百分率	-100	-0.1	-45	52	17	-54	47	48	-45	-55	-86	-93	-0.3

续表

项目	对比＼月份	1	2	3	4	5	6	7	8	9	10	11	12	全年
日照时数（时）	当年	157.1	102.2	134.8	181.4	164.9	167.3	63.3	91.8	58.5	113	190.9	192	1617.2
	历年	138.3	128.1	151.4	182.9	215.2	206.4	179.5	175.9	151.2	156.1	143.4	143.2	1971.7
	距平百分率	13	-20	-11	-0.8	-23	-19	-65	-48	-61	-28	33	34	-18

（徐利娟）

农业综合开发

主任　仝洪波

【概况】　宜阳县农业综合开发办公室位于文明东路12号政协1楼。干部职工9人，属参照公务员管理的财政全供事业单位。2010年，农业综合开发完成了2个中低产田改造项目和4个产业化经营项目建设。分别是宜阳县2010年农业综合开发中低产田改造项目666.7公顷、宜阳县2010年农资综合补贴中低产田改造项目666.7公顷和宜阳县年产1000吨仁用杏加工新建项目、宜阳县年产2300吨黑色杂粮加工新建项目、宜阳县年出栏5万头种猪养殖贷款贴息项目、河南省宜阳县秸秆养牛示范县建设项目。中低产田改造项目区农业生产条件得到了明显改善，农业综合生产能力得到了显著提高，初步实现了“田成方、林成网、渠相通、路相连、旱能浇、涝能排”的园田化农业生产新格局，取得了良好的经济效益、生态效益和社会效益；产业化经营项目建成投产以后，有效地推进了宜阳县农业和农村经济结构的战略性调整，起到了辐射示范带动作用，提高了农业综合效益，增加了农民收入。电话：0379—68889425。

领导班子成员

职　务	姓　名	职　务	姓　名
主　任	仝洪波	副主任	赵银锁

【农业综合开发中低产田改造项目】　宜阳县2010年度农业综合开发中低产田改造项目，完成治理改造面积666.7公顷，涉及高村乡演礼沟、丰涧、沈沟、汪沜4个行政村，41个组，1280户，5300人，2500个劳动力。总投资898万元，其中财政资金670万元，群众自筹228万元，完成计划100%。新建提灌站6座，修复提灌站3座；架设输变电线路4.5公里；埋设地埋管60公里；新建小型蓄水池14座，修复小型蓄水池18座；改良土壤266.7公顷，新修机耕路21公里；营造农田防护林植杨树3万株；科技培训1500人次，示范推广“黑小麦种植技术”66.7公顷。累计群众投工3.76万个，完成土石方13.5万立方米，混凝土及钢筋混凝土0.03万立方米。项目区农业生产条件得到了明显改善，新增灌溉面积666.7公顷，新增节水灌溉面积666.7公顷，年节约水量40万立方米；增加农田林网防护面积666.7公顷，控制水土流失面积3平方公里。农业综合生产能力得到显著提高，农作物复种指数由1.2提高到1.6，年新增粮食生产能力150万公斤，完善农业服务体系1个，年新增种植业总产值270万元，项目区农民纯收入年增加总额243.8万元，项目区基本实现园田化、水利化，农民的科技素质和技术管理水平得到了明显提高。

【农资综合补贴中低产田改造项目】　宜阳县2010年农资综合补贴中低产田改造项目，位于韩城镇，距县城25公里，涉及官西、东关、西关3个行政村，56个组，3941户，1.7万人，1.1万个劳动力，耕地面积1040公顷。完成治理改造面积666.7公顷，累计完成投资910万元，其中：中央财政资金800万元，项目区群众自筹110万元。完成计划100%。新打配机电井10眼；输变电线路配套4公里，安装变压器5台（套）500KVA；开挖疏浚渠道19公里，衬砌混凝土渠道40公里，修建渠系建筑物762座；新修机耕路30公里；营造农田防护林植杨树2万株。项目累计投工2.2万个，总工程量7.52万立方米，其中：土石方6万立方米，混凝土及钢筋混凝土1.52万立方米。项目区内制约农业发展的主要障碍因素得以排除，农业生产水平得到了显著提高，单位面积产量大幅增加，年新增粮食生产能力150万公斤，年平均亩增产150公斤。农业生产条件得到明显改善，新增灌溉面积133.3公顷，改善灌溉面积533.3公顷，新增节水灌溉面积666.7公顷，年节约水量40万立方米。新增农田林网防护面积466.7公顷。项目区年新增种植业总产值322.5万元。项目区农民纯收入年增加总额297.5万元。

【重点产业化项目】 宜阳县年产1000吨仁用杏加工新建项目，位于宜阳县盐镇乡张沟村，是全省确定的重点农业产业化项目。总投资588.9万元，其中财政投资150万元，企业自筹438.9万元。土建工程完成1200平方米，设备购置32台（套）。投产后，年加工仁用杏1000吨，年营业收入355万元，年利税123.79万元，带动农户500户，新增就业人数30人。

【合作社项目】 宜阳县年产2300吨黑色杂粮加工新建项目，位于宜阳县高村乡高村村，是全省确定的农民专业合作社项目之一，项目建设已全面完成。总投资133万元，其中财政投资60万元，企业自筹73万元。土建工程完成800平方米，设备购置4套（台）。投产后，年加工黑色杂粮2300吨，年营业收入1200万元，年利润95.16万元，带动农户5500户，新增就业人数80人。

【贷款贴息项目】 宜阳县年出栏5万头种猪养殖贷款贴息项目，位于宜阳县莲庄乡马回村，项目已全面完成。总投资6154万元，其中财政贴息80万元，银行贷款2900万元，企业自筹3254万元。投产后，年营业收入2300万元，年利润112.00万元，带动农户2240户，新增就业人数5230人。

【农业综合开发部门项目】 宜阳县2010年秸秆养牛示范县建设项目，是该县畜牧部门利用农业综合开发资金争取的部门项目，位于宜阳县柳泉镇鱼泉村，项目已全面完成。总投资382万元，其中财政资金150万元，企业自筹资金232万元。新建青贮氨化池7200立方米，新建畜舍4350平方米，新建运动场4000平方米，新建库房607平方米，购置秸秆处理机械17台（件），购置小型饲料加工设备6台（件）等。建成投产后，年青贮秸秆0.48万吨（鲜重），年氨化、微贮秸秆0.39万吨，年末肉牛存栏0.3万头，肉牛年出栏0.9万头，年牛肉产量0.16万吨，产值1190万元，利税167万元，纯收入150万元，养牛就业人数26人。

【项目和资金管理】 项目和资金管理实行项目公示制、工程招投标制、工程监理制和资金县级报账制。项目开工前、施工中以及工程建成后，以张榜形式进行项目公示，接受群众监督。工程实行全面招投标，公开、公平、公正，面向社会选择高素质施工单位。由开发部门统一委托有资质的工程监理公司负责工程监理，确保工程工期、工程质量和资金的合理使用。严格执行国家农业综合开发“三专五定”资金管理办法，专人负责、专户储存、专账核算，确保开发资金不截留、不挪用、专款专用。

【项目工程管护】 实施“工程落地、管护上马”制度，严格制定工程管护责任制，一级抓一级，层层抓落实，县、乡、村齐抓共管。工程管护实行“三个一”管理，即“完善一种机制”，因地制宜，采取承包、拍卖、租赁等方式，形成合理利益机制，激发搞好工程管护的积极性。“落实一块资金”，从水费、拍卖费、租赁费等费用中多渠道提取资金，用于工程管护；“建立一支队伍”，选出有一定专业知识、责任心强的人员，进入管护队伍，持证上岗，切实履行管护职责。

【获奖情况】 2010年，宜阳县农业综合开发办公室被河南省农业综合开发领导小组授予全省2010年农业综合开发工作先进单位，被洛阳市农业综合开发领导小组评为农业综合开发先进单位。

（杨智伟）

烟　草

烟叶种植

主任　陈作通

【概况】　宜阳县烟草生产办公室设在红旗中路烟草局院内，现有干部职工 11 人。2010 年，全县植烟乡镇 14 个，植烟面积 5560 公顷，收购烤烟 533.5 万公斤，完成烟叶税收 1617.23 万元。电话：0379—68878031。

领导班子成员

职　务	姓　名	职　务	姓　名
主　任	陈作通	副主任	尚红海
副主任	赵孟婵	纪检组长	白燕飞
副主任	王宏欣		

【烟叶育苗】　建成漂浮育苗大棚 518 座，集约化育苗率 100%，商品化供苗率 100%。种植品种：豫烟 6 号、中烟 100、云烟 87、NC89 和秦烟 96 等。

【乡镇长工程建设】　建成乡镇长工程 14 个，面积 1073.4 公顷。

【惠农政策】　机耕起垄补贴：对 50 亩至 500 亩连片烟田，每亩补贴机耕起垄费 30 元；对 500 亩以上连片烟田，每亩补贴机耕起垄费 50 元。肥料补贴：2011 年肥料供应与 2010 年烟叶交售结果挂钩，实行产后补贴。对 500 亩以上连片烟田，除了享受按烟票兑现的物资外，每亩再免费供应 25 公斤饼肥。乡镇长工程和核心示范园享受同等优惠扶持政策。

【现代烟草农业建设】　2010 年是县实施现代烟草农业整县推进工作的第一年。全县建成基地单元 2 个，分别是河南中烟黄金叶品牌张坞基地单元和川渝中烟娇子品牌石村基地单元。基地单元共涉及高村、三乡、张坞、穆册、莲庄、上观 6 个乡（镇），7 个烟叶工作片区，71 个植烟村，总耕地面积 8886.67 公顷，宜烟面积 6433.33 公顷，规划基本烟田面积 4000 公顷，植烟面积 2200 公顷。2 个基地单元共建成烟水配套项目 16 个，建造密集烤房 600 座、小改密烤房 3702 座，修建机耕路 60 公里，建设育苗大棚 160 座（折合 40 米 ×8 米标准棚）。国土资源局、农业综合开发办等单位整合项目资金，对三乡东柏坡、张坞石门核心示范区土地进行了整治和路、渠、网等基础设施配套建设。在 6 个乡（镇）分别成立了土地流转中心，土地流转面积达 1066.67 公顷；注册成立了石村和张坞两个基地单元烟叶综合专业化服务合作社，专业化服务率达 80%、商品化育苗率 100%，综合机械化作业率达 60%。

【重要活动】　6 月 3 日，全省现代烟草农业暨基础设施建设现场会在宜阳县召开。河南省烟草公司副总经理李俊成、各地市烟草公司及部分县烟草公司领导参加会议。与会人员现场观看了张坞基地单元核心示范区烟田专业人员中耕除草和病虫害统防统治演示、人工防雹增雨作业演示。宜阳县县委书记王琰君及县四大班子有关领导陪同参观。

（李　东）

烟草销售及市场管理

局长、经理　裴钧

【概况】　宜阳县烟草专卖局（分公司）机关设在县城红旗中路32号，属政企行合一单位，下设9个职能科室、18个烟叶工作站、1个内部监管稽查队、1个打私打假稽查队，5个市场监管稽查队、1个卷烟中转站（4个卷烟市场服务部）。拥有干部职工286名，固定资产5064万元。肩负着全县烟叶生产经营、卷烟销售配送和专卖市场管理任务。2010年，实现两烟经营收入39217万元，较上年同期36637万元增加2580万元；三项费用开支6215万元，较上年同期4740万元增加1475万元；实现利润5506万元，较上年同期5808万元减少302万元。电话：0379—68878000。

领导班子成员

职　务	姓　名	职　务	姓　名
局长、经理	裴　钧	副局长	孟石亮
副书记	马文征	正科级干部	李富魁
副经理	张世涛		

【烟叶生产】　2010年，签订烟叶种植合同4220公顷，其中连片种植2180公顷；收购烟叶10.67万担，烟农收入7351.05万元，实现烟叶特产税1617.23万元。建造现代化育苗工场2个，漂浮育苗大棚518座，烟叶育苗实现了集约化、专业化、商品化，大棚苗移栽100%。冬前起垄、平衡施肥、良种良法配套、大棚育苗系统消毒、地膜覆盖、化学抑芽、顶叶4片至6片一次性采收等关键技术得到落实。植烟各乡成立植保专业队，免费供应消毒剂0.94吨、农药6.58吨、防虫网9856米、地膜98吨，从育苗环节开始，严把消毒关，棚内、托盘、基质消毒、大棚周围消毒杀蚜、大田病虫害统防统治取得良好效果，病虫害明显减少。全年扶持供应复合肥1150吨、饼肥1200吨、钾肥721吨、重钙458吨、牛粪8475.4立方、豆粉101.5吨、育苗肥29.75吨，基本达到，烟叶大田生长营养平衡，养分充足，内在化学成分协调，为提高烟叶质量打下了基础，上等烟比例24.5%。全年烟田基础设施建设投资4290万元，建成烟水配套项目16个，修建烟路60公里，建造密集烤房600座，现代化烘烤工场两个，购置烟草专用机械61套，建造育苗大棚160座。惠及烟农2200户，覆盖烟田、基本烟田（农田）4333.3公顷，改善了烟农的种烟条件，为加快现代烟草农业发展步伐奠定了良好的基础。建立专业化服务合作社7个，成立机械耕作、烟叶育苗、植保、烘烤、分级等专业化服务队49个，涵盖整个烟叶生产环节，推进了现代烟草农业进程。三位一体收购模式更加巩固，“约时定点、轮流交售、入户预检、集中运输、密码定级、电子结算、在线支付”的收购流程更加规范；服务水平明显提高，各收购站点均配有茶水站、维修工具、医药箱和烟农休息室；收购过程更加透明，各磅组均有县乡人大代表监磅，全过程电子监控，不留死角。

烟叶丰收

【现代烟草农业建设】　现代烟草农业建设整县推进，国家级示范点顺利通过验收；工商研联办基地有新突破，建成川渝中烟“娇子品牌”洛阳宜阳石村基地单元和河南中烟“黄金叶品牌”洛阳宜阳张坞基地单元，国家散烟收购试点（河南中烟黄金叶品牌洛阳宜阳张坞基地单元石门散烟收购试点）取得宝贵经验；鑫农、益农两个农业综合专业化合作社，被国家局确定为全国农业合作社试点；湖北中烟“黄鹤楼品牌”洛阳宜阳赵保基地单元已经确立。

【“百村工程”建设】　实行领导包片、中层干部和主要人员包村办法，扎实开展百村工程建设，落实百村工程村 91 个（包括乡镇长工程村 14 个），植烟面积 3640 公顷，占全县总面积的 86.26%，其中连片田 2180 公顷。实现了百村工程施肥起垄 100%、盖膜 61.93%。百村工程建设稳定了面积，示范带动作用明显，为全县烟叶生产稳定持续发展打下坚实基础。

【卷烟销售】 建立统一的客户关系管理系统信息平台，通过客户经理、专卖稽查员、卷烟送货员、专卖内管员对零售客户基本信息更新和采集，实现管、销、控、查信息共享；装备电子走访器，促使客户经理、专管员定期对客户上门拜访、巡查、政策宣传、品牌培育、信息沟通等服务；集中货源分配，实现均衡销售；抓好高端客户，挖掘重点市场，为高端客户发放 VIP 卡，根据其消费积分定期兑现奖励；通过用“一条毛巾亮柜台，亲情服务占市场”的服务活动，加深了职工与商户的感情，拉近了职工与商户的距离。全年卷烟销售 18657.475 箱，占年计划 18560 的 100.50%；一、二类卷烟 806.66 箱，占年计划 651 箱的 123.91%；单箱销售收入 10746.89 元，较年计划 10076 元增长 670.89 元，同期增长 1820 元，单箱销售收入首次突破万元大关。全县零售商户 1996 个，网上订货率 86.34%，200 人以上的行政村和自然村实现配送服务。

【专卖管理】 内练素质，外树形象，对专卖管理人员实行准军事化管理，以铁的纪律、铁的作风塑造铁的队伍；以规范管理，促规范经营，注重对销售的各个流程和各个节点的监管，坚持到货确认制，确保卷烟销售 100% 入网、落地、落户；积极开展内管监督抽查复查工作，确保行业规范经营；提高市场巡查密度，实行夜间市场检查，提高市场净化率；积极开展节日市场专项治理活动，尤其在双节和灵山文化庙会期间对全县市场进行专项治理。确保宜阳两烟经营规范和市场健康稳定。全年查办两烟违法案件 81 起，没收违法卷烟 1698.6 条，罚款 513.65 元。全年拘留违法人员 17 人。查办网络案件 2 起，结案一起，涉案金额 20 余万元，劳教 2 人。另一起被市局定为 2010 年 2 号大案，12 月底并入城区局。全年无出现一起上诉败诉案件，为宜阳烟草的发展起到了保驾护航作用。

【企业文化建设】 2010 年企业文化建设形式多样，内容丰富。2 月 5 日举办了春节晚会，烟草职工欢一堂，辞旧迎新。组织“三・八”节植树活动。6 月 1 日为对口学校和留守儿童送去学习文具及慰问品。6 月 7 日至 9 日在高考期间，组织人员在县镇中考点搭建遮阴棚，向考生发放矿泉水，爱心助考，温暖学子。7 月 1 日组织党员登山，庆祝党的生日。7 月 30 日向驻宜武警部队送去矿泉水、西瓜等慰问品表达拥军拥警之情。9 月组织人员参加市局“双诚”杯演讲比赛。坚持办好“春蕾班”、为系统内新考上大学的学生发放补助费。每逢佳节局（分公司）党组成员带上礼品、慰问金去看望退休老职工和困难职工家属，给他们送去温暖和祝福。县分公司办公大楼前的精品宣传栏 2010 年办 6 期，内容丰富，文化气息浓厚，成为县分公司传递企业文化，展示企业文化建设成果的一道风景。提高了企业的公信力和影响力，树立了良好的企业形象。

【用工分配制度】 宜阳县局（分公司）开展了用工分配制度改革，按照精简高效、运转协调、科学合理、责权统一的原则，制订了职能配置、机构设置和人员编制（定责、定岗、定编简称“三定”）方案，11 月底完成三定工作。将原来的机构进行了撤并，对新设置机构的职能、职责、岗位、编制进行了重新优化重组，科学设岗、合理定岗、人岗匹配。精简机关设置、充实一线。三定前机关科室 14 个、20 个烟站、1 个稽查大队、5 个市场专卖所、4 个卷烟客户服务部。改革后，撤并为 9 个职能科室、18 个烟叶工作站、1 个内部监管稽查队、1 个打私打假稽查队，5 个市场监管稽查队、1 个卷烟中转站（4 个卷烟市场服务部为非股级业务单位）。通过用工分配制度改革，各项工作更加捋顺，效率明显提高。

（李颖超）

工　业

民营经济

局长　张继超

【概况】　宜阳县企业局位于县城红旗中路37号，内设党政办公室、财务科、人事科、工会（监察室）、安全科、综合科、工业科、经济运行科、政策法规与科教培训科、节能与综合利用科、无线电和信息化办公室、信访稳定办公室、招商引资办公室13个科室。下属县办工业企业25家，工业企业19家，非公有制企业6家。在册职工3363人，离退休1086人。其中全民所有制企业18家，在册职工2693人，集体企业7家，在册职工670人。

2010年，工信局主要职责是对全县工业及民营经济进行指导、协调、服务、监督、管理及制定宜阳县工业经济中长期发展规划。发展工业及民营经济，负责分析工业及民营经济运行情况，监管、指导、协调中小企业融资担保公司的运营督导，促讲新上项目和乡镇书记工程以及乡镇工业集聚区建设。改革稳定县属企业，推进县属企业改革改制，做好企业信访稳定工作，落实下岗职工政策，为全县工业经济发展创造良好环境。电话：0379—68882166。

领导班子成员

职　务	姓　名	职　务	姓　名
局　长	张继超	副局长	罗洪武
副局长	叶文信	纪检书记	阎朝辉

【民营经济】　2010年，全县民营经济完成营业收入146亿元，增加值40亿元，上缴税金5.2亿元。规模以上企业104家，前进化工、义络煤业、红星陶瓷、龙羽宜电等17家企业营业收入超亿元，其中骏马化工、前进化工、义络煤业3家企业超3亿元。17家骨干企业完成营业收入、增加值、上缴税金三项主要指标分别占全县民营经济总量的31.5%、33%、45.9%，骨干企业的拉动作用进一步增强。前进化工被市委、市政府授予优秀民营企业称号。

2010年，全县新上、续建500万元以上企业（项目）109个，超市定目标（31个）78个。其中：超亿元项目14个，超市定目标（6个）8个；超千万元项目82个，超市定目标（14个）68个；竣工项目100个，超市定目标（14个）86个，其中超千万元项目竣工75个，超市定目标（5个）70个。投资资金37.4亿元，已建成4个亿元以上投资项目。其中投资7.1亿元的黄河同力日产4500吨干法水泥、投资4.6亿元的凝瑞镁业年产3万吨镁合金、投资2.2亿元的纳米高科30万吨活性钙、投资1亿元的河南宏元工贸。

【书记工程】　实施乡镇书记工程，每月深入项目现场检查工程进展情况；每季度由四大班子领导带领各乡镇党委书记、乡镇长、有关委局主要负责人对全县项目建设和乡镇书记工程进行现场督导观摩。出台《乡镇书记工程考核奖惩办法》，量化考核标准，细化考核办法。加大奖惩力度，把新上项目和书记工程建设纳入年度考核目标，完成任务投资额的，根据任务额分别奖励乡镇党委书记5万元、3万元、2万元、1万元。2010年全县乡镇书记工程试产5个，正在建设的6个。书记工程项目计划总投资5亿元，实际到位资金9500万元。

【产业集聚区建设】 产业集聚区内道路、供电、排水、排污、通讯等基础设施完善。产业集聚区内有中信重机、雨润食品、乾纳冶金、龙翔建材、天昌生物、至尚有机硅、昇扬硅业、凝瑞镁业等入驻企业80余家，新型工业化产业示范基地正在形成。落实优惠政策，促进乡镇专业园区建设，全县已建成乡镇专业园区4个，规划开发面积106.6公顷，入驻企业60多家，县产业集聚区和乡镇专业园区建设取得明显成效。

【服务体系建设】 加强融资担保机构的监管，解决企业的资金需求，缓解民营企业融资难题。2010年，3家担保公司和1家小额贷款公司，注册资本金总额达到10747万元，全年实现担保金额和贷款金额总计12315万元，其中洛阳金大担保公司注册资金3000万元，完成担保金额2975万元；博大担保公司注册资金3200万元，完成担保金额2548万元；富达担保公司注册资金1000万元，完成担保金额1125万元；宜阳金财担保公司注册资金1547万元，完成担保金额900万元；金利小额贷款公司注册资金2000万元，完成贷款6241万元。宜阳县融资担保行业的快速发展有效缓解了企业融资难问题。

【发展环境】 2010年，继续实行县领导联系重点企业、骨干项目，企业安静生产日，收费、罚款审批等行之有效的制度，为民营经济发展提供服务。严格实行向重点企业派驻纠风特派员制度，监督各职能部门对企业的检查、评比、收费、罚款及摊派等情况。严格落实“两项制度”，继续实行新上项目首席服务官制度和领导干部联系规模以上企业制度，并加大协调力度，要求县级领导定期深入企业调研，认真填写“首席服务官工作日志”和“联系企业领导干部工作日志”，切实为企业排忧解难。

（李永海）

电业管理

【概况】 宜阳县电业局位于城北区李贺大道，2010年电业局领导班子8人，内设机构19个，基层供电所17个，变电站17座，操作队2个，在岗正式职工452人。2010年电业局积极开展创建省一流供电企业，加强企业标准化建设，保持全局安全稳定，打造科学坚强电网，提升供电优质服务，构建和谐文明企业，圆满完成了2010年各项经济指标和工作目标。电话：0379—63010226。

局长 张士庭

领导班子成员

职 务	姓 名	职 务	姓 名
局 长	张士庭	副局长	阎宏安
书 记	谷富良	副局长	张治华
副局长	李遂杰	纪委书记	王剑锋
副局长	方炳钢	总工程师	周红霞

【安全局面保持稳定】 坚持“安全第一、预防为主、综合治理”的方针，落实省、市公司安全生产各项部署。落实安全生产责任制，签订各项安全生产责任书，调整安全生产领导小组及网络人员名单，健全完善安全生产管理网；强化风险预控管理，调整年度风险抵押金，加大考核和奖惩力度，拉大风险金抵押差距；高度重视全县煤矿安全供电，坚持实行负荷日抄日报制度，推进煤矿双电源建设，保证全县煤矿工人的人身安全和设备运行安全。分批组织全体员工参加年度安规考试，应考395人，合格率98.3%，其中95分以上占96%。开展年度安全月活动，在乡镇、村庄、学校及人口密集地段张贴各类安全用电宣传挂图5000张，发放宣传手册2000余份。2010年，发放安全风险抵押金115.9万元，处罚7.67万元，实际发放108.27万元，对在安全工作中作出突出贡献的部门和个人给予表彰和奖励。按照省公司安全记录统一从2006年6月算起，截至2010年12月31日，宜阳县电业局已实现连续安全生产1692天。

【强力推进电网建设】 加快推进电网建设，根据宜阳县“十一五”电网发展规划，完成35千伏三乡变电站、110千伏后庄变电站、220千伏兴泰变电站、110千伏紫云变电站的建成和投运，35千伏宜城线、西十线全面竣工，无电地区光伏电源建设项目实施完毕。投资98万元，完成3个电气化乡

44 个电气化村架电任务。投资 500 万元在产业集聚区内建成了东、西两座 35 千伏开关站，架设高低压配电直供线路 10 条 37 公里，将完全可靠的电力直接送到企业。截至 2010 年底，宜阳县电业局拥有 220 千伏变电站 1 座，110 千伏变电站 5 座，35 千伏变电站 11 座，主变总容量达到 861 兆伏安，比上年同期的 281.9 兆伏安增加长了 3 倍多，电网规模比“十一五”初翻两番。220 千伏宜阳兴泰输变电工程系河南省“1811”电网发展提速工程之一，总投资 1.6 亿元，建设规模总容量 2 × 240 兆伏安，线路长度 31.4 千米，为宜阳县首座 220 千伏变电站，对支持县域经济发展、加强宜阳电网网架结构、提高供电可靠性均有重大意义。

国家电网服务热线

【企业管理显著提升】 按照市公司同业对标 26 项要求，电业局印发《关于进一步加强创一流同业对标管理工作的通知》，把每项指标分解到各个部室、站所，明确责任领导，跟踪落实，按时考核，使企业管理水平不断提升。健全规章制度，加大监督检查。出台《线损考核办法》、《电费管理考核办法》、《自用电管理考核办法》、《车辆管理考核办法》、《工程建设管理考核办法》、《电业业扩管理考核办法》。加强人财物集约化管理。按照国网公司“三集”、“五大”建设有关要求，局机关内设机构，由原来的 22 个部门整合为 19 个，按照“德才兼备，以德为先”的原则，对部分中层干部进行调整，退职 9 人，提拔 4 人，平调 20 人。加强生产管理，以“三率”考核为切入点，查原因，堵漏洞，使综合线损比去年下降 4 个百分点，获净收益 1000 余万元。增强设备检修能力，2010 年按计划共处理变电站缺陷 43 项，临时消缺 21 项，有效确保电网设备的可靠运行。加强水电、车辆、维修、自用电等方面后勤管理，其中 2010 年自用电比上年同期减少 70 万度电，节约成本 40 万元，车辆维修比上年同期减少 45 万元，低值易耗品比上年同期减少 57 万元。开拓供电市场，抓住国家节能减排政策和规范电力市场机遇，争取到中信重工、龙羽电厂等 18 家企业转由宜阳局供电，增加电量 1 亿千瓦时。完成工业用电市场用户工程 107 项，新增容量 46170 千伏安。

【农电工作逐步规范】 加大电费回收力度，实行电费日报制。确保电费足额回收。2010 年当年电费结零，又回收拖欠电费 1079 万元，加上 2009 年 12 月份回收的 581 万元，共收回拖欠电费 1660 万元。加强设备线路抢修，建立完善 10 千伏及以下设备台账，坚持每季度对线路设备进行评级，确保线路及配电装置完好率达到 90% 以上，其中一类设备达到 80% 以上。制定临时用电考核办法，规范临时用电报装流程，减少电量损失，2010 年打击处理 10 千伏窃电案件 3 起，追补电费 37949 元，400 伏窃电案件 11 起，追补电费 35300 元。加大对农村电工的培训力度，制定《农村电工管理办法》及《农村电工劳动报酬管理办法》，对农村电工规范管理，对长期旷工、电费拖欠严重的农村电工予以解聘，2010 年解聘不合格农村电工 11 人。开展营业普查，详细制定工作方案。历时 5 个月，共普查直供用户 37 个、供电所 17 个、10 千伏线路 56 条。对普查中发现的问题，制订整改措施，做到边查边改。2010 年共校验各类计量装置 10418 只，完成 82 处 PT 二次压降现场测试任务，91 处变电站关口表、102 处大客户电能表的现场校验任务以及 82 个公用变台区电能表、65 个专用变台区电能表的周期轮换工作。按照标准化建设要求，加快推进电能计量中心建设，2010 年 12 月顺利通过上级有关部门对宜阳县电业局计量工作的认证授权。

【党建工作稳步前进】 贯彻“标本兼治、综合治理、惩防并举、注重预防”的方针，开展廉政教育活动、党纪党规教育活动、效能检查活动，签订党风廉政建设责任书，在党员干部中，树立“干净、干事”的廉洁理念。落实五条禁令，做到言出必行、令行禁止，以承诺约束自身，以承诺规范行为，2010 年全体党员干部没有发生违法违纪现象。充分发挥党组织的战斗堡垒作用和党员的先锋模范作用，大力加强和创新企业党建工作。在重点工程项目施工、用电负荷大转移、重点企业用户移交、迎峰度夏工程建设、高招中招保电等方面，全体党员干部都能发挥模范带头作用，攻坚克难，冲锋在前，努力完成任务。严格履行组织程序，加大对入党积极分子培养和教育，创新工作机制，细化量化入党标准，坚持有计划、高质量发展党员，做到公正、公平、公开，2010年培养入党积极分子24人，发展预备党员7人，转正党员7人。全年举办各类培训班14期，提高了职工的业务能力和综合能力。建设有创意的企业文化，创建网页专栏、创办《宜阳电力》、选写业务论文，开展“文明单位”、“文明部室”、“文明班组”、“文明社区”和“青年文明号”等系列创建活动，目前三分之二的基层单位获得“县级文明单位”称号和“青年示范岗”称号。在《国家电网报》发表文章9篇，《中华电力报》发表文章4篇，《河南电力报》发表文章13篇，在《农村电气化》以及系统网站和洛阳网站共采用新闻报道118篇。

【推进企业工会工作】　扎实开展企业工会工作，开展职工建功立业活动，局营业大厅被洛阳市总工会评为“工人先锋号”先进集体。投资2万元为职工建立书屋，新购各种政治、业务书籍500余册，在全局形成读书学习的良好氛围。开展体育活动，乒乓球比赛被市总工会授予“道德风尚奖”，太极拳比赛中获得市系统第一名。开展送温暖活动，双节期间慰问和补助困难职工，发送慰问金25000元，其中慰问长期病号86人次，建立15人困难职工档案，为他们争取上级工会的救助。开展“金秋助学”活动，2010年电业局有18名职工子女考入大学。局对每位新生分别奖励1000元和800元。创建和谐劳动关系，召开职工代表大会。2010年召开了五届十五次职工代表大会，通过三个工作报告及2010年经济管理考核办法，收到提案28份，会后都得到圆满的答复和解决。开展“我为全局发展再上新台阶建言献策”、“我爱洛阳，服务大局”合理化建议活动，收到建议120条。配合局中心工作，组织参与有益活动，一是组织50人方队参加灵山文化庙会开幕式；二是组织职工为残疾人和空巢老人捐款8000元；三是“六一”儿童节为白杨漫流小学送去价值1000余元的学习用品。2010年宜阳县电业局工会被河南省总工会授予河南省和谐劳动关系模范企业、安康杯竞赛优胜企业先进单位，被洛阳市总工会授予劳动竞赛先进单位荣誉称号。

【主要指标圆满完成】　完成购电量5.28亿千瓦时，占市公司下达目标4.3亿千瓦时的123%，比上年同期4.18亿千瓦时增长26%；完成售电量4.92亿千瓦时，比上年同期3.97亿千瓦时增长24%；完成综合线损率6.79%，比市公司下达计划6.8%下降0.01个百分点；完成销售收入24340万元，比上年17678万元增加6662万元；当年电费回收率100%，收回往年拖欠电费1079万元；完成农网还贷资金961万元（含税），占市公司下达计划746万元的129%；电压合格率、供电可靠性、目标净利润率、全员劳动生产率指标均实现同比增长。宜阳县电业局继续保持了省级文明单位和省级卫生先进单位称号，被省人力资源和社会保障厅联合授予劳动关系和谐企业荣誉称号，被县委、县政府授予支持新农村建设先进单位、服务烟叶生产先进单位，连续三年荣获县计划生育先进单位。

（周全森）

煤炭管理

局长　刘飞跃

【概况】　宜阳县煤炭管理局，位于文明中路61号，现有职工78人，内设局办公室、财务室、调度中心、综合股、培训中心、直属煤管站、城关煤管站、樊村煤管站、白杨煤管站；下辖宜阳县煤炭供销有限公司、宜阳县红旗资产管理中心两个二级机构。2010年县煤炭局扎实开展煤矿安全监管及煤炭企业兼并重组工作，使宜阳县煤矿安全生产形势持续好转，煤矿兼并重组工作稳步推进，并取得明显成效。电话：0379—68882241。

领导班子成员

职　务	姓　名	职　务	姓　名
局　长	刘飞跃	副局长	王绍海
副局长	刘湘华	纪检组长	李刚强

【煤矿安全监管】　县政府成立了由县煤炭局、安监局、国土局等单位骨干人员组成的 7 个煤矿“五人”监管小组，组长分别由煤炭局和安监局领导担任，副组长由产煤乡镇领导担任。煤矿“五人”监管小组进驻煤矿，与驻矿员同吃同住，将驻矿员及煤矿纳入 24 小时监控之中，督促驻矿员认真履行监管职责，协助煤矿做好兼并重组工作。采取灵活多变的形式对全县 13 家煤矿进行督查、暗访，逐步实现督查、暗访常态化。明确要求通风排水矿井必须有五职矿长带班入井，督促义煤集团派驻的五职矿长认真履行职责，坚守工作岗位。通风排水矿井，驻矿员每一小时向煤炭局调度室上报一次通风排水及井下人员情况；非通风排水矿井，每两小时向煤炭局调度室上报一次煤矿监管情况。积极邀请义煤集团、永煤集团专家从技术角度，认真分析可能造成事故的危险因素，采取必要的防范措施；明确要求下井人员必须熟练掌握自救器等安全防护装备的使用方法，增强防灾、抗灾等应急意识和处置能力，避免事故抢救的盲目性，造成次生事故的发生。重点规范驻矿监管记录包括通风排水矿新制四类表册，“五人”小组二类表册、一个记录，其他矿井重印表册，每班巡查路线，出入井人数，要求驻矿员对出入井记录进行检查、审核、签字；对煤矿监控系统、主扇等运行情况进行及时检查、及时登记，发现违法违规行为及时报告。对当前煤矿安全生产形势和煤矿安全监管专业知识，以及事故应急意识、应急能力等进行系统的培训，提高驻矿员的安全责任意识。对全县 59 个已经关闭的小煤矿进行拉网式排查，对井筒没有填实、井口没有封死的矿井，要求填实、封闭到位，经验收合格后，拍照存档。

【资源整合工作】　开展煤炭企业兼并重组工作，在“争主动、求实效、包稳妥、包安全、重培训”上下工夫，使全县 12 家煤矿（不含随伊川县整合的天源公司）除金源与省煤层气签订兼并重组正式协议外，其他 11 家煤矿全部与义煤集团签订了正式协议，煤矿名称、工商营业执照已全部按规定变更完毕，受到市煤炭局的好评。

【隐患排查治理】　2010 年，宜阳县煤矿全部停工停产、只允许通风排水，并对煤矿开展隐患排查，消除事故隐患。重点排查各煤矿是否严格落实停产整顿“两到位、五控制”要求、关闭煤矿是否有死灰复燃现象、通风排水煤矿是否按照有关要求人数入井等，并对查出的隐患统一登记建档，严格实行隐患公示、验收消号制度，规范隐患治理整改办法。

（乔丽萍）

“生肖”的由来

所谓“生肖”，即鼠、牛、虎、兔、龙、蛇、马、羊、猴、鸡、狗、猪。

我国现在的日历上有个农历。这个农历在我国已经沿用了约三千年。农历不像公历那样用数字来纪念，而采用干支纪年法。所谓干支就是天干地支的简称。天干就是甲、乙、丙、丁、戊、己、庚、辛、壬、癸，共十个字，地支就是子、丑、寅、卯、辰、巳、午、未、申、酉、戌、亥，共十二个字。把天干和地支对应相配，周而复始，天干经六个循环，地支经五个循环，正好都是六十，即六十年为一个“甲子”。人们称六十岁的人为“年已花甲”，就是由此而来。然后，又从“甲子”年开始算起，依次排列。这十二个“地支”又分配上了十二个动物来代表，如鼠代表“子”，牛代表“丑”，依次是寅虎、卯兔、辰龙、巳蛇、午马、未羊、申猴、酉鸡、戌狗、亥猪。每年都以一种动物为代表，那一年生的人就属这个“生肖”。

重点企业简介

河南省前进化工科技集团股份有限公司

董事长
总经理 彭　立

【概况】　河南省前进化工科技集团（军工代号9645）是集民用爆破器材、烟花爆竹、危险品运输、工程爆破、工程安装、国内贸易、房地产、旅行社等为一体的综合性企业集团。公司始建于1966年，2010年1月成立集团公司，集团下辖9个子公司和1个省级技术中心。前进科化集团拥有的民爆产业集多品种的民爆器材生产、销售、运输配送、现场混装、爆破服务为一体，具有8.5万吨工业炸药、1000吨起爆具、2.09亿发工业雷管、5500万米管索类火工品的生产能力，是目前国内民爆器材产品品种最为齐全的生产企业之一，公司拥有多项自主知识产权和国家发明专利，整体技术水平处于全国领先位置，能为用户提供民用爆破的所有服务。烟花爆竹产业集烟火药剂、烟花爆竹的生产经营、批发销售、烟花燃放为一体，具有A级焰火燃放资质及烟花爆竹经营（批发）资质，多次承办河南省洛阳牡丹花会、元宵节焰火晚会燃放任务，取得了良好的社会效益。公司先后获得国家级“守合同、重信用”企业、省信用建设示范单位、省AAA信用单位、省高新技术企业、省级卫生先进单位、高校毕业生就业见习省级示范单位、洛阳市三十家重点企业、洛阳市花园式工厂、洛阳市绿色企业等诸多荣誉。

【领导视察】　3月5日，国务院安委办督导组监察专员郭新庆在省安管局副局长张朝显及市、县有关领导的陪同下到公司督导检查安全工作。

3月17日，省国防科工局副局长李刚到公司调研。

4月30日，洛阳市副市长沈庆怀等有关领导到公司对安全工作进行检查指导。

5月10日，省国防科工局副局长郑伟等人到公司，对炸药库区、东西区生产区、雷管库区及吉庆烟花爆竹公司和公司在建项目进行视察。

5月20日，工业和信息化部安全生产司司长吴风来、副巡视员于立志在省安委会主任、省安全生产监管局局长张国辉、洛阳市副市长宋殿宇及省、市、县有关领导的陪同下到公司督导安全工作。

6月23日，省国防科工局副局长祝平球、洛阳市政协副主席魏险峰、省国防科工局民爆局调研员段新旺等有关领导到公司视察。

7月27日，省委常委、洛阳市委书记毛万春在宜阳县县委书记王琰君、县长黄晓玲的陪同下到公司调研。

8月13日，彭立董事长在全省安全生产工作座谈会上代表河南民爆器材行业和烟花爆竹生产企业向国务院副总理张德江进行汇报发言。

9月18日，省国防科工局副局长祝平球、民爆局局长刘振宙、调研员段新旺，对公司在建项目建设情况进行实地考察。

9月22日，河南省体育局党组书记彭德胜在市、县有关领导的陪同下到公司调研体育设施建设情况。

10月7日，洛阳市副市长王敬林在宜阳县县委书记王琰君及市、县有关领导的陪同下到公司调研。

12月9日，省国防科工局副局长郑伟对公司在建项目建设进行视察。

【获得荣誉】 2010年，获得省级优秀民营企业；全省五好基层党组织；省级千企帮千村、村企共建扶贫工程、企业突出贡献奖；职业教育校企合作突出贡献单位；省国防科学技术工业局安全生产先进单位；洛阳市绿色企业创建工作先进单位。

【技术成果】 2010年，公司投入8000余万元资金实施基础技改项目建设，全年开工103项。3月，公司导爆药、延期药生产线技改项目、炸药库区建设项目同时开工，11月底完工；7月，前进民爆公司巩义分公司各条生产线技术改造工程全面启动；8月9日，前进民爆公司乳化炸药生产线大卷装药机改造工作圆满完成；11月26日，前进民爆公司顺利通过仓库改扩建项目验收；11月24日，前进民爆公司巩义分公司年产12000吨粉状乳化炸药生产线扩能改造项目顺利通过验收；截至年底已完工82项。

【基础建设】 5月1日起，公司修路架桥工程全面铺开，历时六个多月，共修建“英才桥”、“惠民桥”等8架；修建东区生活区桥东至安虎线道路路基、砌筑东区生活区桥南河滩东侧石坝、扩建东区学校门口道路、铺设西区外至安虎线道路等十多处。

【环境亮化】 投入资金5000多万元，绿化美化人居环境，兴建集休闲、健身、娱乐于一体的西区牡丹文化广场，塑胶篮球场，塑胶羽毛球场及花架、凉亭、音乐喷泉等特色景观建筑；安装各类健身器材；开辟荒山，实行封闭管理，种植瓜果蔬菜；在炸药库区、东西区生产区、生活区种植牡丹、刺柏、猕猴桃、映山红、甜竹、紫藤花数万株，美化亮化环境。

【班组建设】 基层班组实行班前例会、班前安全宣誓、班前、班后30分钟安全检查，排查安全漏洞，查找安全隐患，落实整改措施，确保安全生产。班组开展“五级班组”建设和“先进班组”、“优秀班组”创建活动。开展班组长培训，邀请北京艾克伦思管理顾问有限公司专家为公司班组长量身打造培训课程，编印培训教材，通过系统培训，开阔了视野，提高了协调管理技能，增强了班组的凝聚力和执行力。

开展太极拳活动

【企业文化】 公司深入开展“创建学习型企业，争做知识型职工”读书学习活动，成立东、西区读者俱乐部，为员工提供各类书籍；开展读书交流、记读书笔记、交流学习心得、知识抢答赛、读书辩论赛、演讲比赛等提高员工文化素养；公司投资改造完善各类文化娱乐场所，购置摄录像器材、聘请洛阳报业集团资深记者、编辑开办培训班，通过报纸、广播、网站等宣传平台，为员工提供丰富多彩的文化生活；民主选举片长，搞好社区建设，开展前进文明和谐幸福社区创建和五好文明和谐幸福楼院、五好文明和谐幸福家庭创建活动，设立社区义务劳动日，全体居民自觉参与社区建设，维护社区优美环境，共同建设和谐、平安前进社区。

（王艳芳）

义络煤业公司

董事长 苏红伟

【概况】 义煤集团宜阳义络煤业有限责任公司成立于2002年4月，位于宜阳县城东南部，前身宜洛煤矿沈村井始建于1950年。2005年6月进行股份制改造，公司注册资金8000万元，其中义络公司员工占股份50%，河南大有股份有限公司占49%，郑州天瑞公司占1%。义络公司内设机关部室17个，基层单位20个，员工2266人。矿井年设计生产能力60万吨，煤种为焦煤，发热量在23MJ/kg至27.2MJ/kg，质量稳定，主要用于电力、建材、化工等行业，产品畅销华中、华南、东南等十多个省区。

2010年，是义煤集团公司迈入“科学跨越”阶段的第一年，也是义络公司克服各种困难，强基础、保增长、实现提效升级的关键一年。按照集团公司的整体部署，团结拼搏，务实进取。全年圆满完成了集团公司下达的各项经济技术指标，实现了安全生产，取得了较好的经济效益。实现利润1.36亿元，上缴税金1.11亿元。在岗员工人均收入46052元，较去年增加10256元，增幅为28.65%。电话：0379—62715155

【荣誉】 2010年，义络公司获得河南省煤炭系统五一劳动奖状、2009年~2010年度河南省管企业先进集体、省A级纳税信用企业、一级质量标准化矿井、省煤炭系统文明煤矿，获洛阳市企业突出贡献奖、市级文明单位、市“安康杯”优胜企业，获宜阳县“凝聚力工程帮扶活动”特别贡献奖、义煤集团公司文明单位创建工作先进单位、上市工作先进单位。义络公司惠宜健身广场活动站被授予全国煤矿优秀全民健身活动站。崔永红同志被授予全国“五一”劳动奖章，并荣膺全国煤矿“十佳”特聘群监员荣誉称号。公司采一队王跃欣采煤班被河南省总工会授予“工人先锋号”荣誉称号。闫爱霞同志被河南省总工会授予省煤炭系统先进女职工工作者。

【强化安全管理，打造本质安全型矿井】 2010年，义络公司大力开展“安全零事故”活动。做好矿井“一通三防”管理和瓦斯综合治理工作，杜绝了瓦斯事故发生。加大员工安全技术培训，推行“两述”工作法（岗位安全描述、手指口述）和准军事化管理，提高员工的安全意识和自主保安技能。坚持管理与装备并重，突出科技创新和技能改革，竭力消除制约矿井安全发展的瓶颈问题。以“一级质量标准化矿井”为目标，本着“净化、亮化、美化、实用”的原则，不断加大质量标准化工作投入和建设。全年投入安全技措资金3005.81万元，添置更新了通风设备、瓦斯抽放及报警设备、机电运输保护等设备，安全监控系统、入井人员指纹识别系统升级改造，增加井下人员定位系统等，被再次评定为河南省一级质量标准化矿井。

【稳产高效，实现产销平衡】 原煤生产牢固树立效益观念，确保安全，合理组织，科学安排，坚持采掘并举，注重生产接替。原煤产量实现了快速增长，完成了集团公司下达的产量任务和进尺计划。抓住经济形势回暖、煤炭需求增长的有利时机，扩销量、重服务、赢客户，保证原煤及时外运，实现了产销平衡。

【经营管理】 明确成本控制，降低可控成本和费用。制定科学的目标成本管理体系，使每个部门、各个单位、每个岗位工种、每项工作都有严格规范的标准要求。制定了《义络公司2010年效益工资与经济效益挂钩考核管理办法》，修订完善生产管理、安全管理、工程质量管理、机电设备管理、经营创收管理等各种管理办法，完成了集团公司下达的利润指标。

【关注民生，提升幸福指数】 义络公司坚持“企业增效，职工富裕”的指导思想，稳步提高员工收入。加大技术、装备投入，减轻员工的劳动强度，解决群众生活中的实际问题，做好帮贫扶困工作，全年发放救济款8.16万元、助学金11.3万元。按集团公司标准出台了新的薪酬方案，提高低收入群体工资水平，月人均增资384.83元，年收入达46052元。在岗员工人均收入较去年同期增加10256元，增幅28.65%。为公司500余名女职工免费办理了特病保险。组织劳模、一线员工外出疗养。办理264名农轮工转正。2000余户居民，告别低矮潮湿棚户房迁入宽敞明亮棚改楼。

【加强企业文化建设，推进精神文明发展】 重视企业文化建设，更新经营理念，塑造企业新形象。树立“企业兴旺，我的责任”、“公司有我份，越干越有劲”理念。围绕“井下文明生产，井上文明生活”的目标，开展形式多样的和谐文化创建活动，组织和举办了春节社火表演、元宵节灯谜会、“三八”节趣味活动、演讲比赛、摄影培训班、舞蹈、戏曲、健身操培训、消夏晚会等文化活动；以促进全民健身、振奋士气为内容的第五届职工运动会。围绕企业不同时期的工作重心，先后组织开展了“比管理，比技术，比奉献”为内容的劳动竞赛、职工技术比武等多种形式的群众性建功立业竞赛活动，营造了“学、赶、比、超”的良好生产学习氛围。

开展“金秋助学”活动，累计投入13万元，圆了130名贫困学生大学梦，被宜阳县委、县政府授予凝聚力工程帮扶活动特别贡献奖、金秋爱心助学先进单位。

2010年春，公司团员、青年向西南旱灾地区捐款3770元。公司员工向玉树灾区捐款30413元。

【“棚户区”安置】 5月、11月，义络公司棚户区又分两批进行分房安置。并对符合条件的45户病残人员（下肢严重残疾、盲人、偏瘫且生活不能自理者）特殊照顾安置在一楼。先后三次分房已累计安置2070户居民。

【上市工作】 1月，义煤集团启动整体借壳上市工作。公司各单位、各部门团结一致，通力协作，克服了重重困难，严把时间节点，圆满完成了财务、土地、房产、环保等各项任务，10月15日经中国证监会核准成功上市。在集团公司成功上市表彰大会上，义络公司获得集体三等功，姚红军同志获得个人三等功。

（王光伟）

洛阳骏马化工有限公司

总经理　王凯

【概况】 洛阳骏马化工有限公司位于宜阳县城。东南部公司成立于2002年12月，其前身为河南省四大化肥厂之一的宜阳化肥厂。2006年4月公司完成资产一体化进程，成为央企中国化工集团的下属公司，由河南省昊华骏化集团公司控股。

公司现拥有年产10万吨合成氨，配套15万吨尿素，以及2万吨甲醇、2万吨液体二氧化碳、自备15×2MW发电能力，是集多种产品生产、加工、销售和运输为一体的综合性化工生产企业。截至2010年末公司资产总值10.96亿元。2004年以来公司连续被列入洛阳市30家重点企业，是河南省化肥生产骨干企业，也是豫西地区最大的化肥生产企业。

【组织结构】 公司下设八个生产车间、两个辅助车间、十三个管理部室，一个液体CO_2分厂、自备电厂、精甲醇分厂。在岗员工684人，其中大中专毕业生102人，高中、专业技校毕业生341人，各类专业技术人员36人。公司党委下设十一个基层党支部，隶属宜阳县委组织部管理。

【生产经营】 2010年是公司成立以来发展最为困难的一年。一年来，国际金融危机和国内化肥市场低迷持续影响，公司的生产经营、项目建设受到了严重冲击，销售、资金链条面临严峻考验。全年五次停车，减少有效生产时间75天。但在有效的生产时间内，与2009年相比，合成氨产量有所提高，各项消耗下降。11月12日，创造了合成氨班产109.76吨、氨醇班产131.34吨及日产374.92吨的历史最高记录，吨氨白煤耗由年初的1.89吨，下降到1.47吨，烟煤耗由年初的647公斤下降到220公斤左右，电耗也由1800度降到1550度以下。

全年共生产合成氨72001.3吨，完成计划的80%；粗醇12903.9吨，完成计划的83%；氨醇合计84905.2吨，完成计划的80%；尿素94904吨，完成计划的65%；精醇8635.9吨，完成计划的65%；实现销售收入36174万元，上缴税金538万元。

【技术改造】 完成年产4万吨压缩机安装工程，5月并入系统。此项目投产后，年节标煤2800吨；完成变脱湿法脱硫改造工程，4月并入系统。投产后，可年节约活性炭105万元；完成12台造气炉炉本体及上吹蒸汽管线改造；完成二台造气风机汽轮机安装工程，年可节约2464吨标煤。完成甲醇成品罐区消防系统整改工程，并通过宜阳县公安消防大队建设工程消防验收；首家通过洛阳市“安全标准化”和“安全生产自动化控制系统改造”的验收。

【新项目建设】 投资3.5亿元，年产10万吨硝酸（浓）及25万吨硝基复合肥项目全面开工，2012年2月建成投产。

【看板、走动式管理】 强力推行JM－A卡管理，完善干部走动式管理制度，取得阶段性成果。

【质量管理】 加强内部检查和各项质量指标考核，定期联系市县两级质监部门到企业指导工作、抽检产品，有效保证了质量管理体系持续有效地运行。全年未发生一起重大质量投诉案件，客户对产品满意率达到99%以上。6月，企业顺利通过了ISO9001质量管理体系监督审核。

【引进“持续改进”】 11月3日，成立“持续改进”工作领导小组，引进“持续改进”项目提案实施成果（集团）评审机制。截至年底，共完成持续改进项目32个（其中一类项目有四个），获一等奖2个，二等奖1个，优秀奖7个。

【深化“6S”管理】 每月制定“6S”管理推进计划，生产部每天安排专人负责督查落实，各单位每月推出一个“样板区”，并进行固化。截至年终，已有1个“样板区”通过验收。

【推进“三个创新”】 推进“组织结构创新”、“管控手段创新”、“技术创新”三个创新活动。优化人力资源结构，对部分岗位和车间进行了优化整合或分解，公司还成立了安装公司和防腐公司，为转岗分流人员提供了就业岗位；完成了集中自动化控制操作系统改造，于12月30日顺利通过了市、县安监局及专家组的验收；不断增加技改投入，采用新技术、新装置，加快产品结构调整，提高产品的附加值。

【节能减排】 5月，公司顺利通过洛阳市发改委节能部门的节能审计，提前一年完成了省节能部门下达的“十一五”3.9万吨标煤节能规划目标。

【培训工作】 全员配发《安全——人生最大的财富》一书；分批组织四个化工、全厂检修工、后勤部室人员观看李强主讲的《自动自发》、《感恩》和《全国重大火灾案例》；组织车间主任、技术员对工段长以上人员进行业务培训；组织新项目介绍报告会；组织市消防大队宣教中心教员到公司进行消防教育；组织党员学习十七届五中全会会议精神汇编；组织了“持续改进”学习讲座；组织全员职工分批次学习《集团公司制度汇编》。全年共组织公司级培训104次，对员工素质的提升起到了积极作用。

【安全与环保】 4月公司邀请洛阳市锅检所技术人员对全厂到期的压力容器、压力管道进行全面检测，检测出合成至氨库的压力管道变薄，公司迅速进行了更换；6月11日，公司组织了一次大型安全事故应急处置演练，参加人员针对氨库的液氨泄露、中毒救援等几个科目进行了演练，邀请宜阳县常务副县长、主管副县长、县安监局局长、副局长、及县安委会其他成员进行了观摩；投资170余万元，对生产系统装置进行了自动化控制改造，并于12月14日顺利通过市安监局组织的专家组验收；3月份，公司对废水在线自动检测系统进行了整改，更换了一套新设备，10月28日，公司终端水治理工程顺利通过了市、县环保局及专家组的验收，摘掉了“挂牌督办单位”帽子，公司外排废水COD含量一直保持在50mg/L以下、氨氮含量在15mg/L以下。

【企业文化】 公司颁发新修订的企业文化手册、安全文化手册、员工礼仪手册，并将企业文化相关内容制作成大型宣传牌、标语，安装在厂区；坚持做好公司、车间、班组三级教育和安全培训；关爱员工，为身患重病，家庭一度陷入困境的阮合成同志捐款10658元；2月8日，公司与洛阳中昊资产管理中心、高桥村两委、社区派出所及宜阳县电视台共同举办晚会，欢度新春；6月，公司组织员工代表宜阳县参加洛阳市知识产权竞赛，取得了优异成绩，为宜阳县及公司赢得了荣誉；7月份，公司组织成立了厂篮球队，与驻宜铁军部队、宜阳县武警中队及兄弟单位举行了多场友谊比赛，并在十一期间参加宜阳县工业园区篮球比赛，获得较好成绩；8月，公司利用停车检修时间，邀请宜阳县武警中队军官对全体化工人员进行了为期一周的军训活动，并进行会操表演；积极做好困难职工的廉租房补贴工作，为21户困难职工家庭争取到补助金；对考上大学的8名职工子女进行奖励，体现了公司对员工的关爱与帮助。

（沈平安）

洛阳黄河同力水泥有限责任公司

【概况】 公司现有员工549名，其中公司班子成员7人，即：总经理、党委书记、副总经理、总会计师、工会主席。公司中层干部18人，技术干部12人，一般管理（技术）人员44人。在职工总人数中，研究生学历12人，占2.18%，本科学历64

人，占11.4%，大专学历208人，占37.1%。在职工总人数中，高级职称4人，占0.9%，中级职称25人，占4.46%。

2010年，公司全面超额完成了集团下达的各项任务指标。还先后获得了河南省节能减排先进单位；洛阳市节能减排先进单位；洛阳市首届诚信示范企业；洛阳市“五杯”劳动竞赛先进单位等。

【生产经营指标完成情况】 2010年，公司熟料生产计划185万吨，实际完成189.52万吨，完成年计划的102.44%。水泥生产计划220万吨，实际完成235.74万吨，完成年计划的107.15%；水泥销售计划220万吨，实际完成236.95万吨，完成年计划的107.7%；熟料销售计划10万吨，实际完成15.58万吨，完成年计划的155.8%；净利润计划5100万元，实际完成6658.51万元，完成年计划的130.56%。

【安全生产】 2010年公司紧紧围绕“以人为本、安全第一”的主题，以“重大责任事故为零、重大设备事故为零”为目标，制定了年度安全生产工作方案，将安全指标分解到部门和班组，责任落实到人头。结合春秋两季安全生产大检查活动的开展采取了多种形式和手段深入细致地开展了安全生产宣传和检查工作。

【主要工作】 准确把握市场变化，积极应对，扩大市场占有率；狠抓设备管理，积极探索工艺改进，实现生产形势平稳增长；克服诸多不利因素，完成二期项目建设；严控费用，有效融资，完成财务管理任务；加强基础工作管理，提升管理水平；积极有效推进党建工作，提高凝聚力。

【项目建设】 公司第二条4500吨/天生产线于2010年11月14日投产。

（张坤坤）

宜阳红星陶瓷有限公司

总经理 刘京安

【概况】 宜阳红星陶瓷有限公司，是由香港丰年华集团有限公司和广东廉江红星陶瓷有限公司，通过收购在原洛阳豫翔陶瓷有限公司的基础上合资兴办的企业，公司位于洛阳市宜阳县火车站东侧。

公司投资总额400万美元，注册资金245万美元，公司下属2个分厂，现有员工1500余人，占地面积15.61万平方米，资产总额5000万元。

公司主要经营日用陶瓷类产品，玻璃器皿及玻璃制品、纸制包装箱加工，销售自产产品，目前以生产炻瓷和白瓷为主，品种主要有色边、色釉、烤花、手绘、浮雕、亚光釉、窑变釉各种异型杂件等500多个品种。公司的“豫强”牌陶瓷产品被中国驰名品牌保护协会评为中国驰名品牌，并通过质量认证中心审核取得ISO9001—2008质量体系认证证书和输美日用陶瓷生产厂认证证书。

【产销情况】 2010年，公司总产值6500万元，销售收入6000万元，出口创汇460万美元，是宜阳县最大出口创汇企业。

（闫阿贵）

中信重工洛阳重铸铁业有限责任公司

总经理 花建新

【概况】 中信重工洛阳重铸铁业有限责任公司（简称：重铸铁业）是中信重工机械股份有限公司（简称：中信重工）的全资子公司。其主要产品为铸铁件、特种铬钼铸钢件、有色铸件及木模产品等。该项目一期建设投资人民币逾4亿元，建设面积逾19万平方米，其中，建筑面积7万余平方米。

“新重机”工程是中信重工建厂50年来投资最大的系统性工程，总投资逾30亿元。建设主旨是围绕世界规格最高、技术最先进的18，500t自由锻造油压机，构建一个包括重铸铁业有限责任公司、重型冶铸工部、重型锻造工部、重型热处理工部、重型机加工部、重型清理工部等组成的全新工艺制造体系。

重铸铁业为中信重工“新重机”工程的重要

组成部分，项目一期建设的主要内容包括：木模车间、有色铸造车间、铸铁车间及相关生产辅助设施等。项目建成并全部达产后年生产能力为：大型铸铁件50000t；特种铬钼铸钢件30000t；有色铸造件3000t。其产品可达到的最大规格为：灰铁件200t/件（国内最大）、球铁件150t/件、最大铜合金铸件20t/件。项目建成达产后，将实现年销售收入5亿元、年销售利润5000万元，产品将成为目前全球范围内规模最大、水平较高、工艺最先进的铸铁基地。

重铸铁业厂区环境建设坚持可持续发展的原则，突出人性化的设计理念，符合环保、节能和节约用地的要求，重铸铁业工程实行总体规划、分步实施，确保项目早日发挥效益。

【项目建设】 重铸铁业工程2008年3月开工建设，8月木模车间建成并投入使用，2009年6月铸铁车间基本建成，12月有色铸造车间基本建成。重铸铁业的综合办公设施设置了研发功能区、商务功能区、管理功能区、服务功能区，均于当年建成投用。重铸铁业共安装了6台12t至60t中频感应电炉，以及热处理炉、移动式树脂砂混砂机、抛丸室和专用镗床、立车等各类设备200余台（套），具备强大的造型、熔炼、浇注、热处理及粗加工能力。

【重点工作】 重铸铁业的产品主要供母公司中信重工用作产品配套。中信重工认真践行节能减排、低碳环保、循环经济的方针，加强核电大型铸锻件工艺攻关和市场开发。大型干法水泥生产线纯低温余热发电设备先后获中国机械工业科学技术奖特等奖、第11届中国专利优秀奖；“褐煤提质工艺技术及装备的研究与开发”列入省重大科技专项。

重铸铁业项目建设规模、生产工艺、技术水平、产品规格等在世界上均处于领先地位。实现了由冲天炉冶炼向中频感应电炉冶炼、由黏土砂造型向树脂砂造型的跨越。

公司全力推进技术研发和市场开拓，在大型球墨铸铁件、大型灰铁件、大型钢锭模、大型耐磨铬钼铸钢衬板、大型有色件等的生产方面，立足国际国内市场需求，形成新的产业板块和新的经济增长点。 （芮元彬）

洛阳凝瑞镁业有限公司

【概况】 洛阳凝瑞镁业有限公司成立于2009年3月，注册资金5000万元，位于宜阳县产业集聚区，现有职工188人，主要从事镁合金生产，镁合金广泛应用于汽车工业、航天航空、船舶制造和国防军事领域。投资4.6亿元、年产3万吨的镁合金项目分两期建设。一期年产1.5万吨镁合金项目，投资2.3亿元。其中建设投资5000万元，设备及其他固定资产投资1.3亿元，流动资金5000万元。一期项目于2009年4月开工建设，2010年3月完成设备安装，开始试产。二期项目开始筹建。该镁合金项目采用先进的工艺流程，减少了能源的浪费和有害气体的排放，经济与环境效益显著。项目投产后，年实现销售收入6.7亿元、利税1亿元，提供800余个就业岗位。

2010年，洛阳凝瑞镁业有限公司被评为宜阳县安全生产先进企业、被宜阳县总工会授予模范职工之家。电话：13353992828

【安全生产管理】 2010年，洛阳凝瑞镁业有限公司贯彻落实安全生产法，加强安全教育培训和安全资格证的管理，建立良好的安全生产秩序，制定了安全生产管理台账、推行了安全生产工作“一岗双责”制度、与每位生产管理人员签订了安全生产责任状、执行安全生产一票否决制度。全年投入资金100万元改善职工安全生产条件。

【职工生活质量】 洛阳凝瑞镁业有限公司以职工为本，定期提高职工收入，2010年职工人均收入5万元。投资100多万元建成员工宿舍，配备卫浴设施，实现公寓式管理。筹措资金对职工活动室进行改造，配备网球、羽毛球、乒乓球台等娱乐健身器材。在为每位员工配备了专用储物柜。 （张占怡）

洛阳欧瑞冶金科技有限公司

【概况】 洛阳欧瑞冶金科技有限公司成立于2007年12月，是以清洁冶金技术研发和功能材料制备

总经理 董祖刚

为主要经营方向的高技术研发型企业。技术研发领域涉及清洁冶金、功能材料、资源综合利用与环境治理等3个主要方向。

公司位于宜阳工业园区未来大道与兴业路交叉口东北角，占地面积2.7公顷，已建成2100平方米办公和科研用房、1300平方米中试车间以及配套设施，具备了完整的工艺现场验证和二次开发能力。员工40余人。有4名博士和中科院、吉林大学等科研院所专家学者组成的研发和产业化实施团队。所研发工艺具有“污染资源化，流程清洁化，产品高质化”的特征，通过冶金流程的合理设计，将矿物资源中的有害元素作为产品进行有效开发利用，实现污染源的源头减排，达到流程清洁化，降低甚至消除流程末端的环境治理压力；通过分离制备一体化技术，在分离流程中实现功能材料制备，增加产品的附加值。

2010年，欧瑞冶金科技有限公司紧紧围绕企业发展目标，凝聚集体智慧，创新研发思路，完善制度建设，落实操作规范，卓有成效地完成了豫西低品位钼精粉、湖南钼镍矿的研究课题；加强对外合作，成立并扎实推进子公司洛阳宏卓催化材料有限公司发展，较好地完成了2000吨/年处理能力中试生产线建设的预定目标；制度建设、操作规范和企业文化建设等方面都迈上了新的台阶。

【科技研发】 工程中心紧紧围绕企业研发课题，创新研发思路，落实操作规范，建设企业文化，凝聚集体智慧，卓有成效地完成了年初确定的从多金属难选钼资源中综合回收钼、钨等有价元素的基础研究和工艺优化；完成了利用溶剂萃取体系制备大比表面中空氟化钙微米球体的基础研究，为后续先进催化材料的制备提供了理想载体；开发了从富镓原料中综合回收铝、镓的原则流程；清洁冶金技术：开发完成了从含钼、钨、镍等复杂多金属矿物中分离回收钼、钨、镍及伴生稀贵元素的工艺，并利用溶剂萃取、离子交换树脂和萃淋树脂等多种分离技术实现了钨钼深度分离、硫酸镍深度纯化，制备出了高纯钼酸铵、钨酸铵等产品；开发完成了利用双溶剂萃取体系从氟碳铈矿中综合回收稀土、钍与氟的清洁流程；上述工作的理论部分在国际化工领域的权威期刊《Industrial & Engineering Chemistry Research》发表，并申请两项中国发明专利。

功能材料制备技术：完成了利用溶剂萃取体系制备大比表面中空氟化钙微米球体的基础研究，成功获得了直径超过800纳米，具有极高比表面积的氟化钙空心球体，为后续先进催化材料的制备提供了理想载体材料；上述工作的理论部分在国际化学领域的权威期刊《Chemical Communication》发表，并申请一项中国发明专利。

资源综合利用与环境治理技术：开发了从富镓原料中综合回收铝、镓的原则流程，在实验室规模获得了4N镓和食品级钾明矾等产品。

【建设队伍】 根据科研研发需要，瞄准行业尖端技术，面向科研院所和社会招聘研发和工程实施团队。工程中心由最初的5人发展到现在的10人，其中博士研究生4人。坚持对员工进行教育，严格把握试验过程中的每一个操作细节，不断纠正研发过程中每一个不规范操作，保证了试验操作规范，数据真实可靠。养成了严谨、认真、细心、踏实的工作作风。初步建立了一支适应中心研发和公司持续长远发展的高精尖人才队伍。

【项目建设】 8月，开始与省内外开展项目洽谈，月底签订了引资400万元合作筹建“洛阳弘卓催化材料有限公司”协议。初步完成了企业名称预先核准等先期筹备工作，完成了2000吨/年处理能力中试生产线建设，为下年度运行生产奠定了坚实基础。

【制度建设】 制定下发了《工程中心管理制度（试行）》（以下简称《试行管理制度》）。加强了对员工的时间观念和纪律观念，教育增强了员工的公共意识，提高了工作效率，使员工养成了良好的工作和卫生习惯，营造了一个团结、紧张、舒适、安静的工作学习环境。修订完善了资金管理，安全保密、安全保卫、生产操作规程、车间交接班、设备维护保养、卫生管理等各项制度，为公司生产和实现规范化管理创造了条件。

【文化建设】 把公司发展过程中所培育形成的并被全体员工共同遵守的最高目标、价值体系、基本信念及行为规范即“企业文化”作为灵魂，推动企业发展，不断提高企业员工的凝聚力。使员工真正成为有理想、有目标，有热情、有纪律和敢于吃苦，勤学上进的新人。员工结合自身特点准确定位，制定目标，遵照“日积月累，臻于至善”的精神，刻苦学习，用心做事，一步一个脚印地向着自己的目标奋进。企业文化建设，凝聚了人心，打造了欧瑞人扎实、认真、严谨、细心的作风，不计得失、勇挑重担、敢于吃苦、拼搏奋进的精神和敬业奉献、团结协作的团队精神。

（宋玉杰）

洛阳牡丹焊材集团有限公司

总经理　郭世军

【概况】 洛阳牡丹焊材集团有限公司位于宜阳县产业集聚区，其前身为洛阳市焊剂厂。公司始建于1985年，2002年改制为洛阳牡丹焊剂有限公司，2008年公司整体搬迁进驻宜阳县产业集聚区，并于2010年1月更名为洛阳牡丹焊材集团有限公司，成为宜阳县第一家经工商部门注册的集团公司。集团下属洛阳国林牡丹焊材有限公司（产业集聚区内）、全州牡丹焊材有限公司等生产实体，是焊接材料的专业生产企业，集科研、生产、营销于一体，产量从初始的几百吨，逐年递增为年产量达三万余吨，位居国内焊剂行业前列。公司技术力量雄厚，其中中高级技术人员18名，并具有完整的质量保证体系和实验检测能力，拥有化学分析、焊接工艺、力学性能等试验室及检测设备。公司完整的质量保证体系和充足的技术力量，确保了连续经中国船级社“CCS工厂认可”及ISO9001质量管理体系认证。公司长期为中国埋弧自动焊焊接业提供了大量的优质产品。电话：0379—68718258

【公司产品】 产品为“牡丹牌”埋弧自动焊用熔炼型：HJ431、HJ350、HJ330、HJ260、HJ250G、HJ107，烧结型：SJ101、SJ201、SJ301、SJ401、SJ501、SJ601等系列，并可根据顾客需求生产其他牌号产品。

公司产品广泛应用于船舶建造、锅炉、化工设备、桥梁建造、金属结构、石油管道、压力容器制造、轧辊堆焊、建筑等行业。

（郭龙艳）

养生十字诀

一贯知足（知足常乐，知足可令人开朗愉悦）；
二目远看（远眺可护双目，另外是指遇事不可目光短浅）；
三餐有节（饮食要有节制，不可过饱，过饱则伤人）；
四季不懒（根据四季气候特点，坚持适宜的锻炼与劳动）；
五谷皆食（不偏食，五谷杂粮、蔬菜水果都要吃）；
六欲不张（六欲张则精气损，六欲有节则可养精气益神智）；
七分忍让（不要争强好胜、心胸狭窄，而应豁达大度、能伸能屈）；
八方交往（建立良好的人际关系，在交往中使身心健康）；
酒薄烟断（不嗜酒贪杯，不吸烟）；
十分坦荡（不做亏心事，不患得患失，则心平气静，天地宽广）。

商业贸易

商　业

局长　阎　良

【概况】　宜阳县商务局位于县城红旗西路79号，行政编制15人，内设办公室、党委办公室、财务统计股、人事劳资股、市场运行股、对外贸易股、监察审计股、安全保卫股、酒类流通管理办公室、再生资源管理办公室、招商引资办公室等职能股室和室内装饰行业管理办公室、畜禽屠宰管理办公室、成品油市场管理办公室3个股级事业单位，机关干部职工45人，下辖13个商贸流通企业，企业职工2200人。

2010年，县商务工作立足本职、服务大局，强力实施开放带动战略，积极搞活流通、扩大消费，全面超额完成了市、县下达的各项目标任务。被县委、县政府“通令嘉奖”，授予2010年度县内贸工作先进单位、2010年度县城建设及城中村和城郊村改造先进单位。电话：0379—68882171。

领导班子成员

职　务	姓　名	职　务	姓　名
局　长	阎　良	副局长	刘光杰
党委书记	赵青海	副局长	王建中
副局长	白社志(12月离)	副局长 经委书记	杨孝峰(5月任)
副局长	赵银伟	局长助理	高国强

【对外贸易】　2010年，商务局根据省、市“国际市场开拓年”的总体部署，采取积极有效措施，外贸工作取得了显著成绩。为忠诚集团、前进化工、鑫友镁业（洛阳华陵镁业有限公司）、昇扬硅业四家企业争取中小企业开拓国际市场资金6.7万元；支持宜阳红星陶瓷有限公司高新技术、机电产品的科研开发“精制镁质瓷”项目，争取省级扶持外经贸发展资金90万元。全年外贸出口创汇750.6万美元，增速达197.8%。

【家电下乡、家电以旧换新】　开展“家电下乡政策宣传月”、“质量服务月”活动；5月，县家电下乡领导小组对家电下乡网点进行整顿，对全县16个乡镇家电下乡销售网点的产品销售、产品登录、信息审核、售后服务等进行了一次拉网式大检查；对各乡镇销售目标进行分解，制定奖惩办法，明确各乡镇的任务。全年销售家电下乡产品8.27万台（部），销售金额1.79亿元，销售数量占农户的58.61%；完成旧家电回收142台，销售新家电141台，销售金额48.4万元，

【万村千乡市场工程】　坚持高标准、严要求、科学规划，在山区村、空白村创建新农村建设示范村。新建村级农家店60家，使宜阳县农家店建设的总数达到333家，争取国家补贴资金163.5万元，乡级农家店实现了全覆盖，村级农家店的覆盖率达到87%。

【放心早餐工程】　根据县城居民分布状况，本着便民利民的原则，在县城繁华地段设置18个早餐经营网点，供应品种60多个。加强督导检查，组织两名社会督导员，每天早上不间断对各个早餐网点的卫生状况、服务态度、营业时间等进行督导检

查，发现问题当场予以纠正，以确保“放心早餐工程”顺利实施。网点运营状况良好。

放心早餐工程启动仪式

【市场监管】 组建了宜阳县商务稽查大队，负责流通领域市场稽查工作；成立了12312商务举报投诉服务站，开通了2部12312举报投诉电话，接受商务领域举报投诉和咨询事项。2010年，宜阳县被省商务厅确定为河南省第二批“流通领域市场公共服务体系建设重点推进县”。对65个加油站（点）进行了年审，对3个新规划的加油站点进行实地考察并予以积极申报；组织执法人员对加油站（点）进行检查，对不合格的限期停业整顿，对违法加油站点进行严厉打击，确保了成品油市场健康发展；加大对生猪定点屠宰厂和生猪肉品市场的监管力度，严厉打击私屠滥宰行为，使全县乡镇定点屠宰率保持在96%以上；对宜阳县再生资源回收经营者进行了调查摸底，办理备案登记39家，登记备案率85%；加大对装饰装修行业的执法检查力度，严厉打击无证照装修队，扶持有资质的装修企业，促使装饰装修市场规范发展；继续实施酒类经营者备案登记制，全面推行酒类流通《随附单》制度，加大稽查力度，酒类流通市场秩序逐步得到规范。全年办理各类商务违法案件210起，其中私屠滥宰15起，酒类违规72起，成品油违法行为8起，装饰装修113起，再生资源2起。

【企业经营管理】 县民爆公司、侨源食品有限公司狠抓主营业务，拓宽经营范围，销售收入、利税均实现同比增长；县侨源食品有限公司投资107万元，对春都大厦进行加高，新增商业面积1498平方米。按照统一建设标准，对张坞、石陵、莲庄、高村屠宰场进行改建，建成高标准的屠宰车间、猪舍及配套设施；县百货公司、金属公司根据市场变化，适时调整租赁合同，增加租赁收入；副食品公司综合楼投入运营后，每年增收20余万元；春都大厦改造后，每年可增收42万元。

【红旗大道改造】 在县城建设和红旗大道改造中，动迁住户68户、商户28户，拆除建筑面积7000余平方米。春都大厦改造项目和外贸大厦主体框架已经完工；锦绣·山河公馆项目设计17层已建至8层；物资北院商住楼正按时间节点抓紧施工；贸易大厦拆除项目已全面展开。

【安全生产】 排查、治理事故隐患，对5个消防安全重点单位实行日检查、日记录制度，对各企业每月例行检查1次，杜绝重大安全事故发生；全年共召开安全专题会议7次，组织安全检查18次，系统全年未发生一起安全事故。

【信访稳定】 落实信访稳定工作一把手负责制，制定了一系列规章制度，把信访稳定工作的重心向事前预防和事后息访转移；从排查矛盾，维护稳定大局出发，为系统职工群众办理城镇居民最低生活保障395户，使全系统低保人数达到900人，为系统1250人办理了城镇居民医疗保险，为197户破产关闭困难企业办理退休医疗保险；办结县信访局转来3起信访案件。

（范长兴）

粮食流通

局长　张国民

【概况】 宜阳县粮食局是全县粮食流通行政管理机构。内设办公室、财务股、业务股、政工股、审计股5个职能股室，下辖15家粮油购销企业及7家附营企业，全系统干部职工813人，其中退（离）休332人。12月14日局机关迁至宜阳县北城区李贺大道南侧。

2010年，县粮食局按照“一手抓粮食经营，一手抓城中村改造”的工作思路，以抓好粮食购销，增加企业效益为主线，以加快城中村项目建设，盘活国有资产为重点，精心组织，狠抓落实，各项工作取得了显著成效。电话：0379—68898002。

领导班子成员

职　务	姓　名	职　务	姓　名
局　长	张国民	副局长	张治民
副局长	王跃进（6月离）	副局长	祁胜国（6月任）
副局长	张少卿	纪检书记	茹胜利

【城中村改造】 2010年宜阳县粮食局继续加快推进城中村改造步伐，3月28日，总投资2亿元，建筑面积9万多平方米的世纪广场项目举行了隆重的开工奠基仪式，世纪广场项目是宜阳县2010年20项重点工程之一，备受市、县领导和社会各界的重视和关注。截至2010年底，世纪广场项目1栋商住楼和1栋高层已竣工，3栋高层已开工建设；总投资2500多万元、建筑面积2万多平方米的屏沅小区投入使用；总投资700万元、建筑面积5700多平方米的滨河家园项目主体建成；局机关2010年12月顺利迁入北岸明珠商住楼，新办公楼面积达4000多平方米，硬件一流，环境优美，创造了一流的办公条件，营造了干事创业的良好氛围。2010年县粮食局获得县委、县政府2010年度县城建设及城中村和城郊改造先进单位。获得市粮食局2010年度粮食企业资源整合工作突出奖。

【企业经营】 全县粮食企业实现销售收入9298万元，同比增加506万元，其中粮食购销企业6337万元，同比减少156万元。国有及国有控股企业实现利润116万元，同比增加85万元。其中粮食购销企业117万元，同比增加97万元；附营企业亏损1万元，同比减盈12万元。粮食购销企业减去经营性挂账利息及四退一保费用的支出，实际实现利润227万元。

【粮食购销】 全县粮食购销企业全年收购粮食61970吨，其中收购小麦58007吨（包括最低价收购5756吨，市场收购52251吨）、大米349吨、收购玉米、谷子等3963吨。销售粮食80600吨，其中销售小麦76799吨、玉米3801吨、大米349吨。2010年国家继续实行最低价收购政策，中储粮河南分公司仅收购3天停止，但粮食购销企业仍充分发挥主渠道作用，投放资金1082万元，收购小麦5756吨。粮食企业全年自筹资金6098万元，进行粮食经营，确保了企业的利益，保护了农民利益。

【粮食仓储】 为确保库存粮油安全，2010年县粮食局和储粮企业签订《安全储粮责任书》，明确任务，责任到人，要求储粮单位严格执行仓储管理的各项规定，发现问题及时处理，开展粮油安全普查、粮食库存检查，加强储备粮管理；全年投资60万元对仓库进行了维修，对库区地面进行了硬化，添置三测、清理、熏蒸等仓储设备；积极推广低温、低氧、低剂量的“三低”储粮新技术，利用计算机粮情检测系统，快速、准确的检测粮温，及时掌握粮情变化，为安全储粮创造了有利条件。市粮食局组织的全市粮食普查“一符三专四落实”100%，“四无粮油率”97%。2010年，军供粮站被省粮食局评为“全省军粮供应先进单位”，宜阳国库和鑫隆公司被市粮食局评为“十佳粮库”。

【党建工作】 深入开展创先争优活动，结合城中村改造和粮食购销工作实际，县粮食局在重实效、求实效上下工夫，充分发挥党组织的战斗堡垒作用，充分发挥党员在攻坚克难中的作用，引导激励广大党员立足岗位，热情奉献，调动了党支部和广大党员创先争优的积极性和主动性。2010年粮食局党委获得洛阳市委“五好”党委称号。

【文明创建】 建立了创建文明单位经常化、制度化、规范化长效创建机制，不断巩固深化文明单位创建成果。大力开展“讲文明、讲卫生、树新风”活动，坚持每周一学习制度等措施，机关干部精神面貌发生较大变化，文明素质明显提高。2010年粮食局被洛阳市委、市政府评为文明单位称号，被洛阳市总工会授予洛阳市“五一”劳动奖章荣誉。

（王仪波）

供销合作商业

【概况】 宜阳县供销合作社位于红旗中路28号，正科级事业单位。内设办公室、党委办公室、人事科、工会、审计科、监察室、业务科、资产科、财

主任 王宝睿

务科。承担全县发展农村合作经济组织的指导、协调、监督和服务职能。指导社有企业改革发展，引导农民发展农业生产，搞活农产品流通，促进农业增效、农民增收。下属企业27个，干部职工1504人，离休12人，退休840人。

2010年，完成销售总额3.13亿元，同比增长16%；实现利润195万元，同比增长32%，各项经济指标位于全市先进行列，完成了县委、县政府及市社下达的各项责任目标和工作任务。

2010年，获得洛阳市供销社系统综合业绩考核特等奖，烟花爆竹公司、城关供销社获全市供销社系统先进集体，烟花爆竹公司锦华市场获得全市模范商（市）场称号，孙伟民、周孟伟等5人被评为全市供销社系统先进工作者。电话：0379—68885116。

领导班子成员

职　务	姓　名	职　务	姓　名
主　任	王宝睿	副主任	常光辉
副主任	许建国	党委委员	孙伟民
副主任	李孟会		

【“新网工程”建设】 2010年，按照“新网工程”建设标准新建农村超市34个，达到107个；1个农产品行业协会；1个锦合商贸有限公司连锁配送中心；新建农民专业合作社3个，达到21个；村级综合服务社268个；福利彩票销售网点25个，统一悬挂供销社标志300个。新型农村现代流通体系更加完善，公共服务职能和为农服务水平明显增强。

【烟花爆竹安全经营管理】 贯彻落实《宜阳县人民政府关于进一步做好全县烟花爆竹安全经营管理工作的通知》精神，打造以烟花爆竹公司为龙头的县、乡、村三级连锁经营网络，做大做强烟花爆竹产业。2010年，县供销社配合相关职能部门重拳出击，严厉打击非法生产、运输、销售烟花爆竹不法行为，查获销毁各种假冒伪劣烟花爆竹产品价值20余万元。在全县布设零售网点318个，培训从业人员485名，组织优质货源，对全县零售网点实行统一进货、统一存储、统一标志、统一配送的一条龙服务，实现销售额300余万元，形成覆盖全县辐射周边的连锁经营规模。

【招商引资】 宜阳县社利用土地、场院、房屋等存量资产较多的优势，通过招商引资成功与洛阳泰盈置业有限公司合作，对三乡供销社原行政大院进行综合开发，投资800余万元，建筑1万余平方米的商住小区。

【农资经营】 农资经营是供销社的一项传统业务，为“三农”服务发挥了积极作用。组织各经营单位集中精力筹措资金，抓好农业生产所需的农业生产资料的储备、供应工作，2010年销售各种化肥8.3万吨、农药28吨、农地膜820吨。

【安全生产】 全面落实安全生产目标责任制，坚持“安全第一、预防为主、综合治理”的方针。成立组织，加强领导。做好安全宣传教育和培训工作，提升各类人员的安全素质和防范技能。加大技防投入，做好平安建设工作，按照“整体规划，分步实施”的要求，投入资金3万多元在机关及烟花爆竹仓库安装了8个红外线摄像头；对全系统所有经营网点、仓库、设施、住房、危房进行了5次安全大检查。全年无一起安全事故发生。

【信访稳定】 落实信访稳定工作一把手负责制，对上访案件实行逐级负责，一级抓一级，层层抓落实，做到领导包案，责任到人，保证事事有着落，件件有回音。2010年，处理上访案件9起80余人次，全部处理到位，无一起赴市、省、京上访案件发生。

【党建工作】 2010年，在党员干部中开展党风廉政教育活动和领导班子“执行力、创新力、凝聚力”建设主题实践活动，实施先锋示范工程，深化创先争优和党员示范岗创建活动，党员干部作风明显提高，事业心、责任心进一步增强，促进了各项工作的落实。按时缴纳党费，培养入党积极分子5名，新发展党员8人，转正1名。

（吕江锋）

盐政管理及食盐销售

局长　付新海

【概况】　宜阳县盐业管理局位于县城红旗中路24号，是县政府授权的副科级盐业行政主管部门，负担着全县各乡镇盐产品的供应与盐业市场的监督管理职能。内设局办公室、财务科、盐政科、销售科、仓储科、多品种盐营销科等7个科室。事业编制25人，实有116人，在岗职工42人，离退休25人，县盐业有限责任公司达到国家“A”级食盐批发企业标准。

2010年宜阳县盐业管理局获得市级食盐专营先进单位，销售科、盐政科被市盐业局评为市盐业工作先进集体，4人被评为“市盐业工作先进个人”。电话：0379—68871888。

领导班子成员

职　务	姓　名	职　务	姓　名
局　长	付新海	副经理	刘义民
书　记	刘秀川	副经理	陶建平

【购销经营】　2010年食盐购进2900吨，占全年计划2800吨的103.6%。食盐销售完成2960吨，占全年计划2800吨的105.7%，销售工业盐850吨。9月，上级盐品种结构调整，又推广了400克袋装多品种营养盐和绿色健康盐。全年销售各种盐产品3900吨，实现销售收入540万元，完成入库税金24万元。

【盐政管理】　2010年，本着“以法治盐，内管外打，以管促销，净化市场”的原则，查市场、堵源头、抓大案、端窝点，大力整顿盐业市场，严厉打击私盐违法和私自囤积盐产品、规范食盐价格。盐政稽查人员全年入户调查4500户，检查学校食堂580家，大小商店830个，查处各类盐业违法案件38起，没收盐产品24.55吨，罚款6900元，查扣运盐车辆一台，打击购销私盐行为，维护了宜阳盐业市场稳定。

宣传盐业法规

【政策宣传】　采取平时宣传与宣传日、宣传月相结合，日常宣传与重点时日、重点人群宣传相结合的办法，宣传盐业法规和碘缺乏病防治知识。通过新闻媒体，在“3·15”消费者权益日、“5·15”碘缺乏病宣传日开展消除碘缺乏危害健康教育进万家、进千村、进百店活动，使社会理解盐业、群众放心盐业、政府重视盐业。

【其他重点工作】　2010年，盐业管理局被县政府及红旗大道综合改造指挥部列入县城中心商业圈规划中，进行高标准开发建设，拆除办公楼、仓库及地面附属建筑物2600平方米，于六月底实施了整体搬迁，盐业局重新征地，建设食盐仓储及配套服务中心。

全年缴纳社会养老金、失业金、医保金28万元，按期完成社会保险缴纳任务。

（简鸿祎）

石油销售及管理

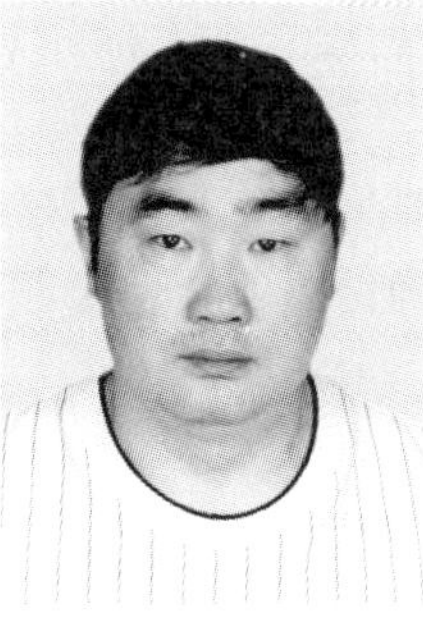

经理　吕路欣

【概况】　中国石油化工股份有限公司河南洛阳宜阳石油分公司位于宜阳县解放东路2号，是垂直上挂国有企业，担负着全县工农业生产生活及交通运输的成品油供应工作，主营商品为汽油、柴油、润滑油，兼营便利店日用百货等。现有加油站27座遍及县域各乡镇及主要路段，其中自营站5座，承包站7座，农村网点15座。2个加油卡发卡充值点分布于城南、城北两个大站矿口站和洛北站，2个便利店分布于韩城站和第三站。该公司现有员工50余人。2010年实现销售2.25万吨，占全年目标的102%。比上年同期上升2.13%。汽油销售0.62万吨，柴油销售1.63万吨；其中县城零售0.6万吨，占全公司零售总量的36.36%，农村站点销售0.37万吨，占全公司零售总量的22.42%；全年批发实现0.6万吨，占全公司总销量的26.67%；润滑油完成18.53吨；加油卡完成充值1775万元。电话：0379—68887350。

领导班子成员

职　务	姓　名	职　务	姓　名
经　理	吕路欣	副经理	徐和平

【安全管理】 贯彻落实《安全十大禁令》和“我要安全”主题活动，牢固树立“安全第一”思想，按“谁主管谁负责”原则落实安全制度，加油站严格按HSE安全管理规定，坚持周安全业务例会制度，及时检查和认真填写设备安全管理台账中，发与、现题及时整改，不留安全隐患及隐患死角，教育广大职工执行安全操作规程，及时劝阻客户在加油站拨打手机，严禁用塑料壶加油和在加油站抽烟。及时将设备管理现状统计上报上级公司，认真填写《未遂事故月报》，分清自查自改项目及不能整改问题，为上级提供管理信息，把安全管理工作落到实处。

【资金管理】 对营业款收缴采取两种办法：一是按先款后货对农村网点进行管理，农网先把货款打入公司账户后，公司再进行配货。二是通过邮政储蓄对自营站及承包站营业款进行收缴。对管理人员严格要求，严禁在业务活动中违规操作，不借用、挪用营业款，不公款私存，按程序进行信用销售，销售收入及时入账，内部加油按时付款，按时将所收营业款按规定缴入银行账户，确保营业资金全额上缴，降低资金风险。

【数质量管理】 与各加油站分别签订《2010年度HSE（健康、安全与环境）、数质量管理目标责任书》，实施目标化管理，确保质量合格、数量准确，加强油品损耗管理，以公司经理为主要责任人，加强加油站油品数质量管理及月末监盘工作，对影响损耗的各种因素进行有效控制，严格抓好各站点油品进、销、存环节数质量工作，严禁加油站伪造、虚报、瞒报库存及损益盘点数据，确保盘存数据准确、真实，把零售环节损耗控制在合理范围内。做好加油机准确性管理，实行双铅封管理制度，计量部门铅封和本公司管理铅封同时对影响出油量部件进行锁定，确保出油准确率。

【非油品经营】 利用加油站空闲设施，在韩城站和第三站设立便利店，安装POS机，实行浓缩型小超市管理模式，扩大加油站经营范围，增营日用百货等品种，深层次为顾客提供便利服务。组织有关人员到先进单位学习，掌握非油品销售技巧，调动员工积极性，向客户宣传非油品，引导客户消费，加大营销力度，围绕经营目标，依托加油站客户资源，结合客户需求特点，做好现场促销。全年完成销售75万元，占年度目标70万元的107%。

【见红旗就扛活动】 贯彻落实上级“比、学、赶、帮、超”活动，发扬“亮剑”精神，实施“扛旗”战略。制定工作方案，将活动内容传达到每一个员工，全体员工发扬“见红旗就扛，有第一就争”的“亮剑”精神，使“比、学、赶、帮、超”活动深入扎实地开展，并取得可喜成绩。2月，实现轻油零售1627吨，超目标22%，环比上升10%，同比增量67%，实现新年开门红，在洛阳分公司9县5区中，轻油零售总量目标排名第一。

【农忙服务】 成立“三夏”及“三秋”服务工作小组。农忙期间每天安排2人值班，保障了油品供应。在7个加油站挂出了宣传横幅，开展油品供应宣传活动和优质服务活动，实现服务“六个到位”，免费为农用车辆及司机提供洗车、加水、茶水、防暑药品等便利服务。

【职工教育】 开展“以需求为导向、以学员为中心、以技能为本位”的“三基”工作和“三层”培训。全年举办各级各类培训班11期135人次。其中：安全资格证书人员培训32人，消防技能培训2期40人，参加市公司非油品业务培训5期15人，参加县“五五”普法教育42人通过考试。

【网点建设】 成立网建工作小组，明确责任，实行目标管理，确定了《2010年网建规划》和《“十二五”网建远景规划》。该公司以“选址合理、资料完整、态度认真、行动迅速”受到省、市公司领导好评。年初投资300万元对韩城站整体提量改造，4月恢复营业，月均销量300吨，同比上升400%，实现了销量翻番。10月，投资400万元，对洛北站提量改造，年底恢复营业。年内完成对所属14个农村网点整改上报立项工作，投资280万元，平均每点投资20万元。

（韩红伟）

医药经营

经理 仝猛虎

【概况】 宜阳县医药公司位于县城红旗西路81号，属县直国有医药商业企业，现有干部职工335人，其中离退休63人。下辖经营单位47家，其中县城12家，各乡镇35家。机关设行政办公室、人事科、质管科、财务科、保卫科等5个科室，法人代表仝猛虎。公司全年销售收入3200万元，入库税金29万元，完成了县委、县政府下达的年度责任目标和阶段性工作任务。电话：0379—68882514。

领导班子成员

职　务	姓　名	职　务	姓　名
经　理	仝猛虎	副经理	徐小奇
副经理	叶来群	副经理	马志华（6月任）
副经理	赵万超		

【医药商贸城建设】 2009年3月开工建设的医药商贸城建设工程，主体全部竣工，北段已投入使用。

【药品供应】 公司担负着全县人民防病治病的药品供应工作。经全体干部职工的共同努力，保证了全县人民用药方便、安全有效。

【锦康公司GSP复认证准备】 洛阳锦康药业有限公司是县医药公司下辖的药品零售连锁企业。该企业2005年首次通过GSP认证。国家食品药品监督管理局规定：药品经营企业每5年要进行一次GSP复认证。公司把GSP复认证准备工作作为年度工作的重中之重，成立了GSP复认证准备工作领导小组。8月26日、9月28日、11月3日举办三期培训班，对各药品零售店负责人进行GSP知识及实际操作培训。10月、11月用10天时间对所辖的92家药店（其中个体药店46家）的准备工作情况进行督促检查，及时发现和解决问题，使GSP复认证准备工作圆满完成，随时迎接省食品药品监督管理局复认证验收。 （范军水）

昆虫世界

勤劳的蜜蜂　目前，全世界约有2万种蜜蜂。一只蜜蜂要生产出500克蜂蜜需要在蜂箱与花朵之间来回飞行1000万次。

高产又长命的蟑螂　一只雌蟑螂一年约产500多万个卵。此外，一只蟑螂被斩首后还能够存活9天。

数量惊人的昆虫数量　地球上一年内被所有蜘蛛吃掉的昆虫总重量远远超过全球活人体重总量。

永远清醒的蚂蚁　蚂蚁永远都不会睡觉。全世界的蚂蚁种类(8800种)几乎与鸟的种类(9000)一样多。

财政　税务　金融　保险

财　　政

局长　仝爱民

【概况】　宜阳县财政局位于北城区李贺大道。现有干部职工165人，内设办公室、预算股、综合计划股、行政执法股、农业财务股、社会保障股、企业财务股、国有资产管理办公室、会计事务股、监督检查股10个股室。下属宜阳县国库支付中心、宜阳县农业税收征收管理局、宜阳县政府采购办公室、宜阳县人民政府控制社会集团购买力办公室、宜阳县技术改造资金管理办公室、宜阳县财政投资评审中心、中华会计函授学校宜阳县函授站7个单位和16个财政所。

2010年，县财政局围绕年初制定的工作计划和县委、县政府下达的责任目标，主动参与宏观经济调控，实施积极财政政策，调整经济结构，理顺经济关系，积极向上级争取资金。加快财税体制改革，进行财税制度创新，依法理财，完善财政自身建设，促进宜阳经济发展和维护社会稳定，全县财政改革与发展获得了双丰收。电话：0379—68882143。

领导班子成员

职　务	姓　名	职　务	姓　名
局　长	仝爱民	副局长	赵武杰
副局长	周瑞盈	副局长 纪检组长	陈振国
副局长	滑朝凯	党组成员	周西安

【完成一般预算收入】　每月召开财税形势分析会，分解收入任务，分析财源情况，排查收入空间，挖掘征收潜力，支持税务部门依法加强征管。同时依法加强行政事业性收费、罚没收入和政府性基金等非税收入征管，促进财政收入增长。一般预算收入实现历史性突破，累计完成42699万元，在全市率先完成一般预算收入任务目标，获得市政府通报表彰。同比增长17.1%，增幅居洛阳市九县（市）第二位。税收收入占一般预算收入的比重超市定目标2.4个百分点。

【一般预算支出再创历史新高】　一般预算支出141666万元。保证了全县各项事业的发展、机关事业单位的运转和各项民生事业的改善。围绕医疗卫生、社会保障、新农村建设、文化体育等群众最关心、最现实的问题，进一步改善民生，推进社会事业全面健康发展。在支出管理中坚持有保有压，科技、农业、教育支出均超过法定增长比例。

【增强财政保障能力】　狠抓收入征管、优化收入结构，抓住省财政直管县的大好机遇，主动到上级反映县情讲明困难、提出设想，赢得理解、争得支持。研究上级各项奖扶政策，争取上级支持。邀请上级领导到宜阳考察指导工作，展示宜阳发展的新形象，展现上级资金和政策扶持对加快宜阳县发展的促进作用。争取上级各类资金9亿元，缓解了宜阳财力困难，增强了财政保障能力。

【增加“三农”投入，促进城乡统筹发展】　落实各项强农惠农政策，促进粮食增产、农业增效和农民增收。全县“三农”支出21664万元，增长35.5%。兑付粮食直补和农资综合补贴资金5657万元，农作物良种补贴1235万元，退耕还林资金

850万元。投资898万元完成1万亩中低产田改造，投资1700万元实施永丰渠、幸福渠和韩城大渠现代农业项目，恢复改善灌溉面积2533.3公顷。综合运用农业结构调整、现代农业生产发展、农产品加工、农业综合开发、粮油倍增计划花生种植项目等资金，支持油料作物种植、畜牧业、特色产业和农民专业合作组织发展，提高农业和农产品竞争力。开展政策性农业保险工作，提高农业生产抗风险能力。完成通组通户道路硬化285公里，新建农村社区服务中心14个。投资5036万元，完成16个整村推进扶贫，解决2.8万农村居民饮水安全问题，支持10个新农村示范村建设。安排财政扶贫资金1639万元，重点支持整村推进、以工代赈、异地搬迁扶贫等项目建设。家电下乡补贴82162台，补贴资金2274.23万元；汽车、摩托车下乡产品累计销售、补贴6906辆，补贴金额1016.02万元，两项补贴兑付率均为100%。

【增加民生投入】 拨付农村义务教育“两免一补”资金6451万元，中职农村困难和涉农专业学生补助资金128万元、中职助学金294万元、农村中小学校舍维修改造资金425万元，普通高中国家助学金203万元；拨付各类社保基金4463万元，发放五保、低保资金5252万元，确保参保人员享受到养老、医疗等社会保障和全县3.9万名城乡低保、五保人员的基本生活需求；拨付补助资金7653万元，使141万人（次）享受到新型农村合作医疗补贴；完善医疗卫生服务体系建设，将低收入群体、五保户、低保户纳入城乡医疗救助体系；将新型农村合作医疗大病住院报销封顶线提高到6万元，提高城镇职工、居民基本医疗保险最高支付限额标准和住院支付比例；全面实施“民心工程”，让人民群众共享公共财政阳光的温暖。

【提高财政管理水平】 推动会计集中核算向国库集中支付制度转变。加大直接支付力度，规范资金管理流程。全年国库集中支付19.6亿元，拒付违规违纪及不合理支出387笔、362万元，查处虚假发票1257份、219万元。开展“小金库”专项治理，建立和完善防治“小金库”长效机制。扩大政府采购规模，拓宽财政投资评审范围，全县政府采购规模16600万元，节约资金3700万元，资金节约率18.23%；全县投资评审项目91个，审核造价4.24亿元，审定2.76亿元，平均审减率35.01%，节约资金1.48亿元。

【履行财政监督职能】 坚持依法理财，按照建立事前、事中和事后监督相结合，贯穿财政管理全过程的财政监督机制要求，创新监督理念，改进监督方式，加强对行政事业单位财政拨款和支出报账的日常监管，对有关单位收支活动过程中的每个环节和项目进行经常性、全过程监督。积极参与审计，对各专项资金使用、学校收费、非税收入收缴等进行全面监督、检查、清理，进一步规范财政资金的拨付程序，提高资金的使用效益。

县2011年财政工作暨反腐倡廉建设大会

【机关文化建设】 重视干部队伍建设，打造服务型、学习型机关。在机关中大力弘扬求真务实的风气，牢固树立服务意识和群众观念，为民办实事，解决事关人民群众切身利益的突出问题，开展创先争优活动。

【获得荣誉】 宜阳县财政局获得河南省2010年度会计管理工作特等奖，被省财政厅表彰为2009年度部门决算工作先进单位，企业财务会计决算工作先进单位，2010年度粮食直补和农资综合补贴先进单位，农民补贴网建设先进单位，财政经建系统决算报表工作先进单位，工程领域突出问题专项工作表扬单位，汽车摩托车下乡补贴兑现工作先进单位，支农资金效益调查工作二等奖，行政事业资产管理工作先进单位，资产管理系统建设先进单位。获市政府2010年度财政收支目标二等奖和市政府内部内电通报表彰，被市财政局表彰为2010年度财政总决算编审工作先进单位。

陈志军同志被河南省人力资源和社会保障厅、省财政厅表彰为全省财政系统先进工作者。

（孙党辉）

国家税务

局长 刘振国

【概况】 宜阳县国家税务局位于县城兴宜东路9号，机关内设办公室、人事教育科、监察室、征收管理科、政策法规科、税政科、收入核算科、纳税服务科等8个职能科室，下设1个思想政治工作办公室、1个信息中心和4个副科级税务分局、1个税务所、1个稽查局，在职干部职工93人，负责全县3677户纳税人的税收征收管理工作。2010年，再次被命名为省级文明单位和省级卫生先进单位，荣获全市国税系统目标管理先进单位，获得县委、县政府书记县长特别奖、2010年度内贸工作先进单位、2010年度纪检监察工作先进单位、2010年度人口和计划生育工作目标管理先进单位等荣誉。电话：0379—68882132。

领导班子成员

职　务	姓　名	职　务	姓　名
局　长	刘振国	纪检组长	赵道嵩
副局长	刘玉朝	副局长	林战伟
副局长	赵现中	工会主席	杨　岑
党组成员	王鲁峰		

【税收收入】 2010年，县国税局克服了大税源萎靡、税收政策调整等不利因素的影响，入库全口径税收3.47亿元，占市局分配计划的115%，首次突破3亿元大关。其中县本级收入完成10096万元，超额完成县政府分配计划，首次突破亿元大关，创1994年分税制以来新高。县政府为组织收入实现新突破发了贺信，编发专期《政务信息》印发各单位学习。

【征管质量新提升】 2010年，县国税局完善税源专业化管理机制，探索班子成员管户带行业税源管理办法，班子成员所管理的9户企业入库税收同比增收1486万元；成立以“三师”、“能手”为主的税源分析监控小组，通过数据采集、比对分析，全年评估补税1877万元；贯彻落实税收管理员制度，加大主要征管指标考核和追究问责力度，全年个体税收入库5075万元；加大税务稽查力度，开展房地产、品牌经销等行业以及三年未查的重点税源企业专项检查，稽查入库税款、滞纳金、罚款486万元，实现了以查促管、以查促收。

【优化服务】 2010年，县国税局以打造一站式服务窗口为目标，认真落实首问负责制、一次备案制、预约服务制等一系列服务措施，并改造升级了办税服务厅硬件建设，丰富服务形式；拓展服务平台，向纳税人发放办税服务卡，推行POS机缴税服务，开通了网上申报、网上认证和财税库银联网缴税系统，不断提升办税效率；支持地方经济发展，办理各项减免退税3.6亿元，助推了宜阳经济转型和产业结构调整。通过市纪委组织的廉政文化进机关示范点验收，城区税务分局被县纪委授予优秀股（所）称号。

【素质教育】 2010年，县国税局克服组织收入、文明创建等时间紧、任务重的工作压力，继续落实素质教育五年规划，以贯彻落实三师培养机制为抓手，以网络教育系统为依托加大全员教育培训力度，有效提高了队伍素质。2010年又有5人取得“注册税务师”资格，累计获得“三师”资格人数10人，占总人数10.7%，在全市乃至全省位居前列。

【文明创建】 以摄影、歌咏、女子健身等协会为载体，充分发挥共青团、妇联、工会的纽带作用，广泛开展摄影采风、爬山、广播体操、拔河等群众性文体竞赛活动；开展关爱空巢老人、关注未成年人、关心困难群众等帮扶济困活动；开展文明单位、青年文明号等争先创优活动。莲庄税务所被省国税局授予河南省星级税务分局。

（董武干）

2010 年税收收入分经济性质分税种入库情况表

单位：万元

序号	项目	合计	内资企业								港澳台投资企业	外商投资企业	个体经营	附列资料：乡(镇)企业
			小计	国有企业	集体企业	股份合作企业	联营企业	股份公司	私营企业	其他企业				
1	税收收入合计	34743.5	27609.9	2968	18.1	1321.4	0.1	22837	430.2	35	1165.1	16.9	5951.6	61.7
2	1. 增值税收入	28501.3	21977.6	2963	36.2	0.5	0	18551.7	413.5	12.7	1169.6	0	5354.1	67.7
3	其中：一般纳税人	25150	21719.8	2962.9	33.4	0	0	18318.7	404.9	0	1168.9	0	2261.2	58.8
4	小规模纳税人	3351.3	257.7	0.1	2.8	0.5	0	233	8.7	12.7	0.7		3092.9	2.9
5	2. 消费税收入	11	6.1	0	0	0	0	6.1	0	0	0	0	4.9	0
6	4. 企业所得税	5598.2	5585.9	1.4	-1.9	1320.9	0.1	4266.4	15.7	0	-4.6	16.9	0	0
7	5. 个人所得税	70.3	0	0	0	0	0	0	0	0	0	0	70.3	0
8	14. 车辆购置税	562.7	40.4	3.7	0.5	0	0	12.8	1	2.3	0	0	522.3	0

（董武干）

地方税务

局长　郭本州

【概况】 宜阳县地税局位于县城文明中路 71 号，机关内设办公室、人事教育科、监审室、计划财务科、征管和科技发展科、税政科、政策法规科 7 个职能科室和 1 个发票管理所，下设稽查局、城关税务分局和 6 个基层税务所（均属副科级单位），现有干部职工 85 人，负责全县 3821 户纳税人的地方税收征收和管理工作。2010 年该局获得省级文明单位、洛阳市依法行政先进单位、洛阳市档案管理先进集体、市局绩效考核优秀单位、基层所建设优秀单位等多项荣誉。电话：0379—68882212。

领导班子成员

职　务	姓　名	职　务	姓　名
局　长	郭本州	副局长	王安康
副局长	李洪山	纪检组长	丁利伟
副局长	周云峰		

【完成税收任务】 全年组织各项收入 24042 万元，同比增长 27%，增收 5056 万元。其中：地方级税收收入完成 17373 万元，同比增长 21%，增收 1830 万元；县级收入完成 16665 万元，同比增长 26%，增收 3391 万元；完成县级收入占全县一般预算收入 42000 万元的 40%，对一般预算收入的增收贡献率达 57%。

【支持宜阳发展】 发挥地税部门参谋决策、组织收入、调节分配、纳税服务的作用，认真落实优惠政策。全年为 25 户企业办理减免各类税收 276 万元，其中为 2 户企业减免企业所得税 232 万元，小额农户贷款减免营业税 44 万元，为 138 户下岗职工办理减免税 17.98 万元，残疾人税收优惠 43 户，共计 8.33 万元，促进了社会和谐稳定。代征残保金 92.8 万元，代收工会经费 187 万元，促进了残疾人事业和工会事业的发展。调高个体工商户营业税起征点，降低了中低收入者税收负担。

【推进精细管理】 加强纳税人的户籍管理，清理漏管户 256 户，清理非正常户 73 户，增收 90 万元。加强税源管理，促进行业税收管理科学化、精细化。确保饮食服务行业税收继续高速增长，2010 年，入库饮食行业税收 343 万元，较去年同期增长 19%；依法规范代征行为，促进建筑砂石税收持续增长。信息化建设步伐加快。移动办公系统、价格调节基金模块、稽查模块软件成功上线运行，实现内外网物理隔离，加强访问互联网的管理，确保内部网络数据的安全。

【优化税收秩序】 以执法责任制自动化考核软件为载体，落实税收执法岗位职责，规范税收执法行为，减少了执法随意性，2010年执法正确率99.91%。加大稽查力度，发挥税务稽查职能作用，对建筑、房地产、烟草等重点行业和前进公司、黄河同力等重点企业进行了专项检查，全年稽查查补入库税款732万元，与去年同期相比增长22%。开展打击发票违法犯罪活动，全年共查处16户，查出假发票和未按规定使用票据3.5万份，并有两个案件入选全市地税系统2010年度稽查“十大典型规范案例”。

【提升队伍活力】 优化人力资源配置，选拔2名副科级领导干部转任班子成员，提拔9名副科级领导干部，调整交流正股级干部5人，副股级干部6人。加强干部队伍建设，注重教育，强化培训，从严治队，基层组织建设得到进一步加强。组织党员干部参观革命圣地井冈山、重温入党誓词，开展了“追求卓越·和谐发展”主题演讲比赛、“熔炼团队 超越自我”拓展训练、“军魂永驻 为税而歌”主题座谈会等一系列活动，增强了队伍凝聚力。

【反腐倡廉建设】 开展廉政学习，反腐倡廉工作常抓不懈，推进廉政文化建设，完善规章制度，健全监督网络，召开特邀监察员座谈会，抓好执法监察，突出审计监督，坚持重要决策、重大事项集体研究决定，全面落实“一岗两责”。认真做好政风行风评议工作，重申“五项禁令”，加强监督检查，在纠风办举行的政风行风民主测评活动中，连续三年夺冠。

【基层所建设】 加大指导监督力度，投入资金配置完善基层所软硬件设施，5个中心税务所软硬件设施已全面升级，新建的张坞税务所代表全市地税系统顺利通过省局考核组的验收，在市局年终绩效考核中获得基层所规范化建设优秀单位，把基层地税部门打造成政治过硬、业务熟练、作风优良、执法公正、服务规范、形象良好的坚强集体。

（王亚兵）

中国人民银行宜阳县支行

行长 黄艳玲

【概况】 人行宜阳支行位于文明中路，现有干部职工28人，内设办公室、综合业务部、调查信息部、纪检监察室4个职能部室。2010年，人行宜阳支行以“三个代表”重要思想为指导，深入贯彻落实科学发展观，按照中央经济工作会议和各级人民银行工作会议的部署，联系实际，积极应对，认真执行适度宽松的货币政策，切实维护辖区金融稳定，全面提升金融服务水平，进一步加强自身建设，更好地履行中央银行职责，促进辖区经济平稳较快发展。2010年，支行被济南分行授予政务信息优秀直报行荣誉称号，被洛阳中支授予目标管理综合考核先进单位、创新金融服务，支持经济发展先进单位、政务信息工作先进单位、调查研究工作先进集体；党支部被中支表彰为先进党支部；团支部被洛阳中支表彰为“五四”红旗团支部；职工之家被济南分行表彰为模范职工之家。实现了“先进单位四连冠”的工作目标。电话：0379—68882015。

领导班子成员

职　务	姓　名	职　务	姓　名
行　长	黄艳玲	副行长	李岁朋
副行长	刘宜川	纪检组长	王辉灿

【货币政策】 贯彻实施货币政策是人民银行的一项重要职能。2010年，面对国际金融危机，人行宜阳支行充分发挥“窗口指导”作用，积极疏通货币政策传导机制，督导县域各金融机构积极组织存款，适度均衡增长信贷投放，确保辖区货币信贷供应总量平稳较快增长。截至2010年末，全县银行业金融机构各项存款余额为520674万元，较年初增长83877万元，增幅为19.2%。其中，储蓄存款余额为369949万元，较年初增长57527万元，增幅18.4%。各项贷款余额190389万元，较年初增长47853万元，增幅33.6%。加强对货币政策

执行情况的监测，对经济金融中出现的重点、热点、难点问题进行调研分析，形成有价值的信息调研材料200余篇，为各级领导的正确决策提供了科学依据。

【金融稳定】 加强辖区金融风险监测和预警分析，完善金融稳定联席工作会议制度。按季做好辖区银行机构、地方法人机构风险监测和数据收集工作，做好对宜阳农村信用社经营状况的重点监测工作，加强对热点行业、难点问题的分析监测，客观评估辖区金融稳定状况。2010年召开了4次金融稳定工作联席会议，结合金融发展、产业结构、金融生态等现状，认真分析影响宜阳县金融稳定的主要因素，保证了辖区金融稳定。

【金融联席会议】 每季进行经济金融形势分析，广泛征求政府部门、企业和金融机构等各个层面的意见，正确把握全县经济金融运行状况，确保季度分析内容充分、信息准确，为各级领导决策提供可靠的依据。年内召开了4次金融联席会议，针对县域中小企业贷款难以及信贷资金用于支持“三农”、向低碳环保等领域倾斜问题，进行了认真分析和讨论。合理引导金融机构的资金投向，积极推动辖区金融与经济的共同发展，并于5月与县发改委等有关部门积极筹备，组织召开了银企洽谈会，有7家金融机构与12家企业现场签约贷款2.1亿元，搭建了政银企三方沟通平台，促进了银企双方的互信和对接。

【金融生态环境】 督导宜阳县农村信用合作联社以农村经济为主体，开展农户信用信息电子档案建设，完善农户信用评价体系，加大对农村经济主体的信贷支持。加强对金融生态环境建设的调研力度。对五家中小企业进行金融生态环境建设情况调查，详细分析了解金融生态环境建设中存在的问题，营造“资金洼地”，打造诚信宜阳。

【金融服务】 推进现代化支付系统建设。组织辖内各金融机构积极开展现代化支付系统知识宣传，引导更多的企业和个人了解和使用支付系统。加强银行结算账户管理。县支行加强账户核准、落实账户实名制、完善三级审批制度，加强对辖内银行业金融机构账户管理员的管理，严格要求贯彻落实双人复核制度。截至12月末，办理基本存款账户1670户，一般存款账户397户，专用存款账户443户，临时户12户。加大银行卡管理力度。4月，县支行召开辖内各发卡银行业金融机构主管领导和部门负责人会议，部署打击银行卡犯罪及安全用卡宣传月活动，使广大持卡人更好地了解银行卡的各项功能，对银行卡的便利性和安全性有了更进一步的了解。

【国库业务】 做好国库会计核算和国库统计分析工作，完善预算拨款、退库制度，严把预算拨款、退库审核关，按照权限审批，确保财政资金安全、高效运转。该年度办理预算收入凭证29045份，金额12.65亿元，财政拨款4221笔，其中：直接支付1670笔，授权支付1867笔，总金额22.43亿元，退库38笔，金额3154.31万元，更正52笔，金额6970.48万元。积极协调推进宜阳县财税库银横向联网（TIPS）推广工作，6月13日，财税库银行横向联网系统在宜阳县成功上线，截至12月末，宜阳县通过TIPS扣税832笔，金额7788万元。

【金融统计工作】 做好金融机构货币信贷统计月报核对工作。2010年金融机构货币信贷统计月报内容发生重大变化。为保证新报表项目归属的正确性，县支行职能部门严格按照上级行的要求按月对导入到新系统中的统计数据进行认真核对，确保各时点、各批次、各项指标数据正确无误。及时向地方政府及有关部门报送金融统计资料。及时准确编制人民币信贷月报，分析汇总各金融机构信贷结构，按时向有关部门提供金融统计数据和信贷分析报告，为地方政府领导决策提供了第一手资料，为县域经济发展提供有效的金融服务。完成金利小额贷款公司基础资料的报送工作，并将该公司纳入人民银行的信贷报表统计系统。

【现金管理】 每季度对辖区各金融机构现金管理情况进行一次大检查，发现问题勒令整改，并及时上报市中心支行，确保现金管理的规范。该年度对辖内现金管理情况进行了4次检查。

【人民币业务】 完善流通人民币监测机制。9月，支行对辖内工行、农行、农信社、邮政储蓄银行的人民币反假和人民币收付业务进行了现场检查，规范了残缺污损人民币鉴定兑换工作和现金收支行为。加大人民币反假宣传力度。县支行利用重大节假日，组织辖内各银行业金融机构积极开展反假币宣传活动，提高社会公众的反假币意识及鉴别假币能力。

【征信工作】 开展形式多样的征信宣传。该年度，县支行以各银行业金融机构营业网点为依托，通过悬挂横幅、摆放展板、设立咨询台等方式，宣传个人信用信息数据库采集的信息内容、个人信用报告的查询、个人信用报告的解读等知识，并安排专人接待个人信用报告查询，取得了良好的宣传效果。加强中小企业信用信息的采集和录入。将中小企业信用信息征集与开立账户工作联合起来，增加中小企业信用信息征集的来源和渠道，收到了显著成效。该年度，征集中小企业信息125户，发放贷款卡60户，年审贷款卡183户，更新中小企业信息9户，办理个人信用报告查询139人次，企业信用报告查询14户次。建立县、乡（镇）、村三级征信宣传工作站。加强征信宣传教育，普及征信业务知识，培育社会公众诚信意识，积极与地方政府沟通协调，得到了县政府的大力支持，4月县政府办向辖区各单位下发了《关于印发宜阳县农村征信宣传工作站创建实施方案的通知》（宜政办〔2010〕27号），对辖区社会信用体系建设起到了一定的助推作用。

【反洗钱工作】 认真学习反洗钱现场检查有关规章制度，坚持以风险为本的反洗钱思路，督促辖内金融机构加强反洗钱内控机制建设，完善反洗钱规章制度，推动宜阳县反洗钱工作深入开展。采用非现场监管和现场检查相结合，及时掌握金融机构执行反洗钱规定的情况，提高人民银行反洗钱监督水平，有效防范和遏制洗钱犯罪。6月，组织有关人员对宜阳县邮政储蓄银行反洗钱业务进行了专项现场检查。

（裴海霞）

中国工商银行股份有限公司宜阳支行

【概况】 中国工商银行股份有限公司宜阳支行位于县城红旗中路5号，下设办公室、营销部、营业部、宜阳十字街支行（二级支行），在职员工45名，平均年龄46岁。

行长 陈玉波

2010年，宜阳工行始终坚持以科学发展观为指导，以提升效益为中心。坚持以支持地方经济建设为己任，坚持奉行“顾客至上，信誉第一”的服务宗旨，抓管理、抓服务、强素质，加快实现发展方式和经营模式的转型，积极推进业务结构调整，努力打造工商银行百年老店的基本要求和形象，连续多年实现盈利，实现了支行跨越式发展，拥有了领先的市场地位，优质的客户基础，多元的业务结构，强劲的创新能力和市场竞争力，以及卓越的品牌价值，逐步发展成为一家具有无限活力和发展潜力的现代股份制银行。2010年，宜阳工行各项贷款余额8035万元，实现利息收入230万元，收息率100%。实现拨备前利润1010万元，超额完成全年计划。总资产、总资本、核心资本、营业利润等多项指标都达到历史最高水平，为宜阳经济发展作出了贡献。电话：0379—68882251。

领导班子成员

职 务	姓 名	职 务	姓 名
行 长	陈玉波	副行长	李东伟
副行长	雷 凯	工会主席	裴洪波

【资产业务】 主要经营短期、中期、长期人民币流动资金贷款，固定资产贷款、消费性贷款、票据贴现、项目评估和信用等级评定等。2010年发放公司贷款3笔，金额1384万元；发放个人住房按揭贷款357笔户，金额3927万元，年底贷款余额8035万元，较年初增加4964万元，增幅162%，所有发放贷款均处于正常状态，成为宜阳县办理住房按揭贷款最多的金融机构。

【负债业务】 主要经营人民币储蓄、外币储蓄、同业人民币存款、代理发行金融债券等。树立存款立行观念，大力发展存款业务，积极调整存款结构，2010年，各项存款71311万元，较年初增加13738万元，其中：对公存款33629万元，较年初新增10263万元；储蓄存款37682万元，较年初新增3475万元。

【中间业务】 包括人民币现金结算、转账结算、代理业务(代收代付、代理企业债券、国库券等有价证券的发行、兑付、代理保险、代理政策性金融业务或其他金融机构业务)等。其中,理财产品、代理业务、信贷业务等取得快速发展,2010年结算量达到127.75万笔,结算金额657亿元,现金收入28638笔,金额30.66亿元;现金支出38778笔,金额30.6亿元,实现中间业务收入504万元,较同期314万元增加190万元,增幅60%。实现拨备前利润1010万元,较同期的542万元增加468万元,增幅86%。超额完成全年计划,实现支行跨越式发展。

(刘双喜)

中国农业银行宜阳县支行

行长 王彦武

【概况】 中国农业银行股份有限公司宜阳县支行,位于县城文明东路10号,在职职工86人,下设综合管理部、三农客户部、财会运营部、支行营业部、段村分理处、锦花分理处、车站分理处。

2010年,认真贯彻上级行"1213发展战略"和"三争两提高"奋斗目标,落实市分行"拼市场、抢份额、争位次、树形象"工作要求,采取有效措施,推动各项工作扎实开展。电话:0379—68881014。

领导班子成员

职　务	姓　名	职　务	姓　名
行　长	王彦武	副行长	郭振刚
副行长	艾平川		

【加强宣传、强化营销,促进存款快速增长】 开展"春天行动"活动,利用双节向广大客户赠送灯笼、春联等贺年纪念品,悬挂宣传横幅,以及利用LED电子显示屏播放滚动字幕等,宣传业务品种;制定"春天行动"竞赛活动实施方案,实现业务迅猛增长;开展分层营销。班子成员抓营销大户,网点主任抓重点客户,一般员工维护中小客户,做到有人管客户,客户有人管;落实行长包片、科室包所制度,共同推动业务快速发展。

【加强法人客户和个人贷款等资产业务营销】 将资产业务作为"生命工程"来抓:借助产业聚集区调研,筛选优质客户,加强业务营销。至12月底,发放法人客户贷款3笔,金额1385万元;上报市行审批批复法人客户贷款3户,金额2080万元;以个人住房贷款为突破口,介入楼盘开发,超前营销,成功营销家鑫地产、锦都置业、国基置业等房地产开发公司,报市行批复司法局改造项目、锦屏花园项目、康鑫苑住宅项目等5个个人住房按揭贷款楼盘的准入,实施个人住房按揭贷款投放。至12月底,新增个人住房贷款1843万元,完成市行年度计划的165%。

【稳步推进"三农"业务健康可持续发展】 实施"惠农卡整体推进"活动。成立三农工作小分队,深入各乡镇、农村,全力以赴促发卡,至10月底,新增惠农卡11571张,完成活动计划112%。加快农户小额贷款投放和管理,至12月底,新增农户小额贷款2191万元,完成市行计划106%;农户授信1273户,完成市行计划101%;农户小额贷款到期收回率保持在100%。开展新民居贷款业务。整理上报宜阳县甘棠村新农村民居建设贷款项目准入材料,支持了国家新农村建设,拓展了宜阳支行三农业务。

【推进电子渠道建设,实现中间业务跨越发展】 发展电子银行业务,提升电子银行业务对收入的贡献度。开展零售产品销售积分竞赛活动,加强网银、电话银行等电子银行产品的柜台业务营销;加强与锦农友公司的业务合作,开展转账电话、POS机等电子银行机具的布设,方便了客户,解决了该行物理网点缺乏的不足,提高电子银行业务的质量和效益。开展代理保险业务。开展代理保险网点上台阶活动、落实保险公司低效网点退出制度、坚持代理保险双日报制度等,推动代理保险业务的长足发展。至12月底,累计实现保费收入1667万元,实现保险手续费收入71万元,同比增长21万元。开展代理基金和理财业务产品营销。全年累计销售基金880万元,销售理财产品3078万元。推行中间业务产品跟单计价,足额兑现奖励,以业绩定收入、充分调动员工工作积极性,推动了中间业务的快速开展。

【加快委托资产处置步伐】 落实委托资产处置"一把手工程"，行领导亲自抓大户，选准目标，多策并举实施清收；实施全员清收，全行员工结合欠贷、欠息清单，进行挑选。11月，县行出台专项激励措施，加大奖励力度，全员行动，组织开展委托资产处置攻坚专项行动，促进委托资产处置工作开展，全年实现委托资产处置资金613万元，完成年度计划106%，取得了较好的业绩。

【业务经营】 各项存款较年初净增9922万元，同比多增3345万元，计划完成率66%，其中储蓄存款增长5424万元，计划完成率51%，对公存款增长4498万元，计划完成率102%。

各项贷款增长5248万元，计划完成率68%。其中农户小额贷款2191万元，计划完成率106%；农户授信户数1273户，计划完成率101%；个人贷款增长1937万元，计划完成率121%。

实现中间业务收入251万元，同比增加78万元，计划完成率72%。其中：代理保险手续费收入71万元，计划完成率92%；投行业务收入18.4万元，计划完成率123%。

处置委托不良贷款613万元，完成市行计划的106%。

拨备前利润591万元，实现扭亏为盈。

【内控管理和案件风险防范】 按照"文化引领、制度规范、权限制约、责任约束、机器控制、监管保障"的内控体系要求，强化"指示服从制度、信任不忘制度、习惯让位制度"的合规经营理念，对重要岗位人员实行定期轮岗换岗交流，认真做好员工排查工作，积极主动开展安全防范检查、操作检查及落实各项制度检查，成效显著，实现全年安全经营无事故。

【员工队伍和企业文化建设】 贯彻市行精神，进行机关科室整合，精简了机构，缩减了机关人员补充到基层一线。开展支行机关科室负责人公开竞聘，使一批年轻优秀的干部员工走上领导岗位。在重要节日，如"五一"劳动节、"三八"妇女节、"八一"建军节等，组织员工外出参观学习，拓展视野，增长见识。关心离、退休老干部生活，重阳节组织老干部到开封看菊展，使老干部感受到农行的关怀与温暖。关心、关爱职工，逢年过节，给每一名员工发送祝福短信，员工生日送蛋糕祝福，增强员工归属感，以人为本，构建和谐农行。加强职工之家建设，改善办公条件及运动场所，为员工创建良好的工作环境和活动场所。

【自身建设】 实践科学发展观，开展学习教育培训，抓好班子学习，保证学习时间和质量，不断提高班子整体素质。利用市行夜校，组织中层干部和全体职工，开展各种新业务知识学习培训，实现"党员干部受教育、科学发展上水平、全体员工得实惠"。

【党风廉政建设】 贯彻落实党风廉政建设责任制，坚持廉洁从政。认真履行好职责，当好党建带头人，时时以集体利益为重，公正办事、公平处事，敢于讲真话讲实话，敢于负责任。坚持严以律己，不搞以权谋私。要求别人做到的自己首先做到，不搞形式主义，时刻以廉洁自律为行动指南。坚持民主集中制，慎重决策求实效。发扬民主，联系群众，坚持大事商量，小事通气，尽力避免失误。

（张雪峰）

中国银行宜阳支行

副行长 王浩波

【概况】 中国银行股份有限公司宜阳支行（简称：中国银行宜阳支行）位于县城红旗西路1号文化局楼下。内设综合管理部、业务发展部，下辖1个营业部，现有员工17人。截至2010年底人民币存款余额37000万元，其中公司存款余额21275万元，储蓄存款余额15725万元；人民币各项贷款19645万元，实现拨备后利润59万元。电话：0379—63108652。

领导班子成员

职务	姓名	职务	姓名
副行长	梁风景（5月离） 王浩波（5月任）	副行长	孟远方（5月任）
副行长	李晖		

【负债业务】 人民币各项存款较年初新增5838万元，完成全年目标任务13021万元的44.84%，其中公司存款新增5120万元，完成全年目标任务的64%，储蓄存款新增718万元，完成全年目标任务5021万元的14.30%。各外币折美元存款21万美元，较上年减少12万美元。

【资产业务】 人民币各项贷款新增15839万元，其中公司贷款余额13900万元，较上年新增11373万元，消费信贷余额5745万元，较上年新增4466万元。

【中间业务】 中间业务实现净收入161万元，较上年新增81万元，完成年度目标的78%。其中代理保险252万元，实现净收入4.9万元；代理基金580万元，实现净收入6万元。中银贷记卡发卡240张，实现卡收益10万元。

【净收入】 实现净收入658万元，比去年同期新增100万元。

【IT蓝图】 2010年中国银行总行对豫琼鲁三省实施了IT蓝图上线工作，中国银行宜阳支行围绕IT蓝图上线工作，组织上线前期数据采集和切换并行演练，周密安排历经半年，于2010年8月16日IT蓝图顺利投产切换，圆满完成了IT蓝图上线各项工作。

【内控合规】 2010年是省分行制度落实年。年内支行同全体员工签订《合规承诺书》，开展“六个严禁”、“双十禁”及《员工违规处理办法》的学习测试、春雷行动和春雷行动回头看活动，建立防案分析会和防案警示教育制度，提高全体员工防腐拒变能力，为支行业务健康发展提供保障。

（戚伯恩）

中国建设银行股份有限公司宜阳支行

【概况】 中国建设银行股份有限公司宜阳支行位于红旗中路，下设营业部，现有员工22人。

2010年，支行领导班子以“高效、安全运营”为中心，从提高员工合规意识、规范操作入手，着力抓员工业务素质、操作技能、服务技能的提升；明确“树立全员营销意识”，号召全体员工立足本职岗位开展营销工作。年初将员工详细培训计划列入全年工作计划，并把员工柜面服务、操作技能、业务知识提升考核结果和产品销售量、业务量与绩效工资挂钩，调动了员工的积极性，取得了明显效果。与2009年同期相比，稽核差错率明显下降，年底，县支行序列稽核优质率排名第二。市分行综合考评中连续三个季度被评为一类。电话：0379—68882445。

行长 黄 震

领导班子成员

职务	姓名	职务	姓名
行长	黄震	副行长	郭克强
副行长	宋栓来		

【经营状况】 2010年，全行各项存款余额59430万元，其中对公存款23040万元，储蓄存款36390万元，贷款余额2000万元，委托贷款新增3800万元。

【网点建设】 支行申请，省分行于2010年10月批准对营业网点进行了整体标准化改造。改造后营业办公面积增加近400平方米。实现了一、二同时对外营业和对公、个人业务的物理分区。新增开放式柜台6个，叫号机一部、存取款机、取款机各一部，自助电子银行设备两部，客户服务能力大幅提升。

【内控管理】 开展“内控执行年活动”，组织员工学习本岗位内控和案防制度，加强各岗位制度执行力；学习总行“19项禁令”和职业操守内容，增强各级各条线责任意识；学习外部监管机构各项规章制度，自觉规范从业行为；组织全体员工签订年度《廉政建设及案件防控工作责任书》。开展员工行为排查工作。排查52人次，对排查出的问题，及时进行整改；严格执行季度和基层每月案件防控联席会议制度，及时发现和解决风险隐患，2010年全行没有发生任何责任事故和案件。

【党建工作】　开展“创先争优”活动，做好“四好班子”建设。做好党员发展、基层党组织和党员队伍建设，大力表彰先进、树立典型、激励各基层党组织、广大党员在全行业务发展中发挥模范带头作用。抓好反腐倡廉工作，深入学习、认真贯彻《廉政准则》各项规定，建设一支廉洁的干部员工队伍。

（王新凤）

中国农业发展银行宜阳县支行

行长　王卫国

【概况】　中国农业发展银行宜阳县支行位于宜阳县滨河路东段，主要职能是按照国家的法律、法规和方针、政策，以国家信用为基础，筹集农业政策性信贷资金，承担国家规定的农业政策性金融业务，为农业和农村经济发展服务。经营范围主要是办理由国务院确定的粮食、油料、棉花收购、储备、调销贷款和肉类、食糖、烟叶、羊毛等专项储备贷款以及粮棉油加工企业、县域城镇建设贷款、新农村建设贷款、农业综合开发贷款、农业小企业贷款、产业化龙头企业贷款及农业基础设施建设贷款等。2010 年，现有干部职工 25 人，其中正式员工 20 人，临时员工 5 人；内部机构设置二部一室，即综合办公室、信贷部、财会部。单位法人代表：王卫国。电话：0379—68887768。

领导班子成员

职　务	姓　名	职　务	姓　名
行　长	王卫国	副行长	白保民
副行长	胡宁杭		

【经营定位】　围绕“以农为本，至诚服务，立足三农，有效发展”的办行宗旨，认真履行政策性银行职责，大力支持粮棉油销调储、农业综合开发、农业基础设施建设、产业化龙头企业发展。

【经营状况】　资产总额 16768 万元，负债 16509 万元，各项存款 912 万元，短期存款 677 万元，系统内存放款项 15372 万元，各项贷款余额 16419 万元，不合理下降 1327 万元，代理保险业务手续费收入 6.82 万元，完成任务目标的 103%，贷款利息收回率 82.8%，收入成本率 25.04%，资产利润率达到 1.64%，业务收入 1065 万元，支出 806 万元，实现利润 259 万元，人均利润 14 万元。信贷规模明显增长，资产质量稳步提高，风险防控能力得到强化，经济效益持续向好，中间业务稳健发展，内部改革纵深推进，和谐稳健的局面基本形成，连续十五年实现了安全稳健经营，较好地履行了政策性银行的职责。

【信贷业务】　按照“以销定贷，以效定贷”、“购得进，销得出，有效益”、“区别对待，分类指导”的原则，围绕政府“三农”发展战略，始终把履行好支农职能放在重要位置，把发展好粮油信贷业务作为各项业务发展的基石，积极支持粮食最低价收购，确保收购资金及时足额到位。

强化领导责任、资金责任、监管责任、服务责任，制定以人为本的各项长效机制，更好地为开户企业提供一流的金融服务。为农村经济的发展注入活力，支持企业做大做强健康发展，取得了良好的经济效益和社会效益。为河南民正畜牧业养殖有限公司贷款 1600 万元和粮食收购贷款 800 万元，利息收入 80 万元。为洛阳骏马化工有限公司市级化肥储备贷款 4500 万元，落实了国家的惠农政策和宏观调控措施。累计发放农业产业化龙头企业、农业小企业、生产资料储备等各项涉农贷款 16740 万元，累计收息 920 万元。

【内部管理】　2010 年开展“创新管理理念、提升管理水平、强化管理基础、实现合规经营”为主题的“管理提升年”活动。全面落实合规承诺、尽职办贷、违规积分、责任追究等措施，大力实施“文明服务零距离、业务操作零违章、行风行貌零投诉、廉政建设零信访、安全保卫零事故”的“五个零”工程，制定《履行岗位职责情况处罚办法》，建立一线岗位制约、会计监督、县行专业检查“三位一体”的监控体系，开展“四无”创建活动和“五好”班子创建活动，着力构建和谐银行，推进现代化银行、人本化银行的建设步伐。

【企业文化】　打造现代银行，构建特色企业文化，从理念树立、形象识别、规范行为、环境美化、硬件设施等多方面采取有效措施，快速推进企业文化建设。将主题教育专项活动与学习科学发展观、“三个代表”重要思想与该行工作实际相结合，不断实现宣传思想工作形式、内容、制度的创新。

【精神文明建设】 把完善一套机制、管好一块资金、锻铸一支队伍、繁荣一方经济作为两个文明建设的指导思想，在行为文化建设上开展了员工行为规范、窗口服务规范、客户营销与维护规范的践行活动，发挥优势，扬长避短，落实“一岗双责”，将精神文明建设贯穿于业务发展的各个环节，与业务工作实行“同规划、同落实、同检查、同考核、同奖惩”，成功保持了“省级文明单位”和“省级青年文明号”的荣誉称号。2010 年，支行个人为香鹿山绿化、新农村建设捐款 4500 元，提升了宜阳农发行的社会形象和美誉度。

（张丽华）

宜阳县农村信用合作联社

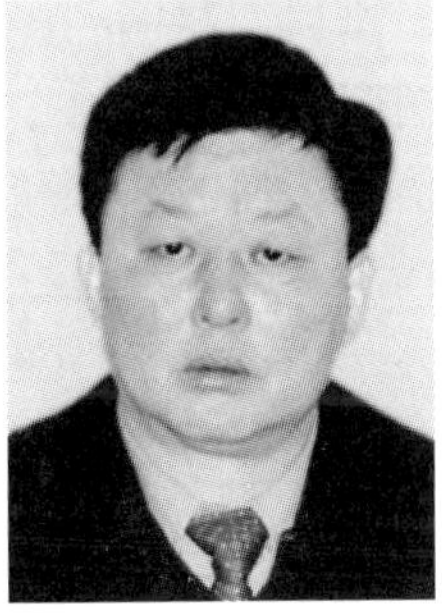

理事长 陈献民

【概况】 宜阳县农村信用合作联社位于宜阳县城关镇文化路 37 号，现有职工 326 人，下辖 32 个基层网点，一个营业部，营业网点遍布城乡，全部实行电子化运转。2010 年深入贯彻落实科学发展观，紧紧围绕“强化基础管理，防控案件风险”的经营理念，坚持以市场为导向，以效益为中心，一手抓深化改革，一手抓基础管理，广揽储源，抢占市场份额；大力营销，“跳出三农”、“服务三农”；资源共享，强力盘活，实现不良贷款“双降”；创新业务品种，拓宽收入渠道，实现资产多元化，实现速度、质量、效益、规模的协调发展。被市农信办、省联社评为综合目标管理先进单位，被县委县政府授予书记县长特别奖、服务地方突出贡献奖荣誉称号。

2010 年末，各项存款余额 179730 万元，较年初净增 36192 万元，占年计划 30000 万元的 120.64%，占当地市场份额的 34.52%；各项贷款余额 127932 万元，较年初净增 26929 万元，占年计划 20000 万元的 134.6%，占当地市场份额的 67.19%；农业贷款余额 91654 万元，占比 71.6%，新增农业贷款占比 67.5%；不良贷款余额 8089.78 万元，较年初下降 2429.36 万元，占年计划 2000 万元的 121.47%；不良占比 6.32%，较年初下降 4.09 个百分点；实现各项业务收入 24876 万元，实现经营利润 10156 万元，占年计划 4980 万元的 203.94%；股金余额 12000 万元，资本充足率 15.21%；贷款损失拨备充足率 129.04%；资产利润率 4.53%。电话：0379—68882867。

领导班子成员

职　务	姓　名	职　务	姓　名
理事长	陈献民	副主任	董可彬
主　任	李现伟	副主任	白朝阳
监事长	常国营		

【工作思路】 加大改革力度，加强基础管理，强化创新意识，加快业务发展，抓服务、提形象，抓管理、提质量，抓宣传、促品牌，抓培训、强素质，抓业务、促效益，抓改革、促发展，解决农信社改革发展的难题。

【品种齐全】 存、贷款、结算，金燕卡、代理业务、银行承兑、票据贴现，全部实行电子化服务；大、小额支付系统，实时到账；代收代发，网上结算；农信银业务，遍布乡镇；辖内转汇，实时清算；短信提醒，及时方便。“信用工程”建设，覆盖面广；评信、授信、用信，及时快捷；小额农贷，手续简便；阳光办贷，公开公正。

【价格优势】 金燕卡，集四大优势于一身，免开卡费、免年费、免全省系统内手续费、实行消费积分；无小额账户管理费；ATM 机取款无手续费。

【社会贡献】 2010 年度上缴各种税款 1717.7 万元，其中：营业税 362.5 万元，企业所得税 1315.9 万元，城建税 16.9 万元，教育附加 10.9 万元，印花税 3.4 万元，房产税 4 万元，土地使用税 4.1 万元。

【服务三农】　2010年发放贷款7.2亿元，支持传统农业、绿色农业、精品农业的发展，支持了宜阳的“菜篮子”工程、旧城改造、新区开发、道路拓宽、县城基础设施建设等，为宜阳的环境创优、经济发展做出了应有的贡献。发放种植业贷款3500万元，植树造林53.3公顷；发放养殖业贷款4500万元，支持了城关的养猪业、韩城的养牛业、柳泉的养鸡业，董王庄、寻村的养鱼业；发放蔬菜种植贷款600万元，丰富了农民的菜篮子；发放运输业贷款1600万元，形成了独具特色的运输队伍，带动了煤炭、粮食、经济作物、水泥等项目的外销；发放小水电贷款1000万元，支持节能降耗项目的发展；发放特色农业贷款1650万元，支持高村的黑杂粮、三乡的大蒜、石村的哑巴豆、盐镇的尖椒、穆册的核桃、韩城的韭菜、赵保的烟叶、董王庄的花生等项目；发放建设类贷款28700余万，重点支持地方基础设施建设及城中村改造项目。

【企业文化】　企业核心价值观：敬业——人生在岗位上升华；诚信——宁可舍利，决不失信；高效——效率就是竞争力；创新——创新创造未来。企业精神：勤奋尚德，务实怀远。企业运营理念：发展理念——效益、质量、规模协调发展；服务理念——用心服务，成就客户；风险理念——审慎致远，稳健长久；人本理念——以人为本，共同成长；用人理念——海纳百川，有为有位；薪酬理念——让实干者踏实，让能干者富足；廉洁理念——勤廉立身，正气兴业。企业使命：服务三农，改善民生。企业愿景：成为健康而富有活力的现代金融企业。

【内控管理】　强化培训，提高合规经营意识；建立“三驾马车”式的风险管理模式，提高管理规范的独立性；加强“一岗双责”管理，提高责任意识；开展思想教育活动，组织学习“四个十不准”、“六条高压线”和《刑法》等法规和制度，筑起思想、道德、责任、行为防线，增强员工依法办事、依规办事意识，提高案件防范能力；签订案件防控联防协议书，实行动态管理；做好日常专项稽核工作，严控操作风险，促进合规经营。

【财务管理】　2010年，联社继续坚持“合规经营，增收节支”的财务政策，做到收支合理，实现收入最大化。一是加强核算，树立科学发展观，调整资产结构，培育利润增长点；二是强化费用管理，合理控制费用，严格按照“三重一大”要求审批办理；三是开办票据承兑、贴现、债券购销，拓宽中间业务范围；四是加大收息力度，制定利息收入奖惩机制；五是领会政策，提升收入，真正使实干者踏实，能干者富足。　（索杏利）

中国人民财产保险股份有限公司宜阳支公司

经理　张汉臣

【概况】　中国人民财产保险股份有限公司（简称人保财险）宜阳支公司位于文化北路36号。内设综合部、营销管理部、业务一科、业务二科、业务三科，下设11个乡镇营销服务部，现有员工11人，代理人员200余人，开办各种财产损失保险、责任保险、意外伤害保险、短期健康保险、信用保险、保证保险等多个系列业务。2010年实收保费1528.74万元，处理赔案3780起，赔款745.5万元，为宜阳经济发展、人民生命财产安全和社会稳定做出了积极贡献。

公司下辖柳泉、韩城、白杨、樊村、赵堡、莲庄、张坞、高村、三乡、盐镇营销服务部，努力拓展农村业务，为广大农民提供诚信、快捷的承保和理赔服务，并以出资等多种形式支持新农村建设。电话：0379—68895518。

领导班子成员

职　务	姓　名	职　务	姓　名
经　理	张汉臣	副经理	乔同茂
副经理	左玉龙		

【承保】　公司以科学发展观统揽全局，弘扬“求实、诚信、拼搏、创新”的人保精神，全面落实发展措施，以市场为导向，狠抓机遇，开拓进取，攻坚克难，不断提升竞争能力和发展动力，继续保持较快增长速度。全年机动车保费收入1206.36万元；企财险保费收入99.72万元；意外险保费收入53.41万元；责任险保费收入60.83万元；政策性农险108.42万元。

【理赔】 公司围绕“促发展、增效益、防风险”的工作主基调，认真落实总、省公司关于内部管理和客户服务的指示精神，以客户为中心，丰富服务内涵，提高服务效率，提升客户满意度，依法依规经营，坚持承诺服务，做到快速查勘和快速理赔，切实维护客户正当权益。全年处理各险种赔案3780起；机动车险赔款520.52万元；财产险赔款65.02万元；意外险赔款16.72万元；责任险赔款45.77万元；农险赔款97.47万元。

（张晓妞）

中国人寿保险股份有限公司宜阳支公司

经理 王润红

【概况】 中国人寿保险股份有限公司宜阳支公司是中国人寿保险股份有限公司授权在宜阳县开办人身保险业务的专业化公司。位于宜阳县文明中路81号，现有员工28人，各类代理人员260多人，开办的业务有养老保险、医疗保险、各类人身意外伤害保险、学生平安保险、投资理财的分红保险和养老补充保险、城镇职工补充医疗保险、城镇居民医疗保险、农村和城镇低保医疗及救助保险等。截至2010年底为全县46万多人（次）承担各类风险保障58.6亿元，安排下岗职工和农村富裕劳动力260多人，为促进宜阳经济发展和社会稳定发挥了积极的作用。电话：0379—68883533。

领导班子成员

职 务	姓 名
经 理	王润红

【业务发展】 中国人寿保险宜阳支公司坚持“忠诚服务、笃守信誉”的企业原则，以发展为主题，以改革为动力，以提高经营效益为中心，各项业务得到了较好的开展。公司业务以分红理财型保险为主，兼顾其他传统业务，开办的险种主要有：国寿福满一生、福星少儿两全、康宁终身保险、国寿瑞鑫两全保险及各种人身意外伤害保险、学生平安保险和各种政策性保险等。2010年全年保费收入7927.29万元，其中个险渠道新单期交保费698.67万元；团险渠道意外险保费106.79万元；短期健康险保费82.54万元，银行、邮政代理趸交业务3391.06万元，期交512.4万元，为全县人民提供了较为全面的保险保障。

【理赔及各种给付】 2010年度各项业务支出2521.82万元，其中支付死亡、伤残给付198.61万元，生存、满期及年金给付1069.8万元，退保金774.32万元，短期险赔款支出479.09万元。

【城镇职工大额医疗补充保险业务】 2009年度参保25204人，保费164.08万元，保额累计37.8亿元，全年赔款205.2万元，解决了两万多城镇职工的后顾之忧，为宜阳社会稳定和经济发展起到了保驾护航作用。

【城镇居民基本医疗保险业务】 2010年度参保46509人，提供风险保障18.6亿元，2010年支付赔款437万元，为实现宜阳基本医疗全覆盖起到了保障性作用。

【医疗救助保险业务】 2010年度参保40821人，为全县“低保”人员和农村困难群众提供了8.16亿元的风险保障，2010年支付赔款579.18万元，为提高宜阳“低保”人员医疗保险保障做出了积极的贡献。

（李国辉）

宜阳县金利小额贷款有限公司

总经理 韩社锁

【概况】 宜阳县金利小额贷款有限公司成立2010年2月25日，公司位于北城区锦屏北路家鑫饭店一楼。2010年，认真贯彻执行省、市、县关于小额贷款公司的有关文件精神，在法律、法规规定的范围内开展业务，坚持“立足县域、服务三农”扶持中小型企业发展的市场定位和“以客户为中心”的经营理念，紧紧围绕有效防范风险和促进业务发展开展工作，公司凭借灵活的机制，高效的服务，短、小、快的特点，取得了优异的业绩和社会效益。

全年累计发放贷款6241.2万元，上缴各项税费109703.82元，截至年末贷款余额2596.8万元，到期贷款和利息收回率均为百分之百，信贷资金实现了良性循环，为宜阳县经济发展和社会稳定做出了一定的贡献。电话：0379—65216777

领导班子成员

职　务	姓　名	职　务	姓　名
总经理	韩社锁	副经理	张根发

【学习和培训】　组织全体员工认真学习政策法规、金融知识、企业管理、专业技能等各种知识；到其他公司学习，积极参加人行举办的各种业务培训，参加中国人民银行研究生部在洛阳、郑州举办的小额贷款系列专题培训班和企业局组织的专家讲座；抓好职业道德培训，引导人员端正态度，明确定位，找准方向，尽快进入工作状态；学习理解公司制定的各项规章制度，通过内练素质，外树形象，不断提升个人业务能力和经营管理水平。

【大力宣传，全力营销】　该公司是宜阳县首家也是唯一一家经省政府批准成立的小额贷款公司，公司多角度、全方位的进行大力宣传。利用电视台和广播等进行宣传；制作宣传彩页，组织人员走乡串户，公司员工轮流到县城和各乡镇集贸市场和繁华路段发放，宣传单深入重点企业进行宣传。元旦前，公司制作挂历、精美台历向新老客户和有关业务部门赠送；在县城主要路段进行路牌灯箱宣传；利用公司门头每天24小时条屏滚动字幕宣传；公司统一制作手机彩铃，统一着装、佩戴工牌，使金利公司的社会地位、企业形象得到大幅提升。

【健全组织，加强管理】　公司建立健全了组织机构，设立了信贷部、风险控制部、财务部、综合部、贷审委员会，积极推行和落实经营目标责任制和岗位目标责任制，做到分工明确，责任明确，各司其职，各负其责，风险可控，奖罚分明。12月公司对在本年度工作中表现突出，比赛、考核获得名次的人员组织他们到北京参加亚洲财富论坛年会。强化风险全程管理，增强识别、防范和处置风险能力。严把贷前调查关。在贷款发放前，利用各种渠道对贷款人进行全面的调查了解；强化贷中管理。定期和不定期走访客户，及时了解和掌握客户的生产经营和贷款资金使用情况；对每笔贷款均落实好有效的担保，为贷款的安全提供第二还款来源保证；业务人员在办理过程中严格按规定程序处理，确保所有手续合法、齐全、有效；贷款客户到期前十天进行电话通知和发放贷款催收通知书。由于加强贷款“三查”的执行力度，有效的防范了信贷风险，保证了经营资金的良性循环。

【支持“三农”发展】　公司以支持“三农”为重点，以广大农民、个体工商户和中小民营企业为核心客户，全面支持农村经济发展，为农业增效、农民增收、加快脱贫、建设社会主义新农村做出了一定贡献。支持寻村镇养殖户高保有扩大养殖规模、支持寻村镇上韩村杜万红买车、八里堂村民赵柱子种植蘑菇、支持了赵保乡东赵村张秋凤做印刷生意等。解决部分中小企业流动资金短缺，帮助中小企业度难关。支持洛阳万顺家具有限公司、河南华胜建设集团有限公司、洛阳昆仑纸业有限公司、洛阳天冠膨润土有限公司等企业发展。

【发展企业文化】　提升公司管理水平和员工队伍素质，推进公司的规范、快速、安全发展，营造独特、鲜明、规范、积极向上的金利企业文化，实现公司物质文明、精神文明高度融合和统一，增强内部凝聚力和外部竞争力。建立优秀的企业文化，在公司内部建立起良好的行为规范和共同的价值观念，促进公司事业的发展、壮大。

【与银行合作，实现双方共赢】　2010年与国家开发银行河南省分行及省担保集团合作，扩大经营资产规模，争取经营效益的最大化，由国开行借款1000万元，保障了经营的连续性。加强合作，互通信息，形成了良好的信誉基础，保持了融洽、双赢的合作关系。

【支持宜阳文化事业】　元旦期间，由宜阳县工信局主办，宜阳县书法家协会和金利小额贷款有限公司承办的“工信杯”书法大奖赛，公司独家出资12000元支持大赛，为书法界朋友尤其是广大书法爱好者提供了展示才华的平台。

（张根发）

国民经济监控与管理

国民经济管理

主任　李珂

【概况】　县发改委位于文明中路4号。行政编制15人，事业编制5人，实有职工人数63人，其中在岗44人，退二线5人，退休14人。下设科室11个，分别是：委办公室、基础产业科、财贸社会事业科、以工代赈办公室（副科级）、工业科与经济运行科（副科级）、项目办公室（副科级）、企业减负办公室、重点工程管理办公室、招商办公室合署办公、综合规划科、投资设计审批科、项目稽查办公室、农村经济科、虹光投资公司（正科级）、工程咨询中心。

全年完成生产总值127.9亿元，同比增长11.5%；规模以上工业实现增加值38.9亿元，增长22.8%；地方财政一般预算收入4.27亿元，增长17.9%；全社会固定资产投资170.4亿元，增长21.8%，其中城镇固定资产投资141.7亿元，增长22.5%；社会消费品零售总额41.1亿元，增长17.8%；城镇居民人均可支配收入13410元，增长12.5%；农民人均纯收入4598元，增长10.3%。主要经济指标在全市保持领先位次，加快发展的能力明显提升，经济综合实力进一步增强。电话：0379—68885366。

领导班子成员

职　务	姓　名	职　务	姓　名
主　任	李　珂	副主任	卫智霞
副主任	祝红森	副主任	闫国昌
副主任	张修库	纪检组长	张本超
副主任	安秋战		

【项目建设】　实施千万元以上工业项目84个，总投资61.6亿元，完成投资35.5亿元。黄河同力二期、中信重铸铁业有色金属生产线、洛矿集团活性氧化钙、凝瑞镁业镁合金、宏元工贸精密铸件、220千伏变电站、龙翔建材三期墙地砖、忠诚公司秸秆发电、龙都水洗煤等总投资30.7亿元的55个项目竣工投产，为经济发展注入了强大活力。福润公司生猪屠宰项目、河南华宇公司光伏产品、轴承专业园、黄河同力消纳城市生活垃圾、奇航化工硅酸钠、骏马公司硝基复合肥等总投资30.9亿元的29个项目正在建设。2×60万千瓦热电联产、2×120万吨原煤项目取得实质性进展，将为宜阳县工业经济的发展提供强力支撑。加强重点企业分类指导，工业效益稳步提升，实现工业增加值52.5亿元，增长15.5%，对经济增长的贡献率达到52%，较2009年提高9.8个百分点。规模以上工业实现增加值38.9亿元，增长22.8%。民营经济增势强劲，完成营业收入210亿元、增加值63亿元、上缴税金6.1亿元，分别增长27%、20.2%和11.3%。

【产业集聚区基础设施建设】　投资1.8亿元建成标准化厂房10万平方米，投资1.69亿元修建（改建）道路13条、通车里程22公里；投资1.6亿元建设城北区220KV变电站一座，投资7500万元完成李贺大道、创业大道拓宽改造工程，投资3200万元开工建设北城区供水厂，铺设供水管网12.96公里；投资2300万元铺设集聚区供热管道5公里，并实现向企业供热；投资6096万元建设集聚区天然气站一个，完成集聚区12.7公里的供气管网铺设，投资5853万元建设北城区日处理2万吨的污水处理厂一座，集聚区服务设施日益完善。产业集聚区新入驻企业19家，其中亿元以上11家，企业实现销售收入45.5亿元，入库税金2.6亿元。被命名为“河南省发展又好又快产业集聚区”、“河南省循环经济示范单位”。7个乡镇专业园区规划到位，基础设施正逐步完善，为经济发展提供了新的发展平台。

【重点工程】　2010年，全县安排重点工程20项，其中工业项目12项、城市建设项目7项、农业项目1项，总投资38.8亿元，年度计划投资26亿元，已完成投资20.1亿元，占计划投资的77.3%。总投资7.2亿元的黄河同力二期日产4500吨新型干法水泥生产线项目、总投资4.6亿元的凝瑞镁业一期年产3万吨镁合金项目、总投资1亿元的宏元工贸年产9000吨精密件项目、总投资7200万元的忠诚电力3×0.6万千瓦秸秆发电项目一期、总投资1.9亿元的220千伏、西城110千伏、宜城线35千伏等6个变电站建设项目、总投资1.5亿元阳光水岸一期续建项目、一期投资6000万元的双语实验学校项目等8个项目建成投用；世纪广场商贸城、洛矿集团年产30万吨一期5万吨纳米碳酸钙项目、骏马化工年产25万吨硝基复合肥项目、刚阿公司无缝钢管生产线项目等11个项目正在加紧建设。

黄河同力水泥公司二期工程大窑投产暨利用水泥窑消纳城市生活垃圾示范项目开工典礼

【资金争取】　2010年，全年共争取到中央投资项目34个，争取到上级项目资金16959.24万元，其中：争取到中央预算内资金12259.24万元，省配套资金6310.29万元，涉及社会事业、公检法司、城市建设、交通、能源、农林水等六大类。并按上级要求全面完成中央投资项目年度建设任务。

【以工代赈扶贫工作】　全年共完成项目60个，涉及道路交通、农田水利、人畜吃水三大类，其中吃水工程31个，解决吃水困难人口4300人，完成目标的150%；乡村道路19条21公里，完成目标的317%。

【获得的荣誉】　获得荣誉4项，其中受市表彰1项：洛阳市发展改革工作综合奖。受县表彰3项：2010年度安全生产目标管理先进单位、2010年度信访稳定工作先进单位、2010年度人口和计划生育工作先进单位。

（董永干）

工商行政管理

局长　赵留志

【概况】　宜阳县工商局位于县城文明路68号，内设9个股室、一个网管站、两个协会，下辖9个工商所1个经济检查大队，在职职工122人。2010年被省委、省政府授予省级文明单位，被省工商局授予数据核查先进单位，被市工商局授予绩效考核先进单位，被县委、县政府授予目标管理先进单位，被洛阳市第二次全国经济普查领导小组办公室、洛阳市统计局评为先进单位，被县委、县政府授予委局长工程奖和服务地方突出贡献先进单位，被县食品药品安全委员会授予食品安全监管先进单位、注册股被洛阳市“双学双比、巾帼建功”活动办公室授予巾帼文明岗多项荣誉。电话：0379—68882237。

领导班子成员

职　务	姓　名	职　务	姓　名
局　长	赵留志	副局长	肖义乐
副局长	李战强	纪检组长	宋黎晓

【开展“百亿送贷”行动】 3月，宜阳县工商局与邮储银行宜阳支行联合成立宜阳县“百亿送贷”领导小组。印制宣传页9万份，制作X展架39个，墙体广告19处，结合各种大型活动设立宣传咨询台26台次，举办各种类型推介会350余场次。强化数据库建设，为融资提供中小企业、个体工商户、农民专业合作社、农村特色经营户等市场主体登记信息15127条，筛选客户信息13113条，整理成册投入使用。全年发放贷款1298笔，7427.5万元，圆满完成全年任务。

【为企业服务】 2009年出台《宜阳县工商局加快市场准入促进宜阳县经济发展的二十条措施》，2010年又出台《宜阳县工商局关于进一步做好企业服务工作的通知》及《宜阳县工商局关于在企业服务中实行重点企业联络员制度的意见》，将全县100家重点企业责任到人，分包给全系统干部，加强对企业的走访回访，确保企业面临的困难和问题能及时得到有效解决。登记注册实行延时服务，预约服务，节假日办公制。对新设立企业笑脸相迎、热情服务，手续齐全，随到随办，为企业提供预约服务156人次，延时服务105人次，节假日为企业提供咨询38人次，办理证照20份。深入企业调研解决企业发展中的困难和问题，指导企业实施商标、广告战略，积极宣传工商法规，帮助企业回避风险，为企业提供生产经营活动所需的有关信息，对企业注册商标、融资等问题进行现场解答，鼓励企业提高产品质量，创自主品牌，积极申报守重企业和著名、驰名商标。对宜阳县13家煤炭企业分别与义煤集团、河南煤层汽开发公司进行兼并重组重新登记。

【年检验照】 1月至5月对全县的个体户进行验照、年检。个体户验照8669户，验照率89%。年检企业1230家，年检率90%。

【取缔无照经营】 4月10日至5月10日在全县范围内开展为期一个月的无照经营查处专项行动，普查需要前置审批的无照经营餐饮户248户，不需要前置审批的无照经营93户，立案56起，即时处罚25起，办理营业执照83户，取缔10户。

【“数据核查”工作】 7月，按照省市局部署，在全系统开展数据核查工作。修改个体登记错误信息12717条、企业登记错误信息2648条、年检专项信息811条。

【招商引资】 引资300万元设立河南玲华强泰工贸有限公司、投资100万元设立宜阳县毛发制品有限公司、引资100万元设立宜阳县庆华棉针制品有限公司3个项目，完成招商引资500万元，超额完成县政府下达的招商引资任务。

【注册登记】 2010年，宜阳县有国有企业532家，新发展29家，私营企业914家，新发展企业143家；农民合作社166家，新发展53家；个体工商户9835户，新发展2282户，为县域经济发展注入了活力。

【市场监管】 2010年，开展“春季农资市场专项整治”、“烟花爆竹专项整治”、“广告专项整治”及“打击互联网等媒体传播有害信息”等专项整治活动，加大执法办案力度，取缔无照经营，查处假冒伪劣，查处违法广告，确保农村市场稳定，确保农民增收。全年查处各类经济违法违规案件827起，其中即时处罚552起，一般程序案件275起，案值191.5万元，罚没款121万元，其中万元以上案件10起。

销毁假冒商品

【开展“红盾护农”工作】 落实红盾护农工作责任制。建立农资经营户台账，层层签订农资监管目标责任书，任务到所，责任到人；认真落实农资产品入市备案制度，要求农资经营户建立使用二账二票一卡一书。查处制售假冒伪劣农资产品坑农害农行为及坑农害农违法案件。全年共查处农资案件51起，案值131万元。

【建立商标帮扶机制】 建立商标帮扶制度。从县工商局、所中选派文化素质高、工作能力强、有责任心、协调能力强的工作人员为商标联络员，为企业、农户提供商标方面的服务；确定6家企业为商标重点帮扶企业（其中3家涉农企业）；为申报著名商标的三家企业和著名商标复申提供重点服务。全年受理商标咨询25件，帮助企业注册商标12件，其中涉农商标6件，合作社申请注册商标1件，为企业办理注册商标续展1件，注册商标转让3件。

【打击传销、规范直销】 开展2010年春节打击传销专项行动，共出动执法人员1016人次，执法车辆181台次，检查村庄（社区）540个，检查宾馆等公共场所68个，排查出租屋382个；组织各工商所在村庄（社区）及公共聚集场所张贴打击传销宣传画320张，《洛阳市人民政府关于严厉打击传销活动的通告》560张，发放宣传材料3000份。规范直销，对辖区直销企业进行摸底排查，建立监管网点图、制定监管制度、签订监管目标责任书、建立监管档案、明确一名联系人，加强对直销企业的管理巡查，明确直销店规范经营。

【广告专项整治】 对保健食品、药品、医疗、房地产、化妆品、美容服务等内容的各类广告；对在互联网上发布传播有害信息，未经登记，擅自在风景旅游区、城市道路两侧以及其他公共场所发布广告塔、楼顶、墙体、站亭、路牌等形式的户外广告；未经登记，在公共或者自有场地的建筑物、空间设置的路牌、霓虹灯、电子显示牌（屏）、灯箱、橱窗的广告，利用交通工具或以其他形式在户外设置、绘制、悬挂的广告；商场、药店、医疗服务机构、娱乐场所以及其他公共场所内散发、摆放的印刷品广告；对商品或者服务作虚假、夸大宣传，欺骗和误导消费者的广告；含有不良文化内容，违背社会公德和精神文明建设的广告；烟草广告或者变相烟草广告；含“中国免检产品”和“国家免检”内容的户外广告牌等进行整治，出动执法人员257人次，出动执法车辆56台次，检查广告112块，责令其限期拆除或更换、改正广告58块，查处广告案件5起，净化了宜阳县的城市环境。

【农村市场专项整治】 开展“双节食品安全及市场监管”、“春季农资市场专项整治”、“农村市场专项整治活动”。对农民群众反映强烈、社会影响面大，侵害农村消费者合法权益的各类食品、农业生产资料、农副产品、汽车摩托车家电下乡产品、建筑装饰材料等，重点整治严厉打击制售假冒伪劣商品，维护农村市场秩序。查处无照销售烟花爆竹案件2起，查处无偿向消费者提供塑料购物袋案件18起。

【动产抵押】 运用动产抵押登记职能，为企业办理动产抵押10份，为企业贷款4673万元。

【查处黑网吧】 对黑网吧监管实行属地负责制。工商所对辖区黑网吧实行重点监管，所长为第一责任人。局长同各工商所长签订《宜阳县工商局黑网吧整治目标责任书》，所长同责任人签订监管目标责任书，使黑网吧监管做到责任到人，分片、分段包户到人。各工商所加大市场巡查力度，实行定期巡检和不定期巡查制，对发现或接到举报的黑网吧坚决予以取缔。全年共查处黑网吧16家，暂扣电脑174台，显示器163台，断线79家，自行关停18家，查处网吧超范围经营案件8起。

【食品市场监管】 推行食品入市备案制度，规范备案登记资料，建立追根溯源的食品监管体系。全年办食品备案108户，涉及品牌599个，单品1732种。办理食品流通许可证。全年受理《食品流通许可证》申请729份，转各工商所实地核查104份，核发许可证625份。开展各类食品安全专项执法活动。对2010春节两会期间流通环节食品安全专项整治、问题奶粉专项整治、地沟油清查、牡丹花会期间食品安全专项整治、校园周边食品安全整治等一系列活动。查处未建立健全食品进销货台账案件37起，无照经营食品案件35起，维护了消费者的合法权益。

【“12315”维权】 “12315”投诉举报中心电话每天24小时畅通，对待咨询投诉做到“有问必答、有诉必应、有案必查、有假必打”，对分流的案件做到件件有落实。全年受理消费者举报280个、申诉317个，处理率达100%，为消费者挽回经济损失15余万元；举报案件罚款20万余元；受理消费者咨询500余人次；接受市局分流申诉和举报案件30余个，处理率100%。处理市局转来的“连线政府”网民申诉2个。强化12315维权联络站建设，设立联络站205个，全部达到“六个一”标准。

【3·15活动】 3月15日，在县城红旗广场举行大型宣传活动，搭建彩虹门4个，设立12315现场申诉举报台、消费者投诉台和法律法规咨询台，接受群众现场投诉和咨询；设立假冒伪劣商品展台，为消费者讲解辨假、识假的技巧和知识。3月15日，接待投诉10人次，法律法规咨询210人次，发放各种宣传材料2000余张，调解纠纷9起。举行宣传《消法》车辆游行和假冒伪劣商品销毁活动，出动车辆31台次，销毁假冒物品六大类，案值约8.3万元，其中假冒饮料110件，假冒葡萄酒、过期啤酒、矿泉水500余瓶，过期假冒乳品1207件等。

工商人员在检验商品

【政风行风建设】 开展民主评议政风行风活动，建立层层抓落实责任体系，“一把手”负总责，分管领导各负其责，部门齐抓共管，纪检部门监督协调的领导体制和工作机制。把行风建设同落实党风廉政建设责任制结合起来，以责任状为载体，层层抓落实，激发干部职工争先创优的积极性和创造力。民主评议重点科室、创建群众满意基层站所及政风行风建设工作，群众满意率97.21%，在全县24个政府部门中排名第一。

【获得省级文明单位称号】 2008年获得市级文明单位荣誉称号。2010年把创建省级文明单位作为奋斗目标，多次召开党组会议，研究部署创建工作。经过大家艰苦努力，硬件、软件建设全部达到省级文明单位要求，被省委、省政府授予省级文明单位荣誉称号。

【新闻报道】 2010年开展宣传工作5次，小广告治理、黑网吧治理、12315综合业务办公楼开工奠基仪式等，重塑了工商形象。全局发表新闻报道稿件52篇，其中省级3篇，市级49篇，完成了市局下达的新闻报道任务。

【副科级工商所所长配置到位】 6名工商所所长平稳提拔和2名副主任科员所长顺利转任。

【“五五”普法】 搞好“五五”普法工作，制定《宜阳县工商局贯彻〈洛阳市人民政府全面推进依法行政2005～2009五年规划〉实施方案》、《宜阳县工商局依法治理与普法工作实施意见》，汇编了《宜阳县工商局规章制度》，以制度规范行为、强化管理，有效遏止执法风险和各种违法违规案件的发生。按照国家法律制度建设和“五五”普法工作进程，开展法律知识学习培训，参与县司法局组织的“五五”普法宣传教育考试，参赛率与合格率均100%。2010年5月，市、县二级普法检查组通过察看量化档案资料、实地走访等方式的检查后，顺利通过了市“五五”普法检查验收。

【个私协和消协工作】 2010年，两个协会本着以人为本、为会员服务、构建和谐社会的理念，研究落实各项为会员服务的措施，降低维权成本。全年两协会受理投诉69件，解决68件，解决率98.5%，挽回经济损失27万余元。

【浙江杭州坐地招商活动】 5月，选派人员赴杭州坐地招商，与浙江省工商局和省私营经济协会进行信息对接，搜集招商情报，拜访当地企业，给宜阳县驻杭州招商领导小组提供有效信息55条，编发简报11期，完成了坐地招商任务。

【政务信息】 全年编发工作信息88期，被市局和县委、政府转发26期，被省市政府主流网转发11篇，发表调研文章2篇，完成了各种报告、文件、汇报材料的起草工作，做到了上情下达、下情上达，使上级部署的各项工作在工商局得到贯彻落实。

【“12315”综合办公楼建设】 该工程是县委、县政府确定的2010年重点建设工程，是市工商局确定的全市工商系统重点建设项目。工程占地12.5亩，设计规模为7层，建筑面积4900平方米，预计投资900万元。10月23日，该工程项目隆重奠基。

（赵宏欣）

物价管理

局长 马沛

【概况】 宜阳县物价局是全县价格工作的管理机构，机关位于县文明东路12号，驻县政协机关。内设2个职能股室，即办公室、业务股。下属4个二级机构，即价格成本监测所、物价检查所、价格认证中心，价格调节基金办公室，现有干部职工53人。2010年先后被市政府办公室授予基金征收先进单位，被市发改委授予2010年发改系统物价工作优秀单位，被市发改委授予价格监测与信息服务先进单位，被县委、县政府授予“五五普法”先进单位。电话：0379—68882145。

领导班子成员

职 务	姓 名	职 务	姓 名
局 长	马 沛	副局长	李晋阳
副局长	杜保森	纪检组长	刘光伟
办公室主任	陈建科		

【价格法律宣传】 3月开展“3·15”消费者权益保护日宣传活动，出办咨询台2个，悬挂横幅20条，印发宣传资料3000份。5月开展《价格法》宣传活动，出宣传车2辆，办板报6块，设价格咨询台3个，印发宣传单5000份，悬挂横幅30条，11月4日开展法制宣传日宣传活动，出板报4块，设咨询台2个，印发宣传单1000份。

【成本监测】 宜阳是国家定点农产品小麦、玉米、烤烟种植成本直报县。成本监测在5个乡镇设立18个调查点，调查人员认真指导农调户填写成本调查账簿，严把数据质量关，按时完成数据上报任务，受到省、市表彰。2010年，每月1日、15日定时对蔬菜、生活用品、农产品、生产资料70多个品种的市场价格进行采价，完成上报200期，有效的监控了市场价格动态。2010年，完成农户存粮和售粮、农资购买、农户种植意向、农户收支情况、副食品价格变动趋势、石油、液化气、烟农补贴8个专题调查，调查涉及5个乡镇28家农户，采集数据800余个，撰写10篇数据详实地分析材料，传递市场价格信息，对政府决策提供了可靠数据。

【价格管理】 贯彻落实国家、省、市价格政策，对药品价格推行集中招标采购，认真贯彻了市药品集中招标采购价格管理办法及洛阳市医疗单位集中招标采购中标目录，重点规范了药品价格中的“虚高”问题，大幅度地降低了药品价格，使群众得到广泛受益，同时也规范了医疗单位30余种自制药品的价格，切实保护了消费者的合法权益，稳定了市场，稳定了人心。

【收费管理】 认真贯彻国家、省、市下达的有关收费政策文件，及时通知有关部门增加、变更、取消相关项目，使收费政策得到了认真贯彻落实。及时换发收费许可证，加强了收费管理，净化了收费环境，为宜阳经济发展创造宽松的外部条件。

【价格监督检查】 深入开展价格监督检查工作。2010年物价形势严峻，市场价格波动较大，特别是涉及群众生活必需品的蔬菜价格，让老百姓生活压力增大，要求严控物价降低物价的呼声增加。针对群众反映的热点问题，组织进行生活用品、农资价格、涉农收费公示专项检查，元旦、春节、“五一”、“十一”等节假日期间进行了市场专项检查。密切关注成品油、化肥、粮食、食品、建材市场价格动态，2010年成品油价格出现异常波动，及时加强对市场价格的监测和控制，全年出动200余人次对市场进行价格监管，健全了市场价格巡查制度，确保价格无严重异常波动现象发生。开展市场明码标价检查，先后对城区市场、量贩和韩城、白杨等乡镇市场进行检查，推行明码标价制度，树立公平竞争意识，开展价格服务活动，推行收费公示工作，对全县16个乡镇及重点村进行收费公示，让广大群众明白交费，政务公开。对行政事业收费进行检查，完成检查面80%，并对16个系统，60多个收费点进行检查，价格监督检查工作的有效开展，维护广大人民群众和消费者的合法权益。

【价格调节基金征收管理】 价格调节基金征收工作全部由地税部门代征，设5个地税代征点（地税征收大厅、韩城所、寻村所、白杨所、莲庄所），制定详实地征收计划，划分征收范围，分解征收任务，使基金随财政预算外资金上交征收，基金按开发票金额征收，解决点多、面广、任务分散现象，价格调节基金的足额征收，为政府有效调控市场、稳定市场价格提供资金保障。

【价格评估认证工作】 2010年，价格认证工作树立“竞争、服务、创新、大局”的意识，按照公开、公平、公正的方针，遵循合法、科学、客观、公正的评估原则，不断完善工作程序，把任务分解到人，责任落实到人，积极认真的开展价格认证工作，全年共评估463起。其中：涉案物价评估87起，国有资产评估35起，交通事故评估220起，公物处理41起，行政机关委托80起，起到了企业与政府的桥梁和纽带作用，为公、检、法正确量刑提供了可靠的依据，发挥了价格部门的服务职能。

【产业集聚区电价审核报批工作】 2010年，认真做好产业集聚区一、二、三批电价调整企业的审核报批工作，全年完成29家企业优惠电价的省审批工作，工作成绩排名全市第一，产业集聚区审核报批工作的开展为宜阳县企业快速发展争取了政策，提高了效益，创造了宽松的外部环境。

（卫振宇）

质量技术监督

【概况】 宜阳县质量技术监督局位于解放中路21号，是主管全县标准化、计量、质量、特种设备安全监察工作并行使执法监督职能的直属机构。内设办公室、监察室、人事教育股、质量股、综合业务股、安全监察股。下属稽查队、宜阳县质量技术监督检验测试中心。

局长 王慧敏

2010年，该局在县委、政府和市质量技术监督局的正确领导和大力支持下，以党的十七大和十七届五中全会精神为指导，深入贯彻落实科学发展观，按照省局确定的“服务、发展、和谐、建设”的工作方针，围绕实现“全面提升”，大力开展“创建学习型党组织和学习型领导班子”、“创建文明单位”活动，深入开展“质量提升年”活动，严格依法行政，全面履行职能，着力打造服务型质监部门。经过全体干部职工共同努力，圆满完成了县委、县政府及市局下达的各项目标任务。电话：0379—68882240。

领导班子成员

职　务	姓　名	职　务	姓　名
局　长	王慧敏	副局长	周智杰
副局长	孙新民	纪检书记	周汉卿

【计量监督管理】 依据《计量法》对用于贸易结算、安全防护、医疗卫生、环境监测方面的列入强制检定目录的计量器具，实行强制检定。年内检定9871台（件），完成年度目标的133.2%。

完成3家企业计量合格确认工作。组织16名人员参加市局计量合格确认内审员和12名计量管理人员参加市局举办的计量管理员培训班学习。

检查液化气充装站2家，配送点9家，检查压力表28块，台秤8台，电子秤6台。对2个配送点的违法行为，依法进行处理。

配合县政府制定《宜阳县人民政府加强集贸市场计量器具管理实施计量惠民专项行动实施方案》，并组织实施。

开展农资计量专项检查。检查各类生产经销单位19家，检查在用计量器具180台件，整治前受检率80%，整治后受检率100%，查处计量违法案件13起。

完成县医院、中医院、二院3家医院CT检定工作。

开展“四表”检查。尚未发现“四表”未经检定投入使用、无“检定合格证书”及“首检合格标志”、无制造计量器具许可证及故意破坏“四表”准确度的现象。

【标准化工作】 根据《洛阳市2010年度标准化工作要点》的要求，大力推动标准化战略的实施，积极推进企业标准化，深入开展农业标准化。

组织洛阳华裕黑色作物科技开发有限公司参加第十三届（驻马店）全国农产品加工业投资贸易洽谈会，宣传宜阳县农业标准化取得的成果，

协调前进民爆股份有限公司、义煤集团宜阳义络煤业有限责任公司等5家单位和11名从事标准化计量方面的专业人员申请加入洛阳市标准化计量测试学会团体会员和个人会员。

帮助企业建立并完善标准体系，指导鼓励洛阳天露肥业有限责任公司申报“2010年度标准化良好行为试点企业”。

完成企业标准到期复审备案1家。

【产品质量监督管理】 加强产品质量的监督管理，对粮油食品、轻工、化工、建材等产品质量进行监督检验。共完成产品质量监督检验370批次，完成年度目标的123.3%。

做好“省、市、县长”质量奖的申报工作。申报市长质量奖3个；中国名牌产品重点培育1家；河南省优质产品重点培育2家。

围绕“重质量、提效益”这一核心，开展“企业服务年”活动。确立领导干部服务企业40家，帮助指导企业规范管理行为，提高管理水平，争创名优产品。

开展“质量月”活动。进行“质量比对提升”企业5家，申报河南省质量信用A等企业2家，申报质量管理先进企业3家。

督促检验机构按照监督抽查和定期监督检验计划，加强监督检查工作，确保监督检查的有效性，对监督结果进行有效控制。

加强证后管理，督促企业落实质量安全主题责任。落实分级分类监管制度，加大对工业许可证认证企业的巡查、回访和明察暗访工作，做到监管到位、责任到位。

对机动车安检人员进行技能培训，加强对机动车安检机构的监督，使监管工作常态化。

认真开展《质量提升服务进万企》、《质检系统检测工作整顿》等项活动。

全县工业许可证认证企业8家。对认证企业进行巡查、回访，做好纪录，督促、指导企业落实质量安全主体责任，检查率100%。

【食品安全】 制定了《2010年宜阳县食品生产质量安全整顿工作实施方案》、《2010年宜阳县食品生产加工质量安全工作方案》、《2010年夏季食品质量安全专项整治行动方案》、《宜阳县质量技术监督局食品安全突发事件反应预案》等，促进全县食品监管工作扎实开展。

组织食品生产企业负责人学习《食品生产加工企业落实质量安全主体责任监督检查规定》等法律法规，参加省局食品培训2人（次）；举办食品企业负责人学习培训班1起。

完成食品生产企业生产许可证3家到期，换证申请、验收工作。河南黑谷源土特产品开发有限公司获得食品生产许可证。

在春节两会、花会、高考期间对“地沟油”、“发光肉”等进行专项整治，下达整改意见书14份，查处食品违法案件7起。

年内组织了3次“质监邀您看企业，食品安全大家行”活动。

开展乳制品专项整治行动，检查食品企业25家，签订承诺书25份。组织执法人员对企业的自查报告进行核查，实行领导定点包厂，责任到人，及时排查消除隐患。

【特种设备安全监察工作】 落实企业主体责任，推行安全责任承诺制。宜阳县使用特种设备企业96家，全部签订承诺书。重新整理各类档案和台账，摸清特种设备底数，实行动态管理。

检查锅炉112台、起重机械114台、压力容器370台、电梯22台，检验率100%，注册登记率100%，查出一般事故隐患64处，重大事故隐患36处，都已整改到位。

开展安全月活动，6月13日在红旗广场设咨询台1个，宣传版面2块，横幅1条，发放宣传材料1500份，使广大群众受到特种设备安全教育。6月21日至23日，开展了特种设备安全进企业、进社区进校园活动，发放宣传资料2500份，普及特种设备安全知识，达到多元共治的目的。

【质量技术监督行政执法工作】 全年办理质量技

术监督行政执法案件37起，其中立案查处20起。受理投诉案件5起，均得到妥善处理，并为投诉者挽回经济损失34000元。

【宣传、政务信息工作】 完成新闻宣传报道32条（《中国质量技术监督》4条，《中国计量》2条；河南科技报10条，青年导报16条）。

编报政务信息56条。其中被市局采用29条，被省局采用11条，被宜阳县委、县政府采用信息16条。

【取得荣誉】 2010年，宜阳县质量技术监督局稽查队被洛阳市人民政府纠风办公室表彰为2009年度群众满意的基层站所；该局先后被洛阳市质量技术监督局表彰为目标管理优秀单位、质量和安全年活动先进单位、精神文明建设先进单位、党风廉政建设优秀单位、政风行风建设优秀单位；被宜阳县人民政府表彰为安全生产目标管理先进单位；被宜阳县食品药品安全委员会委表彰为食品安全监管工作先进单位、宜阳县质量技术监督检测中心被宜阳县优化经济发展环境工作领导小组评为百名股长大家评优秀股室。

（董明堂）

安全生产

局长　刘飞

【概况】 宜阳县安全生产监督管理局是主管全县安全生产工作的县政府工作部门，位于县城文明中路49号。内设办公室、监管一股、监管二股，下辖执法监察队、培训中心。现有干部职工45人。2010年，按照国家、省、市安全生产会议精神和有关法律法规，落实“安全生产年”、实施“安全发展行动计划”，积极开展安全宜阳创建活动，加大对各类安全隐患的排查整改力度，遏制重大事故发生，确保全县安全生产形势稳定。电话：0379—68885093。

领导班子成员

职　务	姓　名	职　务	姓　名
局　长	刘　飞	副局长	聂伊森
副局长	丁汉卿	纪检组长	廖应欣
副局长	樊建民	总支副书记	周万申

【落实安全生产责任制】 县政府把安全生产纳入目标管理。年初，55个单位向县政府递交了安全生产责任目标保证书，县政府定期进行考核，把责任目标完成情况作为考核干部的重要内容，实行一票否决。各乡（镇）、县直委局把安全生产责任目标层层分解，与各行政村、重点企业签订责任目标，责任到人。

【综合协调】 县委常委会、县政府常务会、县政府安委会定期召开会议，坚持召开安全生产周例会，分析、部署全县的安全生产工作，解决安全生产工作中存在的突出问题。2010年，召开安全生产会议54次，其中安全生产周例会41次，下发文件57个，安全大检查9次，协调解决骏马公司特种设备、县医院锅炉未检测、义络煤业公司煤矸石山私挖滥采等安全生产重大问题12个。

【事故隐患排查治理】 建立隐患排查治理长效机制，采取强力措施，抓好隐患排查治理工作，突出重点时段、重点行业、重点企业和重点部位的安全监管，坚持县安委会重点成员单位周排查、企业月排查汇报制度，聘请专家全程参与安全检查和隐患治理，继续办好安委会《重大安全生产事故隐患排查治理情况周报》，督促重大隐患按期限整改到位。2010年，共检查企事业单位876家，发现隐患1240处，已整改1228处，整改率99%。2010年，宜阳县列入市政府通报或市政府督办的重大安全生产隐患5处，按期整改完毕。

【安全生产重点行业集中整治活动】 县安委会制定并下发了《宜阳县安全生产重点行业集中整治行动方案》，明确了县主管领导及县政府10个牵头部门责任，加强企业安全生产主体责任和政府安全生产监管责任。排查隐患322处，全部整改到位。关闭取缔非法企业85个，责令停产整顿企业76个。

冬季安全生产大检查活动动员大会

【非煤矿山整治】 开展非煤矿山安全专项整治，推行中深孔爆破新技术，实现机械铲装，机械二次破碎等先进技术，开展安全标准化建设，提高企业安全生产作业水平，地下矿山企业严格落实领导下井带班制度，全面推行安装和使用安全生产紧急避险“六大系统”，提高矿山安全生产保障能力。开展整顿和规范矿产资源开发秩序专项行动，全年开展执法检查活动240余次，下达各类执法文书278份，取缔非法开采30个，立案4起，没收矿石3000余吨，行政拘留9人。

【危险化学品和烟花爆竹整治】 对危险化学品生产企业进行了分级管理和应急预案备案，督促洛阳骏马化工有限公司于2010年12月14日完成危险工艺自动化控制改造任务。全年检查企业147家，查处隐患217处，已整改203处，整改率93.5%。开展烟花爆竹“百日安全检查”专项整治行动，搞好豫西烟花爆竹材料有限公司烟花爆竹企业整合提升工作，河南省戈蓝烟花爆竹公司已被前进公司整合。2010年春节期间联合公安、消防、县社等部门对违法经营假冒伪劣产品的商户进行了严厉打击，出动100余人次，收缴、销毁伪劣烟花爆竹150余箱，价值3万余元。

【作业场所职业健康检查】 对生产经营单位职业健康工作监督管理，建立机构，明确领导，成立职业危害股室，配备相关装备和办公用品，开展排查摸底，全县涉及作业场所职业危害的工矿商贸生产经营单位共100余家，相关资料已登记、建档。

【宣传培训】 开展“安全生产月”、“11·9”消防宣传日宣传活动，全县共设立咨询点65个，悬挂安全横幅130条，宣传版面260块，发放宣传资料5万余份，接待群众咨询8000余人次，全民的安全生产意识得到了进一步的提高。7月，宜阳县被市安委会评为洛阳市2010年“安全生产月”活动先进单位。在第20届“11·9”消防宣传日期间，在县红旗广场的电视屏幕连续播放消防宣传纪录片100余集，在红旗广场设置咨询台2个，宣传展板30块，散发消防知识3000余份。印发《宜阳县安全简报》28期，省级新闻媒体宣传3次，市级新闻媒体宣传20次。安全培训19期，培训人员1348名。全县生产经营单位主要负责人、安全管理人员、特种作业人员持证率100%。培训农民工4000余名，提高了农民工的安全意识和安全技能。

【安全执法】 2010年，关闭取缔非法企业146个，新办许可证63个，督促许可证过期延续企业35个，责令停产整顿企业149个，取缔无证生产的行为，确保资源合理开发和利用。

（王利杰）

统计工作

局长 武伟献

【概况】 宜阳县统计局是县政府主管全县统计和国民经济核算工作的职能部门，驻县政府三楼。内设办公室、三产股、投资股、法制股、综合核算股、设计管理股、农村社会经济抽样调查队（副科）、城市社会经济抽样调查队、普查中心、能源统计办公室。共有干部职工33人。2010年，认真贯彻全县经济工作会议精神，扎实工作，较好地完成了各项统计工作。电话：0379—68882326。

领导班子成员

职务	姓名	职务	姓名
局长	武伟献	副局长	裴治勇（5月离）
副局长	赵朝庆	副局长	董胡伟（6月任）
副局长	赵孟章（5月离）	纪检组长	陈丽丽（6月任）
副局长	郭晓川（6月任）		

【统计调查任务】 按照国家和省统计制度方法要求，加强年报、定报组织协调和督促检查力度，加强数据审核，确保数据质量，2009年年报和2010年各项进度统计工作顺利开展，数据质量的把握控制能力不断提高，客观准确地反映了全县经济社会发展水平，多数专业分别获得省、市级先进专业或先进个人称号。积极配合职能部门搞好产业集聚区调查、县直职能部门效能提升满意度调查、党风廉政建设民意调查等多项部门调查。

【第六次全国人口普查】 人口普查是一项重大的国情国力调查，第六次人口普查面临着时间紧、任务重、要求高、流动人口多、社会配合意识下降、入户难度加大等诸多困难，通过精心组织，加强宣传、督导，抓好五落实工作流程，入户登记，审核录入等环节。确保普查工作顺利进展，人口普查工作质量好、效率高，进展顺利，省、市对宜阳县的人口普查工作给予了充分肯定。

县第六次全国人口普查动员大会

【统计服务】 注重对国民经济运行情况统计监测和专题调查研究，深入挖掘统计信息资源，为县委、县政府及社会各界提供咨询建议和统计信息。及时向县委、县政府及各职能部门报送《统计月报》、《统计报告》、《宜统信息》、《宜统调研》等统计信息，满足了县委、县政府及社会公众对统计信息的需求。

【统计法制建设】 县统计局联合监察局、司法局在全县开展《中华人民共和国统计法》和《统计违法违纪行为处理规定》贯彻执行情况大检查。使全县各乡（镇）、县直各有关部门及依法负有提供统计资料义务的单位及时发现和梳理存在的突出问题，提出切实有效的改进措施，大力推进依法统计，营造学习统计法、敬畏统计法、遵守统计法的社会氛围。统计教育培训工作扎实开展，全年共有56人参加统计从业资格证考试，提高了全县统计从业人员的业务素质。

（刘少红）

审计监督

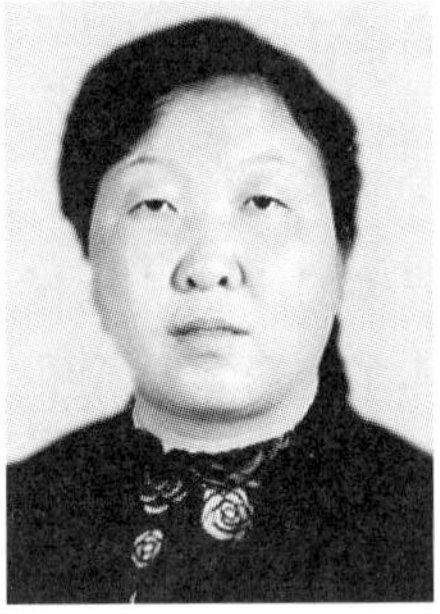

局长　石彩云

【概况】 审计局位于城关镇解放中路23号，局内设办公室、法制室、行政事业审计股、财政金融审计股、社保农业审计股、基建经贸审计股和经济责任审计股等7个股室，下辖城北、城关、韩城、莲庄和白杨等5个乡镇中心审计所，现有职工57人。电话：0379—68882325。

领导班子成员

职　务	姓　名	职　务	姓　名
局　长	石彩云	副局长	李全守
副局长	李延军	纪检组长	陈　森
副局长	郝增梅		

【发挥审计效能服务县域经济】 2010年，该局按照温总理“财政资金运用到哪里，审计就跟进到哪里”的重要指示和“依法审计、服务大局、围绕中心、突出重点、求真务实”的工作方针，牢固树立监督体现服务，制约体现促进的理念，把推进法治、维护民生、推动改革、促进发展作为审计工作的出发点和落脚点，发挥审计“免疫系统”功能，加大审计监督力度，促进县域经济快速健康发展。

全年完成审计（调查）项目73个，审计查出违纪违规金额4467万元，管理不规范金额22794万元；处罚资金4623万元，其中：上缴财政110万元，归还原渠道资金428万元，应调账处理金额4085万元。《关于宜阳县2007至2008年度排污费征收管理使用审计》被市局评为2010年度精品审计项目，“2009年度洛阳市城镇职工和城镇居民医疗保险基金审计工作”获得全市审计系统先进单位。

【推进绩效建设规范机关管理】　转变工作方式，完善规章制度、规范审计行为，把绩效建设工作落到实处，履行审计监督职能。坚持制度建设，修订完善上下班、请销假、卫生、学习等制度。坚持随时查岗，审计效率建设。审计项目实行就地审计与送达审计相结合，对时间紧的审计项目，由分管领导下一线，审计组长亲自抓，加快审计进度；加强班子成员责任制。每个审计项目都有副职领导分管并参与其中，责任股长认真监督，审计组长具体负责，便于及时发现解决问题，提高了工作效能。

【抓好党风廉政保证廉洁从审】　坚持标本兼治、纠建并举方针和为审不廉、满盘皆输原则，建立健全教育、制度、监督并重的惩防体系，对审计全程实行动态管理。完善测评预警机制，健全党风廉政建设责任制。局领导班子成员实行“一岗双责”，并与中层干部和一般人员签订廉政承诺书。局党组书记与党组成员、各股负责人签订责任状，细化、量化廉政责任，确保廉政工作落到实处。实行审计纪律公示制和回访制，不定时调查回访被审计单位或询问被审计单位工作人员对审计人员执行审计纪律情况，切实加强审计人员的廉洁从审意识。

【重视审计质量提高审计水平】　严格审计程序，加强审前调查；审计通知书附上承诺书，实行双向承诺，分清相关责任。加大学习培训力度，开展领导带学、同志帮学、内部讲学等形式多样的专业学习活动。对该局法律运用、问题定性、报告格式和审计评价等方面进行全面审查，规范行政处罚裁量权，提高审计质量，提高审计人员依法行政能力和水平。

【强化教育培训提升人员素质】　坚持每周二、五下午学习日制度，该年度开展集中学习39次，提高审计人员的政治素质和业务能力，收到良好的学习效果。开展专业技术知识培训，促使大家钻研业务，努力提高审计水平和审计质量，增强开拓创新能力。组织干部职工学习《审计法》、新《审计法实施条例》等法律知识，增强了干部职工的法制观念，提高依法行政、依法审计的水平。加强电脑培训，组织审计人员学习计算机知识，学习计算机辅助审计技术和管理知识，组织机关全体人员参加市局组织的OA（办公系统）培训，通过率100%。选派一名同志参加省厅组织的计算机培训。组织6名审计人员参加其组织的AO（审计系统）认证考试。提升现代审计技能，提高整体审计工作管理水平。开展“向群众承诺、为党旗增辉”活动，班子成员和机关干部就行为规范、工作岗位和为民服务方面向群众庄严承诺。

【树立大局意识做好相关工作】　圆满完成市局对宜阳县农村信用社资产负债损益审计任务，得到省厅和市局的好评。认真完成县委、县政府交办的工作。引进洛阳迎春电器有限公司600万元资金，完成了年度招商引资任务。为青海玉树地震灾区群众捐款2450元，为“空巢老人”捐款600元，为残疾人捐款600元；积极支援新农村建设，为所包村提供资金支持；“六一”节前夕，为三乡镇西村小学送去图书、文具等学习用品。

（马俊宜）

食品药品监督管理

局长　王克统

【概况】　宜阳县食品药品监督管理局驻北城区县第二人民医院四楼。内设办公室、药品监管股、药品稽查队、纪检监察室和直管单位药品检验所。干部职工26人。县食品药品安全委员会办公室设在食品药品监督管理局。

2010年，宜阳县食品药品监督管理局以“三个代表”重要思想和科学发展观为指导，以提高药品监管工作水平，保障人民群众用药安全有效为目标，紧紧围绕年度工作目标落实，深入贯彻落实省、市局会议精神，突出综合监管，突出专项整治，加大从严打假治劣，加强规范管理，保障了人民群众用药安全，较好地完成了全年各项工作任务。电话：0379—68821109。

领导班子成员

职　务	姓　名	职　务	姓　名
局　长	王克统	副局长	李建国
副局长	卢明亮	副局长	鲍战生

【药品日常监督检查】 年内对辖区内408家药品经营企业和医疗机构检查2次以上，覆盖率达100%，辖区内未发生药品、医疗器械安全事件。做好现场监督检查记录并录入信息管理平台；及时完善和更新监管档案。对二类精神药品、特药经营、使用单位检查11家，覆盖率100%。辖区内无出现特药安全事故和非法经营特药行为，对县中医院制剂室现场检查2次，生产程序规范。

【换证与办证】 扎实做好《药品经营许可证》换证与办证初审、宣传培训工作。完成全县所有药品经营企业换证工作，对3家申报零售药店的材料进行初审，受市局的委托对三家药店进行了现场验收。将初审的2家零售药店的变更材料上报市局。

创建省级食品安全示范县验收

【GSP认证工作】 积极配合市局做好药品经营企业GSP认证及跟踪检查工作。对全县药品经营企业进行GSP相关知识培训，帮助企业积极做好GSP认证工作。2010年，宜阳县1家单体药店通过GSP认证，1家零售连锁企业已向市局递交GSP复认证材料。进一步巩固GSP认证工作成果，遏制部分企业在认证后药品经营质量规范管理下滑的趋势。

【药械监测及上报】 积极开展药械不良反应监测及上报工作。共上报药品不良反应报告400例，其中新的、严重的ADR共24例，上报医疗器械不良事件报告36份。积极开展药品广告监测工作，严厉打击虚假药品、医疗器械广告，倡导诚信经营，全年共向工商部门移交处理3起违法广告。

【医疗器械监管】 加强医疗器械监管工作，加强经营，使用单位质量管理和控制，制定日常监督检查计划，对347家经营使用单位建立监管档案，保障医疗器械使用安全。

【药械稽查】 开展了打击工业氧（或压缩气体）冒充医用氧违法行为专项督查检查和医疗机构用分子筛制氧设备专项检查；隐形眼镜及护理液专项检查；医疗器械不良事件监测和再评价管理办法（试行）专项检查及药品经营企业非药品冒充药品、终止妊娠药品等专项整治活动。全年办理药品、医疗器械案件一般程序立案67起（其中终止妊娠药品案件4起），结案65起，罚没款66192.51元；完成协查、核查36起，需要回复的20起，已回复20起，回复率100%；受理举报投诉5起，检查核实5起，核实率100%。

【药品质量安全专项整治】 完成国家基本药物抽验工作，提高不合格药品的检出率。该年度药品抽验完成240批（次），检出不合格药品53批次，不合格率22%，现已全部立案查处，并已全部结案。配合市局完成了农村药品专项评价性抽验任务35批次（全年任务35批次）；完成医疗器械抽验任务12批次（全年任务12批次）。

【医疗器械经营部信用等级评价】 根据省市局要求，完成了对宜阳县医药公司、宜阳县城关镇康寿医疗器械经营部、宜阳县康源医疗器械有限公司、洛阳市航捷医疗器械有限公司、宜阳县天信医疗器械经营部信用等级评价工作，并及时将评价结果上报市局。

【药品检验】 县药检所全年共收到检品240批。其中化学药品52批，抗生素26批，中成药103批，药材27批，饮片32批。检出不合格药品53批，其中12批为制剂，41批为原药材。出具的检验报告书准确率100%，录入检验平台正确率100%，及时出具不合格检验报告书和上报检验数据；十八项检验项目均衡开展，十八项检验项目比例全部完成达到检品总数的3%，其中性状205批次，显微鉴别9批次、薄层鉴别13批次、化学鉴别26批次、重量（装量）差异51批次、装量17批次、崩解（溶散）时限23批次、PH值（酸碱度）36批次、溶化性13批次、粒度11批次、水分、干燥失重12批次、杂质20批次、可见异物14批次、溶液的颜色9批次、相对密度8批次、外观均匀度12批次、灰分13批次、浸出物9批次。

【药监所通过联合评审】 完善补充药检所质量体系文件和相关资料100余份，顺利通过省技术监督局和上级药检所的联合评审，取得十八项检验资质证书。两证换发工作通过了事业单位管理局的审查、获得了新的法人证书和机构代码证。加强了新药典中许多新修订和增加内容的学习，保障了出具的检验报告书的准确性和可靠性。

【农村“两网”建设】 以保障农村用药安全为目标，不断深化农村“两网”建设。按照“两网”建设服务于“新农合”试点的工作思路，实现了“两网”建设与“新农合”有机结合，促进了农村药品供应渠道规范有序。县、乡、村三级食品药品监管网络已形成，覆盖率继续保持100%。9月对全县34名药品协管员和336名药品信息员进行了业务培训。

【党风廉政建设】 严格落实党风廉政建设责任制，落实“一岗双责”制度，坚持把党风廉政建设列入重要议事日程，纳入食品药品监管总体工作之中，实行目标管理。坚持“标本兼治、综合治理、惩防并举、注重预防”的方针，建立健全教育、制度、监督并重的惩治和预防腐败体系。加强制度建设，用制度管人管事，监督制约、规范权力运行，约束干部行为。组织党员干部签订《党员干部廉政承诺书》，严格履行职责，带头执行党纪国法，加大监督力度，突出重点岗位、重点部位和重点环节的监督，反对权力不为，杜绝权力妄为。

【法制工作】 积极做好法律、法规宣传教育，利用“3·15”宣传活动向社会宣传药品使用和依法监管知识，向社会公众明确工作职责，接受社会监督，严格落实行政处罚案件集体审核制度，集中审核重大复杂案件20起。

【继续教育工作】 按时参加省、市组织的各种业务培训，培训人员11人，鼓励人员参加各种学历教育，两名同志参加在职教育，通过在职职工继续再教育，使全局人员整体业务水平和工作能力有了明显提高。

（孙治平）

“中国”的由来

“中国”一词，在我国古代文献中早已出现，含义不一。曾专指帝王所在的国度。《诗经·大雅·民劳》：“惠此中国，以绥四方”。意思是先爱护京都的百姓，进而安扶四方。《孟子·公孙丑》：“我欲中国而受孟子室”。意思是我要在国都为孟子修房子，让他教养君臣的子弟。毛传：“中国，京师也”。《集解》：“刘熙曰：‘帝王所都为中，故曰中国。’”另一个含义是指古代华夏族、汉族居住的地区。《诗经·小雅·六月序》：“《小雅》尽废，则四夷交侵，中国微（衰弱）矣。”《史记·楚世家》：“熊渠曰：‘我蛮夷也，不与中国之号谥’。”华夏族、汉族多在黄河南北建都，并不断扩大活动范围，因而称黄河中下游为“中国”，与“中土”、“中华”、“中州”、“中夏”、“中原”含义相同。后来，不属于黄河流域的地区，也都称为中国。《史记·天官书》：“其后秦遂以兵灭六国，并中国。”

十九世纪以来，“中国”则指我国的全部领土，与古义“中国”不同。

教育科技

教育

局长　王留宽

【概况】　宜阳县教育局位于北城区李贺大道北侧，机关现有编制40人，内设办公室、基础教育股、计财股、人事股、纪检室、督导室、安全办7个股室，辖基础教育教研室、电化教育馆、成人职业教育教研室3个二级机构。2010年教育局获河南省教育宣传先进县、河南省第五批规范教育收费示范县、全省教育系统家庭教育工作先进县、全省教育系统“五五”普法先进单位、洛阳市高中教育教学工作先进单位、洛阳市初中教育教学工作目标管理先进单位、洛阳市农村中小学校远教工程管理与应用先进单位、洛阳市教育信息工作先进单位等荣誉称号。

宜阳县现有普通高中4所、职业高中3所，教职工848人，在校生12815人。初中44所，教职工1729人，在校生26903人。小学350所，教职工2811人，在校生63793人。电大进修校、聋哑学校、实验幼儿园各1所。全县在职教职工5552人，离退休1450人。民办中小学11所，在校生6475人。电话：0379—68822133。

领导班子成员

职　务	姓　名	职　务	姓　名
局　长	王留宽	副局长	谷占军
副局长	王希玲	副局长	张强志

续表

职　务	姓　名	职　务	姓　名
副局长	周相申	副局长	王群召
副局长	杨安康	纪委书记	李志斌
副局长	炊合渊	党委委员	彭清智

【党风党建工作】　召开全县教育系统创先争优活动动员大会，采取集中培训、个人自学、专题辅导、中心组学习和请进来讲、走出去学等形式，掀起了创先争优活动的热潮。在全县教育系统开展为期三个月的学习贯彻《廉政准则》专题教育活动，进一步增强了干部职工的爱岗敬业、廉洁从政思想意识。举行全县教育系统学习贯彻《廉政准则》报告会，邀请县检察院、县纪委、财政局讲师做专题报告，教育局各股室负责人，各高中、中心校、局直学校负责人，各中小学校校长及财务人员共200余人参加了专题报告会。围绕教师节和学年度工作，表彰奖励一批模范共产党员，全县教育战线形成学先进、赶先进生动活泼的新局面。

市2011年高中工作会议在宜阳召开

【教师培训】　组织第四届宜阳县农村中小学青年

教师技能大赛、全县中小学教师基本功训练活动及教育技术能力培训等活动，提高广大教师的职业道德水平和业务能力。组织第二届中小学课堂教学改革研讨会，对初中语文、数学、英语、物理、化学、历史、思想政治七个学科和小学语文、数学两个学科的课堂教学进行研讨。利用暑假培训县级骨干教师150人，班主任培训540人，小学英语教师培训500余人，教育技术能力培训890人，高中教师全员参加新课程培训及跟进培训，培训提高了教师的综合素质和业务能力。

【教师队伍建设】 联合纪检委、检察院、人事局抽调有关人员，按照“公开、公平、公正、择优”的原则，到河南大学、河南师范大学、信阳师院、洛阳师院等高校，通过现场听课、调档、面试等环节，择优招聘35名本科生充实到宜阳县高中任教，招录特岗教师171名。认真贯彻《宜阳县人民政府关于清理整顿教育系统在编不在岗人员的通知》精神，加强清理工作整顿力度，确保教师队伍稳定，清理教育系统在编不在岗人员24名。

【德育工作】 在全县中小学校开展了第十七届爱国主义教育读书活动，并组织全县中小学生演讲比赛，获市优秀组织奖。加强对班集体、优秀学生的评选工作，评出市级先进班集体63个，市级三好学生287人，市级优秀学生干部33人；评出职业学校市级三好学生10名，优秀学生干部6名，模范班主任4名，先进班集体3个。

【体育卫生工作】 举办宜阳县中学生田径运动会，顺利举行了中招体育考试。在洛阳市第十二届中学生“晨光杯”体育活动中，宜阳县获得了县区混合组团体总分第二名。配合县疾控中心对全县中小学生进行健康体检，为90378名学生体检。

【学校建设】 2010年，全县实施中小学校舍安全工程项目学校21所，其中维修加固学校5所，维修加固校舍面积4264平方米；重建学校16所，新建校舍面积15453平方米，投入资金1587.62万元。

安排2009年度农村中小学校舍维修改造项目学校7所，其中农村初中1所（高村乡石村初中），农村小学6所（柳泉镇中心小学、柳泉镇丁湾小学、韩城镇东关小学、韩城镇桃村小学、高村乡高村小学、莲庄乡沙坡头小学）。投入资金604万元，其中中央资金302万元，省级资金196万元，县配套资金106万元。

2010年全县安排农村中小学校舍维修改造项目学校9所，其中农村初中1所（寻村镇一中），农村小学8所（城关镇中街学校、寻村镇叶庄小学、盐镇乡河上沟小学、高村乡汪汴小学、三乡镇西村小学、高村乡张元小学、三乡镇东王小学、白杨镇南留小学）。投入资金604万元，其中中央资金302万元，省级资金196万元，县配套资金106万元。

2010年全县利用省校安工程专项资金以及其他资金，安排项目学校5所，其中初中1所（宜阳县实验初中），小学3所（城关乡大雨淋小学、樊村乡姜营小学、穆册乡穆册小学）。投入资金379.62万元，其中中央资金30万元，省级资金283.32万元，县配套资金66.3万元。

【引资筹建双语实验学校】 解决城区学校大班额，教育局引资兴建宜阳县双语实验学校。学校占地面积10公顷，建筑面积约10万平方米，投资概算1.6亿元。学校设计规模60个教学班，其中初中24班，小学36班，可容纳3000名学生。一期工程建设教学楼、餐厅、学生公寓、运动场、道路管网及配套设施；二期工程建设行政教研中心、图书馆、实验楼、教工宿舍楼；三期工程建设专家楼、体育馆。工程于3月9日开工建设，8月底前完成总工程量的50%以上，开工率不低于70%，9月1日开学使用；所有土建工程三年内一、二期工程全部完工，三期工程完成70%以上。年内已建成教学楼5栋，学生宿舍楼2栋，建筑面积37000平方米，完成运动场一期工程及院区道路硬化，保证学校新学期顺利开学。已投资7000万元，拥有29个教学班，858名学生。其中小学生428人，16个教学班；初中生430人，13个教学班。教职工155人，其中专任教师79人。高中复读班17个，在校生1136人。

【职教中心建设项目】 加强职教中心建设项目，县政府成立了宜阳县职教中心建设领导小组（宜政文〔2010〕151号）。10月23日，教育局受县政府委托与温州华富投资管理有限公司正式签订了宜阳县职业教育中心（洛阳华富商学院）建设投资合作协议。宜阳县职业教育中心（洛阳华富商学院）位于县城北城区拥军路东、经九路西、纬一路北。项目投资概算 3 亿元，占地面积约 23.3 公顷，建筑面积 177500 平方米。工程分两期实施，一期工程建设宜阳县职教中心中专部；二期工程建设宜阳县职业教育中心大专部（洛阳华富商学院）。

县职教中心建设签约仪式

【教学设施改善】 实施 2010 年中小学体育器材配备工程，受益资金 32 万元，充实 65 所小学体育器材。免费教科书结余资金 8.15 万元，购买英语录音磁带 6790 套。

【“两免一补”等落实到位】 2010 年全县享受免杂费的中小学生 196515 人次，拨付公用经费 4260 万元；免费教科书资金 1117 万元；享受“一补”的贫困寄宿生 6778 人，“一补”资金 234 万元。“两免一补”资金 5611 万元。其中，2010 年春季，全县享受免杂费的中小学生 100417 人，拨付公用经费 2172 万元；免费教科书资金 583 万元；享受“一补”的贫困寄宿生 3409 人，“一补”资金 118 万元。“两免一补”资金 2873 万元。2010 年秋季，全县享受免杂费的中小学生 96098 人，拨付公用经费 2088 万元；免费教科书资金 534 万元；享受“一补”的贫困寄宿生 3369 人，“一补”资金 116 万元。“两免一补”资金 2738 万元。发放中职生补助资金 247 万元，惠及学生 3788 人次。

【学科竞赛成绩喜人】 组织了宜阳县第二轮课堂教学技能大赛决赛，评选出一等奖 74 名，二等奖 72 名，三等奖 29 名，推出宜阳县“学科带头人”6 人，“骨干教师”11 人，并对课改工作先进乡（镇）中心校和学校进行了表彰。在省、市举办的各种学科优质课赛讲活动中，宜阳县有 12 名教师获省级奖，286 名教师获市级奖；在优秀论文、课件及教学设计评选活动中，获省级奖 196 人次，市级奖 257 人次。组织“宜阳县第一届中小学生艺术节”活动，推动素质教育开展。第 19 届中国儿童青少年威盛中国芯计算机表演赛宜阳县网上报名 15383 人，较去年增加数千人，寻村镇一中聂傲男获河南省分赛区特等奖，报名人数和获奖层次创历史新高。积极组织教师辅导学生参加各级、各类学科竞赛活动，宜阳县中小学生获国家级奖 26 人次，省级奖 642 人次，市级奖 936 人次。

【高考成绩辉煌】 普通类本科上线 2032 人，首次突破两千人大关，比 2009 年净增 421 人，位居全市第三。艺术、体育类本科上线 196 人，全县本科上线共 2228 人，展示了宜阳县基础教育高质量的办学水平。

宜阳县 2010 年中招示范高中录取情况

乡镇	参考人数	一高录取人数	实验高中录取人数	示范高中录取合计
城关镇	1521	333	191	524
锦屏镇	478	71	41	112
寻村镇	553	80	65	145
石陵	264	35	38	73
盐镇乡	539	44	45	89
柳泉镇	622	67	63	130
韩城镇	507	77	64	141
高村乡	377	45	47	92
石村	240	27	27	54
三乡镇	430	80	34	114
张午乡	371	72	42	114
穆册乡	37	6	3	9
上观乡	82	5	5	10
莲庄乡	348	46	22	68
赵保乡	335	25	23	48
董王庄	388	39	50	89
白杨镇	521	79	43	122
樊村乡	245	26	30	56
实验初中	72	3	7	10
合　计	8200	1160	840	2000

宜阳县2010年中招录取前三名

姓名	名次	分数	毕业中学	录取学校
钱文瑛	1	616.5	城关镇一中	宜阳一高
唐嘉浩	2	614.5	城关镇一中	宜阳一高
席博博	3	610.5	韩城镇二中	宜阳一高

宜阳县2010年高招文科录取前三名

姓名	名次	分数	毕业学校	录取学校
周耀飞陈	1	572	宜阳一高	中南财经政法大学
张洛彬	2	566	宜阳一高	吉林大学
李治鹏	3	563	宜阳一高	外国语学院

宜阳县2010年高考理科录取前三名

姓名	名次	分数	毕业学校	录取学校
任利利	1	617	实验中学	北京理工大学
张亚伦	2	611	宜阳一高	华中科技大学
张晓伟	3	610	宜阳一高	吉林大学

【安全保障工作】 加大宣传力度，通过板报、宣传栏、主题班会等形式开展交通、饮食、人身等安全教育，使安全意识入脑入心。全面排查安全隐患，加大整改力度。加强校园及周边环境的整治。配合公安、工商等执法机关严厉打击侵害师生人身财产安全的违法犯罪活动，严防重大刑事案件和重大治安事故发生。加大投入，强化责任，严格落实责任追究制。加大资金投入，落实隐患整治和校园监控，保证门岗、围墙、校舍等隐患整改到位；建立健全安全工作责任制和责任追究制，落实“一把手”安全责任制。建立健全安全隐患定期排查整改制度，师生平安保险制度，大型活动请示制度，学校、学生、家长安全教育责任书制度等各种规章制度，规范安全台账资料，实时、准确地记载学校各项安全活动，严格落实安全信息报送制度。落实人防、技防措施，加大投入力度，城区学校实现人防、技防全覆盖，农村学校安保建设正在推进之中。

【取得荣誉】 2010年教育局获得河南省教育宣传先进县、河南省第五批规范教育收费示范县、全省教育系统家庭教育工作先进县、全省教育系统“五五”普法先进单位、洛阳市高中教育教学工作先进单位、洛阳市初中教育教学工作目标管理先进单位、洛阳市农村中小学校远教工程管理与应用先进单位、洛阳市教育信息工作先进单位、宜阳县目标管理先进单位等二十余项荣誉称号。

（吕宏台）

科　技

局长　黄万宏

【概况】 宜阳县科技局位于县城文明中路新兴街1号，2010年机构改革后变更为宜阳县文化广电科技局。是全县科技工作的行政管理机构。内设办公室、综合股、地震办公室和一个二级机构技术开发服务中心。行政编制6名。其中局长1名，副局长2名；股（科员）级干部2名。另核定驾驶员事业编制1名，经费实行全额预算管理。电话：0379—68882617

领导班子成员

职　务	姓　名	职　务	姓　名
局　长	黄万宏	副局长、纪检组长	李红跃
副局长	楚晓瑜		

【科技宣传】 第十一届灵山文化节庙会期间组织科技下乡一周，展出版面40块，现场咨询5000余人，分发科技资料6000余册，2万人受益；借助5·12地震纪念日和科技宣传周活动，悬挂科技及地震宣传标语横幅50条，在县红旗广场举行科技宣传活动，设置科技咨询台5个，展出科学技术知识及地震知识宣传版面50块，发放科技实用资料10000份，地震应急知识手册20000份，地震宣传单5000份。和县广电总台合作到各乡镇录取全县近几年各行业取得的科技成果、制成科技推广及《地震解密》知识宣传片，设置科技之光栏目，在县电视台黄金时段滚动播出一个月。活动周期间在莲庄乡、石陵乡、白杨镇、高村乡等乡镇开展，科普宣传一条街活动，宣传版面126块，挂图、展板200余幅，拉幅21条，设科技橱窗10个，送科技

图书、科技新产品价值500多元。

【科技培训】 全年组织科技培训20次，培训农民650余人，在柳泉镇、韩城镇、莲庄乡、张坞镇、三乡镇等乡镇开展牛蒡示范推广、蚕桑养殖、富硒韭菜标准化栽培、生态法养殖、温室大棚蔬菜种植管理技术培训。

【科技信息平台建设】 争取国家资金10万元，建成全省首家县级科技信息服务平台“全国科技信息服务网——河南节点宜阳站”。

【科技引进与推广】 引进新品种2个，即韭宝F1、富硒良种；引进新技术3项，即盐镇乡的果桑、仁用杏示范园区，产品逐步向酿酒专业延伸；锦屏镇的突尼斯软籽石榴示范园，嫁接突尼斯软籽石榴优良品种，亩产值5000余元。全县申报专利16项；申报市级科技示范园区1个，县级科技示范园区8个。

【高新技术企业及研发中心】 2010年申报后备高新技术企业2家，即洛阳鑫友镁业有限公司、洛阳戴文工贸有限公司。申报高新技术企业1家，即前进民爆股份有限公司。申报产品研发中心2个，即欧瑞企业冶金研发中心和前进化工民爆产品研发中心。

【科技扶贫项目】 实施科技扶贫项目4个，即：宜阳县科技信息化平台建设，柳泉肉牛养殖项目，华裕黑色作物深加工项目，中药材种植项目。争取科技项目资金43万元。

【防震减灾】 2010年地震磁波监测站正常运转，及时编写震情通报向上级业务部门和县四大班子领导报告，全年编写震情通报12期。在全县成立了14个地震宏观监测点。建成了集地震宏观监测、地震知识宣传和地震速报于一体的“三网一员”体系。规划《宜阳县应急避难场所规划图》，现已确定6处避难场所，基本满足城镇居民避险需求。

【成绩荣誉】 2010年度科技局被河南省科技厅评为河南省科技宣传工作先进单位；被洛阳市科技局评为全市科技统计工作先进集体；被河南省地震局评为全省防震减灾工作先进单位，被洛阳市地震局评为防震减灾工作先进单位、防震减灾信息工作先进单位、防震减灾监测工作先进单位。

（牛彦丽）

“年的由来”

人们把过春节称谓“过年”，过年究竟是什么意思呢？

传说“年”是一种“头生独角，凶猛异常”的野兽，每到腊月最后一天，出来食人，威胁人类生命的安全。但这种野兽，人们在长期的实践中，发现它有“三怕”——怕声、怕光、怕红颜色。人们为了驱赶它，用红颜色的桃木，砍成牌子，挂在门口，称为“桃符”。还有的燃烧砍伐的青竹子，燃烧时发出噼噼啪啪的“声音”和“光”，“年”见了，只有远走快跑，第二天一早，大家安然无恙，互相拱手祝贺，“拜年”也就由此而来。

按史籍记载，“年”的含义，初义来自农业。古时候，人们把谷的生长周期叫“年”，谷一熟为一年，所以古文上有“年，谷熟也”的记载。后来人们为了合理安排农时，开始研究历法，于是对“年”也就有了具体规定，早在夏代，我国就产生了夏历记“年”，是以月亮圆缺周期而定，一年12月，一年的开始叫“年”。历代朝廷对“年”的具体时间规定也不一样，夏朝的“年”一月一日，秦、汉的“年”是十月一日，以后，恢复为正月初一，持续至今。

文化　卫生　体育

文　化

局长　常顺卿

【概况】　宜阳县文化局位于红旗西路1号，内设办公室、计财室、绩效办、农村文化艺术股4个科室，下辖文化市场综合执法大队、文化馆、图书馆、文管所、豫剧团、曲剧团、人民会堂、演出公司等8个二级机构，现有干部职工105人。2010年，宜阳县文化局深入贯彻落实科学发展观，立足实际，开拓创新，树立了“保护利用历史文化，发展传播先进文化，让文化软实力为宜阳发展注入活力”的新的工作理念。开展创先争优活动，实施先锋示范工程；以品牌文化活动为抓手，大力开展群众文化活动；以基础文化设施建设为龙头，搞好全县文化服务体系建设；搞好文化惠民工程建设，将先进文化送到广大城乡；大力挖掘保护历史文化资源，积极服务文化旅游开发年活动；加强文化市场监督管理，打赢网吧治理攻坚战；认真总结“十一五”，积极谋划“十二五”；认真落实安全生产工作责任制，开展安全生产大检查，文化事业呈现繁荣发展的良好局面。电话：0379—68882464。

领导班子成员

职　务	姓　名	职　务	姓　名
局　长	常顺卿	副局长、纪检组长	贺克锐
副局长	马宜洛	副局长	李海波

【争先创优活动】　在文化系统开展了创先争优活动，成立了由局长为组长的活动领导小组。将“滨河之声”广场文化活动作为文化局的党员先锋示范工程，设立了局办公室、图书馆阅览室、文化馆非物质文化遗产办公室、文化市场管理办公室、文管所文物仓库小组5个党员先锋示范岗，确立了7名先锋示范党员，文化局总支、各支部及全体党员做出了公开承诺，并且按照承诺内容认真实施。确定了文化局新的工作思路：以竞争奖项为载体，以绩效考核为抓手，以争创一流为目标，全面提升宜阳文化工作水平和质量。在系统内部开展“竞争夺奖项，工作创一流”活动，设立“奉献奖”“黄牛奖”“工作状元奖”“环境卫生奖”等9个奖项，年终通过考核，进行表彰奖励。

【赴广东慰问演出】　新年伊始，在广东省河源市河南籍老乡团拜会之际，文化局组织县优秀演员、优秀文艺节目，自负经费，认真排练，组成演出团体，于1月15日晚远赴广东河源进行探亲文艺演出，取得圆满成功，使广东河源的河南籍老乡在浓浓的乡音中渡过了一个美好的夜晚。

【群众文化活动】　春节、元宵节期间，成功举办了唢呐调演、杂耍调演、灯谜晚会、红灯一条街、“董茂功、杨功甫、常明善”3人书画联展等10余项群众文化活动。4月，组织县优秀文艺节目参加第28届洛阳牡丹花会“河洛欢歌”广场文化狂欢月活动，县文化馆被评为集体组织奖，常顺卿获个人组织奖，4个节目荣获一、二、三等奖。此外，还举办了“三八”节才女6人展、“九九”县老干部学校学员作品展、“国庆”节宜阳籍在外书画家作品展以及农民书画展等艺术展览活动。

【第九届“滨河之声”广场文化活动】 7月1日举办大型“滨河之声”广场文化活动开幕式，特邀河南省邮政艺术团演出。第九届“滨河之声”广场文化活动历时3个月，7月为戏曲歌舞展演月，8月为群众大舞台和曲艺说唱月，9月为电影展映月，累计演出歌舞戏曲30场，群众大舞台5场，曲艺说唱表演32场，电影演出60部，30余万群众免费欣赏了精彩的文艺演出。9月28日，在滨河游园文化广场隆重举办了宜阳县“迎国庆”文艺晚会暨第九届“滨河之声”广场文化活动颁奖仪式。

第九届“滨河之声”大型广场文化活动

【送戏下乡活动】 抓住春季文艺演出的黄金季节，积极组织开展“送戏下乡”活动，组织县豫剧团演出155场，县曲剧团演出147场，演出公司组织外地十余个演出团体到乡村演出，共演出85场。7月21日，在三乡镇可乐湾村广场举行2010年“舞台艺术送农民”活动的启动仪式。7月至8月，组织市豫剧院、县豫剧团、曲剧团进行了“舞台艺术送农民”下乡演出，共演出17场。

【网吧治理攻坚战】 2010年，在环境创优活动中，文化局开展网吧治理攻坚战。建立了一套网吧管理的长效机制，发动社会参与，依靠科技手段，群众跟踪监督。发动文化系统全体职工分乡包村，深入各乡镇排查群众反映强烈的“黑网吧”，两天内排查出黑网吧110余家，提交县领导和有关部门，及时予以取缔和关停网络信号；发动群众大造声势，利用电视讲话、出动宣传车等方式，营造浓厚的社会氛围，印制3.5万份宣传单，全体职工走村入户，深入宣传；在有证网吧门口，设立有奖举报牌，鼓励群众对网吧违规行为即时举报；按照小村10名大村20名的标准，与6000名学生家长一起，在全县组织了1.3万名的网吧社会监督员队伍，并将万余名社会监督员的手机组群，定期发送手机短信，公布处理结果，提醒群众跟踪监督；依靠科技手段，充分发挥净网先锋软件优势，对有证网吧实行技术监控；实行严管重罚，从系统其他单位抽调人员充实网吧监管力量，除日常检查外，随时组织深夜和凌晨行动，进行突击检查，对个别心存侥幸违规经营的网吧进行严肃处理。通过治理整顿，网吧经营秩序得到彻底好转，未成年人进入网吧现象得到有效遏制，超时经营基本消失。

【开展“扫黄打非”】 根据省、市《关于2010年“扫黄打非”集中行动方案》要求，集中时间、集中力量、有重点、有目的地开展“扫黄打非”集中行动，重点是学校周边环境的治理整顿，防止盗版教辅读物进入课堂。共组织检查45次，出动检查人员158人次，检查车辆51辆次，取缔无证经营摊点5个，收缴各类非法出版物1200余册、非法音像制品800余盘，结案率100%，打击了出版物、印刷、音响等市场的违法违规经营行为。

【基础设施建设】 2010年，紧紧抓住国家加大对基层文化投资的机遇，加强县乡基础设施建设。8月底，完成了柳泉、穆册、寻村3个乡镇文化站建设。10月，争取到了城关镇、锦屏镇、高村乡、盐镇乡、赵保乡、樊村乡、三乡镇7个文化站建设项目，年底主体完工。争取了10个乡镇文化站100万元的设备配置项目，为8个已建成的文化站配备了书柜、阅览桌椅、信息资源共享等设备。争取上级文化信息资源共享工程建设资金54.9万元，完成了103个文化信息资源共享工程村级服务点建设，新增73套数码投影、30台电脑等村级服务点设备，使宜阳县的信息工程覆盖率达到95%。完成农家书屋建设项目21个，新争取到56个农家书屋工程建设项目，可望2011年初建成。

【农家书屋节目喜获国家大奖】 3月至5月，文化局选送的河洛大鼓节目《农家书屋好处多》先后参加了洛阳市、河南省组织的全国“我的书屋、我的家”阅读演讲比赛，均获得一等奖，被省选送参加全国评选，11月27日进京参加比赛，获得国家新闻出版总署颁发的最佳风采奖，12月30日，该节目在中央电视台七套《生活567》栏目中播出。

【图书馆服务】 图书馆遵守“服务至上，读者第一”的服务宗旨，共发展固定读者2000余人。报刊阅览室、少儿阅览室、电子阅览室、流通书库等服务窗口开展优质服务，全年共接待各类读者20000余人次。

少儿阅览室

【文物保护】 7月3日，在韩城镇仁厚村发现一座壁画墓，发掘出一副完整的北宋时期的二十四孝图，对研究当时的地方民俗礼仪具有较大的科学、历史和艺术价值；7月24日，组织县有关专家、文物工作人员对宜阳旧城改造中拟保留的建筑物进行全面调查，提出了创建宜阳旧城“历史街区”、保护四座老城门、于化卿烈士故居等重点文物遗址的方案举措，保护方案在县政府73次常务会议上原则通过；7月25日，组织文物工作者对三乡镇东阳村新发现的、濒危的明清建筑“李家古楼”进行现场考察、测量，及时组织材料，提交县有关领导及省、市文物部门。在上级对三乡李家古楼濒危改造资金没有到位的情况下，积极筹措资金2万余元，对古楼房顶等重点部位加紧抢修，避免了雨季到来之际该历史古建筑出现更大的危情；完成了五花寺塔修缮工程的测绘工作；完成了县医院整体迁建中的“爨荣墓”的迁移协调工作；召开灵山寺保护及综合利用方案省市级专家联评会议，邀请省市文物古建专家出席会议，对灵山寺修缮方案进行审查，完成了古建维修方案的报批工作；完成五花寺塔、石敬瑭墓、灵山寺、韩都宜阳故城的第七批全国文物保护单位的申报工作，韩都宜阳故城遗址保护成功进入国家“十二五”大遗址保护规划之中。

【编制文化事业发展“十二五”规划】 3月，认真进行文化事业“十一五”的总结和“十二五”发展规划的编制，提出开发宜阳文化产业新思路，提出保护开发利用宜阳历史文化资源促进经济社会发展的新课题，提出建设宜阳县博物馆、开发韩都宜阳故城等的新项目，并提出相应的措施和实施意见。

【县曲剧团重组】 县曲剧团由于戏箱问题，陷入瘫痪，濒临倒闭。年初，经过积极协调，注入资金，县曲剧团重新组建，起死回生，恢复了正常的文艺活动，边排练边演出，共演出147场。

【文化市场综合执法大队成立】 按照文化体制改革的有关政策要求，宜阳县文化市场综合执法大队于2010年12月正式组建。现有正式人员8名，包括大队长1名、支部书记1名、执法队员6名。其中大队长和支部书记为县组织部任命，6名执法队员均通过“宜阳县文化广电新闻出版机构综合改革领导小组办公室”组织的选聘考试、录取、政审并公示。 （李万军）

旅 游

局长 贾海涛

【概况】 宜阳县旅游管理局位于县城文明东路14号。内设办公室、人事教育计划财务科、行业管理市场开发科，主要负责全县旅游规划、开发、管理、宣传等工作。现有人员14人。

2010年，共接待县内外游客190万余人次，同比增长12.7%，创综合经济效益1.87亿元，同比增长15.4%。全年无一例游客投诉和旅游安全事故发生，实现了旅游市场健康有序发展，获洛阳市旅游系统先进单位。电话：0379—68892339。

领导班子成员

职 务	姓 名	职 务	姓 名
局 长	贾海涛	副局长	王占营
副局长	周朝阳	纪检组长	张莹辉

【灵山文化庙会】 第11届灵山文化庙会以“和

谐宜阳，造福百姓”为主题，3月17日在灵山景区隆重开幕，会期10天。庙会期间组织有科技、卫生、法律等三下乡活动，接待县内外游客48万余人次，创综合经济效益3500万余元。

灵山文化庙会文艺表演

【景区开发】 对灵山景区进行了地形图测绘、观音广场地质勘探，为编制景区总体规划提供了基础资料；投资70万元委托洛阳古建园林设计园完成了灵山风景区总体规划，将整个景区划分为4个功能区：山林风景区、寺院区、洛河莲花公园和商业服务区；按照景区规划，投资3500余万元开工建设华严宝殿、钟楼、鼓楼、东西厢房、观音广场、景区大门、公路改线、凤凰山治理、老母洞、凌霄宝殿改造、新旧公路之间垫土等工程项目。

【行业管理】 组织开展牡丹花会、河洛文化节期间的旅游市场秩序整顿和冬季景区防火检查活动，规范了旅游市场秩序，杜绝不法经营行为发生，确保了全年旅游市场安全有序，和谐运转。开展“安全生产月”宣传活动，制作版面2块，散发宣传手册1000余册、宣传折页5000余份，对游客应对突发事件和自救能力起到了有效的宣传和教育作用。

【旅游规划】 通过对“十一五”期间全县旅游发展的认真总结，结合当前全县旅游业发展实情和下步开发计划，科学编制了“十二五”宜阳旅游发展规划，为今后五年全县旅游业的发展提供了科学依据。

【学习活动】 全局党员干部职工深入开展了学习《廉政准则》活动，集中学习12个课时，撰写自查自纠报告14篇，提高了党员干部廉洁从政的主动性、自觉性。 （周利利）

图书发行

经理 石太生

【概况】 宜阳县新华书店有限公司位于宜阳县红旗东路10号，占地2499.9平方米，单位为事业编制，企业管理。内设办公室、人事股、财务股、业务股、储运股、监察股、图书发行股、中心门市部和16个乡镇发行部，全店干部职工116人。

2010年全店完成销售收入2300万元。石太生被评为全省新华书店优秀经理，扈耕民被评为洛阳全区新华书店优秀经理，该店被评为河南省新华书店发行集团先进店、全省新华书店先进店、洛阳全区新华书店先进店、全国青少年“我爱祖国的蓝天”读书教育活动发行先进单位。发行第十七届读好书活动用书10万余册。电话：0379—68882534。

领导成员

职　务	姓　名	职　务	姓　名
经　理	石太生	副经理	陈　伟
副经理	扈耕民	纪检书记	沈治安
副经理	王忠胜		

【农家书屋】 “农家书屋”工程是党和政府推出的一项促进新农村文化建设的惠民工程，是一个持续多年的国家重点文化工程。该店选派了一支骨干队伍，一周内将书柜、桌子、椅子、图书送到21个“农家书屋”示范村，安装调试，将图书分类上架，张贴分类标识、制度上墙、悬挂招牌。

【新华商厦建设】 该店拆迁原门市部、读者俱乐部、二层小办公楼及五层二单元职工家属楼。2010年11月23日举行开工典礼，建造十五层，地下一层。新华商厦其中一至四层为商铺，五层以上为商住。商厦建成后，该店将拥有商业旺铺5000平方米，其中一、二层1400平方米用于拓展文化产业的投资，如电影院、文化创意、会展培训等，树立该店的文化品牌，每年可增效益约180万元。

【搞好征订】　教材发行工作是新华店的主营核心业务，是新华书店服务社会、服务教育应尽的职责，征订工作是发行教材的前提和关键。征订中及时与教育部门沟通协调，做到收发订单上门、调整订数上门、发行教材上门、余缺调剂上门、征求意见上门，达到“课前到书、人手一册”。

（扈耕民）

地方史志

主任　程汴玲

【概况】　宜阳县地方史志办公室驻县城红旗中路县政府大院3楼，财政全供事业单位，编制6人，实有6人。2010年，县地方史志办公室圆满完成为上级年鉴、大事月报的供稿任务。按时完成了《宜阳年鉴》、《宜阳大事月报》的编辑出版，完成了《乡镇概览》初稿的编写。同时配合县里的中心工作积极主动开展用志活动，让志书起到了资政、资商、存史、教育的作用。《宜阳年鉴》（2009年卷）在全国地方志指导小组办公室组织的五年联评中，荣获二等奖。《宜阳年鉴》编纂工作跨入了河南省年鉴工作的先进行列。县地方史志办公室荣获2010年度全省修志工作先进单位，获洛阳市地方志系统特别优秀单位。程汴玲被中国地方志指导小组评为全国修志系统先进个人。电话：0379—68887297。

领导班子成员

职　务	姓　名
主　任	程汴玲

【《宜阳年鉴》(2010) 出版发行】　《宜阳年鉴》(2009) 征稿工作从3月开始，8月底稿件收齐，经过认真编辑，于12月底由中州古籍出版社出版。该卷年鉴大16开版本，设计、装帧美观大方，资料丰富，70万字，图片150幅。内容涵盖全县各条战线，保存了宜阳县2010年度各项工作资料，是又一部了解宜阳、宣传宜阳的权威性著作。

2011年地方史志工作会议

【《宜阳大事月报》编辑至44期】　该年度《宜阳大事月报》编辑工作平稳进行，按时编印12期，每期发行200份，共2400份，20万字。至2010底《宜阳大事月报》已编辑印发总44期，基本做到了大事要事不漏，小事不录，为县里的工作提供了服务，系统地保存了各年度的珍贵史料。

【《宜阳乡镇概览》初稿完成】　《宜阳乡镇概览》编写工作启动于2009年11月。2010年3月，主管副县长李晓波带督导组深入各个乡镇进行了督导，加快了各乡镇编写速度。10月底各乡镇按市里要求顺利完成了初稿编写。办公室安排专人对40万字稿子进行了编辑，提出了具体的修改意见。该项工作在全市位居先进。

【完成《洛阳年鉴》供稿任务】　该年度为《洛阳市年鉴》供文字稿1万字，图片10余幅，按市要求圆满完成任务。

【编印《历史与时政》】　全年编印《历史与时政》12期，选编历史条目372条，时事政治840条，计50余万字，发送给县四大班子领导，为其决策提供历史和现实的依据。

【用志活动不断深入】　该年度积极开展用志活动，为各乡镇提供了许多地情资料，有力地支援了招商工作的顺利进行。同时继续向国内各类图书馆、地方志机构、宜阳籍在外工作的领导、专家学者赠阅交换《宜阳县志》、《宜阳年鉴》及地情资料书籍累计800余册，宣传了宜阳，扩大了宜阳的知名度。接受社会各界人士咨询100余人次，用志书、年鉴所载资料帮群众释疑解惑。用志活动的深入开展，收到了良好的社会效益。

（赵苗远）

新闻中心

主任　宋会杰

【概况】　宜阳县新闻中心是全县新闻宣传工作的枢纽，副科级事业单位，现有工作人员3名，主任1名，科员2名，办公室设在县委东楼。2010年，新闻中心围绕项目建设提速年、招商引资深化年、县城建设提升年、现代农业推进年、民生改善提高年等“十大主题年”活动，多渠道、全方位加大宜阳县对外新闻宣传工作力度，为全县的改革、发展、稳定以及和谐社会的建设营造了良好的舆论氛围。电话：0379—68887404。

领导成员

职　务	姓　名
主　任	宋会杰

【对外宣传再创佳绩】　2010年，新闻中心在市以上新闻媒体刊发了一批质量高、分量重、影响大的稿件，多层面地宣传宜阳经济社会发展的新经验、新成果。分别在中央、省、市主流媒体刊发稿件20余篇、80余篇、350余篇。其中，在《河南日报·农村版》刊发头版头条稿件2篇：《宜阳“先锋示范工程”使干部受教育群众得实惠》和《宜阳农民体育健身成时尚》。在《洛阳日报》刊发头版头条稿件2篇：《宜阳实施城产一体化引领发展转型》和《中国雨润（宜阳）食品产业化项目奠基》。在《洛阳日报》头版二条、报眼及头版显著位置刊发《宜阳实施乡镇书记工程加快重点项目建设》、《宜阳强力推进洛宜一体化》等重头稿件30余篇。上传新华网·中国宜阳、洛阳网·宜阳频道稿件850余篇（幅）。推出的自费兴修水利造福群众先进人物冯武飞在省内外引起强烈反响。全年接待新华社、人民日报、中央电视台、河南日报、洛阳日报等主流媒体220批次、350名记者，协调处理敏感事件、热点问题150余件（个）。

县新闻媒体知识专题讲座

【县区新闻效果明显】　县区新闻版宣传效果显著。2010年，组稿出版《洛阳日报·宜阳新闻》20期，其中刊发整版3期，刊发稿件160余篇（幅）。2010年，在报道方式上注重淡化动态报道，强化对县委、政府中心工作重大题材的突出报道，并深入报道宜阳县深入开展十大主题年活动，实践科学发展观，努力实现和谐发展的成功经验和做法，增加稿件分量，增强宣传效果，深受领导和读者的好评，有力的宣传了宜阳三个文明建设。

【互联网宣传独辟蹊径】　利用互联网宣传宜阳，突出办好洛阳网·宜阳频道和新华网·中国宜阳网站。壮大网络通讯员队伍，对通讯员进行培训，提升队伍的整体专业素质。要求通讯员把县委、县政府中心工作及乡镇、委局的亮点工作以最快的速度上传在网络上，真正让宜阳走向世界，让世界了解宜阳。

【预警应急有“法”可依】　完善重大突发事件新闻报道应急处置工作方案，建立突发事件新闻应急处置程序。出台《进一步加强新闻采访管理工作的通知》。建立完善新闻发布制度，各乡镇、各单位普遍设立新闻发言人，并进行基础业务培训，开展新闻发布工作。本着“有章可循，行动迅速，主动应对，堵住负面报道”的指导思想，理清工作职责，机动灵活、有礼有节地处理新闻突发事件，依靠政策，依靠智慧，积极妥善处理热点难点问题，全力维护宜阳对外形象。

【化解矛盾维护形象】　按照中央、省、市新闻宣传从业人员的管理规定，对来宜记者逐一检查“三证”，登记核实，对不具备采访资格的假记者坚决拒绝采访，并向各委局、乡镇传达相关精神，帮助他们识别记者证的真伪。

认真学习、研究接待来访记者的技巧，不断完善记者接待工作流程。对一些具体事件，加强与相关单位的密切配合，努力处理好有关敏感问题。2010年，新闻中心接待来宜阳县进行采访报道的上级记者150余批（次），涉及问题全部妥善解决，维护了宜阳的良好形象。

（靳会利）

广播电视

台长　丁五道

【概况】　宜阳县广播电视总台位于宜阳县北城区锦屏大道北路，内设总台办公室、人事股、事业股、财务股、绩效考核办公室、总编室、播控中心。下设宜阳人民广播电台、宜阳电视台、宜阳广播电视信息网络中心、宜阳光影文化传媒有限公司、执法室、广告部，13个部门。现有干部职工279人。

2010年，完成经济创收810万元。获市级文明单位，市级园林单位，市级卫生单位，全省广播电视村村通工作先进集体。宜阳县广播电视信息网络中心获2010年度全市广播电视技术维护先进台（站）。电话：0379—68882533。

领导班子成员

职　务	姓　名	职　务	姓　名
局　长	丁五道	副台长	麦国子
副台长	马振江	副台长	冯荣国
副台长	尚平安	办公室主任	刘红涛

【新闻宣传】　2010年电视台共播发新闻2216条，专题节目66期，专题片23部。《洛阳新闻宜阳版》全年播出22期，计220条。省市新闻媒体其他栏目播发稿件182条。电视台在《宜阳新闻》节目中开设《新年新思路》委局长访谈录，开设《三重大》栏目对全县重点工作落实，重点工程进度，重要工作促进等进行跟踪报道，开设了《红旗大道进行时》、《关注城中村城郊村改造》、《聚焦新农村》、《平安宜阳行》、《环境创优访谈录》、《优化经济发展环境访谈录》、《政协提案面对面》、《学习贯彻十七届五中全会精神奋力实现福民强县发展战略》等栏目，集中报道县委、县政府的重点工作。广播电台全年制作《宜阳新闻》232期，播出新闻类稿件2100余条。在市级以上电台发稿268条，其中在中央人民广播电台发稿2条。《戏迷乐园》、《音乐文学随想》、《天下女人》等栏目深得群众喜爱。全年播出专题类节目540组，播出文艺类节目376期。全年安全播出1820小时。

【事业发展】　对家鑫水岸二期、党校小区、科达后期、府琛花园、仁和花园、中州名邸等小区，进行设计和施工，新架光缆12余公里，增加光电16个，覆盖用户1200余户。新发展高村乡牛玉村、盐镇乡周过东西村、温沟村、寻村镇李营村、汉营凹村、张坞镇七峪坡、苏羊、七星塔、石门村4乡（镇）9个村，架设光缆20余公里。对红旗大道、工业园区全面改造后，所需改造的有线电视网络进行了全面规划和施工，入地光缆2公里，横跨过街线路4处，入地迁移4个光点，安装交接箱1个。抢修各种线路故障90余次，全年共改造光缆50余公里，－9线31000米，－7线63000米，新增35个光点。加快边远山区和20户以上已通电自然村的电视网络建设。向省发改委申报了141个20户以上自然村“村村通”有线电视工程，其中93个村为卫星直播，48个村为有线延伸，争取资金141万元。

【行政执法】　利用广播电视，制作展板、横幅，组织执法人员走上街头散发宣传单等多种形式，宣传广播电视法律、法规，为全县广播电视依法有序管理营造良好的舆论氛围。在全县范围内开展非法安装卫星电视地面接收设施专项整治活动，查处非法安装卫星电视设施670余起。在韩城举行严厉打击非法销售、安装、使用卫星地面接收设施专项整治现场会，集中销毁卫星地面接收设施420余套。

【安全播出】　全方位提升广电传输网络安全性，把握广播电视工作的生命线。加强对全局自办节目的审查监督，明确审听、审看责任，实行差错追究制度，促进采编播人员增强责任意识和质量意识；完善健全各项制度，成立安全播出工作领导小组，建立畅通、快速、高效的联系协调机制，在重大节日，敏感时期加强值班工作，启动应急预案，出现紧急情况，立即处理；对播出人员进行基本技能培训，增强培训的实用性和操作性。有计划进行安全播出演练，全面提高安全播出一线人员综合素质。建立健全无漏洞、全覆盖的安全保证体系，坚持零报告制度，从信息传递、反映处置、技术防范、值班巡查等方面建立一整套严密的规章制度，关键部位设置多种预案。全年未发生一起安全播出事故。

县广播电视中心

【电影放映】 在全县17个乡镇扎实推进农村数字电影放映工程，为广大农民群众放映科技片、爱国教育片、喜剧片和各类电影4450场次。

【基础设施建设】 按照城市建设规划，在电影公司原址上进行重建。建成集办公、商业、文化、住宅为一体的建筑群，占地面积0.56公顷，建筑面积25000平方米，总投资3000万元。 （刘红涛）

档案管理

【概况】 宜阳县档案局既是县委机构，又是政府机构，属县委直属正科级事业单位，成立于1980年5月，原有行政编制5人，事业编制9人，1997年县档案局在机构改革中被定为事业单位，现有工作人员16人。内设办公室和业务指导股；下设档案馆（副科级机构），2003年10月成立现行文件阅览中心。局馆合署办公，实行统一管理，所需经费由县财政全额拨款，办公地址位于县城兴宜西路18－3号（租赁）。档案局主要职能是主管宜阳县行政区域内的档案事业，并对本行政区域内的机关、团体、企业事业单位和其他组织的档案工作实行监督指导和管理。

局长 张军芳

2010年，积极开展“创先争优”活动，以服务经济建设、服务社会发展、服务人民群众为宗旨，加强档案基础建设、加强监督指导，开发档案资源，拓宽档案利用渠道，开展档案服务，满足人民群众利用档案的需求，发挥档案工作在构建和谐社会中的作用。电话：0379—68882510

领导班子成员

职务	姓名	职务	姓名
局长	张银鸽（5月离） 张军芳（5月任）	馆长	王佩（6月任）
副局长	乔保卿（5月任）		

【“创先争优”活动】 围绕“做科学发展先锋队，当宜阳跨越发展排头兵”这一主题，结合档案工作实际，发挥基层党组织战斗堡垒作用和广大党员先锋模范作用，在全局各岗位开展“争创先锋示范岗”，争当“先锋示范党员”的“创先争优”活动，努力钻研本职业务，熟练掌握操作技能，提高服务质量，改善工作作风，赢得了利用者一致好评。

【归档文件整理】 基层单位归档文件整理工作是档案工作的基础，加强指导，严格管理，不断改进工作方法，认真研究分析基层单位业务性质和文件形成情况，按照分类大纲精心指导，严格标准，统一分类，统一装订，使归档文件整理工作圆满完成。全年指导归档文件整理单位106个，整理归档文件16626余件。

【机关档案工作规范化管理认证工作】 档案局按照《认证办法》和《认证标准》的要求，积极开展工作，强化指导、监督和检查。基层各单位积极开展机关档案工作规范化管理认证工作，对照《认证办法》和《认证标准》，建立领导组织，制订工作方案，完善管理措施，认真对照检查，及时查漏补缺，按时上报材料。经过档案规范化管理认证小组对上报单位进行严格、公正的考核评定，认证法院机关档案室为省标一级；县地税局、交通局、运管所、人事局、审计局等5个机关档案室达标认证为省标二级；县乡所、中医院认证为科级事业单位档案管理省级先进单位。为机关档案管理认证工作的开展树立了榜样。

【开展档案监督指导和检查】 8月中旬，对县直单位和乡镇档案工作管理体制、档案工作制度建设及执行情况、档案保管条件和库房管理、档案基础业务建设、档案信息化建设、档案信息资源开发利用等方面工作进行了全面检查和实地指导，使乡镇和县直机关档案管理水平进一步提高。

【档案馆业务管理工作】 加强档案资源建设，积极提供档案利用，为社会各方面服务是档案馆的重要任务。2010年，档案馆全体人员加强业务学习和库房管理，接收并整理2009年现行文件1000余件，抢救复制褪变档案2000余页，积极开展档案利用，为社会各界提供档案信息服务，接待社会各界档案利用者720人次，查阅档案资料923卷(册)。

（王　佩）

卫　生

局长　张德新

【概况】 宜阳县卫生局位于北城区李贺大道，是主管全县卫生工作的政府职能部门，主要负责在全县贯彻执行国家卫生方针、政策和法规，制定各项卫生技术标准并监督实施；负责对全县医疗机构和从业人员的管理；负责新型农村合作医疗、120急救指挥、妇幼卫生、疾病预防与控制、健康教育、血液采用、卫生监督、爱国卫生、医学学会等管理工作。

卫生局下属各类医疗卫生机构28个，其中县直医疗卫生机构9个，分别是：县人民医院、县中医院、第二人民医院、妇幼保健院、北城区人民医院、卫生学校（与城关镇卫生院一个机构两块牌子）、疾病预防控制中心、卫生监督中心、口腔病防治所；下属乡镇卫生院19个（6月前含丰李镇卫生院，包括石村、石陵两个卫生院）。卫生局机关下设14个科室：党政办、后勤股（10月新设）、人事股、计财股、医政股（含红十字会办公室、医学会管理办公室）、妇幼保健股、疾病预防控制股、卫生监督股、一体化管理办公室、无偿献血管理办公室、纪检监察室、120指挥中心、新型农村合作医疗管理委员会办公室、爱国卫生运动管理委员会办公室。

2010年，坚持科学发展观，深化改革、开拓进取，以医药卫生体制改革、扩内需保增长、“卫十一”项目为契机，通过实施新型农村合作医疗、开展标准化村卫生所建设、加强乡镇卫生院基础设施建设、完善县乡村三级医疗保健网络、加大人才培养力度、加强卫生监督管理、打击非法行医等重点工作，使宜阳县的卫生工作取得了长足的进步，受到上级的表彰。

2010年，获得省残联、民政厅、卫生厅残疾人社区康复示范县、省卫生厅世行贷款项目管理先进单位，洛阳市卫生局卫生工作先进单位、深化医改工作先进单位等荣誉称号；宜阳县卫生监督中心获得全省卫生监督先进单位、三乡镇卫生院获得全省基层单位深入学习实践科学发展观活动先进集体荣誉称号。电话：0379—68823837。

领导班子成员

职　务	姓　名	职　务	姓　名
局　长	张德新	副局长（兼）	张绍光
副局长	董成伟	爱卫办副主任	张平发（5月离）
副局长（兼）	赵银知	爱卫办副主任	张庆桃
副局长	刘建玲（5月任）	党委委员	王晓黎（6月任）
副局长	张瑞霞（5月任）	副书记	卢战国（5月离）
副局长	周旭辉（5月任）	副局长	刘孟立（5月离）
副局长	刘跟党（5月任）	县食品办主任	曹建华（5月任）
纪委书记	孔东亮（5月任）	党政办主任	商有臣
副局长（兼）	张世敏		

【积极开展标准化村卫生所建设】 截至12月底，全县113所标准化村卫生所全部建成并投入使用。至此全县363个村卫生所新建或改扩建一遍，完成了省政府提出利用三年时间每个村建成一所标准化村卫生所的工作目标。

农村卫生发展项目审计汇报会

【公共卫生服务均等化初步实现】 2010年，九类基本公共卫生服务项目及六类重大公共卫生项目全面启动，9项基本公共卫生项目人均15元经费全面落实。

公卫信息平台的建立，使公卫工作的管理更加规范、有效。探索、建立"政府购买、合同管理、绩效支付"公共卫生服务管理模式得到卫生部、省厅的肯定。12月7日中央电视台、人民日报等五家中央媒体到宜阳县进行联合采访，12月9日全国40个"卫十一"项目县公共卫生均等化经验交流及高层研讨现场会在宜阳县举行。

2010年，完成健康档案48.8万份，占应建档人数的81%，建档合格率90.3%；突出重点人群，管理高血压病、糖尿病、重性精神疾病患者、65岁及以上老年人13万余人；孕产妇产前保健覆盖率98.81%，保健建卡率89.93%，系统管理率77.16%，住院分娩率99.93%，较项目实施前均有明显提高；儿童保健管理率69.37%，5岁以下儿童死亡率3.93‰；计划免疫接种率98%以上；健康教育深入开展，传染病报告及时率、准确率进一步提高，发病率呈下降态势，3大类10大项的基本公共卫生服务已经在乡村两级得到落实。

6项重大公共卫生项目中，查出15岁以下儿童漏种乙肝疫苗192440针次，补种192383针次，补种率98%。农村妇女住院分娩免费、适龄妇女补服叶酸项目、白内障病人复明术200人、改厕2200所工作目标全部实现。

【新农合制度平稳运行】 2010年新农合人均筹资150元（其中个人30元、各级财政补贴120元），参加新型农村合作医疗619456人，参合率99.98%，年初将大病住院报销封顶线提高到6万元；门诊统筹全面实施，发放新农合就诊卡16万张，建立覆盖县、乡、村新农合信息网络系统，取消农合证；实现新农合与特困救助"一站式"无缝衔接；开展了综合支付制度改革，坚持政府主导、质量优先、绩效激励和安全有效原则，实行"定额预付、绩效继付、提款报账制"支付方式。

2010年，全县新农合补助961368人次，补助金额6992万元，较2009年度增加330万元。参合群众受益率155.2%，其中住院补助36844人次，补助金额4605万元，占全年统筹基金比例74.34%，人均补偿1250元，人均补偿比为44.87%；门诊统筹补助715879人次，补助金额580万元；家庭账户补偿208645人次，补偿金额641万元。

【疾病预防控制能力全面提高】 2010年在全县开展了12次冷链运转，计划内疫苗接种率达98%以上。并对8个月龄至14岁的儿童进行了麻疹疫苗接种工作，查出目标儿童148073人，接种目标儿童147613人，接种率99.69%。全年发现麻疹疑似病例30例，确诊为24例，和2009年相比下浮70%。

传染病报告与管理更加规范，发病率呈下降趋势。手足口病发病223例，和2009年相比下降66.47%。艾滋病人管理及监测进一步加强，"四免一关怀"政策全面落实。布病防治成效显著，确诊布病26例，与去年同期相比下降50.94%。新发现阳结核病人243例，全面完成市政府年度目标任务。

河南省健康教育所在全省仅有的一个健康村建设项目县和两个健康素养项目县在宜阳县实施。10月11日至14日，卫生部、省、市健教所到宜阳县进行评估，得到了部、省领导和专家的认可，使宜阳县健康村试点建设项目工程为全国的推广提供了科学依据。

【医政管理不断规范】 2010年医政工作围绕"持续改进质量、确保医疗安全"主题，进一步深化"医疗质量万里行"活动，搞好医院管理年活动。印发了《2010年医政工作意见》、《宜阳县医疗纠纷及医疗事故防范与处理预案》、《宜阳县农村医疗卫生服务质量管理体系建设实施方案》、《宜阳县2010年至2015年城镇诊所、门诊部设置规划》；按照审批程序完成了县辖一级医疗机构68名护士、80名医师执业注册工作，完成了28个县辖一级医疗机构的《医疗机构执业许可证》的审验换发工作；完成了2010年医师资格考试报名、材料审核，有441人通过了市局、省厅的审核。开展医疗质量督导2次，对63种常见病诊疗规范和临床路径进行了病种调整。制定了11种疾病按病种付费质量控制与绩效考核要点，并在3月22日河南省农村地区卫生服务支付制度综合改革培训会上推广交流；制定出40种宜阳县常见疾病诊疗流程和诊疗路径。建立了医患纠纷第三方调解机制。由司法局牵头，县法院、卫生局参与，成立了医患纠纷调解委员会。开展“健康快车洛阳行”活动，筛查白内障病例181例，实施白内障复明手术55例。实施2010年“百万贫困白内障患者复明工程”项目，完成200例手术任务。以120指挥中心为中枢，在各医疗单位开展标准化站点建设，120指挥中心与县110密切配合，多次完成突发事件、重大交通事故的调度、抢救工作，并实现了电话接听、信息传达零差错，为病人赢得了宝贵的生存时间。广泛宣传《中华人民共和国献血法》，组织大型献血活动6次，无偿献血2321人次，献血量928400毫升，居全市先进行列。严格执行《临床输血技术规范》和《血站管理办法》，全年向临床提供去白细胞红细胞3886单位，病毒灭活血浆236800毫升，血小板15个治疗量，全血700毫升。全年未发生非法采供血事件。组织2人参加艾滋病实验室检测技术暨质量控制，省级培训，成绩优秀，HIV筛查实验室工作正走向规范化、法制化、程序化。

【妇幼卫生工作持续提高】 妇幼卫生工作围绕“降消”项目进行完善和提高，加强标准化产、儿科建设，对薄弱乡镇进行了重点督导和技术扶持。住院分娩率100%、高危孕产妇系统管理率100%。

【卫生监督能力明显增强】 2010年，加大卫生监督执法力度，为切实保障人民群众的饮食安全，严厉打击制售假冒伪劣食品，开展了“元旦春节”、“两会”、“花会”、“五一”及“中秋国庆”期间的各类餐饮消费安全、问题奶粉、餐饮业经营中非法加入罂粟壳、食用油脂、餐饮具、学校食品卫生安全、建筑工地食堂等专项检查活动。从环境卫生、经营场所、工具设备、食品采购、运输、加工、储存、出售、从业人员等方面建立严格准入制度。全年审批发放各类卫生许可证310个，发放放射诊疗许可9家。一级以上医疗机构量化分级管理100%，餐饮业量化分级管率96%以上。2010年，审查食品卫生及公共场所案件814起，医疗卫生案件144起，申请法院强制执行案件88起，案卷合格率100%。开展防治职业病宣传周活动，深入企业现场宣传，并组织企业负责人学习有关防治职业病的法律法规。2010年，检查企业60多家，检查覆盖率98%以上，体检人数2500人；开展《食品安全法》宣传活动，营造人人关心食品安全的良好社会氛围。

市卫生法制与监督工作（现场）会在宜召开

【纪检监察与行风建设成效显著】 落实医务人员“五不准”、卫生执法人员“五禁止”的规定，杜绝损害国家利益和有损卫生工作者形象的事件发生；落实“一岗双责”制度，强化宣传教育，营造廉政建设浓厚氛围，坚持“三重一大”事项集体研究和重大事项报告制度；开展预防职务犯罪培训，组织各医疗卫生单位主要领导、局机关干部到县警示教育基地学习体验，做到警钟长鸣；加强卫生系统行业作风建设和纠风工作力度，在全系统开展和谐医患关系示范岗创建活动；做到院务公开，药品统一集中招标采购，明码标价，公开收费，增加透明度，提高患者知情权，尊重患者选择权，使卫生工作更好地服务于人民。

【基础建设和环境治理长抓不懈】 2010年，县医院整体迁建工程，顺利通过立项，按照“二级甲等医院”标准建设，一步规划到位，分期分步实施。一期工程投资1.5亿元，9月30日奠基，预计2011年12月竣工，完工后县医院床位将达700张；二期工程分别建设两座各9层的内科楼和后勤保障楼。10月31日，宜阳县盐镇卫生院扩建项目举行奠基，新建面积2182.39平方米，砖混结构，双面四层，建设资金预算158.7万元，其中中央财政拨款100万元，省市配套资金25万元，自筹资金23.7万元。预计工期半年。在乡镇卫生院开展以改厕为重点的综合治理活动，内容包括无烟单位创建、环境治理、医疗质量、人事财务管理、绩效考核等，柳泉、莲庄、寻村获得县卫生局示范乡镇卫生院提名。

【人事管理与财务管理规范进行】 县医院、中医院多次参加高校招聘会，引进研究生1名、本科生10名、高护14名；以“51111”工程为契机，全系统招录大专以上学历人员14名。重视学历教育，有88名无学历人员通过了资格审查、建档工作，40名医护人员参加了医学继续教育。做好万名医师支援农村卫生工程、医技人员晋职下乡锻炼工作，市级30名、县直单位12名业务骨干下派到各乡镇卫生院。执行财务管理制度，落实月核销、一支笔审批和重大事项报告制度，定期组织开展内部审计，实施院长离任审计，在全系统推行财务电算化管理，对财务人员进行规范，无职称、无学历和会计出纳一肩挑现象全面消除；加强固定资产管理，购置、处理固定资产秩序规范有序。

【招商引资与项目管理成绩斐然】 2010年，多渠道筹措省外资金3000.92万元，其中中央新增国债项目预算内投资2225万元、“卫十一”项目资金88.28万元、2010年基本公共卫生服务资金中央投资687.64万元；省内资金1299.96万元，其中村所建设省配套233万元、2010年基本公共卫生服务资金省配套270.96万元、重大公共卫生专项降消项目及叶酸276万元、农村改厕88万元、药物目录365万元、中医药公共卫生专项67万元；总计争取上级资金4300.88万元。

【爱国卫生和创卫工作持续进步】 巩固国家卫生县城成果。爱卫办每月组织一次爱国卫生检查，督促各项卫生制度的落实。开展“爱国卫生月”活动。4月是全国的第二十二个“爱国卫生活动月”，爱卫办以“清洁城乡，保护健康”为主题，周密计划，广泛宣传，多次进行明查暗访，清洁了家园，扮靓了城市；组织“世界卫生日”宣传活动，通过版面宣传、发放卫生知识宣传单、“你我多一份良觉，宜阳多一份清洁”百米长卷万人签名等活动，提高了城乡居民的健康卫生意识。开展卫生单位、卫生乡镇创建工作。2010年到届的省级卫生单位15个，新创1个，省级卫生村5个；到届的市级卫生单位5个，卫生乡镇1个。所有迎检单位顺利通过了市级初验。以春季灭鼠、夏秋季灭蚊蝇为重点的对病媒生物防治工作。下发了4个文件，病媒生物的防治工作进行了安排布置，有效控制了“四害”蔓延，保障了广大群众的身体健康。完成农村改厕任务2200户。

【精神文明和党建等工作全面推进】 完成为香鹿山生态园绿化和助残捐款。灵山文化庙会期间，组织卫生系统文艺专场，开展送医、送药下乡活动，参与滨河之声广场文化活动。开展创先争优、示范工程、示范岗、示范党员创建活动。按期转正党员5名，培训入党积极分子16人。

【积极实施中国健康扶贫项目】 对全县30岁以上人群开展上消化道疾病普查，初筛8万余人，精查（做胃镜）7000多人，发现癌前病变562人、癌症患者37人；11月12日启动“远离乙肝、健康中华”乙肝救治项目，宣传受益群众10万余人，免费普查48527人，对初筛出的近五百余名呈阳性群众进一步免费检查了乙肝五项、肝功能和B超。对筛查出的388名乙肝患者持续免费发放了基础救助药品。 （商有臣）

体 育

局长 张强志

【概况】 宜阳县体育局位于文化路南端，现有干部职工40人，内设1个综合办公室、3个业务科室、1所业余体校和1个全民健身活动中心。2010年，宜阳县体育局认真贯彻《全民健身计划纲要》，积极开展各项活动，完善体校各项规章制度，促进体育产业健康发展。全年组织各类群众性体育活动18次（项），参加人数2600余人；选拔210余名优秀运动员参加省、市比赛5次（项），获得奖牌25枚。被省体育局评为全民健身活动先进单位，被市体育局评为老年体育工作先进单位。电话：0379—68882236。

领导班子成员

职　务	姓　名	职　务	姓　名
局　长	张强志	纪检组长	赵艳丽
副局长	毛高峰		

【群众体育】　2010年，举办了“春节运动会”、“五一职工运动会”、“十一运动会”和老年人运动会四次大型运动会，开展全民健身月活动2次，组织城乡群众开展各种体育比赛18项（次）。组织县健身操舞协会在县城举行迎春节操舞表演；象棋协会举办“望锦新城杯”象棋锦标赛和第三届“信合杯”象棋擂台赛；自行车协会和自行车爱好者举办了“元旦自行车赛”；在灵山文化庙会期间，组织了象棋挂盘公开赛、武术表演赛、太极拳比赛等项目，受到社会各界一致好评。联合各个体育协会在第二个全民健身日开展了一系列体育比赛，增强了城乡群众参与体育健身活动的意识。

【竞技体育】　洛阳市老年人运动会5月至10月举办，宜阳县选派170余名优秀运动员参加了10个项目的比赛，获得15枚奖牌。12月，15个农民篮球队经过激烈角逐，选拔出段村篮球队参加“河南省万村千乡农民篮球赛”洛阳赛区比赛，获得冠军。

【体育设施建设】　2010年，完成了“雪炭工程”暨体育休闲广场项目建设，“雪炭工程”项目共投资560余万元，占地10.03亩，建成1个综合训练馆（含室内篮球场、羽毛球场和6个乒乓球台）、2个室外带看台的灯光篮球场、1个网球场、1个门球场、4个乒乓球台和1条健身路径（含30件健身器材），于6月底建成投用。

完成18个“河南省乡镇农民体育健身工程”项目建设。5月，被省体育局确定为“河南省乡镇农民体育健身工程”项目实施县，在16个乡镇政府所在地和工矿区办事处各建设一个灯光篮球场、一个标准门球场、四个乒乓球台和一条健身路径，每个需投资30万元，总投资540万元，其中自筹180万元，由国家、省下拨器材及资金360万元。

2006年至2010年，投资1100余万元，完成全县353个行政村的农民体育健身工程项目建设。2010年，为150个行政村安装了一场两台（1个篮球场和2个乒乓球台）及健身路径器材，建成了150个农村文体广场项目，实现了农村体育设施全覆盖，得到了上级体育部门和农民群众的一致好评。

“雪炭工程”暨体育广场项目竣工典礼

【农民体育健身工程现场会】　11月5日至6日，河南省实施农民体育健身广场现场会在宜阳县召开，省体育局主要领导、洛阳市有关领导、各省辖市及扩权县体育部门主要领导共120余人参加了会议。会议现场观摩宜阳县农民体育健身工程建设情况，宜阳县介绍了作为国家级扶贫开发重点县率先完成农村体育设施全覆盖的做法。

【青少年业余体校】　宜阳县青少年业余体校是一所面向社会招生的综合性体育学校。设立有篮球、乒乓球、武术散打、围棋、中国象棋、少儿拉丁舞、民族舞、钢琴等多个项目，由体育局选派的优秀教练员与聘请的专业教师共同执教，采取长期培养与短期集训相结合的方式，为宜阳培养体育后备人才。2010年在校学员600余人次，创收5万余元。

【全民健身活动中心】　2010年，体育局投资40万元，建成新的全民健身活动中心，面积400平方米，开设动感单车、健身操舞、健身瑜伽、健身器械等四个专业俱乐部，有专业教师指导会员健身。

（范玮玮）

社会生活

人民生活

【概述】 2010年，宜阳县人民生活质量不断提高，全县居民收入同步增加，市场物价持续向上攀升，其中居民消费价格指数比上年上升5.9个百分比点；居民消费信心增强，全年实现社会消费品零售总额405180万元，比上年增长17.8%；城乡居民存款增加，年末城乡居民本外币储蓄存款余额369949万元，比上年末增长18.4%。

【城镇居民收支稳步增长】 2010年，全县城镇在岗职工年平均工资26419元，比上年增长6.4%。据统计局城镇居民住户抽样调查资料反映；全县城镇居民人均可支配收入达13410元，同比增长12.5%；城镇居民人均消费性支出11770元，同比增长14.1%。在生活费支出中，食品类人均支出3275元，同比增长2.6%。人均肉、禽、蛋、鱼消费量在33.1公斤以上。城镇居民家庭恩格尔系数（即食品类支出占生活费的比重）为27.8%，较上年降低3.1个百分比。

【农民生活进一步提高】 2010年，农村居民人均纯收入4598元，比上年增长10.3%。据统计局农村居民住户抽样调查资料反映：农民人均工资性收入2077元，同比增长13.6%；出售农产品收入604元，同比增长2.1%。农民工资性收入45.2%，仍然成为主要的收入来源。在生活费支出方面，农村居民年人均生活费支出为3338元，同比增长12.5%，其中：食品类支出1118元，同比增长12.8%。农村居民家庭恩格尔系数为33.5%，较上年提高1个百分点。

居民消费价格总指数

（以上年价格为100）

项　目	指　数
居民消费价格总指数	104.4
一、食品	112.6
二、烟酒及用品	113.9
三、衣着	99.76
四、家庭设备用品及服务费	98.37
五、医疗保健和个人用品	103.08
六、交通和通信	100.2
七、娱乐教育文化用品及服务	99.72
八、居住	99.91
1. 租房	105.24
2. 水、电、燃料	102.39

（刘少红）

人口和计划生育

主任　马志敏

【概况】 宜阳县人口和计划生育委员会位于北城区，香鹿山大道西侧，内设7股7室，2个行政监察中队，1个行政执行中队，4个城镇服务区，1个二级机构。2010年，完成各项目标任务。截至2010年末，全县总人口639550人，农业人口564552人，非农业人口74998人，已婚育龄妇女128664人；全年出生6883人，人口出生率10.99‰；死亡3376人，人口自然增长率5.61‰。电话：0379—62717799。

领导班子成员

职　务	姓　名	职　务	姓　名
主　任	马志敏	党组成员	刘来杰
副主任	张秋月	计生协会副会长	王　斌
计生协会常务副会长	李宏治	副主任	乔少波
副主任	刘志强	副科级干部	马站卯

【优质服务活动】　结合3月、9月生殖健康检查，开展“生殖健康进家庭”优质服务活动，完成四项手术11313例，其中引流产1658例、结扎1895例、上环7760例。6月11日，举行出生缺陷干预工程启动仪式。45名育龄妇女代表当场免费领取了价值118元的叶酸营养素。投入出生缺陷干预工程经费23万元，为1500余名妇女免费发放叶酸营养素，为1500余名妇女免费进行宫内感染监测。

【性别比治理】　2010年是出生人口性别比综合治理重点年。联合执法4次，查处“两非”案件86起、结案80起，没收B超7台、没收终止妊娠药品25盒，罚款13.4万元。

【宣传教育】　利用灵山庙会，发放人口计生各类宣传品1.3万余份，悬挂宣传挂图800余份，展出宣传版面50余块。创建人口文化大院52个，改建156个。在河南省电视台、《河南日报》、《河南人口》等媒体发稿85篇，在国家、省、市人口计生网站发稿126篇。

【奖励扶助】　为农村14周岁以下11668户独生子女家庭每户发放了480元的独生子女父母奖励费；为724名农村计划生育家庭发放奖励金60.8万元；全县55名独生子女和政策内双女家庭享受中招加分10分政策；减免农村计划生育家庭1人份的农村新型合作医疗费用，全县共免除5890人，免除资金17.6万元。

【生育关怀行动】　办理各项计生保险669例，涉及资金2.3万余元；为138户独生子女满14周岁、其父母未满60周岁的独生子女家庭一次性给予500元的扶持金；为1369名女童免费进行了体检；组织“三夏”帮扶小分队17支，投入帮扶资金3.5万余元。

【基层基础建设】　投资201万元，其中地方配套资金97万元，莲庄乡、穆册乡、锦屏镇、高村乡4个国债项目乡所全部建设完毕，建设面积2825平方米，超出国家规定建设面积300余平方米。为每个乡所配备了包括乳腺诊断仪、尿液分析仪、心电图机等价值3万元的医疗设备。县服务中心大楼主体工程4月29日封顶，12月11日搬迁。

县计划生育服务中心竣工典礼

【基层队伍建设】　开展“强基提质”暨“读好书、知礼仪、强素质”主题教育活动，下发学习刊物12期，集中学习8次，书写读书笔记11万字，心得体会170篇。4月26日至28日，举办了人口计生行政执法培训班，印发学习培训教材500册，参训450余人次。

（韩力博）

民族宗教

局长　王克

【概况】　宜阳县宗教局位于宜阳红旗中路县委大院东楼。内设办公室、民族科、宗教科。现有人员4人。2010年宜阳县民族宗教事务局被市委统战部评为民族工作先进单位。电话：0379—68882244。

领导班子成员

职 务	姓 名	职 务	姓 名
局 长	王 克	副局长	司亚平

【民族宗教概述】 宜阳县有回、满、壮等16个少数民族，共1600余口人，占全县总人口的0.22%，其中回族1200口人，占少数民族总人口的75%，全县有韩城镇西关和白杨镇五区两个少数民族聚居村。宜阳是洛阳市宗教大县，有基督教、佛教、伊斯兰教、道教4种教派，信教群众3.8万人，占全县总人口的5.2%；批准开放活动场所108处，其中清真寺2坊，基督教101座，佛教寺院3所，道教宫观2处，教职人员70余名。

【教育培训】 采取多种形式，深入贯彻落实宗教事务条例，落实上级会议精神，举办宗教界人士培训3期，培训340余人次，召开民族宗教界领袖座谈会4次，认真听取宗教界人士的意见和建议，督促各宗教活动场所制作宣传板报230期，宣传党和政府民族宗教政策，实现民族团结进步，形成各宗教和睦共处的良好局面。

【宗教事务管理】 按照《河南省宗教事务条例》的要求，对宗教活动场所进行了3次全面检查，取缔香鹿山私设活动点一处，落实了宗教活动场所的巡查制度、矛盾纠纷排查调处工作制度等六项制度，重点抓好安全、卫生防疫、消防等制度的落实，确保宗教活动场所规范有序。

【工作机制】 建立健全县、乡、村三级工作网络，县委、县政府成立了在县委统一领导下，由统战部牵头，宣传、宗教、教育、文化、卫生、公安等部门参与的宗教工作领导小组，各乡镇两委成相应组织，明确各党政副职主抓，各村两委都成立了村管小组，安排了一名信息员，构筑起有关部门各司其职、各负其责、密切配合、通力合作、联手互动、齐抓共管的工作格局。

（李才伟）

元好问与苏坟

元好问为有金一代文学宗匠，其主要成就是诗。他的诗追步苏轼的豪放，兼糅杜甫的沉郁、李白的浪漫，形成自己沉郁遒劲的艺术风格。在我国古代文学史上，其地位可与苏轼相媲美。

元好问生于太原秀容书香之家。32岁举进士，历任镇平、内乡、南阳等地县令。从任所往来登封、汴京途中拜谒位于郏县西北嵩山之阳的苏坟，寄托自己对所崇敬的前代文豪苏轼的哀思。因此与寓居苏坟附近的民间诗人秦简夫相识。秦简夫正是出于对苏轼的崇敬，在苏坟附近购置田产建造别墅，迁居于此的。元、秦二人志趣相投，结为好友。后来元好问升任吏部主事入京做官，秦简夫曾投奔元好问于汴京切磋诗艺。元好问留秦简夫小住并游览了京城。当秦简夫告别元好问回苏坟时，元好问恋恋不舍，写诗相送，题为《送诗人秦简夫归苏坟别业》。金哀宗天兴二年（公元1233年），蒙古军攻破汴京，元好问被俘，囚于聊城，四年后获释返乡，从此隐居不仕，专心著述，完成金国史书《壬辰杂编》、金诗总集《中州集》等。北宋末年二苏葬郏以后，金兵南下，宋室播迁，二苏后人"散处靡存"，苏坟失去保护。元好问在金朝统治中原的短短几十年间数度拜谒苏坟，他对优秀传统文化的由衷保护，成为后人效仿的榜样。

乡镇概况

城关镇

书记　高振立

镇长　李健力

【概况】　城关镇位于宜阳县城区，面积10.5平方公里，辖6个居委会42个居民组，户籍人口7万余人（其中老居民1.5万人），是全县政治、经济、文化中心。城关镇南依锦屏山，北临洛河水，东西与锦屏镇相连，隔河与寻村镇相望，区位优势明显，基础设施完善，工商业为主导产业。2010年主要经济指标实现两大突破：国内生产总值首次突破20亿元完成22亿元，财政收入镇本级首次突破2000万元完成2264.9万元，是河南省卫生镇、河南省精神文明创建先进乡镇、河南省文明村镇、河南省生态乡镇，乡镇绩效考核、综合经济指标、财政收入、城中村改造、组织、宣传、党风廉政建设、安全生产、计划生育、信访稳定等15项工作在县三级干部会议上受到表彰。电话：0379—68882169。

领导班子成员

职　务	姓　名	职　务	姓　名
书　记	高振立	武装部长 副镇长	张翼超
镇　长	李健力	副镇长	刘要红（5月任）
副书记	何贵涛（5月任）	人大主席 团副主席	刘　锐
副书记	张曼卿	镇长助理	陈龙站
纪委书记	叶海阳（5月离） 高要志（5月任）	镇长助理	金安国
副镇长	郝会平	综治办副 主任	赵巧灵
副镇长	李红良		

【综合经济指标】　全年各项经济指标均超过县定目标，财政收入2264.9万元，占年度计划的119.4%，比上年增长33.8%；生产总值完成22亿元，比上年增长18%；服务业增加值完成14亿元，比上年增长20%；居民人均纯收入6750元，比上年增长472元；工业增加值完成5.1亿元，比上年增长30%；规模以上工业增加值完成4亿元，比上年增长70%；固定资产投资完成14亿元，比上年增长16%。综合实力继续位居全县第一。

【招商引资】　加大招商引资力度，全年招商项目13个，工业增加值完成5.1亿元，规模以上工业增加值完成4亿元，固定资产投资完成14亿元。

【第三产业】　2010年，工商业门店3200个、工商户4000余家，从业人员12000余人，完成服务业增加值14亿元。积极做好劳务输出和劳动力就地转移工作。

【县城建设及城中村改造】 2010年，规划城建工程36项，城建重点工程15项。全年完成拆迁13.5万平方米，规划建设28万平方米，开工建设15万平方米，解放西路锦瑞花园项目、沈屯豫嘉园项目、红旗小区二期进展顺利，完成白庙一期拆迁工作。完成矿口路网征地拆迁工作，拆迁34户（企业）14000平方米，征地120亩。配合县完成了阳光水岸、红旗大道综合改造、世纪广场建设、市政大厦建设等各项工作。

宏园国际广场红旗小区二期工程奠基仪式

【环境卫生】 开展环境卫生专项治理、市场专项治理、小广告专项治理、网吧专项治理、优质服务专项活动、道路交通秩序专项治理活动。全年开展路容路貌集中整治8次，改建公厕12座，新修和改建垃圾池20个，新修排污渠700米，新修道路1800米，清理小广告2500条，粉刷美化建筑立面8万平方米，新建健身活动场所4处，安装健身器材36套。

【信访稳定】 开展社会治安综合治理，及时化解社会矛盾。全年排查矛盾纠纷91起，解决69起，投入资金50余万元，在居民区、市场、企业等重点部位安装技防设施86套，镇村招聘巡防队员43人，全天巡逻，确保居民生命财产安全。

【教育、卫生、计划生育】 2010年，升入重点高中531人，比去年净增126人，占全县录取总人数的25.3%。开展爱国卫生运动，顺利通过省级卫生村、镇复验。以文明乡镇、文明村创建活动为载体，组织开展群众性精神文明创建活动，丰富了群众文化生活。落实计划生育优生优育政策，搞好康检优质服务，扎实开展春秋季生殖健康进家庭活动。

【社会保障】 全年发放低保金194万元、五保金5.7万元、优抚金15.6万元，发放种粮补贴2.24万元、退耕还林补贴1.99万元，销售家电下乡产品16304台，补贴兑付资金378.8万元，受益农户15318户。加强卫生防疫体系建设，新农合参合率100%，办理城镇居民基本医疗保险11423人，对6个居委会15151人进行居民健康档案登记，建立电子台账。

【安全生产及环境治理】 全年开展安全宣传35次，开展专题培训40期，排除安全隐患5起，加强了煤矿、学校、企业、市场等公共场所的安全监管力度并做好校园安保工作。加强环境保护，认真执行新上企业“三同时”制度，做好夏秋秸秆禁烧工作。

【党建及精神文明民主法制建设】 开展学习实践科学发展观和创先争优活动，加强党的思想建设、组织建设和作风建设。加强农村党支部建设，组织居委会两委进行理论、政策、法规培训。吸收知识化、年轻化、专业化、思想进步、致富带富能力强的人员加入党的队伍，全镇双强支书比例占85%，双强党员比例占80%。全年新发展党员25名，培训入党积极分子50人。加强“一岗双责”和党风廉政建设责任制，将党风廉政工作纳入全镇责任目标体系考核，实现了党风廉政工作与党建、经济、社会发展一起考核、一起奖惩。加强村级“三资”管理工作组织领导，规范了运作程序、工作制度和工作台账。组织镇、村、组干部和企业负责人收看远程教育、观看先进人物事迹、听传统报告580余人次，参观警示教育基地300余人次。完善“目标、绩效、过错”三位一体的《千分制责任目标考核》体系建设，增强了广大干部职工的创先争优、争创一流的工作意识。

（杨晓蕾）

锦屏镇

【概况】 锦屏镇位于宜阳县城郊，南依锦屏山，北临洛河水，西接莲庄，东接洛南新区。八官线、安虎线、宜白路穿境而过，陇海铁路洛宜支线从高桥村起站。辖区内有被誉为白马寺“姊妹寺”的

书记 买作温

镇长 李卫国

中州古刹灵山寺和省级重点文物保护单位千佛寺。

全镇辖24个行政村，198个村民组，人口4.5万人。总面积90平方公里，耕地面积1640公顷。镇党委管理1个党总支、37个党支部，党员1324人。水资源充沛，利济渠引洛水从西向东流过。矿藏资源丰富，工业基础雄厚。辖区内有省、市营厂矿5家，民营企业100多家，形成食用油、石英砂、煤炭、建材等优势产业。2010年完成生产总值114790万元，财政收入2018万元，首次突破2000万元大关，农民人均纯收入4946元，工业增加值59636万元。

镇党委、政府以宜东新区大开发和灵山风景区综合开发为契机，紧紧围绕“建设工业大镇，打造旅游名镇，壮大经济强镇”这一目标，以实施一线、一环、一路、一水、一山“五个一”工程为重点，聚集人力、物力、财力，创新工作方法，采取得力措施，全镇经济快速稳步发展，社会事业全面进步，重点工程进展顺利，责任目标圆满完成。获得省农村科普宣传工作先进集体、市计划生育管理先进单位、林业生态建设先进乡镇、统计基础建设先进单位和县绩效考核综合奖、财政收入创优奖、民营经济发展、新农村建设、农田水利建设、畜牧业发展、计划生育、组织工作、宣传工作、统战工作、党风廉政建设先进单位等数十项荣誉。电话：0379—68882053。

领导班子成员

职务	姓名	职务	姓名
书记	买作温	副镇长	张�(5月离)
镇长	李卫国	武装部长	赵学义
副书记	田武伟(5月任)	人大主席 团副主席	尚鸿雁
纪委书记	田武伟(5月离) 张静国(5月任)	科技副镇长	牛伟峰

续表

职务	姓名	职务	姓名
副镇长	张静国(5月离)	镇长助理	杨新定
副镇长	陈社伟(5月任)	镇长助理	谢喜民
副镇长	尹寒冰	综治办主任	谷矿强(5月离)
副镇长	陈万超(5月任)		

【招商引资】 招商引资2.45亿元，新建项目15个，续建项目1个。引资企业涉及矿业、化工、冶金、铸造等多个领域，初步形成“开工一批、投产一批、储备一批”的良好工业发展新格局。其中引资2000万元以上项目8个，分别为引资1.2亿元的洛阳朋宜矿产品有限公司日处理150吨金精粉项目，引资1.2亿元的洛阳矿业集团重钙项目，引资1亿元的洛阳新经纬油脂年产花生油5万吨项目，引资6000万元的后庄城郊村改造项目，引资4500万元的宜阳县第二实验小学开发项目，引资3500万元的高航19层商住楼综合开发项目，引资2750万元的洛阳鼎宏建材有限公司商品砼项目，已投入生产。引资2500万元的宜阳县易翔玻璃制品有限公司年产10万吨水玻璃项目，已生产。引资1万元至1500万元项目4个，已建成投产。分别为引资1600万元的锦屏镇宏光硅石加工厂项目，已生产。引资1500万元的宜阳县锦桥面粉厂高层商贸住宅楼。引资1500万元的宜阳金谷穗肥业有限公司。引资1000万元的宜阳县创鑫艺术围栏场项目。引资1000万元以下项目3个，已投产。分别为引资960万元的宜阳县永鑫氧化钙厂年产20万吨工业白灰项目。引资800万元的宜阳县和鑫矿产品加工有限公司年产18万吨工业白灰项目。引资350万元的宜阳欲阳石英砂加工项目。续建项目1个，为引资2500万元的洛阳宇昊建筑安装有限公司商住楼开发项目，拟建9栋住宅楼。资金已全部到位，6栋已建成，其余3栋正在建设。黄河同力2条干法水泥生产线在锦屏镇建成投产，成为豫西地区生产规模最大、设备工艺最先进的现代化水泥生产企业。

【重点工程】 全年围绕一线、一环、一路、一水、一山“五个一”重点工程，加大投入，创优环境，克服困难，加快工作进度，各项建设工程进展顺利。一线——S319快速通道建设，完成征地、赔清工作，道路建设基本竣工。一环——红旗环岛建设，完成创业北路大桥南段及创业南路1500米路基工程及红旗环岛征地、拆迁工作,环岛东南角休闲广场正在建设。一路——红旗东路综合改造,完成违章建筑拆除、立面改造、平改坡、挂石材、做店牌、二变三等工程,成为县城的一条景观大道。一山——灵山开发,完成2座寺院收购,灵山宾馆拆迁,合同规划区内的地面附属物赔偿及坟茔迁移,荒山绿化13.3公顷,完成长1400米的灵山风景区道路拓宽改造,规划投资3500万元建设灵山灵秀安置小区,其中投资800余万元建设30套独家院的一期工程已开工建设。一水——阳光水岸二期工程,全长2560米,投入1100万元完成征地及附属物补偿工作,保证了工程施工顺利。

【区划调整】 8月,洛阳市行政区划调整,将原丰李镇的西庄、黄龙庙、崔村、流水沟、石门、漫流、马窑、山底、南营9个行政村划归锦屏镇管辖。该镇在人、财、物上大力支持,确保了区划调整顺利完成,村内各项工作逐步走上制度化轨道。

【新农村建设】 新农村建设主要以“三清七集中”为主要内容的村容村貌、路容路貌集中整治,重点做好苗村、八里堂和黄龙庙3个市级示范村建设,按“四改四化五有六好”的标准进行典型示范建设,顺利通过了市、县验收。镇村累计投入资金180余万元,投入车辆2600台次,出动劳力8500余人次,清运垃圾9000余方,建垃圾填埋场所7个,拆除违章建筑46处6500平方米,整顿治理标语广告98处,规范各类标志牌89块。清理、修建污水排放设施5600米,修复残垣断壁11处,绿化村内空地3500平方米,新建室外活动场所5处。示范村苗村累计投入资金65万元,修建排水渠850米,建成216平方米的社区服务中心,新建高标准108平方米的村卫生所,改造残墙、粉刷墙体9000平方米,建成了3个总面积为1270平方米的休闲广场,并配备健身器材。示范村八里堂累计投入资金70余万元,建成132平方米村部,新建135平方米的村卫生所,改造残墙、粉刷墙体1.6万平方米,建成340平方米的休闲广场,并配备健身器材,硬化村内街道1800米,新建花池1550米,硬化学校广场1920平方米。

【城镇建设】 红旗东路综合改造工程,拆除违章建筑4户,对临街商住楼24户68间“二变三”加高改造,沿街199家商户立面挂石材,统一制作店牌,三层楼顶实施平改坡,使之成为县城的一条景观大道。红旗东路后庄段道路拓宽改造工程,投入资金106万元,拆迁57户9200平方米,拆迁户安居工程位于后庄村南、焦家凹移民工程北,投资1200万元,建设6层住宅楼两栋,已动工兴建。投资1500万元的锦桥面粉厂11层商住楼主体已经完工;投资3500万元的高航公司盛安花城动工兴建;投资2000万元的焦家凹移民工程5栋住宅楼主体建成,可安置搬迁户180户。乔岩村鼓励农民进城安居试点村,7户村民喜领“两放弃”补偿金30.4万元,走在了全市前列。

县锦屏生态文化广场奠基仪式

【宜东新区开发】 镇党委政府聚集人力、物力、财力,投入到宜东新区大开发,保证了重点工程建设顺利实施。镇政府投资270万元,对创业北路大桥南段及创业南路1500米长的路基加宽垫高。完成铁炉村4户拆迁,红旗环岛建设直径200米,保证了工程按期竣工。建成环岛东南角休闲广场,拓宽硬化了铁炉村西的南北大道。完成县医院、县委党校、县工商局和城关法庭等县直单位搬迁过程中的土地出让、拆迁、附属物补偿等工作,保证了各项建设工程进展顺利。完成长4372米的南环路东延和长2330米的同力大道建设中土地及附属物补偿工作,工程进展顺利。

【基础设施】 投资600余万元在后庄、铁炉、河下、杨店3个村实施了安全饮水工程,可使10500名群众吃上干净卫生的自来水。投资300万元对陈宅河治理,其中国家以工代赈资金260万元,地方配套40万元,修复河坝1500米,总工程量13.1万立方米,工程进展顺利。投资400万元修复改造宜洛北渠2.5公里。河下村建成2280平方米农民体育健身工程。加大投入,精心组织,完成了第六次全国人口普查。

【农业】 以种植业为主,全乡夏粮种植面积1101公顷,产量4764吨,玉米种植面积931公顷,产量4479吨,水稻种植面积200公顷,产量2048吨,大豆种植面积103公顷,产量321吨。蔬菜种植面积429公顷,产量27861吨。

【畜牧养殖业】 协调县信用社为东店养殖小区贷款22万元,完善了小区基础设施,扩大了养殖规模。新建东店养殖专业村1个,该村养鸡专业户28户,肉、蛋鸡存栏72000只,猪存栏3300头。制定重大动物疫情防治方案,建立村级疫情报告点,免费为养殖户提供疫苗及防疫物资,春秋两季集中免疫猪24650头,鸡102000只,牛216头,羊3900只。辖区内无重大动物疫情发生。

【林业生产】 完成灵山风景区100公顷绿化。镇、村两级投资100余万元,统一挖穴、购苗、拉水,为群众种植香玲、辽河一号、中林系列等优良核桃树苗9万余株,135公顷,建成大雨淋核桃基地。改造低质低效林33.3公顷,完成基建造林133.3公顷,全民义务植树10万棵。

【劳务输出】 引导性培训707人,技能性培训815人。组织劳务输出9915人,主要流向江苏、广东、上海、天津等地区。

【环境保护】 镇政府投入资金100余万元,对秸秆进行彻底清运,顺利通过市、县验收,完成夏秋两季秸秆禁烧工作。集中3次执法活动,关闭取缔县城周边土法烧制石灰窑、白料窑15家,改善了县城环境空气质量。全镇无环境保护违法案件发生。

【农民减负】 全镇补贴种粮农民6539户,补贴面积986.2公顷,补贴资金110.68万元。落实"两免一补"政策,惠及全镇5000余名学生。

【科技卫生】 引进河南省农科院"引种及高产优质高效栽培技术研究"的新成果,投资70余万元对区内水利、生态、生产技术进行一系列改造,建成了杨店突尼斯软籽石榴园示范基地。利用灵山庙会、集会等活动组织科技下乡3场次,参与科技人员50余人次,发放科普宣传资料3000余份。建成焦家凹、杨店、苗村、大雨淋、乔岩、八里堂、灵山7个标准化农村卫生所。农村新型合作医疗,群众参合率100%。

【民政救济】 落实城乡低保政策,对低保、五保户重新核查认定,共调整94人,五保、低保总数为1339人,并按时发放低保金。67名五保对象入住敬老院,集中供养率45%。完成54户、162间危房改造。落实双拥优抚政策,各类优抚补助资金及时足额发放到位。

【扶贫】 发放小额贷款、培训农民工,在乔岩、大雨淋两个贫困村实施家庭种养项目,引导群众因地制宜种植核桃等经济作物,使两村428人脱贫。

【计划生育】 2010年出生494人,其中政策内生育488人,政策内生育率98%,人口出生率10.2‰,自然增长率4.5‰,避孕措施落实率、及时率、数据信息准确率均为100%。投入83.9万元建成计划生育服务中心综合办公楼,投入3万元配置B超、消毒机等一批医疗设备。投入7万余元,加强村室创建工作,使全镇24个行政村全部达到"二室一校"的标准。减免计生户新农合参合费727人,2.181万元,发放独生子女父母奖励费683人,3.2784万元。为3名独生子女落实了中招加分的优惠政策。落实国家奖扶55人,4.4万元,市奖扶13人,8320元,市特困2人,1440元。春、秋两季生殖健康进家庭优质服务活动四项手术均超额完成县下达的任务。坚持依法行政,申请人民法院强制执行7户,拘留3人,完成了社会抚养费征收任务。计划生育工作在全县保持一类乡的位次。

【综合治理】 镇村累计投入资金60万元完善防控体系,在公路沿线17个村庄安装视频监控系统,在全镇24个行政村安装了平安大喇叭。从退伍军人及大中专毕业生中招聘10人组建镇治安巡防队,配备了车辆、服装,各村组建3－5人巡逻队,依托村级警务室,构建专群结合、灵活多样的社会治安防控网络,群众安全感大幅提高。镇成立综治工作中心,各行政村确定1名至2名信息员,定职责、明任务、落实待遇。定期排查不安定因素,开展书记、镇长大接访活动,全年接待群众来访29起,办理上级批转交办案件14起,办结14起,采取稳控措施4人。

【安全生产】 镇政府制定消防工作实施方案,拨付3万元用于消防工作,加大对消防隐患排查力度,下达8份整改意见书,及时督促整改。深入开展煤矿、消防、非煤矿山、道路交通、危险化学品、食品药品等专项检查，加强建筑、旅游、教育等领域的安全管理，排查治理事故隐患，执行乡镇煤矿整改和镇领导、机关干部包矿责任制。执行24小时驻矿、巡查和安全检查制度，实现了安全形势稳定。

【党的建设】 实践科学发展观，实施先锋示范工程，深化创先争优活动，开展"向群众承诺，为党旗增辉"活动。加大"4+2"工作法推广力度。对苗村、后庄、马庄支部进行改选，增强了支部凝聚力和战斗力。2010年镇党委举办入党积极分子培训班2期，培训入党积极分子108名，发展党员35名，为党员队伍注入了新鲜活力，保证了村级班子的延续性。

【精神文明建设】 为3个村修建了休闲广场，并配备了健身器材，为6个行政村配备了电脑、硬盘播放器和投影，开展千场电影乡村行活动，放映电影190余场次，丰富了群众文体生活。开展"五好家庭"、"十星级文明户"、"巾帼标兵"评比等精神文明创建活动，在全镇形成了良好的社会风尚。协助县委、县政府成功举办了"灵山文化庙会"和"滨河之声"文化广场活动。

（楚少哲）

白 杨 镇

书记　王晋阳

镇长　王玉杰

【概况】 白杨镇位于宜阳城东南25公里处，东与伊川高山乡接壤，南与伊川鸣皋镇、嵩县田湖镇交界，境内顺阳河横贯东西，山陕会馆、西寺庙、九龙洞、魁星阁为名胜古迹。桥涵众多，有"五步三孔桥，过桥不见桥"之美誉。属丘陵山区，暖温带大陆性季风气候。全镇辖25个行政村，55个自然村，248个村民组，45361人，镇域面积79.2平方公里，耕地4522.97公顷。辖区内有平白路、宜白路、白赵路、白石路等四条主干道，交通十分便利。

2010年，白杨镇围绕"工业强镇，产业富民"的发展战略，实现国内生产总值79168万元，财政一般预算收入1022万元，农民人均纯收入4708元。全面完成了县委、县政府下达的各项责任目标。被洛阳市委、市政府授予小城镇经营管理先进乡镇，获得宜阳县财政收入创优奖、乡镇书记工程先进单位、小城镇经营管理先进单位、新上工业企业项目先进单位、招商引资先进单位、信访稳定工作先进单位、统战工作先进单位、重大动物疫情防控先进奖等八项奖项。电话：0379—68798003。

领导班子成员

职　务	姓　名	职　务	姓　名
书　记	王留卿（6月离） 王晋阳（6月任）	人大主席 团副主席	李少辉（6月离） 孙耀民（6月任）
镇　长	王晋阳（6月离） 王玉杰（6月任）	副书记	梁爱侠
副书记	赵立勋（6月离） 孙耀民（6月任）	纪委书记	孙耀民（6月离） 高振飞（6月任）
副镇长	高振飞（6月离） 韩生辉（6月任）	武装部长	金胜强（6月离） 陈幸立（6月任）
副镇长	裴俊国（6月离） 王永庆（6月任）	正科级干部	陈　木
副镇长	陈万超（6月离） 周　博（6月任）		

【农业】 烟叶生产。2010年全镇烟叶种植133.3公顷，超额完成年度目标100公顷的33.3%，烟叶收购39.6万斤，完成县分配收购35万斤的113%，实现烟叶特产税57.8万元，完成目标任务44万元的131%。林业生产。2010年完成核桃基地建设13.3公顷；完成东马、漫流、西南流、东场4个村的村庄绿化；雨季造林100公顷，全民义务植树10万株。畜牧业发展。新建漫流养殖专业村1个，新建养殖场2个（二区亿兴3万只养鸡场，五区年出栏1500头生态环保养猪场）。组建了30人的防疫队伍，全年对辖区畜禽进行了4次防疫，保证了全镇无重大动物疫情发生。

【工业】 全年新上项目9个，总投资1.8亿元。其中投资超亿元项目1个，超千万元项目4个，500万元至1000万元项目2个，50万元至500万元项目2个。投资2.2亿元的纳米高科项目二期即将竣工投产。2010年书记工程洛阳市荣威科技电子金属制品有限公司,由江苏无锡中威电子有限公司投资5000万元兴建,占地3.33公顷,分二期建设,一期投资3000万元,占地2公顷,主要生产电子锡皮线、光缆、各种电料;二期投资2000万元,占地1.33公顷,主要生产各种电瓶,已建成投产。其他弘源氧化钙厂、宜阳县金山钙制品有限公司、金元煤业公司四大超千万元项目已建成投产。

【集市贸易】　白杨镇为宜阳县南部地区第一大镇,商贸云集,隔一日一集,为宜南的经济中心和商贸流通中心,有副食批发、建材加工、服装布匹三个专业市场。经商范围涵盖饮食、建材、加工12门类135种,经商人员1880人,其中固定商户980家,工商户1400多家。新培育农机销售和制造专业市场,商贸经营红红火火。

【招商引资】　白杨镇党委、政府不断探索和创新引资方式,全年引进资金1.4亿元,其中,省外资金1.1亿元,市外资金3000万元,已全部到位,占目标任务1.2亿元的116.7%。投资超亿元项目1个,超千万元项目4个,500万元至1000万元项目2个,50万元至500万元项目2个,总投资1.8亿元。

【新农村建设】　巩固五区、东庄新农村建设示范点,规划实施东马、西马、香潭沟、角底寨、漫流等公路沿线新农村示范点建设;2010年完成新农村示范点9个、重点整治村2个。开展"清改"工作,出动挖掘机、推土机,对占道经营、违章建筑、草堆、路边垃圾进行迁移清理,清除垃圾18吨,

【小城镇经营建设】　发挥"一办三队"(即小城镇经营管理办公室、城管队、环卫队、绿化队)的作用,加强小城镇建设工程项目规划审批工作,查处违章建筑。投入180万元对环北路路面进行改造,安装了路灯。投资1000余万元创新了投资环境,全年新发展商户80家。新增常住人口270人,工商税收同比增长15%,二、三产业产值同比分别增长32%和29%。

【基础设施建设】　开发房地产项目—隆源安置小区,该项目位于白杨镇环北路西段路北原白杨面粉厂院内,建设2栋120套居住房农民安置小区,投资1200万元,建筑面积1.6万平方米,用地面积6000平方米。投资120余万元完成小高头至纳米高科有限公司道路改建,投资60余万元对环西路路面进行整修,投资150万元建镇区、南留饮水工程2处,解决2万余人安全饮水问题。投资1000余万元把白杨街的老剧院改造成商贸城。

【文化卫生教育】　争取省市县文化专项资金,建成全国文化资源共享工程基层站点15个,建成文化体育活动广场4个,设施齐全,功能布局合理,现已全部投入使用。其中白杨镇文化体育建设活动中心投资50余万元,面积300多平方米,与古迹大龙台相辅相成,受到中老年群众的喜爱和好评。组建南留老年门球俱乐部、南留太极扇表演团等3个民间艺术团;组织电影下乡85场次;加强文化市场管理,查处无证网吧3个,对两个持证网吧进行登记造册。规范了文化市场秩序。

巩固基础教育、推进和完善中小学布局调整,推进强师振教工程,表彰和奖励优秀教师,全镇教育事业得到了巩固和发展。

加强医疗卫生工作,新建村级标准化卫生室8个,参合农民45120人,参合率94%,解决群众就医难问题,抓好疾病预防和控制,在全县上消化道疾病普查中名列前茅。

少年儿童在作健身活动

【计划生育】　2010年出生422人,其中一孩356人,二孩66人,出生率9.52‰,投入4万元,创建了18个村级计划生育文化大院,发放计生家庭奖励扶助对象219户,新增国家扶持对象5人、市3人。春秋季集中服务活动中完成引产39例,流产98例,结扎130例,分别占分配任务的100%、101.9%、101.4%。规范启动新台账,加强流动人口管理,完成社会抚养费征收任务。

【党建】 2010年,开展创先争优活动和村级组织集中建设月活动,整顿村级支部班子4个,调整充实村级支部2个,使基层党组织的战斗力明显加强,班子得到优化,转变干部作风,密切党群、干群关系,为开展工作奠定了良好基础。全年缴纳党费20000元,发展党员60名,为党员队伍补充了新鲜血液。

【扶贫】 全年脱贫900人,完成西南留、香潭沟2个整村推进村3.5公里村组道路硬化任务,完成2740户、4703人的调查登记工作;"雨露计划"惠及75名学员,解决了贫困学生上学难问题。

【民政】 新建四间民政办公室,投资2万余元配置电脑、打印机、传真机、桌椅、沙发等办公设施。调整农村低保12人、救助经济困难17人,解决大病救助2人,解决危房户3户,看望抗日老战士3人,慰问军烈属8户、抗美援朝3人,参战涉核人员15人,对全镇207名五保对象、2048名农村低保人员以及17个城镇低保人员进行核查,对213名救助对象进行核查,死亡5人。创新敬老院管理模式,实行集体化管理,组建7个工作组,种植蔬菜、花卉,年收入达2万余元,敬老院管理秩序井然。

【劳务输出】 2010年,劳动力转移17000人,技能培训1350人,引导性培训2080人,分别完成目标任务15600人、700人、1050人的108%、150%和198%。劳务经济收入使白杨人均增收2100元。安排再就业950人,完成目标任务500人的184%。

【职工保险】 缴纳在职职工和退休人员医疗保险13.25余万元,缴纳养老保险2万元,保障了职工权益。

【平安建设】 投资3万多元,加强镇综治治理工作;投资35万元在全镇公路沿线10个村,安装视频监控设备10套;在全镇25个行政村,安装"平安大喇叭"25套,喇叭66个;并在公路沿线的村安装报警电话11部,公开招聘10名退伍军人组成镇专职巡防队;全镇25个行政村成立3人至5人专职和兼职巡防队,刷写平安建设宣传标语58条,制作民警提示10块,技防、巡防宣传版面25块。

（孙国伟）

寻村镇

书记　宋茂欣

镇长　杨惠江

【概况】 寻村镇位于宜阳县东北部,总面积122.3平方公里,东接洛阳高新区,北临新安县,南与县城隔河相望,区位优势明显。辖31个行政村、303个村民组、45个基层党支部,耕地面积3934.7公顷,其中水浇地1833.7公顷,总人口62042人,其中农业人口57579人,加之流动人口,全镇常住人口达10万人。宜阳县新城区、工业园区、香鹿山生态园全部在寻村镇境内,投资1亿元的宏元工贸有限公司年产9000吨精密铸件及2400吨硅溶胶精密铸件项目、投资1亿元的年产十万吨复合二硅酸钠项目、投资1.2亿元的轴承无缝钢管加工项目、投资1500万元的锁营水电站项目、投资3.5亿元的宜阳福润肉类加工项目、投资5.5亿元的年产200兆瓦单晶硅拉棒和太阳能电池片组件等项目在寻村开工建设,寻村镇既是宜阳县的东大门,也是宜阳县城的新窗口。

2010年,镇党委、政府团结带领全镇人民,全面落实科学发展观,强力实施"两区一带"(新城区、产业集聚区,洛河沿线经济增长带)战略,解放思想、转变观念、攻坚克难、开拓创新,开创了全镇经济社会又好又快发展的新局面。全镇完成国内生产总值17.9亿元,同比增长29.7%;固定资产投资完成38亿元,同比增长27.9%;财政一般预算收入完成2732万元,同比增长16.1%;农民人均纯收入达到5005元,同比增长7.6%。整体经济实力显著提升,镇域经济实力明显增强。电话:0379—68714003。

领导班子成员

职 务	姓 名	职 务	姓 名
书 记	赖长伟(5月离) 宋茂欣(5月任)	副镇长	张永干
镇 长	宋茂欣(5月离) 杨惠江(5月任)	副镇长	田振民(5月任)
副书记	牛新乐(5月任)	科技副镇长	方见粉
副书记	苏作伟(5月离)	党委委员	宁江涛(5月任)
副书记	孙新民(挂职)	镇长助理	邵严明
纪委书记	李炜(5月任)	正科级干部	史治宽
副镇长	徐洪涛(5月任)	正科级干部	蒲妙杰
副镇长	李金良(5月任)	镇长助理	赵定国
副镇长	李勋(5月离)		

【工业经济及招商引资】 2010年,寻村镇始终把上项目、抓招商作为全镇工作的首要任务,聚力主攻、强力推进,引领全镇经济加速发展。全镇签约工业(企业)项目16个,其中亿元以上项目6个,已开工建设项目14个,预开工项目2个,引进合同资金16.54亿元,目前到位资金6.8亿元。被授予综合经济指标完成先进单位、民营经济发展先进单位、招商引资先进单位。

【新上企业项目】 投资1亿元的宏元工贸有限公司年产9000吨精密铸件及2400吨硅溶胶精密铸件项目,10月正式投产;投资1亿元的年产十万吨复合二硅酸钠项目;投资1.2亿元的轴承无缝钢管加工项目;投资1500万元的锁营水电站项目,10月投入运营;投资3.5亿元的宜阳福润肉类加工项目;投资5.5亿元的年产200兆瓦单晶硅拉棒和太阳能电池片组件项目;投资5400万元年产5万套大中型非标轴承项目;投资1亿元年产1000套大型转盘轴承项目;投资8000万元年产200万套轴承项目;投资4200万元年产550万套转向轴承项目;投资3000万元年产3000吨轴承毛坯及2万套轴承加工项目;投资2500万元年产10万件精密轴承项目等一大批工业项目开工建设。在招商引资及服务项目建设中锁营村、黄窑村、寻村村做出了积极贡献。

【镇长工程】 2010年,寻村镇"镇长工程"为洛阳市七宝生态农业有限公司高效农业项目。该项目位于寻村镇甘棠村,总投资300余万元,占地面积13.3公顷,房屋建筑面积300余平方米,引入"公司+农户"经营模式和科学种植方法,发展生态农业。建设了19个日光温室大棚、45个塑料蔬菜大棚,主要种植反季节高价蔬菜和新鲜时令蔬菜。全年向市场供应了大量的反季节蔬菜,实现销售收入350万元,利润37万元。

【烟叶生产】 筹集资金15万元,对烟叶育苗、烟田起垄进行补贴,为群众免费起垄80公顷,完成植烟面积140公顷,完成烟叶税收44万元。

【劳务经济】 2010年,培训农民工2050人,其中引导性培训1200人,技能性培训850人,转移劳动力15000人,其中就地转移4500人,全镇务工人员创收18000万元,务工人员人均创收12000元,实现了人力资源向人力资本转变。

【畜牧业发展】 新建宜阳恒鑫绿色奶牛养殖示范场项目,该项目位于寻村镇锁营村、洛陕公路南侧500米,项目总投资2000万元,养殖奶牛1000头,建成18000立方米的秸秆青贮池。青贮饲料5万吨,牧草种植30公顷,辖区无重大动物疫情发生。

【林业生产】 完成核桃育苗1.7公顷,核桃基地建设53.3公顷,园林苗木花卉12公顷,改造低质低效林35.3公顷,义务植树142310株。

【基础设施建设】 2010年,寻村镇以"一个中心、两个重点、三个精品工程、四项基本工作"建设为主线,不断加大基础设施投资力度,新农村建设各项工作顺利实施,镇村面貌得到了明显改善,彰显了新形象。2010年,镇村两级共完成投资1852万元全面完成县、镇新农村建设基础设施目标任务。完成了官庄、寻村两个市级示范村和县"U型环线"建设任务。投资180余万元,硬化道路3.7公里,新修排水渠2300米;修复残垣断壁800米,改造门楼35个;粉刷墙壁13000平方米;修建广场5处,5200平方米;安装路灯76盏,栽植绿化树木6200株;整修村级办公场所1500平方米。

硬化通组通户道路12.7公里;新建农民文化体育广场及绿化小品19处;栽植绿化苗木5.67万株,绿化面积2.18万平方米;新装路灯412盏,实现了镇域段主干道全部亮化;沿街改造门楼187个;新建排污渠道3157米；建成高标准水冲厕所13个；受益群众2.87万人，李贺大道形成了一道靓丽的风景线。

2010年，在规划产业区内新修建道路6条7.2公里，进行了绿化、亮化等配套设施建设。共投入300余万元对小城镇进行了升级改造。新修排水渠1.1公里；硬化两侧慢车道2.2公里；更换吸水砖6600平方米；更换路灯55盏；更换道牙2000米；更换、补植补栽行道树75株；投资70余万元对镇区所有商住户老广告牌进行拆除，对门头进行升级改造，安装铝塑板2000余平方米，制作喷绘广告牌1000平方米，安装发光字广告牌45户，安装霓虹灯1500米，镇区品位得到进一步提升。

香鹿山镇揭牌仪式

【惠民政策】 2010年全镇种粮补贴面积4169.36公顷，涉及31个行政村，12634户农户，发放补贴资金467.93万元；发放良种补贴63万元。发放汽车、摩托车、家电下乡补贴资金190.2万元。落实“两免一补”资金325.2万元，改造农村中小学校舍3所。对后庄村114户搬迁扶贫户，每户补贴扶贫帮扶资金不低于1万元。完成香泉、下河头、后庄等7个村文化体育广场建设，每村补贴水泥20吨，免费安装篮球架，发放乒乓球台等体育器材。

【五保、低保政策】 对农村低保户重新核查、登记，按照“A、B、C”三类进行划分，扩大低保覆盖面。新增农村低保对象77人，低保对象达到2470人，落实农村五保户264人，低保、五保资金及时足额发放。共发放五保、低保、优抚和参战人员补助资金241.2万元。

【卫生室建设及新农合】 新建设11个标准化农村卫生所，完工9所，2所正在建设；筹集新农合资金167.8万元，参保群众55924人，新型农村合作医疗参合率100%；提高了新型农村合作医疗筹资标准、报销比例和最高报销额度。

为1235户签订独生子女合同的家庭发放独生子女奖励费19.99万元；新增55周岁奖励扶助对象28人、60周岁奖励扶助对象7人。

【基层组织建设】 2010年，投入90万元完成寻村村、官庄村村部新建工程。全年调整村两委干部交叉任职69人，支书、村委主任一肩挑9名，基层组织战斗力明显提高。狠抓“三级联创”工作，一级抓一级，一级对一级负责，实行党政领导干部联系村、包村工作制度，落实“4+2”工作法，增强了村级组织的凝聚力和战斗力；全年集中培训镇、村干部520人次；培训入党积极分子123人，发展预备党员70人；坚持民主集中制原则，对“三重一大”事项，坚持党委集体研究；对全镇党员实行分类管理，加大对领导干部监督力度，完善相关制度，健全干部绩效考核体系；全镇31个村全部建立健全了村监会，做到办公场所、人员、经费“三落实”。

【党风廉政建设】 按照县委要求落实了领导班子成员的党风廉政建设责任制；落实领导干部各项廉洁自律规定，规范了领导干部的廉洁从政行为，制定和完善了机关干部学习制度、人事管理制度、财政审批管理制度、干部目标考核管理制度等。实施“先锋示范工程”、深化创先争优活动，对党组织和党员干部进行主题教育。 （刘 斐）

柳泉镇

书记 陈小强

镇长 李振海

【概况】 柳泉镇位于洛河北岸，县城西15公里处，下辖29个行政村，126个自然村，306个村民组，1.4

万户,人口6.2万人,总面积99.1平方公里,耕地面积4565公顷,其中水浇地面积1120公顷。中共柳泉镇委员会下辖46个党支部(其中农村党支部29个、非农党支部13个),正式党员1391名。其中,牡丹焊剂支部于2010年8月7日整体划归宜阳县产业集聚区党工委。

柳泉属半山半川地貌,气候温和,四季分明,年平均气温15℃,年平均降水量669.1毫米,雨季集中在6月至9月。柳泉钟灵毓秀,物华天宝,人杰地灵,历为宜阳重镇,古时曾设驿站,建立县府,境内有白鹿苑、板倒井、娘娘坡等历史文化遗迹。省道八官线横穿东西,郑州至卢氏高速公路正在建设(柳泉境内经过曹坪、汪营、十字路、水兑、五树、元村、花庄、黑沟、河东、河北、柳泉、西高、东高、鱼泉、沙漠等15个行政村),县乡公路柳盐路、鱼祁路纵贯南北,"村村通"公路四通八达,交通便利。小城镇基础设施完善,服务功能齐全,经商居住环境优越。

柳泉镇主产粮食,烟叶、林业、畜牧养殖等具有一定规模优势,工业形成了以电力为龙头,以金属冶金加工、新型建材为两翼的产业发展格局。2010年,全镇国内生产总值84163万元,财政收入1129万元,农民人均纯收入4758元。2010年获得洛阳市文明乡镇、卫生乡镇、烟叶生产先进乡镇、农村困难群众危房改造工作先进单位;宜阳县民政工作先进单位、耕地保护工作先进单位、农业生产先进单位、新农村建设先进单位、乡镇书记工程先进单位、农村危房改造先进单位、乡镇绩效考核综合奖三等奖、科技工作先进单位、纪检监察工作先进单位等荣誉。花庄村被市委市政府授予市级文明村称号。电话:0379—68729361。

领导班子成员

职　务	姓　名	职　务	姓　名
书　记	陈小强	副镇长	王海波
镇　长	李振海	武装部长	周政伟
副书记	马海涛	副镇长	贺龙俊
纪委书记	张耀敏	副镇长	赵创志
副镇长	丁海丛	科技副镇长	孙　薇

【粮食生产】　落实国家各项支农惠农政策,为种粮农民发放粮食直补、综合直补资金460.5万元,良种补贴52.9万元。全镇种植优质小麦3263公顷,优质玉米1679公顷,香花辣椒236公顷,全年粮食总产量3.1万吨,其中夏粮产量1.4万吨。

【烟叶生产】　烟叶是柳泉镇山区的支柱产业,2010年全镇植烟面积470公顷,其中镇长工程尹村千亩烟片植烟54公顷。收购烟叶94万斤,实现烟叶税收145.5万元。全县烟田整地起垄现场会在柳泉召开。

【林业生产】　深化集体林权制度改革,完成林改面积2346.9公顷;大力发展核桃种植,在丁湾、东高、花庄、河北等村建设核桃种植基地133.3公顷,其中丁湾村栽植核桃800公顷。县核桃基地建设现场会在柳泉召开。

【蔬菜基地建设】　宜阳县源泉无公害蔬菜基地项目位于柳泉镇东高村,规划面积66.7公顷,分两期进行建设。一期工程占地33.3公顷,投资1500万元,规划建设冬暖大棚50个,于2009年7月开工,已建成大棚22个,并全部实现了生产达效。

宜阳诚占农林开发有限公司蔬菜种植基地。项目位于柳泉镇西高村,分两期进行建设,占地6.7公顷,投资200万元。一期工程建设用地2.35公顷,投资100万元,建设日光温室11个,2月开工建设,目前一期工程已全部建成。二期工程占地面积6.35公顷,建设大棚17个。

宜阳为民蔬菜种植基地。项目位于柳泉镇河东村,规划占地7.3公顷,投资120万元,建设蔬菜大棚100个,年内已建成20个。

宜阳益民蔬菜种植基地。项目位于柳泉镇柳泉村,工程规划面积5.3公顷,建设日光温室12个,投资100万元,6月开工建设,10月投产。

喜获蕃茄丰收

【主导产业】 洛阳忠诚集团公司,固定资产1.2亿元,拥有忠诚铁合金、忠诚贸易、忠诚水电、金刚砂、忠诚生物质发电等独立分公司;宜阳大成金属制品有限公司,2010年实现产值1亿元,实现利税1000万元;洛阳忠诚水电、洛阳鑫水源、宜阳乘龙、宜阳兴宜等四家水电公司,固定资产1.5亿元,职工80余人,发电量4000万度,年利税800万元;宜阳三环建材、宜阳强盛建材、宜阳吉祥建材等新型建材厂,全镇现有较大民营企业50余家,从业人员1500余人。

【新上项目】 2010年,新上工业项目8个,其中投资1000万元以上项目2个,500万元至1000万元项目3个,50万元至500万元项目3个:书记工程洛阳腾达纤维素钠公司羧基纤维纳项目位于柳泉镇柳泉村,占地2公顷,总投资1500万元,设计3条生产线,采用现代技术和工艺生产羧甲基纤维素钠,产品用于建材、石油钻井、洗涤等领域,主要销往广东佛山、新疆油田等地。年产羧甲基纤维素钠3000吨,安排劳动力60余人。第一条生产线于4月份建成投产,年产纤维素钠1400吨,实现产值1250万元,利税250余万元;洛阳天韬工贸硅石生产项目,投资1900万元,项目位于五树村,6月建成投产;洛阳维玮德箱包有限公司,投资1000万元,8月建成投产;洛阳富康细木板厂,项目位于元村村,投资900万元,于6月份建成投产;益民农业机械专业合作社。项目位于柳泉村,占地20亩,投资650万元,6月建成运营;洛阳忠祥肥业钾肥生产项目,总投资500万元,正实施;东高富业门窗制作厂。项目位于东高村,投资210万元,10月建成投产;柳泉富兴毡垫厂。项目位于柳泉村,总投资190万元,10月建成投产。

【专业园区建设】 2010年初向省发改委、国土厅、环保厅、财政厅申报专业园区建设,2010年11月获批准。园区规划面积5平方公里,建成区面积2平方公里,可享受电价、土地审批等方面的优惠政策。园区完成了总长7公里、宽5米的"四纵两横"道路网硬化;电力、供水等项目已与电业局、水利局对接准备实施。

【电力资源】 利用洛河水建成沿洛河水利发电站4座,分别是:装机容量为4×500KW的忠诚水电;装机容量为3×500KW的鑫水源水电;装机容量为5×250KW的乘龙水电;装机容量为4×200KW的兴宜水电。年发电量4000万度;洛阳忠诚集团公司3×6000KW的洛阳忠祥新能源科技股份有限公司生物发电项目,2010年12月第一台机组正式并网发电,月发电量400万度。

【小城镇】 2010年实施小城镇提升改造,翻修主干道1500米,修建排水渠3000米,店铺立面粉刷15000平方米,改造广告店牌680个。加大街道卫生、店外经营和市场经营秩序的规范管理。小城镇第三产业形成,以饮食业为龙头,服装、家电、小百货等行业门类齐全的经营格局。资产50万元以上的酒店5家,中小型饭店20余家,较大规模家电超市3家,摩托车、电动车超市5家,服装、百货等其他商户700余家。

【新农村建设】 全镇完成新农村建设投资933万元,硬化道路16.6公里,硬化入户通道2200米,新建、改造门楼171座,修排水渠管道9050米,建成污水处理站1个,粉刷墙壁32768平方米,修复残墙断壁73处,拆除公路两侧违章建筑73处。栽植绿化树木7300棵,砌建花池130个。投入人工11455个,动用机动车4275台次,完成土石方1100方,清理垃圾7462方。示范村建设。市级示范村五树村硬化道路3公里,改建村部800平方米,修建广场500平方米,粉刷墙壁6100平方米,修复残墙断壁2500平方米,改建门楼58户,修建排水渠2360米,栽植绿化树木4350棵,砌建花池1500米,购置健身器材6套。投入人工2500个,机动车516台次,完成土石方510方,清理垃圾696方。市级示范村东高村硬化道路2.8公里,建设村部面积320平方米,修建广场700平方米,粉刷墙壁4280平方米,修复残墙断壁800平方米,修建排水渠1290米,栽植绿化树木1290棵,砌建花池1000米,安装健身器材6套。投入人工2260个,机动车388台次,完成土石方650方,清理垃圾768方。

【社会事业】 投资40万元建成面积为540平方米的镇文化站综合大楼。投资10万元建成面积2100平方米的灯光球场。柳泉镇现有初中4所,小学28所,在校学生8144人,教师402名。2010年全镇被县一高、实验高中录取学生134人。普及义务教育,适龄儿童入学率100%。投资36万元建成清泉小学宿舍楼。

全镇村级卫生、防疫人员112人,形成"小病不出村,大病不出镇"的卫生医疗格局;防控手足口病工作成效显著;经常开展食品卫生监督、检查工作,获县食品卫生监督检查先进单位荣誉称号;宣传新农合政策,政策知晓率100%,农民参合率100%。投资130万元建成卫生院住院部大楼1400平方米;投资20万元新建水兑、曹坪等5所标准化卫生所,全镇29个行政村全部建成标准化卫生所。

【科技、扶贫】 全镇29个行政村,每村确定一名村两委干部为专职科技工作负责人,根据村情,分别成立烟叶、西瓜种植、优质小麦种植、养殖、沼气使用等专业协会,会员5200余人,其中专业技术人员230人,科技示范户1000多家;对62名贫困学生进行了"雨露"扶贫救助;通过烟叶种植、养殖、劳动力转移等方式,逐步使贫困人口脱贫致富。

【社会保障】 2010年完成农村困难群众危房改造79户,倒房重建26户52间,11月25日全部建成入住。全镇复核农村低保对象2324人,按照家庭贫困程度分为A、B、C三类施保,2010年发放低保资金102万元、五保资金45.9万元。低保、五保人员全部参加新型农村合作医疗。投资55万元,实施敬老院二期工程建设,建设面积710平方米,2009年11月开工建设,2010年8月20日建成投入使用。敬老院入住院民120人,五保对象入住率45%。投资40万元建成劳动保障所办公大楼。

【双拥工作】 2010年代表宜阳县接受省政府的双拥模范县验收,得到省政府的充分肯定。

【劳务输出】 向外输出劳动力14114人,引导性培训农民工1325人,技能性培训860人,提高广大农民的致富技能,拓宽群众增收致富渠道。

【计划生育】 2010年开展"计划生育优质服务进万家"活动,全镇集中完成四项手术867例;2010年对柳泉、五树、花庄等十个村3600名育龄妇女进行了妇女病普查,治疗138人。澄清计生底子,完善计生台账,建立流动人口数据库,实现微机化管理,已婚育龄妇女在册率、政策生育率、出生统计准确率等指标均达到上级要求。

【党的建设】 落实"四议两公开一监督"工作制度,抓好村务监督委员会的选配工作,29个行政村全部成立了村监会,实现常态化管理。投资10万元建成了农村党风廉政建设警示教育基地,加强对党员干部的廉政教育,增强干部的公信度。开展"实施先锋示范工程,深化创先争优活动",提高基层党组织及党员为群众办实事的能力。培育河东、曹坪为基层组织建设先进村,将五树、花庄建成党建阵地精品村,对贺沟、汪营等部分瘫痪支部进行了整顿。举办入党积极分子培训班一期,培训入党积极分子95人,发展新党员65人,缴纳党费2万元。

(赵飞鸽)

韩　城　镇

书记　周先强

镇长　炊为民

【概况】 韩城镇位于宜阳县西部,洛河北岸,距县城25公里,因战国时期韩国迁都于此而得名。八官线横贯东西,南车线纵穿南北。东接柳泉,西邻三乡,南与莲庄、张午隔河相望,北与高村接壤。全镇辖25个行政村,207个村民组,总人口47524人,其中回民658人,总面积85平方公里,耕地面积4200公顷。2010年全镇生产总值4.3亿元,农民人均纯收入4208元,实现财政收入795.7万元,植烟119.6公顷,烟叶税收57万元。信访稳定、财政收入、计划生育、农业生产、小城镇建设等9项工作被县委、县政府评为年度先进单位。电话:0379—68990003。

领导班子成员

职　务	姓　名	职　务	姓　名
书　记	周先强	副镇长	张江飞
镇　长	炊为民	副镇长	史运绍
副书记	王国杰	副镇长	杜自成
纪委书记	杨智宗	副镇长	杨红梅
党委委员	杨好锋		

【农业经济】 以促进农业增效和农村发展为重点，优化农业产业结构，拓宽农民增收渠道。2010年，韩城镇提出川区种菜、山区种烟的农业产业思路，通过一到三年的努力，发展蔬菜种植666.7公顷，建成蔬菜大棚2000座，打造洛阳地区最大的蔬菜生产基地。组织镇村干部和农户代表400余人到山东寿光参观学习，蔬菜种植技术；高薪聘请山东技术员长驻该镇对菜农进行技术指导；投资100万元用于蔬菜基地井、渠、电、路等基础设施建设。全年新发展连片露地蔬菜和反季节蔬菜166.7公顷，建成反季节蔬菜大棚67座，20公顷，大棚西红柿亩产均超1万公斤，收入2万余元，韭菜亩产3500公斤，收入万余元，使千余户群众受益。搞好"镇长工程"和"百村工程"示范园建设，对烟田起垄、育苗各环节实施标准化管理。新修于洼至聂沟岭田间生产路1.5公里，新修陡沟外庙田间生产路2.3公里，调动了烟农植烟积极性。全年收购烟叶18万公斤，实现烟税56万余元，超额完成了目标任务。

【新农村建设】 抓路容路貌、村容村貌两支队伍建设，抓"市级示范村"建设培育亮点工作。路容路貌、村容村貌保洁员每月400元工资。对陡沟"市级示范村"围绕"一线"（村主干线），"一场"（村内文体广场），"七街"（村内七条街道）做文章。总投资58万元，硬化水泥路面1500余米，粉刷街道5000平方米，铺设道沿1300余米，铺设彩砖1000平方米，新建形象墙250平方米，硬化地面1500余平方米，种植绿化树木1500棵，种植红化草面积1300平方米，美化了环境。除"一场两台"（一个篮球场、两个乒乓球桌子）外，另安装健身器材30件，建设便民超市一个。全县新农村检查该镇排名第三。

2010年，镇党委、政府投资50万元，对镇区主街道的绿化带进行全面升级改造，聘请专家进行设计，对街道立面墙统一粉刷，统一制作店牌，取缔店外经营和马路市场，镇区高杆灯重新亮起，做到"八个统一"、"八个到位"，保持镇容镇貌"绿、亮、净、美、畅"，创造了良好的人居环境和商贸环境，提升了小城镇品位，全县小城镇检查该镇排名第一。

【基础设施建设】 围绕解决群众出行难、看病难、就医难和学生上学难问题，改善群众的生产生活条件和机关的办公条件。争取项目资金120万元，完成东关、西关、陡沟、袁庄等村8公里通组入户道路建设；完成东关、西关、城角、阁北、子房沟和小马沟6个村卫生室建设；争取资金150万元完成韩城大渠支渠修复；完成西关、陡沟、五岳沟3个村的体育广场建设；投资80万元完成东关小学教学楼建设，投资20万元完成桃村小学教学楼二期工程；投资80万元对学校内部进行翻修和校园硬化，增添了教学设施；投资100万元对机关办公楼和职工宿舍进行改造，改善了机关职工的工作和生活条件。

【社会事业】 做好劳务输出和劳动力就地转移工作。完成引导性培训1200人，劳动力就地转移15620人。教育质量稳步提高，2010年度升入重点高中人数141人，比去年净增26人。该镇中心校获得县教育教学先进单位、目标管理先进单位，镇二中被评为先进初中。开展爱国卫生运动，南驿村顺利通过市级卫生村验收。开展群众性精神文明创建活动，丰富了群众文化生活。开展"五五"普法活动，运用多种方式对广大干部群众进行法制、理想、信念、道德教育和技能培训，开展法制宣传5次，举办法律知识考试1次，增强了广大干群的法制意识。全年开展安全宣传15次，排除安全隐患8起，加强对河道、学校、企业、市场等公共场所的安全监管力度并做好校园安保工作。做好环境保护，执行新上企业"三同时"制度，投入60万元做好夏秋秸秆禁烧工作。落实计划生育优生优育政策，搞好康检优质服务，开展春秋季生殖健康进家庭活动，圆满完成了人口计划，社会抚养费依法按标准征收到位，年终评比检查该镇位居全县第三名。完成全国第六次人口普查工作。开展福昌文化庙会和"三八"妇女节100周年植树活动。

【平安建设】 加大社会治安综合治理力度，严厉打击各类违法犯罪活动。落实信访工作责任制，坚持领导接访和下访制度，定期排查不安定因素，集中处理了一批涉及群众切身利益的热点问题，规范村级重大事务集中决策和集中管理，把矛盾化解在萌芽状态，做到小事不出村、大事不出镇，确保全镇社会大局稳定。完善治安防控体系，推进"技防、物防、人防"三防一体化建设，筹措资金80余万元，为25个行政村安装了"平安大喇叭"和视频监控设施，选招镇巡逻队员10名，配备巡逻车辆一台，做到全天候巡逻，确保了镇域内和谐安宁。

【党的建设】 全镇35个党支部广泛开展创先争优活动，加强了党的思想建设、组织建设和作风建设。

以创建“五个好”基层党组织和推广“4 + 2”工作法为契机，深入开展三级联创，加强农村党支部建设。2010 年发展党员 55 名，培训入党积极分子 92 人。加强“一岗双责”和党风廉政建设责任制，实现了党风廉政工作与党建、经济、社会发展一起考核、一起奖惩。加强村级“三资”管理工作组织领导，规范了运作程序、工作制度和工作台账。对镇、村、组干部和镇直负责人开展警示教育。

（张阳阳）

三　乡　镇

书记　张午丙

镇长　李忠杰

【概况】　三乡镇，位于宜阳县城西 45 公里处，地处北纬 34°26'，东经 111°47'，东与韩城镇接壤，西和洛宁县城郊乡交界，南隔洛河与张坞镇相望，北与高村乡毗邻。辖区面积 67.8 平方公里，耕地面积 3488 公顷，其中水浇地面积 948 公顷，林地 1141 公顷。全镇下辖 27 个行政村，187 个村民组，人口 36480 人，其中非农业人口 6468 人。全镇 35 个党支部，党员 1050 人。农业以烟叶、西瓜、大蒜、大枣四大产业为主。三乡镇历史文化悠久，古称昌谷，是唐代著名诗人李贺故里，境内有汉光武庙、唐五花寺塔、竹阁寺等名胜古迹。2009 年 12 月被省民政厅批准撤乡建镇。

2010 年，围绕打造宜阳县工业重镇、产业强镇、商贸大镇的三大目标，按照“福民强镇”的总体要求，实施招商引资项目建设双带动战略，主动作为，扎实工作，全镇经济社会呈现持续、健康发展的良好势头。全年完成生产总值 56650 万元，完成工业增加值 2.9 亿元，农民人均纯收入 4649 元，财政一般预算收入 1620 万元，分别占年度目标的 107.1%，116.3%，103.1%，100%，经济总量跃居全县第四，跻身宜阳县经济社会发展第一梯队行列。

2010 年，在县三级干会议上获得乡镇绩效考核综合三等奖、乡镇书记工程先进单位、乡镇长工程先进单位、农村卫生工作先进单位、新上工业企业项目先进单位、招商引资先进单位、平安建设先进单位、创先争优先锋示范乡镇等荣誉称号。电话：0379—68748002。

领导班子成员

职　务	姓　名	职　务	姓　名
书　记	张午丙	副镇长	韩应军
镇　长	李忠杰	副镇长	丁杏丽
副书记	李广伟	副镇长	冯信光
纪委书记	杨　豪	武装部长	卫金吾
副镇长	裴俊国	司法所长	仝治国

【工业发展及园区建设】　工业经济发展迅速。2010 年底，全镇工业民营企业 23 家，其中规模以上企业 7 家。完成工业增加值 29164 万元，占全年任务数的 116.3%；规模以上工业增加值达到 24000 万元，占年度目标的 120%。

宜阳县产业集聚区西区发展迈上新台阶。园区基础设施基本完善，入驻企业达 17 家。全年共完成园区基础设施建设投资 800 万元，新铺修硬化园区“两横六纵”水泥路 7.8 公里，开挖硬化排水渠 3600 米，架设通信光缆 7600 米、供电专线 8400 米；宜阳县产业集聚区西区成为河南省首批批准成立的产业集聚区之一，形成了以新材料、生化科技、精细化工三大支柱产业为主导的专业园区，其后续发展被纳入宜阳县国民经济发展“十二五”规划。

【招商引资】　2010 年，引进市外境内资金 12000 万元，省外境内资金 8500 万元，分别占年度目标的 120%、106.3%。共引进 1000 万元以上项目 8 个，分别为：洛阳互谊制胶有限公司、洛阳三泰笔业有限公司、洛阳桥兴水泥加工项目、洛阳移山工贸有限公司、洛阳迪兴电子材料有限公司、洛阳荣立建材有限公司、洛阳锦绣、锦艺纺织项目。500 万元至 1000 万元项目 2 个，分别为：江苏福隆机械有限公司、宜阳泰松木板加工厂。洽谈项目 2 个，分别为：滨河航模项目和养殖小区建设项目。洛阳互谊制胶有限公司投资 5000 万元、年产 5000 吨环保型纺织浆料的一期工程为该镇 2010 年书记工程，项目建设进展顺利,于2010年12月完成建设任务。

【现代农业】 粮食产量稳步上升,2010年粮食作物总产量21600吨,其中夏粮9352吨,秋粮12248吨。农业结构不断优化,建成反季节蔬菜大棚60个,培育核桃基地20公顷,新建养殖场18个;现代烟草农业成效显著,投资3000万元整地233.3公顷,建设现代烟草农业示范园400公顷,新建育苗大棚24个、标准化炕房50个和收购大棚等配套设施建设,2010年实现烟叶种植面积400公顷,其中连片种植146.7公顷,收购烟叶56万斤,烟叶税收85万元。11月23日宜阳县烟田起垄流动现场会在该镇召开。

【林业生产】 开展林权制度改革,明晰了林业产权。完成了下马沟村24公顷核桃基地建设,下庄10亩核桃育苗基地建设,全年实现义务植树105000株。

【畜牧养殖】 全年出栏生猪46462头,牛15752头,羊15232只,家禽142150只,青贮饲料8万吨。新建下庄肉牛育肥基地1个,西村养殖专业村1个。开展春、秋两季动物防疫,防疫率100%,辖区内无重大疫情发生。多次代表宜阳县接受省、市检查验收。

【村镇建设管理】 投资80万元,开挖硬化排水渠3600米,立面粉刷21600平方米,安装路灯40余盏,栽植绿化树木380棵,更换店牌2800平方米。卫生保洁规范化。聘请5名保洁人员统一着装对街道实行全天侯保洁与管理,及时收集、清运垃圾。东西村小城镇断档连接成效显著。邀请省设计规划部门对小城镇建设进行规划,投入建设帮扶资金12万元,对东、西村小城镇断档的800米路段,按照统一水平标高,统一外观设计,统一组织施工的"三统一"标准,建成小城镇门面房48间,实现了东、西村集镇的成功连接。李贺商贸城建设项目稳步推进。该项目位于小城镇镇区,占地10亩,总投资1500万元,设计建筑面积15000平方米、住房60套、商铺107间。已于2010年5月开工建设,12月,二幢六层商住楼主体工程完工。预计2011年5月将建成投入使用。城镇一体化进程稳步推进。出台优惠政策和完善社会保障措施,鼓励长期外出务工农民放弃责任田、宅基地,对在小城镇镇区建房入住人员提供优惠政策和便利条件,加速城镇化进程,实现城乡一体化。镇政府机关改造基本完成。投资388万元,新建6层90间机关办公楼,机关餐厅12间;投资200万元对镇政府大院及镇政府门前5000平方米休闲广场进行硬化、绿化、亮化、美化。

李贺广场

【新农村建设】 全力推进新农村建设。累计投入新农村建设资金120万元,完成了可乐湾市级示范村道路、休闲广场、社区服务中心及其绿化、亮化等工程建设,并顺利通过市、县验收;全镇新建垃圾填埋点42个,投资6万元对西柏坡、滩子等市级重点整治村开展全面整治,并顺利通过市、县验收;对全镇27个行政村村容村貌和13公里八管线的路容路貌进行集中整治。完成了182座户用沼气池建设任务,建成南村秸秆沼气示范村;完成了东村、吉家庙、南寨3个全托服务村的改造,新建杨圪塔、坡头、南村全托服务村3个。

【信访稳定及综合治理】 坚持开展不稳定因素周排查制度、书记镇长大接访活动,实行领导包案限期解决制度,确保小事不出村,大事不出镇。加强村级综治机构建设,充分发挥村级综治工作站、群众工作站、民调会作用。加强村级民调会建设,每村选聘1专2兼3名民调员,排查社会矛盾,及时化解矛盾纠纷,充分发挥社会稳定第一道防线作用。全年未发生一起赴市以上集访、非访事件。

以社会政治稳定、人民群众满意为目标,加大综合治理整治力度,加强治安巡逻队伍建设。各村、各单位、各学校、各企业均成立3—5人的治安巡防队,坚持每天治安巡逻。加强技防设施建设。建成了南村、下庄、可乐湾、西村、西柏坡、东柏坡、流渠、马湾、滩子、吉家庙、桑子沟、东阳12个视频网络监控村;

安装十户联防设施210套,平安大喇叭73个,实现了技防设施全覆盖。完善村干部挂牌值班制度。将村两委干部按周一至周日排班,明确值班人员,接待来访办事群众,调处矛盾纠纷,处置突发性事件。

【安全生产】 按照安全第一、预防为主的方针,加大安全工作检查力度。实行一月一排查,一季度一抽查,半年一考核的工作检查制度。开展了农用车载人、学校周边环境、食品安全、企业安全生产专项整治活动,排查安全隐患317处,全年未发生一起安全生产事故。

【计划生育】 计划生育工作跃上新台阶。投资7.3万元高标准建设村级计划生育人口文化大院18个;投资30万元对全镇27个行政村村室进行达标改造,完善了各村档、簿、卡、册、版、库等软件资料;超额完成了春、秋两季集中服务活动四项手术任务和全年社会抚养费征缴等任务;顺利通过了省、市、县三级计划生育调研和年度考核,计划生育工作跨入全县先进乡镇行列。

【社会事业】 落实各项惠农政策,发放粮食直补资金33.22万元、农资综合直补资金273.66万元。投资30万元对卫生院病房楼进行改造,实现了全镇标准化村卫生所全覆盖,改善了医疗卫生条件;新农合参合率96.8%;12月9日,全国基本公共卫生服务现场会在该镇召开。落实城乡低保政策,对全镇低保人员进行了复核,实行社会化发放五保金13.23万元,低保金68.04万元;投资50万元,完成敬老院改扩建工程,新建480平方米敬老院综合楼一幢,开挖硬化排水渠200米,完成院区绿化1600平方米,硬化900平方米;五保户集中供养率48%。实施后寨、王岭扶贫开发整村推进建设。争取"雨露计划"扶持资金2.5万元,扶持贫困学员25名。集中开展劳务输出活动,完成劳务输出16640人,引导性培训1260人,技能性培训776人;全年缴纳社会养老保险金10.8万元,失业救济金3.5万元。郑卢高速公路建设已完成征地、赔偿、清标等前期工作,建设工作正在有序推进。超额完成家电、汽车下乡任务。

【党的建设】 加强基层组织建设,2010年累计投资30余万元,高标准建成了东村、古村、下庄3个党建精品村。改造了西村、西王、桑子沟、坡头、东阳、河西6个村级办公场所,全镇27个行政村全部达到了党建标准要求。加强党员队伍建设,把党员发展工作纳入各村支部书记"一票否决"管理,实现1000口人以下的村年发展党员2名至3名,1000人以上的村年发展党员3名至5名;举办入党积极分子培训班2期,培训180人,发展党员60名,其中农民党员45名,消除了三年以上不发展党员的空白村;按标准发放离职村党支部书记、村委主任待遇9800元。加强村级班子建设。调整了吉家庙、后院等6个村的支部班子,实现了全镇27个行政村"村两委"班子健全,使全镇各基层班子战斗力、凝聚力得到明显增强。

(黄俊杰)

樊 村 乡

书记 徐 明

乡长 王新宽

【概况】 樊村乡位于宜阳县东南丘陵山区,东临伊川县境,南邻白杨,西近赵保,北接锦屏镇,处两县四乡结合部,距县城12.5公里。全乡地势呈"四丘六山"分布,土地面积58.9平方公里,耕地面积3019.8公顷,辖15个行政村,67个自然村,142个村民组,3.06万人。农业以种植小麦、玉米、红薯为主,培育了一批烟叶、大豆、油葵、花生、药材为代表的特色农业。樊村历史悠久,因明代樊姓从黄河北迁此定居而得名,境内有摩天寨、半坡山、九龙洞、鹿蹄山等景区。樊村乡矿产资源丰富,已探明储量的矿产资源主要有煤炭、石灰石、铁矿、硅石、石英石。

2010年,樊村乡以党的十七大精神为指导,以科学发展观统领经济社会全局,实施工业兴乡、产业富民和项目引资双带动战略,优化发展投资环境,转变经济发展方式,抓好项目建设,开展招商引资,调整优化产业结构,培育壮大特色产业。全年生产总值完成4.7亿元,同比增长20.5%;工业增加值完成3亿元,同比增长9.5%；规模以上工业增加值完成2.2亿元，同比增长22.6%，服务业增加值完成1.1亿元，同比增长12.1%；财政一般预算收入1298万元，同比增长10.8%；全社会固定资产投资完成6.3亿元，同比增长53.6%；农民人均纯收入4400元，同比增长6.7%，县委、县政府下达该乡的34项责任目标均完成或超额完成。电话:0379—68978003。

领导班子成员

职务	姓名	职务	姓名
书记	徐明	副乡长	韩生辉(6月离)
乡长	王新宽	副乡长	金胜强(6月任)
副书记	宋会波	副乡长	马彦粉(6月任)
纪委书记	王国杰(6月离) 李新芳(6月任)	武装部长	赵创志(6月离) 马占刚(6月任)
副乡长	聂银波	人大主席 团副主席	常汉卿
副乡长	王海波(6月离)	综治办主任	马占刚(6月离)
副乡长	王现军(6月任)	乡长助理	王龙章

【项目引资】 2010年，新上企业项目8个，总投资2.9亿元，投资千万元以上企业7个，其中投资1.06亿元的洛阳市绿宝农民专业合作社，投资5000万元的樊村搬迁小区。

【安全生产】 认真落实安全责任制，层层签订目标责任书。坚持安全工作例会制度。对煤矿企业实行包矿干部24小时驻矿监管制度，做好安全隐患排查，保证各项安全措施落实到位。深入开展安全宣传教育活动，增强全民安全防范意识，强化督导、检查，防患于未然。

【新农村建设】 对全乡15个行政村开展村容村貌和路容路貌集中整治。投资2万元，完成市级重点整治村后杓村的建设任务；投资2万元建成乡级便民服务中心；投资200万元，完成姜营、老庄等4个村8.9公里通组入户道路建设；投资75万元，完成后杓等5个村标准化卫生所建设和3个村部配套设施建设，完成了全乡15个村的村庄规划编制任务；投资5000万元，新建8栋6层的樊村乡新型农村社区项目。

【烟叶生产】 投资200万元完成苏村—里河千亩烟片等水利配套工程，建成新型炕房20座，达到烟叶烘烤集中化。种植烟叶100公顷，收购烟叶18万公斤，实现烟税收入58.79万元。

新型社区项目开工奠基仪式

【林业生产】 在马道村新建核桃基地53.3公顷。低质低效林改造3.3公顷，核桃育苗1公顷，全民义务植树69552棵。

【畜牧业发展】 培育养殖专业村1个，新增养鸡大棚20座，养鸡6万只，新增养猪场3个，养猪1500头，新增养牛场2个，养牛300头，为农村经济发展注入新活力。

【小城镇提升改造】 新增常住人口63人，工商税收及二、三产业产值同比分别增长24%以上。投资112万元实施小城镇提升改造工程，立面粉刷，彩砖更换，路灯整修，店牌统一，小城镇整体形象大有改观，在历次县检查中均位于全县前列。

【环境治理】 配合县环保局等有关部门炸毁小石灰窑20座。落实夏秋季秸秆禁烧政策，印发宣传单、宣传车、标语、悬挂过街横幅等形式大力宣传，提高群众自觉性，投资25万元出动劳力1.5万人次，彻底清除全乡所有秸秆，并顺利通过市县验收。

【基层组织建设】 实施先锋示范工程17个，培养先锋示范村5个、先锋示范党员50人。本着“成熟一批，发展一批”的原则，慎重做好党员发展工作。2010年，有28名预备党员转为正式党员。发展预备党员40名。对全乡15个行政村村部进行整修改造，投资20万元对新建的前杓、后杓、沙坡村村部，配备了办公家具，完善配套设施。

【计划生育工作】 15个行政村文化大院顺利通过验收,完成四项手术451例。出生上报321人,婴儿出生率11.5‰,统计准确率100%;政策外出生9人,政策生育率98%以上;避孕措施落实率98%,及时率100%,社会抚养费征收31.4万元。

【综合治理】 投资29万元,在全乡公路沿线9个行政村统一安装视频监控设施,完善监控记录,制定管理制度。投资22万元,为9个行政村统一购置安装了大喇叭、扩音机等设备;成立综治领导小组,与各村签订综治目标责任书,任务分解到村,定期组织检查考核;新增樊村等3个村级综治工作站;通过宣传车、悬挂横幅、书写标语、印发小册子等形式进行广泛宣传,达到家喻户晓;及时拨付专项经费,保证综治工作正常开展;加强治安巡防队员业务知识培训及技能训练,提高队伍整体素质;及时发现矛盾纠纷,做深入细致的劝说、调解工作,把问题消化在萌芽状态。

【惠农政策】 全乡共补贴种粮农民5913户,补贴面积1933.3公顷,补贴资金220万元,其中农资综合直补196万元,粮食直补23万元。家电补贴1059户,补贴21万元。全乡补贴优质专用小麦良种133.3公顷,补贴25万元;优质棉花良种补贴113.3公顷,补贴2.5万元。落实农村低保制度,新增低保对象98人,全乡低保对象1123人,每人每月补助30元、50元、70元;农村五保对象125人,人均每季度发放275元,农村五保户集中供养率45%以上,对低保五保对象做到应保尽保。投资12万元,改造农村困难群众危房12户20间。

【社会事业】 全乡共免除学杂费128万元、课本费35万元;对在校寄宿生生活补助111人,补助生活费4.16万元。投资50万元,完成后杓等5个村的标准化卫生所建设;新型农村合作医疗参合率达99.3%;积极应对手足口病,甲型流感等传染性疾病,做到早发现、早隔离、早治疗;组建电影放映专业队伍,每月按预订顺序对全乡15个行政村每村至少放映一场电影;对全乡非物质文化遗产进行全面普查,使该乡非物质文化遗产得到了很好的传承与宣传;依托樊村、任村、马道、半坡山、摩天寨等民间集会,举办了乡第六届文化周和其他文化活动,丰富了群众的文化生活,促进了物质文明和精神文明建设大发展。

(温富群　秦保全)

赵保乡

书记　楚汉章

乡长　梅黎明

【概况】 赵保乡位于宜阳县锦屏山南麓,距县城15公里,地处浅山丘岭区,东接白杨乡,西连上观乡,南与董王庄乡毗邻,西北与莲庄乡接壤,东北与锦屏镇相交,东西长13公里,南北宽18公里,总面积127.6平方公里,耕地面积4452公顷。南车线、平莲线、宜赵路交叉穿境而过,交通便利。辖19个行政村、228个村民组、3.2万人,30个党支部,989名党员。乡卫生院一所,医生35人,村卫生所18个,医生62人;一所高中,教师55人,学生656人;3所初中,23所小学,教师208人,在校学生4100人。现有机关干部55人,其中领导班子10人,行政干部7人,事业编制42人。2010年,国内生产总值41799万元,财政收入384万元,农民人均纯收入4386元。获得洛阳市政府林业生产先进乡称号、宜阳县委、县政府2010年度烟叶生产先进单位、民政工作先进单位、扶贫工作先进单位、群团工作先进单位称号。电话:0379—68788003。

领导班子成员

职　务	姓　名	职　务	姓　名
书　记	楚汉章	副乡长	尹洪涛(6月任)
乡　长	梅黎明	副乡长	程玉国(6月离)
副书记	姚守亮(6月离) 姚　强(6月任)	副乡长	张书军(6月任)
纪委书记	宋涛阳	副乡长	叶宁波(6月任)
武装部长	卢小龙	党委委员	张书军(6月离) 田朝峰(6月任)
副乡长	王玉洪(6月离)		

【书记、乡长工程】 依和服装有限公司为赵保乡2010年书记工程，位于赵保乡人民政府东邻，该工程投资500万元，建设服装生产流水线一条，购买缝纫机500台，其中普通缝纫机250台、电脑缝纫机200台、特种缝纫机50台，年产服装50万件。现代烟草农业示范园为乡长工程，该工程位于宜赵路两侧，北起于沟村的长岭村民组，南至温庄村的下温庄村民组，全长9公里，总面积71.2公顷，涉及于沟、二道沟、温庄3个行政村，13个村民组，134户烟农，其中温庄29户，20.3公顷；二道沟97户，44.2公顷；于沟14户，6.7公顷。

【农业产业结构调整】 建立和完善农业产业化经营体系，烟叶、花生、畜牧养殖三大产业不断巩固壮大。投资600万元，建成现代烟叶漂浮育苗基地两期工程，可供万亩烟田集中用苗；在郭凹现代烟草农业示范园，实施烟水、烟路配套工程；新建大密集型炕房120座；全乡植烟566.7公顷，烟叶特产税完成110万元；实施国家油料倍增项目，种植优质花生433.3公顷，成立了2家花生种植专业合作社，整修生产道路3.9公里。全乡花生种植面积1866.6公顷，拥有花生初加工企业12家，年产花生米2万吨，是豫西地区花生初加工地和集散地；投资300万元新建存栏超千头的宜阳宏昌生态肉猪养殖场和存栏超百头养殖大户58个。成立新义养殖、兴旺养殖2个专业合作社，会员180名，新建鸡舍62座，占地5.2万平方米，存栏31万只，年出栏肉鸡155万只，年产值8525万元。

【生态林业建设】 完成核桃基地建设141.5公顷，是县定目标的3.5倍，核桃育苗40公顷，义务植树10万株，栽植工业原料林41.3公顷，低质低效林改造38公顷。林权制度改革全面完成，该乡代表宜阳县迎接省政府的检查验收，2010年被洛阳市政府授予林业生产先进乡。

【劳务经济】 打造劳务输出平台，加强对农民工的技能培训，全年劳务输出1.2万人次，引导性培训1268人，技能性培训900人，年劳务创收1.2亿元，在全国叫响了赵保造船、广告传媒两大劳务品牌。劳务输出已成为农民增收的主渠道之一。

【民营经济】 把握工业兴乡理念，克服地域、电力等招商引资制约因素，利用在外务工人员回乡创业的积极性，招商引资实现新的进展，新建投资50万元以上的企业8家，投资500万元以上的企业2家，总投资5600万元。投资1200万元的宜阳万会建材有限公司二期工程，可年产6000万块页岩砖，鹏航工贸二期、宗轩化工一期工程，全部建成投产，形成了5家规模以上企业，为赵保经济跨越发展奠定了坚实基础。

【基础设施建设】 从人民群众需求出发，加强基础设施建设，解决实际问题，民生工程得到改善。把教育放在优先位置。投资200万元，完成乡一中宿舍楼、学生食堂扩建工程，改善学生生活条件，发放“两免一补”资金188.28万元，惠及中小学生12516人次。中招上重点线50人；改善群众出行条件。争取有关部门的支持，全乡4个行政村硬化村村通、乡乡连道路7公里。形成了以南闫路、平莲线、宜赵路为干线，133公里村村通为支线的交通网，构成宜阳南部的交通枢纽。

【完善社会保障体系】 投资70万元，新建4个村级标准化卫生所，高标准地配备了医疗器械。新农合参合率100%，全年在乡卫生院享受住院和门诊补助6.2万人次、196万元；新建双瓮厕所600个；投资137万元，对乡敬老院进行改建扩建，完成71户困难群众危房改造142间、3550平方米，五保户入住率46%；严格按照规定确定低保、五保对象1398名，发放低保金100.6万元、五保户供养金21万元。

敬老院老人在阅读报纸

【惠民政策】 全年发放种粮综合补贴424.46万元，退耕还林补贴62.49万元，家电汽车下乡补贴146.56万元，缴纳职工住房公积金9.4万元，职工医疗保险金8.5万元，养老保险金27.5万元，失业保险金3万元。对单村进行扶贫整体推进开发,全村脱贫720人。

【新农村建设】 投资500万元,整修街道56公里,开挖污水、雨水排放设施23公里,栽植绿化树木2.8万棵,建垃圾填埋场10个,建社区服务中心2个,建便民服务中心1个,完成市级示范村史庄村建设任务,重点整治村西赵、田沟已完成阶段性工作目标,完成了马河、油路口、杨庄、龙王庙、二道沟、赵庄6个村的村庄规划任务;创建省级卫生村史庄村,市级卫生村铁佛寺、坡底村,县级卫生村田沟、南窑、和东赵一区;大力推广清洁能源,新建沼气池227座,建成坡地村秸秆沼气示范村和郭凹、铁佛寺、杨庄三个沼气全托服务村。农村环境得到根本好转,村容村貌和路容路貌明显改观,新农村气象初步呈现。

【小城镇经营管理】 对东赵镇区内街道主干道进行了硬化和整修,立面改造1.2万平方米,垃圾中转站投入使用,实行全天保洁。新改建门面房38间,新装电话166部,新增常住人口168人,新开商店24家。辖区内门面房供不应求,入住率、开业率均达到100%。工商税收及二、三产业产值同比增长26%。小城镇的中心作用和辐射作用明显增强,绿、亮、净、美、畅得到长期保持。

【计划生育工作】 完成四项手术639例,征收社会抚养费38.2万元,发放奖励救助费11.28万元。投入30余万元,规范乡计生服务中心和村室建设,实现12个行政村网络终端入村。

【科技工作】 实施"科普惠农兴村工程",开展"千村植保"、"科技下乡"科普宣传活动。建成现代烟草农业示范园一个、烟叶科技示范园4个;推广作物优新品种4个,2900公顷,培养科技带头人5名、科技示范户176户,新建科技含量较高的鹏航化工二期和一个秸秆碳化科技企业。

【党建工作】 实施"4+2"工作法,开展"创先争优"活动,调动和激发广大党员积极性创造性,实现"科学发展上水平、党员干部受教育、人民群众得实惠"的目标。全年培训入党积极分子126名,发展党员45名,培育双强党员480名,完成4个党建阵地精品村建设,对三个薄弱村党支部进行整治,推选出3名能力强的支部书记,村级党组织的凝聚力和执行力显著提高。

(闫率兵)

董王庄乡

书记　马红干

乡长　许　辉

【概况】 董王庄乡位于宜阳县城南35公里,南接嵩县闫庄乡,西依上观乡,东与白杨镇搭界,北与赵保乡接壤。全乡面积74.5平方公里,地形地貌为三分山地七分丘陵,耕地面积3067公顷,林地面积1334公顷,荒山面积3334公顷;辖20个行政村,216个村民组,103个自然村,3.1万人。乡域经济以烟叶生产、畜牧养殖、花生种植为主导产业,是宜阳县主要农业乡镇之一;省道南阎公路贯穿全乡南北,素有宜阳"南大门"之称。全乡实现生产总值39400万元,同比增长113.9%;实现地方财政一般预算收入372万元,同比增长133.8%;社会固定资产投资55900万元,同比增长133%;农民人均纯收入4316元,同比增长107.9%。2010年度获得县目标管理、农村劳动力转移、林业生产、烟叶生产、安全生产、扶贫工作、化解乡镇债务、内贸工作等先进单位。电话:0379—68968003。

领导班子成员

职　务	姓　名	职　务	姓　名
书　记	马红干	副乡长	王仁义(6月离)
乡　长	许　辉	副乡长	王永庆(6月离)
副书记	宋其峰	副乡长	张兆伟
副书记	张少停	副乡长	楚向波
纪委书记	赵学钦(6月离) 苗新奇(6月任)	武装部长	吴慧利(6月任)

【烟叶生产】 实施“烟叶富民”战略。投资60万元，完成赵坡双千亩烟叶示范园建设，落实烟田面积114公顷，建设40座大型密集炕房。全乡落实植烟面积340公顷，收购烟叶32.5万公斤，烟叶产值400万元，实现税收87.8万元。完成赵坡、洞子沟、乔庄、南岭的现代烟草农业基地单元烟水配套及生产道路建设，烟叶支柱产业明显增强。

【特色产业】 完成万亩优质花生基地建设项目。在大石岭、方村、武坟、灵关殿、庄科、刘河落实花生种植面积400公顷，供应花生播种机20台，化肥543公顷，发放地膜覆盖面积142.7公顷，辐射6个村的万亩优质花生基地初步形成。

【林业生产】 2月在乔庄村种植核桃33.3公顷，武坟种植核桃40公顷。11月在次古洞规划核桃23.3公顷、刘河规划核桃100公顷、邓庄规划核桃20公顷，规划区域内挖穴已经结束，12月30日县核桃建设现场会在该乡召开；投资200万元建成次古洞双千亩林药间作示范园，每亩增加收入800元左右；在灵关殿、方村、官庄种植工业原料林6.7公顷；在次古洞、刘河改造低质低效林26.7公顷；全民义务植树10356株。全面完成全年的林业生产任务。

【畜牧养殖】 建成中小型生猪、鸡鸭养殖场5个，新上家庭养殖项目100余个，全乡肉牛存栏5000头、生猪存栏2万头、家禽存栏8万只。养殖业已经成为该乡农民收入的主要组成部分。灵官殿10万只土鸡养殖项目、大石岭的董大养殖公司，现已开工建设。该乡的畜牧养殖业已走向“规模化、集约化、科技化”的产业之路。动物防疫。春秋两季两次畜禽预防注射，对规模户饲养的畜禽不定期适时预防注射。落实防疫标志制度，做到免疫证、耳标、登记建档同时进行，免疫密度100%。

【招商引资】 投资600万元的洛阳盛唐公司膨润土黏合剂加工项目，年产值1200万元，上缴税金100万元；投资400万元的天昇公司矿产品加工项目，年产值1000万元，上缴税金100万元。投资200万元，顺利完成洛阳天冠膨润土有限公司改扩建项目，使膨润土的年加工量由原来的10万吨增加到15万吨，成为该乡的企业纳税大户。

【新农村建设】 建立长效机制，完善基础建设、管护制度，乔庄、方村建成全乡的新农村建设示范村、样板村。赵坡村为2010年市级重点整治村进行建设，投资80万元，高标准建成休闲活动广场、便民超市、卫生所、路灯安装和村部建设，栽植绿化树木300棵，硬化村内道路5公里。每个行政村成立专业保洁队伍经常对各村进行路容路貌、村容村貌集中整治，人居环境明显改观。

【基础设施】 投资280万元，完成董王庄乡小城镇升级改造任务，“绿、亮、净、美、畅”的格局已经形成；投资20万完成董王庄街小城镇污雨水管网一期工程，小城镇服务功能明显增强；投资260万的龙南线董王庄乡乡连工程于12月下旬全部竣工；投资180万元，完成王路庄、白土坪、庄科村的10公里户户通水泥路工程；投资10万元，完成20个村的规划编制任务；争取项目资金18万元，新建户用沼气156座，全乡户用沼气达到2300余座，总量和比例均居全县前列。

【文化教育卫生】 新建村级体育文体广场4个，乡级体育健身中心1个；改造中小学校舍4所，乡中新教学楼投入使用，中招成绩喜人，被重点高中录取94人；筹资30万元，新建6个标准化村卫生所，筹措资金完成乔庄、邓庄两个村304户改厕任务，筹集新农合参合资金80余万元，农民参合率98%以上。

【民政计生劳务输出】 落实涉军稳定工作“三级五包”责任制，全乡无违规越级上访；全面推行殡葬改革，尸体火化率100%，投资45万元完成敬老院改扩建设任务；投入8万元，完成17个村的计划生育文化大院创建任务，积极开展生殖健康进家庭集中服务活动，完成了全年人口目标；完成劳务输出9600人，占全年目标8000人的120%；组织农民工引导性培训855人，占全年目标825人的103%；技能型培训575人，占全年目标550人的103%。

【科技和科普工作】 科技投入50万元，新建民营科技企业1个（宜阳园林农林牧公司），引进工业新技术1项（钠基膨润土生产线），农业新技术1项（花生、烟叶地膜覆盖技术），引进并推广花生优良品种，在大石岭、方村、武坟、灵关殿、庄科、刘河，建成万亩优质无公害花生基地，培养科技带头人1个，申报科技项目2个，建设特色科技村1个（次古洞大王沟村）；投资200万元建成次古洞双千亩林药间作示范园,每亩可增加收入800元左右;贫困户新上养殖、种植、劳务输出项目150个;实施“雨露计划”培训90人。

【信访稳定】 投入25万元,完成乡社会治安综合治理“三站一所”建设任务,配齐了乡村两级民事调解员。落实乡领导信访接待日和领导包案责任制,年内接待上访23起,当场处理20起,其余3起领导包案,限期解决。实行矛盾纠纷排查、矛盾排查“零报告”制度,排查出不安定因素21起,化解不安定因素12起,立案查处2起,办理信访案件14起,结案率100%。

【平安建设】 落实“平安建设强化年”活动。投入25万元在全乡20个村安装了平安大喇叭、8个村安装了视频监控设备,每村都组建了3人至5人的巡防队员、实现了技防网络全覆盖,群众公众安全感明显增强。

【安全生产】 成立以党委书记为组长,公安、纪检、教育、电业、国土、村镇规划等相关部门为成员的安全生产领导小组,加强对企业、交通、校园、食品安全卫生的领导,实行目标管理,加强领导责任,全年没有发生一起安全责任事故。

【纪检监察】 完成20个村的村民监督委员会选举工作,按照“六有”“五好”的标准完成20个村的软件和硬件建设配备任务,实施村级四议两公开一监督制度,乡级事项集体决策制度和“三重一大”议事制度,推进党风廉政建设,圆满完成党风廉政建设责任目标。

【党的建设】 培训入党积极分子130人,培训党员1100人次;发展党员46名,整顿治理后进村1个,新建村级办公场所3个,落实离职村干部待遇政策,不断加强基层组织建设、阵地建设,提高村级组织战斗力。

(张国平)

莲庄乡

书记　孙智献

乡长　樊志强

【概况】 莲庄乡位于宜阳西部,洛河南岸,东接锦屏镇,西邻张坞镇,南连上观乡,北隔洛河与韩城、柳泉相望,辖区面积81.8平方公里,全乡辖16个行政村,43个自然村,164个村民组,8633户,33877口人,耕地2377.5公顷。省道南车线、安虎线交叉穿乡而过,交通便利,区位优势明显,乡政府所在地莲庄村因村南有莲花山而得名,是明朝兵部尚书王邦瑞的故里,距县城20公里。电话:0379—68938003。

领导班子成员

职　务	姓　名	职　务	姓　名
书　记	孙智献	副乡长	程玉国
乡　长	樊志强	副乡长	孙志刚
副书记	刘宜伟(1月任)	副乡长	李向阳
副书记	任晓方	科技副乡长	李江飞
纪委书记	胡逢魁(1月任)		

【工业经济】 完成工业增加值12380万元,规模以上工业增加值8890万元。新上工业(企业)项目7个,分别是投资1560万元的“三六九”纸箱包装有限公司年产2100吨纸箱加工项目,投资6000万元的龙都洗煤有限公司年产90万吨精煤项目,投资1300万元的庆华针织品有限公司,投资6300万元的河南吉庆烟花爆竹成品仓库项目,投资2000万元的宏基新型建材有限公司页岩砖项目,投资840万元的洪发机械加工项目,投资600万元的宏瑞花生深加工项目。投资30万元,硬化工业集聚区道路2公里。

【招商引资】 引进市外境内资金10550万元，其中省外境内资金8500万元，市外省内资金2050万元。

莲庄乡撤乡建镇揭牌典礼

【特色产业】 投资1100万元，完成孙留村33.3公顷中药材及礼渠村53.3公顷无公害反季节韭菜基地建设。植烟面积210公顷，烟叶税收88万元，完成坡窑村103.4公顷优质烟叶示范园建设。投资20万元，新上曹窑村宜阳万发食用菌种植专业合作社食用菌项目。

【农业生产】 农民人均纯收入4395元，建设户用沼气152座，建成石村村秸秆沼气示范村，养马、涧河、上涧、孙留四个沼气全托服务村，发展孙留村、礼渠村蔬菜基地86.6公顷，新打机井7眼，硬化水渠3500米，硬化生产路15000米，培训菜农500人。

【新农村建设】 投资100万元，完成礼渠市级示范村，涧河市级重点整治村建设。建设垃圾集中填埋场10个，建立健全卫生长效保洁机制，垃圾实现日产日清，集中处理率100%。

【小城镇经营管理】 投资150万元，完成镇区道路硬化、机关改造、给排水设施建设、门店招牌改造、文体活动中心建设及美化绿化亮化。工商税收及二、三产业产值同比分别增长30%，道路硬化率100%，自来水普及率95%，村镇地名标志设置率100%，有线电视和电话覆盖率100%。镇区建成区面积3.15平方公里，人均公共绿地面积5平方米。通过了省民政厅撤乡建镇检查验收，赢得了省农民体育健身工程现场会在莲庄乡召开，莲庄乡被授予市级园林绿化先进单位。

【林业生产】 完成53.3公顷核桃基地建设，其中鲍窑村43.3公顷，红旗村10公顷，种植工业原料林9.2公顷，优质低效林改造17.6公顷，核桃育苗0.66公顷，全民义务植树80820株。

【民生改善】 五保对象集中供养率45%，新农合参合率98%，完成16个标准化村卫生所建设，赢得卫生部和省、市、县标准化村卫生所建设现场会在莲庄乡召开，先进事迹在中央电视台播发。农村脱贫365人，劳务输出11000人，引导性培训农民工750人，技能性培训500人。

【基层组织建设】 开展深入学习实践科学发展观、创先争优活动，完成文体活动中心、工业集聚区基础设施建设等先锋示范工程。依法选举产生16个村务监督委员会，形成“四议两公开一监督”工作机制。投资60万元完成石村村村部建设，投资40万元，完成涧河村村部建设。严格落实“一岗双责”和党风廉政建设责任制，查办自查案件5起，办结5起，上级转市长热线3起，办结3起，乡纪委立案2起，办结2起。

【平安建设】 投资20万元，16个行政村安装“平安大喇叭”，川区9个沿公路线村安装了视频监控设备，安装摄像头42个，全乡技防设施覆盖率98%。落实巡防队建设，面向社会公开招聘10名专职巡防员。投资50万元，完成派出所搬迁建设。

（石莫非）

上观乡

书记 马书祥

乡长 丁擘飞

【概况】 上观乡居宜阳县西南37公里处的深山

区,南和嵩县闫庄乡接壤。西连穆册乡,西北连张坞乡,北接莲庄乡,东与赵保乡、董王庄乡交界。面积142.9平方公里,25度坡以下耕地767公顷,林地5126.5公顷。全乡辖8个行政村,58个村民组,6679口人,1634户散居于243个自然村中,人口密度每平方公里46人。

上观乡矿产资源丰富,主要有蛭石、石英石、金、铁、钾长石、铜等。2010年以来,乡党委、政府围绕"培育主导产业,完善基础设施,突出招商引资,加强组织建设,构建和谐上观"的工作思路,强化目标管理,健全激励机制,狠抓工作落实,促进了经济社会稳定发展,实现国内生产总值2294万元,财政收入258.2万元,农民人均纯收入4458元。电话:0379—68939008。

领导班子成员

职　务	姓　名	职　务	姓　名
书　记	马书祥	副乡长	李幸伟(6月任)
乡　长	丁孽飞	副乡长	周　博(6月离)
副书记	张军芳(6月离)	副乡长	谷矿强(6月任)
副书记 综治办主任	苏杰	武装部长	叶宁波(6月离)
纪委书记	李新芳(6月离) 史英伟(6月任)		

【主导产业】 培育无公害花生专业乡。建成上观、杏树洼2个花生示范基地866.7公顷。打造植烟专业乡。抓大村、抓大户、抓培训、抓收入,植烟面积353.3公顷,收购烤烟66万斤,实现税收104.1万元,居全县前列。培育养殖专业乡。协调帮扶资金,注重技术培训,完善防疫机制,树立典型养殖50户,规模化养殖初步形成。

【基础设施】 建成户用沼气64座,标准化卫生所3所,柱顶石核桃基地100公顷,建成柱顶石社区服务中心;完成上观村道路硬化3公里,王沟、杏树洼、柱顶石等3个村道路硬化9公里,完成上观、三岔沟烟水配套工程,全乡技防网络全覆盖;改良花生品种866.7公顷,建成高效示范片2个等十件惠及民生的实事。

【招商引资】 创新招商理念,制定优惠政策,完善激励机制,落实"二分之一"工作法,实行机关全员招商。引资250万元,建成上观旁庄、洪发等2个花生加工厂;引资3000万元的书记工程——道明工贸公司成功落驻产业集聚区;

【平安建设】 投入15万元安装电话70余部,报警器850个,新装视频监视系统,实现了全乡技防网络全覆盖;公开招聘10人成立乡巡防队,各村成立了村级巡逻队;健全乡村民调机构,落实接访、下访制度,确保全乡大局稳定,在第三季度和第四季度公共安全感调查中,分别获得洛阳市第一名和第十名。

【民生改善】 种粮补贴1767户,补贴面积1025.2公顷,补贴资金115万元。优质玉米、小麦等粮种补贴402.8公顷,补贴资金6万元。低保对象216名,发放低保资金19.44万元。农村五保户集中供养率45%,投资45.96万元,改造农村困难群众危房35户,倒房重建23户,46间,改善了山区群众的生产、生活条件。

【基层组织】 坚持"一把手负总责,班子成员齐抓共管,部门各负其责,依靠干部、群众的支持与参与"的领导体制和工作机制,围绕全乡中心工作,惩治和预防腐败体系建设。开展创先争优活动,成立村务监督委员会8个,完善村务公开,全面推行"4+2"工作法,实行村干部挂牌值班制度,加强党员干部政治理论学习,提高工作水平,为经济发展,社会稳定提供了坚强的组织保证。

(刘荣耀)

张　坞　镇

书记　刘宏章

乡长　孙三成

【概况】 张坞镇位于宜阳县城西40公里处,东邻莲庄镇,西与洛宁县涧口镇接壤,南依熊耳山,北临洛河与三乡镇相望。南山北川,土地面积115平方公里,耕地面积3000公顷,辖25个行政村,187个村民组,3.8万口人。资源丰富,交通便利,历史悠久,文化底蕴比较深厚。矿产资源有花岗岩、铁矿石、钾长石、蛭石等,花岗岩储量上亿立方米,铁矿石储量309万吨,钾长石储量185万吨,蛭石储量635万吨;省道安虎线贯穿全镇20公里,县道元木路11公里,洛河自西向东流经全镇25公里;境内有省级文物保护单位苏羊仰韶文化遗址和龙潭寺、七峪庙、七峪瀑等著名自然景观。全镇林地面积1569.53公顷,森林覆盖率28%。

2010年,国内生产总值完成44732万元,同比增长14.7%;固定资产投资完成70425万元,同比增长95%;工业增加值完成18684万元,同比增长25.2%;规模以上增加值完成12336万元,同比增长21.8%;农民人均纯收入达到4519元,同比增长5.1%;财政一般预算收入完成512.9万元,同比增长35.8%。被市委、市政府授予新农村建设先进单位,被市两烟领导小组授予烟叶生产先进单位,在全县三级干部会议上目标管理、林业生产、小城镇建设、民政工作、群团工作受到县委、县政府表彰。6月3日,全省烟叶基础设施建设现场会在张坞镇召开。建成了全省第二个346.7公顷现代烟草农业核心示范园。12月26日顺利实现了撤乡建镇。电话:0379—68998003。

领导班子成员

职　务	姓　名	职　务	姓　名
书　记	刘宏章	副乡长	张树青
乡　长	孙三成	副乡长	周利伟(5月任)
副书记	许利波	副乡长	李立刚(5月任)
副书记	杨永强	人大主席 团副主席	周利伟(5月离) 许利波(5月任)
纪委书记	杨孝锋(5月离) 韩翠乐(5月任)	党委委员	李立刚(5月离)
副镇长	苗新奇(5月离)	党委委员	杨红梅(5月任)
副镇长	王仁义(5月任)		

【招商引资】　引进并建成了投资千万元以上的项目3个,分别是投资2500万元的宜阳县张坞乡国昊机制沙场项目,投资2400万元的中国地质科学院郑州矿产综合利用研究所野外科研基地项目,投资1600万元的宜阳县张坞乡国昊免烧砖厂;投资700万元建成张坞乡昌盛矿产品加工厂;投资200万元建成宜阳县雅特针织品有限公司,累计完成到位资金10050万元。

【烟叶生产】　植烟面积407公顷,收购烤烟27.48万公斤,完成烟叶税收78.46万元(受灾减产)。

【林业生产】　完成田庄、茶沟、石门园艺生态林328公顷,程子、茶沟核桃基地100公顷。

【畜牧养殖】　成立了富源、裕盛、顺兴、安成等8个养殖专业合作社,发展养猪专业户286户,年生猪出栏50000头以上。

【新农村建设】　市级示范村尚午村投资160万元,新建了村委办公楼、标准化卫生所和休闲文体广场,配置了一场两台和6组健身器材,硬化广场面积4200平方米、道路2510米,衬砌排水渠道1540米,改造门楼27个,修建花池760米。其他各村按照“三清七集中”的要求,完善卫生保洁长效机制,确保村容村貌路容路貌干净整洁。

【小城镇建设管理】　小城镇升级改造以汉唐风貌为格调,投资58万元完成墙体立面粉刷8000平方米、彩钢瓦抛屋顶制作1000平方米、更换临街店牌200个、新建垃圾池10个、新建花池260米、硬化蔬菜专业市场2000平方米。

【基础设施建设】　投资2864.8万元,实施基础设施建设项目9个。分别是投资1300万元的花果山洛河大桥建成通车,投资900万元的惠安安置小区建成待售,投资108万元的地税所办公楼建成启用。投资248万元永丰渠二期硬化5000米,投资100万元的平南水利工程,投资89万元的平北烟水配套工程,投资40.3万元的组户通硬化道路3.1公里,投资28万元的凹里安全饮水工程,投资23.5万元的乡一中广场硬化及操场围墙建设。

【惠农政策】　发放粮食直补资金413.96万元,家电下乡补贴63万元。完成37户74间倒房重建,53户危房改建任务,发放低保、五保资金117万元。

【文化教育卫生】　发放“两免一补”资金194.5万

元,受益学生5025人,学生入学率100%。中招成绩再创佳绩,升入重点高中116人。完成8个标准化卫生所建设,6个文体广场建设。

【计划生育】 推进人口和生育关怀行动,人口出生率控制在10.5‰,社会抚养费征收55.6万元,引产35例、流产93例、上环375例、结扎128例,发放独生子女奖励费18.8万元。

【平安建设】 成立了治安巡防队和民调会。投资30余万元,在公路沿线的18个行政村统一安装了视频监控设施,25个行政村统一安装了平安大喇叭。认真落实信访稳定各项工作制度,深入各村排查矛盾纠纷,明确包案责任人,限期解决,做好稳控工作,真正做到"小事不出村、大事不出镇、矛盾不上交",全镇社会大局稳定。

【劳务输出】 全年输出16856人,创劳务经济9000万元。举办了烟叶种植培训班,培训人员303人。

【党的建设】 扎实开展"先锋示范、创先争优"活动,搞好党员干部公开承诺。全年培训入党积极分子107名,新发展党员60名。完成了尚坞村、元村村、下龙村三个村的村室建设,完善了全镇25个行政村村室配套设施,制作党建版面154块,科室牌125个,大型户外党建标语7块,干部挂牌值班公示牌25块。 (杨平杰)

穆 册 乡

书记 李东伟

乡长 李 曦

【概况】 穆册乡位于宜阳县城西南60余公里处的深山区,西、南分别与洛宁、嵩县接壤,东、北分别与上观、张坞毗邻,平均海拔1160米,年平均气温11度,年降雨量659毫米,花果山国家森林公园位于该乡境内。全乡总面积125.8平方公里,其中林地面积8666.7公顷,占总面积的89%,耕地面积460公顷,辖8个行政村,35个村民组,137个自然村,1115户,4670口人,是面积大乡,人口小乡。乡政府所在地穆册村共有166户,708口人,小城镇入住率100%。

全乡8个行政村全部通上了水泥路,境内水泥路总计46.03公里;程控电话505部,移动电话310部;85%以上的人畜用上了自来水。全乡有中小学9所,其中初中1所,完小2所,初小6所,教师56人,在校学生575人,其中初中生129人,小学生446人。标准化卫生院1所,现有医生2名,护士2名,全乡8个行政村有5个村建成了标准化卫生室,现有村医6名。

2010年,实施"生态立乡,产业富乡,旅游强乡"战略,围绕"生产发展,生活宽裕,乡风文明,村容整洁,管理民主,生态良好"的发展目标,做强支柱产业,发展特色产业,壮大弱势产业,全面发展社会事业,取得了较好的成绩,全年完成国内生产总值15348万元,农民人均收入4566元,财政收入完成385.6万元,分别较上年增长1.2%、1.1%、1.1%,人民生产生活条件不断改善,获洛阳市烟叶生产先进乡、公路养护金杯乡称号,烟叶生产、目标管理工作在县三级干部会上受到表彰。电话:0379—68999003。

领导班子成员

职 务	姓 名	职 务	姓 名
书 记	丁遂社(12月离) 李东伟(12月任)	副乡长	陈伟峰(6月离)
乡 长	李 曦	副乡长	韩高峰
副书记	杜江波	人大主席 团副主席	梦向波(6月离)
副书记	陈建峰	副乡长	王巧珠(6月任)
纪委书记	张少停(6月离) 王玉洪(6月任)		

【农业产业结构调整】 穆册乡平均海拔较高,境内森林覆盖率90%以上,年降雨量适中,形成了独特的小气候。农业种植主要以玉米、大豆、花生、烟叶

为主,花果山玉米糁以味美、营养价值高而备受城里人青睐。烟叶种植是该乡的支柱产业。2010 年,坚持“规模种植,稳定面积,依靠科技,主攻单产,增加效益”的指导思想,以“乡长工程和百村示范工程”为重点,扎实搞好烟田规划,全乡烟叶种植面积 294 公顷。烟田起垄率 90% 以上,漂浮育苗大棚 20 个,新式炕房 750 座,推广地膜覆盖 120 公顷,实现烟叶税收 101.8 万元。2010 年,获洛阳市烟叶生产先进乡镇称号。

花果山乡揭牌仪式

【特色产业】 穆册乡气候条件优越,具有发展生态旅游得天独厚的自然优势,花山村位于国家级森林公园花果山境内,年平均气温 11℃,是理想的避暑胜地,核桃、板栗、中药材、野生木耳、玉米糁等土特产备受青睐,西游文化资源十分丰富,该乡明确了“走旅游强乡,靠生态富民”的发展思路,发展特色产业:积极组织土特产购销。花山村两委积极组织群众发展核桃、板栗、山萸等特色种植。仅土特产销售一项花山村群众年人均新增收入 1500 余元。2010 年实施招商引资和项目带动的双轮驱动战略,新上 500 万元项目两个,即洛阳天信重工二期续建项目,计划投资 3600 万元,年底建成投产;新上洛阳维斯格轴承有限公司特种薄壁轴承项目,计划投资 3500 万元,目前已完成投资 200 万元;洛阳市申旭矿产加工项目,已列入宜阳县规模以上工业项目,以上工业项目的建设投产,为穆册经济发展增添了后劲。

【新农村建设】 2010 年,以建设社会主义新农村为契机,抢抓机遇,不断完善基础设施建设,山区面貌得到了改变,群众生产生活更加便利。做好新农村规划。完成穆册、花山 2 个行政村的村庄规划。加大基础设施建设力度。投资 50 余万元,高标准建成花山村、关庄村两个文体广场和穆册乡农民体育健身活动中心;投资 220 万元,硬化通组入户道路 10.5 公里;投资 16.5 万元,新建 3 个标准化村级卫生室;投资 120 万元,完成寺院和关庄两个村的烟水配套工程建设,可增加旱涝保收田 20 公顷,为农业增产增效打下了基础。

【林业生产】 投资 8 万余元,在穆册、关庄实施村庄绿化工程,栽植金丝垂柳 600 余株,侧柏 1400 余株,杨树 1800 余株,建花池 92 个,植花 900 余平方米,围村林 20 余亩;规划荒山造林点四个 112.4 公顷。完成 8 个行政村的集体林权制度改革工作。成立林业生产专项治理整顿领导小组,村成立护林站,明确分工,通力协作,加大工作力度,对乱砍滥伐、纵火毁林者,发现一起处理一起;与各村签订林业生产目标责任书,纳入年终目标考核,且一票否决。配合县森林公安分局,对林业生产秩序进行集中整顿两个月,使林业生产秩序从根本上得到好转,加大森林防火力度,成绩显著,被河南省伏牛山第一联防委员会授予森林防火先进单位。

【民营经济】 建成投产 500 万元以上项目 2 个,分别是河南省豫西烟花材料有限公司投资的烟花爆竹项目和洛阳天信重工机械加工有限公司。2010 年全乡国内生产总值达到 15348 万元,比上年增长 1.2%;财政一般预算收入 385.6 万元,比上年增长 1.1%;农民人均纯收入 4566 元,比上年增长 1.1%。

【社会事业】 教育、卫生、文化、体育事业取得长足发展。教育质量不断提高,参加中招考试考生 32 人,被县重点高中录取 8 名,普通高中、职业高中录取 16 人,升学率 75%。投资 135 万元,完成穆册乡小学宿舍楼建设,为 2011 年全乡小学布局定点奠定了基础。新农村合作医疗参合率 100%,在全县率先完成 2010 年新农合筹资任务。乡卫生院及村卫生所进一步规范,群众看病难问题基本得到解决。“千场电影乡村行”和“农民篮球赛”工作顺利开展,群众性文化活动日益丰富。社会福利事业取得新突破。社会保障覆盖面不断扩大,全乡低保户 175 人,五保户 19 人,共发放低保、五保救助金 7.7 万元,“两个确保”全面落实,五保户集中供养率达到 45%,全年困难救助 455 人,完成倒房重建 25 户,50

间,保证全乡困难群众有饭吃、有衣穿、有房住。完成人口与计划生育工作。人口出生率控制在12‰,康检率98%以上,在春秋两季集中活动中,在全县率先超额完成四项手术任务,引产6例,流产11例,完成结扎15例,上环40例。全年收缴社会抚养费4.6万元。全面完成生态造林任务:投资8万余元,在穆册、关庄村实施村庄绿化工程。社会治安综合治理成效显著。没有发生县以上集访和赴京个访案件,没有发生群体性恶性治安案件,全乡社会大局稳定。

【党的建设】 实施"先锋模范工程"深化创优争先活动,为党员设岗定责,向群众公开承诺,为群众办好事办实事,解决群众关注的热点、难点问题。做好党务工作,全年培训入党积极分子42人,发展党员16人,举办党员培训班两次,培训党员65人次,培育双强党员25名。完成党费收缴任务,上缴党费4600元。

(刘景霞 罗淑媛)

盐 镇 乡

书记 张宏波

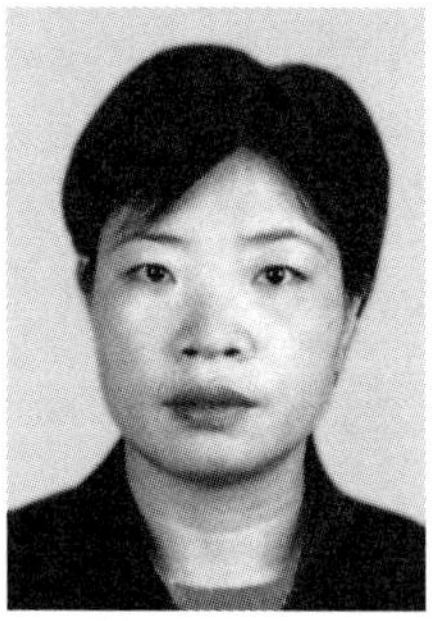

乡长 苗素霞

【概况】 盐镇乡位于宜阳县西北部丘陵区。乡政府驻地距县城33公里,海拔485米,地处北纬34°40′,东经111°59′。西和西北角分别与渑池县天池乡和义马市相连,北与新安县铁门乡交界,东与寻村镇相连,南与柳泉镇接壤,为宜、新、渑、义3县1市结合部。全乡面积161平方公里,耕地9283公顷,辖36个行政村、225个自然村、417个村民组、7.1万人。

盐镇乡土质肥沃,土质多为红黏土,主要农作物有小麦、谷子、豆类、红薯、烟叶等,为豫西地区最大的小杂粮集散地,购销品种有玉米、花生、黄豆、绿豆、芝麻等十余种,高峰期日收购量在200吨以上。盐镇区位优越,交通便利,2009年底建成通车的郑西客运高速专线贯穿全境,S318省道横贯东西,县乡公路,村村通道路纵横交错。2010年国内生产总值完成66906万元,较2009年增长13%;财政收入完成509万元,较2009年增长29.2%;农民人均纯收入达4526元,较2009年增长12.7%。获得宜阳县信访稳定先进乡镇、科技工作先进单位等荣誉称号。电话:0379—68758003。

领导班子成员

职　务	姓　名	职　务	姓　名
书　记	张宏波	副乡长	杨安法
乡　长	苗素霞	副乡长	孙灿峰
副书记	李建芳	副乡长	史冠伟
纪委书记	张利锋	党委委员	许孝杰
副乡长	乔清超		

【农业生产】 2010年粮食总产4.7万吨。投资80余万元,建成大寨、西沟现代集约化烟叶育苗基地,可满足万亩烟田的用苗需求;建成北册、上庄等13个村的烟水、烟路配套工程,新增旱涝保收烟田233.3公顷;建成大小密集型炕房583座。2010年全乡植烟面积700公顷,其中精品示范园168.4公顷,连片面积426.7公顷,收购烟叶573351.1公斤,完成烟叶税收165万元。

【林业生产】 2010年完成生态能源林86公顷,完成周过、李营、盐高、沙沟等22个村的村庄绿化,栽植围村林9.5公顷,栽植杨树1.3万株,女贞500余株。建成特色经济林14公顷,栽植花椒3.3万余株,桑树10.6万余株。完成宜新路12公里通道绿化补植补栽任务,义务植树17万株。

【畜牧养殖】 培育了北册、王坑、张村等8个养殖专业村,完善了重大疫病预防机制,养殖业产值达15000万元。河南远大牧业落户盐镇,建成万头猪场一个。发放能繁母猪补贴资金3万余元,畜牧养殖业走上良性发展道路。

【基础设施建设】 完成小城镇西村段的排水设施建设;完成385座户用沼气池建设;完成对克村、耿沟村两个市级重点整治村的治理工作，并对辖区内村容村貌、路容路貌进行了集中整治；投资85万元完成小城镇市场续建项目；完成盐镇、上庄、周沟、石陵等7个村10.8公里通组入户道路工程；完成张村、席沟、周过、克村、贾院5个村农村卫生所建设任务；投资8万余元，新建小城镇门面房20余间。

范园村社区服务中心

【教育卫生】 投资250万元建成盐镇一中宿舍楼，石陵一中教学楼。投资170余万元，改扩建学校9所。落实"两免一补"政策，义务教育普及率100%。投资216余万元，全面完成村级标准化卫生室建设。投资156万元，改造乡卫生院，建成了住院楼，改善了群众就医环境，新农村合作医疗参合率95%，卫生院及村卫生所进一步规范，群众看病难问题基本得到解决。

【民政事业】 全乡享受农村居民最低生活保障3065人，五保313人，"两个确保"全面落实，投资150万元扩建乡敬老院，建筑面积1200平方米，为孤寡老人的晚年生活提供了保障。各类优抚补助资金发放到位，落实社会养老保险金22.3万元，失业保险金2万元。

【计划生育】 开展生殖健康服务进家庭活动，完成"四项手术"任务，提高出生人口素质，建立健全计生工作管理机制。人口出生率控制在11‰，人口自然增长率控制在6.8‰以内，康检率达到98%以上。

【综治信访】 牢固树立稳定压倒一切的思想，实行领导干部接访制、下访制、包案制和不安定因素周排查、月结案制度，建立乡、村、组三级综治工作互动体系。平安建设扎实推进，实现人防与技防相结合。安装13套视频监控系统，探头96个，形成"全覆盖、全方位、全天候"的防控网络，成立了196人组成的乡、村两级巡防队，实行全天侯治安巡逻，全乡社会治安状况明显好转。

【特色项目】 利用地域优势，加强对农业的引导与扶持，扩大范元、周沟等桑蚕养殖基地规模；平整土地，提高核桃种植面积，完成核桃基地建设70公顷；完成了中峪、张沟、北召、范园、竹园等5个行政村集种植和深加工为一体的仁用杏生产基地，栽植面积达206.7公顷。

【党的建设】 从思想作风建设入手，加强党委自身建设、基层组织建设、党风廉政建设。全力打造学习型党委，提高领导班子的执政能力和驾驭全局的工作能力。以村委换届为契机，配齐配强了村"两委"班子，选聘57名优秀人才任村干部，加强后进村治理整顿，先后整顿了5个后进党支部。完成盐镇、张村、席沟、盐高、克村等12个村的村级阵地建设。全面推行"4+2"工作法和村务政务公开制度，打造精干高效、廉洁务实的村级干部队伍。

（张耿毅）

高 村 乡

书记 李 辉

乡长 仝战军

【概况】 高村乡位于宜阳县西北边陲，北与三门峡市渑池县交界，西与洛宁县毗邻，东接盐镇乡、柳泉镇，南连韩城镇、三乡镇，属浅山丘陵地貌。全乡辖39个行政村，329个村民组，48259口人，总面积120平方公里，耕地8124.4公顷。南车线、盐三路、韩茶路、水麻路交汇贯通，交通便利。

2010年，狠抓产业结构调整和工业项目建设，逐步形成了以“黄、黑、红”(烟叶、黑杂粮、香花辣椒)为代表的特色现代农业和以凯斯特耐火材料、华瑞海绵铁和汪汴铸造厂为代表的高新材料工业齐头并进的良性发展态势。成为洛阳市现代烟草农业标准化种植基地、黑色作物深加工基地和豫西地区香花辣椒销售集散地。2010年实现国内生产总值55770万元,财政一般预算收入724万元,农民人均纯收入4376元。电话:0379—68908003。

领导班子成员

职　务	姓　名	职　务	姓　名
书　记	李　辉	副乡长	王旭辉
乡　长	仝战军	副乡长	王伟红
副书记	王海英	副乡长	高俊峰
纪委书记	冯战伟	党委委员	徐朝阳
副乡长	陈伟峰	司法所长	李　涛

【农业产业化】　统筹安排国家农业投入资金,巩固农业基础设施建设,提高农业综合生产能力和抗风险能力。探索尝试土地流转和合作社经营方式,优化产业结构,推进传统农业产业化进程。以烟叶为主体,黑色作物和香花辣椒为支撑的三大产业特色全面彰显。

烟叶。坚持“规模种植、稳定面积、依靠科技、增加效益”的烟叶发展指导思想,狠抓川渝中烟原料供应基地建设,巩固和建设石村113.3公顷现代烟草示范区,宋屋200公顷基地单元核心示范区和丰涧353.3公顷连片种植项目,稳定和发展支柱产业,全年烟叶种植2333.3公顷。国家、省、市烟草部门及市县领导多次观摩、指导,提升了高村的对外形象。受灾之年,烟叶税收440万元。

黑色作物。采取“公司+基地+农户”的模式,以演礼沟、张元、周峪等5个村为重点,扩大黑色作物种植面积,全年种植面积稳定在666.7公顷,拓宽群众增收渠道。

香花辣椒。巩固惠农辣椒种植合作社,发展高村乡辣椒交易市场,实施订单销售,降低种植风险,提高种植效益,香花辣椒种植1000公顷,亩收入2000余元。

【新农村建设】　积极实施纪彰、牛峪、王沟3个村122户,440余名群众的扶贫搬迁工程。完成村委会、卫生所、便民商店、健身广场等配套基础设施建设,实现了自来水入户、电路架设、主街道入户道路硬化、街道整体绿化、排水系统建设、街道路灯安装工程,达到新村绿化、美化、亮化的“三化”目标。

搞好小城镇建设,完成乡镇及小城镇规划编制。投资40余万元,对小城镇街道进行全面整修、规范。配套资金2万元,购买多功能垃圾清运车1辆,完善卫生保洁长效机制。投资20余万元,对高村、石村两个管理区机关进行统一整修和改造,改善了机关面貌和干部职工的生活条件。

投资20余万元,开展村容村貌和路容路貌集中整治两次,重点整治了里沟、张深两个市级重点整治村。按照“三清七集中”和“四改四化五有六好”的标准,出动车辆70余次,劳力800余人,清运垃圾6000多立方米,粉刷墙体4000平方米,栽植景观树木500余棵,动用大型机械平整道路1.5公里,配备保洁员进行日常保洁,维护了新农村的建设成果。

【招商引资】　实施“项目、引资”双带动战略,参与牡丹花会等招商洽谈活动,吸引更多工业项目落户高村乡。投资800万元的宜阳县汪汴铸造厂完成改造升级,投资500万元的华瑞海绵铁二期实现试产,投资800万元的洛阳凯斯特耐火材料有限公司已建设完成,投资800万元的华裕公司黑杂粮生产线工程正在紧张建设。工业发展对经济增长的贡献率逐步提高,全年实现工业税收135万元。

依托郑卢路和郑卢高速的区位优势,扩大工业经济规模,提高经济增长的稳定性,乡政府利用土地详查的机遇,规划调整了46.7公顷的工业项目用地,投资130万元,架设一条3.5万伏专供高压线路。以洛阳凯斯特耐火材料有限公司投产达效为契机,搞好项目区配套设施建设和服务保障工作,争取一批科技含量高的工业项目入驻园区,秉承洁净环保的发展理念,倾力打造铁炉村工业项目区。

【基层组织】　围绕“推动科学发展,促进社会和谐,服务人民群众,加强基层组织”的目标,实施先锋示范工程,深化创先争优活动。投资10余万元制作先锋示范工程宣传版面、宣传图册,拍摄专题影片,在全县率先建立党员管理台账。市、县组织部门多次到高村乡进行调研,“五个一”载体被市委组织部作为专题刊发,党员管理台账被县委组织部在全县推广,基层党建水平得到进一步提升。

推行“4+2”工作法,村务监督委员会实现39个行政村全覆盖,实行党务、政务、村务公开及“三资”管理公开。坚持依法行政,严格落实党风廉政建设责任制。加强精神文明建设,统战工作、老干部工作、青年团工作成效显著。投资14万元完成张深村部改造及温村、铁炉村部建设。全年培养党员92人,新建远程教育接收站点4处,党员现代远程教育收视率100%,完成党费收缴。开展创先争优活动,以基层党组织“五个好”和优秀共产党员“五个模范”为目标,落实党员公开承诺,组织开展基层组织集中建设月活动和党员“三评三定”工作。党员党性修养进一步提高,村两委班子的凝聚力和战斗力明显增强。

【林业生产】 完成集体林权制度改革,林权证办证率100%,建设核桃基地50公顷,改造低质低效林13.3公顷,核桃育苗1.67公顷,全民义务植树11.95万株。

【畜牧养殖】 新建养殖专业村1个,肉牛养殖场1个。青贮饲料5万吨,牧草种植26.7公顷。开展动物疫病防治,全年无动物疫情发生。

【劳务输出】 开展劳务技能培训及劳务输出,全年举办培训班4期,引导性培训1548人,技能性培训1118人,办理技术专业证42份,输出劳动力20640人。

【民生工程】 实施农业综合开发项目,投资380万元,完成演礼沟水库除险加固工程。投资115万元,完成四土地大桥建设项目。投资40余万元,完成乡文化站建设。高标准完成12个卫生所建设,新农合参合率进一步提高,医疗条件不断改善,看病难问题得到有效缓解。

落实粮食直补等各项惠农政策,发放粮食直补资金86.13万元,综合直补资金709.46万元,良种补贴33.13万元。落实家电、汽车、摩托车下乡政策,全年发放补贴资金206.52万元。发放“两免一补”资金257.52万元,完成普九债务清查化解工作,审核发放资金132.38万元。发放贫困大学生补助0.8万元。

加大弱势群体救助力度,完成农村脱贫人口1434人,全乡低保人口2090人,五保236人,优抚对象135人,集中供养率45%。完善农村低收入户信息管理系统,将全乡3601户,6692人纳入系统管理。

开展农业科技推广和科普宣传工作。全年建设户用沼气250座,完善沼气全托服务村4个,新建沼气全托服务村2个。认真落实安全生产责任制,开展安全生产和食品安全大检查,查处和纠正危险行业、危险部位及食品生产、经营环节存在的安全隐患。实施“三新”工程建设,投资130万元建设石村初中教学楼一座。全年考入重点高中174人,中小学教育整体水平全面提升。完成第六次全国人口普查工作。“文化共享工程”深入推进,“千场电影乡村行”、“农民篮球赛”等文化活动持续开展。

【综治信访】 以平安高村建设为抓手,解决群众合理诉求。抽调6名机关干部,聘请4名老干部成立综治服务中心。聘请43名有威信的农民为民调员,定期组织业务培训,提高他们处理复杂问题的能力。落实矛盾纠纷包片排查,包案化解机制,落实了领导定期接访制度和乡党政领导挂牌大接访制度,全年排查各类矛盾纠纷37起,化解31起,消除隐患苗头16起。无发生违规赴省、市上访案件。

投资80余万元,在重点区域和公路沿线安装了79个监控探头,39个行政村均安装了平安大喇叭,加强巡防队伍建设,落实巡防人员待遇,配备了巡逻车、标志服装、器械,做到白天见巡警,夜晚见警灯。配合公安部门开展打击“两抢一盗”和“打黑、除恶、扫痞”专项行动,群众安全感和满意度大幅提升。

【计划生育】 围绕“提升计生服务水平,稳定低生育率”的工作目标,开展春、秋季生殖健康进家庭服务活动。争取国贷资金和自筹资金40余万元,建设乡计生服务中心办公楼一座,建设村室8所,实现信息终端入村。开展全员身份证计生信息核查、妇科病普查普治和出生缺陷干预工程,落实国家计生家庭奖励政策,加大社会扶养费征收力度,加强流动人口管理,提高计生服务水平,完成计划生育指标。

(许向前)

附　　录

宜阳县人民政府关于印发宜阳县新型农村社会养老保险办法（试行）的通知

（2011 年 4 月 28 日）

各乡（镇）人民政府，县人民政府有关部门：

《宜阳县新型农村社会养老保险办法（试行）》已经县政府第 87 次常务会议研究同意，现印发给你们，请认真贯彻实施。

宜阳县新型农村社会养老保险办法（试行）

一、总则

第一条　为进一步完善我县社会保障体系，统筹城乡社会发展，保障农村居民的基本养老需求，实现农村居民老有所养的社会目标，根据国家有关法律法规和政策，结合我县实际，制定本办法。

第二条　具有我县户籍、年满 16 周岁（不含在校学生）、未参加城镇职工社会养老保险的农村居民，可按本办法参加新型农村社会养老保险（以下简称“新农保”）。

第三条　新农保坚持“保基本、广覆盖、有弹性、能转移、可持续”的基本原则，坚持权利与义务对等、保障水平与经济发展水平相适应、政府主导和农民自愿相结合。

第四条　新农保实行基础养老金和个人账户养老金相结合的制度模式，采取个人缴费、集体补助、财政补贴相结合的筹资方式。

第五条　新农保基金实行县级统筹，新农保由县、乡（镇）两级人民政府负责组织实施，并纳入县政府目标管理考核体系。

第六条　县人社局主管全县新农保工作，负责拟订政策和监督指导；各乡（镇）人民政府负责本辖区内新农保参保登记和保险费征缴；县新型农村社会养老保险中心（以下简称“新农保中心”）负责政策宣传和组织落实、建立个人账户、养老保险资金筹集、养老金给付、基金管理等日常工作。

二、养老保险费缴纳

第七条　新农保保险费实行按年度缴纳。缴费标准为每人每年 100 元、200 元、300 元、400 元、500 元 5 个档次，参保人自主选择档次缴费，多缴多得。国家将依据农村居民人均纯收入增长等情况适时调整缴费档次。

无论参保人选择何种档次缴费，省财政每人每年补贴 20 元；市财政每人每年补贴 10 元；县财政对农村低保人员每人每年补贴 10 元，对农村完全丧失劳动能力的重度残疾人、五保人员按最低缴费标准全额代缴，参保人仍享受省、市财政补贴。

各级财政对参保人的缴费补贴不能抵消个人缴费。

第八条　有条件的村集体应当对参保人缴费给予补助，补助标准由村（居）民委员会召开村（居）民会议民主确定。鼓励其他经济组织、社会公益组织、个人为参保人缴费提供资助，对参保人的各种补助和资助要向烈士遗属、领证的独生子女父母和双女户父母等特殊对象倾斜，多渠道解决他们的缴费资金问题。

第九条　新农保中心负责为参保人建立个人账户。个人账户资金包括：

（一）个人缴纳的养老保险费和利息。

（二）集体补助和利息。

（三）财政补贴和利息。

（四）其他补助和利息。

第十条　新农保个人账户储存额参照中国人民银行每年公布的一年期存款利率计息。

第十一条　新农保个人账户资金，只能用于参保人年老时的养老，不得提前支取挪作他用。

三、养老保险待遇

第十二条　参保人符合下列条件之一的，自年满60周岁的次月起，可按月享受新农保待遇。

（一）本办法实施之日，已年满60周岁的，自实施次月起，可直接领取新农保基础养老金，其符合条件的直系亲属应当参保。

（二）距领取年龄不足15年的，应按年缴费，也允许补缴，累计补缴不超过15年，补缴应按补缴当年的缴费标准，补缴部分不享受政府缴费补贴。

（三）距领取年龄超过15年的，应按年缴费。

第十三条　待遇领取人员在领取养老金期间被判刑或劳动教养的，停止为其发放养老保险待遇。待服刑（解教）期满后，再继续为其发放养老保险待遇，停发期间的待遇不予补发。

第十四条　新农保待遇由基础养老金和个人账户养老金两部分组成，支付终身。

（一）基础养老金标准全县统一，目前为每人每月60元，其中，中央财政补贴55元，县财政补贴5元。

（二）个人账户养老金月计发标准为个人账户全部储蓄额除以139（国家规定的个人账户养老金计发系数）。

（三）凡年满60周岁、缴费超过15年的参保人，缴费年限每增加一年，基础养老金增加2元。对于选择向后顺延或一次性补缴而使缴费年限超过15年的，所超过的缴费年限，基础养老金不增加。

第十五条　参保人死亡，其个人账户中的资金余额，除政府补贴部分外，一次性支付给法定继承人或指定受益人，政府补贴余额用于继续支付其他参保人的养老金；无法定继承人或指定受益人的，个人账户资金余额用于继续支付其他参保人的养老金，参保人在领取期间死亡的，其直系亲属应在1个月内到所属乡（镇）劳动保障机构办理相关手续。

第十六条　新农保待遇由新农保中心按月实行社会化发放，确保及时、准确发放给符合领取条件的参保人。领取待遇的人员应当进行领取资格认定。

四、制度衔接

第十七条　参保人跨县转移养老保险关系，可将其养老保险关系及个人账户全部资金转入迁入地新农保经办机构；转入地未实施新农保的，可将其养老保险关系及个人账户资金暂存，待条件具备时转移；参保人户口在县内迁移时，只转移其养老保险关系；户籍由县外迁入我县的，按我县实施办法执行。

第十八条　凡参加了老农保、年满60周岁且已领取老农保养老金的参保人，应将老农保个人账户资金并入新农保个人账户，方可直接享受新农保基础养老金；对已参加老农保、未满60周岁且没有领取养老金的参保人，应将老农保个人账户资金并入新农保个人账户，按新农保的缴费标准继续缴费，待符合规定条件时享受相应待遇。

第十九条　新农保与其他养老保险、被征地农民社会保障、农村计划生育家庭奖励扶持政策、农村五保供养、社会优抚、农村最低生活保障等政策制度的配套衔接工作，按国家规定执行。在国家没有出台相关衔接政策之前，新农保参保人已享受的其他社会保障待遇不变。

五、基金管理和监督

第二十条　新农保基金设立社会保险基金财政专户，专款专用，任何部门、单位或个人不得转借、挪用和侵占。

第二十一条　县财政部门按新农保中心编制的新农保基金预算安排资金，确保新农保待遇按时足额发放。

第二十二条　新农保中心应建立健全新农保基金的财务、会计、统计制度。基础养老金与个人账户养老金分开管理，按年度编制基金收支预决算。

第二十三条　新农保基金应按照国家社会保险基金有关规定实现保值增值，任何单位和个人均不得擅自改变其性质和用途。

第二十四条　县人社局要将新农保基金纳入日常监管范围，切实履行职责，建立基金风险预警机制，对基金进行适时监控和定期检查，对事关基金安全的事项及时进行处置，确保基金安全。县财政、监察、审计等部门要按照各自职责对新农保基金收支和管理情况实施监督，严禁挤占挪用，确保基金安全。

第二十五条　任何人以伪造证件或者其他手段多领、冒领新农保待遇的，由县人社局责令退还；涉嫌犯罪的，移送司法机关依法处理。

第二十六条　新农保工作纳入乡（镇）劳动保障事务所职能范围。新农保中心和乡（镇）劳动保障事务所人员、工作经费纳入同级财政预算。

第二十七条　新农保中心要制定完善各项业务管理规章制度，规范业务程序，建立健全内控制度、基金内审稽核制度和信息披露制度。要建立新农保信息管理系统，充分利用现代金融网络为新农保工作提供高效便捷的服务。

第二十八条　新农保经办机构和村（居）民委员会每年在行政村范围内，对村内参保人缴费和待遇领取资格进行公示，接受群众监督。

六、附则

第二十九条　本办法实施细则由县人社局会同县财政局另行制定。

第三十条　本办法自国务院新农保试点工作领导小组批准我县实施新农保当月起施行。实施过程中遇到的问题，由县人社局负责解释和协调解决。

宜阳县人民政府办公室关于印发宜阳县新型农村社会养老保险办法（试行）实施细则的通知

（2011年4月28日）

各乡（镇）人民政府，县人民政府有关部门：

《宜阳县新型农村社会养老保险办法（试行）实施细则》已经县政府研究同意，现印发给你们，请认真贯彻实施。

宜阳县新型农村社会养老保险办法（试行）实施细则

为确保我县新型农村社会养老保险制度顺利实施，根据《宜阳县人民政府关于印发宜阳县新型农村社会养老保险办法（试行）的通知》（宜政〔2011〕18号）（以下简称《试行办法》），制定本实施细则。

一、手续办理

（一）符合条件的参保人，持户口本、身份证、一寸免冠照片1张和应缴纳的保险费，以家庭为单位到户籍所在地村（居）委会办理参保登记手续，续保时持新型农村社会养老保险手册和应缴纳的保险费到原参保地村（居）委会办理续缴手续。

（二）村（居）委会负责统一组织收缴新型农村社会养老保险费，填写新型农村社会养老保险参保登记表（以下简称“新农保参保登记表”）、缴费明细表（60周岁以上人员同时填写宜阳县新型农村社会养老保险待遇审批表），并携带“三表一费”，在5个工作日内到乡（镇）劳动保障机构统一办理相关手续。

（三）乡（镇）劳动保障机构负责审核新农保参保登记表、待遇审批表，核对缴费明细表，填写缴费汇总表，为参保人核发新型农村社会养老保险手册，登记缴费记录，将资金汇入县新型农村社会养老保险中心（以下简称“新农保中心”）指定的账户，并将参保人个人档案和缴费情况录入计算机，相关材料5个工作日内上报县新农保中心。

（四）县新农保中心负责审核新农保参保登记表、养老保险待遇审批表，核对缴费明细表、缴费汇总表和银行缴款单，确认无误后，将参保人个人档案和缴费情况进行复录，为乡（镇）劳动保障机构统一开具社会保险基金专用收据，并将相关材料和表格存档。

二、缴费标准和办法

（一）新农保保险费按年度缴费。缴费标准目前设为每人每年100元、200元、300元、400元、500元5个档次，参保人自主选择档次缴费，多缴多得。国家将依据农村居民人均纯收入增长等情况适时调整缴费档次。

无论参保人选择何种档次缴费，省财政每人每年补贴20元；市财政每人每年补贴10元；县财政对农村低保人员每人每年补贴10元，对农村完全丧失劳动能力的重度残疾人、五保人员按最低缴费标准全额代缴，参保人仍享受省、市财政补贴。

各级财政对参保人的缴费补贴不能抵消个人缴费。

（二）有条件的村集体应当对参保人缴费给予补助，补助标准由村（居）委会召开村（居）民会议民主确定。鼓励其他经济组织、社会公益组织、个人为参保人缴费提供资助。对参保人的各种补助和资助要向烈士遗属、领证的农村独生子女父母和双女户父母等特殊对象倾斜，多渠道解决他们的缴费资金问题。

（三）新型农村社会养老保险费实行按年缴纳，缴费时间为每年的3月15日至4月15日。

三、个人账户资金和计息办法

新农保个人账户资金包括个人缴费、集体补助、财政补贴和其他收入及利息。

新农保个人账户储存额参照中国人民银行每年公布的一年期存款利率计息。

四、新型农村社会养老保险待遇

（一）按月享受新农保待遇的条件

参保人符合下列条件之一的，自年满60周岁的次月起，可按月享受新农保待遇：

1. 本办法施行之日，已年满60周岁的，自施行次月起可直接领取新农保基础养老金，其符合条件的直系亲属应当参保。

2. 距领取年龄不足15年的，应按年缴费，也允许补缴，累计补缴不超过15年，补缴应按补缴当年的缴费标准，补缴部分不享受政府补贴。

3. 距领取年龄超过15年的，应按年缴费。

（二）新农保待遇

1. 新农保待遇由个人账户养老金和基础养老金两部分组成。

（1）基础养老金月领取标准全县统一，目前暂定为每人每月60元，其中中央财政补贴55元，县财政补贴5元。

（2）个人账户养老金月领取标准为新农保个人账户积累总额除以139（国家规定的基本养老保险个人账户养老金计发系数）。

（3）凡年满60周岁、缴费超过15年的参保人，缴费年限每增加一年，每月基础养老金增加2元。对于选择向后顺延或一次性补缴而使缴费年限超过15年的，所超过的缴费年限，基础养老金不增加。

2. 一次性养老待遇。参保人达到领取待遇年龄，而又不符合按月享受新农保待遇条件的，享受一次性养老待遇，其待遇为个人缴费和利息。

3. 参保人死亡，其个人账户中的资金余额，除政府补贴外的部分一次性支付给法定继承人或指定受益人，政府补贴余额用于继续支付其他参保人的养老金；无法定继承人或指定受益人的，个人账户资金余额用于继续支付其他参保人的养老金。

4. 按月享受新农保待遇的人员，被判刑或劳动教养的，停发新农保待遇。待服刑或劳动教养期满后，由本人提出申请，县新农保中心审核批准后，再继续为其发放养老保险待遇，停发期间待遇不予补发。

（三）领取新农保待遇的手续

1. 参保人应在达到领取年龄前一个月，持本人身份证、户口本、新型农村社会养老保险手册到户籍所在地的乡（镇）劳动保障机构提出领取新农保待遇的申请，并对劳动保障机构提供的养老保险待遇审批表进行确认，符合按月领取新农保待遇条件的参保人，确认个人账户养老金月领取标准。

不符合按月领取新农保待遇条件的参保人，确认是否延期缴费或一次性补缴。不选择延期缴费或一次性补缴的人员，确认享受一次性养老待遇。

2. 乡（镇）劳动保障机构应在5个工作日内，将参保人的新型农村社会养老保险手册、养老保险待遇审批表和户口本、身份证复印件等材料进行审核，录入信息后上报县新农保中心。

3. 县新农保中心对参保人的材料进行核实审批，并按照下列程序办理：

（1）对符合按月领取养老保险待遇条件的人员，在其达到领取年龄的次月，为其办理养老保险待遇领取手续，在指定的金融机构开立养老保险待遇发放账户，并在每月15日前将其应领取的养老保险待遇拨付到位。

（2）对达到60周岁时不符合按月领取养老保险待遇条件、选择继续按年缴纳保险费的人员，待达到按月领取养老保险待遇条件时，在其达到领取年龄的次月，为其办理养老保险待遇领取手续；选择一次性补缴的人员，待其补足15年缴费额的次月，为其办理养老保险待遇领取手续。

（3）对达到领取年龄时不符合按月领取养老保险待遇条件、不选择继续按年缴纳保险费的人员，将一次性养老待遇通过乡（镇）劳动保障机构发放给参保人。

4. 县新农保中心应在每月20日前根据领取养老保险待遇、退保、转移等情况，编制次月养老保险基金使用计划报县财政部门。县财政部门应对县新农保中心编制的基金使用计划，进行审核后，在次月5日前将应拨付资金划拨到位，并一次性为新农保支出账户拨付3个月的周转金，确保新农保待遇按时足额发放。

五、养老保险关系的转移

（一）参保人户口迁出本县的，由本人提出申请，县新农保中心将其保险关系连同个人账户资金转入迁入地的新农保经办机构；迁入地尚未建立新农保制度的，根据本人意愿可将其养老保险关系及个人账户资金暂存，待条件具备时转移；户籍由县外迁入我县的，按我县实施办法执行。

（二）参保人户口在本县乡（镇）之间迁移的，只转移保险关系。

六、保险制度的衔接

（一）凡参加新农保人员且已参加了老农保、年满60周岁且已领取老农保养老金的参保人，应将老农保个人账户资金并入新农保个人账户，方可直接享受新农保基础养老金；对已参加老农保、未满60周岁且没有领取养老金的参保人，应将老农保个人账户资金并入新农保个人账户，按新农保的缴费标准继续缴费，待符合规定条件时享受相应待遇。

（二）参加新农保与其他养老保险、被征地农民社会保障、农村计划生育家庭奖励扶持政策、农村五保供养、社会优抚、农村最低生活保障等政策制度的配套衔接工作，按国家规定执行。在国家没有出台相关衔接政策之前，新农保参保人已享受的其他社会保障待遇不变。

七、个人账户继承

参保人死亡，其个人账户中的资金余额除政府补贴外，一次性支付给法定继承人或指定受益人，其法定继承人或指定受益人应在一个月内到所在乡（镇）劳动保障机构办理继承手续；无法定继承人或指定受益人的，村（居）委会应在一个月内到乡（镇）劳动保障机构办理相关手续，个人账户资金余额并入新农保基金统筹使用。

八、其他

（一）领取新农保待遇的人员每年应进行领取资格认定；领取期间死亡的，其直系亲属应在1个月内到所属乡（镇）劳动保障机构办理相关手续。任何人以伪造证件、隐瞒死亡时间或者其他手段多领、冒领新农保待遇的，由县人社局责令退还；涉嫌犯罪的，移送司法机关依法处理。

（二）本实施细则由县人社局负责解释。

（三）本实施细则自国务院新农保试点工作领导小组批准我县实施新农保当月起施行。

索　引

D

E

F

G

H

J

K

L

N

P

Q

R

S

T

W

X

Y

Z

图书在版编目(CIP)数据

宜阳年鉴.2011/宜阳县地方史志办公室编.—郑州:
中州古籍出版社,2011.12
ISBN 978-7-5348-3742-5

Ⅰ.①宜… Ⅱ.①宜… Ⅲ.①宜阳县—2011—年鉴
Ⅳ.①Z526.14

中国版本图书馆 CIP 数据核字(2011)第 259000 号

责任编辑:	吕兵伟		
责任校对:	程汴玲　赵苗远		
出 版 社:	中州古籍出版社		
	(地址:郑州市经五路 66 号　邮政编码:450002)		
发行单位:	新华书店		
承印单位:	郑州方志印务有限公司	(0371—67811485)	
开　　本:	889mm×1194mm　1/16	**印　　张:**	20.5
字　　数:	660 千字	**印　　数:**	1—500 册
版　　次:	2011 年 12 月第 1 版	**印　　次:**	2011 年 12 月第 1 次印刷

定　价:168.00 元